Dialogisches Management

T0316862

BILDUNG UND ORGANISATION

Herausgegeben von Harald Geißler
und Jendrik Petersen

Band 13

PETER LANG

Frankfurt am Main · Berlin · Bern · Bruxelles · New York · Oxford · Wien

Jendrik Petersen

Dialogisches Management

PETER LANG
Europäischer Verlag der Wissenschaften

Bibliografischc Information Der Deutschen Bibliothek
Die Deutsche Bibliothek verzeichnet diese Publikation in der
Deutschen Nationalbibliografie; detaillierte bibliografische
Daten sind im Internet über <http://dnb.ddb.de> abrufbar.

Gedruckt auf alterungsbeständigem,
säurefreiem Papier.

ISSN 0945-9596
ISBN 3-631-50267-2

© Peter Lang GmbH
Europäischer Verlag der Wissenschaften
Frankfurt am Main 2003
Alle Rechte vorbehalten.

Printed in Germany 1 2 4 5 6 7

www.peterlang.de

Inhaltsverzeichnis

0. Einleitung

Sich mit der Thematik „Dialogisches Management" zu befassen und diese insbesondere auch als erwachsenenpädagogische Herausforderung zu identifizieren, birgt auf den ersten Blick die Gefahr der *Unvereinbarkeit* in sich. Beide Bestandteile dieses Begriffes - nämlich das primär unter betriebswirtschaftlichen
Fragestellungen thematisierte *Management* einerseits sowie der philosophisch-
erziehungswissenschaftlich untersuchte Terminus *Dialog* andererseits – scheinen völlig unterschiedlichen *Theorie- und auch Praxistraditionen* zu entstammen.

So spiegelt dann auch nach wie vor *Management*[1] zunächst einmal ein von *außen*, sprich: insbesondere dem Markt, beeinflusstes *primär ökonomischen Gesetzmäßigkeiten unterliegendes arbeitsteiliges Denken und Handeln wider*[2] (vgl.
u.a. Schierenbeck 1993, S. 15ff) und zielt *nicht von vornherein* auf Autonomie
und Selbstbestimmung der beteiligten Subjekte ab.

Demgegenüber fordern philosophisch-erziehungswissenschaftliche Anregungen,
das menschliche Zusammenleben *dialogisch zu gestalten*, insbesondere seit den
Gedanken Martin Bubers oder den transzendentalpragmatischen Vorschlägen
K.-O. Apels und Jürgen Habermas', Menschen auf, sich bar jeder realen und
fremdreferenziellen Zwänge *mit anderen* bezüglich ihres Dasein, Tuns und der
Welt auseinander zusetzen (s. z.B. Strunk 1988, 1996), um Normen für ein *vernünftiges Miteinander* zu entwickeln (s.u.).

*Dementsprechend liegt es zunächst einmal nahe, zu begründen, weshalb es in
einer erziehungswissenschaftlichen Erörterung als erforderlich angesehen wird,
sich mit der Reformulierung des Managementverständnisses hin zu einem dialogischen auseinander zusetzen.*

Ein Begründungsansatz wird darin gesehen, dass sich an der Schwelle zum 21.
Jahrhundert *derartig umfangreiche Wandlungsprozesse* feststellen lassen können, die auf menschliches Entscheiden und Handeln zurückzuführen sind und
gleichsam aufgrund ihrer Auswirkungen auf den gesamtgesellschaftlichen Kontext einer kritischen Reflexion bedürfen. Exemplarisch lässt sich hierfür die

---

[1]   Im nächsten Abschnitt wird im Zusammenhang mit der Erörterung organisations- und
managementtheoretischer Entwicklungslinien auf die Unterscheidung zwischen dem
Management als *Institution* i.S. einer Gruppe von Managern und dem Management als
Funktion näher eingegangen. Die in Abschnitt 2 erfolgende argumentative Entfaltung
von *kritischer Mündigkeit* und *Mitverantwortung* als Leit- und Prüfkategorien zur *Reflexion von Managementhandeln* bezieht sich *zunächst* einmal auf *beide* Verständnisse
von Management.

[2]   Zu denken ist hierbei sowohl an den *vernünftigen Umgang* mit knappen Ressourcen und
Gewinnmaximierung als auch an den nicht zu unterschätzenden Aspekt der *Herr-
schaftsabsicherung*.

Technikentwicklung und die damit verbundenen Einsatzmöglichkeiten der Technik in Wirtschaft und Gesellschaft ranführen. Der durch den Untergang der Titanic im April 1912 zwar *kurzfristig erschütterte*, aber bis in die 1970er Jahre des 20. Jahrhunderts dennoch *prinzipiell ungebremste Glaube* an die *technologische Gestaltbarkeit von menschlichem Zusammenleben und Natur*, einhergehend mit der *konsequenten Entfaltung von Zweckrationalität,* hat allerdings nunmehr angesichts der insbesondere mit Hiroshima und Tschernobyl verbundenen *Folgen* und *Nebenwirkungen* aufzuführenden „Fortschritte" in der Atom-, aber auch Genforschung zum Ende des 20. Jahrhunderts insbesondere in großen Teilen westlicher Industriegesellschaften Zukunftsängste hervorgerufen. Diese Entwicklung, die mit dem populären Schlagwort „ständige Erhöhung der Komplexität" grob umschrieben werden kann und die Ulrich Beck als Begleitumstände einer Transformation moderner Industriegesellschaften zu „Risikogesellschaften" (Beck 1986, 1993) charakterisiert (s.u.), hat einen *Wertepluralismus bewirkt,* der in zunehmendem Maße bisherige Orientierungs- und Handlungsmuster auf individueller, organisationaler und gesellschaftlicher Ebene grundlegend in Frage stellt.

Dementsprechend weist auch das *Wissenschaftssystem* in westlichen Industriegesellschaften eine *Vielzahl* gesellschaftlich relevanten Wissens auf (s.u. die Kritik von K.- O. Apel 1988, S. 24), wobei es aufgrund der im Laufe des 20. Jahrhunderts immer stärker erfolgten *Segmentation in einzelne* und *innerhalb einzelner Fachwissenschaften* immer schwieriger wird, für hochkomplexe Probleme die oftmals geradezu sehnsüchtig erwarteten *allgemeingültigen* Orientierungshilfen zu geben.

Als *konkrete Auswirkung* dieses Wertepluralismus auf *pädagogische Orientierungslinien* lässt sich ranführen, dass *immer stärker Organisationen* (hier: am besonderen Beispiel von Unternehmen und deren Management) *selber* als wirtschafts- *und* gesellschaftspolitische *Akteure* (s. Küpper 1997, Scherer 2000) anzusehen sind und *nicht länger nur* einzelne Individuen[3]. Folglich liegt es nahe, das pädagogische Betrachtungsfeld auf Organisationen und deren Management *auszuweiten* (vgl. Geißler 1994, Lehnhoff 1997, Petersen 1997) und hinsichtlich deren Orientieren, Entscheiden und Handeln *kritisch zu begleiten.* Dies geht mit dem Anspruch an die Erziehungswissenschaften einher, Unternehmen und ihr Management als Forschungs- und „Begleitungsgegenstände" *nicht länger nur* Nachbardisziplinen wie der Betriebswirtschaftslehre oder der Organisationspsychologie zu überlassen.

Angesichts dieses Anspruches kann die Auffassung begründet werden, dass das bisherige Verständnis der Pädagogik - nämlich mit Hilfe ihrer „Schlüsselkategorien" *Lernen und Bildung* eine *Klärung des Verhältnisses des einzelnen Men-*

---

[3]   Hierbei soll selbstverständlich nicht die Bedeutung charismatischer und visionär denkender und handelnder *Individuen* für die Ermöglichung umfassender Wandlungsprozesse in Organisationen, Wirtschaft und Gesellschaft *vernachlässigt* werden.

schen zu sich und der Gesellschaft bzw. Welt im Rahmen des Spannungsfeldes Sittlichkeit[4] *bzw. Humanität - Nützlichkeit bzw. Effizienz ermöglichen zu können* – auf Unternehmen erweitert werden muss, um ihnen in bezug auf eine ständige Überprüfung des Wissens, Könnens, Fühlens, Wollens und Orientierens - über das bisherige Verständnis von Weiterbildung hinaus - behilflich sein zu können.

Da es aufgrund des oben kurz angesprochenen Wertepluralismus nicht mehr ausreichend scheint, sich *lediglich* auf persönliche Bildungsprozesse u.U. sehr einflussreicher Organisationsmitglieder *zu beschränken*, wird im Rahmen dieser Erörterung darauf verwiesen, dass erst *die Fähigkeit und Bereitschaft zum Dialog* den Grundstein für individuelle, aber gleichermaßen auch *organisationale Bildungsprozesse* legen kann.

Der Dialog wird somit unter erziehungs- und erwachsenenpädagogischen Präferenzen zu einem Kriterium bzw. einer „Bewertungsinstanz" für individuelle und organisationale/unternehmensrelevante Bildungsprozesse.

Hierbei wird im Rahmen dieser Erörterung darauf hingewiesen, dass es sich bei Organisationen und deren Management prinzipiell *eben nicht nur* um erwerbswirtschaftlich orientierte Unternehmen handelt, sondern dass vielmehr *alle* organisationalen Zusammenschlüsse, also auch genuin pädagogische Organisationen wie Schulen oder Volkshochschulen, aber auch sonstige Non-Profit-Organisationen und deren Management *pädagogisch zu begleiten* und somit die Kriterien „Kritische Mündigkeit" und „Mitverantwortung" auch auf sie anzuwenden sind.

Trotz dieser *nicht-ökonomischen Erweiterung* scheint es doch zunehmend erforderlich zu sein, das hier erörterte *Dialogische Management* in Form einer Kooperation der Erziehungswissenschaft mit der Ökonomie anzuregen und *lebbar zu gestalten und folglich die hier geäußerten Überlegungen zunächst einmal primär auf Unternehmen und deren Management zu beziehen.* Die Unterscheidung zwischen Betrieben als nicht automatisch auf Gewinnmaximierung ausge-

---

[4] Als *Sittlichkeit* wird hier die „uneingeschränkte Verbindlichkeit" (Höffe 1992, S. 247) bezeichnet, unter der der Mensch im Umgang mit sich, dem Mitmenschen und dem Kontext steht. Vor diesem Hintergrund lässt sich Sittlichkeit als Anspruch definieren, der im Gegensatz zum Recht nicht eingeklagt werden kann, sondern um seiner selbst willen zu befolgen ist. Dementsprechend wendet sich Sittlichkeit an das Subjekt als freies Vernunftwesen, und zwar dahingehend, dass „er über Vernunft nicht bloß im Bereich des Erkennens (theoretische Vernunft), sondern auch im Bereich des Handelns (praktische Vernunft) verfügt" (Höffe 1992, S. 247). Kurz: Sittlich sein heißt, sein Leben trotz vielfältiger biologischer, psychologischer und soziokultureller Bedingungen in *allen* Bereichen verantwortbar führen zu können (vgl. Höffe 1992, S.247f).

richteten Organisationen und Unternehmen wird daher in Anlehnung an den Betriebswirt Erich Gutenberg zunächst einmal zu betonen sein.

Im Rahmen dieses Dialoges insbesondere mit der Managementforschung gilt es seitens der Erziehungswissenschaft, sich als „genuiner Anwalt" des betrieblichen Lernens aufzufassen und somit nicht länger – möglicherweise ideologisch bedingt - diejenigen Impulse zu ignorieren, die aus der betrieblichen Praxis kommen und ihre Weiterentwicklung fordern (s. Abschnitt 4). Würde nämlich sich die Erziehungswissenschaft dem *partnerschaftlichen Dialog* mit der Managementforschung verweigern, der sich zweifellos in den Gestaltungsfeldern Personal- und Organisationsentwicklung herstellen lässt, beginge sie den Fehler, der betriebswirtschaftlich-dominierten Management- und Organisationsforschung das exponentiell expandierende Praxisfeld betrieblichen Lernens zu überlassen. Dies hätte auch aus pädagogischer Betrachtungsweise die Konsequenz, sich von äußerst interessanten Ressourcen, Lern und Mitgestaltungsfeldern abzuschneiden und somit auch ihre eigene Weiterentwicklung zu beeinträchtigen.

Hieraus wird deutlich, dass die Erziehungswissenschaft für den Dialog mit der ökonomisch dominierten Organisations- und Managementforschung ihre *Identität* nicht *aufzugeben*, sondern sie vielmehr *zu schärfen hat*. Für diesen „Schärfungsprozess" scheinen insbesondere die *erziehungswissenschaftlichbildungstheoretisch* zu begründenden Leitkategorien „Kritische Mündigkeit" und „Mitverantwortung" weiterführend zu sein, um darauf basierend einen *notwendigen Dialog* insbesondere mit der Managementforschung angesichts der Kriterien einer – primär betriebswirtschaftlichen Parametern unterliegenden – Bewertung organisationaler Leistungserstellung vornehmen zu können.

Vor diesem Hintergrund wird die Thematik, das Management von Organisationen – am besonderen Beispiel von Unternehmen - zu befähigen, *sich kritisch und mündig mit sich und seinem Managementhandeln auseinander zu setzen* (vgl. Wagner/Nolte 1993, S. 20, Wagner/Nolte 1995, S. 250f) sowie darüber hinaus angesichts eines *notwendigerweise vernünftigen Umganges* mit gesamtgesellschaftlichen Wandlungs- sowie Globalisierungsprozessen eine *derartige Bereitschaft und Befähigung* als Grundlage zu sehen, „gebildete Organisationen" oder gar eine „gebildete Gesellschaft" konzeptionell vorschlagen und entfalten zu können (s. hierzu insbesondere Petersen 1993, 1997, Lehnhoff 1997), immer aktueller.

Hierzu sei als Vorbemerkung erlaubt, dass insbesondere im deutschsprachigen Raum in der Regel unter einem *Führungs-* bzw. *Managementmodell* „ein normatives Konzept der Führung eines Gesamtsystems" (Staehle 1987, S. 610) verstanden wird, welches Soll-Konzepte darstellt, die darüber Aussage treffen, wie Führung in Organisationen vollzogen werden sollte (vgl. Wild 1974, S. 164).

Hinsichtlich dieses Verständnisses scheint es naheliegend zu sein, ein erwachsenenpädagogisch begleitetes **dialogisches Management als Ermöglichung eines bildungstheoretisch-ethisch begründeten Managements bzw. einer bildungstheoretisch-ethisch begründeten Führung** *in* und auch *von* Organisationen aufzufassen. Dieser Anspruch *mündet in die These,* dass alle Organisationen eine *gelebte Verantwortung* im Umgang mit ihren Mitgliedern sowie gegenüber ihrem Umfeld, worunter vor allem Konsumenten, Arbeitsmarkt sowie Ökologie verstanden werden können, wahrzunehmen haben.

Mit großer Wahrscheinlichkeit kann diesem Anspruch *nicht* (länger) mit Hilfe einer Aneignung und eines zunehmenden Beherrschens bestimmter - möglicherweise bislang sehr erfolgreicher – (betriebswirtschaftlich-dominierter) Managementtechniken entsprochen werden[5], sondern er bedarf statt dessen in zunehmendem Maße einer *kritischen Mündigkeit* und *Mitverantwortung* **aller** Betroffenen organisationalen Entscheidens und Handelns.

Vor diesem Hintergrund wird in dieser Erörterung zur Diskussion gestellt, die erziehungswissenschaftlichen Kategorien *kritische Mündigkeit* **und** *Mitverantwortung* **als Reflexionsgrundlage für ein vernünftigeres Managementhandeln (zunächst einmal im Kontext von Unternehmen) qua Dialog anzubieten.**

Dabei soll natürlich nicht unterschlagen werden, dass sich *jede* Organisation in bestimmten Kontexten behaupten und ihren Grundauftrag erfüllen, sprich: Nutzen stiften muss. *Kritische Mündigkeit* und *Mitverantwortung* sollen hier als Maßstab verstanden werden, seitens des Managements den organisationalen Grundauftrag in Beziehung zu gesamtgesellschaftlichen Präferenzen zu setzen, und ggf. zu korrigieren. Eine so verstandene kritisch-mündige und mitverantwortliche Auseinandersetzung des Managements mit sich, dem Grundauftrag und dem Kontext soll als *reflexive Eigenständigkeit* bezeichnet werden, wobei es nachzuweisen sein wird, **dass derartige Lern- und Entwicklungsprozesse auf den Dialog mit anderen angewiesen sind.**

---

[5]   Vor diesem Hintergrund wird auch bewusst auf den Einwand Wolfgang H. Staehles (1987, S. 610) verwiesen, der gegenüber den bisher häufig vorgeschlagenen Führungs- bzw. Managementmodellen den Einwand hegt, dass
  – sie in erster Linie Gestaltungs- und Handlungsempfehlungen beinhalten,
  – dabei allerdings Aussagen über Ziele und zugrundeliegende Normen - am Beispiel des Menschenbildes - sowie
  – den Geltungs- und Anwendungsbereich und
  – eine wissenschaftliche Begründung
  vermissen lassen.

Vor diesem Anspruchshintergrund liegt es nahe, im *ersten Teil* das bisherige Managementverständnis kritisch zu beleuchten, dabei aber auch nach prinzipiell vorhandenen Ansatzpunkten zu suchen, die ein kritisch-mündiges und mitverantwortliches Managementhandeln qua Dialog ermöglichen (könnten). Dabei wird an die betriebswirtschaftliche Tradition angeschlossen, Management *im Spannungsfeld zwischen erfolgs- und verständigungsorientiertem Handeln* zu betrachten. Obwohl auch diese Erörterung sicherlich nicht gänzlich die „Kluft" zwischen erfolgs- und verständigungsorientiertem Handeln zu überbrücken vermag, wird dennoch der Versuch unternommen, die Vorteile eines verständigungsorientierten Managements insbesondere in Zeiten umfassender Wandlungsprozesse herauszustreichen. Dies geschieht, ohne dogmatisch den Ansatz erfolgsorientierten Managementhandelns von vornherein abqualifizieren zu wollen. Es wird vielmehr der Versuch unternommen, die erziehungswissenschaftlichen Kategorien Lernen und Bildung als weiterführend für ein vernünftige(re)s Managementhandeln zu identifizieren und mit ihrer Hilfe *mehr* Verständigungsorientierung im Management zu erreichen. Dabei wird auch die Managementfunktion „Machterhaltung" zu berücksichtigen sein, die sicherlich nicht a priori mit dem hier vertretenen Anspruch, *Management dialogisch zu gestalten*, vereinbar erscheint. Die kritische Diskussion ausgewählter, sich vermutlich eher an dem erfolgsorientierten Primat orientierender, traditioneller Managementmodelle erfolgt vor diesem Hintergrund. Dabei wird gleichsam auch nach möglichen Anknüpfungspunkten für ein stärker verständigungsorientiertes Managementhandeln in diesen Führungsmodellen gesucht. Hierbei bietet es sich an, auch aus ökonomischer Sicht die Vorteile des Dialoges in einer Wettbewerbswirtschaft und –gesellschaft zu unterstreichen.

Im *zweiten Teil,* der sich mit philosophischen Grundlagen zwecks *Ermöglichung eines vernünftigen Managementhandelns* befasst, soll verdeutlicht werden, dass auch in der philosophisch-erziehungswissenschaftlichen Tradition seit den Arbeiten Immanuel Kants für lange Zeit ein eher *individualistisches* Verständnis vorgeherrscht hat und der Dialog nicht im Zentrum des Erkenntnisprozesses stand. Nicht zuletzt hat die Anmerkung Ulrich Becks, dass sich moderne Industriegesellschaften auf dem Wege hin zur Risikogesellschaft befinden, aber gezeigt, dass bisher erfolgreiche Orientierungslinien zunehmend einer kritischen Revision bedürfen, die immer weniger durch die Beteiligten *alleine* geleistet werden kann. Am Beispiel der *transzendentalpragmatisch-diskursethischen* Anregungen von Karl-Otto Apel und Jürgen Habermas wird aufzuzeigen sein, dass – trotz durchaus berechtigter Einwände gegenüber diesen idealtypischen Vorschlägen - ein *vernünftiges Entscheiden und Handeln* in der Gesellschaft, aber auch in Organisationen *letztlich doch auf den Dialog angewiesen ist.*

Der Bezug zum Management wird durch die von Harald Geißler zur Diskussion gestellten Managementsinnmodelle hergestellt, die schließlich im „vernunftsermöglichenden" *Mitverantwortungsmodell* mündet, welches auf dem Dialog aufbaut und alle Beteiligten auffordert, den jeweils anderen als *mündiges Subjekt, Lernpartner* und *potentiellen Problemlöser* zu verstehen.

Da das Mitverantwortungsmodell aufgrund seines engen Anschlusses an die Transzendentalpragmatik noch Schwächen aufweist, wobei insbesondere die Implementierungsproblematik zu nennen ist, wird es als weiterführend angesehen, die Ermöglichung eines vernünftigen Managementhandelns eng an die politische Lernfähigkeit des Managements zu knüpfen. Hierzu wird das *Mentorenmodell* als dialogförderndes Managementsinnmodell neu eingeführt, welches die Implementierungsproblematik erkennt und gleichzeitig – sozusagen als Ausweg – jeden Beteiligten auffordert, wie ein sich um Verständigung bemühender Politiker zu denken und zu handeln. Die Bezeichnung Mentorenmodell erscheint deshalb zutreffend, weil sich jeder Lern- und Dialogpartner aufgefordert sieht, sich wie ein Mentor/ väterlicher Freund auch für den Lern- und Entwicklungsprozess des je anderen *mitverantwortlich* zu fühlen.

Obwohl auch in dieser Erörterung eingestanden wird, dass dieser Anspruch sehr idealtypisch und realitätsfern erscheinen mag, zeigt doch die wirtschafts- und unternehmensethische Debatte, dass die Notwendigkeit, *vernünftig zu entscheiden und zu handeln*, eine zunehmende Bedeutung für die *Legitimation* organisationaler Leistungserstellung und –anbietung erhält. Dies wird im *dritten Teil* näher skizziert.

Hierbei geht es darum, anhand dreier exemplarischer Ansätze mit verschiedenen Blickwinkeln zu zeigen, dass sich Unternehmen und ihr Management immer stärker öffentlicher Beobachtung ausgesetzt sehen und dadurch ihren *organisationalen Grundauftrag* im *Spannungsfeld* zwischen ökonomischer Effizienz und Mitverantwortung für das *Gemeinwohl* zu definieren haben. Hierbei dienen schließlich die managementtheoretischen Arbeiten Werner Kirschs, von einer *Evolution organisationaler Vernunft* hin zur *Fortschrittsfähigen Organisation* auszugehen, als Anlass, den Organisations- und Managementalltag *erwachsenenpädagogisch* zu begleiten, um mit Hilfe *gemeinsamen Lernens reflexiveigenständiges* Handeln *in* und *von* Organisationen zu ermöglichen.

Aus diesem Grunde werden im *vierten Teil* die erwachsenenpädagogische Entwicklung in Deutschland seit 1945 sowie drei Ansätze vorgestellt, die letztendlich als Brückenschlag hin zur Ausgestaltung *dialogischer Lehr-/Lernarrangements* dienen sollen. Hierbei wird insbesondere die Abkehr von *monologischer Erzeugungsdidaktik* hin zu *dialogischen Ermöglichungsarrangements* zu diskutieren sein. Erst eine derartige Reformulierung des erwachsenenpädagogischen Lehr-Lernverständnisses kann – so die Annahme - als Basis für ein vernünftiges, dem *Mentorenmodell* entsprechendes, dialogisches Managementverständnis unter erwachsenenpädagogischer Begleitung angesehen werden.

Nachdem im vierten Teil eine erwachsenenpädagogische Reformulierung hin zu einem dialogischen Verständnis angeregt worden ist, wird im *fünften Teil* gleichsam eine *Reformulierung des Organisationsverständnisses* zur Diskussion gestellt. Dabei liegt die These zugrunde, dass es veränderter organisationaler Rahmenbedingungen bedarf, um ein dialogisches organisationales Miteinander im Sinne des Mentorenmodells zu fördern. Aus diesem Grunde wird der Vorschlag unterbreitet, Organisationen *föderalistisch* zu gestalten. Obwohl auch in der Betriebswirtschaftslehre die *Holding*[6] als quasi föderalistischer Zusammenschluss von Tochterfirmen unter dem Dach der Konzernmutter seit längerem eine feste Größe darstellt, wird in dieser Erörterung angeregt, *den politisch-dialogischen Charakter noch stärker zu pointieren.* Dementsprechend wird der Föderalismus als Chance aufgefasst, dass sich das Management – analog zu föderalistischen Staaten – mit Hilfe politischen Lernens sowohl dem Ganzen verpflichtet als auch ermutigt und ermächtigt sieht, für den eigenen Bereich unabhängig von der Zentrale Entscheidungen zu treffen. Das Verhältnis zwischen Zentrale und den einzelnen Gliedern sowie Regelung der Beziehung der Organisation zur Außenwelt ist durch eine *Organisationsverfassung* zu klären, *die ständig einer Überprüfung bedarf.* Für derartige Lern- und Überprüfungsprozesse ist eine *gelebte Dialogkultur* von entscheidender Bedeutung.

Im *sechsten* Teil werden schließlich konkrete Vorschläge unterbreitet, wie dialogisches Management ermöglicht und ausgestaltet werden kann. Hierzu wird auf Beispiele aus der Praxis verwiesen.

Begonnen wird diese Erörterung mit einer Klärung des Managementbegriffs und der dahinterstehenden Management- und Führungstechniken im Spannungsfeld zwischen erfolgs- und verständigungsorientiertem Handeln, um möglicherweise erste Anzeichen für ein kritisch-mündiges und mitverantwortliches Managementhandeln identifizieren zu können.

---

[6]   Als *Holding* wird im weitesten Sinne eine Gesellschaft bezeichnet, die Anteile an anderen Gesellschaften als Vermögensanlage erwirbt und auch verwaltet (vermögensverwaltende Holding). Im engeren Sinne handelt es sich um Gesellschaften, die darüber hinaus ökonomischen Einfluss oder Oberaufsicht der anderen selbstständigen Einheiten durch eine einheitliche Leitung und Verwaltung intendieren (geschäftsführende Holding). Holdings weisen in der Regel die Rechtsform einer AG oder GmbH auf und werden dadurch gebildet, dass mehrere Gesellschaften ihre Aktien in eine neu gegründete AG einbringen und dafür Aktien der Holding erhalten.

1. Management, Organisation und Dialog

1.1. Management und Managementtechniken

1.1.1. Zum Begriff des Managements im unternehmerischen Kontext

a) Vorbemerkungen: Zur Charakterisierung von Unternehmen
Im allgemeinen Sprachgebrauch werden insbesondere in der betriebswirtschaftlichen Literatur mit dem geradezu eklektizistisch scheinenden *Sammelbegriff* Management (s.u.a. Koontz 1962) verschiedene Aspekte insbesondere im Zusammenhang mit Unternehmen bezeichnet (vgl. Wunderer/Grunwald 1980, S. 65, Koreimann 1987, S. 9, Staehle 1991, 1994, Bleicher 1992)[7].

In diesem Abschnitt wird von folgenden Vorannahmen ausgegangen:

1. Der Management-Begriff *bezieht sich nicht nur auf* Unternehmen, sondern lässt sich im weiteren Sinne auch im Zusammenhang der Gegebenheiten von Non-Profit-Organisationen wie beispielsweise Schulen, Volkshochschulen, Krankenhäusern oder Organen der staatlichen Exekutive am Beispiel der Polizei oder der Streitkräfte untersuchen (vgl. dazu auch Ulrich/Probst 1990, Probst 1991, Schwarz 1992). Es werden aber unternehmerische Gegebenheiten als Ausgangspunkt gewählt, um die Möglichkeiten dialogischen Managements zu diskutieren.
2. Management kann *institutional* und *funktional* gedeutet werden.

Zur Erörterung dieser Thematik liegt es der Einfachheit halber nahe, damit zu beginnen, das Managementverständnis im Kontext sich den Marktgesetzen stellender Unternehmen näher zu skizzieren und dabei mit Hilfe Erich Gutenbergs Unternehmen von Betrieben zu unterscheiden. Hieraus lassen sich zweifellos insbesondere vor dem Hintergrund eines für alle Betriebe *gleichermaßen* notwendigen Umganges mit knappen Ressourcen wiederum *Querverbindungen* zu Non-Profit-Organisationen wie Schulen, Behörden oder Krankenhäusern herstellen, obwohl zuzuerkennen ist, dass in diesen Organisationen häufig andere Ziele verfolgt werden.
Hierzu wird es in Anlehnung an Erich Gutenberg (1962) als erforderlich angesehen, kurz zu skizzieren, was unter einem Unternehmen verstanden werden kann und wie sich Unternehmen von Betrieben unterscheiden. Vorweg gilt es zu

---

[7]   So weist beispielsweise Wolfgang H. Staehle (1987, S. 48) darauf hin, dass Management im deutschsprachigen Raum unter anderem mit Begriffen wie Unternehmensführung, Betriebspolitik, Leitung, dispositiver Faktor et al. gleichgesetzt wird, welche jeweils eigenständige Theorieansätze „und eine historische Entwicklung repräsentieren, die mit der des Managementbegriffs kaum vergleichbar ist" (ebd.).

betonen, dass sich Organisationen jedweder Art der *Knappheitsproblematik* (vgl.
u.a. Gutenberg 1962) ausgesetzt sehen[8]. Die Knappheitsproblematik, die letztendlich zu einem auch für das Gemeinwohl vernünftigen Umgang mit i.d.R.
knappen Ressourcen auffordert, bildet einen *moralischen Rahmen*, um alle Beteiligten aufzufordern, bei *vernünftigem Einsatz aller Ressourcen die Stabilität,*
aber auch *die Dynamik der Organisation gleichermaßen* zu erhalten.

Erich Gutenberg definiert *Betriebe* als Wirtschaftseinheiten, die

1) Leistungen durch die Kombination von Produktionsfaktoren erstellen,
2) das Wirtschaftlichkeitsprinzip verfolgen sowie
3) das finanzielle Gleichgewicht einzuhalten suchen.

Dieses Verständnis kann sicherlich auch für staatliche Behörden oder Non-
Governmental-Organizations (NGO's) angewendet werden.

Als Unternehmen werden *nur solche Betriebe* bezeichnet, die sich ihre Ziele und
Handlungen nach den *Prämissen der Gewinnmaximierung zwecks weiterer Existenzsicherung* auswählen und keinen Restriktionen von der Außenwelt wie etwa
staatlichen Vorgaben unterliegen. Unternehmen handeln folglich in ihrer Ziel-
wahl und Umsetzung von Plänen nach den Vorgaben ihrer Eigentümer und deren Management *autonom.*
Diese Definition Gutenbergs von Unternehmen wird für die anschließende Erörterung als grundlegend gesehen, um die Rolle des Managements in Unternehmen *klarer* umschreiben zu können.
Weiterhin soll hier betont werden, dass analog zum Managementbegriff auch
der Terminus „Organisation" sowohl *institutionell* als auch *funktional* gedeutet
werden kann (s.u.).

*Der Einfachheit halber wird allerdings in dieser Erörterung der Organisations-
begriff in erster Linie institutional gedeutet und mit den Gegebenheiten und
Herausforderung in und gegenüber Unternehmen gleichgesetzt. Dies geschieht,
obwohl sich die hier zu diskutierenden normativen Ansprüche sowie die Prob-*

---

[8]   Es ist sicherlich unstrittig, dass die *Verteilung knapper Ressourcen* auch in öffentlich-
geförderten Organisationen am Beispiel von Krankenhäusern, Volkshochschulen
und/oder Universitäten einen Machtfaktor darstellt, der nicht zu unterschätzen ist und
dementsprechend als „Hebel" bzw. „Druckmittel" verwendet wird, reflexive Eigenständigkeit einzelner Organisationsmitglieder - wenn auch *offiziell als wünschenswert angesehen* - „abzublocken". Vor diesem Hintergrund muss die Knappheitsproblematik bei
der Erörterung reflexiver Eigenständigkeit als ein *zentrales Moment* bei der Ausgestaltung des organisationalen Grundauftrags qua politischer Lernprozesse angesehen werden.

lematik, jene um- und durchzusetzen, prinzipiell auf alle Organisationstypen nebst deren Zielsetzungen beziehen können.

b) Historische Rekonstruktion des Managements unter den Prämissen der Arbeitsteilung in Unternehmen

Die „Geburtsstunde" des Managements im unternehmerischen Kontext allgemeinen lässt sich zeitlich im späten 19. Jahrhundert festlegen, als vor allem in den USA und Westeuropa eine Ablösung handwerklicher Produktion sowie der Manufakturen durch die *personal-*, aber - aufgrund des steigenden Mechanisierungsgrades - auch immer *kapital*intensivere[9] industrielle Fertigung festzustellen war.

Vor dem Hintergrund einer durch technische Innovationen erst ermöglichten Massenfertigung, einer zunehmenden Landflucht und Urbanisierung *sowie* eines äußerst geringen Qualifikationsniveaus der anzulernenden früheren Landarbeiter galt es, *Mechanismen* zu schaffen und einzusetzen, welche trotz hohen Personalbedarfs zur *„Überwindung" menschlicher und sozialer Vielfalt und „Unzuverlässigkeit"* beitragen konnten (vgl. Figge/Kern 1982, S. 63, auch Staehle 1994, Kieser 1995, Gomez/Zimmermann 1993, S. 44).

Derlei – *nahezu ausschließlich* auf ökonomische Gesetzmäßigkeiten zurückzuführende - Herausforderungen zwangen die Unternehmen in zunehmendem Maße, das komplexe Problem der *eigenen Bestandssicherung* in diverse Teilprobleme zu zergliedern und folglich die Arbeit zwischen Menschen und Maschinen rational aufzuteilen (vgl. ursprünglich Taylor 1911, Berger/Bernhard-Mehlich 1995, S. 134)[10].

---

[9]   Vor diesem Hintergrund bedarf es auch der Erwähnung, dass um die Jahrhundertwende das Entstehen der ersten großen *Aktiengesellschaften* verzeichnet werden konnte, da die zunehmend kapitalintensiven Projekte am Beispiel der Erdölförderung mit dem Eigenkapital des Unternehmers nicht mehr alleine finanziert werden konnten.

[10] Diese Prozesse dienten als Orientierungsgrundlage für das Denken und Handeln im Rahmen einer Formulierung der *klassischen Organisationstheorien* am besonderen Beispiel des „Scientific Management" des US-Amerikaners Frederick Winslow Taylor. Das „Scientific Management" stellte dabei eine Methode der Rationalisierung dar, die auf Untersuchungen über Bewegungsabläufe bei einzelnen Arbeitern basierte. Taylor charakterisierte sein „Scientific Management" wie folgt (zitiert nach Grochla, 1974, S. 14f., kursiv d. J.P.):
„*Erstens*: Die Leiter entwickeln ein System, eine Wissenschaft für jedes einzelne Arbeitselement, die an die Stelle der alten Faustregel-Methode tritt.
Zweitens: Aufgrund wissenschaftlicher Untersuchungen wählen sie die passenden Leute aus, schulen sie, lehren sie und bilden sie weiter, anstatt wie früher ohne Anleitung den Arbeitern selbst die Wahl ihrer Tätigkeit und ihrer Weiterbildung zu überlassen.

Folglich schien es vor dem Hintergrund einer *angestrebten effizienten Maschinen- und Personalauslastung zur Steigerung der organisationalen Leistungserstellung* immer notwendiger zu werden, Regularien zu entwickeln und auszugestalten, um in einem ersten Schritt *Planungs- und Produktionsprozesse auf verschiedene Schultern zu verteilen,* damit vor dem Hintergrund des Kampfes um Marktanteile und knapper Ressourcen eine möglichst effiziente Aufgabenverteilung vorgenommen und weiterhin in einem zweiten Schritt wiederum ermöglicht werden konnte, das durch Arbeits- bzw. Aufgabenteilung *Getrennte* wieder zu *koordinieren* (vgl. Bestmann 1982, S. 463)[11].

Drittens: Sie arbeiten in herzlichem Einvernehmen mit den Arbeitern; so können sie sicher sein, dass alle Arbeit nach den Grundsätzen der Wissenschaft, die sie aufgebaut haben, geschieht.

Viertens: Arbeit und Verantwortung verteilen sie fast gleichmäßig auf Leitung und Arbeiter. Die Leitung nimmt alle Arbeit, für die sie sich besser eignet als der Arbeiter, auf ihre Schulter, während bisher fast die ganze Arbeit und der größte Teil der Verantwortung auf die Arbeiter gewälzt wurde".

Hieraus wird deutlich, dass das Scientific Management insbesondere von drei Säulen getragen worden ist:

1.   „Festlegung von Arbeitsmethoden durch Zeit- und Bewegungsstudien, die in ihrem Ablauf ein maximales Arbeitsergebnis gewährleisten.

2.   Entwicklung eines Systems von Leistungsnormen und (gerechter, J.P.) Entlohnungsregeln auf der Grundlage von Arbeitsstudien, das den Arbeitenden bei Anwendung der leistungsmaximalen Arbeitsmethode zur Erreichung der geforderten Produktionsnorm motiviert.

Die Unternehmung wurde hierbei nicht primär als ein sich aus Menschen zusammensetzendes (soziales) System aufgefasst, sondern als eine (technische) Organisationsmaschine (vgl. Morgan 1986), *die möglichst effektiv zu funktionieren und zu produzieren hatte.* Die Organisationsmitglieder bekamen in diesem Verständnis die Funktion von Maschinenteilen zugesprochen, die allerdings in Form von Leistungsanreizen „gut gepflegt und geschmiert" werden mussten, um einen möglichst hohen Systemoutput zu ermöglichen.

Für die Arbeiter und das Management barg dieses zunächst einmal inhuman erscheinende Verständnis allerdings den Vorteil in sich, dass hiermit „berechenbare" Belohnungs- und Bestrafungsmodi verbunden waren, die *allen* Organisationsmitgliedern als Orientierungsmuster dienten. Darüber hinaus verfolgte Taylor auch die Absicht, seine Zielsetzungen einer rationalen Betriebsführung mittels erster Ansätze von Unfall- und Arbeitsschutzmaßnahmen sicherzustellen (vgl. Taylor 1911). Hieraus wird deutlich, dass Taylors ursprüngliche Intention nämlich in erster Linie darauf gerichtet war, die unterschiedlichen Interessen von Betriebsleitung einerseits und Mitarbeitern andererseits mit Hilfe systematischer Arbeitsanalysen auf „objektiver, wissenschaftlich begründeter Basis" zufrieden zu stellen und möglichst zu harmonisieren (vgl. Wunderer/Grunwald 1980).

[11]   Diese Trennung schien für Taylor schon aus dem Grunde vorteilhaft zu sein, als Planungsprozesse einen weitaus höheren Grad an Selbstständigkeit und einen umfangreicheren fachlichen Hintergrund erforderten, als dies von den Mitarbeitern auf der Werkstattebene über lange Zeit erwartet werden konnte (vgl. Herz/Bauer 1996, S. 53). Vor diesem Hintergrund lässt sich auch der (zumindest damals) scheinbar sehr

Die mit der *Arbeitsteilung* bzw. *Arbeitszerlegung* (als ausgeprägteste Form der Arbeitsteilung) verbundene arbeitsgruppenorientierte, berufsmäßige und *systematische Steuerung* industrieller, administrativer und produktiver Prozesse überforderte allerdings die Inhaber bzw. Kapitaleigner eines Unternehmens zunehmend, *alleine* alle damit verbundenen Aspekte zu überblicken und dementsprechend Entscheidungen zu treffen.

Diese „Überforderung" der Unternehmer ließ das Management als *Personengruppe* (i.s. von Organisatoren dieser sozio-ökonomisch-technischen Prozesse) sowie als *Summierung* bestimmter *Funktionen* (i.s. des Planens, Organisierens und Kontrollierens jener Prozesse, s.u.) entstehen (vgl. ursprünglich Fayol 1916)[12].

---

[12]   diesem Hintergrund lässt sich auch der (zumindest damals) scheinbar sehr erfolgreiche Versuch deuten, das Problem der betriebsinternen Kooperation mit Hilfe *arbeitsorganisatorischer Sozialtechniken* zu lösen, die wechselseitige Abstimmungsprozesse möglichst weitgehend ausschalteten und durch Regelungen ersetzten, die sich an die Organisationsmitglieder wandten und jene *vereinzelten* (vgl. Arnold 1996, S. 371, Dehnbostel 1995, S. 477ff, Severing 1996, S. 319ff, Steinmann/ Schreyögg 1997, S. 40ff)

Im Gegensatz zu Taylor, der sich primär mit *technisch-rationalen* Fragestellungen dem Ziel eines möglichst optimalen Systemoutputs zu nähern suchte, konzentrierte sich der französische Bergwerksdirektor Henri Fayol in seinen Überlegungen weniger auf den Produktionsprozess, sondern insbesondere auf den der *Führung* und *Administration* (vgl. Fayol 1970 [ursprüngl. 1916]). Dies erschien insofern sinnvoll zu sein, als in den schnell gewachsenen Industrieunternehmen bislang effiziente Verwaltungsstrukturen nahezu völlig fehlten (vgl. dazu auch Gomez/Zimmermann 1993, S. 45f).

Das in seiner 1916 erschienen Publikation *„Administration industrielle et générale"* hervorgehobene Hauptinteresse galt dementsprechend der Entwicklung und Ausgestaltung normativer Prinzipien und Empfehlungen für das Management hinsichtlich der Struktur und der Verfahren in der Organisation. Bei weitgehender Ausklammerung des menschlichen Verhaltens und kultureller Faktoren wurde die *formale Organisation* als eigentlicher Gegenstand der Betrachtung aufgefasst (vgl. Fayol 1916).

Demzufolge war die Sichtweise des Managements eine vorwiegend funktionale Fokussierung bestimmter betrieblicher Bereiche, um dem Idealbild exakt funktionierender Strukturen und Abläufe zu entsprechen.

Aus dieser Gegenüberstellung ergibt sich, dass Fayol in erster Linie den Aspekt der (Amts-) Autorität betonte, während Taylor in seinen Arbeiten primär an Effizienz orientiert war (vgl. Schäfers 1990, Pfeiffer/Weiss 1992).

Fayols Gedanken zur Reglementierung von Befehlslinien und Dienstwegen innerhalb von Organisationen und Taylors Programm einer wissenschaftlichen Betriebsführung haben allerdings gemein, dass sie von der festen Überzeugung ausgingen, einen „one best way" der Arbeitsorganisation finden zu können (vgl. Geißler 1996, S. 180), und demzufolge einen geradezu *absoluten* Erklärungsanspruch und universelle Geltung ihrer Ansätze beanspruchten, was auch mit dem Terminus „Pilotfunktion" für die Massenfertigung umschrieben werden kann.

Vor diesem Hintergrund überrascht es auch nicht sonderlich, dass sich Henry Ford als einer der Pioniere der industriellen Massenfertigung eng an den Gedanken Taylors und

Hieraus lässt sich ableiten, dass die Entwicklung des Managements in erster Linie eng an die Technikgeschichte und die durch die Technikentwicklung erforderlich gewordene Arbeitsteilung zwischen Menschen untereinander sowie Mensch und Maschine gebunden ist (vgl. u.a. Staehle 1994) und darüber hinaus sich Managementfunktionen inhaltlich soweit entwickelten und ausdifferenzierten, dass sie *lehr- und lernbar wurden* (vgl. Steinmann/Schreyögg 1997)[13].

Vor diesem Hintergrund lässt sich die vorläufige These zur Diskussion stellen, dass es sich im traditionellen Sinne bei Management(prozessen) primär um bedingt durch (Aus-) Bildungs- bzw. Erfahrungsvorsprung *Hand*-Habung(s)- bzw. Leitung(sprozesse) in (immer technikorientierteren) Unternehmen gehandelt hat und (teilweise immer noch) handelt.

Zwecks einer Klärung des Managementverständnisses wird hier zunächst einmal der Vorschlag unterbreitet, Management *zweifach* aufzufassen, und zwar im Sinne der oben vorgenommenen Unterteilung *einerseits* als

1) *Institution* in Form einer *bestimmte Personengruppe* und *andererseits* als
2) *Funktion* bzw. Tätigkeitsbereich.

Um diese Deutungen vornehmen und darstellen zu können, werden betriebswirtschaftliche Erkenntnisse zu skizzieren sein. Hierbei soll vorbemerkt werden, dass sich die Betriebswirtschaftslehre aus verschiedenen Funktionslehren zusammensetzt, wobei den Sachfunktionslehren wie Absatz oder Forschung und Entwicklung das Management als Querschnittsfunktionslehre gegenübersteht[14]. Demzufolge stellt die Managementlehre eine *Teilfunktionslehre* der Betriebswirtschaftslehre dar.

(zumindest mittelbar) Fayols orientierte, wobei die Erkenntnisse des „Scientific Management" in seinem Industrieunternehmen zur Anwendung kamen.

13   So kann aus heutiger Sicht die insbesondere in den USA zum Ende des 19. Jahrhunderts betriebene Entstehung von „Business Schools" an den Universitäten als der letztlich entscheidende Schritt zur Professionalisierung und auch Anerkennung des Managements angesehen werden. Im deutschsprachigen Raum wurde stärker eine „höhere kaufmännische Bildung" intendiert. Diese diente primär dem Zweck, mit ihrem die Allgemeinbildung der gesellschaftlich noch nicht so anerkannten Kaufleute zu erhöhen. Neben der Volkswirtschaftslehre, Recht, Buchhaltung und kaufmännischem Rechnen spielten die Fremdsprachen eine bedeutende Rolle, um den Anforderungen des Außenhandels und der Weltwirtschaft gerecht zu werden. die im angelsächsischen Verständnis klassischen Managementfunktionen der Planung, Organisation und Führung spielten eine eher nachrangige Rolle (vgl. Ulrich 1985).

14   Siehe hierzu Gutenberg (1983), der die Managementlehre als *Dispositionslehre* verortet. In Gutenbergs Verständnis fungiert der dispositive Faktor als *Steuerungsfaktor*, der die Elementarfaktoren (Arbeit, Betriebsmittel, Werkstoffe) kombiniert.

1.1.2. Deutungen des Managementbegriffs aus betriebswirtschaftlicher Sicht

a) Management als Gruppe von Personen

Management im *institutionellen Sinne* (vgl. Staehle 1994, S. 69) umfasst die Gruppe von Personen, die in einer Organisation mit Anweisungsbefugnissen betraut ist und im allgemeinen Sprachgebrauch als die der *Führungs*kräfte bezeichnet wird[15] (vgl. Staehle 1987, S. 53, auch Steinmann/ Schreyögg 1997). Dieses dem angelsächsischen Sprachraum entstammende Verständnis umfasst *folglich auch* den Eigentümer-Unternehmer und *unterscheidet nicht* wie die Industrieökonomik[16] zwischen Managern im Sinne von kapitallosen Funktionären, die in einem Angestelltenverhältnis zu den Kapitaleignern zwecks Führung eines Unternehmens stehen und somit de jure einen „Angestelltencharakter auf hohem Niveau"[17] aufweisen (vgl. Steinmann/ Schreyögg 1997, S. 92ff), und den Eigentümern als den durch das eingebrachte Kapital legitimierten Unternehmensführern (s.u. zum Vertragsmodell der Unternehmung). Hieraus wird deutlich, dass die *Gesamtheit* aller mit *Führungsaufgaben* betrauten Organisationsmitglieder, im Rahmen einer *Hierarchie*, sprich: *eines Herrschaftssystems*[18] ver-

---

[15]　Der Begriff der Personalführung entstammt der unternehmerischen Praxis des 19. Jahrhunderts (vgl. Türk 1990, S. 55ff). Personalführung stellt sich eindeutig vorgesetztenorientiert dar, denn: „man produziert also Wissen für nur einen geringen Teil der Erwerbstätigen und unterstellt zugleich die prinzipielle Angemessenheit, Richtigkeit oder normative Wünschbarkeit derjenigen Wirklichkeitskonstruktionen, die 'Personalführung' produziert" (Türk 1990, S. 55).

[16]　Für die industrieökonomischen Forschung ist diese Unterscheidung wichtig, weil sie sich mit der vergleichenden Gegenüberstellung von eigentümergeleiteten und managergeleiteten Unternehmen befasst (s.u.a. Schreyögg/Steinmann 1981, S. 533ff).

[17]　In Deutschland bleiben Manager zwar arbeitsrechtlich Arbeitnehmer, für die aber beispielsweise bezüglich Arbeitszeit und Kündigungsschutz Sondervorschriften bestehen. Unter anderem ist im Mitbestimmungsgesetz festgelegt, dass Manager – auch häufig als Leitende Angestellte bezeichnet - das aktive und passive Wahlrecht im Rahmen der Wahl der Arbeitnehmervertreter des Aufsichtsrates von Aktiengesellschaften haben. Die Belange der Gruppe der leitenden Angestellten werden dabei in einem Sprecherausschuss vertreten, während die individuellen Interessen davon unbenommen bleiben (vgl. Gerum 1991, S. 38). Elmar Gerum (ebd.) vertritt vor diesem Hintergrund die These, dass die Existenz der Sprecherausschüsse die ambivalente Stellung der Manager - nämlich einerseits eine Arbeitgeberrolle wahrzunehmen und andererseits schutzbedürftiger Arbeitnehmer zu sein - trefflich widerspiegelt, und weist vor dem Hintergrund dieser „Zwitterstellung" darauf hin, dass Arbeitgeberverbände wie Gewerkschaften die Existenz der Sprecherausschüsse für überflüssig halten.

[18]　Diese Vorstellung von Management und Organisation geht letztlich auf das „bürokratische Organisationsmodell" des deutschen Soziologen Max Weber (s. ursprünglich Weber 1921) zurück.

tikal und horizontal festgefügter und nach Über- und Unterordnung gegliederter Ränge, erfasst wird. Hinsichtlich unterschiedlich ausgeprägter Einwirkungs- und Mitgestaltungsmöglichkeit bei der organisationalen Leistungserstellung und Bestandssicherung lässt sich das *Management als Institution* i.d.R. in *drei* Führungsebenen einteilen:

Dieses „Bürokratie-Modell", welches neben den o.a. Erkenntnissen Taylors und Fayols in den Rahmen der „klassischen" Organisationstheorien eingebunden werden kann (vgl. u.a. Staehle 1994, Steinmann/Schreyögg 1997), betrachtet die gesamte Organisation als ein *System legaler Macht- und Herrschaftsausübung nach innen und außen* (vgl. Weber 1972). Im Unterschied zum Verständnis heutiger Zeit, den Begriff der „Bürokratie" als *Synonym* für Ineffizienz, Unbeweglichkeit und Ignoranz gegenüber Kundeninteressen insbesondere staatlicher Institutionen aufzufassen, fasste Weber die „Bürokratie" als idealen Organisationstyp auf, in der

– eine größtmögliche Effizienz (der Organisation),
– und eine maximal legalisierte und legitimierte Herrschaftsausübung

miteinander verknüpft werden. Die Vorstellungen Max Webers sind vor dem sozioökonomischen Hintergrund einer ständig steigenden Anzahl von Großorganisationen in den ersten Jahrzehnten des 20. Jahrhunderts und einer sich abzeichnenden „Organisationsgesellschaft" (Kieser 1995, S. 31) zu betrachten. In diesen neuartigen Großorganisationen stellte sich die Kernfrage der Legitimation von Herrschaftsausübung nach innen *und* auch nach außen. Die Legitimation von Herrschaftsausübung sollte durch die Verteilung von Rechten und Pflichten sowie von Autorität und Verantwortung geregelt werden.

Im Zentrum von Max Webers Überlegungen zur Darstellung *legal-rationaler Macht* steht die sich mit Hilfe von Regeln und Normen konstituierende *bürokratische Ausprägung der Herrschaft*. Der hierauf aufbauende *Idealtypus* der *bürokratischen Organisation* zeichnete sich insbesondere durch,
– funktionale Spezialisierung,
– fixierte Autoritätshierarchie,
– Regeln, Rechte und Pflichten,
– standardisierte Abläufe,
– Unpersönlichkeit von Befehlsgewalten (an das „Amt" gebunden),
– Aufstieg nach fachlicher Kompetenz in Laufbahnen,
– Prinzip der Aktenmäßigkeit
aus (vgl. vom Bruch 1993).

Bei der Skizzierung von Webers Bürokratiemodell fällt auf, dass Max Weber ähnlich wie Frederick Winslow Taylor und Henri Fayol sein Modell nicht an menschliche, kulturelle oder soziale Einflüsse bindet. Weber konzentrierte sich vielmehr darauf, die Charakteristik der Organisation als solcher zu beschreiben, in der wiederum ein maximal effizientes Funktionieren der einzelnen Organisationsglieder möglich war. Insbesondere mit Henri Fayol korrespondierte Max Weber hinsichtlich der Absicht, eine Kultur - geprägt vom Idealbild exakt funktionierender Strukturen und Abläufe - zu gestalten bzw. „herzustellen" (vgl. dazu auch vom Bruch 1993).

1. Obere Führungsebene bzw. Top-Management[19]
2. Mittlere Führungsebene bzw. Middle Management[20]
3. Untere Führungsebene bzw. Lower oder Junior Management[21].

Dementsprechend umfasst Management als *Gruppe von Menschen mit dispositiver Tätigkeit* mehr als nur das Top-Management, und weiterhin wird zunächst einmal im institutionellen Verständnis jemand als ein *Nicht-Manager* bezeichnet, „der vorwiegend auf Anweisung verrichtungsorientiert arbeitet" (Koreimann 1987, S. 119).

---

[19] Das *Top-Management* wird in der Regel durch eine oder mehrere Personen repräsentiert und - abhängig von der jeweiligen Rechtsform - als Vorstand oder Geschäftsführung bezeichnet. Das Top-Management als oberstes Leitungsorgan einer Unternehmung hat sich i.d.R. mit der Festlegung der Unternehmenspolitik und der strategischen Planung zu befassen. Dazu können die langfristige Zielsetzung für die Organisation (beispielsweise bezüglich Produktlinien und Marktanteilen) sowie die Grundsatzentscheidungen hinsichtlich Mittel und Maßnahmen zur Zielerreichung (Forschungsprogramme, Investitionspolitik, Kapitalbeschaffung) gezählt werden (vgl. Jakob 1980, S. 109). Hierbei stellt es sich als Aufgabe des Top-Managements dar, zur Förderung der das *Gewinnziel* spezifizierenden *Betriebsziele* beizutragen und diesbezüglich ein *System betriebsinterner Kommunikation, Koordination und Kontrolle* sowie *betriebsexterner Beziehungen zu Märkten, anderen Betrieben, Öffentlichkeit etc.* aufzubauen und aufrechtzuerhalten und jenes durch „Mitwirkung an Planung, Ausführung und Kontrolle der erforderlichen Entscheidungen auf den verschiedenen Organisationsebenen" sicherzustellen (Beck/Brater/Daheim 1980, S. 120).

[20] Als *Middle Management* werden meistens die Leiter der einzelnen Funktionsbereiche (Hauptabteilungen, Abteilungen) bezeichnet. Die wesentlichen Führungsaufgaben dieser Führungskräfte bestehen darin, mit Hilfe von Stäben die unternehmenspolitischen Entscheidungen und strategischen Vorgaben des Top-Managements in mittel- und kurzfristige operative Pläne und Dispositionen für die einzelnen Funktions- und Objektbereiche umzusetzen (Jakob 1980, S. 109). Hierunter lassen sich beispielsweise die Sortiments- und Produktgestaltung sowie die Umsatz- und Werbeplanung im Absatzbereich verstehen. In Deutschland wird diese Ebene als die der *leitenden Angestellten* bezeichnet, welche als Bindeglied zwischen dem Top-Management und der unteren Führungsebene sowie den sonstigen Organisationsmitgliedern fungiert (vgl. Staehle 1987. S. 54, Wagner 1991, S.100).

[21] Die Leiter von Personengruppen mit nahezu ausschließlich ausführender Tätigkeit stellen die *untere Führungsebene* dar, welche in erster Linie für die Steuerung der Ausführungsprozesse zuständig ist, um eine kurzfristige Realisierung der Betriebsprozesse sicherzustellen (vgl. Jakob 1980, S. 109, Bestmann 1982, S. 80). Hieraus kann geschlossen werden, dass sich die unterste Ebene nahezu ausschließlich auf ausführende Tätigkeiten zu konzentrieren hat, während sich das Top-Management fast ausschließlich (Unternehmens- und damit einschließend auch - als ein Teil von vielen - Mitarbeiter-) Führungsaufgaben widmet. Die Angehörigen der mittleren Ebene konzentrieren sich sowohl auf Führungs- als auch auf Ausführungsgaben und sind daher *Führer* und *Geführte*.

Als gemeinsamer Nenner des *institutionalen Verständnisses* kann es daher zunächst einmal angesehen werden, dass es sich bei *allen* Managern von Unternehmen um *Individuen* handelt, die mit *weitgehender Verfügungsgewalt und Entscheidungsbefugnis in Hinblick auf Personal und finanzielle sowie materielle Ressourcen ausgestattet sind* (vgl. dazu auch Chmielewicz 1979, S.190, Neuberger 1994, S. 29f).

Da sich mittlerweile *Unternehmensführung* als klassische Aufgabe von Managern (in Ablösung bzw. Ergänzung der Unternehmenseigner) im allgemeinen und des Top-Managements im besonderen heutzutage immer anspruchsvoller und komplexer darstellt (s.u.), scheint es mittlerweile aus Gründen einer *vernünftigen und umfassenden Entfaltung des gesamten organisationalen Potenzials* immer weniger erfolgversprechend zu sein, diese Hauptaufgabe *nur bestimmten Organisationsmitgliedern* zu übertragen (s.u., vgl. Schreyögg/Noss 1995, S. 169f).

Insbesondere die zunehmende Komplexität der Rahmenbedingungen, der sich Wirtschaft und Gesellschaft ausgesetzt sehen, lässt eine grundlegenden Um- und Neuorientierung des internen und externen organisationalen Planens, Entscheidens, Umsetzens und Kontrollierens immer dringlicher scheinen.

Als Ursachen für einen derartigen „Paradigmenwechsel" (vgl. ursprünglich Kuhn 1967, Moser 1989), der letztendlich die *klassische Aufteilung* in *Manager* und *Nicht-Manager* in Anbetracht einer auch zukünftigen Gewährleistung der organisationalen Zielerreichung und Marktfähigkeit zunehmend in Frage stellt, lassen sich nennen:

- immer schnellere Veränderungen in allen Bereichen, eine wachsende Dynamik mit teilweise gegenläufigen Tendenzen und heftigen Schwankungen (z.B. zwischen Wachstumsimpulsen und rezessiven Bewegungen),
- zunehmende Internationalisierung und Globalisierung,
- rascher technologischer Wandel,
- sensibilisiertes ökologisches Bewusstsein,
- gesättigte Märkte und neue Wirtschaftsräume,
- kurz: die Notwendigkeit sich zunehmend als „global player" gemäß den Anforderungen des 21. Jahrhunderts zu verstehen (s.u., vgl. auch Petersen 1998a, S. 87, Bullinger 1997, S. 27ff).

Betreffen derartige Entwicklungstendenzen – wie in der Einleitung angesprochen - noch eher Herausforderungen bezüglich des Umganges von Organisationen und ihres Managements mit der *Außenwelt*, lassen sich auch *organisationsintern* tiefgreifende Wandlungs- und Umstrukturierungstendenzen erkennen:

- Teamorientierte Arbeitsorganisationsformen, die zunehmend *selbstständige* interne Abstimmung erfordern;

– Neue Qualitäts- und Produktionsstandards mit der damit einhergehenden Informationspflicht und -notwendigkeit;
– Diversifizierung von Produkten verbunden mit der Just-In-Time Produktion, die eine reibungslose Zusammenarbeit zwischen den Herstellern und ihren Zulieferern notwendig machen;
– Die Fertigung von Komponenten, die die Informationswege zwischen dem Hersteller, direkten Zulieferern und wiederum deren Zulieferern komplizieren;
– Verkürzte Entwicklungs- und Produktlebenszyklen, die immer weniger Transferverluste erlauben und optimiert werden müssen (vgl. Behrmann 1998, Petersen 1998a).

Angesichts dieser *exemplarischen*, die Komplexität und Dynamik des ökonomischen Alltages widerspiegelnden, *Aufzählungen* überrascht es nicht, dass der Ruf nach neuen Managementkonzepten immer lauter wurde.
Derartige Konzepte am Beispiel von *Lean Management* (vgl. Womack/ Jones/Roos 1990, Pfeiffer/Weiss 1992, Geißler/Behrmann/Petersen 1995), *Business Re-engineering* (Hammer/Champy 1993) oder der *virtuellen Unternehmung* (Davidow/Mallone 1993) stimmen trotz unterschiedlicher Herangehensweisen grundsätzlich *darin überein*, eine *Flexibilisierung* des *Organisations- und Managementalltages* mit Hilfe einer *Abflachung der Hierarchien* und *Delegation bisheriger Managementaufgaben nach unten* zu fordern[22].

Diese Anregungen unterstreichen die in dieser Erörterung vertretene These, dass sich die Ermöglichung einer erfolgversprechenden, zukunftsweisenden sowie das Überleben sichernden Organisationsführung immer mehr als Aufgabe *aller Organisationsmitglieder darstellt.*

---

[22]   Vor diesem Hintergrund scheint dann auch die Anregung des St. Gallener Managementtheoretikers Fredmund Malik nur konsequent zu sein, folgende *Blickwinkelveränderung* des Managementverständnisses vorzunehmen und einzufordern:

– Management als Gestaltung und Lenkung ganzer Institutionen in ihrer Umwelt *statt* als Menschenführung,
– Management als Führung vieler Menschen *statt* als Führung weniger,
– Management als Aufgabe vieler *statt* als Aufgabe weniger,
– Management als indirektes Einwirken auf der Metaebene *statt* direktes Einwirken auf der Objektebene,
– Management unter dem Kriterium der Steuerbarkeit *statt* Optimalität,
– Management verfügt nie über ausreichendes Wissen *statt* Management einer ausreichenden Informationsbasis,
– Management mit dem Ziel der Maximierung der Lebensfähigkeit *statt* Maximierung des Gewinns (vgl. Malik 1992, S. 49ff.).

Der Organisatioiis- und Managementalltag zeigt nämlich zunehmend, dass

– sich das Top-Management – *analog* zum Einzelunternehmer der Wende zum 20. Jahrhundert - *alleine überfordert sieht*, alle unternehmensrelevanten Verfahren und Prozesse zu überschauen,
– neue Produktionsformen und Kundenbetreuungsformen in Gestalt von *teilautonomen* bzw. *selbstgesteuerten* Arbeitsgruppen (s. Abschnitt 6) oder Qualitätszirkeln (s. Antoni 1997) immer mehr von *jedem* Organisationsmitglied die Wahrnehmung von Managementaufgaben fordert.

Dementsprechend scheint ein institutionelles Verständnis *im Sinne einer Trennung in Manager und Nicht-Manager immer ungeeigneter* zu sein, die *gesamte* Komplexität des Managementbegriffs und –alltags in Unternehmen charakteristisch abzubilden.

b) Management als Wahrnehmung von Funktionen zur Zielerreichung des Unternehmens

Management im *funktionalen* Verständnis bezieht sich seit den Vorschlägen der managementtheoretischen Klassikern Taylor und Fayol auf *alle diejenigen Prozesse und Maßnahmen*, die für die Zielerreichung einer arbeitsteiligen, dem *Prinzip der funktionalen Differenzierung* unterliegenden, Unternehmung erforderlich sind[23]. (vgl. u.a. Bleicher 1992, S. 1, auch Wagner/Nolte 1995, S. 251).
Das funktionale Managementverständnis konzentriert sich dementsprechend unabhängig von der institutionellen Fixierung auf bestimmte Positionen und Führungsebenen auf *diejenigen Handlungen*, die der Steuerung des Leistungsprozesses i.S. aller zur Aufgabenerfüllung und Zielerreichung notwendigen auszuführenden Arbeiten in der Unternehmung nützen (vgl. Steinmann/Schreyögg 1997, S. 11ff).
Es liegt nahe, dass diese Funktionen insbesondere von hierarchisch höhergestellten Unternehmensangehörigen wahrgenommen werden. Dennoch haben auch sie daneben in mehr oder weniger großem Umfang nach wie vor auch *Sachaufgaben* am Beispiel von Einkauf, Produktion oder Verkauf zu bewältigen.

Die Managementfunktionen stehen zu den originären betrieblichen Sachfunktionen *in einem komplementären Verhältnis* (vgl. Steinmann/Schreyögg ebd.), da das funktionale Management den Charakter einer „komplexen Verknüpfungsak-

---

[23]   Die oben aufgeführten Vertreter der klassischen Organisationstheorien Taylor, Fayol und Weber stimmten alle darin überein, den menschlichen Faktor in den Arbeitsorganisationen zu vernachlässigen und *eine rein funktionale Betrachtungsweise des Managements* vorzunehmen.

tivität" (Steinmann/Schreyögg ebd.) aufweist, welches den Leistungserstellungsprozess „gleichsam netzartig überlagert und in alle Sachfunktionsbereiche steuernd eindringt" (ebd.). Die unternehmerische Zielerreichung *kann nur dann gewährleistet werden*, wenn beide – nämlich Sach- und Managementfunktionen - eng zusammenwirken und gut aufeinander abgestimmt sind. Das funktionale Managementkonzept betrachtet das Management folglich als eine Art *Querschnittsfunktion*, mit deren Hilfe der Einsatz der Ressourcen und die Koordination der Sachfunktionen gesteuert wird.

Managementfunktionen fallen demzufolge in jedem Bereich des Unternehmens an und sind auf jeder Hierarchiestufe zu erfüllen, wenn auch in unterschiedlicher Ausprägung.

Hieraus ergibt sich, dass Management im funktionalen Sinne *einen Komplex von Steuerungsaufgaben* darstellt, die zwecks beabsichtigter Zielerreichung der Unternehmung durch Leistungserstellung und -sicherung in arbeitsteiligen Zusammenschlüssen insbesondere *von allen* Angehörigen der o.a. Institution Management erbracht werden müssen (vgl. dazu auch Seidel/Redel 1987, S. 90ff).

Um dies sicherzustellen, baut die *klassische Managementlehre* ihr *Grundverständnis eines betrieblichen Steuerungsprozesses* auf einem *fünfstufigen* Phasenschema auf.

1. Der Beginn dieser Funktionsabfolge liegt in der *Planung*, in deren Mittelpunkt die zukünftig zu erreichenden Ziele und die hierzu zu ergreifenden Maßnahmen stehen. Alle folgenden Managementfunktionen orientieren sich an der Erreichung der Planziele, so dass auch von einem „Primat der Planung" (Steinmann/Schreyögg 1997) gesprochen werden kann.
2. Im zweiten Schritt muss der arbeitsteilige Aufgabenvollzug *organisiert*[24] werden.
3. An die Organisation schließt sich insbesondere der Personaleinsatz, aber auch die *Ausstattung* mit sonstigen Ressourcen an.
4. *Führung* dient der Veranlassung und Überwachung des Aufgabenvollzugs.
5. In der *Kontrolle* wird schließlich geprüft, ob Ausführung und Planung übereinstimmen und wo, bzw. weshalb ggf. Abweichungen aufgetreten sind. Die Kontrollfunktion dient dementsprechend auch der Aufgabe, Informationen über den Zielerreichungsgrad an die Planung zurückzuliefern, die für neue Planungsprozesse zu bedenken sind.

---

[24]   In der betriebswirtschaftlichen Literatur wird in der Regel zwischen *Aufbau-* und *Ablauf*organisation unterschieden, wobei Aufbaubeziehungen als *Bestands-* und Ablaufbeziehungen als *Prozess*phänomen angesehen werden. Trotz dieser Unterscheidung stehen beide Sachverhalte in einem *systemischen* Zusammenhang, da sich Veränderungen in einem Bereich auch grundsätzlich auf den anderen auswirken (vgl. u.a. Schierenbeck 1993, S. 91f).

Dieses klassische Verständnis einer *Konstruktionslogik des Managementprozes-ses* unterstreicht, *dass der Planung absolute Priorität einzuräumen ist* und *den anderen vier* angesprochenen Managementfunktionen *keine* eigenständige (Um)steuerungskapazität hinsichtlich der Ausgestaltung von Unternehmenszie-len und der sie realisierenden Maßnahmen zugeschrieben wird (s. Gutenberg 1983, S. 235f).

Vor diesem vielschichtigen mehrphasigen Hintergrund kommt es unter dem Planungsprimat in erster Linie auf eine möglichst *umfangreiche und professio-nelle Behandlung*[25] der (Unter-) Funktionen

1. Disponieren, Planen von lang- bzw. kurzfristigen Arbeitsabläufen,
2. Fixieren von Leistungszielen und -maßstäben,
3. Aufteilen der Aufgaben bzw. Prozesse auf die Mitarbeiter,
4. effizienter Einsatz der Mitarbeiter an Stellen, an denen sie optimal arbeiten können,
5. Motivieren *aller* übrigen Organisationsmitglieder sowie Informieren über den Gesamtzusammenhang des Leistungsprozesses (Einsicht in das Ganze als Voraussetzung für Mitverantwortung),
6. Koordination und Synchronisation der Arbeitsabläufe,
7. Erkennen und Überwinden von Störungen in der Kooperation (u. a. bei Aus-fall von Mitarbeitern),
8. Evaluation der Leistungen entsprechend der Relation von Energieeinsatz und Erfolg, Prüfung der Kosten-Nutzen-Relation.

Des weiteren geht es auch um die Wahrnehmung der Funktionen

9. Aufrechterhaltung eines positiven Images der Institution in der Öffentlichkeit, effektive Public-Relations-Arbeit,
10. Repräsentanz der Unternehmung zwecks Verbesserung des Firmenimages gegenüber der Außenwelt (Kunden, Lieferanten, Gesellschaft etc.)[26].

---

[25]   Hieraus ergibt sich, dass sich das Tätigkeitsfeld des Managements insbesondere durch *drei* Komponenten bestimmen lassen kann:
   1.   *Handlungszwänge* (demands) im Sinne von den Aktivitäten, die zu den fest um-rissenen Pflichten eines Stelleninhabers gehören (Berichterstattung, Budgeterstel-lung, Gegenzeichnen von Briefen usw.).
   2.   *Restriktionen* (constraints)im Sinne von Begrenzungen, die dem Manager in sei-ner Tätigkeit begegnen und intern oder extern verursacht sein können. Als Bei-spiele derartiger Begrenzungen lassen sich Budgetlimits, Satzungen, Betriebsver-einbarungen, eingesetzte Technologien usw. ranführen.
   3.   *Eigengestaltung* (choices); damit soll der Aktivitätsraum umrissen sein, der frei gestaltet werden kann. Erst durch die Eigengestaltung kann der Manager seiner Arbeit und seinem Umfeld einen individuellen Stempel aufprägen (z.B. Füh-rungsverhalten, Arbeitsstil, Konfliktlösung).

[26]   Obwohl sich die bisherige Betrachtung von Managementfunktionen in erster Linie dar-auf konzentriert hat, die Wichtigkeit derartiger Funktionen danach zu beurteilen, wie sie

Die *Koordinations-* und *Entscheidungsfunktion*, welche häufig als genuine Managementfunktionen angesehen werden, stellen hierbei *keine eigenständigen Funktionen* im Sinne des 5-Phasen-Schemas dar, sondern weisen einen *funktionsübergreifenden Charakter* auf, da sie in jeder Phase *überall* vorkommen (vgl. Steinmann/Schreyögg 1997).

Zweifellos haben diese Managementfunktionen im Rahmen der oben vorgenommenen Unterscheidung zwischen den Institutionen *Top-, Middle-* und *Lower*-Management bislang allerdings eine *unterschiedliche Gewichtung* erfahren (vgl. Voßbein 1984, S. 6), wobei der Anspruch erhalten bleibt, dass es sich bei ihnen – gleich welche Managementebene angesprochen ist - im klassischen Sinne um *Mittel zur effizienten Planrealisierung* handelt, damit die Probleme gelöst werden können, die sich aus dem Planvollzug heraus stellen.

Kurz gefasst: *Planung stellt im ursprünglichen Sinne die Managementfunktion schlechthin dar.*

Dieses Modell der „plandeterminierten Unternehmensführung", welches eine klare lineare Unterordnung der übrigen Managementfunktionen gegenüber dem Planungsprimat unterstreicht, scheint mittlerweile allerdings aufgrund diverser empirischer Beobachtungen und Praxiserfahrung *nicht mehr kongruent* zu hochkomplexen Marktgegebenheiten und –beziehungen sowie denen des internen unternehmerischen Alltages zu sein.
Steinmann/Schreyögg (1997) sprechen hier vom *Implementierungsproblem* (welches unten auch unter den ethischen Fragestellungen der Normenbegründung und -anwendung noch eine wichtige Rolle spielen wird) und deuten dies als einen *Sammelbegriff* für alle diejenigen Probleme, die sich ständig aufgrund aller möglichen Widerstände ergeben, wenn in Organisationen Pläne zur Zielerreichung realisiert werden sollen.

Als das mit entscheidenste Problem der Vorstellung plandeterminierter Unternehmensführung lässt es sich angesichts hoher Komplexität und Dynamik im innerorganisationalen, gesamtökonomischen und auch gesellschaftlichen Kontext ansehen, dass das Anspruchsniveau bezüglich der Planungsfunktion so weit gestiegen ist, dass in Wirklichkeit ursprüngliche Planungsabsichten *kaum noch Chance haben, umfassend umgesetzt zu werden.* Der Planungsprimat unterstellt nämlich, dass es im Management funktionsinhabende Personen gibt, die aus *ihrem eigenen Verständnis bzw. ihrer eigenen Erfahrung heraus* in der Lage sind,

---

das „Funktionieren" des *internen Systems* sicherstellen, sind aufgrund der zunehmenden Verflechtung und Globalisierung insbesondere die Funktionen der Interessenvertretung gegenüber anderen Gruppierungen in Gestalt anderer Abteilungen, Bereiche, Firmen, Verbände, Vertreter von Anspruchsgruppen etc. von zunehmender Bedeutung.

alle wesentlichen Probleme der betrieblichen Steuerung zu antizipieren und im Sinne einer stimmigen Gesamtzielerreichung Lösungsangebote zu unterbreiten. Dies würde bedeuten, dass *alle* Handlungen im Unternehmen *nach einem* – durch diesen Personenkreis bestimmbaren - Plan ausgerichtet werden können.

Die oben kurz skizzierten Wandlungsprozesse verdeutlichen allerdings, dass der Primat *plandeterminierter Steuerung* immer weniger aufrecht erhalten werden kann, weil weder Unternehmenseigner noch mit der Planung Beauftragte alle Faktoren unternehmerischer Zielerreichung *alleine* umfassend überblicken können. Dass diese Thematik für die Allgemeine Managementlehre, die Organisationstheorie und auch das Personalmanagement eine ständige Herausforderung bleibt, zeigt Peter Conrad (1998, S. 31) auf und verweist hierbei in besonderem Maße auf die *betriebswirtschaftliche Auseinandersetzung mit den grundlegenden Faktoren des Wandels, seiner Gestaltung und seiner Beherrschbarkeit.*

Kurz: Die Vorstellung, dass es (immer noch) einen „Unternehmenssteuerer" gibt, der seine Handlung *alleine* sorgfältig plant und dann konsequent realisieren kann, steht im Widerspruch zu dem mittlerweile immer häufiger vorzufindenden Verständnis, dass jedes Unternehmen ein *hochkomplexes soziales System* ist (vgl. Ulrich/Probst 1990 sowie aus primär systemtheoretischer Sicht Luhmann 1984, 1988).

Hieraus ergibt sich, dass ein Festhalten am Primat der Planung und eine dementsprechende Unterordnung der anderen Managementfunktionen nicht länger erfolgversprechend erscheint und bedarf einer grundlegenden Revision des Verständnisses von Unternehmenssteuerung (vgl. Conrad 1995, S. 18ff, s. dazu auch Teil 5).

Dies beinhaltet eine Abkehr vom Verständnis, Umweltkomplexität und -unsicherheit planerisch restlos abarbeiten und ohne Störungen in Handlungen umsetzen zu können und erfordert eine Sichtweise, Unternehmenssteuerung ist eine ausgesprochen störungsanfällige Funktion anzusehen und dementsprechend zu konzeptualisieren.

Eine Möglichkeit, dieser auf dem (letztlich auf den Erkenntnissen und Vorstellungen weniger Organisationsmitglieder basierenden) Planungsprimat aufbauenden Steuerungsproblematik zu begegnen, könnte u.a. darin liegen, die sich immer komplexer und wechselhafter darstellende und eben nur teilweise zu kontrollierende Umwelt anzuerkennen. Dementsprechend bietet es sich an, den anderen oben angesprochenen vier wesentlichen Managementfunktionen, begleitet von denen der Koordination und Entscheidung, eine weitaus höhere Gewichtung als im klassischen Managementprozess zukommen zu lassen. Konkretisieren ließe sich diese Erkenntnis, wenn es im Unternehmen gelänge, die Planung zwecks Zielerreichung und Weiterexistenz *auf mehrere Schultern als bisher zu verteilen* und gleichzeitig aber auch *den Steuerungsprozess weiter als bisher zu fassen.*

Die damit einhergehende *Dezentralisierung und Flexibilisierung von Organisationen und deren Management führt mit sich, dass der Managementbegriff letztlich auf alle Organisationsmitglieder auszudehnen und dementsprechend Management dialogisch zu gestalten ist.*

Der damit einhergehende Vorschlag, letztlich *alle* Unternehmensangehörigen *immer stärker zu ermutigen,* aber auch *aufzufordern,* an der betrieblichen Zielsetzung und der damit verbundenen Wahrnehmung von Managementfunktionen *mitzuwirken,* soll allerdings nicht dahingehend verstanden werden, dass derartige Vorschläge hin zu einem dialogischen Management auf eine *gänzlich hierarchiefreie Organisation abzielen.*

Dies müsste als kontrafaktisch bzw. - noch schärfer formuliert - als *illusorisch* bzw. *utopisch* angesehen und abgelehnt werden (s. Abschnitt 7).

Vor diesem Hintergrund liegt es nahe, Management im Sinne eines (geplanten und organisierten) Planens, Organisierens, Ausstattens, Führens und Kontrollierens von Menschen und (knappen) materiellen Ressourcen aufzufassen. Management soll weiterhin die umfassende Entfaltung des organisationalen Potenzials und damit die Zielerreichung der Organisation sicherstellen. Dies beinhaltet darüber hinaus allerdings in möglicherweise noch viel stärkerem Maße, organisationale Ziele und somit den organisationalen Grundauftrag ständig überprüfen zu müssen.
Ein derartig *reformuliertes funktional-dialogisches Managementverständnis* öffnet allerdings vorsichtig den Blickwinkel *dahingehend,* thematisieren zu können, welche alten und neuen Forderungen im funktionalen Sinne das Management der Zukunft (stärker als bisher) zu erfüllen hat und welche Fragen es sich diesbezüglich zur eigenen Weiterentwicklung (auch in bezug auf das Verhältnis zur Außenwelt) noch konkreter zu stellen hat.

Nachdem „holzschnittartig" erste Unterscheidungen zwischen einem institutionellen und einem funktionalen Managementverständnis unterbreitet worden sind, wobei insbesondere die funktionale Betrachtungsweise als für die Gesamtfragestellung weiterführend identifiziert worden ist, grundsätzlich vom *monologischen Planungsprimat* abzuweichen und eine *dialogisch zu gestaltende stärkere Berücksichtigung aller – also auch der übrigen -Managementfunktionen* anzuregen, in wird im folgenden die betriebswirtschaftliche Diskussion aufgreifen sein, ob sich Managementhandeln in erster Linie *erfolgs-* oder *verständigungsorientiert* zu definieren hat. Dies ist insofern für die weitere Argumentation erforderlich, als hier überprüft werden soll, inwiefern die Managementlehre als Teilfunktionslehre der Betriebswirtschaftslehre bereits Schwierigkeiten und Möglichkeiten diskutiert, Management auch dialogisch konzipieren zu können.

1.2. Management im Spannungsfeld erfolgs- und verständigungsorientierten Handelns

Der Ansatz, dialogisches Management zur Diskussion stellen zu wollen, und sich hinsichtlich dieser Absicht auch betriebswirtschaftlicher Quellen zu bedienen, muss vor dem Hintergrund geschehen, dass in der Managementforschung seit längerem das Spannungsfeld zwischen *erfolgs-* und *verständigungsorientiertem* Handeln diskutiert wird (s. u.a. Steinmann/ Schreyögg 1997, S. 76ff, auch Staffelbach 1994, S. 187ff).

Dementsprechend geht es darum, einerseits der Erkenntnis Rechnung zu tragen, dass sich der ökonomische Erfolg einer Unternehmung in erster Linie an der positiven Entwicklung von Gewinn, Wachstum, Markt- und auch Machtstellung in einem zunehmend international bzw. global geprägten Wettbewerb zu messen hat (vgl. u.a. Scherer 2000) und andererseits auch nicht den Aspekt zu vernachlässigen, dass für den ökonomischen Erfolg einer Unternehmung *nicht nur quantitativ* messbare Größen eine Rolle spielen können. Die Aktualität des letzten Aspekts spiegelt sich u.a. in Innovations- und Legitimationskrisen wider, denen sich seit Anfang der 1990er Jahre viele westliche Unternehmen ausgesetzt sehen, auch wenn momentan zunehmende Globalisierungstendenzen, einhergehend mit einer unaufhaltsam erscheinenden Shareholder-Value-Orientierung (s.u.), eine „andere Sprache zu sprechen scheinen".

Vor diesem Hintergrund sieht sich das Management als Akteur im Kontext einer (mittlerweile weltweit sich auswirkenden) *vielschichtigen Interessenlandschaft*[27] um das Unternehmen herum aufgefordert, sein Verhältnis zu den jeweiligen Bezugsgruppen zu definieren und dementsprechend zu handeln. Dies erfolgt in der Regel unter primär erfolgs- oder verständigungsorientierten Prämissen.

---

[27] Als jüngstes Beispiel hierfür lässt sich die Entschädigung von Zwangsarbeitern während der NS-Diktatur und dem Zweiten Weltkrieg anführen. Obwohl viele momentan über Ressourcenfreistellung entscheidende Manager der betroffenen deutschen Firmen zu dieser Zeit noch gar nicht lebten oder sich allenfalls im Kindes- und Jugendalter befanden, werden sie doch aufgefordert, einen Teil der Firmengelder in einen Fonds einzuzahlen, der den ehemaligen Zwangsarbeitern zugute kommt. Würde dies nicht geschehen, könnte eine allgemeine Ächtung und Strafaktionen insbesondere der amerikanischen Justiz drohen, was für den wirtschaftlichen Erfolg und das Image der betroffenen Firmen sehr schädlich wäre.

Bereits oben wurde darauf hingewiesen, dass Management insbesondere durch die Arbeitsteilung in modernen Industriegesellschaften und das sich daran anschließende Koordinationsproblem erforderlich geworden ist.

Im ökonomischen Kontext geht es zunächst einmal um die Klärung zweier Aspekte, nämlich des „Kalkulationsproblems", wobei sich Fragestellungen nach dem Ressourceneinsatz in puncto Sicherstellung der maximalen gesamtgesellschaftlichen Wohlfahrt ergeben sowie des „Kontrollproblems", welches die Frage aufwirft, wie sich bewerkstelligen lassen kann, dass alle Beteiligten im erforderlichen Umfang an der Zielerreichung mitwirken (vgl. Steinmann/ Schreyögg 1997).

In Anbetracht dieses Koordinationsproblems liegen zwei Zugänge nahe, und zwar das *erfolgsorientierte* Handeln einerseits und das *verständigungsorientierte* Handeln andererseits.

1.2.1. Die erfolgsorientierte Handlungskoordination

Das erfolgsorientierte Handeln stellt sich als *der dominante Koordinationstyp in einer über Preise gesteuerten Geld- und Wettbewerbswirtschaft* dar und liegt der Konstruktionslogik der Marktwirtschaft zugrunde.

Erfolgsorientiertes Handeln geht von der Prämisse aus, dass *in erster Linie* Macht, Geld und Markt als Koordinationsmedien fungieren.

Als Ausgangspunkt erfolgsorientierten Handelns ist die „subjektive Handlungsrationalität" (Steinmann/ Schreyögg 1997, S. 80) eines rational agierenden ökonomischen Akteurs anzusehen, nach der ein Entscheidender und Handelnder seinen Nutzen dadurch zu steigern sucht, dass er nach Maßgabe seiner eigenen Präferenzfunktion und seines Mittelwissens (...) in einer gegebenen Handlungssituation die Wirkungen der möglichen Mittelwahlen abschätzt und dann die geeigneten „optimalen" Mittel auswählt (Steinmann/ Schreyögg 1997, S. 80).

Damit korrespondiert die Aussage Oswald Neubergers, dass als Grundlage ökonomischen Denkens die Analyse des vorausschauenden Handelns von Individuen anzusehen ist, „deren Ziel es ist, ihre Wohlfahrt zu maximieren wie sie es sehen" (Neuberger 1997, S. 73).

Um ihre Interessen diesbezüglich zu befriedigen, sehen sich die Individuen veranlasst, für sich
- in *Änderungen* (am Beispiel Mangel beseitigen, Bedürfnis befriedigen),
- in *Alternativen* (fortgesetzte Wahl zwischen verschiedenen Möglichkeiten),
- in *Restriktionen* (knappe Ressourcen konkurrieren um alternative Einsätze) sowie
- in *Input-Output-Kategorien* (Vergleich zwischen Ressourceneinsatz und Ergebnis)

zu denken (s. Mag 1995, S. 270f).

Erfolgsorientiertes Handeln zielt also nicht auf den Mitmenschen als Dialog-partner ab, *sondern beurteilt ihn primär nach dem Nutzen für die persönliche Zielerreichung.* Im Sinne dieser zweckrationalen Auslegung gilt es zu prüfen, ob es sich bei dem anderen um einen Partner handelt, mit dem ein faktischer Inte-ressengleichklang hergestellt werden kann, oder ob der andere durch *Machtein-satz* (s.u.), sprich dem Gebrauch von Belohnungen oder Bestrafungen bzw. durch Überredung so zu manipulieren ist, dass er die Bereitschaft zeigt, sich den eigenen Vorstellungen anzupassen.

Auf diese Weise behalten alle Beteiligten letztlich ihre eigenen Ansprüche und Interessen bei. Zugeständnisse weisen in erster Linie einen strategischen Charakter auf und haben nur solange Gültigkeit, wie es auf Grund der Machtver-hältnisse und der Einflussbemühungen geboten und persönlich vorteilhaft er-scheint.

Management ist in der Marktwirtschaft der Grundidee nach zunächst einmal als *rein* erfolgsorientiertes Handeln verfasst, da es aufgrund der hohen Komplexität des ökonomischen Kalkulations- und Kontrollproblems notwendig ist, die wirt-schaftliche Handlungskoordination über das sprachfreie Medium der freien Preisbildung durch Angebot und Nachfrage laufen zu lassen. Zeitraubende Ab-stimmungen und Dialoge scheinen nämlich im Widerspruch zur angestrebten Effizienz bei der Lösung des Koordinationsproblems zu stehen (s. u.).

Im Anschluss an diese Vorbemerkungen lohnt es sich, Management als erfolgs-orientiertes Handeln zu rekonstruieren und dabei an das *Vertragsmodell der Un-ternehmung* anzuknüpfen.

a) Das Vertragsmodell der Unternehmung als Verfassung des erfolgsorien-tierten Handelns

Ökonomisches Denken und Handeln wird durch eine Vielzahl von Akteuren ge-bildet, die in einen Austauschprozess eintreten, um eine *effiziente Reallokation der Mittel* zu erreichen (vgl. Schüler 1999, S. 129). Steinmann/ Schreyögg (1997) verweisen hierbei auf juristische Vorgaben am besonderen Beispiel des Gesellschaftsrechts, da nach ihrer Auffassung im Gesellschaftsrecht konkrete Erwartungen an das unternehmerische Handeln formuliert werden.

So gilt es zu betonen, dass im Gesellschaftsrecht Personen, die unternehmerisch tätig, sprich: als „Kaufmann" ein Handelsgewerbe zu betreiben beabsichtigen (§ 1 HGB), verschiedene Unternehmensformen zur Verfügung gestellt bekommen, um im Gesetzesrahmen ihre Interessen zu verfolgen[28]. Das organisationale Mit-einander ist durch diverse Vertragsbeziehungen – eben als Vertragsmodell der

---

[28]   Zu nennen sind u.a. die Einzelfirma, die offene Handelsgesellschaft, die Kommanditge-sellschaft, die Gesellschaft mit beschränkter Haftung und die Aktiengesellschaft.

Unternehmung - geregelt, wobei die Kapitaleigner die wirtschaftlichen Aktions-
zentren in einer Wettbewerbswirtschaft bilden. Es ist ihnen beispielsweise frei-
gestellt, ob sie als *Eigentümer-Unternehmer* fungieren oder einen *angestellten
Personenkreis* mit der Unternehmensführung beauftragen.
Das Verhältnis der Angestellten zum Kapitalgeber ist wiederum durch Verträge
geregelt, in denen die beiderseitigen Rechte und Pflichten niedergelegt sind.
In prinzipiell gleicher Verbindlichkeit werden mit *Lieferanten* Lieferverträge für
Roh-, Hilfs- und Betriebsstoffe zu Marktkonditionen abgeschlossen oder
Fremdkapital wird bspw. von Kreditinstituten aufgenommen.
Die *Kunden* erwerben Güter oder Dienstleistungen in der Qualität und zu den
Preisen, wie sie der Markt zulässt.

Hieraus ergibt sich ein *umfangreiches Vertragsnetzwerk* zwischen den Eigenkapitalgebern und den Arbeitnehmern, Konsumenten, Lieferanten und Fremdkapi-
talgebern. Die Verträge schreiben gerade *diejenigen* Konditionen rechtlich verbindlich fest, die der Markt im (Leistungs-)Wettbewerb von Angebot und Nachfrage erlaubt. Hierbei verfolgt *jeder* Marktpartner seine eigenen Interessen, „und
diese verschränken sich im Markt durch die Preise als Informationssystem so,
dass genau diejenigen Transaktionen zustande kommen, die die durch Angebot
und Nachfrage manifestierten Interessen aller Beteiligten erfüllen. Jeder kann -
ohne den anderen zu schädigen - seine Interessen so weit verfolgen, wie es der
Markt zulässt. Wirtschaften ist so eine ‚private' Veranstaltung, die im Privat-
recht geregelt ist. ‚Privat' bezeichnet dabei das Recht zur freien Verfügung"
(Steinmann/Schreyögg 1997, S. 83f).

Privates Eigentum an den Produktionsmitteln und Vertrag(sfreiheit), lassen sich
als *die Grundbausteine* bezeichnen, die für die Verfassung wirtschaftlichen
Handelns in der Marktwirtschaft als eines erfolgsorientierten Handelns notwendig und hinreichend sind (vgl. Steinmann/Schreyögg 1997, S. 84).
Da die Kapitaleigner zunächst einmal völlig alleine das wirtschaftliche Risiko
tragen, wird ihnen konsequenterweise de jure auch die volle Entscheidungsautonomie zugesprochen. Aus diesem Grunde prägt die „Einheit von Risiko, Kontrolle und Gewinn (Verlust)" Steinmann/Schreyögg ebd.) das organisationale
Miteinander unter erfolgsorientierten Prämissen.

Erfolgsorientiertes Handeln im unternehmerischen Alltag stellt sich *folglich
nicht primär* ausgleichs-, bzw. verständigungsorientiert dar, wie es möglicherweise (erwachsenen-) pädagogischen Vorstellungen entspräche, sondern spiegelt
vielmehr den Anspruch an das Management wider, zur Rentabilitätssteigerung
beizutragen und für Liquidität zu sorgen. Hierbei wirkt der mittlerweile global
zu sehende Kapitalmarkt (s.u.) als *Institution*, in welcher die optimale Allokation des Kapitals bewertet und gesteuert wird. Hieraus ergibt sich, dass *letztlich
alles ökonomische Handeln* in der Marktwirtschaft zunächst einmal auf der Er-

folgsorientierung basiert, zumal in ihr „sämtliche Markttransaktionen als freiwillige Interessenverschränkungen zustande kommen, die allen zum Vorteil geraten" (Steinmann/Schreyögg ebd.). Markt und Preissystem sorgen für den Interessenausgleich auf *der Basis individueller Präferenzen*. Es muss seitens der Politik und des Rechtssystems nur sichergestellt werden, dass der Wettbewerb beibehalten wird und (zumindest weitgehend) fair abläuft[29]. Die Koordination der wirtschaftlichen Handlungen erfolgt über diejenigen Preise, die im System Angebot-Nachfrage erzielt werden können. Im Wettbewerb aller Anbieter überleben dann langfristig diejenigen, die das Angebot zu den gegebenen Preisen auf Dauer am besten befriedigen können. Dies zwingt alle Unternehmen, ihre Kosten zu minimieren und u.U. auch gesellschaftspolitisch unpopuläre Maßnahmen wie bspw. Arbeitsplatz- bzw. Personalabbau zu beschließen.

Voraussetzung für die Funktionsfähigkeit des Preissystems ist das *rationale Verhalten* von Haushalten und Unternehmungen und zwar in dem Sinne, dass die Haushalte ihren Nutzen maximieren und die Unternehmungen den Gewinn. Dieses *Marktgleichgewicht* zwischen *Grenzkosten* als Preis bei minimalen individuellen Durchschnittskosten und *Grenznutzen* als Preis bei maximalem individuellen Gesamtnutzen führt zumindest in der ökonomischen Theorie zur *maximalen Bedürfnisbefriedigung aller Beteiligten und zur gesamtwirtschaftlichen Wohlfahrt*. Voraussetzung hierfür ist allerdings, dass kein Beteiligter die Möglichkeit hat, zwecks Durchsetzung eigener Interessen die Preisbildung zu beeinflussen: Preisbildung muss folglich „überpersönlich" sein.

Theoretisch stellt somit das Preissystem die notwendige und hinreichende Bedingung für die Lösung des Koordinationsproblems mit seinen beiden Dimensionen als *Kalkulations-* und *Kontrollproblem* dar. Individuelle Entscheidungen werden so gesteuert, dass die optimale Allokation der Ressourcen erreicht wird (Kalkulationsproblem), im gleichen Maße induziert es bei allen rational handelnden ökonomischen Akteuren diejenigen Handlungen, die notwendig sind, um das Kalkulierte zu realisieren (Kontrollproblem). Dem Politik- und Rechtssystem wiederum obliegt es nach diesen Vorstellungen, die Funktionsfähigkeit des Preissystems im ökonomischen Kontext her- und – vor allem - sicherzustellen.

Zusammenfassend ergibt sich, dass die Wirtschaft *unter dann* nur erfolgsorientierten Prämissen konzipiert werden kann, wenn

---

[29]   Als Beispiele hierfür lassen sich u.a. das Gesetz gegen den unlauteren Wettbewerb bzw. das Kartellrecht ranführen. Weiterhin bestimmt das Konkursrecht, unter welchen Voraussetzungen Zahlungsunfähigkeit eintritt und eine Unternehmung nicht länger am Markt existiert.

1. *die Interessen der Kapitaleigner* (Produktionsmitteleigentümer) im Entscheidungsprozess der Unternehmung zur Wahrung der gewinnmaximalen Motivation (Einheit von Eigentums- und Verfügungsgewalt) *durchgesetzt werden.*
2. Ein *machtfreier Vollzug ökonomischer Tauschvorgänge* (Machtlosigkeit von Produzenten *und* Konsumenten) zur Wahrung des überindividuellen Charakters des Preissystems sichergestellt ist und schließlich, dass
3. *alle ökonomischen Kosten und Nutzen* bei den Entscheidungsträgern (Abwesenheit externer Effekte) zur Wahrung der korrekten Informationsfunktion des Preissystems *internalisiert werden.*

Ist auch nur eine dieser Funktionsbedingungen nicht erfüllt, erhält Wirtschaften geradezu zwangsläufig auch einen öffentlichen bzw. verständigungsorientierten Charakter, was mit Konsequenzen bezüglich des Managementverständnisses verbunden ist. Anders formuliert: Obwohl es auf den ersten Blick sehr überzeugend erscheint, mit Hilfe des Vertragsmodells der Unternehmung sowie des Preissystems und der damit verbundenen ausschließlichen Erfolgsorientierung gesamtgesellschaftlichen Nutzen zu stiften, zeigt doch die Realität in westlichen Industriegesellschaften und ihres Verhältnisses zu anderen Teilen der Welt, dass die Sicherung des inneren (und auch äußeren) gesellschaftlichen Friedens einer verständigungsorientierten Ergänzung bedarf.

Dies wird im folgenden zu erläutern sein.

b) Zur gesamtgesellschaftlichen Hinterfragung primär erfolgsorientierter Leistungserstellungsprozesse

Die bisherigen Überlegungen und Darstellungen haben gezeigt, dass Unternehmen in einer erfolgsorientiert-marktwirtschaftlichen Gesellschaftsordnung in der Regel dadurch „ins Leben gerufen" werden, um ein bestimmtes (sicherlich zunächst primär zweckrationales, wirtschaftliches) *Ziel zu erreichen* (vgl. dazu auch Mintzberg 1991, S. 310). Diese „Poolbildung" von personalen und materialen Ressourcen (vgl. Segler 1985) erfolgt dann auch prinzipiell unter der Vorannahme, dass ein Zusammenschluss von Menschen bzw. „kollektiver Akteur" (Küpper 1997) *eher in der Lage ist,* derartige Zielvorstellungen zu artikulieren und umzusetzen *als einzelne Akteure.*
Betonen diese Grundaussagen noch eher den klar erfolgs- bzw. effizienzbetonten Charakter unternehmerischen Denkens und Handelns, haben sich spätestens seit den siebziger Jahren insbesondere in den Ländern des Westens Stimmen zu Wort gemeldet, welche nicht zuletzt aufgrund gesamtgesellschaftlichen Wohlstands die *Legitimität* und *Vernünftigkeit* primär erfolgsorientierter unternehmerischer Entscheidungen anzweifeln.

Angesichts dieser noch sehr allgemeinen und idealtypischen Aufforderung stellt sich die Frage, mit welchen Faktoren und Schwierigkeiten sich ökonomisches Denken und Handeln auseinander zusetzen hat, um unterstreichen zu können, dass die Erfolgsorientierung als Managementhandlungsmaxime alleine nicht (mehr) ausreichen kann (s. hierzu auch die Anmerkungen Ulrich Becks in Teil 2).

1.) Externe Effekte im Sinne von Interdependenzen zwischen individuellen Produktionsfunktionen oder Konsumfunktionen: Ökonomisches Entscheiden und Handeln verliert spätestens dann seinen ausschließlich privaten Charakter, wenn es zu Nebenwirkungen führt, die sich nicht mehr in Gänze über das Preissystem abrechnen lassen (vgl. Steinmann/ Löhr 1997). Zu denken ist beispielsweise an das Problem der Gewässer- und/oder Luftverschmutzung durch industrielle Produktion, die immer schwieriger zu überschauende technische Entwicklung oder auch die Begünstigung von (nach westlichen Maßstäben) undemokratischen, aber möglicherweise wirtschaftsfreundlichen Regimen in anderen Teilen der Welt. Da diese Nebenwirkungen *letztlich* die Interessen *aller* Gesellschaftsmitglieder tangieren, ohne dass die sich daraus ergebenden Einschränkungen (bspw. in Form von Kosten oder Gesundheitsrisiken) und Besserstellungen (Nutzen) über Marktprozesse verrechnet werden (können), verliert das wirtschaftliche Handeln *unweigerlich seinen rein privaten Charakter.* Der Markt und einzelne ökonomische Akteure können in solchen Fällen nämlich *nicht allein* für einen friedlichen Interessenausgleich in der Gesellschaft sorgen. Dies wiederum unterstreicht die Notwendigkeit „politischer" Willensbildungsprozesse, weil externe Effekte die Erreichung der gesamtwirtschaftlichen Wohlfahrt einschränken oder gar verhindern und damit die zentrale Legitimationsgrundlage des o.a. Preissystems unmittelbar tangieren (vgl. etwa Frey 1981, S. 75ff).

Einen weiteren Punkt, rein erfolgsorientiertes ökonomisches Handeln als nicht (länger) ausreichend zu erachten, stellen die *Vermachtungsprozesse in der Wirtschaft* dar.

2) Vermachtungsprozesse in der Wirtschaft zeigen die Problematik auf, dass der oben im Vertragsmodell der Unternehmung unterstellte (tendenziell) machtfreie Vollzugs ökonomischer Tauschvorgänge in der marktwirtschaftlichen Realität nicht (mehr) vorhanden ist. Überall dort, wo Macht im ökonomischen Handeln eingesetzt wird bzw. werden kann, besteht die Chance, dass eigene Interessen gegen andere durchgesetzt werden, ohne dafür eine ökonomische Entschädigung leisten zu müssen (vgl. u.a. Bosetzky 1992, S. 28ff, Friedberg 1992, S. 41ff). Auf diese Weise wird der o.a. überpersönliche (interessenneutrale) Charakter des Preissystems ausgehebelt und seine Allokationsfunktion beeinträchtigt.

Diese Thematik spricht zwar auch die Klein- und Mittelbetriebe im regionalen Kontext an, die ihre Macht als Arbeitgeber und Steuerzahler einsetzen können, um für sie politisch günstige Regelungen am Beispiel von Steuervorteilen oder der Aufweichung von gesellschaftlichen Ansprüchen (wie bspw. Ausbildungs-vorgaben oder -verpflichtungen, s. hierzu Zimmer 1998a S. 365ff) zu erreichen, richtet sich aber insbesondere an multinational agierende Großunternehmungen, die hunderttausende von Mitarbeitern beschäftigen, und auch über immense ma-terielle Ressourcen verfügen. International agierende Großunternehmen kon-zentrieren sich dementsprechend nicht länger nur auf die Macht am Markt (i.S. von Marktbeherrschung) und ökonomische Konzentrationsprozesse in ihrer Be-deutung für die Funktionsfähigkeit des Preissystems, *sondern bewirken auch die Ausübung von Macht, die den rein ökonomischen Rahmen verlässt* (vgl. Scherer 2000, S. 315). Deren Aktions- und Reaktionsspielraum äußert sich in zwei Komponenten bestimmt, nämlich einmal durch das *Konzentrationspotenzial* als Ausdruck der Bandbreite der Aktionsmöglichkeiten und weiterhin durch das *Durchhaltepotenzial* im Sinne der Zeitdauer, mit der die einzelnen Aktionen ge-gen den stärksten Konkurrenten am Markt durchgehalten werden können. In Anlehnung an Epstein (1973, zit. von Steinmann/ Schreyögg 1997, S. 89f) lassen sich folgende Formen von Macht großer Unternehmen in den USA und anderen westlichen Industrienationen herausstreichen:

- „Ökonomische Macht: Die Fähigkeit, die Natur, Qualität, Preise und Pro-duktions- und Verteilungsbedingungen knapper Güter und Ressourcen zu beeinflussen;
- Gesellschaftliche Macht in Form des Einflusses großer Unternehmen auf die Art und das Verhalten anderer gesellschaftlicher Institutionen des öf-fentlichen Lebens;
- Kulturelle Macht: Der Einfluss großer Unternehmen auf Werte, Einstel-lungen und Lebensstile von Menschen;
- Technologische Macht in Form der Rolle der Großunternehmung bei der Formung von Richtung, Ausmaß und Konsequenzen des technologischen Wandels in einer Gesellschaft;
- Macht über die physische Umwelt: Auswirkungen durch die Art und Wei-se, wie sowohl natürliche Ressourcen genutzt als auch globale Regionalentwicklungen beeinflusst werden;
- Politische Macht als Möglichkeit von Großunternehmen, Prozess und Er-gebnisse der Regierungspolitik zu beeinflussen;
- Macht über das Individuum, sei es direkt in seiner Eigenschaft als Arbeit-nehmer, Aktionär, Mitglied der lokalen Kommune etc., oder sei es indi-rekt über die Beeinflussung von Meinungsbildungsprozessen, die die Rol-le des Individuums in der Gesellschaft betreffen."

Diese vielschichtige Machtstellung von insbesondere multinational agierenden

Großunternehmen hat wiederum Andreas Scherer (2000) in seiner Habilitationsschrift „Die Rolle der Multinationalen Unternehmung im Prozess der Globalisierung" zu dem Hinweis bewogen, dass sich die strikte liberalistisch-erfolgsorientierte Trennung von Wirtschaft und Politik bzw. politischer Verantwortung nicht mehr aufrecht erhalten lässt (vgl. Scherer 2000, S. 314ff).

Der sich im Zeichen der Globalisierung und des Standortwettbewerbs aufgrund der hohen Kapitalfluidität abzeichnende Einflussverlust nationalstaatlicher Gesetzgebungsbemühung führt nämlich– abgesehen davon, dass manche Nationalstaaten überhaupt keine demokratisch verfassten Rahmenordnungen und rechtsstaatliche Institutionen ausgebildet haben - dazu, dass die Gestaltungskraft für die Spielregeln im internationalen Geschäftsverkehr *weg* von der Politik und hin zu den *Unternehmen* wandern könnte (vgl. z.B. Gerecke 1998, S. 5ff, Homann/Gerecke 1999, S. 429ff).

Multinationale Organisationen bleiben zwar auch in den Hinweisen Scherers ökonomische Akteure, werden aber zunehmend auch zu unmittelbaren *politischen* - den Rahmen setzenden - Akteuren, da sie sich quasi ihre eigenen Rahmenbedingungen schaffen und folglich nicht länger eine Rolle als *Ausführende* von Spielzügen (s. ausführlicher Teil 3) gesehen werden, sondern an der *Gestaltung* der Spielregeln selbst beteiligt sind (vgl. Homann/Gerecke 1999).
Die zunehmende Rollenzuschreibung, aufgrund der eigenen Machtstellung auch als politischer Akteur national und international zu agieren, geht mit dem Anspruch einer, dass sich prinzipiell alle Unternehmen ihrer *ethisch-politischen Verantwortung* zu stellen haben und sich nicht länger ausschließlich an ihrem kurzfristigen Gewinninteresse orientieren können (bzw. dürfen, vgl. Steinmann/Löhr 1994b, Steinmann/Scherer 1997a, 1997b, 1999). Dementsprechend wird die Machtposition der Unternehmung als Anlass genommen, zu friedensstiftendem *Verhältnis zwischen gesellschaftlicher Verantwortung und ökonomischer Effizienz aufzufordern,* das nicht nur in der Ausgestaltung der Rahmenordnung, *sondern vielmehr auch im konkreten gewinnerwirtschaftenden Handeln der Unternehmen zum Ausgleich gebracht werden muss.*

Es soll hier natürlich nicht der Eindruck entstehen, dass das Verhalten von Unternehmen *vollständig durch Marktstrukturen determiniert ist.* Die *Vermachtungsthematik* weist aber auf die Gefahr hin, dass die nationale und internationale Integration wirtschaftlicher und sozialer Handlungen durch Missverständnisse und Wettkonflikte *so gravierend gestört wird*, dass, solange keine vernünftigen Orientierungen möglich sind, *nur noch Kampf und Macht* in den unternehmensstrategischen Überlegungen als Problemlösemechanismen anerkannt und zugelassen werden (vgl. Gergen 1995, S.320f, Wieland 1997).

Um dieser Tendenz entgegenzuwirken, sehen sich wiederum Politik und Rechtssystem zwecks Sicherung des sozialen Friedens aufgefordert, die dadurch bedrohte Chancengleichheit der unterlegenen Marktpartner am Markt durch rechtliche Maßnahmen wiederherzustellen. Die oben in der Fußnote angedeuteten vielfältigen – die unternehmerische Freiheit sicherlich einschränkenden - gesetzlichen Regelungen zum Verbraucherschutz, zum Arbeitsrecht, zum Umweltschutz, zum Schutz kleiner Kapitalanleger und zur Publizität etc. können dann auch als *Reaktion* verstanden werden, die gestörte Machtbalance in der Wirtschaft wieder einigermaßen zu korrigieren (vgl. Steinmann/ Schreyögg 1997, S. 92).

Der dritte Ansatzpunkt für die hier auch aus betriebswirtschaftlicher Sicht vorgenommen Abkehr von der rein erfolgsorientierten Betrachtungsweise des ökonomischen und Managementhandelns ist in der bereits seit langem vollzogenen *Trennung von Eigentum und Verfügungsgewalt* zu sehen.

3) Die Trennung von Eigentum und Verfügungsgewalt verweist neben den externen Effekten und der Machtstellung insbesondere großer Unternehmen darauf, dass in der Praxis die Kapitaleigner großenteils schon gar nicht mehr - wie es die Konstruktionsidee der Wettbewerbswirtschaft ursprünglich fordert - gleichzeitig auch die unternehmerisch tätigen Entscheidungsträger sind. Wie oben bereits angedeutet, üben angestellte Manager (als Institution) je nach Rechtsform als Vorstandsmitglieder oder Mitglieder der Geschäftsführung ohne Eigentümer zu sein, relativ autonom die Verfügungsgewalt über die Produktionsmittel aus. Daraus ergibt sich eine Aufsplittung der im Vertragsmodell der Unternehmung als der funktionsnotwendig betrachteten *Einheit von Eigentum und Verfügungsgewalt*.

Als Ursachen für diese *Trennung von Eigentum und Verfügungsgewalt an und von Produktionsmitteln* lassen sich insbesondere zwei Gründe herausstreichen, und zwar die o.a. *Professionalisierung des Managements* sowie die *zu geringe Kompetenz und Aktivität der Anteilseigner* (vgl. Steinmann/Schreyögg 1997, S. 93).

Die Professionalisierung des Managements spricht den bereits erwähnten Aspekt an, dass die Aufgabe, ein (Groß-) Unternehmen zu führen, in hochentwickelten und stark arbeitsteiligen Industriegesellschaften längst ein Berufsbild in dem Sinne darstellt, dass zu ihrer erfolgreichen Wahrnehmung eine i.d.R ökonomisch-ausgerichtete Ausbildung und ein speziell-nachgewiesener beruflicher Werdegang erforderlich sind, die eine erfolgversprechende Aufgabenwahrnehmung im ökonomischen Kontext wahrscheinlich werden lassen. Folglich geht *es nicht länger* um den Kapitalbesitz als „alleinigen Qualifikationsnachweis" für die Führung von (großen) Unternehmungen, was einerseits die Gefahr einer „Entkoppelung" von gewinnmaximaler Motivation und unternehmerischen

Handeln in sich birgt, andererseits aber auch die traditionelle Legitimationsbasis der kapitalistischen Unternehmensordnung in Frage stellt, so dass von einem *rein privaten Charakter der (Groß-) Unternehmung kaum noch gesprochen werden kann* (s. Ulrich 1977).

Spricht der Aspekt der Professionalisierung des Managements in erster Linie größere Unternehmen und ihre Gegebenheiten an, richtet sich *der Hinweis auf die Inaktivität und Inkompetenz der Anteilseigner* sowohl an Erben(gemeinschaften) von „Gründervätern", welche sich im Gegensatz zu jenen nicht in erster Linie selber unternehmerisch betätigen (wollen), sondern lediglich am unternehmerischen Output zwecks eigenen Lebensunterhaltes (und –genusses) zu partizipieren suchen *als auch* speziell auf die Rechtsform der Aktiengesellschaft, deren Grundkapital breit gestreut ist (Publikums-Aktiengesellschaft). Derartige Aktiengesellschaften haben häufig viele hunderttausend Anteilseigner, die ihr Geld gewinnbringend anlegen wollen, aber aufgrund ihrer Ausbildung her nicht fähig oder aufgrund ihrer geringen Kapitalbeteiligung nicht (ausreichend genug) motiviert sind, ihre Steuerungsbefugnisse in den Rechtsorganen Aufsichtsrat und/oder Hauptversammlung entscheidend wahrzunehmen. Dies führt dazu, dass in vielen Aktiengesellschaften der Aufsichtsrat nicht aus dem Kreis der (vielen Klein-)Aktionäre gebildet wird, und dass es letztendlich doch die leitenden Angestellten sind, die (möglicherweise gebunden an die Präferenzen der Großaktionäre) das Unternehmen führen und die Richtlinien der Unternehmenspolitik bestimmen.

Hieraus ergibt sich, dass die Anteilseigner faktisch die Verfügungsgewalt an die Manager und die sie oftmals kontrollierenden Großkapitalgeber wie Banken und/oder Versicherungen, denen auch eine höhere „Dividendeerwirtschaftungs- und ausschüttungskompetenz" zugesprochen wird, abgegeben haben, wobei deren individuellen Interessen kaum noch von der Masse der Anteilseigner kontrolliert werden[30].

---

[30] In Anlehnung an Steinmann/ Schreyögg (1997, S. 94) kann unterstellt werden, dass bereits mehr als die Hälfte dieser Unternehmen (nach Umsatz mehr als 70%) als „managerkontrolliert" einzustufen sind.

Größen- klasse	Managerkontrolle (Anzahl in Prozent) 1972	Managerkontrolle (Anzahl in Prozent) 1979	Managerkontrolle (Anzahl in Prozent) 1986
1-50	69	78	84
1-300	50	57	56
Banken	100	96	100

Quelle: Bayhurst, A./Fey, A/Schreyögg, G. Wer kontrolliert die Geschäftspolitik deutscher Großunternehmen? Diskussionsbeitrag Nr.213 des Fachbereichs Wirtschaftswissenschaft. FernUniversität Hagen, Hagen 1994

4.) Konsequenzen

Grundsätzlich kann es natürlich auch als Lösung dieser drei eher schlaglichtartig dargestellten Problemsichten – *Externe Effekte, Vermachtung* und *Verfügungsgewalt* - angesehen werden, dass unter primär erfolgsorientierten Vorstellungen und Herangehensweisen die beteiligten ökonomischen Akteure ihre Handlungsspielräume zum eigenen Vorteil in bezug auf eine möglicherweise kosmetische, publikumswirksame Besserstellung ausnutzen, wobei die Handlungskonsequenzen insbesondere dann davon abhängen, welchen Restriktionen dieses Handeln unterliegt. Dementsprechend könnte es darum gehen, zunächst einmal die Frage nach der (ökonomisch) effizientesten Gestaltung dieser Restriktionen zu stellen und in einem nächsten Schritt diesbezügliche Empfehlungen für die Neugestaltung von Gesetzen bzw. Verträgen zwecks Beibehaltung eines rein erfolgsorientierten Management auszusprechen.

Eine andere Möglichkeit, die auch hier favorisiert wird, besteht darin, *verständigungsorientiertes* Handeln als *zweite, gleichberechtigte Seite der Medaille* eines erfolgversprechenden Managementhandelns einzuführen. Hierbei gilt es zu betonen, dass sowohl der Existenzerhalt der Unternehmung als auch die Sicherung des gesellschaftlichen Friedens in hochentwickelten Industriegesellschaften und in ihren Beziehungen zur Außenwelt nicht mehr allein dem erfolgsstrategischen Handeln überlassen werden kann. Kurz: Es geht um die Einbettung des erfolgsstrategischen unternehmerischen Handelns in institutionelle Zusammenhänge des verständigungsorientierten Handelns und nicht um die Betonung der Unüberbrückbarkeit beider Handlungsmodi.

Natürlich muss bei diesem Vorschlag berücksichtigt und verarbeitet werden, warum die primäre Erfolgsorientierung immer noch so faszinierend und weiterführend für das Managementhandeln *sowohl* in inhaber- *als auch* in managergeführten Unternehmen zu sein scheint:

1. Aufgrund der Vermutung, dass sich verständigungsorientiert Gebende in dubio wegen der „Natur der Sache" immer das Nachsehen zu haben scheinen, weil sie aus verschiedenen Gründen Konflikte vermeiden wollen und somit u.U. eigene Nachteile am Markt und im Verhältnis zu anderen in Kauf zu nehmen scheinen. Die Orientierung am Dialog mit anderen vom eigenen ökonomischen Denken und Handeln betroffenen Personen entspricht nicht a priori effizienzorientierten Prämissen und droht sogar Gefahr zu laufen, als „zu phantastisch" beurteilt zu werden.

2. Viele Kapitalgeber sind aufgrund eigener Risiken nicht von vornherein bereit, den von ihnen angestellten Organisationsmitgliedern hundertprozentig zu vertrauen, da jene spätestens bei sich ankündigendem organisationalem Misserfolg ihren Arbeitgeber wechseln, sprich im Sinne des Vertragsmodells der Unternehmung, ihren Vertrag auflösen können, wobei besonders diejenigen profitieren, welche über am Markt gefragte Qualifikationen verfügen.

Diese Vorteile eines Festhaltens an erfolgsorientierten Prämissen und die gleichzeitigen Gefahren einer Verständigungsorientierung berücksichtigend, werden im folgenden die Charakteristika eines verständigungsorientierten Handelns für das Management im ökonomischen Kontext zu betonen sein.

1.2.2. Verständigungsorientiertes Handeln

Verständigungsorientierung im Management baut darauf auf, dass *alle Betroffenen ökonomischen Entscheidens und Handelns* ihre individuellen (subjektiven) Zielvorstellungen und ihr damit verbundenes verfügbare Wissen über geeignete Mittel zur Zielerreichung in Argumentationsprozesse einbringen (können und wollen). Verständigungsorientierung zielt darauf ab, dass Management und vom Entscheiden und Handeln des Managements Betroffene eine „permanente Zwei-Ziel-Entscheidung" zu verfolgen haben, nämlich die ökonomische und die soziale Verantwortung (s. Lay 1999).
Der Austausch und das Abwägen von Argumenten sollte auf Grund der Einsicht in die Richtigkeit einer gefundenen Begründungsbasis zu einer freien Einigung darüber kommen, welche Zwecke im Managemententscheiden und –handeln verfolgt und welche Mittel hierzu zur Verfügung gestellt werden sollen.
Im Gegensatz zur oben ausgeführten „subjektiven oder monologischen Handlungsrationalität" des erfolgsorientierten Handelns des Kapitaleigners, welches durch das Preissystem zum *Gemeinwohl*[31] (s. Koslowski 1999a) beiträgt, setzt

---

[31]   Der politisch-soziale Terminus *Gemeinwohl*, der in einem Gemeinwesen die *Gesamt*interessen im Gegensatz zu Einzel- oder Gruppeninteressen bezeichnet, bezieht sich dabei grundsätzlich auf die Auffassung, dass der Mensch als soziales Wesen *nur* in Kooperation mit anderen - nämlich letztendlich in der (Global-) Gesellschaft - seine Lebenserfüllung erreichen und seine Wertvorstellungen verwirklichen kann. Dementsprechend formt die Feststellung gemeinsamer Ziele erst einzelne und Gruppen von Menschen zu einer Gemeinschaft, die in der Feststellung eines Gemeinwohls als Maßstab ihres Entscheidens und Handelns

- ihre eigene Identität
- innere Begründung und
- Legitimation

als soziales bzw. politisches Gebilde findet und begründet (vgl. u.a. Mickel 1988, S. 520). Hierbei ist es wichtig zu betonen, dass der konkrete Gehalt des Gemeinwohls von der Zeit und Art der Gemeinschaft, aber auch innerhalb eines Zeitraumes und einer bestimmten Gemeinschaft nach Art der Menschen und Gruppen verschieden ist.

Hieraus ergibt sich, dass im Gemeinwohlbegriff unterschiedliche Bedeutungen enthalten sind:

die Verständigungsorientierung dort an, dass *Rationalität nur dann gegeben ist,*
wenn ein gewonnenes Handlungsprogramm auf gemeinsam gefundenen „guten
Gründen" aufbaut, so und nicht anders zu handeln. Die auf diese Weise zu
schaffende „kommunikative Rationalität" bezieht sich also nicht automatisch
nur auf den ökonomischen Aspekt des Managemententscheidens und –handelns,
sondern beruht generell auf der rational motivierten Einsicht in die Richtigkeit
des beabsichtigten Tuns, sei es als Managementfunktionen Wahrnehmender o-
der prinzipiell als Gesellschaftsmitglied.

Verständigungsorientiertes Handeln basiert auf der Grundeinsicht in bezug auf
menschliches Zusammenleben, dass Konflikte auf Dauer nur dann gelöst werden
können, wenn jeder Beteiligte den anderen als „Person" ernst nimmt und sich
auf seine Bedürfnisse und Interessen einlässt, d.h. ihn nicht bloß als „Mittel zum
Zweck" zur Verwirklichung der eigenen Ziele und Pläne begreift und „benutzt".
Dementsprechend wird der *andere* – gleich welcher Hierarchiestellung, Nutzen,
Rolle, Machtposition etc. - als ein gleichwertiger Problemlöser angesehen, auf
den man sich argumentativ einlassen muss, damit die gemeinsame Gestaltung
des Miteinanders in friedlicher Abstimmung der Zwecke und Mittel gelingt und
somit ein innerer sozialer Frieden entsteht (s.u.).

Um diesem sicherlich sehr anspruchsvollen, widersprüchlich und auch idealtypisch erscheinenden Anspruch gerecht zu werden, werden dem verständigungsorientierten Handeln zwei wesentliche Merkmale zugesprochen, die es von dem
erfolgsorientierten Handeln, unterscheiden:

Erstens: Verständigungsorientiertes Handeln ist originär auf das Medium der
Sprache angewiesen (s. Teil 2), mit deren Hilfe jenseits schlichter Willkür und
bloßen Machtgebrauchs für eine Handlungskoordination gute Gründe geltend zu
machen sind.

Zweitens: Verständigungsorientiertes Handeln fordert zur Bereitschaft auf, eigene Interessen und Standpunkte u.U. - in Abhängigkeit von der Qualität der vor-
getragenen und geprüften Argumente des (ernstgenommenen Gesprächspart-
ners) - zu revidieren und geht von der Grundeinstellung aus, dass wirklich ernst-

---

1. Der *gemeinsame Nutzen*, weswegen eine Gemeinschaft überhaupt besteht. Vor diesem Hintergrund weist jede Gemeinschaft ihren Zweck auf, der jedoch zunächst nur
   als Ziel gegeben ist und erst gemeinsam verwirklicht werden muss. Übertragen auf
   Organisationen jedweder Art stellt der *organisationale Grundauftrag* ein derartiges
   Gemeingut dar (s.o., vgl. dazu auch Petersen 1998b).
2. In einem engeren Verständnis umfasst Gemeinwohl die Ordnungsmechanismen einer
   Gemeinschaft, die erforderlich sind, damit der organisationale Grundauftrag verwirklicht werden kann. Im organisationalen Kontext geht es hierbei beispielsweise um die
   Belohnungs- und Bestrafungsmodi sowie um interne und externe Kooperationsregeln
   (vgl. dazu auch Schein 1986, Petersen 1997, 1998a, 1998b).

haft Argumentierende bereit sind, sich dem besseren Argument nicht nur zu beugen, sondern auch selber Bereitschaft zeigen, von bisherigen Positionen abzuweichen. Verständigungsorientiertes Handeln ist auf den allgemeinen, freien, rational motivierten Konsens angewiesen (vgl. Lorenzen 1987, S. 228ff).

Die Aktualität, auch verständigungsorientiertes Handeln als für die ökonomische Leistungserstellung und – vor allem deren gesellschaftlicher Akzeptanz - ernstzunehmend einzuschätzen, liegt u.a. in publikumswirksamen Appellen, die soziale Marktwirtschaft und den Kapitalismus zu „zivilisieren" (s. Dönhoff 1997), bzw. in laut gestellte Fragen, ob denn „der Mammon christlich sein kann"[32]. Diese sicherlich auf den ersten Blick sehr populärwissenschaftlich erscheinenden und ökonomische Fragestellungen im Sinne des Vertragsmodells möglicherweise eher naiv widerspiegelnden Äußerungen lassen sich im Kontext westlicher Demokratien, die eben nicht nur die Freiheit unternehmerischen Handelns, sondern auch deren Legitimation sicherzustellen haben, als Indikatoren deuten, dass *in zunehmendem Maße* verschiedenste gesellschaftliche Gruppen Anspruch darauf erheben, in irgendwie gearteter Weise an der unternehmerischen Leistung beteiligt zu werden[33] bzw. sich das Recht zuzusprechen, die Umstände der unternehmerischen Leistungserstellung kritisch zu hinterfragen (vgl. hierzu auch Koslowski 1988, S. 304 sowie Zürn 1990)[34].

Vor diesem Hintergrund überrascht es dann auch nicht, wenn der Managementforscher Charles Handy von einem *Hexagon* der Interessengruppen spricht: Neben den drei „klassischen" Interessenvertretern, nämlich den Geldgebern, Arbeitnehmern und Lieferanten sind *darüber hinaus* die Kunden, die Umwelt und die Gesellschaft als ganzes zu nennen (vgl. Handy 1995, S. 167, auch Dyllick 1989, 1991 sowie unten die Ausführung Kirschs zur „Fortschrittsfähigen Organisation").

---

32 Veranstaltungsreihe der St. Katharinen-Kirche im Februar 1999 in Hamburg.
33 Zu denken sind sicherlich an die Einkommenswünsche der Mitarbeiter, aber auch an Steueransprüche des Staates sowie die der Gesellschaft in Gestalt von Aktivitäten im kulturellen, sozialen, ökologischen Bereich, die zur gesamten Lebensqualität beitragen.
34 Hierbei sehen sich Unternehmen – obwohl sie (zumindest nach dem klassischen Verständnis) primär *wertschöpfende ökonomische Systeme* sind, die ihre *Problemlösungen* am Markt gegenüber Mitbewerbern aus dem In- und Ausland zu erbringen sowie Steuern und sonstige Abgaben zu entrichten haben - zunehmend dem *Dilemma* ausgesetzt, als Teil der Gesellschaft verantwortlich für die ständig gestiegene Instabilität und Komplexität und die damit verbundenen Probleme gemacht zu werden, sprich: gesellschaftliche Verantwortung tragen zu müssen. Der Dilemma-Charakter entsteht insbesondere dadurch, dass die Unternehmen trotz ihres *wirtschaftlichen Gewichtes* kein (irgendwie legitimiertes) *Mandat* besitzen, gesellschaftliche und politische Fragen (zumindest mit) zu entscheiden (vgl. dazu auch Steinmann/Löhr 1994, S 167 in Anlehnung an Biedenkopf 1973).

Hinsichtlich dieser von Charles Handy vorgenommenen Erweiterung der Interessengruppen ökonomischen Denkens und Handelns, scheint der gesetzesmäßige Zwang einen ersten erfolgversprechenden Hebel darzustellen, um am ehesten allen Beteiligten und Betroffenen gerecht werden zu können.

Davon ausgehend, dass sich das primär an erfolgsorientierten Prämissen ausrichtende Management vermutlich nicht automatisch von vornherein bereit zeigt, verständigungsorientiertes Handeln an den Tag zu legen, sahen und sehen sich Politik und Rechtsprechung zunächst einmal im nationalen Kontext nach wie vor veranlasst, Gesetze zu erlassen, die beispielsweise auf den Schutz bestimmter Interessengruppen, wie z.b. Verbraucher oder Arbeitnehmer abzielen sowie das Ansehen des eigenen Landes gegenüber der Völkergemeinschaft im Auge haben. Diese Aspekte mögen zunächst einmal unter rein erfolgsorientierten Prämissen als belastend und kontraproduktiv empfunden werden. Angesichts der beabsichtigten Weiterexistenz der Unternehmung durch die Erwirtschaftung von Gewinnen und die damit auch in Verbindung gebrachte Weiterbeschäftigung von Management und Arbeitnehmern, scheint eine eher rücksichtslose Behandlung von Arbeitnehmerinteressen (schlechte ggf. untertarifliche Bezahlung oder die Weigerung, Ausbildungsplätze bereit zu stellen) oder Waffen bzw. kriegsförderndes Material in konfliktträchtige Weltregionen zu liefern (da es sonst andere tun) durchaus berechtigt zu sein. Hieraus ergibt sich, dass Staat und Politik mit ihren Vorgaben die o.a. qua Sicherstellung des Vertragsmodells der Unternehmung zunächst einmal ursprüngliche Annahme des bürgerlichen Rechts, dass in der Wirtschaft gleichwertige und geordnete Vertragsparteien miteinander in Beziehung treten, beeinträchtigen[35]. Es wird nämlich den Unternehmen zunächst einmal dahingehend mit Misstrauen – sei es berechtigt oder nicht - begegnet, dass sie nicht zum Wohle des Ganzen handeln können oder wollen. Am Beispiel des klassischen Gesellschaftsrechts war ja seitens des Gesetzgebers lediglich nur die Interessenabstimmung zwischen den Eigenkapitalgebern intendiert und ging zunächst einmal von (prinzipiell gleichberechtigten) Vertragspartnern aus.

Die Mitbestimmungsgesetze aus den 1950er Jahren (aufgrund der angestrebten Montanunion als Nukleus einer europäischen Einigung nach zwei vorangegangenen Weltkriegen) und der 1970er Jahre (mit dem Ziel einer stärkeren Arbeit-

---

[35] Zu denken ist u.a. an den Verbraucherschutz (gegenüber Konsumenten), betriebsverfassungsrechtlichen Regelungen (gegenüber Mitarbeitern) und dem Publizitätsgesetz (gegenüber der wie auch immer interessierten Öffentlichkeit). Die Mitbestimmungsgesetze von 1951 (Montan-Mitbestimmung) und von 1976 greifen *unmittelbar* in den unternehmerischen Entscheidungsprozess ein und intendieren dort Mitwirkung der Arbeitnehmer eine bessere Interessenwahrnehmung jener. Hierbei darf natürlich nicht vernachlässigt werden, dass die Arbeitnehmerinteressen insbesondere im Aufsichtsrat von Aktiengesellschaften zum tragen kommen und dort in dubio auch überstimmt werden können. Dennoch weisen Arbeitnehmervertreter

nehmerbeteiligung seitens der damaligen sozial-liberalen Koalition hinsichtlich der propagierten Absicht, „mehr Demokratie zu wagen") dokumentierten allerdings eine schrittweise Aufhebung des erfolgsorientiert gestalteten Gesellschaftsrechts zugunsten eines eher verständigungsorientierten Mitbestimmungsrechts. Sie suchten die primär erfolgsorientiert-interessenmonistische Struktur der Unternehmung aufzuweichen und die Richtung einer interessendualistischen (partiell) verständigungsorientierten Verfassung der Großunternehmung zu weisen.

Mögen diese gesetzgeberischen Maßnahmen am besonderen Beispiel der Bundesrepublik Deutschland seitens des Managements eher noch als Einschränkungen empfunden worden sein, bewirkte nicht zuletzt auch der gesellschaftliche Wandel (s.u.) eine eigeninitiierte Sensibilisierung hin zu einem Bekenntnis zur „Gesellschaftlichen Verantwortung der Unternehmensführung". Hierbei wurde – zumindest offiziell – unabhängig von Vorgaben durch Staat(en), Politik und Recht von Unternehmern und Managern selbst der Erkenntnis Rechnung getragen, dass das Markt- und Preissystems Defizite aufweist, denen - jenseits der o.a. Koordinationsmechanismen – zu begegnen ist und dementsprechend die Schutzbedürftigkeit der Interessen von Kapitaleignern, Verbrauchern, Arbeitnehmern und der Öffentlichkeit erkannt.

Hieraus entstand eine Art *Moralkodex* für Manager, welcher es der Unternehmensführung aufgab, nicht nur den Anteilseignern, sondern auch Kunden, Mitarbeitern, Geldgebern und der Gesellschaft zu dienen und dafür Sorge zu tragen, letztlich einen Interessenausgleich zwischen Erfolgs- und Verständigungsorientierung zu erreichen. Als Voraussetzung hierfür wurde es allerdings angesehen, dass die Existenz des Unternehmens langfristig sichergestellt werde, wofür wiederum entsprechende Unternehmensgewinne erforderlich seien. Interessanterweise stellt der Unternehmensgewinn aber nur im Gegensatz zum erfolgsorientierten Denken *nur noch ein notwendiges Mittel* dar, um letztlich dem Gemeinwohl (s.u.) dienen zu können und wurde *nicht mehr als eigentliches Ziel* angesehen. Dies wurde im „Davoser Manifest" bereits Anfang der 1970er Jahre dokumentiert[36].

---

[36]   Das Davoser Manifest umfasst folgende normativ zu wertende Aussagen:

„A.   Berufliche Aufgabe der Unternehmensführung ist es, Kunden, Mitarbeitern, Geldgebern und der Gesellschaft zu dienen und deren widerstreitende Interessen zum Ausgleich zu bringen.

B. 1.   Die Unternehmensführung muss den Kunden dienen. Sie muss die Bedürfnisse der Kunden bestmöglich befriedigen. Fairer Wettbewerb zwischen den Unternehmen, der größte Preiswürdigkeit, Qualität und Vielfalt der Produkte sichert, ist anzustreben. Die Unternehmensführung muss versuchen, neue Ideen und technologischen Fortschritt in marktfähige Produkte und Dienstleistungen umzusetzen.

Das Davoser Manifest, mag es – böswillig formuliert - vielleicht auch nur den Charakter einer Absichtserklärung, einer Gewissensberuhigung oder Ausdruck gesamtgesellschaftlicher Legitimationsbemühungen des Managements widerspiegeln, zeigt doch - vielleicht auch unfreiwillig -, dass selbst unter marktwirtschaftlichen Rahmenbedingungen *zumindest gleichberechtigt* das primär an den Eigentümerinteressen orientierte erwerbswirtschaftliche Prinzip durch das verständigungsorientierte Prinzip der „gesellschaftlichen Verantwortung" zu ergänzen ist.

Diesen Gedanken weiter entfaltet, würde dies bedeuten, dass das Unternehmen den Charakter einer *interessenpluralistischen Institution* erhält, die gegenüber den Bezugsgruppen des Unternehmens eine *dienenden und interessenausgleichenden Rolle* wahrzunehmen hat, wie es letztendlich Peter Ulrich bereits 1977 formulierte (s.u.). Auf die Spitze getrieben, hätte dies die Aufgabe der o.a. Vorstellung zur Folge, dass der Markt und das Preissystem *selber* schon den entscheidenden Beitrag zum gesellschaftlichen Interessenausgleich leisten (können) und lässt sich so deuten, dass die Unternehmung in erster Linie als *politischer Akteur* zu definieren habe.

Insbesondere gegen diesen Aspekt richtet sich die primär erfolgsorientiert zu wertende Aussage des neoliberalistischen Nobelpreisträgers für Ökonomie, Mil-

---

2. Die Unternehmensführung muss den Mitarbeitern dienen, denn Führung wird von den Mitarbeitern in einer freien Gesellschaft nur dann akzeptiert, wenn gleichzeitig ihre Interessen wahrgenommen werden.
   Die Unternehmensführung muss darauf abzielen, die Arbeitsplätze zu sichern, das Realeinkommen zu steigern und zu einer Humanisierung der Arbeit beizutragen.
3. Die Unternehmensführung muss den Geldgebern dienen. Sie muss ihnen eine Verzinsung des eingesetzten Kapitals sichern, die höher ist als der Zinssatz auf Staatsanleihen. Diese höhere Verzinsung ist notwendig, weil eine Prämie für das höhere Risiko eingeschlossen werden muss. Die Unternehmensführung ist Treuhänder der Geldgeber.
4. Die Unternehmensführung muss der Gesellschaft dienen. Die Unternehmensführung muss für die zukünftige Generationen eine lebenswerte Umwelt sichern. Die Unternehmensführung muss das Wissen und die Mittel, die ihr anvertraut sind, zum Besten der Gesellschaft nutzen.
   Sie muss der wissenschaftlichen Unternehmensführung neue Erkenntnisse erschließen und den technischen Fortschritt fördern. Sie muss sicherstellen, dass das Unternehmen durch seine Steuerkraft dem Gemeinwesen ermöglicht, seine Aufgabe zu erfüllen. Das Management soll sein Wissen und seine Erfahrungen in den Dienst der Gesellschaft stellen.
C. Die Dienstleistung der Unternehmensführung gegenüber Kunden, Mitarbeitern, Geldgebern und der Gesellschaft ist nur möglich, wenn die Existenz des Unternehmens langfristig gesichert ist. Hierzu sind ausreichende Unternehmensgewinne erforderlich. Der Unternehmensgewinn ist daher ein notwendiges Mittel, nicht aber Endziel der Unternehmensführung." (Quelle: Steinmann 1973, S. 472f).

ton Friedman, aus dem Jahre 1970, dass die *einzige Pflicht, die ein Unternehmen* und somit ihr Management gegenüber der Gesellschaft habe, die *Gewinnmehrung* sei. Friedmans Ansatz, nach dem „the social responsibility of business is to increase its profits", soll allerdings nicht als Einladung zu einem *rücksichtslosen Egoismus* fehlinterpretiert werden. So werden auch von Friedman als klarem Bekenner der Marktwirtschaft *gewisse moralische Einschränkungen* vorgenommen: „There is one and only one social responsibility of business - to use its resources and engage in activities designed to increase its profits so long as it stays within the rules of the game, which is to say, engages in open and free competition without deception or fraud" (Friedman 1970, S. 126).
Trotz dieser moralischen Einschränkungen betont Friedman eindeutig die dem Liberalismus zugrundeliegende strikte *Trennung der politischen von der ökonomischen Sphäre* (vgl. u.a. Scherer/Löhr 1999), wobei der Unternehmung und ihrem Management nach seinem Verständnis ausschließlich die Rolle eines *ökonomischen Akteurs* zugesprochen wird.

Friedmans Vorstellungen basieren auf dem spätestens seit dem 17. Jahrhundert eingeleiteten „atlantischen Denken" (s. Baeck 1994) in der westlichen Welt, welches sich durch eine immer konsequenter vollzogene *Trennung zwischen Ethik und Ökonomie* bzw. „Befreiung der Ökonomie und der Technik von den Fesseln der Politik und insbesondere der Ethik" charakterisieren lassen kann. Die damit einhergehende Überzeugung, welche sich auch in der Aussage Friedmans widerspiegelt, dass sowohl moderne Technik als auch die sie verwendende Ökonomie ihre *eigene Rationalität* und auch *Ethik* hervorbringen (vgl. Weinbrenner 1989, S. 47) ließ einen *von gesamtgesellschaftlichen Problemen abgekoppelten Bereich mit eigenen Gesetzen, Problemen sowie Erklärungs- und Deutungsmustern entstehen, der sich mehr oder weniger unabhängig vom Gesamtkontext verstand* (vgl. dazu auch P. Ulrich 1986, S.11f, Weinbrenner 1989, S.41, Joas 1992, S.59f, Dürr 1992, S.63f).
Der mit dem atlantischen Denken einhergehende Fortschrittsoptimismus glaubte in Abkehr früherer metaphysischer Vorstellungen an die *Machbarkeit* irdischen Heils mit Hilfe technisch-ökonomischer Parameter und ging dabei schlaglichtartig von folgenden Paradigmen aus:

– Die Natur ist zum Nutzen der Menschen da.
– Die natürlichen Ressourcen sind unbegrenzt vorhanden.
– Die Organisation ist ausschließlich das Werk einer ordnenden zweckrationalen Vernunft (vgl. Groh/ Groh 1991, S. 13, Petersen 1996, S. 137).

Einen möglichen Ausweg aus dieser sehr einseitigen Betrachtungsweise hin zu einem „Brückenbau" zwischen einer *rein ökonomischen* und einer *rein politischen* Betrachtungsweise von Unternehmen und deren Management könnte in Ansätzen gesehen werden, die in der gesellschaftlichen Verantwortung des Managements nicht einen *radikalen Ersatz*, sondern - moderater - eine *Ergänzung* der Koordinationsfunktion des Preissystems im Hinblick auf den inneren sozialen Frieden sehen. Nach diesen Vorstellungen soll das Management dazu motiviert werden, ihr eigenes Entscheiden und Handeln und deren Wirkung dahingehend zu überprüfen, ob der gesamt- (oder jetzt sogar global-) gesellschaftliche Interessenausgleich entscheidend beeinträchtigt wird.

Sollte eine substanzielle Beeinträchtigung vorliegen, wäre es die Aufgabe des Managements, über die Möglichkeiten eines Interessenausgleichs nachdenken und hierzu ggf. getroffene Entscheidungen zu revidieren. Hierdurch würde der erfolgsorientierte Primat des Managementhandelns zugunsten einer stärkeren Verständigungsorientierung verlassen und „gesellschaftliche Verantwortung" wahrgenommen.

Auf diese Weise – so die Idee dieses Kompromissansatzes - könnten sich Unternehmen und Management als ökonomische *und gleichermaßen* politische Akteure definieren (s.u.), wobei die jeweilige Schwerpunktsetzung allerdings noch auszuloten ist (vgl. Steinmann/Löhr 1997, Steinmann/Scherer 2000, Scherer 2000).

Obwohl diese Vorstellung in dieser Erörterung weiterverfolgt werden soll, muss auf eine grundsätzliche Schwäche hingewiesen werden.

Zweifellos ist es nämlich als äußerst problematisch anzusehen, dem Management die Aufgabe zuzuschreiben, *monologisch*, sprich: für sich allein und ohne sich mit den Betroffenen auseinander zusetzen, wissen zu können, was für die Betroffenen „gut" ist, um vor diesem Hintergrund einen friedlichen Interessenausgleich herbeizuführen.

Hieraus wird deutlich, dass Verständigungsorientierung unmittelbar auf den Dialog angewiesen ist, um eben eine gleichberechtigte Verständigung mit den Betroffenen zur Wahrnehmung gesellschaftlicher Verantwortung und damit verbunden, eine friedliche Regelung von solchen Konflikten zu erreichen, die durch das gewinnorientierte Wirtschaften entstehen oder zu entstehen drohen (vgl. u.a. Löhr 1991, Steinmann/Löhr 1997, Steinmann/Scherer 2000).

Es geht also um die dialogische Klärung des *Verhältnis zwischen Mitverantwortung und Effizienz,* das nicht nur in der Rahmenordnung, sondern auch im konkreten Handeln der Unternehmen zum Ausgleich gebracht werden muss (s. Scherer 2000, S. 314f). Hierbei gilt es dem Anspruch Rechnung zu tragen, dass eben das Recht, eine Firma zu gründen und private Ziele zu verfolgen, von der Gemeinschaft eben nicht beliebig erteilt worden ist, sondern sich auf den Beitrag, den eine Unternehmung zum Gemeinwohl liefert, gründet. Dies spiegelt sich im Beitrag der Unternehmung zur wirtschaftlichen Entwicklung und zu politischer Stabilität wider (vgl. Scherer 2000, S. 472).

Um diese These stützen zu können, bietet sich ein kurzer Exkurs auf die „Share-holder Value-Thematik" (oder Problematik) an. Die Shareholder Value-Analyse als ein Ansatz zur unternehmenswertorientierten Steuerung des Unternehmens wurde im Zuge der „Mergers & Acquisitions-Welle" im Laufe der 1980er Jahre in den USA entwickelt. Mit dem Shareholder Value-Ansatz soll untersucht werden, ob es dem Management eines Unternehmens gelingt, unter Berücksichtigung des bestehenden Geschäfts und unter Beachtung der zur Erhaltung der Marktposition notwendigen Investitionen neben einer angemessenen Verzinsung seines Kapitaleinsatzes auch den Unternehmenswert von einer zur nächsten Periode zu erhöhen (vgl. Copeland/ Koller/ Murrin 1998). Die Eigentümer sind bei börsennotierten Unternehmen die als Shareholder bezeichneten Anteilseigner bzw. Aktieninhaber. Voraussetzung für die Finanzierung der Unternehmen auf internationalen Kapitalmärkten zu günstigen Konditionen ist, für die ebenso international tätigen Investoren oder Investorengruppen (z.B. Investmenthäuser) ein attraktives Investitionsobjekt zu sein, indem wettbewerbsfähige Renditen für die Kapitalgeber erwirtschaftet werden. Daher ist es notwendig, den Wert des Unternehmens für die Eigentümer bzw. Investoren nachhaltig zu erhöhen, damit das Unternehmen an den internationalen Kapitalmärkten ausreichend Eigenkapital zur Verfügung gestellt bekommt. Vor diesem Hintergrund betont Alfred Rappaport als einer der „Gründerväter" des Shareholder Value-Ansatzes die Wichtigkeit der folgenden Shareholder-Anwendungen: Geschäftspläne, Unternehmensbewertung, Entlohnung von Führungskräften, Mergers & Acquisition sowie Deutung von Börsensignalen und Unternehmensorganisation (s. Rappaport 1998), um letztlich die Fragen stellen zu können, welche Meßgrößen den Unternehmenswert am besten bestimmen, welches Niveau des Unternehmenswertes anzustreben ist sowie welche Anreize für Führungskräfte dem Shareholder-value am besten dienen. Diese Aspekte scheinen zunächst einmal nur die Erfolgsorientierung im Management anzusprechen.

Gesellschaftspolitisch wird der Shareholder Value-Ansatz gegenwärtig häufig mit „rücksichtslosen Gewinnmaximierungsbestrebungen" finanziell Gutgestellter gleichgesetzt, die gemäß der Handlungsmaxime „Handle so, dass der Unternehmenswert, gemessen am Vermögen der Eigenkapitalgeber, maximiert wird!" nur dem Wohle der Aktionäre zu dienen haben und folglich auch eine hohe Mitschuld für Begleiterscheinungen wie Massenarbeitslosigkeit bzw. Verlagerung von Arbeitsplätzen ins (vermeintlich billiger produzierende) Ausland tragen (vgl. u.a. Koslowski 1999, Lay 1999). Verursacht wird dieses Verständnis unter anderem durch die insbesondere in europäischen bzw. deutschen Aktiengesellschaften vorzufindenden Auffassung, seitens des Managements gegenüber den Aktionären in erster Linie die Verbesserung und die Vermehrung des Bilanzgewinnes präsentieren zu müssen und dabei weniger die Verbesserung des Unternehmenswertes zu verfolgen. Dies steht aber im Widerspruch zu dem ursprüng-

lichen amerikanischen Verständnis von Shareholder-Value (vgl. Black/Wright/
Bachman 1998).
In diesem Sinne vertritt auch Michael Otto als Vorstandsvorsitzender der OTTO
Versandhaus AG die Auffassung, dass ein Shareholder Value-Verständnis im
Sinne einer *alleinigen* Verbesserung und Vermehrung des Bilanzgewinnes als
falsch oder gar gefährlich einzustufen ist. Otto begründet dies mit ebenfalls nicht
zu vernachlässigenden Verpflichtungen gegenüber den Mitarbeitern und vor allem auch den Kunden eines Unternehmens. Hieraus ergibt sich für ihn die Konsequenz, die Aktionäre als *nur eine Gruppe* zu verstehen, der gegenüber ein Unternehmen verpflichtet ist: „Entscheidend ist nicht die kurzfristige Fixierung auf
Shareholder-Value, sondern der langfristige Unternehmenserfolg, der nur möglich ist, wenn man die Interessen aller Beteiligten berücksichtigt. Das kommt
dann letzten Endes auch wieder den Aktionären zugute. Darüber hinaus tragen
Unternehmer (und Management, J.P.) aber auch Verantwortung und haben Verpflichtung gegenüber der Gesellschaft und für die Umwelt" (Otto 1997, S. 20).
Auf diese Weise bekommt Shareholder Value *zumindest implizit* auch eine verständigungsorientierte Qualität zugesprochen.

Unstrittig ist nämlich – dies sollte dieser kurze Exkurs zeigen -, dass nur die
(Weiter-) Existenz eines Unternehmens auch die Wahrnehmung gesellschaftlicher Mitverantwortung sicherstellen kann. Der Existenzerhalt ist und bleibt auch
unter verständigungsorientierten Vorzeichen somit *das eigentliche Ziel der Unternehmen* (s. dazu auch Kirsch 1990). Daraus folgt, dass es als *primäre Aufgabe des Managements anzusehen ist*, Beiträge zur Existenzsicherung des Unternehmens zu leisten. Ob dies eher erfolgs- oder verständigungsorientiert erfolgen
sollte, wird im Laufe dieser Erörterung zu prüfen sein.
Dementsprechend ist das Gewinnprinzip *zweifellos* auch unter verständigungsorientierten Prämissen als akzeptables Instrument anzusehen, um nämlich „die
komplexen Steuerungsprobleme einer Volkswirtschaft im Wege der Dezentralisation und Übertragung von Entscheidungsautonomie an die Einzelwirtschaften
erfolgreich zu lösen" (Steinmann/Schreyögg 1997, S. 106).
Da das Gewinnprinzip einen formalen Charakter aufweist (insofern es nur auf
die Gelddimension abstellt), sind mit ihm grundsätzlich solche Entscheidungen
und materiellen Mittelwahlen vereinbar, die die Erreichung der Gewinnziele ermöglichen. Dies bedeutet aber nicht automatisch, dass sie auch den der Verständigungsorientierung zugrundeliegenden Ansprüchen an die Wahrnehmung gesellschaftliche Mitverantwortung seitens des Managements entsprechen.
Die hierdurch unmittelbar angesprochene Thematik der *Unternehmensethik* –
nämlich seitens der Unternehmen und deren Management Handlungsmaximen
im Sinne einer Selbstbindung zu entwickeln und verbindlich umzusetzen, damit
eine friedliche Regelung von solchen Konflikten, die durch das gewinnorientierte Wirtschaften entstehen oder zu entstehen drohen, wahrscheinlicher wird, wird
im dritten Teil dieser Erörterung erneut aufzugreifen und anhand verschiedener

Ansätze zu diskutieren sein. Zunächst soll aber das *Verhältnis* von erfolgs- und verständigungsorientiertem Handeln noch stärker herausgearbeitet werden.

1.3. Zum Verhältnis von erfolgs- und verständigungsorientiertem Handeln

Die Unterscheidung zwischen *erfolgsorientiertem* und *verständigungsorientiertem* Management lässt sich grob anhand zweier Aufgabenstellungen charakterisieren:

Erfolgsorientiertes Management sorgt sich zuallererst einmal darum, dass eine *effiziente Re-Allokation* der Güter erreicht wird, welche dann in Folge vermutlich auch dem Gemeinwohl zugute kommt.

Verständigungsorientiertes Management stellt das Verdienen per se grundsätzlich nicht in Frage, fragt aber darüber hinaus nach dem „wie", um sicherzustellen, dass die zunächst einmal nicht unmittelbar am Wirtschaftsprozess Beteiligten nicht zu Opfern im und des ökonomischen Prozesses werden. Dies kann letztlich nur mit Hilfe *politischen Handelns* sichergestellt werden.

Nachdem zunächst einmal grob die Charakteristika erfolgs- und verständigungsorientiertem Handeln dargelegt worden sind und herausgearbeitet worden ist, dass eine rein erfolgsorientierte Betrachtungsweise nicht (mehr) ausreicht, liegt es im folgenden nahe, das Verhältnis zwischen beiden Handlungsmodi hinsichtlich der Ausgestaltung von Globalisierungsprozessen und dem des internen Managementprozesses darzulegen.

1.3.1. Zum Verhältnis von erfolgs- und verständigungsorientiertem Handeln im Kontext von Internationalisierung und Globalisierung

Unternehmungen sind und bleiben - auch wenn sie *zuallererst* Institutionen sind, die ökonomische Interessen verfolgen - in den politischen Gesamtzusammenhang von Staat und Gesellschaft eingebunden. Dieses Verständnis setzt allerdings voraus, dass nationale Gesetzgeber noch Einfluss auf das unternehmerischen Handeln nehmen können. Durch zunehmende Internationalisierungs- und Globalisierungstendenzen wird aber diese Voraussetzung fragwürdiger. Globalisierung als immer enger werdende Vernetzung von Güter-, Finanz-, Kapital und auch Arbeitsmärkten wird häufig als das herausragende weltwirtschaftliche Phänomen der 1990er Jahre angesehen (vgl. Soltwedel 1997, S. 55). Als treibende Kraft für die Vertiefung der internationalen Arbeitsteilung kann in erster Linie die technologische Entwicklung angesehen werden, die es letztendlich ermöglicht, dass mittlerweile Produktionsverfahren entlang der Wertschöpfungskette (s.u.) international aufgegliedert und auch gesteuert werden können (vgl. ebd.). Des weiteren hat sich auch die Liberalisierung der internationalen Finanzmärkte, die immer stärker die Gestalt eines einheitlichen globalen Marktes annehmen, sowie Bemühungen um eine weitere Liberalisierung des internationalen Handels einschneidend auf die folgenden Felder ausgewirkt:

- Wirtschaft
- Kommunikation
- Umwelt
- Mobilität
- Politik/Rechtssystem
- Sicherheit

Obwohl sicherlich alle Faktoren bezüglich der Klärung des Verhältnisses zwischen erfolgs- und verständigungsorientiertem Handeln angeführt werden könnten, werden hier insbesondere die der Wirtschaft und die der Politik sowie des Rechtssystems in Anlehnung an Lenssen (1996) und Scherer (2000) zu skizzieren sein.

a) Wirtschaft:
Insbesondere im Kapitalbereich setzte seit Mitte der 1980er Jahre eine starke Denationalisierungsdynamik ein, wobei der Umfang der Direktinvestitionen auch im Verhältnis zu den inländischen Anlageinvestitionen deutlich anstieg. Ähnliche Trends lassen sich auch für ausländische Kreditgeschäfte identifizieren.
Darüber hinaus ist zu berücksichtigen, dass jenseits der Austauschphänomene Güter heute z.T. nicht mehr „national" hergestellt und dann „international" gehandelt werden, sondern bereits bei der Produktion transnationale Ketten durchlaufen und somit bereits grenzüberschreitend produziert werden. Deutlich wird das an dem seit den siebziger Jahren deutlich steigenden Anteil der importierten Halbfertigwaren in den Ländern der G-7. Auch die Verflechtung der multinationalen Unternehmen untereinander erlebte in der zweiten Hälfte der achtziger Jahre in der Form strategischer Allianzen einen deutlichen Schub. Die wohl dramatischste Denationalisierungsentwicklung im Wirtschaftsbereich ist die Entstehung der geographisch kaum mehr eindeutig lokalisierbaren Finanzmärkte. Das Marktvolumen erreichte dabei seit den siebziger Jahren ein nahezu exponentielles Wachstum.

In puncto Auswirkungen der Globalisierung auf die Wirtschaft sind insbesondere drei Aspekte von besonderem Interesse:

- Wettbewerb
- Innovation(sfähigkeit)
- Arbeitsmarkt

b) Politik und Rechtssystem:

Freier Welthandel, Zollabbau, rechtliche Gleichstellungen für Niederlassungen multinationaler Unternehmen und die Vereinheitlichung von Standards im zwischenstaatlichen Güteraustausch führen letztendlich dazu, dass die nationalen Gestaltungsmöglichkeiten immer mehr eindämmt werden. Im Extremfall reduziert sich die Funktion des Staates auf das Sicherstellen eines kostengünstigen und für Investoren sicheren Standorts. Teilbereiche staatlicher Souveränität werden auf unterschiedliche Ebenen (supranational/regional) verlagert, so dass auch von Souveränitätsverlust bzw. -minimierung gesprochen werden kann. Oder mit den Worten Thomas Straubhaars (1997, S. 48): „Im Zeitalter der Globalisierung sind traditionelle Versuche, wirtschaftliche Aktivitäten mit den territorial begrenzten Rechtsmitteln der Nationalstaaten zu regulieren, nur noch von eingeschränkter realpolitischer Relevanz (...) (und, J.P.) sprengt die Territorialität nationalen Rechts". So lässt sich beispielsweise auch das nach hohen Renditen suchende internationale Kapital durch nationale Appelle und (rechtliche) Einschränkungen nicht in seiner Fluidität einschränken.

Die Globalisierungsherausforderung bezieht sich weniger auf die Notwendigkeit, am Weltmarkt zu bestehen, was ja immer schon für exportabhängige Industrienationen von großer Bedeutung war, sondern betrifft in erster Linie die gravierenden ökonomischen Standortunterschiede zwischen den traditionellen Industrieländern einerseits und den sich zu Industrienationen entwickelnden Schwellenländern andererseits. Die damit verbundenen wettbewerbsrelevanten Standortunterschiede sind nicht etwa nur auf die unterschiedliche nationale Ressourcensituation zurückzuführen, sondern haben insbesondere in kulturellen Unterschieden ihre Ursache (s. Gerecke 1998). Zu denken ist hierbei an die institutionelle Regelungen wirtschaftlicher Prozesse oder an normativen Standards und Prinzipien, die das Wirtschaftsleben (mit-)bestimmen. So weist bspw. Jürgen Beneke (2000, S 5ff) nach, dass selbst zwischen europäischen Partnernationen wie Deutschland und Frankreich gravierende Unterschiede in der Beurteilung der Kernenergie oder der Managementkultur bestehen (s. hierzu auch Guillet de Monthoux 1994, Lenssen 1996), welche auch die Kooperation bei bi- oder multinationalen Mergern teilweise stark in Mitleidenschaft zieht. Aus diesem Grunde überrascht es denn auch nicht, dass im sich Verhältnis zwischen Okzident und anderen Teilen der Welt die Konfliktherde noch extremer darstellen. Am Beispiel der Thematik *Wahrung der Menschenrechte* (s. Hoppe 1995, S. 319ff) – einhergehend mit der Stellung der Frauen und/oder Kinderarbeit - , *Korruption, Geldwäsche, Arbeitsschutzgesetze, Beteiligungsmöglichkeiten* von Arbeitnehmern etc. lassen sich vielfältige Konfliktherde identifizieren, die auf eine große *Interessendivergenz* schließen lassen (s. hierzu auch Homann/Blome-Drees 1992). Die Schwellenländer operieren hierbei gemäß ihrem Normen- und Werteverständnis, handeln also in ihrem Sinne legal und suchen dabei, diesbezügliche „westliche Hemmungen" in eigene Kostenvorteile umzusetzen. Demgegenüber suchen die westlichen Industrieländer, um nicht zuletzt auch norm-

und gesetzesbedingte Nachteile am Weltmarkt zu minimieren, auf die Notwendigkeit einheitlicher normativer Standards zum Schutz der Menschenrechte zu verweisen. Auf diese Weise wird deutlich, dass es immense Schwierigkeiten bereitet, erfolgsorientiertes wirtschaftliches Handeln weltweit auf eine verbindliche rechtliche Basis zu stellen (s. Steinmann/ Schreyögg 1997, S. 112, auch Scherer 2000, S. 62ff). Da sich die Möglichkeiten nationaler Gesetzgebung und Einwirkung immer eingeschränkter darstellen, ergibt sich nunmehr die Konsequenz, dass durch die multinational operierenden Unternehmen das verständigungsorientierte Handeln sehr viel mehr direkt auf der Unternehmensebene zur Geltung gebracht werden müsste (vgl. ebd.). Das Management international operierender und damit auch (im internationalen Kontext) Macht ausübender Unternehmen sieht sich somit zunehmend aufgefordert, für sich alleine oder auf Verbandsebene zu versuchen, zur Verständigungsorientierung beizutragen (vgl. hierzu auch Steinmann/Olbrich 1994, S. 138 ff).

Die Globalisierung der Wirtschaft kann also neben nicht zu vernachlässigenden Risiken in puncto Arbeitsplatzsicherung und/oder Verlust staatlich-demokratischer Kontrollmöglichkeiten auch als Chance begriffen werden, dass die Wirtschaft mehr Verständigungsorientierung weltweit erreichen kann. Dies ist demokratischen Staaten a priori nicht gegenüber souveränen Schwellenländern erlaubt, sondern würde beispielsweise gemäß UN-Charta als nicht zulässige Einmischung in innere Angelegenheiten verurteilt.
Kommt es allerdings nicht zu einer Verständigung mit den Schwellenländern, sprich: es bleibt beispielsweise bei defizitären Arbeitsschutzvereinbarungen, könnten sich aufgrund der Wettbewerbsfähigkeit umgekehrt die traditionellen Industrieländer gezwungen sehen, diejenigen gesetzlichen, als Hemmnisse empfundenen, Regelungen zu überprüfen, die als kostensteigernd und nicht innovationsfördernd eingeschätzt werden (s. Homann/Blome-Drees 1992). Zu denken wäre an die Arbeitsschutzgesetze, die Steuergesetzgebung, tarifvertragliche Regelungen und/oder die Mitspracherechte von Arbeitnehmern, die sicherlich per se dem gesellschaftlichen Frieden in westlichen Demokratien zunächst einmal dienlich sind, aber nicht automatisch vom (Welt-) Markt belohnt werden.
Um dieser Gefahr zu begegnen, ist seitens der Unternehmen, der Arbeitnehmervertreter und der Politik in den Volkswirtschaften westlicher Demokratien eine Bereitschaft zur Flexibilität, zum Gehen neuer Wege, zur Verabschiedung dogmatischer Positionen, sprich: zum Konsens erforderlich, um Risiken, aber auch Chancen der Globalisierung *möglichst gerecht* auf alle Schultern zu verteilen (vgl. Hartz 1996, S. 87ff).

Vor diesem Hintergrund verbleibt die Unternehmung dann nicht länger nur eine *Wertschöpfungsgemeinschaft*, sondern bekommt auch den Status einer *Schicksals- und Risikogemeinschaft* (s. Steinmann/Schreyögg 1997, auch Geißler

1997), was die Konsequenz beinhaltet, auch die Aufteilung der Wertschöpfung neu zu prüfen.

Die oben im Vertragsmodell ausgewiesene klassische Trennung von „risikobehaftetem" Residualeinkommen und „risikofreiem" Kontrakteinkommen wird schon allein dadurch aufgeweicht, als das Wohlergehen der Arbeitnehmer so eng mit dem Erfolg ihres Kontraktpartners Unternehmen verbunden wird. In diesem Sinne ist die Anmerkung von Steinmann/Schreyögg (1997, S. 113) dann auch nicht von der Hand zu weisen, dass - solange es nicht gelingt, im weltweiten Maßstab eine Harmonisierung der „ethischen" Wettbewerbsvoraussetzungen zu schaffen -, die nationale Unternehmung zwangsläufig nicht nur traditionell als Ort erfolgsorientierten Handelns fungiert, sondern auch als Ort des verständigungsorientierten Handelns deutlich aufgewertet wird.

Dass die gleichermaßen auf Erfolgs- wie auch Verständigungsorientierung ausgerichtete Rationalität des Managementhandelns nicht die Beziehungsgestaltung zur Außenwelt betrifft, sondern auch *intern* mit weitreichenden Konsequenzen verbunden ist, soll nunmehr verdeutlicht werden.

1.3.2. Zum Verhältnis von erfolgs- und verständigungsorientiertem Handeln im internen Management

Im internen Managementprozess stellt sich die Frage, wie verständigungsorientierte bzw. unternehmensethische Überlegungen in den betriebswirtschaftlichen Planungsprozess integriert werden können bzw. konkret: welche Implikationen ein sowohl auf Ökonomie und Ethik ausgerichtetes Aufgabenprofil des Managements für die Wahrnehmung von Sach- und Unternehmensführungsfunktionen haben kann. Es wäre sicherlich als nicht förderlich oder sogar als *naiv* anzusehen, den o.a. fünf – primär sich unter erfolgsorientierten Prämissen darstellenden – Managementfunktionen Planung, Organisation, Personaleinsatz, -führung und Kontrolle ohne weiteres ein ethische Dimension hinzuzufügen: „Auf ein klassisches betriebswirtschaftliches System der Kostenbudgetierung und -kontrolle lässt sich nicht einfach eine ethische Zieldimension aufsetzen, etwa indem gewisse ethische Verhaltenserwartungen zum betriebswirtschaftlichen Aufgabenprofil hinzugefügt werden. Dadurch wird nämlich die betriebswirtschaftliche Kontrollaufgabe selber tangiert: Die Nichterreichung von Kostenzielen kann ja nun nicht mehr nur betriebswirtschaftliche, sondern auch ethische Gründe haben, und das Kontrollsystem muss in der Lage sein, in der Abweichungsanalyse zwischen beiden Abweichungsursachen zu diskriminieren. Andernfalls besteht die Gefahr, dass die betriebswirtschaftliche Zielsetzung unter Hinweis auf die der Kontrolle entzogenen ethischen Anforderungen und Nebenbedingungen konterkariert wird (und umgekehrt)" (Steinmann/Schreyögg 1997, S. 114).

Es geht vielmehr darum, nicht etwa den klassischen betriebswirtschaftlichen Zielvorstellungen und Mittelwahlen ihre Bedeutung für die organisationale Leistungserstellung abzusprechen, sondern vielmehr Möglichkeiten zu erörtern, die eine erfolgversprechende Integration betriebswirtschaftlicher und ethischer Handlungsdimensionen wahrscheinlicher werden lässt.

Diese Probleme berücksichtigend, könnte dennoch der Ansatz als weiterführend angesehen werden, sich sowohl bei der Wahrnehmung der fünf klassischen Managementfunktion als auch bei der Wahrnehmung von Sachaufgaben dialogisch zu verhalten, um auf diese Weise auch unter erfolgsorientierten Prämissen durch die Berücksichtigung anderer (interner und externer) Betrachtungsweisen und Problemlösesichten *einfach gemeinsam erfolgreicher zu sein.*

Insofern wird im Gegensatz zu Steinmann/Schreyögg in dieser Erörterung Verständigungsorientierung nicht so stark mit Unternehmensethik gleichgesetzt wie beide Autoren es auszudrücken scheinen, sondern Verständigungsorientierung soll sich auch auf die Optimierung der (ursprünglich) rein erfolgsorientierten Leistungserstellung und Gewinnerwirtschaftung beziehen. Dies schon allein, weil *nur* ein Unternehmen, das weiter existiert, *auch ethischen Ansprüchen genügen kann.*

Da der Begriff der Verständigungsorientierung sehr stark an die *Unternehmensethik* gebunden zu sein scheint, wird nunmehr in dieser Erörterung statt von Verständigungsorientierung im Management von **Dialogischem Management** gesprochen. Dies geschieht nicht in *totaler Abgrenzung* zu den Vorstellungen bspw. von Steinmann/Schreyögg oder Scherer, *soll aber verdeutlichen*, dass hier von der Vorstellung ausgegangen wird, dass prinzipiell alle Managementfunktionen, seien sie primär ökonomisch oder primär politisch-ethisch motiviert, *dialogisch besser wahrgenommen werden können.*

1.4. Dialogisches Management – Utopie oder erfolgversprechender Problemlöseansatz?

Bevor erste Anregungen gegeben werden können, *wie* (denn überhaupt) eine dialogische Wahrnehmung von Managementfunktionen geschehen könnte, soll zunächst auch unter verhaltensorientierten Gesichtspunkten zuallererst der Frage nachgegangen werden, warum sich denn bisher die Implementierung eines dialogischen Managements so schwierig dargestellt hat.

Begonnen wird hierzu mit der Skizzierung hinsichtlich der Charakteristika und Verlockungen einer *monologischen Führung*, wobei eine bislang *noch nicht näher angesprochene* Managementfunktion, nämlich die der *Machtsicherung*, unmittelbar anzusprechen ist.

1.4.1. Charakteristika und vermeintliche Vorteile einer monologischen Führung

Die in den meisten Unternehmen immer noch sehr vorteilhaft scheinende monologische Führung geht letztlich von der Annahme aus, dass es trotz tiefgreifender Wandlungsprozesse *sichere und letzte Wahrheiten*, die auch als „best-way" bezeichnet werden können, gibt und durch den *Einsatz von Macht* sowie durch ein *geschicktes mikropolitisches Taktieren* um- und durchgesetzt werden können.

Der Vorteil und möglicherweise auch die *Faszination* eines monologischen Führungsverständnisses ist dabei *dreifach* zu sehen, nämlich

a) *psychisch* (bezogen auf die Führenden und ihre Interessen, aber auch Ängste),

b) *sozial* (bezogen auf das Verhältnis zwischen Führer und Geführten) sowie

c) *funktional* (in bezug auf eine erwartete Leistungserstellung der gesamten Organisation),

wobei sich zweifelsohne ständige Querverbindungen ergeben.

zu a) Die Führenden sehen sich beispielsweise aufgrund von Funktion, Biographie (z.B. Alter, Organisationszugehörigkeit, Bildungsniveau, Durchsetzungsvermögen) und (Lebens-) Erfahrung – zumindest gegenüber dem unterstellten Bereich – *berechtigt und auch verpflichtet*, im *alleinigen Besitz* einer „endgültigen Wahrheit" *zu sein* (s. hierzu u.a. Gebert/Boerner 1995) und diese auch mit eigenen *Machtmitteln* durchzusetzen.

Hieraus ergibt sich der oben angedeutete Querverweis *zur Managementfunktion der Machtsicherung.*

Macht bedeutet in der klassischen Auslegung des Soziologen Max Weber, jede Chance innerhalb einer sozialen Beziehung zu ergreifen, „den eigenen Willen auch gegen Widerstreben durchzusetzen, gleichviel worauf diese Chance beruht" (Weber 1985, S.28).

Größere Macht liegt in Anlehnung an den Systemtheoretiker Niklas Luhmann insbesondere *dann vor*, wenn sich der Einflussversuch im Gegensatz zu als äußerst attraktiv empfundenen Alternativen durchzusetzen vermag (vgl. Luhmann 1988a, S. 9).

Das Aufgreifen der *Managementfunktion Machtsicherung* scheint schon aus dem Grunde notwendig zu sein, als letztendlich *jeder soziale Zusammenschluss*, und somit auch insbesondere auf Zielerreichung und ökonomischen Erfolg ausgerichtete Unternehmen und deren Management *irgendwie geartete Machtstruk-*

turen aufweist, die zunächst einmal dem dialogischen Prinzip *grundsätzlich zu widersprechen scheinen*. Aus diesem Grunde wäre es auch als *völlig naiv* zu bezeichnen, mit Hilfe eines dialogischen Managements diese Machtverhältnisse negieren zu wollen und eine Art *Basisdemokratie* zu fordern (s.u. die Implementierungsprobleme in der Diskursethik). Vielmehr ist der Erkenntnis von Crozier/Friedberg (1979, S. 14) Rechnung zu tragen, dass „jede ernstzunehmende Analyse kollektiven Handelns Macht in das Zentrum ihrer Überlegungen stellen (muss), denn kollektives Handeln ist im Grunde nichts anderes als tagtägliche Politik. Macht ist ihr Rohstoff".

Bezüglich der *Klassifikation von Macht* lohnt es sich, auf die bereits Ende der 1950er Jahre erschienenen Arbeiten der US-Amerikaner French und Raven zu verweisen, die von *fünf* verschiedenen Machtgrundlagen ausgehen, welche sich allerdings auch überschneiden:

1. *Macht durch Legitimation* (legitimate power) bedeutet, dass jede Organisation gewisse formale hierarchische Strukturen aufweist, um klar zu regeln, *wer wem welche* Anweisungen geben darf und umgekehrt, wer wem zu berichten und zuzuarbeiten hat. Dementsprechend gehört es zu den „Spielregeln" der Organisation, dass Mitarbeiter bereit sind, den Anordnungen ihrer Führungskräfte zu folgen und auf diese Weise deren Recht anerkennen, Weisungen zu erteilen. Sind die Mitarbeiter hierzu nicht (mehr) bereit, wird dies i.d.R. mit Sanktionen bis hin zum Ausschluss aus der Organisation (Entlassung) geahndet. Die alltägliche Praxis in den Organisationen hat allerdings gezeigt, dass die Legitimationsmacht alleine nicht ausreicht, dem gewünschten Einfluss Geltung zu verschaffen (vgl. Steinmann/Schreyögg 1997, S. 568). Sie bedarf Ergänzungen.

2. *Macht durch Belohnung* (reward power) beruht auf der Vorstellung, dass ein Mitarbeiter weiß, dass ihm der Vorgesetzte Zuwendungen zukommen lassen kann. Diese können sich in Form von Gehaltserhöhungen, innerbetrieblichem Aufstieg, der Teilnahme an Förderungsmaßnahmen etc. widerspiegeln. Hierbei ist es von entscheidender Bedeutung, dass der Mitarbeiter auch an den potentiellen Belohnungen wirklich interessiert ist sowie, dass der Vorgesetzte auch *wirklich die Macht hat*, sie für seinen Mitarbeiter zu erzielen.

3. *Macht durch Bestrafung* (coercive power) hat einen abschreckenden Charakter und gründet sich auf das Vermögen, nichtkonformes Verhalten negativ (bspw. in Form von Lohnabzug, Versetzung oder gar Entlassung) zu sanktionieren. Hierbei ist es allerdings von entscheidender Bedeutung, dass Führungskräfte auch Bestrafungen durchsetzen können, weil ansonsten die Glaubwürdigkeit leidet und zukünftige Androhungen als „leere Phrasen" verstanden werden könnten.

4. *Macht durch Persönlichkeitswirkung* (referent power) baut darauf auf, dass der Mitarbeiter seine Führungskraft mit dem Attribut eines „Vorbildes" versieht und den dringenden Wunsch verspürt, von dieser Person wertgeschätzt zu werden. Macht wird schon alleine deshalb eingeräumt, weil diese Führungskraft *in toto* zu überzeugen vermag. Dies hängt allerdings sehr stark vom persönlichen Empfinden des Geführten ab.

5. Schließlich gründet sich *Macht durch Wissen und Fähigkeiten* (expert power) darauf, dass die Führungskraft als *Experte mit Wissensvorsprüngen* (zumindest in bestimmten Bereichen) angesehen wird. Je höher der Wissensvorsprung zuerkannt wird, desto höher stellt sich die Expertenmacht dar. Expertenmacht beschränkt sich aber in erster Linie auf den Bereich, in dem die Führungskraft Vorsprünge gegenüber den Mitarbeitern aufweisen kann. Auch hierbei hängt die Zuerkennung von Expertenmacht von den Vorstellungen, Präferenzen und Einschätzungen der Mitarbeiter ab.

Diese Faktoren zeigen deutlich, dass der unternehmerische Alltag von einer *Asymmetrie* von Führenden und Geführten geprägt ist und (höchstwahrscheinlich) auch bleibt. Dies mag auf den ersten Eindruck als „Binsenweisheit" erscheinen, kann auf der anderen Seite aber auch als Aufgabenfeld identifiziert werden, die möglichen Motive der oftmals immer noch monologisch Führenden aufzuspüren, zumal der Faktor Macht hier per se *nicht* als negativ betrachtet wird. Interessant sind allerdings die *Rahmenbedingungen*, die dieses Machtgefüge erst ermöglicht haben, sowie *mikropolitische Ambitionen*, diese zum eigenen Vorteil zu verändern.

Hinsichtlich dieser Thematik verweist u.a. Horst Bosetzky (1992, S. 30) auf den Faktor *Machtbesitz als persönliches Motiv* und bezieht sich dabei auf die Arbeiten McClellands (1978, S. 96), der explizit von einem „Bedürfnis nach Macht" spricht und dieses einerseits als das Bedürfnis umschreibt, sich stark zu fühlen und andererseits als Bedürfnis, mächtig zu handeln.

Mowday (1978) argumentiert in eine ähnliche Richtung, indem er davon ausgeht, dass das Machtstreben im Zusammenhang mit *drei Faktoren* zu sehen ist:

1. Eine *intrinsische Motivation* im Sinne einer Befriedigung, die sich aus der Machtausübung als solcher ergibt.
2. Eine *instrumentelle Motivation* im Sinne eines Erstrebens von Macht, um mit ihrer Hilfe anstehende Entscheidungen in der Organisation erfolgreich beeinflussen und auch eigene Ziele zu erreichen.
3. Schließlich als *Selbstwahrnehmung von Macht* im Sinne der Einschätzung des Ausmaßes, in dem der Machtausübende in der Lage ist, das Verhalten von anderen zu beeinflussen oder gar zu verändern.

Mögen diese Aspekte noch in erster Linie das „psychische Wohlbefinden der Führenden" dahingehend ansprechen, dass nämlich ohne ihr Einverständnis „nichts läuft", können im *gleichen Atemzug* als Gründe für die Beibehaltung und Pflege eines monologischen Führungsverständnisses auch *Ängste der Führenden* genannt werden, und zwar dahingehend,

- dass eine Steigerung des Mitarbeitereinflusses letztlich ein *Nullsummenspiel* darstellt, wonach ein höher zugestandener Mitarbeitereinfluss *im gleichen Maße* eine Einflussminderung der Führungskräfte im organisationalen Miteinander herbeiführt (vgl. dazu auch Fischer 1990, S. 142) und weiterhin,
- dass die Führungskräfte im organisationalen Kontext *selber seitens ihrer Vorgesetzten wiederum* für Fehler verantwortlich gemacht werden, die der unterstellte (möglicherweise dialogisch eingebundene und mit mehr Vollmachten ausgestattete) Bereich verursacht hat.

Nicht zuletzt lassen sich auf diese Weise auch einige Ursachen für *mikropolitische Ambitionen* (vermeintlich) Mächtiger identifizieren.
Mikropolitik spricht die politischen und Machtaspekte des Handelns und Entscheidens in Organisationen an und kann als „Arsenal" jener alltäglichen ‚kleinen' (Mikro-) Techniken aufgefasst werden, mit dem Macht aufgebaut und eingesetzt wird, um den eigenen Handlungsspielraum zu erweitern und sich fremder Kontrolle zu entziehen (s. Neuberger 1994, S. 261).
Es geht hierbei folglich um die *alltägliche Durchsetzung persönlicher Interessen*, die machtbegründet erfolgt, als „Macht im Einsatz" (Neuberger 1994, S. 262) bezeichnet werden kann und dabei die Bedeutung von Kontexten und Strukturen vernachlässigt" (vgl. Neuberger ebd.). Demzufolge ist es als ein wichtiges Charakteristikum der Mikropolitik (und der sie Praktizierenden anzusehen), „dass sie in ihren Aktionen zugleich ihre eigene Existenz verbirgt oder leugnet; sie wirkt unerkannt am besten, so dass von den Akteuren prinzipiell der Anschein der Legitimität gewahrt werden muss. Die Anschlusshandlungen der Mikropolitiker beziehen sich nur scheinbar auf Voraushandlungen der Partner bzw. Gegner, haben aber eine zusätzliche, nicht offenkundige Perspektive (...). Geht man davon aus, dass Handlungen ihren Sinn aus ihrer Einbettung in Zusammenhänge erhalten, dann wirkt Mikropolitik dadurch, dass Kontexte verwischt werden oder mit ihnen jongliert wird. Deswegen kann Mikropolitik auch nicht direkt beobachtet, sondern muss erschlossen werden" (Neuberger 1994, S. 264).

Zu b) In *sozialer Hinsicht*, sprich: dem Verhältnis von Führenden und Geführten, lassen sich die Vorteile eines monologischen Führens *so deuten*, dass für *beide* Seiten *ein eindeutiger Orientierungsrahmen* gesetzt wird, innerhalb dessen *bestimmte Kooperationsmodi* klar festgelegt, überschaubar, aber auch in gewisser Weise bilateral „einklagbar" sind. So mag es auch für die Geführten von Vorteil sein, wenn in Konfliktsituationen zwischen den Mitarbeitern die

Führung eine Art „Schiedsrichter-" und Entscheidungsinstanz wahrnimmt und letztendlich in Problemsituationen wiederum auch eine *beschützende Haltung* nach außen (bspw. gegenüber Führungskräften anderer Organisationsbereiche) einnimmt (vgl. dazu die kritischen Anmerkungen von Chris Argyris 1993 hinsichtlich *organisationaler defensive routines*).

zu c) Unter *funktionalen Gesichtspunkten*, d.h. hinsichtlich der Gewährleistung organisationaler Leistungserstellungs- und –optimierungsprozesse können die Vorzüge eines monologischen Führungsverständnisses darin gesehen werden, dass es in *jedem* organisationalen Kontext bestimmte Situationen gibt, in denen beispielsweise *schnell* und *entschlossen* gehandelt werden muss (s.u. die Anmerkungen zum „Handwerker-Modell" Harald Geißlers). Hierbei scheint eine bewährte und erfahrene Führungskraft, die „mit allen Wassern gewaschen ist und ihr Geschäft beherrscht", auf den ersten Blick durchaus am ehesten in der Lage zu sein, die Ziele der Organisation zu erfüllen. Es ist zwar zumindest mittelfristig durchaus im Interesse der Organisation, dass auch der unterstellte Bereich – bspw. im Urlaubs-, Krankheits- oder Kündigungsfall – die Führung vertreten kann (s.u. das MbE), aber es scheint trotzdem (immer noch) nicht notwendig (genug) zu sein, *allzu viel Aufwand zu betreiben*, um die Geführten diesbezüglich zu qualifizieren und zu motivieren.

Hinsichtlich des bereits häufiger angesprochenen Problems der Bewältigung des organisatorischen Wandels wird auch im monologischen Verständnis erkannt, dass externe Ansprüche Wandlungsprozesse notwendig scheinen lassen. Der organisationale Wandel bzw. eine möglicherweise notwendige Reorganisation wird allerdings als eine *originäre Planungsaufgabe* aufgefasst, in deren Mittelpunkt allein die Bestimmung derjenigen *monologisch gefundenen und umgesetzten optimalen organisatorischen Lösung* steht, die der veränderten Situation oder neuen Rationalisierungsanforderungen zu entsprechen vermag.
Hierbei wird die Frage nach einer konsequenten Umsetzung des Wandels in erster Linie als *Problem der richtigen Anweisung* in Form einer möglichst exakten Beschreibung der neuen Aufgaben und Kompetenzen sowie eines möglichst alle Eventualitäten berücksichtigenden Umstellungsprogramms thematisiert, um auf diese Weise einen reibungslosen organisationalen Wandel sicherzustellen (vgl. Schreyögg/Noss 1995, S. 169).

Ein derartiges Vorgehen, organisationalen Wandel als *bloßes Planungsproblem* aufzufassen und dem Rest der Organisation das Planungsergebnis einfach überzustülpen, scheint – wie oben angesprochen – immer weniger erfolgversprechend zu sein. Daher überrascht es auch nicht, dass sich aufgrund eines (offenen oder versteckten) Widerstandes der Organisationsmitglieder oftmals der Wandelprozess im Schneckentempo bewegt und auf diese Weise die Umstellungspläne zur Makulatur geraten (vgl. Schreyögg/Noss 1995, S. 169f).

Hier zeigen sich deutlich die Grenzen einer monologischen Führung hinsichtlich der (zukunftsorientierten) Sicherstellung organisationaler Leistung.

1.4.2. Schwächen einer monologischen Führung

Die oben aufgeführten beliebig erweiterbaren Beispiele sollen zeigen, dass nicht zuletzt aufgrund des Druckes in den verschiedenen Märkten, und somit insbesondere auch ökonomischen Argumenten, eine monologische Führung zumindest auf mittel- und langfristige Sicht Gefahr läuft, umfassende Lernprozesse und die damit verbundene Suche nach neuen Wegen zur Optimierung der organisationalen Leistungserstellung und Steigerung der Kundenzufriedenheit zu verhindern. Monologische Führung ist dementsprechend als *ökonomisch unvernünftig* einzuschätzen (zum Vernunftbegriff s. Abschnitt 2.1.).

Denn:

- in einem letztendlich allzu sehr auf Schutz und Bewahrung des Bestehenden ausgerichteten organisationalen Miteinander (vgl. Küpper 1994, Petersen 1998b) bleibt eine (häufig nicht mehr existente) heile Welt künstlich aufrecht erhalten und wird nicht einmal intern hinterfragt.
- die Mitarbeiter als *zunehmende Wahrnehmer von Managementfunktionen* (s.o.) können nicht genügend lernen, mit hochkomplexen Problem am konkreten Beispiel von Kundenwünschen umzugehen,
- die Übernahme von Verantwortung für eigene Probleme und die der Organisation wird verhindert, wodurch wiederum die ursprüngliche Institution Management als „Macherinstanz" gefordert wird,
- eine Problemdiagnose bleibt oberflächlich, da der Mut und die Konfliktbereitschaft fehlt, Fehler einzelner anzusprechen,
- eine kritische Selbstreflektion auf allen Ebenen wird verhindert, und
- die „klassische" Führungskraft sieht sich veranlasst, „von außen zu motivieren", statt sich als Teil des Systems zu verstehen und zum inneren Wachsen des Systems beizutragen.
- Ansätze, die Mitarbeiter als *Entrepreneur* oder *Subunternehmer* und somit „wichtigste Ressource" der Organisation zu betrachten, werden vor dem Hintergrund sich ständig ändernder Märkte und Herausforderungen sowie der oben und auch unten aufgeführten Legitimationsproblematik organisationaler Problemlösung und Leistungserstellung zwar als interessante Ansätze aufgefasst, stellen aber häufig im monologischen Verständnis eher ein „Lippenbekenntnis" dar, zumal die Umsetzung kaum machbar scheint.

Angesichts dieser Schwächen eines monologischen Verständnisses liegt es nunmehr nahe, eine Begründung für die Vorteile eines dialogischen Managements anzubieten sowie darauf basierend, vorläufige Anforderungen an ein dialogisches Management darzulegen.

1.4.3. Vorteile des Dialogs und vorläufige Anforderungen an ein dialogisches Management

Die bisherigen Ausführung insbesondere in bezug auf momentane und zukünftige Herausforderungen des Managements sollten verdeutlichen, dass die organisationale Leistungserstellung zunehmend auf die *selbstorganisierte* und *eigenverantwortliche* Mitgestaltung *aller* Organisationsmitglieder angewiesen ist. Neben Erfordernissen, die Möglichkeiten neuer Technologien sinnvoll und kreativ zu nutzen, kommt es des weiteren aufgrund der Schnelllebigkeit und Dynamik immer stärker darauf an, schneller als die Konkurrenz neue Ideen aufzugreifen und umzusetzen (vgl. Petersen/Lehnhoff 1999).

Um dies sicherzustellen, scheint es immer stärker auf die Fähigkeit und Bereitschaft zum vernetzten Denken sowie die Förderung sich selbst steuernder Systeme, die selbstorganisiert und innovativ auf die sich verändernden Verhältnisse reagieren, anzukommen (s. dazu auch Abschnitt 4). Konkret bedeutet dies, weniger Arbeitsteilung, weniger Befehlsstrukturen, mehr kleine Einheiten, d.h. selbstständig handelnde Teams mit hoher Verantwortung, die sich unternehmerisch verhalten, ihr Umfeld ständig beobachten und neue Lösungen (in Sachfragen wie auch im Verhalten gegenüber Kunden und Lieferanten) entwickeln, zuzulassen (s. Abschnitt 5).

In diesem Sinne können auch die Anmerkungen Piepers (1988) gedeutet werden, nämlich für Dialoge – Pieper spricht von Diskursen - den notwendigen institutionellen Rahmen zu schaffen und somit die Diskurse selbst zu initiieren. Diskurse haben dabei nach seiner Auffassung die (gelegentlich widersprüchliche) Funktion, organisationale Weiterentwicklungsprozesse einerseits für laufende Veränderungen offen zu halten, sie andererseits jedoch schrittweise zu konkretisieren (und damit zu begrenzen).

Dabei stellt sich natürlich die Frage, *wie denn* dialogisch-orientierte Unternehmens- bzw. Management-Grundsätze aussehen könnten, die *einerseits* genug Stabilität vermitteln und *gleichzeitig* genügend Freiräume *so* offen halten, dass die notwendigen dezentralen Reaktions- und Anpassungsfähigkeiten entwickelt und ausgestaltet werden können.

Um eine vorläufige Antwort auf diese Fragestellung geben zu können, werden im folgenden sieben Anregungen gegeben, die - gemäß dem oben vorgeschlagenen reformulierten funktionalen Managementverständnis - *prinzipiell alle Organisationsmitglieder als Adressaten haben*:

1. Das Management fühlt sich dem organisationalen Grundauftrag und dem darauf basierenden Wertesystem seiner Organisationsverfassung (s.u., vgl. Bleicher 1992, Petersen 1998b) sowie dem darauf basierenden organisationalen Miteinander verpflichtet und hinterfragt es und sich selbst *ständig*.
2. Das Management gibt der Prozessgestaltung höchste Priorität und erkennt, dass unternehmerischer Erfolg vor allem in der Optimierung oder gar Neugestaltung von betrieblichen Abläufen und Prozessen zu sehen ist.
3. Die managementspezifische Professionalität wird im Kontext des jeweiligen Marktes begriffen und darüber hinaus zum Nutzen aller weiterentwickelt. Hierzu gilt es, ein „Bündel von Prinzipien und Maßnahmen zur effektiven und effizienten Planung, Gestaltung und Kontrolle der gesamten Wertschöpfungskette" (Pfeiffer/Weiss 1992, S. 43) zu entwickeln und auszugestalten.
4. Managementhandeln zielt trotz des notwendigen Umganges mit knappen Ressourcen nicht länger in erster Linie auf ökonomische Technokratie ab, sondern spiegelt vielmehr das Bemühen um die ethische Grundlegung des Managementhandelns wider, d.h. es ist sich der ethischen und rechtlichen Bindung, aber auch Gefährdung in Krisenzeiten bewußt (vgl. Lay 1999, s. dazu auch Abschnitt 2).
5. Das Management erkennt, dass das zukunftsentscheidende Kapital die Qualität des Humankapitals ist, woraus sich ergibt, dass sich Unternehmensentscheidungen als das Resultat von offenen Meinungsbildungsprozessen der Betroffenen und Beteiligten ergeben, was durch *alle* Organisationsmitglieder, da sie zunehmend Managementfunktionen wahrnehmen, zu fördern ist
6. Da Management nach wie vor durch Vorbild und Überzeugung geschieht, gehört zur Wahrnehmung von Managementfunktionen immer noch die Kongruenz von Anspruch und Lebensstil, die sich in gelebten Persönlichkeitswerten und in Lebenskultur widerspiegelt.
7. Das Management betrachtet sein Aufgabengebiet als Pflicht und Ausdruck einer *Gemeinwohlsuche* (s. Abschnitt 2) und *Sicherung des gesellschaftlichen Friedens* (vgl. Steinmann/Löhr 1997, s. Abschnitt 3), da der Kontext neben Produkten und Dienstleistungen einen Beitrag der Organisationen zum *Gemeinwohl* bspw. in Form von ökologischen und sozialen Leistungen erwartet.

Diese sieben Thesen werden im folgenden als „Anforderungskanon" an ein *funktional reformuliertes Managementverständnis* betrachtet, *um letztendlich die Weichen für ein vernünftiges, reflexiv eigenständiges Managementhandeln qua Dialog zu stellen.*
Einem so zu interpretierenden dialogischen Management kann zugetraut werden, die traditionelle ökonomische Rationalität weiterentfalten zu können und dabei bisherige Orientierungsgrundlagen des Denkens, Entscheidens und Han

delns konstruktiv-kritisch zu hinterfragen. Während sich nämlich das traditionell monologische Führungs- und Managementverständnis als „einseitige Festlegung von Wahrheit" seitens hierarchisch höherstehender Hierarchen charakterisieren lassen kann, beinhaltet dialogisches Management die Annahme, dass *sich die Vernunft der Organisation* letztlich auf *die Vernunft der Dialogpartner begründet*, deren Entfaltung wiederum durch die Kommunikationsbedingungen bestimmt wird, die in der Organisation vorherrschen (vgl. u.a. Klimecki 1997, Küpper 1997, Petersen/Lehnhoff 1999).

Bevor allerdings Vorschläge unterbreitet werden, wie eine Wandlung hin zum *dialogischen Managementverständnis* schrittweise erreicht werden kann, bietet es sich an, zunächst exemplarisch einige Führungsmodelle dahingehend zu untersuchen, *ob* und *inwiefern* in ihnen zumindest *implizit* bereits Ansätze für eine Reformulierung des Managementverständnisses erkennbar sind.

1.4.4. Management als „lernbare" Fähigkeit – Zur Problematik der Führungs- und Managementtechniken im primär „monologischen Verständnis"

Bereits oben wurde angedeutet, dass als Kriterien von Organisations- bzw. Personal*führungsfunktionen*, welche trotz Primats der Planung i.d.R. als *entscheidende Managementfunktionen* angesehen werden können, Charakteristika wie

- das *Treffen von Entscheidungen*, um Ziele zu realisieren und dabei dem unterstellten Bereich zuzuweisen, was er *darf, nicht darf* bzw. *muss*
- die *Zugriffs- und Verwendungsberechtigung* in bezug auf Sachmittel, Finanzen und Informationen
- *Machtausübung* und, damit verbunden,
- *Akzeptanz* (vertikal und horizontal)

zu betrachten sind.

Hinsichtlich einer zu *optimierenden Leistungserstellung aller Organisationen* scheint es dabei zur Ermöglichung erfolgreicher Führung insbesondere auf die Fähigkeiten

- *Überzeugungskraft* (i.S. der Fähigkeit zur Vermittlung übergeordneter Ziele und Absichten an Mitarbeiter und untergeordnete Instanzen)
- *Integrität* (in Form von Einheitlichkeit und Gerechtigkeit bei der Beurteilung und Beeinflussung der Mitarbeiter sowie Sicherheit in den Entscheidungen)
- *Sachkompetenz* (verstanden als systematisches Denken zur Analyse hochkomplexer Zusammenhänge)

– *Problembewusstsein* (als Annahme von Problemen und deren Lösung durch Kommunikations- und Kooperationsprozesse)
– *Planungs- und Koordinationskompetenz* (als Fähigkeiten, Zielvorgaben in Aktionspläne zu zerlegen und sie unter Abstimmung der einzelnen Tätigkeiten zusammenzuführen, s.o.) und schließlich
– *Risikobereitschaft* (i.s. der Bereitschaft, Verantwortung für Plan- und Zielabweichungen zu übernehmen und Chancen durch zukunftsorientierte Entscheidungen zu erkennen und zu nutzen),

anzukommen[37].
Hierbei ist allerdings noch keine Aussage darüber getroffen worden, *ob* es sich bei Management im Sinne von Führung primär *entweder* um *die Durchsetzung fremden Willens* i.s. einer *monologisch intendierten, direkten, asymmetrischen Fremdbestimmung* handelt, welche im Wege informierender, instruierender und motivierender Aktivitäten erfolgt (vgl. Seidel 1978, S.81), *oder ob* sich Führung eher als *verhaltensbezogene* und nicht (primär) *strukturale* Sichtweise umfassender beschreiben lassen kann, vorausgesetzt, dass man mit Führung eine unmittelbare, beabsichtigte und ergebnisorientierte Einflussnahme von Personen auf andere verbindet.
Interessanterweise verweist nämlich *letzteres* Führungsverständnis darauf, dass Führung *praktisch bei allen zwischenmenschlichen Kommunikationsakten und völlig unabhängig von deren Einbindung in hierarchische Systeme stattfindet.*
Führung eröffnet somit *auch* eine (dialogisch zu interpretierende) Perspektive auf die Einflussprozesse, die – je nach Organisationsform (s. Abschnitt 5) - von

---

[37]   Im Rahmen einer persönlichkeitspsychologischen *Variante* der Führungsforschung wurde lange Zeit nach den charakteristischen Eigenschaften von Führern gefragt, die jene von den „Nicht-Führern" unterschied. Hierbei wurde von der These ausgegangen, dass bestimmte Eigenschaften (Durchsetzungsvermögen, Machtinstinkt, Intelligenz etc.) für die Ausübung einer Führungsfunktion förderlich seien. Hierzu lassen sich unter anderem die sogenannten „great-man theories" ranführen, in denen von der Vorstellung ausgegangen wird, dass Umbruchsituationen oder Krisen charismatischer Führungspersönlichkeiten bedürfen. Weiterhin bergen diverse Überlegungen zur Unternehmenskultur die Vorstellung in sich, das Schaffen und Pflegen von Unternehmenskultur als Aufgabe von „Gründervätern" zu charakterisieren, deren Wertmaßstäbe als Orientierungsgrundlage für neue Organisationsmitglieder dienen können (vgl. dazu Schein 1986 sowie eine diesbezügliche Untersuchung durch vom Bruch 1993).
Obwohl sich zunehmend herausgestellt hat, dass derartige Unterscheidungskriterien als wenig weiterführend einzustufen sind (vgl. u.a. Wiswede 1990, S. 7), kann in Anlehnung an Irle (1975, S. 409f) die These vertreten werden, dass in Abkehr einer *universalen Betrachtung* von Führungseigenschaften eine differenziertere Vorgehensweise durchaus die *Revitalisierung personalistischer Führungstheorien* rechtfertigen könnte, welche wiederum als Grundlage für Führungskräfteauswahlverfahren am Beispiel von Assessment Centern zu dienen vermag (vgl. u.a. Sarges 1995, Lehnhoff 1997).

„unten nach oben" (s. Abschnitt 6) stattfinden und die in der bisherigen Führungsforschung sicher zu Unrecht zu wenig beachtet worden sind[38].

Angesichts dieser Zweideutigkeit scheint der Vorschlag von Rolf Wunderer (1997, S. 3) anschlussfähig zu sein, *Führung im allgemeinen als zielorientierte, wechselseitige Beeinflussung zur Erfüllung gemeinsamer Aufgaben in und mit einer strukturierten Arbeitssituation aufzufassen.* Mit Führung geht dabei einher, (*gegenseitig*) Wege aufzuzeigen und zu weisen, die Entscheidungs- und Beziehungsebene zu gestalten sowie günstige Arbeitssituationen zu fördern und im konstruktiven Sinne zu interpretieren. Dem Verdacht, dass dieses Verständnis in erster Linie auf ein primär monologisches Führungsverständnis abzielt, begegnet Wunderer dahingehend, dass er betont, Führung umfasse gleichermaßen „Beeinflussen und sich beeinflussen lassen, kommunizieren, wechselseitig überzeugen, inspirieren, auch entscheiden, anweisen und Konflikte handhaben". Kurz: „Führung bleibt damit ein *komplexer, dynamischer, wechselseitiger und dazu situativ zu differenzierender Prozess*, der auch nur begrenzt zu erfassen und zu erklären ist" (Wunderer 1997, S.3, kursiv d. J.P.).

Hieraus wird deutlich, dass seitens der Literatur das Phänomen *Führung* am ehesten im Sinne einer Kombination *persönlicher Eigenschaften* und sachlicher fundierter *Entscheidungsfähigkeiten*[39] abzubilden ist (vgl. Koreimann 1987, S. 14ff).

---

[38]   Hierbei soll allerdings nicht der Aspekt vernachlässigt werden, dass der *klassische* Führungsansatz, nämlich Führung *top-down* aufzufassen, die *faktischen Gegebenheiten* hierarchischer Organisationen widerspiegelt. Willensbildung und -durchsetzung als konstitutive Elemente von Führung werden i.d.R. nach wie vor im Sinne eines *Beeinflussungsprozesses* (Rühli 1978, Hackstein et al. 1971, vgl. Wergen 1986) gewertet.

[39]   Vor diesem Hintergrund lohnt es sich, kurz auf den *entscheidungsorientierten Ansatz* in der Betriebswirtschaftslehre zu verweisen. Der im deutschsprachigen Raum insbesondere von Edmund Heinen (1976) und Werner Kirsch (1985) vertretene *entscheidungsorientierte* Ansatz in der Betriebswirtschaftslehre kann als Bemühen um eine Synthese zwischen den Vorschlägen des US-Amerikaners Herbert A. Simon und anderen verhaltenswissenschaftlichen Ansätzen verstanden werden. Dementsprechend erhielt die Untersuchung von Entscheidungen *in*, aber auch *durch* Organisationen den Charakter eines neuen betriebswirtschaftlichen Paradigmas, auch wenn Heinen (1984, S. 21) die Auffassung vertrat, dass - aufgrund der Tatsache, dass Wirtschaften mit Wählen und somit auch mit Entscheiden eng korrespondiert – der Forschungsgegenstand der Betriebswirtschaftslehre *immer schon* das Entscheiden von Menschen in Unternehmen darstellte. Allerdings sollten nunmehr nicht länger lediglich Mittelentscheidungen bei gegebenen Zielfunktionen im Zentrum des Interesses stehen, sondern es wurden vielmehr unter Zuhilfenahme verhaltenswissenschaftlicher Fragestellungen die Zielentscheidungen selbst angesprochen und dabei individuelle und kollektive Ziele unterschieden sowie bezüglich ihres Verhältnisses zueinander untersucht.

Angesichts dieser Charakteristika liegt hinsichtlich der Gesamtthematik die Vermutung nahe, dass mit dieser dispositiven Gewalt neben Effizienzansprüchen auch unmittelbar ethische Werte verknüpft sein müssten, die sich in Ansprüchen wie Verantwortungsbewusstsein, Fürsorgepflicht und /oder Übernahme von Risiko widerspiegeln (vgl. Koreimann 1987, S. 10, aus erwachsenenpädagogischer Sicht auch Pöggeler 1997, S. 244ff).

Die sich somit immer komplexer darstellende Aufgabenstellung der Personal- und Unternehmensführung lässt zunächst einmal die Frage aufkommen, *ob* bzw. *wie* Führung überhaupt – hier insbesondere - mit erwachsenenpädagogischer Hilfe - *erlernt werden kann*[40].
Diese Herausforderung mag eine Ursache dafür sein, Management als Gegenstand von *Lehr-* und *Lernprozessen* aufzufassen und dementsprechend bereits relativ früh umfangreiche Bemühungen zu unternehmen, möglichst *alle* Eventualitäten des organisationalen Alltages abdeckende Managementprinzipien, -grundsätze oder -regeln mit dem Ziel einer *integrierten Unternehmensführung und Produktivitätssteigerung* (vgl. Häuser 1977, S.70) anzubieten.

Hierbei lassen sich als *Führungstechniken* bzw. *Führungsmodelle*[41] i.d.R. diejenigen Ansätze verstehen, die dem Management mit Hilfe allgemeiner deskriptiver und/oder präskriptiver Handlungsempfehlungen, empirischer Generalisierungen sowie Grundsätzen und Techniken Anregungen zur *Führung komplexer sozio-ökonomisch-technisch-politischer Systeme* geben sollen (vgl. Wild 1974, S. 164, Baugut/Krüger, 1976, S. 59, Staehle 1987, S. 610).

Dabei verfolgen Management- bzw. Führungstechniken das Ziel, den Einsatz des „Managements" sowie den Einsatz der Mitarbeiter (noch) effizienter (als bisher) zu gestalten, um die Voraussetzungen zu schaffen, dass sich das gesamte Unternehmensgeschehen (noch) schneller effizienter (als bisher) auf die Dyna-

---

[40]   In Anlehnung an Wiswede (1990, S. 8) muss dazu festgestellt werden, dass sich aufgrund der o.a. ständigen sozio-ökonomisch-politischen Wandlungsprozesse und der damit einhergehenden Notwendigkeit, bisherige (u.U. sehr erfolgversprechende) Problemlöseansätze und Orientierungsleitlinien zu überdenken, so schnell das Charisma einzelner abnutzt, dass auch von einem „Charisma auf Zeit" (Wiswede ebd.) gesprochen werden kann. In eine ähnlich Richtung tendiert Türk (1981) indem er die These vertritt, dass die Führungskraft letztendlich nur eine „Lückenbüßerfunktion" wahrnimmt, da die Intensität der organisationalen Vorstrukturiertheit und Vorbestimmtheit des Organisationsalltages den Entscheidungs- und Handlungsspielraum der offiziell Führenden ständig einschränken.

[41]   Die Begriffe *Management-Prinzipien, Management-Konzeptionen Management-Techniken, Führungstechniken* und *Führungsmodelle* werden hier synonym verwendet und beziehen sich auf normative Konzepte der Führung einer Organisation, die Hinweise geben, wie Führung zumindest theoretisch (noch besser als bisher) stattzufinden hat.

mik und Komplexität gegenwärtiger und zukünftiger Entwicklungen anpassen lässt.

Um dieser Zielsetzung entsprechen zu können, schlagen die meisten Management-Prinzipien in puncto Mittel und Wege folgende Wege vor:

1. Delegation von Entscheidungen und Verantwortung auf die Ebene der „leitenden Angestellten"

2. Eindeutige Definition und Vorgabe operabler und realisierbarer unternehmerischer Ziele, mit denen sich die Mitarbeiter identifizieren.

3. Detaillierte Leistungskontrollen für alle Funktionsbereiche auf sämtlichen Ebenen (vgl. u.a. Bestmann 1982, S. 137, Korndörfer 1989, S. 198).

Neben aktuellen Managementtechniken wie erlebnispädagogischen Out-Door-Trainings (vgl. hierzu insbes. Jagenlauf 1994, S. 299ff sowie Jagenlauf 1995, S. 202ff), dem oben bereits angesprochenen Lean Management (vgl. Pfeiffer/Weiß 1992, Geißler/Behrmann/Petersen 1995), TQM oder in puncto Seriosität unterschiedlich   zu   bewertenden   verhaltenswissenschaftlich-psychologisch-motivationsorientierten Ansätzen (s. Conrad 1991, S. 241ff) gelten nach wie vor als die bekanntesten Managementtechniken - häufig auch als „management-by-Ansätze" tituliert – das

– *Management by Delegation* (Führung durch Delegation)
– *Management by Exception* (Führung nach dem Ausnahmeprinzip) sowie das
– *Management by Objectives* (Führung durch Zielvereinbarung)[42]

(vgl. dazu u.a. Baugut/Krüger, 1976; Glasl/Lievegoed, 1975, Wunderer/Grunwald 1980, Staehle 1987, Schierenbeck 1993, Staehle 1994).

Hierbei scheint von besonderem Interesse zu sein, als deutschen Ansatz des *Managements by Delegation* das *Harzburger Führungsmodell*, das *Management by Exception*, und das *Management by Objectives* insbesondere näher zu beleuchten, um zu untersuchen, *ob überhaupt* und wenn, *inwiefern* bereits erste Ansätze

---

[42]   Diese Aufzählung erhebt nicht den Anspruch auf Vollzähligkeit. Darüber hinaus können noch das
1.   Management by break-through (Führung durch organisatorischen Wandel)
2.   Management by ideas (Leitbildorientierte Führung)
3.   Management by results (Führung mit Ergebnisorientierung)
4.   Management by systems (Führung mit Systemorientierung)
5.   Management by motivation (Führung durch Motivation)

genannt werden (vgl. u.a. Wunderer/Grunwald 1980, Staehle 1994).

eines *reflexiv eigenständigen Managementhandelns* angesprochen werden bzw. sich Anknüpfungspunkte hierzu überhaupt identifizieren lassen können.

1.4.4.1. Management by Delegation am besonderen Beispiel des „Harzburger Führungsmodells"

Vor dem Hintergrund, dass nahezu alle Managementmodelle mehr oder weniger stark ausgeprägt auf dem Delegationsprinzip aufbauen (sollten), wird das im deutschen Sprachraum seit Mitte der 1950er Jahre bekannt gewordene „Harzburger Modell"[43] näher beleuchtet.

Das von R. Höhn und seinen Mitarbeitern entwickelte Führungsmodell beanspruchte trotz „militärischer Wurzeln", das dem letztlich militärischem Ursprung entstammende Befehls- und Gehorsamsprinzip im Verhältnis von Führenden und Geführten durch eine „Führung im Mitarbeiterverhältnis" zu ersetzen.

Dieses Leitmotiv galt es, mit Hilfe der „Delegation von Verantwortung" umzusetzen.

Um selbstständiges Handeln und Entscheiden bei voller Verantwortung erzielen und somit die Initiative und das Mitdenken der Mitarbeiter im Sinne der Organisation und des Managements zur Entfaltung bringen zu können, wurde es von den Verfassern als notwendig angesehen, den Mitarbeitern einen *fest umgrenzten Aufgabenbereich mit den entsprechenden Kompetenzen unter einer klaren Zielsetzung* zuzuweisen (vgl. Höhn/Böhme 1969, Höhn 1977).

Um den Hauptzielen dieses Modells, nämlich *Entlastung der Führungskräfte, Delegation von Entscheidungskompetenzen an den „richtigen Ort"* sowie (insbesondere auf Mitarbeiterebene) *Lernen, eigenverantwortliche Entscheidungen zu treffen,* zu entsprechen, sollten sowohl Führungskräfte als auch Mitarbeiter zu umfassenden Lern- und Umdenkungsprozessen bereit und fähig sein:

- So setzt die Verwirklichung der Führung im Mitarbeiterverhältnis als Leitbild des Harzburger Modells voraus, dass sich die *Führungskräfte* von der bis dato gültigen Vorstellung freimachen, ständig über mehr Wissen und Kompetenzen verfügen zu müssen als der unterstellte Bereich.

---

[43] So weisen Guserl (1973) und Wunderer/Grunwald (1980) darauf hin, dass die „Akademie für Führungskräfte der Wirtschaft" in Bad Harzburg allein im Jahre 1970 Führungskurse mit insgesamt 34.740 Teilnehmern aus allen Bereichen von Wirtschaft und öffentlicher Verwaltung durchgeführt hat

- Für die *Mitarbeiter* bedeutet das Modell, Verantwortung zu übernehmen und den Willen und die Fähigkeit aufzuweisen, Eigeninitiativen und Selbstständigkeit im Denken und Handeln zu entwickeln und zu entfalten.

Dementsprechend können diese *wesentlichen Merkmale* des „Harzburger Führungsmodells" als Aufforderung gewertet werden, das *organisationale Miteinander* wie folgt *grundlegend* zu überdenken:

1   Entscheidungen im Unternehmen werden nicht länger ausschließlich von einer einzelnen Führungskraft oder dem Top-Management getroffen, sondern jeweils von den dafür zuständigen Mitarbeitern.

2   Die Mitarbeiter werden nicht mehr in Form einzelner Aufträge von den Führungskräften geführt, sondern haben vielmehr einen festen Aufgabenbereich mit bestimmten Kompetenzen, in dem sie selbstständig handeln und entscheiden können und sollen.

3   Ein Teil der Gesamtverantwortung wird zusammen mit den Aufgaben und den dazugehörigen Kompetenzen auf die Ebene und die Mitarbeiter übertragen, die sich ihrem Wesen nach damit zu beschäftigen haben.

4   Dementsprechend soll die Organisation nicht von oben nach unten aufgebaut werden, indem die vorgesetzte Instanz nur das abgibt, was sie behindert, sondern von unten nach oben, wobei die vorgesetzte Instanz der untergeordneten nur solche Entscheidungen abnimmt, die diese nicht mehr treffen können bzw. dürfen (vgl. Höhn/Böhme 1969, S. 6f.).

Als Instrumente zur Verwirklichung dieses Modells einer „Führung im Mitarbeiterverhältnis" verweisen die Autoren auf

(a) *Stellenbeschreibungen* zur Abgrenzung des Delegationsbereiches des Stelleninhabers gegenüber der über-, nach- und gleichgeordneten Ebene sowie auf die

(b) *Allgemeine Führungsanweisung*, in der die

- Pflichten der Mitarbeiter
- Verantwortung bei einer Führung im Mitarbeiterverhältnis
- Mitarbeitergespräch und Mitarbeiterbesprechung
- Dienstgespräch und Dienstbesprechung
- Kritik und Anerkennung
- Grundsätze für die Information
- Anregung des Vorgesetzten
- Richtlinien
- Stab-Linie
- Teamarbeit
- Rundgespräch
- Stellvertretung und Platzhalterschaft

- Einzelauftrag
- Beschwerde
- Dienstweg
- Fachvorgesetzte
- Disziplinarvorgesetzte

detailliert aufzuführen sind (vgl. Höhn/Böhme 1977, S. 323, Guserl, 1973, S. 41f., Wunderer/Grunwald 1980, S. 289).

Dabei konzentriert sich die *Stellenbeschreibung* auf die Bestimmung der fachlichen Pflichten, während in der *Allgemeinen Führungsanweisung* die Beziehungen zwischen Vorgesetzten und Mitarbeitern verbindlich aufgeführt werden. Auf diese Weise soll ein einheitlicher Führungsstil in der Organisation sichergestellt werden.

Vor dem Hintergrund dieses Anspruches könnte auf den ersten Blick durchaus der Eindruck entstehen, dass nicht nur das Führungsverhältnis zwischen Vorgesetzten und Mitarbeitern durch eine weitgehende Delegation von Aufgabenbereich, Kompetenzen und Verantwortung gekennzeichnet sein soll, sondern bereits Elemente des *Subsidiaritätsprinzips* (s. ausführlicher Abschnitt 5) im Sinne einer „Hilfe zur Selbsthilfe" zum integralen Bestandteil dieses Führungsmodells gezählt werden können.

Hierzu muss allerdings einschränkend angemerkt werden, dass weder die *Stellenbeschreibung* noch die *Allgemeine Führungsanweisung* primär als „Hilfe zur Selbsthilfe" zu betrachten sind, sondern quasi einen „Gesetzescharakter" aufweisen.

So verweisen die Autoren dann auch mit ziemlicher Deutlichkeit darauf, dass eine wiederholte Missachtung dieser Normen als *Illoyalität* gewertet werden und seitens der Unternehmensleitung durchaus mit einer *Beendigung der Mitgliedschaft in der Organisation* (Entlassung) geahndet werden kann (vgl. dazu auch Wunderer/Grunwald 1980, S. 289).

Des weiteren betont das Harzburger Führungsmodell trotz seiner Absicht, Management by Delegation zu ermöglichen, dass Entscheidungen über den Inhalt der „Stellenbeschreibungen" und der „Allgemeinen Führungsanweisung" *ausschließlich* dem Top-Management vorbehalten sind (vgl. Höhn/Böhme, 1969, S. 42f. und 120f.).

Auf diesen Widerspruch zwischen Ermöglichung und Delegation *einerseits* und offensichtlicher Restriktion *andererseits* wird im Rahmen der Kritik dieses Modells einzugehen sein.

1.4.4.1.1. Zur kritischen Würdigung des Harzburger Führungsmodells

Die Vorschläge Höhns und seiner Mitarbeiter haben zweifellos dazu beigetragen, dass in den 1950er und 1960er Jahren in bundesdeutschen (Groß-) Organisationen eine umfassende Diskussion hinsichtlich einer „zeitgemäßen" Führung und ihrer Ausprägungsformen ausgelöst worden ist. Diese Diskussion hat sicherlich einen Abschied bzw. eine Relativierung der noch in der Nachkriegszeit gültigen Vorstellung bewirkt, dass *allein* – wie noch insbesondere von Frederick Winslow Taylor angemerkt - der patriarchisch-autoritäre Führungsstil als *allein* erfolgversprechend für die organisationale Leistungserstellung einzuschätzen ist. Als weiterer Vorteil des Harzburger Führungsmodells lässt sich die Erhöhung der Transparenz der Organisation durch konkrete(re) Stellenbeschreibungen sowie die Betonung der großen Bedeutung von Information und Beratung für die Umsetzung des Delegationsprinzips ranführen. Darüber hinaus lassen sich die Delegation ständiger Aufgabenbereiche an die Mitarbeiter anstelle zeitlich limitierter Einzelaufträge sowie die Forderung nach einer Dezentralisierung der Entscheidungsbefugnisse als positiv werten (vgl. Guserl 1973, S. 247; Baugut/Krüger 1976, S. 82f., Wunderer/Grunwald 1980, S. 290).

Allerdings wird seitens der Managementliteratur auch umfassende Kritik an dem Harzburger Führungsmodell geübt[44]:
– Die Führung im Mitarbeiterverhältnis stellt nicht die Weichen für eine Demokratisierung der Entscheidung sondern manifestiert bestehende Machtstrukturen (vgl. Reichard 1973, S. 14).
– Trotz der Vorgabe, einen demokratisch-kooperativen Ansatz anzubieten, ist das Harzburger Führungsmodell – militärischen Wurzeln entstammend - als vorgesetztenzentriert bzw. versteckt autoritär-dirigistisch anzusehen (vgl. Baugut/Krüger 1976, S. 83, Wunderer/Grunwald 1980).

---

[44]   Darüber hinaus zeigen die von Guserl (1973, S. 186f) erhobenen Interviews mit 56 überwiegend höheren Führungskräften aus 13 schweizerischen und bundesdeutschen Unternehmen, in denen das Harzburger Führungsmodell angewandt wurde, dass auch die unternehmerische Praxis Anlass sieht, dieses Führungsmodell nicht uneingeschränkt zu bejahen. So wurden folgende Kritikpunkte genannt:

– Förderung und Manifestierung des Ressortdenkens in den Organisationen
– Vernachlässigung des menschlichen Fehlverhaltens
– Fehlende Berücksichtigung der Organisationsspezifika
– Formalismus und Starrheit
– Unkritische Übernahme des Stab-Linien-Konzeptes
– Vernachlässigung der Teamarbeit
– Aufblähung der Hierarchie
– Vernachlässigung der Gruppendynamik

- Der im Harzburger Führungsmodell kritisierte patriarchalisch-autoritäre Führungsstil wird lediglich durch einen *bürokratisch-autoritären Führungsstil* ersetzt, zumal das Harzburger Führungsmodell aufgrund seiner zahlreichen Organisationsregeln alle negativen Anzeichen eines starren Bürokratiemodells aufweist (vgl. Guserl 1973, S. 53 und 159).

- Aufgrund der umfangreichen Stellenbeschreibungen neigt dieses Modell zur statischen Überorganisation und zur strikten Kompetenzabgrenzung, die das Ressortdenken noch verstärkt (vgl. Wunderer 1975, S. 226f, Schierenbeck 1993, S. 143).

- Das Harzburger Führungsmodell verweist lediglich auf nur einen Aspekt kooperativer Führung, nämlich ein gewisses Ausmaß an Entscheidungsdezentralisation, während andere notwendige Bedingungen, wie z.B. Entscheidungsdelegation an Gruppen bzw. Einfluss von Gruppen auf Entscheidungen der Vorgesetzten, nicht angesprochen werden (vgl. Wunderer/Grunwald 1980).

- Der Anspruch, dass Entscheidungen von jenen Ebenen getroffen werden müssen, zu denen sie „ihrem Wesen nach gehören", stellt sich als *monologisch beliebig umdeutbare* Unverbindlichkeit dar.

- Da sozialwissenschaftliche Erkenntnisse ignoriert und statt dessen durch moralisierende Appelle oder dogmatische Feststellungen (insbesondere an die Adresse der Mitarbeiter) ersetzt werden (vgl. Baugut/Krüger, 1976, S. 83), sind nur begrenzte Verhaltensänderungen bei den Mitarbeitern erreichbar.

- Die Individualziele der Mitarbeiter werden unzureichend berücksichtigt, was vor dem Hintergrund der nachvollziehbaren These zu kritisieren ist, dass insbesondere die Berücksichtigung der Individualziele ein *essentielles Kriterium kooperativer Führung* darstellt (vgl. Wunderer/Grunwald 1980).

Die hier exemplarisch ausgewählten Kritikpunkte verdeutlichen, dass die Autoren des Harzburger Führungsmodells zwar theoretisch durchaus einige Ansätze kooperativer Führung am besonderen Beispiel einer gewissen Entscheidungsdelegation im Auge zu haben scheinen, aber letztlich doch in erster Linie ihr Modell auf die Interessen der jeweiligen Organisationsführung „zugeschnitten" haben.

Obwohl an die Führungskräfte und die Organisationsleitung der Appell gerichtet wird, eine innere Bereitschaft aufzuweisen, mit den Mitarbeitern kooperativ zusammenarbeiten, bleibt es in letzter Konsequenz doch ihnen überlassen, *monologisch festzustellen, ob* bzw. *dass eben* die Mitarbeiter halt *noch keine* Bereitschaft und Fähigkeit sowie den notwendigen Willen zeigen, Verantwortung zu übernehmen, und die Fähigkeit vermissen lassen, Eigeninitiativen zu entfalten. Selbstständigkeit im Denken und Handeln im Sinne einer reflexiven Eigenständigkeit dürfte darüber hinaus kaum durch angedrohte Sanktionen erreicht werden.

Aus diesem Grunde wird das Harzburger Führungsmodell als eindeutig *monologisches Herrschaftsmanifestationsmodell* charakterisiert und dementsprechend auch bereits in Ansätzen als *ungeeignet gewertet*, ein reflexiv-eigenständiges Managementhandeln zu ermöglichen.

Anläßlich dieser Kritik scheint es von Interesse zu sein, das Führungsmodell *Management by Exception*, welches ähnlich wie das Harzburger Führungsmodell auf die Entlastung der Führungskräfte abzielt, dahingehend zu untersuchen, ob hier u.U. eher intendierte Ansätze von Dialogbereitschaft erkannt werden können

1.4.4.2. Das Führungsmodell Management by Exception

Das Management by Exception (MbE) dient der Kontrolle von Abläufen und Ergebnissen und zielt darauf ab, *alle* Führungskräfte von Routineaufgaben zu entlasten sowie die Informationsflüsse *so* zu systematisieren und Zuständigkeiten so zu regeln, dass (interne und externe) Störeinflüsse rasch behoben werden (vgl. Schierenbeck 1993, S. 141).

Der Ansatz von MbE besteht darin, den Mitarbeitern für die Erledigung von Routineaufgaben freie Hand zu lassen, so dass die Führungskraft nur in unvorhergesehenen, schwierigen Situationen eingreifen muss.

Bevor allerdings durch MbE Verantwortung und Kompetenzen an den ausführenden Mitarbeiter delegiert werden können, gilt es, *Sollergebnisse festzulegen*, die *Informationsrückkoppelung sicherzustellen* sowie *Normal- bzw. Ausnahmefälle zu definieren*, in denen die Führungskräfte einzugreifen haben.

Das Gelingen von MbE hängt dabei entscheidend davon ab, dass die *Toleranzgrenzen*, innerhalb derer die Mitarbeiter oder Teams *selbstverantwortlich handeln dürfen*, auf verschiedene Qualifikationen abgestimmt werden, so dass *motivierende Spielräume* entstehen und die Mitarbeiter nicht durch zu viele Ausnahmesituationen in ihrer Initiative eingeschränkt werden.

Hierbei scheint es besonders förderlich zu sein, wenn die Mitarbeiter durch den Erwerb weiterer Kenntnisse qua Lernen erleben, dass sich ihr Handlungsspielraum erweitert. Eine derartige Gestaltung von MbE entspricht dann am ehesten einer *kooperativen Auffassung von Führung*.

Hieraus wird deutlich, dass Führungstechniken sorgfältig einzuführen und alle beteiligten Vorgesetzten und Mitarbeiter gründlich zu schulen sind, da sie die verwendeten Techniken verstehen müssen, ehe sie wirksam werden können.

Dementsprechend lassen sich als Voraussetzung für ein gutes Funktionieren von MbE ansehen,

- dass der Anwendungsbereich auf programmierbare Entscheidungsprozesse beschränkt bleibt,
- dass alle Beteiligten die Ziele sowie die jeweiligen Abweichungstoleranzen und Definitionen der Normal- und Ausnahmefälle haben,
- dass die Mitarbeiter klare Zielvorgaben und exakte Sollwerte für die Beurteilung ihres Aufgabenbereiches haben,
- dass die Zuständigkeiten eindeutig definiert sind,
- dass die Mitarbeiter wissen, in welcher Form und anhand welcher Parameter sie Abweichungen feststellen, was wiederum eine Definition von Toleranzgrenzen sowie ein Kontroll- und Berichtssystem voraussetzt, das ihnen die entsprechenden Hinweise gibt.

Obwohl MbE zwar nur für Ausnahmeregelungen vorgesehen ist, ist es im Rahmen einer kritischen Würdigung dennoch von Interesse, ob – bezogen auf diese Ausnahmen - zumindest andeutungsweise auf ein *reflexiv-eigenständiges Managementhandeln* abgezielt wird.

1.4.4.2.1. Kritische Würdigung des MbE

Das Führungsmodell MbE hat auf den ersten Blick folgende Vorteile:

- Es bereitet den Boden, das Management dahingehend zu entlasten, sich wichtigeren Aufgaben widmen zu können;
- Hinsichtlich des oben formulierten Anspruches, dass aus Gründen einer erfolgversprechenden organisationalen Leistungserstellung immer stärker *jedes Organisationsmitglied* zunehmend mit Managementaufgaben betraut werden muss, ist es sicherlich als ein wichtiger Schritt in die richtige Richtung zu werten, dass der bzw. die Mitarbeiter durch die Delegation von Verantwortung und die Möglichkeit, die Arbeit selbst zu kontrollieren, motiviert werden. (Dies gilt aber nur, wenn die Toleranzgrenzen *so* angesetzt werden, dass sich die Mitarbeiter auch tatsächlich einbringen und entfalten können. Sind allerdings die Grenzen *zu eng* gesetzt, besteht die Gefahr der Gängelung, und die beabsichtigte Motivationssteigerung geht verloren.)
- MbE kombiniert die Vorteile von Partizipation und situativer Führung. MbE motiviert dadurch, dass die Mitarbeiter im Bereich ihrer Erfahrungen selbstständig entscheiden und handeln können, dass Verantwortung an sie delegiert wird und dass sie innerhalb der definierten *Toleranzgrenzen* darüber entscheiden, *wann* die Führungskräfte konsultiert werden (müssen).

Trotz dieser *Vorteile*, die zweifellos zumindest potentiell als Brückenglied hin zu einem reflexiv eigenständigen Verständnis prinzipiell *aller* Organisations-

mitglieder aufgefasst werden können, weist das MbE dennoch einige entscheidende und nicht zu vernachlässigende *Nachteile* auf:

- Es herrscht immer noch eine *Trennung* zwischen *Führenden* und *Geführten*
  vor, wobei die „traditionell Führungsberechtigten" noch zu viele Aufgaben
  bearbeiten, die *wirkliche Kreativität* und *Initiative* erfordern, so dass die Mitarbeiter nicht wirklich partizipieren. Dies hat zur Folge, dass der Lerneffekt
  bei Mitarbeitern beschränkt bleibt, da die interessanten und herausfordernden
  Probleme (nach wie vor) den Vorgesetzten vorbehalten bleiben.
- Dementsprechend fördert MbE nicht unbedingt Eigeninitiative und Verant-
  wortungsfreude, sondern es kann insbesondere bei anspruchsvollen und
  schwierigen Problemsituationen von einer Tendenz zur „Delegation nach o-
  ben" gesprochen werden.
- Ziele und Pläne als Grundlagen für *Sollgrößen* und *Kontrolle* werden nicht
  weiter thematisiert
- Die einseitige Konzentration auf negative Abweichungen steht zu sehr im
  Zentrum des Interesses, was sich mittel- und langfristig *nicht* als motivations-
  fördernd erweist, zumal es primär um Misserfolgsvermeidung geht. Bei MbE
  besteht die Gefahr einer Frustration durch fehlende Erfolgserlebnisse (letztlich auf seiten der Führenden und der Geführten).
- Mitarbeiter und Vorgesetzte konzentrieren sich im MbE zu sehr auf das *hic et
  nunc* sowie auf die Vergangenheit, so dass die Zukunftsorientierung vernachlässigt wird (vgl. dazu auch Wunderer/Grunwald 1980, Schierenbeck 1993,
  S. 143).

Diese Kritikpunkte unterstreichen, dass auch das MbE noch nicht als Ansatz
aufgefasst werden kann, die Grundlagen für ein funktional geweitetes dialogisches Managementverständnis zu schaffen.
Angesichts dieser kritischen Einschätzung geht es nunmehr darum, das in der
managementtheoretischen Literatur (vgl. u.a. Humble 1972, Wild 1973, Schierenbeck 1993, Staehle 1994) vermutlich bekannteste Führungsmodell – nämlich
das Management by Objectives (MbO) – etwas ausführlicher hinsichtlich der
(zumindest prinzipiellen) Ermöglichung von dialogischen Managementprozessen zu untersuchen. Dies geschieht aufgrund der Vorannahme, dass MbO – zumindest vom apriorischen Anspruch her - bereits in starkem Maße unternehmerische Zielsetzungen und Ziele der Organisationsmitglieder zusammenzubringen
scheint.

1.4.4.3. Management bei Objectives (MBO)

Das Führungsmodell „Management by Objectives" (MbO) wurde in den 1960er Jahren von dem amerikanischen Managementforscher und Unternehmensberater Peter F. Drucker vorgeschlagen. MbO wurde dabei als ein *dynamisches* und *integratives* Managementprinzip dargestellt, welches *individueller Tüchtigkeit und Verantwortung* der Organisationsmitglieder einen *größtmöglichen Spielraum* lässt und *gleichzeitig* den Vorstellungen und Anstrengungen der gesamten Organisation eine *gemeinsame Richtung* gibt. Des weiteren sollte mit Hilfe dieses Führungsmodells das Arbeiten im Team gefördert und die Wünsche des einzelnen mit dem allgemeinen Wohl harmonisiert werden (vgl. Humble 1972, auch Bleicher/Meyer 1976, S. 242).

Dementsprechend ist Management by Objectives zumindest vom Anspruch her gesehen durchaus als Ansatz zu werten, betriebswirtschaftliche und verhaltenswissenschaftliche Erkenntnisse der Führungsforschung *zu verzahnen* (vgl. u.a. Wunderer/Grunwald 1980, Staehle 1994).

MbO wird heute i.d.R. in drei verschiedenen Varianten diskutiert:

1. Management durch *Zielvorgabe* (autoritäre Variante)
2. Management durch *Zielvereinbarung* (kooperative Variante)
3. Management durch *Zielorientierung* (neutrale Variante),

wobei sich hierbei das geplante Ausmaß der *Beteiligung* von Führenden und Geführten an der *Festsetzung der Organisationsziele* jeweils ausdrückt.

Allen unterschiedlichen Varianten liegt zugrunde, dass im Mittelpunkt des MbO die Führungsfunktion *Ziele setzen* steht. Als Ausgangspunkt für das Führungskonzept MbO und Grundlage für ein zusammenzufassendes *Zielsystem* ist das *oberste Organisationsziel* anzusehen.

Hierbei wird davon ausgegangen, dass die Organisation und insbesondere ihr Top-Management die obersten Ziele *genau* festgelegt hat und dass daraus über alle hierarchischen Stufen hinweg Bereichsziele, Abteilungsziele, Gruppenziele und Stellenziele abgeleitet werden können und somit eine *Zielhierarchie* entsteht. Dementsprechend hat jedes Organisationsmitglied auf allen Ebenen seine Ziele zu erfüllen.

Auf diese Weise ergibt sich (zumindest theoretisch) ein *in sich stimmig scheinendes Gefüge* von zahlreichen, unterschiedlichen feinen Teilzielen mit exakten quantitativen, terminlichen und auch Verfahrensvorgaben, die von den Vorgesetzten der verschiedenen Stufen zusammen mit ihren Mitarbeitern zu verwirklichen sind. Dies setzt allerdings voraus, dass auch die Kompetenzen und Verantwortlichkeiten klar zugeordnet sind. Innerhalb dieses Gefüges vereinbart der einzelne Vorgesetzte mit seinen Mitarbeitern, welche Teilziele sie zu einem bestimmten Zeitraum zu realisieren haben. Er kann dabei auf die Neigungen und besonderen Fähigkeiten seiner Mitarbeiter Rücksicht nehmen. Im wesentlichen geht es aber nur um die Feinabstimmung, da die Ziele inhaltlich vorgegeben sind.

Um die Ziele hinsichtlich ihres Niveaus näher zu klassifizieren, lassen sich vier Arten von handlungsorientierten Zielen unterscheiden: *Standard- und Routineziele, Problemlösungsziele, Innovationsziele und persönliche Entwicklungsziele.* Führung durch Zielvereinbarung zielt – zunächst einmal analog zum oben dargestellten MbE - auf eine *größtmögliche Entlastung der Führungskräfte von Routine- und Spezialproblemen ab*, so dass sie sich verstärkt den eigentlichen Führungsaufgaben widmen können. Darüber hinaus sollen aber auch *Selbstständigkeit und Eigenverantwortlichkeit* der Mitarbeiter durch den größeren Entscheidungsspielraum bei der Ausführung ihrer Aufgaben wesentlich vergrößert werden.

Vor diesem Hintergrund kann in Anlehnung an Humble (1972, S. 7) die Grundannahme des MbO-Modells wie folgt gedeutet werden, dass MbO ein *dynamisches Führungssystem* darstellt, welches den Anspruch erhebt, das *organisationale Erfolgsstreben* in puncto *sinnvollem Umgang mit knappen Ressourcen, Wachstum und Gewinn mit dem Leistungswillen aller Organisationsmitglieder und ihrem Trachten nach Selbstentfaltung zu integrieren.*

MbO baut dementsprechend sowohl auf *organisationaler Leistung* als auch auf *Mitarbeiterzufriedenheit* auf (vgl. Wild 1973, Banner 1975, Wunderer/Grunwald 1980), wobei statt Aufgaben die Ziele bzw. Zielrealisierung in den Mittelpunkt gestellt werden und die Wahl der Mittel zur Zielerreichung den Mitarbeitern freigestellt bleibt (Bleicher/Meyer 1976, S. 232).

Die MbO-Komponente *Führungskonzept* legt vor diesem Anspruchshintergrund die Annahme zugrunde, dass die jeweils wirksamste Zielerfüllung dadurch erreicht werden kann, wenn die vorhandenen Fertigkeiten, das Wissen und die mentalen Fähigkeiten sowohl von Führenden als auch von Geführten eine *volle Entfaltung und Nutzung für die Organisation erfahren.*

Dadurch, dass nunmehr die Zielerreichung im *Zentrum des Interesses* steht, gilt es, von der reinen Funktions- oder Verhaltensorientierung im Sinne möglichst exakter Arbeitsausführung durch Einzelanweisungen abzugehen. Die Vorgehensweise zur Zielerreichung bleibt ausschließlich den Mitarbeitern überlassen.

Folgende Vorgehensweise scheint im Sinne der Philosophie des MbO besonders naheliegend zu sein:

- *Zielvereinbarung* (im Sinne der kooperativen Variante), was bedeutet, dass Ziele nicht nur im Sinne der autoritären Variante vorgegeben, sondern zwischen Führungskräften und Mitarbeitern vereinbart werden sollen.

- *Zielabstimmung*, zumal die Ober- und Unterziele zwischen den hierarchischen Ebenen in einer Mittel-/Zweckbeziehung zueinander stehen. Damit auf einzelnen Ebenen keine Zielkonflikte auftreten, ist eine entsprechende Integration im *Gesamtzielsystem* erforderlich.

- *Zieloperationalität*, wonach die Ziele die *Leitmaxime* und den *Kontrollmaßstab* für den Mitarbeiter bilden. Dementsprechend müssen die Ziele klar und verständlich formuliert sowie eindeutig sein.

- *Zielüberprüfung*, was mit der Aufforderung einhergeht, dass die formulierten Ziele regelmäßig auf ihre Realisierbarkeit bzw. auf ihre Anpassung wegen veränderter Bedingungen zu überprüfen sind.

Das *Handlungskonzept* des Führungsmodells MbO weist demgegenüber keine speziellen Charakteristika auf (vgl. Wunderer/Grunwald 1980). Im wesentlichen scheint folgende Vorgehensweise sinnvoll, um eine ausreichende Funktionsfähigkeit zu erreichen:

- *Entwicklung und Ausgestaltung eines Planungssystems*, welches die Mittel, Instrumente und Wege der Zielerreichung aufzeigt,
- *Aufbau und Pflege eines Kontrollsystems*, das auf der Basis von Soll /Ist-Vergleichen sowohl verlaufs- als auch ergebnisbezogene Überprüfungen und Beurteilungen ermöglicht,
- *Unterstützung der Mitarbeiter* bei der Zielerreichung durch umfangreiche Beratung und Weiterbildung,
- *Abgrenzung der jeweiligen Aufgabenbereiche durch Stellenbeschreibungen* (vgl. dazu auch Schierenbeck 1993, S. 142f).

MbO soll dann auch auf allen Führungsebenen insbesondere auch in dazu beitragen, operationalisierbare Ziele zu vereinbaren, und stellt sich auf den ersten Blick dann auch als ein Planungs- und Kontrollinstrument der Unternehmensführung und folglich als ein Hilfsmittel zur Leistungsbewertung von Führungskräften und Mitarbeitern gleichermaßen dar[45].

---

[45] Es soll hierbei nicht verschwiegen werden, dass seitens einiger managementtheoretischen Autoren der Verdacht ausgesprochen wird, dass es sich bei MbO um eine neue (sehr raffinierte) Form der „wissenschaftlichen Betriebsführung" handelt, die (eindimensional) doch letztendlich nur (ohne Gegenleistung seitens der Organisationsfüh-

Hieraus ergibt sich, dass MbO zunächst einmal durchaus ein sehr großes Potenzial in sich birgt, als Brückenbau von einem *klassischen top-down-ausgerichtetem* zu *einem dialogisch-erweiterten Managementverständnis* fungieren zu können.
Dementsprechend lassen sich als Vorteile von MbO werten, dass

- Mitsprache bei der Zielfestlegung (zumindest vom Ansatz her) überhaupt möglich ist und auch als entscheidende Voraussetzung des gemeinsamen Erfolges betrachtet wird,
- mit den Zielen auch *klare Vorgaben* und *Beurteilungsmaßstäbe* vereinbart werden und somit dahingehend *Berechenbarkeit* geschaffen wird, dass der Mitarbeiter weiß, was von ihm speziell erwartet wird und anhand welcher Kriterien er seine Leistung messen kann;
- dadurch seine Fähigkeiten, seine Eigeninitiative und sein Verantwortungsgefühl mobilisiert werden;
- dementsprechend Grundlagen für eine leistungsorientierte Würdigung seines Handelns entstehen und
- insgesamt (im gelungenen Fall) eine optimale Koordination aller Organisationsteile möglich ist.

Um diesen Vorteilen Geltung zu verschaffen, kommt es allerdings darauf an, dem Mitarbeiter einen *realistischen Partizipationsspielraum qua Dialog anzubieten.* Dies setzt wiederum voraus, dass Zielvereinbarungsgespräche nicht *Alibianlässe* sein dürfen, in denen letztendlich doch nur seitens der Organisationsführung sowie der sie umsetzenden Führungskräfte *monologisch entwickelte und vorgegebene Ziele* „mundgerecht" serviert werden.
Auf diese Gefahr im Ansatz dieses Führungsmodells wird im Rahmen einer kritischen Würdigung einzugehen sein.

1.4.4.3.1. Kritische Würdigung des Führungsmodells Management by Objectives

Die Aktualität von MbO als nach wie vor einer der modernsten, umfassendsten und am weitesten entwickelten Management-Konzeption bzw. sich daran anlehnenden Führungsvorstellungen ist sicherlich nach wie vor für die Zielerreichung von Organisationen ungebrochen, zumal *Ziele* und deren *Erreichung* für den organisationalen Erfolg und Fortbestand (überlebens)wichtig sind.

---

rung) auf erhöhte Leistungen der Arbeitnehmer ausgerichtet ist (vgl. dazu die Einschätzung von Wunderer/Grunwald 1980).

Weiterhin berücksichtigt MbO prinzipiell den Stand moderner Managementtheorie und deren Umsetzung in die Praxis sowie die zentrale Rolle der *Ziele* hinsichtlich einer erfolgversprechenden Steuerung sozialer Systeme.

Allerdings verweisen die Befürworter des MbO zuwenig darauf, dass aufgrund der den organisationalen Kontext umrahmenden zunehmenden Komplexität ein Abschied von den Steuerbarkeitsvorstellungen bisheriger Prägung immer dringlicher scheint. Hierauf hat sich insbesondere die „hauptzielsetzende" Organisationsführung einzustellen.

Dies ist insofern als bedenklich einzustufen, als sich – wie oben dargelegt - der organisationale Rahmen in Form von *Organisationsstruktur, -kultur* und *-strategie* mittlerweile so grundlegend verändert hat, dass dieser Rahmen auch den Faktor Zielvereinbarung *immer mehr zum Thema* eines *dialogischen Aushandelns* zwischen Führenden und Geführten, aber insbesondere auch der *gesamten Organisation* (mit ihren Zielvorstellungen) und *Externen* (Kunden, Lieferanten, Anteilseignern oder Öffentlichkeit mit ihren Vorstellungen und Werthaltungen) werden lässt.

Des weiteren können folgende Schwachpunkte des MbO angesprochen werden:

– MbO zielt primär auf die bilaterale Beziehung zwischen Vorgesetztem und Mitarbeiter ab und vernachlässigt gruppendynamische Prozesse, die für kooperative Führungsformen charakteristisch sind (vgl. Baugut/Krüger, 1976, S. 69). Dabei wird nicht genügend berücksichtigt, dass in zunehmendem Maße am Beispiel von *selbstgesteuerten, bzw. teilautonomen Arbeitsgruppen* oder *Qualitätszirkeln* die Leistungen gesamter Arbeitsteams in den Mittelpunkt des Interesses organisationaler Leistungserstellung rücken (müssen).
– Die Partizipationsmöglichkeiten der Mitarbeiter (auch unter den immer weniger zeitgemäßen bilateralen Prämissen) halten sich oftmals in Grenzen, so dass die Mitsprachemöglichkeiten zu oft auf Standard- und Routineziele reduziert werden. Problemlösungen, Innovationen und die Mitwirkung an der organisationalen Weiterentwicklung verbleiben *alleinige* Angelegenheit der „bisherigen" Führungskräfte.
– Sozialpsychologische Erkenntnisse werden nur unzureichend thematisiert und berücksichtigt.
– Bei unsachgemäßer Anwendung besteht die Gefahr eines überhöhten Leistungsdrucks für die Mitarbeiter, dessen Folge Misserfolgsmotivierung und Frustration sein können,
– eine *Zielidentifikation von Führenden und Geführten* scheint nicht ohne weiteres erreichbar zu sein,
– es herrscht eine *Favorisierung kurzfristig messbarer Ziele* vor, obwohl für die mittel- und langfristige Leistungserbringung zum eigenen und gemeinsamen Wohle qualitative Ziele immer wichtiger scheinen.

Obwohl MbO im Vergleich zu den anderen dargestellten Führungsmodellen am ehesten das *Potenzial* in sich birgt, eine Schrittmacherfunktion für ein reformuliertes Managementverständnis wahrzunehmen, müssen die angesprochenen Kritikpunkte als Anlass genommen werden, eine nach wie vor *monologische Dominanz* zu unterstellen.

Diese monologische Dominanz dient dann auch als Hauptkritikpunkt im Rahmen einer Würdigung der angesprochenen Führungstechniken

1.5. Kritische Würdigung der hier angesprochenen Führungstechniken und Überleitung zum nächsten Abschnitt

Hinsichtlich des Anspruches, dass Führungstechniken dem Management Hilfestellung bei der Ausübung seiner Führung geben sollen und dabei von der Prämisse auszugehen, dass deren Anwendung zu einer Produktivitätssteigerung und höherer Identifikation seitens der Mitarbeiter mit ihrem Aufgabenbereich führt, bleiben *letztlich doch in allen* angesprochenen Führungsmodellen viele Aspekte eines hochkomplexen Organisationsalltages unberücksichtigt (vgl. u.a. Fuchs-Wegner 1973, Häusler 1977, S. 70, Staehle 1987, S. 611).

Die hier dargelegten Management-by-Ansätze mit ihren vielfältigen Grundsätzen, Regeln und Prinzipien können dementsprechend allenfalls *als erste Schritte einer integrativen Theorie zum Managen hochkomplexer Systeme aufgefasst werden* (vgl. u.a. Massie 1965, Wild 1971, Fuchs-Wegner 1974, Wunderer/Grunwald 1980, Bleicher 1985, S. 82, Malik 1986, S. 50f, Staehle 1994, S. 43).

Dementsprechend basieren nahezu alle Managementprinzipien oder Führungstechniken

– auf nicht-repräsentativen verallgemeinerten Beobachtungen und Erfahrungen. Bei den meisten Prinzipien handelt es sich lediglich um logisch-analytisch gefundene Wahrheiten, die den Informationsgehalt von Gemeinplätzen oder gar Tautologien aufweisen,
– gründen sich zum großen Teil auf fragwürdige, nichtexplizierte Prämissen wie z.b. den *homo oeconomicus*[46] und verweisen auf die Dominanz ökonomischer Bedürfnisse oder Amtsautorität,

---

[46]   Die konsequente konzeptionelle Entfaltung des Menschenbildes eines *homo oeconomicus* lässt sich in erster Linie auf die Überlegungen des englischen Ökonomen *David Ricardo* zurückführen.
Ricardo, der auch als Vollender der klassischen Nationalökonomie bezeichnet werden kann, entwickelte zu Beginn des 19. Jahrhunderts eine Wachstumstheorie, welche auf

- scheinen sich zu widersprechen. Sie vertreten einen Allgemeingültigkeitsanspruch, ohne konkrete Anwendungsregeln für bestimmte Situationen anzugeben. Bedingungen und Konsequenzen ihrer Anwendung werden in den seltensten Fällen spezifiziert. Managementprinzipien sind i.d.R. nicht operationalisiert,
- berücksichtigen nicht oder nur unzureichend die sozialpsychologischen Erkenntnisse zum Arbeitsleben[47].

So verweist beispielsweise Wolfgang H. Staehle darauf, dass es angesichts der Situationsabhängigkeit von Führung geradezu als „gefährlich" einzuschätzen ist, der Praxis derartige schlagwortartigen Rezepte zur erfolgreichen Führung zu empfehlen (vgl. Staehle 1987, S. 611, auch Neuberger 1977, S. 63).

Legt man diese Bedenken seitens der Managementforschung zugrunde, lassen sich exemplarisch einige Hauptkritikpunkte herausarbeiten:

1. Obwohl die Führungs- bzw. Managementthematik prinzipiell als vielschichtiges Forschungsfeld anzusehen ist, welches neben Psychologie, Soziologie und Ökonomie angesichts der oben angesprochenen Notwendigkeit, *sich mit sich und seinem Managementhandeln auseinander zusetzen*, insbesondere auch erwachsenen- und berufspädagogische Fragestellungen verarbeiten sollte, zeigt ein Blick auf die relevante Managementliteratur (s. z.B. Wunderer/Grunwald 1980, Staehle 1994, Kieser 1995), dass die dort vorgestellten und diskutierten Modelle und Konzeptionen in erster Linie von der sozialpsychologisch-geprägten Führungsforschung erarbeitet worden sind und mit dem Charakter mehr oder weniger brauchbarer Leitlinien erfolgversprechenden Managements versehen werden.

Kapitalbildung, technologischer Entwicklung, nationaler und internationaler Arbeitsteilung, dem freien Wettbewerb und der Suche nach neuen Märkten basierte.
Die in der 1817 erschienenen Publikation „Principles of Political Economy and Taxation" geäußerten Gedankengänge Ricardos haben einen großen Anteil am ökonomischen Aufstieg Englands gehabt, wobei dem Markt eine Schlüsselkategorie zuerkannt worden ist.

[47] So zeigt der von Edgar Schein angesprochene *Complex Man* (s. Schein 1970) mit ziemlicher Deutlichkeit, dass der häufig anzutreffende Versuch, das Menschenbild als Basis für einen *situationsunabhängigen* „optimalen" Führungsstil zu finden, gescheitert ist. Dementsprechend sind alle Organisationsmitglieder in puncto realitätsgerechter Wahrnehmung der Anforderungen und Möglichkeiten der Führungssituation *zunächst einmal auf ihre eigenen Fähigkeiten und Wertvorstellungen angewiesen*. Kurz: Menschenbilder lassen sich nicht in eine deterministische „wenn-dann-Beziehung" zum Führungsverhalten setzen.

2. Weiterhin wird nach wie vor die Führungsthematik so eng mit bislang kaum hinterfragten Effizienzkriterien verknüpft, dass sie sich auf die „Erlangung von Beeinflussungswissen im Sinne des Managements" (Wiswede 1990, S. 3) fokussiert.

3. Die Führungsforschung und die sich daran anschließenden Vorschläge und Konzepte konzentrierten sich bislang hauptsächlich auf den Führungsstil des oder der Führenden, welcher meist anhand sehr simplifizierter *Dichotomien* (mitarbeiter- vs. aufgabenorientiert oder demokratisch vs. autoritär) hinterfragt wurde.

4. Die zu sehr im Vordergrund stehenden situationsorientierten Ansätze konzentrierten sich zu sehr auf den Führenden und dessen situationsbedingtes Entscheidungsverhalten. Sie vernachlässigten nahezu vollständig das Verhalten der Geführten als Ausdruck des Interaktionsgeschehens zwischen Führern und Geführten sowie mikropolitische Ambitionen der Beteiligten (vgl. u.a. Küpper/Ortmann 1992, Sydow 1993, Petersen 1995).

5. Bedingt durch die Dominanz der „sozialpsychologischen Brille" wurden Aspekte der Technikgestaltung sowie der (davon stark beeinflussten) Organisationsstruktur-, -kultur und -strategie nahezu vollständig ausgeblendet (vgl. dazu auch Wiswede 1990, S. 3).

Aus diesem Grunde überrascht es dann auch nicht sonderlich, dass der Betriebswirt und Managementforscher Werner Kirsch (1974, S. 15) angesichts des Anspruches der Unternehmensführungslehre (als Teilgebiet der BWL), den Führungskräften deren Möglichkeiten und Grenzen aufzuzeigen und sich mit ihnen auf die Suche nach besseren organisationalen Systembedingungen und -eigenschaften zu machen, den „Management by -Techniken eine „gewisse Scharlatanerie" unterstellt (vgl. dazu auch Wunderer 1987, S.7). Denn: „unter dem starken Eindruck pragmatischen Handelns (wurden) allzu früh und allzu schnell verhaltenswissenschaftliche Theorien in mehr oder weniger abgesicherte Techniken umformuliert, wobei man oft den Stand der wissenschaftlichen Forschung nicht adäquat erfasste, indem man auf in den Grundlagendisziplinen umstrittene oder gar überholte Konzeptionen Bezug nahm".

Hieraus wird deutlich, dass es die allgemein gültige und erfolgversprechende Managementtechnik nicht geben kann.

Die Ursache für den defizitären Charakter der hier dargelegten Führungsverständnisse mag darin liegen, dass *alle* Führungsmodelle (allerdings mit unterschiedlicher Intensität) nach wie vor im *monologischen Sinne* von einer *sozialhierarchischen Differenzierung* in *Führende* und *Geführte* ausgehen sowie weiterhin eine Segmentierung zugrunde legen, deren Resultat „die" Organisation als eine apersonale Vorgegebenheit darstellt, welche dem organisationalen Miteinander einen Bezugsrahmen gibt und regelt, was wann geschehen soll, wer was tun und lassen soll und wer wem was zu sagen hat (vgl. Geißler 1996).

Hierbei wird allerdings seitens der oben skizzierten Führungstechniken immer wieder ignoriert, dass ein solcher Bezugsrahmen *nicht für jede Eventualität* eines hochkomplexen Organisationsalltages gewappnet ist.

Die hier angesprochenen und mit dem Prädikat „Monologische Dominanz" zu charakterisierenden (und auch zu kritisierenden) Führungsmodelle mögen sicherlich unter primären Erfolgs- bzw. Effizienzgesichtspunkten situationsbedingt durchaus zu einem zumindest kurzfristig erfolgversprechenden Managementhandeln beitragen, scheinen aber aufgrund ihres Anspruches, einen omnipotenten „one best way" für den komplexen Steuerungsprozess (s. Conrad 1995) darzustellen, *ungeeignet für die Ermöglichung eines reflexiv-eigenständigen Managementhandelns.*

Hinsichtlich dieser Kritik gegenüber diesen in erster Linie *erfolgsorientiert ausgelegten Führungsmodellen* könnte es auf den ersten Blick naheliegend erscheinen, statt dessen „Verständigungsorientierung-Trainings" im unternehmerischen Alltag zu institutionalisieren. Auf diese grundsätzliche Möglichkeit weist Oswald Neuberger (1994, S. 291ff) hin.

Hierbei könnte es beispielsweise darum gehen, zu lernen, im Umgang mit anderen ethisch zu argumentieren bzw. unternehmerische Entscheidungen moralisch zu begründen. Als Übungen hierzu ließe sich u.a. der stellvertretende fingierte Diskurses für den Fall ranführen, wenn Betroffenen nicht da sind oder nicht argumentieren können, sprich: einen stellvertretenden Diskurs für noch nicht Geborene oder die Natur zuführen (s.u.).
Neuberger äußert sich allerdings diesbezüglich eher skeptisch, da er befürchtet, dass damit nicht nur das Bewusstsein für bisher ungesehene Ansprüche geweckt wird, sondern vielmehr Diskussionstechniken eingeübt werden, die mikropolitisch bzw. strategisch genutzt werden können und somit in Wirklichkeit die Verständigung konterkarieren. Moralisierungen können nämlich erfolgsstrategisch als effizienzsteigernde Techniken eingesetzt werden und verlieren durch diese Instrumentalisierung ihre besondere verständigungsorientierte Qualität (vgl. Neuberger 1994, S. 291).

Derartige Trainings haben folglich kaum eine wirkliche Erfolgschance – bezogen auf ihre eigentliche Zielsetzung – wenn nicht die außerbetriebliche (gesellschaftliche) Sozialisation mitberücksichtigt wird (vgl. ebd.).

Statt dessen müsste es – so Neubergers Anregung - als wesentliches Lehrziel von Verständigungs- oder Dialogsozialisation sein, auf die prinzipiell immer vorhandenen Handlungsspielräume hinzuweisen und damit den Appell zu verbinden, diese Spielräume auch eigenverantwortlich zu nutzen. Hierbei ist natürlich zu berücksichtigen, dass im unternehmerischen Kontext Handlungen eben nicht lediglich nach guten Absichten, sondern halt nach ihren Ergebnissen bewertet werden. Dementsprechend wird auch jemand, der mit guten Gründen das Beste gewollt hat, aber gescheitert ist, dennoch für das Negativresultat verantwortlich gemacht (vgl. Neuberger 1994, S. 288).

Hieraus ergibt sich auch als Führungshilfe, dass nur in dem Falle, wenn Verständigungs- oder Dialogorientierung handlungsbestimmend wird und sich nicht in Wortfassaden oder Ersatzhandlungen erschöpft, mit sichtbaren Wirkungen zu rechnen ist. Dies betrifft unmittelbar die kommunikative Praxis, welche in sozialen Netzen wirksam ist „und dort als Comment, Brauch, Gewohnheit oder (informelle) Norm wie selbstverständlich gilt und gegenseitig überwacht wird" (Neuberger 1994, S. 297).

Der hier favorisierte Ansatz schließt an die Überlegungen Neubergers an und soll als argumentative Begründung dafür genutzt werden, dass der Dialog Unternehmen und Management erfolgreicher machen kann.

Hierzu sollte in diesem ersten Abschnitt aus managementtheoretischer Sicht nachgewiesen werden, dass angesichts umfangreicher Wandlungsprozesse sowohl unter erfolgsorientierten als auch unter verständigungsorientierten Prämissen eine Entwicklung hin zu einem *dialogischen Managementverständnis* immer mehr *geboten zu sein scheint*.

Weiterhin galt es angesichts des (immer) komplexe(re)n Managementalltages auf die Schwierigkeit hinzuweisen, überhaupt Kriterien zu entwickeln, die eine *kritische und mündige Auseinandersetzung mit sich und seinem Managementhandeln* ermöglichen könnten. Um nicht geradezu resignativ darauf zu verweisen, dass Ratlosigkeit wohl doch diesbezüglich der „beste Ratgeber" ist, gilt es im folgenden Abschnitt zu beleuchten, welche Hilfestellungen und Orientierungslinien seitens der erziehungswissenschaftlich-philosophischen Forschung angeboten werden können, ein vernünftiges, reflexiv-eigenständiges Managementhandeln zu ermöglichen und einzuleiten.

Hierbei wird die Entwicklung der erziehungswissenschaftlich-philosophischen Forschungstradition nachzuzeichnen sein, die als *Evolution vom monologischen hin zu einem vernünftigen dialogischen Erkenntnisparadigma* zu charakterisieren ist.

Dementsprechend bietet es sich an

a) in einem *ersten Schritt* anhand der Transzendentalphilosophie Immanuel Kants das Vernunfts- und Mündigkeitsverständnis der Aufklärung darzulegen, welches ob seiner zweckrationalen Auslegung - obwohl von Kant nicht ursprünglich intendiert - einerseits das bisherige Verständnis von Management (-handeln) nach wie vor stark beeinflusst, aber andererseits zum Ende des 20. Jahrhunderts angesichts festzustellender sozial-ökonomisch-ökologischer Nebenfolgen an seine Grenzen gestoßen zu sein scheint,

b) um in einem *nächsten Schritt* begründen zu können, das von Ulrich Beck (1993) zur Diskussion gestellte Prinzip des „reflexiven Zweifels" als Grundstein für die Transformation einer *zweckrationalen* zu einer *wertrationalen Vernunft* aufzufassen und auf diese Weise die bereits oben eingeführten Termini **kritische Mündigkeit** bzw. **reflexive Eigenständigkeit** *noch stärker* ausprägen zu können.

c) In einem *dritten Schritt* geht es daran anschließend darum, die sich zunächst einmal stark an dem von Karl-Otto Apel (1973, 1988) und Jürgen Habermas (1981, 1983, 1991) vorgeschlagenen *kommunikationstheoretischen* Prinzip der *Diskursethik* ausrichtenden Gedanken Harald Geißlers (1996, 1997) zur Ausgestaltung eines managementreflexiven *Mitverantwortungsmodells* zu diskutieren, um

d) *viertens* kommunikations- *und* lerntheoretisch die dieser Erörterung zugrunde liegenden *Leit-* und *Prüfkategorien* **kritische Mündigkeit** und **Mitverantwortung** *umfassend* entfalten und mit Hilfe *politischen Lernens* auch auf soziale Zusammenschlüsse übertragen zu können. Eine derartige Verknüpfung des Mitverantwortungsmodells mit politischen Lernprozessen soll als *Mentorenmodell* bezeichnet werden.

2. Kritische Mündigkeit und Mitverantwortung - Argumentative Entfaltung zweier philosophischer Leit- und Prüfkategorien

Um eine mögliche philosophisch-erziehungswissenschaftliche Hilfestellung zur Ausgestaltung eines reflexiv-eigenständigen Managementhandelns im Kontext eines reformulierten funktionalen Verständnisses anbieten zu können, liegt es zunächst einmal nahe, die bereits oben eingeführten Leitkategorien **Kritische Mündigkeit** und **Mitverantwortung** *noch stärker zu pointieren.* Beide Begriffe weisen nämlich seit der - alle Wissenschaftsdisziplinen umrahmenden - *Aufklärung* den Charakter von Prüfkriterien auf, anhand derer sich menschliches und somit auch soziales Denken und Handeln zu orientieren hat (s. bspw. Ulrich 1986, Thielemann 1997, Geißler 1997), *um als vernünftig charakterisiert werden zu können.*

Aus diesem Grunde wird in einem ersten Schritt das *Vernunfts-* bzw. *Mündigkeitsverständnis* Immanuel Kants skizziert, welches die theoretischen Voraussetzungen für eine umfassende *individuelle* Entfaltung des Menschen schuf und insbesondere auf die pädagogische Leitkategorien *Erziehung* und *Bildung* einen entscheidenden Einfluss nahm.

2.1. Mündigkeit und reflexiver Zweifel - Ermöglicher und Hinterfrager der Moderne

2.1.1. Vernunft und Mündigkeit - Zur subjektorientierten Transzendentalphilosophie Immanuel Kants

Der Terminus „Mündigkeit" wurde insbesondere von Immanuel Kant zum Gegenstand seiner Überlegungen gemacht, zumal er auf die Frage, was Aufklärung denn eigentlich sei, an die Aufklärung den Anspruch formulierte, dass sie den Ausgang des Menschen aus seiner selbstverschuldeten Unmündigkeit *bedeute.* Unmündigkeit wurde als das Unvermögen identifiziert, sich seines Verstandes in *Autonomie,* sprich: unabhängig von anderen Autoritäten, zu bedienen (vgl. Kant 1982/1785)[48].
Hinsichtlich dieses Anspruches und in bewusster Abgrenzung gegenüber dem *Rationalismus* sowie dem *Empirismus* begründete Immanuel Kant die *kritische* bzw. *Transzendentalphilosophie,* die auch als „Philosophie der Subjektivität" (Schwan 1991, S. 244) bezeichnet werden kann. Vor dem Hintergrund der von ihm angestrebten Ermöglichung einer „aktiven Vernunft" war die Transzenden-

---

[48]   Positiv gewendet bedeutet dieser Appell die Aufforderung und das Zutrauen zugleich, dass sich der Mensch von Entschluss- und Mutlosigkeit sowie von Faul- und Feigheit lösen könne(n muss).

talphilosophie dann auch von der Zielsetzung bestimmt, über eine *kritisch-formale Prüfung* der Verstandeskräfte die Erkenntnisquellen und -grenzen zu untersuchen und auf diese Weise eine Methode zu gewinnen, die Gültigkeit der Erkenntnis im Rahmen ihrer gesetzten Grenzen sicherzustellen.
Vor diesem Hintergrund bezeichnete Kant dann auch „alle Erkenntnis (als, J.P.) *transzendental*, die sich nicht mit Gegenständen, sondern mit unserer Erkenntnisart von Gegenständen, sofern diese a priori möglich sein soll, überhaupt beschäftigt" (Kant 1986, S. 50, kursiv d. J.P.).

Hieraus wird deutlich, dass Kants Transzendentalphilosophie im Gegensatz zu früheren Ansätzen nicht *Gott* als argumentativen Ausgangspunkt hat[49], sondern in Anlehnung an Jean Jacques Rousseau die *Natur*, wobei der Mensch *vor aller Erfahrung* (a priori) einerseits zwar nie die Möglichkeit hat, der Natur Gesetze vorzuschreiben, aber andererseits mit Hilfe seines Verstandes die Grenzen des Erkennens jener Naturgesetze *ständig* hinausschieben kann (vgl. Moser 1989, S. 43)[50].

Vor diesem Hintergrund ist dann auch Erfahrung die *Verarbeitung eines sinnlich Gegebenen* durch die im menschlichen Verstand ruhenden *apriorischen Erkenntnisformen*, welche einmal *Raum* und *Zeit*[51] (verstanden als reine Anschauungsvermögen) sowie die *Kategorien*[52] (als Verstandesbegriffe) darstellten. Hieraus ergibt sich, dass die Regelmäßigkeit und Ordnung der als Natur bezeichneten Scheinungen folglich eine *menschengeschaffene* ist und dementsprechend *die Wirklichkeit erst durch menschliche Begriffe gestaltet wird*.

---

[49]   Beispielsweise hat Johan Amos Comenius die Aufgabe pädagogischen Handelns darin gesehen, dem Menschen als Ebenbild Gottes dazu zu verhelfen, „die höchste Vollkommenheit , die auf Erden nur möglich ist, zu gewinnen" (Comenius 1965, S. 15). Auf diese Weise wurde der Mensch aufgefordert, sich durch (Selbst-) Erziehung dem Bilde Gottes so ähnlich wie nur möglich zu machen und auf diese Weise die von Gott begonnene Schöpfung zu vollenden (vgl. Treml 1997).

[50]   Obwohl Kants These, dass der Verstand seine Gesetze nicht aus der Natur schöpft, sondern sie ihm statt dessen vorschreibt, einen philosophisch großen Einfluss ausübt, sehen sich insbesondere die meisten Naturwissenschaftler in der Rolle von Entdeckern, die die Geheimnisse der Natur entschlüsseln und auf diese Weise den menschlichen Wissensbereich langsam aber sicher erweitern (vgl. v. Glasersfeld 1981, S. 19).

[51]   Raum und Zeit stellen dabei die notwendigen Bedingungen für die sinnliche Anschauung dar, insofern in ihnen die Gegenstände erscheinen.

[52]   Die Kategorien lassen den Menschen die Gegenstände erkennen, indem mit ihrer Hilfe die einzelnen sinnlichen Wahrnehmungen der Erfahrung durch das begriffliche Denken zu einer Einheit geformt werden. Kants Kategorien sind: Einheit, Vielheit, Allheit (Quantität); Realität, Negation, Limitation (Qualität); Substanz, Kausalität, Wechselwirkung (Relation); Wirklichkeit, Möglichkeit, Notwendigkeit.

Während Kant in seiner „Kritik der reinen Vernunft" (1781) in einem ersten Schritt die Gesetze und die Tragweite des Erkennens festzustellen suchte, entfaltete er in seiner Abhandlung „Kritik der praktischen Vernunft" seine *eigentliche* - für diese Erörterung relevante - Sittenlehre bzw. Ethik, um den Gesetzen menschlichen *Erkennens* das Gesetz des bzw. die Begründung eines *unbedingten Sollens* gegenüberzustellen (vgl. Reble 1951, S. 194).

Die argumentative Entfaltung der „praktischen Vernunft" basierte auf der Annahme, dass im Gegensatz zum instinktgesteuerten Tier, für das eine *fremde* Vernunft bereits alles (für dasselbe) besorgt hat, der Mensch eine *eigene* Vernunft brauche, da er sich aufgrund fehlenden Instinkts selbst „den Plan seines Verhaltens machen (muss)" (Kant 1971, S. 318), um sich in *Freiheit*[53] im Sinne einer *moralischen Beherrschung natürlicher Neigungen* Ziele zu setzen und sie anzustreben (vgl. Joas 1992, S. 126, auch Treml 1997).
Vernunft lässt sich in der Auslegung Kants als die Fähigkeit von Menschen bezeichnen, sich gemeinsam über die aller Verständigung und sinnlichen Wahrnehmung (theoretische Vernunft) allen Orientierungen des Handelns (praktische Vernunft) vorausliegenden und durch sie vorausgesetzten Prinzipien, Evidenzen und Konstruktionen Rechenschaft zu geben[54].

Für Kant, der „sein Subjektivitätskonzept als idealistische Utopie der von ihm erlebten, durch und durch reglementierten, zensurierten und bürokratisierten ständischen Gesellschaft entgegen (setzte)" (Meueler 1993, S. 21), beruhte folglich die Geltung von Wissensinhalten und Handlungsvorstellungen *allein* auf

---

[53] Freiheit bedeutet in der Auslegung Kants die autonome, unbedingte und nicht durch Bedürfnisse oder Neigungen beeinflusste *Selbstbestimmung des Willens*. Der freie Wille bestimmt dementsprechend aus Selbstursächlichkeit das Gesetz seines Handelns selbst und untersteht *nicht* von außen Vorgegebenen .

[54] Da in der neuzeitlichen Philosophie vor allem das Verhältnis zwischen *Verstand* und *Vernunft* diskutiert wird (vgl. u.a. Schöpf 1992, S. 291f), lohnt es sich, in Anlehnung an Wolfgang Welsch (1995, S. 427) und Peter Kern (1997, S. 148) auf den häufig nicht *genug* explizierten Unterschied zwischen *Verstand* einerseits und *Vernunft* andererseits hinzuweisen. Mit *Verstand* werden bestimmte Erkenntnisfähigkeiten des Menschen bezeichnet, die es mit dem Verknüpfen von Elementen zu Zusammenhängen zu tun haben. Demzufolge sind *Objekte* des Verstandes Begriff, Urteil und Schluss. Verstand denkt gemäß der Cartesianischen Tradition *instrumental*, sucht Kausalzusammenhänge, wendet sie technisch an und fragt folglich primär nach den Ursachen von Wirkungen, um sie als Mittel zu gewünschten Zwecken einzusetzen, auf deren Sinn er aber nicht mehr reflektiert.
Demgegenüber reflektiert die *Vernunft* Zwecke und Ziele und denkt - indem sie versucht, das Ganze wahrzunehmen - integrativ. Kurz: Vernunft vernimmt - abhängig von der Weite ihrer Wahrnehmungsperspektive und der dieser zugrunde liegenden Gestimmtheit -, *was sein soll*.

den Leistungen der - durch den *menschlichen freien Willen* ermöglichten - *Vernunft* selbst.

Dementsprechend ist die Selbstgesetzgebung des freien Willens dadurch charakterisiert, dass sie nicht Natur- sondern *unbedingt* ist (vgl. Schwan 1991, S. 246). Vor dem Hintergrund der Fragestellung, *wie ein universalgültiger Maßstab für die ethische Beurteilung der stets unterschiedlichen menschlichen Lebenserfahrungen möglich sei* (vgl. Apel 1988, S. 163), fordert dann auch der von Kant als Maßstab von Mündigkeit und Vernunft eingeführte *kategorische Imperativ* - zu verstehen als „Ausdruck der Selbstgesetzgebung des freien Willens" (Schwan ebd.) - *jedes* Individuum unabhängig von Zeit, Ort und Umständen auf, so zu handeln,

„dass die Maxime Deines Willens jederzeit zugleich als Prinzip einer allgemeinen Gesetzgebung gelten könne".

Auf diese Weise wird ein Kriterium zur Überprüfung der Maximen im Hinblick auf ihre moralische Rechtfertigung geliefert. Dieses *nur vom Menschen* durchzuführende *Test-* bzw. *Prüfverfahren* zeichnet dann auch ausschließlich *solche Maximen* als moralisch aus, die zwei Bedingungen genügen: dem der *Reziprozität* und dem der *Verallgemeinerbarkeit*. Hierbei fordert die Reziprozität den Menschen auf, bereit zu sein, die eigenen Handlungsmaximen auch gegen sich selbst gelten zu lassen, was sich auch mit dem lapidar klingenden Satz:

„Was Du nicht willst, dass man Dir tu, das füge auch keinem anderen zu!"

ausdrücken lassen kann.
Die so formulierte Forderung nach Verallgemeinerbarkeit lässt sich dahingehend umschreiben, dass die eigenen Maximen prinzipiell auch von *allen anderen* befolgt werden könnten und somit also zugleich als *allgemeines Gesetz müssen gelten können.*
Im Sinne dieses *formalen Prinzips*[55] sieht sich der Mensch folglich vor die Aufgabe gestellt, ein *moralisches Interesse* an diesem Sittengesetz zu nehmen, da erst ein derartiges *Interesse*[56] die Grundlage dafür schafft, dass Vernunft *praktisch*, sprich: „eine den Willen bestimmende Ursache wird" (Kant 1989, S. 97).

---

[55]   Der *formale Charakter* ergibt sich dadurch, dass nicht im materialen, sprich: inhaltlichen Sinne Verbindlichkeit für einen „objektiven" Normenkatalog oder ein „anwendbares" Verfahren beansprucht wird, sondern für ein Prinzip der Beurteilung (vgl. dazu auch Thielemann 1997).

[56]   Auf diese Weise wird das *Interesse* dann auch zum (Ausschluss- beziehungsweise Unterscheidungs-) Kriterium *vernünftiger* von *unvernünftigen* Wesen: „Daher sagt man nur von einem vernünftigen Wesen, dass es woran ein Interesse nehme, vernunftlose Geschöpfe fühlen nur Antriebe. Ein unmittelbares Interesse nimmt die Vernunft nur als

Auf diese Weise versuchte Kant den Nachweis zu erbringen, *dass es* eine Vernunft gibt und somit der Wille unmittelbar durch das *moralische Gesetz* bestimmt werden kann. *Durch den Gebrauch der Vernunft gewinnt der Mensch die Herrschaft über die Natur in ihm.* Die damit verbundene *Autonomie des Willens* macht den Wille(n) bzw. die praktische Vernunft selbst zum Gesetz, wobei das Streben nach Glückseligkeit in Form menschlicher Neigungen bzw. Lust zu jedem sittlichen Handeln zwar hinzukommen, aber *niemals* zum bestimmenden Faktor werden dürfen.

Dementsprechend oblag es Kants Ansatz zufolge dann auch nicht länger *Institutionen* (am Beispiel von Kirche, Fürstenhäusern oder Militär) oder *Traditionen* (am Beispiel der bislang das Gottesgnadentum zumindest auf den ersten Blick nahezu uneingeschränkt legitimierenden christlich-abendländischen Kultur), die Maximen des Handelns zu bestimmen. Statt dessen sah sich hierzu *jeder einzelne Mensch* - basierend auf seiner eigenen Vernunft - aufgefordert.

Von diesen Prämissen ausgehend, wurde dann auch konsequenterweise *jeder* Mensch - weil er zu einem derartig „vernünftigen" Denken, Orientieren und Handeln *fähig* und - vor allem in Abgrenzung zur Naturhaftigkeit und den damit verbundenen Neigungen - auch *willens* war, als „Zweck an sich selbst" (Kant 1983, Bd. 6, S. 59) bezeichnet.

Hierbei kam es auf „gelebte" *Moralität* an, „weil nur durch sie es möglich ist, ein gesetzgebend Glied im Reiche der Zwecke zu sein" (Kant 1982/1785, S. 68). Daran argumentativ angelehnt sind „Sittlichkeit und die Menschheit, sofern sie zu derselben fähig ist, dasjenige, was allein Würde hat" (Kant 1983, Bd. 6, S. 68), da sonst der Mensch „ohne alles moralische Gefühl kein Mensch" ist und sich dementsprechend die Menschheit „in bloße Tierheit" auflöst (Kant 1983, Bd. 7, S. 531).

Hieraus wird deutlich, dass trotz der von Kant vorgenommenen Verbindung von Vernunft *einerseits* und Interesse - in Abgrenzung gegenüber Neigungen - am Sittengesetz *andererseits* der Mensch immer (noch) ein *Naturwesen* bleibt, welches den Bedingungen und Gefährdungen seiner eigenen Natur und der äußeren Natur anheimgegeben ist. Hieraus folgt, dass das damit verbundene Spannungsverhältnis zwischen Naturhaftigkeit und naturgesetzlichen Postulaten einerseits

---

denn an der Handlung, wenn die Allgemeingültigkeit der Maxime derselben ein genugsamer Bestimmungsgrund des Willens ist. Ein solches Interesse ist rein. Wenn sie aber den Willen nur (...) unter Voraussetzung eines besonderen Gefühls des Subjekts bestimmen kann, so nimmt die Vernunft nur ein mittelbares Interesse an der Handlung und (...) so würde das letzte Interesse nur empirisch und kein reines Vernunftinteresse sein" (Kant 1989, S. 97).

sowie Freiheit und Sittengesetz andererseits ein ständiger, unaufhebbarer „Begleiter" menschlichen Lebens bleibt und in immer wieder neuem Austrag durchgehalten werden muss.

Demzufolge kann moralisches Handeln - um der Freiheit immer mehr Raum zu verschaffen - auch nicht aus einer natürlichen Neigung, sondern nur aus dem Bewusstsein der Verpflichtung gegenüber dem Sittengesetz des kategorischen Imperativs resultieren und erfolgen:
„Die praktische Notwendigkeit, nach diesem Prinzip zu handeln, d.i. die *Pflicht*, beruht gar nicht auf Gefühlen, Antrieben und Neigungen, sondern bloß auf dem Verhältnisse vernünftiger Wesen zu einander, in welchem der Wille eines vernünftigen Wesens jederzeit zugleich als gesetzgebend betrachtet werden muss, weil es sie sonst nicht als *Zweck an sich selbst* denken könnte. Die Vernunft bezieht also jede Maxime des Willens als allgemein gesetzgebend auf jeden anderen Willen, und auch auf jede Handlung gegen sich selbst, und dies zwar nicht um irgend eines andern praktischen Beweggrundes oder künftigen Vorteils willen, sondern aus der *Idee der Würde eines vernünftigen Wesens*, das keinem Gesetze gehorcht, als dem, das es zugleich selbst gibt" (Kant 1982, ursprünglich Riga 1785, S. 67, Hervorhbg. d. J.P.).

Mündigkeit in Gestalt *persönlicher Freiheit*, *Würde* und *Persönlichkeit* gewinnt der Mensch als ein von Kant - bezüglich sittlicher Autonomie - *allmächtig* ausgestattetes einsames, transzendentales Subjekt" (vgl. Meueler 1993, S. 22) folglich *allein* durch die Anerkennung des Sittengesetzes, zumal auf diese Weise nicht länger nur „das kleine partikulare Ich, sondern die *Menschheit*, die vernünftige Weltordnung aus ihm (spricht)" (Reble 1951, S. 195, kursiv d. A. Reble). Demzufolge ist es dem Menschen aufgegeben, das zu vernehmen und zu befolgen, was jedem Subjekt zukommt und „was von jedem Vernunftwesen und auch *in* jedem anerkannt werden muss" (Reble ebd.).

Auf diese Weise sind *alle* diejenigen Menschen *Selbstzweck*, deren Gesetzgebung sich - zumindest potentiell - auf den eigenen Willen und das eigene Handeln bezieht[57] (vgl. Kant 1956, 1966). Dies hat zur Folge, „dass alle freien Willen absolut gleich sind in ihrem Bezug auf das Gesetz und in ihrer Verantwortung, sich mit ihrem freien Willen seinem Prinzip selbstgesetzgebend zu unterstellen" (Schwan 1991, S. 246). Die damit einhergehende - als conditio sine qua non zu bezeichnende - Achtung für die gleiche Freiheit der Mitmenschen geht mit der Konsequenz einher, dass für jedes Individuum nicht nur der *eigene Wille* Zweck an sich ist, sondern in einem gegenseitigen Verhältnis auch die *anderen Willen*.

---

[57]   Sonst könnte Kant dahingehend missinterpretiert werden, dass beispielsweise (geistig-) behinderte Menschen keinen *Zweck an sich* darstellen.

Vor diesem Hintergrund sah sich Kant veranlasst, die *formale* Ursprungsfassung des „kategorischen Imperativs" im *inhaltlichen* Sinne zu erweitern:

„Handle so, dass du die Menschheit, sowohl in deiner Person, als in der Person eines jeden andern, *jederzeit* zugleich als Zweck, *niemals* bloß als Mittel brauchest" (Kant 1974, S. 61, kursiv d. J.P.),

was mit der Forderung einhergeht, dass jedem Subjekt in *sich* selbst und im *Mitmenschen* die Menschheit *heilig* sein *muss*.

Im Sinne dieser zweiten Formel des kategorischen Imperativs lässt sich eine Handlung *nur dann moralisch rechtfertigen*, wenn in ihr andere Menschen nicht bloß als Mittel zur Erreichung eigener Interessen aufgefasst und benutzt werden, sondern immer auch deren *Mündigkeit* in *Freiheit* erhalten bleibt und gefördert wird.

Vor diesem Hintergrund lässt sich diese zweite Formel auch als Konsequenz aus der ersten deuten.

Da die erste Fassung des kategorischen Imperativs dazu auffordert, dass das, was für jedes mündige Subjekt moralisch gerechtfertigt ist, auch für die Mitmenschen gerechtfertigt sein muss, liegt darin die Konsequenz, dass auch der Mitmensch nicht schlechter behandelt werden darf, als dies jedes Subjekt für sich selber in Anspruch nimmt. Da aber jedes Subjekt wiederum selber nicht als reines Mittel behandelt werden will, darf es dies auch nicht mit anderen tun, was die zweite Formulierung besagt.

Kurz: Dem „Individualrecht" auf menschengemäße Behandlung steht auf diese Weise eine entsprechende Verpflichtung zu einem solchen Handeln gegenüber, so dass die moralische Begründung der Rechte des Menschen aus der im kategorischen Imperativ festgehaltenen Reziprozitätbedingung vernunftbegabter Wesen erfolgt (vgl. dazu auch Thielemann 1997).

Dementsprechend sind alle (menschlichen) Beziehungen im fortschreitenden Sinne zu *vermenschlichen* und zu *versittlichen*:

„Am Menschen (als dem einzig vernünftigen Geschöpf auf Erden) sollten sich diejenigen Naturanlagen, die auf den Gebrauch seiner Vernunft abgezielt sind, nur in der Gattung, nicht aber im Individuum vollständig entwickeln" (Kant 1968, S. 18).

Angesichts der damit einhergehenden konsequent entfalteten Absicht Kants, die gesamte Gattung Mensch zu befähigen, einen *Fortschritt im Sinne der Entfaltung von Vernunft* in Richtung auf (die noch nicht vorhandene) „Vollkommenheit" bzw. „Glückseligkeit" einzuleiten, sah sich insbesondere die Pädagogik aufgefordert, eine Erziehung zur streng gesetzlich-fordernd verstandenen Sittlichkeit zu ermöglichen, durch die der Mensch so schnell und so sicher wie möglich

- zum Handeln aus Pflicht,
- zur Beherrschung der sinnlichen Natur und somit
- zur *sittlich autonomen Persönlichkeit*

gelangt (vgl. Reble ebd.).

Anders gewendet: Vor dem Hintergrund, dass im Zuge der Aufklärung die *Selbstreflexion* ihren „Siegeszug" antrat und somit das Verhältnis des vorstellenden Individuums zu *sich selbst* zum Fundament letzter Gewissheiten wurde (vgl. Habermas 1985, S. 306, Meueler 1993, S. 22), gestaltete es sich als Aufgabenfeld pädagogischen Handelns, (je)den Menschen früh an Pflicht und Disziplin zu gewöhnen und somit qua Erziehung und Bildung *Vernunft* zu ermöglichen:

„Der Mensch kann nur Mensch werden durch Erziehung. Er ist nichts, als was die Erziehung aus ihm macht" (Kant 1803, S. 7), worunter Kant „die Wartung (Verpflegung, Unterhaltung), Disziplin (Zucht) und Unterweisung nebst der Bildung (versteht, J.P.). Demzufolge ist der Mensch Säugling, - Zögling, - und Lehrling" (Kant 1971, S. 318).

Da der (neugeborene) Mensch zur (Selbst-) Erziehung aber nicht in der Lage sein kann, müssen die Älteren dafür Sorge tragen, dass der Mensch nicht von seiner Bestimmung - der Menschheit - abweicht und in den Status der (natur- bzw. tierhaften) Verwilderung und Rohheit zurückfällt. Dies kann allerdings nur dann gewährleistet sein, wenn der Mensch „durch Menschen erzogen wird, durch Menschen, die ebenfalls erzogen sind" (Kant 1803, S. 7). Die Einsicht in die fundamentale Notwendigkeit pädagogischen Denkens und Handelns zur *Ermöglichung von Mündigkeit* stellt demzufolge ein „geschichtliches Faktum" (Benner 1987, S. 48) und somit eine *ständige* Generationenaufgabe dar.

Vor diesem Hintergrund gibt Kant Hinweise darauf, wie mittels Erziehung und Bildung, sprich: durch pädagogisches Handeln der unfertige, unmündige Mensch zur sittlichen Autonomie und somit zur *mündigen Persönlichkeit* gelangen kann:

1. Mit Hilfe der *Disziplinierung* soll die Wildheit der Naturhaftigkeit bezähmt und somit verhindert werden, dass sowohl auf individueller als auch auf gesellschaftlicher Ebene die Tierheit über die Menschheit obsiegt.
2. Die *Kultivierung* des Menschen in Form von Belehrung und Unterweisung verhilft dem Menschen zunächst einmal wertfrei zu einem Vermögen, wel-

ches zu „allen beliebigen Zwecken zureichend ist" (Kant 1971, S. 319). Kultur bestimmt dementsprechend auch gar keine Zwecke, sondern legt das geschickliche Fundament, mit dem ein Mensch einen Platz in der Gesellschaft einnehmen kann[58].

3. Darüber hinaus muss dem Menschen zur *Klugheit* verholfen werden, um in die menschliche Gesellschaft zu passen. Vor diesem Hintergrund dient - abhängig von den jeweiligen gesellschaftlichen Präferenzen - die *Zivilisierung* der Vermittlung von Manieren und Artigkeit, um alle Menschen zu seinen Endzwecken gebrauchen zu können.

4. Schließlich dient die *Moralisierung* - im Sinne einer Befähigung des Menschen zur Moralität - dazu, dass der Mensch nicht lediglich zu allerlei Zwecken geschickt sei, sondern darüber hinaus auch die Gesinnung erhalte, nur *gute Zwecke* zu erwählen. Das Kriterium, dass Zwecke gut sind, liegt darin begründet, dass sie „notwendigerweise von jedermann gebilligt werden; und die auch zu gleicher Zeit jedermanns Zwecke sein können" (Kant 1971, S. 319).

Hieraus wird deutlich, dass sich für Kant Pädagogik als *Bindeglied* zwischen transzendentalphilosophischer Ethik *einerseits* und Lernbereitschaft sowie Lernfähigkeit - wenn auch nur implizit angesprochen - *andererseits* begründet. Hierbei werden Lernfähigkeit und Lernbereitschaft nicht nur als individuelle, sondern als *Leistung der gesamten Gattung Mensch* aufgefasst.

Trotz dieser Ausführungen, die zeigen, dass der Mensch im Rahmen der Argumentation Kants ein in die Gesellschaft bzw. Gattung Mensch eingebundenes *soziales Wesen* ist, wird die Möglichkeit und Gültigkeit der Urteils- und Willensbildung dennoch in erster Linie als *konstitutive Leistung des Einzelbewusstseins* verstanden (vgl. die Kritik von Apel 1988, S. 375, s.u.).

Von daher lässt sich begründen, dass moralische Rechte den Charakter von *Schutzrechten* des Individuums vor unzulässigen Eingriffen haben, wobei sich dieser Schutz sowohl auf den Staat als auch auf Dritte bezieht (vgl. Dyllick 1989, S. 204f). Dies birgt die Konsequenz in sich, dass jedem Individuum aufgegeben ist, zunächst einmal für sich „in privater Autarkie zur Allgemeingültigkeit (zu) gelangen" (Braun 1991, S. 143) und somit *konkret von sich aus*, kraft seiner *praktischen Vernunft* - also wirklich *autonom* - zu urteilen, wie das Handeln jeweils auszusehen hat, das sich dem selbstgegebenen Sittengesetz des *kategorischen Imperativs* fügt (vgl. Schwan 1991, S. 247).

---

[58] Zu denken ist beispielsweise an die Fähigkeit des Lesens und Schreibens oder die des Musizierens. Aufgrund der Menge der Zwecke nimmt die Geschicklichkeit gewissermaßen einen unendlichen Charakter ein.

Folglich ist der Mensch, welcher nicht als Individuum, sondern als Menschengattung nun vollständig autonom gedacht wird, auf dem Weg dahin *ganz auf sich selbst gestellt.* Er muss, weil er im Reiche der Freiheit ohne natürliche Kausalität auszukommen hat, ganz allein „sich selbst besser machen" (Kant 1968, S. 19).

Dass der Mensch hierzu fähig und gleichsam dazu aufgerufen ist, sich selbst besser zu machen, bedeutet aber nicht zwangsläufig, dass für Kant der Mensch diese moralische Leistung ohne die Hilfe anderer zu erbringen imstande ist. Bereits die von Kant eingeforderte gewissenhafte Prüfung, ob eine Maxime, wenn sie faktisch von allen befolgt wird, auch noch in Anbetracht ihrer Konsequenzen von allen gebilligt werden könnte, setzt eine *intersubjektive Vergewisserung* voraus, und wenn es sich nur um einen imaginären Rollentausch handelt. Da Kant die Frage stellt, was als Kennzeichen einer sittlichen Norm anzusehen und hierbei das Verfahren, dies herauszuarbeiten, offen lässt, scheint es Kant aber in erster Linie um die „selbstreflexive Vergewisserung desjenigen, der die Möglichkeiten seiner Vernunft faktisch in Anspruch nimmt" (Geißler 1997) zu gehen. *Dies heißt wiederum lediglich, dass Kant den Diskurs als Normenfindungs- und Prüfverfahren nicht thematisiert, muss aber nicht so gedeutet werden, dass ihn Kant generell ablehnen würde.*

Kants transzendentalphilosophische Vorstellungen legten den Grundstein für ein (nach wie vor gültiges) Erziehungs- und Bildungsverständnis, das „die Entfaltung der besseren Bedingungsmöglichkeiten der Welt zirkulär an die Entfaltung der Bildsamkeit des Subjekts als Entfaltung seiner Vernunftmöglichkeiten band" (Geißler 1997).

2.1.2. Kritische Würdigung von Kants transzendentalphilosophischem Ansatz

In bezug auf die hier beabsichtigte Entfaltung *individueller Mündigkeit* als einer der beiden „tragenden Säulen" eines reflexiv-verständigungsorientierten Führungsmodells ist es sicherlich als eine der wichtigsten Konsequenzen der Gedanken Kants aufzufassen, dass gesellschaftlicher (und somit auch organisationaler) Fortschritt - verstanden als Entfaltung von *Vernunft* und *Mündigkeit* in Richtung auf das, was noch nicht ist - auf Erziehung und Bildung (als pädagogische Leitkategorien) angewiesen ist (vgl. dazu auch Geißler 1997). Dieses Aufgabenfeld kann allerdings von der Pädagogik *nur dann* wahrgenommen werden, wenn sie sich selber *autonom*, sprich: unabhängig von Autoritäten in Form von Kirche, Staat sowie (später) Wirtschaft und deren spezifischen, zunächst einmal nicht primär auf individuelle Mündigkeit abzielenden Intentionen, zu begründen vermag.

Der mit der Argumentation Kants einhergehende Emanzipationsanspruch wird dann auch konsequenterweise von der Forderung begleitet, pädagogisches Handeln nicht auf die - Autonomie zuwiderlaufende - Aufgabe zu verkürzen, (sozialtechnologische) Mittel und Verfahren zur Erreichung nicht primär pädagogischer - am hier naheliegenden Beispiel ökonomischer - Ziele zur Verfügung zu stellen, sondern sich statt dessen gegen Bevormundungen und Übergriffe nichtpädagogischer Einrichtungen und Interessen zur Wehr zu setzen. Damit geht die Aufforderung einher, den normativen Aspekt pädagogischen Denkens und Handelns hervorzuheben und zu thematisieren, welche Normen überhaupt ethisch gerechtfertigt sind, um darauf basierend konkrete *pädagogische Arrangements* zu entwickeln und zu organisieren, die eine Entfaltung humaner Vernunft ermöglichen und fördern (vgl. Kant 1971, S. 320).

Kurz: Die Pädagogik liefert spätestens seit der Argumentation Immanuel Kants über Erziehung und Bildung den *Maßstab*, um - vermittelt über die Ethik - die Kriterien für individuellen und intersubjektiven, gesellschaftlichen Fortschritt hinsichtlich der *Selbsterzeugung moralischer Vernunft*, welche sich am *Kriterium des Wohls des Ganzen* orientiert, überhaupt formulieren zu können.

Trotz dieser weitreichenden Konsequenzen für die Entfaltung und Etablierung pädagogischen Denkens und Handelns lassen sich aus heutiger Sicht in bezug auf die Ermöglichung eines reflexiven Führungsmodells auf der Basis *kritischer Mündigkeit* und *Mitverantwortung* gegenüber der transzendentalphilosophischen Argumentationslinie einige kritische Anmerkungen formulieren:

1. Aufgrund der Konzentration von Kants Argumentation auf das *monologische* - sich bezüglich der Ausgestaltung moralischer Willensgrundsätze *rein in einen inneren Dialog begebende* - Subjekt (vgl. Höffe 1992, S. 137f) werden die moralische Prinzipien vom guten Willen eines „einsamen Individuums" abhängig gemacht (vgl. Böhler 1984, S. 49ff). Da dem Sittengesetz des kategorischen Imperativs die Perspektive des Individuums und nicht diejenige anderer bzw. der Gesellschaft zugrunde gelegt wird, fehlt sozusagen als „reales Korrektiv" *sprachlich-real* der *Mitmensch* mit seinen - ebenfalls durch einen inneren Dialog zustande gekommenen - artikulierten Bedürfnissen.
2. Dies geht mit der Konsequenz einher, dass der Erkenntnisprozess auf die *Dyade* (vernünftiges bzw. mündiges) *Erkenntnissubjekt* einerseits und *Erkenntnisobjekt* andererseits verkürzt wird.
3. Kant geht in seinen pflichtenethischen Überlegungen stellvertretend für alle Menschen von (von organisationalen Zwängen) unabhängigen vernünftigen *Gelehrten* aus (vgl. Kant 1989), in deren Denken - ermöglicht durch *innere Freiheit* - sich die Möglichkeiten *humaner Vernunft entfalten*. Dabei bleibt in seinen Ausführungen die Frage nach der Herstellung *politischer Freiheit* zur Ermöglichung einer „Situation repressionsfreier Beratung" (Apel 1988, S. 37)

im Sinne einer Situation, „in der über alle inhaltlichen Ansprüche (letztlich, J.P.) *aller* (Mitglieder der Gattung Mensch, J.P.) ein Konsens herbeigeführt werden muss" (Apel ebd., kursiv d. J.P.) unerwähnt.[59]

4. Dementsprechend überfordert in zunehmendem Maße die auf Kant zurückzuführende konventionelle *Individualethik* die *einzelnen Subjekte* - gleich welche Rolle sie einnehmen und mit welcher Machtbefugnis sie ausgestattet sind - in bezug auf die Übernahme von Verantwortung für letztlich global zu verstehende ökonomische und ökologische Probleme (vgl. Apel 1992, S. 29f).

Dementsprechend könnte Kant der Vorwurf unterbreitet werden, *zu wenig* die Möglichkeiten intersubjektiver Verständigung berücksichtigt zu haben, insbesondere wenn es um die Verallgemeinerbarkeit einer Handlungsmaxime unter Rücksicht auf die Folgen geht.

Entscheidend für Kant war aber auch nicht das Verfahren, wie eine Norm zustande kommt, sondern dass sie verallgemeinerbar ist.
Aus heutiger Sicht mag dies verkürzt erscheinen und Ergänzungen notwendig werden lassen (s.u. die Anmerkungen von Karl-Otto Apel und Jürgen Habermas).

Im nächsten Schritt scheint es weiterführend zu sein, am Beispiel der von Ulrich Beck zur Diskussion gestellten „Transformation westlicher Industriegesellschaften zu *Risikogesellschaften*" und des von ihm als Problemlösevorschlag eingebrachten Prinzips des *reflexiven Zweifels* zu untersuchen, ob er angesichts der Nebenfolgen neuzeitlichen ökonomischen Entscheidens und Handelns eine sinnvolle Ergänzung zu Kants maximenethischen Vorschlägen bedeuten und somit einen *Fortschritt* an Vernunft und Mündigkeit einleiten könnte.

---

[59] In bezug auf die Ausgestaltung eines reflexiven Führungsmodells lässt sich hierfür beispielsweise der *politische*, aber auch *innere* Zwang ranführen, dass mit Führungsaufgaben betraute Organisationsmitglieder immer auch - im Rahmen der Legalität - primär das Wohl ihrer Organisation und der ihnen Anvertrauten verfolgen (müssen), welches für sich genommen a priori nicht identisch mit dem der Gattung Mensch sein muss. Dies gilt beispielsweise für Angehörige „kritischer Branchen" wie der chemischen Industrie, der Rüstungsindustrie oder (Kern-) Kraftwerksbetreiber sowie militärischer Organisationen.

2.2. Die konsequente Entfaltung des „reflexiven Zweifels" als Ermöglichung „reflexiver Eigenständigkeit"

2.2.1. Vom kritischen Rationalismus zur Risikogesellschaft

Das von Immanuel Kant philosophisch stark (mit-) geprägte Zeitalter der Aufklärung hat den Weg dahingehend geebnet, dass der einzelne sowie die Gattung Mensch seine Geschichte nur *dann* zu verstehen und zu bewältigen vermag, wenn es sie als *permanenten Fortschritt* in Richtung auf das, was noch nicht ist, versteht. Dies kann letztendlich als eine der entscheidenden Quellen für die geradezu exorbitante Ausbreitung der - im neuzeitlichen Sinne - „objektiven Wissenschaften" in Form der Natur- sowie der darauf aufbauenden Ingenieurwissenschaften angesehen werden. Dementsprechend hat der Mensch in zunehmendem Maße seinen Anspruch angemeldet, anstelle von Gott und/oder der Natur die *Verfügungsgewalt* über das eigene Schicksal zu erlangen, wobei es sich angesichts sozialer und ökologischer Nebenfolgen menschlichen Entscheidens und Handelns allerdings zunehmend herausstellt, dass das Wissen und insbesondere die *Vernunft* fehlt, diese Macht zu gebrauchen (s.u. die Ausführungen Becks, vgl. dazu auch Picht 1969, S. 14f).

Als ein Versuch, dieses Manko zu minimieren, kann der *kritische Rationalismus* angesehen werden, in welchem durch den prominentesten Vertreter und letztlichen Begründer, Karl Popper, seit Mitte der 1930er Jahre dem bisher als Erkenntnisprinzip gültigen *Induktivismus*[60] eine klare Absage erteilt wird.

Popper stellt dem Induktivismus die *deduktive Methode*[61] gegenüber und beschreibt jene dahingehend, dass aus einer vorläufig unbegründeten Antizipation, bzw. Einfall oder Hypothese auf logisch-deduktivem Weg Folgerungen abgelei-

---

[60]   Der *Induktivismus*, als dessen bekannter Vertreter Francis Bacon (1561-1626) anzusehen ist, meint, von „Tatsachen" auszugehen und beruft sich auf Beobachtungen und Experimente, aus denen er Theorien induktiv erarbeitet. Diese werden in der Folge durch weitere Beobachtungen und Experimente verifiziert und führen zu endgültig sicherem Wissen - eben den Naturgesetzen (vgl. dazu auch Moser 1989, S. 46f). Dagegen wurde Poppers Aussage bekannt, dass auch noch so viele Beobachtungen von weißen Schwänen nicht zu dem Satz berechtigen, „dass *alle* Schwäne weiß sind". Damit aber ist die Frage nach der Geltung der allgemeinen Erfahrungssätze, der empirisch-wissenschaftlichen Hypothesen und Theoriensysteme gestellt und kann nur negativ beantwortet werden. Das ganze System der induktiven Wissenschaft wird damit in Frage gestellt.

[61]   Als Gegensatz zum induktiven Vorgehen „ersinnt" der *Deduktivist* eine Hypothese, aufgrund derer er seine Beobachtungen und Experimente anordnet, die dann durch weitere Arbeit verifiziert oder falsifiziert werden. Dieses „Ersinnen" beschreibt Karl Popper (1976, S. 7) wie folgt: „Unsere Auffassung, dass es eine logische, rational nachkonstruierbare Methode, etwas Neues zu entdecken, nicht gibt, pflegt man oft dadurch auszudrücken, dass man sagt, jede Entdeckung enthalte ein ‚irrationales Moment', sei eine ‚schöpferische Intuition'

tet werden, welche untereinander und mit anderen Sätzen zu vergleichen sind.
Dies geschieht, indem feststellt wird, welche logischen Beziehungen (z. B. Ä-
quivalenz, Ableitbarkeit, Vereinbarkeit, Widerspruch) zwischen ihnen bestehen
Diesbezüglich unterscheidet Popper *vier* Richtungen, nach denen die Prüfungen
durchzuführen sind:

1. der logische Vergleich
2. eine Untersuchung der logischen Form der Theorie
3. der Vergleich mit anderen Theorien
4. die „empirische Anwendung"

Insbesondere der *empirischen Anwendung* (als letzter Prüfung) kommt die Aufgabe zu, festzustellen, ob sich das Neue auch praktisch bewährt (s. Popper 1976,
S. 8). Zu denken ist etwa an wissenschaftliche Experimente oder die technisch-
praktische Anwendung. Auch hier ist das Prüfungsverfahren ein deduktives: Aus
dem System werden empirisch möglichst leicht nachprüfbare Prognosen dedu-
ziert. Über diese Prognosen wird nun im Zusammenhang mit der praktischen
Anwendung, den Experimenten usw. entschieden.
Fällt die Entscheidung positiv aus, so werden die Prognosen (vorläufig) anerkannt.

Hieraus ergibt sich, dass die positive Entscheidung das System *immer nur vorläufig* stützen kann, es steht also „ständig auf Abruf" und kann durch spätere
negative Entscheidungen *immer wieder umgestoßen werden*[62]. Konsequenz ist,
dass sich für Popper Gesetzesaussagen im Grunde überhaupt nicht beweisen lassen können, aber sich falsifizieren lassen.
Die Falsifikation wird folglich zur *Methode des kritischen Rationalismus*, da alle
Hypothesen immer wieder Tests unterworfen werden müssen. Dabei sind solche
Tests zu bevorzugen. bei denen die Wahrscheinlichkeit einer Widerlegung besonders groß ist („riskante Tests"). Eine Hypothese. die viele Widerlegungs-
versuche überstanden hat, hat sich bewährt.
Gegenüber dem klassischen Empirismus betont der kritische Rationalismus die
Theoriegeleitetheit aller Beobachtung: Selbst die einfachste Beobachtung wird
von theoretische Vorannahmen beeinflusst, weshalb der eigentliche Gegenstand
der Erfahrungswissenschaft eben nicht Erfahrungen, sondern Theorien über diese sind. Weiterhin unterstreicht der kritische Rationalismus die *Wertfreiheit der
Wissenschaft*, d.h., er behauptet, dass für das Fortschreiten der Wissenschaft nur
wissenschaftsinterne vernunftmäßige Gründe ausschlaggebend seien und dass
die Wissenschaft nur das beschreiben könne, was ist, und nicht das, was sein
sollte (s. Albert 1969).

---

[62]   Am Beispiel der oben in der Fußnote genannten Schwäne würde die Beobachtung eines
einzigen andersfarbigen Schwans ausreichen, um diese Gesetzesaussage zu *falsifizieren*.

Der wissenschaftliche Fortschritt wird vom kritischen Rationalismus im wesentlichen als stetiger Prozess gesehen, in dessen Verlauf Theorien in dem Sinne erweitert werden, dass sie immer mehr Phänomene erklären können. Verschiedene Theorien über einen Gegenstandsbereich sind prinzipiell hinsichtlich ihres Wahrheitsanspruches miteinander vergleichbar, weswegen sich der wissenschaftliche Fortschritt als zunehmende Annäherung an die (nicht erreichbare) Wahrheit darstellt.

Kurz: Der kritische Rationalismus geht von der Vorannahme aus, dass *alles Wissen* als *vorläufig* anzusehen ist. Dementsprechend kann es keine Tatsachen oder einen „one-best-way" als „omnipotente Orientierungsgrundlage" geben, sondern *eben nur* Hypothesen (vgl. Popper 1976).

In Form des kritischen Rationalismus wurde ein Verständnis dahingehend begründet, dass nämlich den meisten (scheinbar) wissenschaftlich begründeten Forderungen und Ansprüchen zunehmend der *Charakter persönlicher Bekenntnisse* zuzuerkennen ist und sie folglich einer *wissenschaftlichen Begründung* nicht weiter zugänglich sind (vgl. Popper 1957). *Hieraus ergibt sich bezüglich der für diese Erörterung zentralen Normenfindungs- und -begründungsproblematik, dass im Sinne des kritischen Rationalismus derartige Forderungen in erster Linie Gegenstand privater Entscheidungen sind und sich einer intersubjektiv verbindlichen Begründungsmöglichkeit entziehen*[63]. *Zu diesen Werten kann sich zwar jeder Beteiligte persönlich bekennen, muss aber (an)erkennen, dass der einzige „Schiedsrichter"* (Steinmann/Löhr 1997) *bezüglich der Beantwortung der Frage, ob eine Hypothese als wissenschaftlich bewährt gelten kann oder aber verworfen werden muss, die empirische „Realität" darstellt* (vgl. Popper 1959).

Obwohl die Verdienste des kritischen Rationalismus für die Weiterentwicklung *jeglicher* wissenschaftlicher Erkenntnis außer Frage stehen, gibt es doch kritische Stimmen, die insbesondere den Umgang des kritischen Rationalismus mit Werten und Normen betreffen und das *Wertfreiheitspostulat* des kritischen Rationalismus als äußerst bedenklich einschätzen.

Begründet wird die Forderung nach Wertfreiheit durch die Vertreter des kritischen Rationalismus letztlich mit dem Scheitern der bisherigen Moralphilosophie und der normativen Disziplinen: Es ist ihrer Auffassung nach nämlich nicht gelungen, bei der Diskussion über Normen und über Wertfragen zu intersubjektiv überprüfbaren Ergebnissen zu gelangen (vgl. Albert 1969). Vielmehr hat es sich im Gegenteil gezeigt, dass eine intersubjektive Diskussion *in dem Moment*

---

[63]   Dieses Verständnis bezieht sich nicht auf naturwissenschaftliche *Faktenaussagen*, welche auf *Basissätzen* basieren.

unmöglich ist, wo es um die Diskussion normativer Sätze geht, da hier letztlich Wertentscheidungen aufeinander prallen.

Um die Objektivität wissenschaftlicher Ergebnisse zu sichern, sieht der Kritische Rationalismus keine andere Möglichkeit, als an der These der Wertfreiheit festzuhalten:

Gegen diese These der Wertfreiheit ist im wesentlichen im „Positivismusstreit" in der deutschen Soziologie Ende der 1960er Jahre *ein* entscheidendes Argument vorgebracht worden:

Die Kritik der Kritischen Theorie der Frankfurter Schule mit ihren Hauptvertretern Theodor Adorno, Herbert Marcuse, Max Horkheimer und Jürgen Habermas richtet sich dagegen, dass eine wertfreie Sozialwissenschaft in den Dienst beliebiger Interessen genommen werden kann. In diesem Sinne betont Jürgen Habermas als Entgegnung auf die Position Alberts:
„Das Postulat der sogenannten Wertfreiheit stützt sich auf eine These, die man Popper folgend, als Dualismus von Tatsachen und Entscheidungen formulieren kann (...). Dem Dualismus von Tatsachen und Entscheidungen entspricht wissenschaftslogisch die Trennung von Erkennen und Werten und methodologisch die Forderung, den Bereich erfahrungswissenschaftlicher Analysen auf die empirischen Gleichförmigkeiten in natürlichen und gesellschaftlichen Prozessen zu beschränken. Praktische Frage, die sich auf den Sinn von Normen beziehen, sind wissenschaftlich unentscheidbar. Werturteile können legitimerweise niemals die Form theoretischer Aussagen annehmen oder mit ihnen in einen logisch zwingenden Zusammenhang gebracht werden. Erfahrungswissenschaftliche Prognosen über eine in der Regel zu erwartende Kovarianz bestimmter empirischer Größen gestatten bei gegebenen Zwecken eine Rationalisierung der Mittelwahl. Die Zwecksetzung selbst hingegen beruht auf einer Annahme von Normen und bleibt wissenschaftlich unkontrollierbar. Solche praktischen Fragen dürfen mit theoretisch-technischen Fragen, also mit wissenschaftlichen Fragen, die sich auf Tatsächliches beziehen: auf die Triftigkeit von Gesetzeshypothesen und auf gegebene Zweckmittelrelationen, nicht verquickt werden. (...) Der *Dualismus* von Tatsachen und Entscheidungen nötigt zu einer Reduktion zulässiger Erkenntnis auf strikte Erfahrungswissenschaften und damit zu einer Eliminierung von Fragen der Lebenspraxis aus dem Horizont der Wissenschaften überhaupt" (Habermas 1969, S. 170f).

Da eine wertfreie Sozialwissenschaft bestenfalls eine Kritik an den Mitteln, aber keine Kritik an Zielen und Zwecken ermöglicht, kann sie – so die Befürchtung der Kritiker - theoretisch jedem beliebigen Zweck dienen. Praktisch werden es jedoch. so die Anmerkung, die in einer Gesellschaft anerkannten Ziele sein, die den Gegenstand und die Aufgabe empirischer Untersuchungen festlegen. Dies mündet dann in den Vorwurf mündet, dass eine wertfreie Wissenschaft in der Regel „im Sinne der Stabilisierung der bestehenden gesellschaftlichen Machtverhältnisse" (Wellmer 1969, S. 20) wirkt, dass sie „der Stabilisierung und Erweiterung etablierter Herrschaftssysteme" dient, „ungeachtet der Skrupel vieler Wissenschaftler" (Lenk 1970, S. 149).

Nun mag der *Positivismusstreit* insbesondere mit Vertretern der Frankfurter Schule und – sich daran sich anlehnend – auch denen der emanzipatorischen Pädagogik auf den ersten Blick zu dem Eindruck führen, der kritische Rationalismus *würde sittliche Urteile und Normen lediglich als rein technische Fragen behandeln.* Weitergedacht hieße dies, dass der kritische Rationalismus *überhaupt gar kein Forum* bietet, in dem geklärt werden könnte, *welche Zwecke und Werte denn überhaupt als richtig und erstrebenswert anzusehen sind.* Lediglich die Wahl der Mittel bei (vor) gegebenen Zwecken lässt sich diesem Vorwurf zufolge rational entscheiden, was – überspitzt formuliert - so zu interpretieren ist, dass der kritische Rationalismus moralisch-praktische Fragen *gänzlich* aus den Bereich der wissenschaftlich-rationalen Überlegungen herausdrängt (vgl. hierzu u.a. Brewing 1995, S. 123f).
Diese Vorhaltungen sind vor dem Hintergrund zunächst einmal nicht völlig von der Hand zu weisen, als sich insbesondere Karl Popper immer vehement gegen die Möglichkeit einer *vernunftgemäßen Letztbegründung* von Normen verwahrt und die Notwendigkeit von *Dezisionen* betont hat. Weiterhin weist er utopische Ideale – nicht auch zuletzt unter dem Eindruck extremistischer Massenbewegungen in einigen Ländern Europas in den 1930er Jahren – von vornherein als totalitär zurück und regt statt dessen eine Politik der kleinen Schritte an.

Dennoch wird hier dieser Kritik am kritischen Rationalismus begegnet.

1. Obwohl (oder gerade weil) sittliche Urteile nicht Sache wissenschaftlicher Erkenntnis wie z.B. naturwissenschaftliche *Faktenaussagen*, basierend auf *Basissätzen*, sind, lässt sich dennoch keineswegs folgern, dass Popper sie lediglich als technische Fragestellungen behandelt. Der von ihm vertretene *metaethische Dezisionismus* determiniert nämlich die auf der Wertebene getroffene Entscheidung und zwar dahingehend, welche wissenschaftlichen Erkenntnisse für welches Individuum welche konkrete Bedeutung aus der Perspektive praktischer Philosophie gewinnen.

2. Auch der häufig zu findende Vorwurf, dass der kritische Rationalismus in erster Linie die individualistisch-monologische Überprüfung zu verfolgen scheint (vgl. u.a. Brewing 1995), kann so nicht gehalten werden. Auch hier würde Popper Unrecht geschehen, da letztlich der von ihm angeregte Erkenntnis-, Prüf- und ggf. Falsifizierungsprozess vermutlich sogar *dringlich* auf den Dialog mit anderen angewiesen ist, zumal: „die Objektivität der Wis-

senschaft (...) nicht eine individuelle Angelegenheit der verschiedenen Wissenschaftler, sondern eine soziale Angelegenheit ihrer gegenseitigen Kritik (ist)" (Popper 1972, S. 102). Sicherlich können wissenschaftliche Entdeckungen auch durch einzelne Forscher alleine erfolgen. Daran sich anschließend stellt sich aber die Frage, wie denn eine intersubjektive Überprüfung zwecks Falsifizierung stattfinden kann, wenn nicht durch Dialog?

Dennoch soll nicht vernachlässigt werden, dass der kritische Rationalismus in erster Linie den Akt der Erkenntnis und ihre intersubjektive Überprüfbarkeit thematisiert und nicht das Verfahren, wie Normen gefunden und begründet werden können.

Insbesondere im Zusammenhang der dialogische Managementprozesse unmittelbar ansprechenden Thematik unternehmensethisch-relevanter Normen ist es von Interesse, dass Popper davon ausgeht, dass eine wissenschaftliche Begründung der normativen Ethik oftmals jedoch an der einfachen Einsicht scheitert, dass Normen nicht auf (objektivierbare) Tatsachen zurückgeführt werden können.

Diese Grundannahmen des kritischen Rationalismus, bedürfen hinsichtlich einer Ermöglichung und Ausgestaltung eines dialogischen Management *einer Ergänzung,* und zwar in Form:

– Managementtheoretischer Ansätze, die sich in Theorie und Praxis zunehmend *auch* normativen Fragen zuwenden (s.u. insbes. Kirsch 1990, 1994, Bleicher 1991, 1992) und es immer notwendiger scheinen lassen, sich innerhalb einer wissenschaftlichen Erkenntnistheorie dieser Thematik umfassend zu öffnen.
– Dies eröffnet wiederum Wege zu *einer Erweiterung um die wertrationale Dimension,* welche wiederum auf die *Fähigkeit und Bereitschaft zum Dialog* angewiesen ist (vgl. Zürn 1991).

Ein Ansatzpunkt, sich dieser Ergänzung anzunähern, könnte darin liegen, noch mehr auf die Begleitumstände gesellschaftlichen und ökonomischen Denkens und Handelns hinzuweisen als es im kritischen Rationalismus geschehen ist. Diese Thematik, die als ein Schlüsselkriterium für die *Vernünftigkeit* organisationalen Entscheidens und Handelns angesehen werden kann, wurde von Ulrich Beck aufgegriffen.

Angesichts der eingangs angedeuteten Problemlandschaften moderner westlicher Industriegesellschaften zur Jahrtausendwende ist es sicherlich ein Verdienst Ulrich Becks (1986), unter dem Eindruck der Reaktorkatastrophe von Tschernobyl (vom April 1986) stehend, die These aufzustellen, dass sich die Gesellschaften des Westens nunmehr nicht länger in einer Phase der - durch die Aufklärung philosophisch begründeten und mit Hilfe einer immer erfolgreicheren Umsetzung naturwissenschaftlicher Erkenntnisse in Technik ermöglichten - *Industriegesellschaft* befinden, sondern sich statt dessen in eine *Risikogesellschaft* transformieren (vgl. Beck 1986, S. 27).

Dabei lassen sich Becks Deutungen dahingehend interpretieren, dass die von ihm zur Diskussion gestellte Risikogesellschaft im Sinne einer historischen Fortsetzung bzw. systematischen Steigerung der Industriegesellschaft zu verstehen ist, deren „Quellen" (primär verstandesorientierte) *Rationalität*, (naturbeherrschende) *Technik* und (technikerwerbendes sowie -einsetzendes) *Management* heißen. Hierbei haben sich insbesondere Technik und Management immer - allerdings in einem asymmetrischen Sinne - weiterentwickelt, indem die Technik der *Motor der Entwicklung* war und (nach wie vor) ist (vgl. Beck 1990, S. 24).

Eine Risikogesellschaft lässt sich dementsprechend gegenüber einer *Gefahrengesellschaft* früherer Epochen - wobei als *Gefahren* u.a. die häufig als „Strafe Gottes" empfundenen Hungersnöte, Seuchen oder Kriege angesehen werden konnten - insbesondere dadurch charakterisieren, dass *Risiken* als *Folgeerscheinungen menschlicher technisch-ökonomischer Entscheidungen* und *Nutzenabwägungen* zutage treten (vgl. Beck 1986, S. 25, Beck 1990, S. 14, dazu auch Groh/Groh 1991, S.9, Pankoke 1995, S. 26).
Dies geht mit der Konsequenz einher, dass nunmehr der - im kantischen Sinne - *autonome* Mensch *selbst* auch als Verstandes- *und* Vernunftswesen tatsächlich in seinen Entscheidungen *und* seinem Handeln das *Risiko* für die damit verbundenen Konsequenzen für die Gattung Mensch sowie die belebte und unbelebte Natur zu tragen hat. Folglich kann nicht länger auf metaphysische Instanzen verwiesen werden:

„Die Risikogesellschaft ist im Gegensatz zu allen früheren Epochen (einschließlich der Industriegesellschaft) wesentlich durch einen *Mangel* gekennzeichnet: der Unmöglichkeit *externer* Zurechenbarkeit von Gefahrenlagen. Im Unterschied zu allen früheren Kulturen und gesellschaftlichen Entwicklungsphasen, die sich in vielfältiger Weise Bedrohungen gegenübersahen, ist die Gesellschaft heute im Umgang mit Risiken *mit sich selbst konfrontiert*. (...) Wo Risiken die Menschen beunruhigen, liegt der Ursprung der Gefahren (...) also nicht mehr im Äußeren, Fremden, im Nichtmenschlichen, sondern in der historisch gewonnenen Fähigkeit des Menschen zur Selbstveränderung, Selbstgestaltung und Selbstvernichtung der Reproduktionsbedingungen allen Lebens auf der Erde. Das aber heißt: Die Quellen der Gefahren sind nicht länger Nicht-Wissen, sondern *Wissen*, nicht fehlende *perfektionierte* Naturbeherrschung, nicht das dem menschlichen Zugriff Entzogene, sondern eben das *System der Entscheidungen* und Sachzwänge, das mit der Industrieepoche etabliert wurde" (Beck 1986, S.300).

Dementsprechend hat sich das bisherige industriegesellschaftliche Orientie-rungsmuster, welches die Industriegesellschaft bislang sehr erfolgreich sein *ließ* - *nämlich der auf menschlicher Verstandesleistung aufbauende Fortschritts-glaube* der Moderne, gepaart mit einer uneingeschränkten Natur- bzw. Ressour-cenbeherrschung und -ausbeutung -, als immer fragwürdiger und zunehmend als lebensgefährliche Machbarkeitsillusion herausgestellt (vgl. Strunk 1996, S.54, Kern 1997).

Dieser Aspekt lässt auf den ersten Blick die Vermutung naheliegend scheinen, dass in bezug auf die oben skizzierten Vorschläge Kants die Transformation westlicher Industriegesellschaften zur Risikogesellschaft die *Grenzen menschli-cher Vernunft* aufgrund einer nahezu ausschließlichen Konzentration auf den *Verstand*[64] aufzeigen, da der *einzelne* Mensch in *innerer Freiheit*
- scheinbar *immer weniger* in der Lage ist, bei einer ständig sinkenden Halb-wertzeit des Wissens die gesamten Auswirkungen der technischen Entwick-lung auf die Gattung Mensch und die Natur einzuschätzen, um darauf basie-rend nach dem Sittengesetz des kategorischen Imperativ überhaupt handeln zu können (selbst wenn er will), wobei
- die Entwicklung moderner Technik und der darauf aufbauenden Industriege-sellschaften erst durch das (von Kant zunächst einmal konzeptionell entfalte-te) *anthropogene* Aufklärungs- und Vernunftsverständnis und die damit ein-hergehende Ablösung der „Priesterdiktatur" durch eine „Gelehrtenherrschaft" ermöglicht werden konnte, welche - am besonderen Beispiel der Ingenieure und Ökonomen - kraft der immer stärker gewachsenen Erkenntnisfähigkeit der Wissenschaften nunmehr *monokausale Logik* zur „Ersatzreligion" er-klärte. Gegen diese Entwicklung hätte sich Immanuel Kant als Skeptiker des *Rationalismus* sowie des *Empirismus* vermutlich ebenfalls energisch zur Wehr gesetzt.

Angesichts immer stärker zutage tretender, die bisher doch so erfolgreiche und *vernünftig scheinende* Monokausalität als verkürzt entlarvender Nebenfolgen sieht sich die Industriegesellschaft folglich immer stärker mit *sich selbst* kon-frontiert (vgl. Beck 1993, S. 36) und versucht geradezu verzweifelt, eine „Ge-genkraft" (Beck 1990, S. 29) zu den (durch menschliche Entscheidungen verur-

---

[64]   Becks Ausführungen zur Transformation westlicher Industriegesellschaften in Risiko-gesellschaften lassen sich als treffliche Argumente anführen, um die oben in Anlehnung an Wolfgang Welsch (1995, S. 427) und Peter Kern (1997, S. 148) getroffene Unter-scheidung zwischen Verstand und Vernunft begründen zu können.

sachten) mit ihr einhergehenden Gefahren mit Hilfe von öffentlichen, politischen und privaten Debatten zu entwickeln.

Hieraus wird deutlich, dass sich die Industriegesellschaft bereits *als* Risikogesellschaft *sieht* und *kritisiert*. Im Kontext der damit verbundenen (versuchten) Reflexionsprozesse sehen sich die Angehörigen der modernen Industriegesellschaft einem Dilemma gegenüber, da die Institutionen der Industriegesellschaft zu Erzeugern und Legitimierern von Gefahren werden, welche sie *nicht* kontrollieren können. Insofern ist Beck zuzustimmen, dass die modernen Industriegesellschaften *einerseits* immer *noch* nach dem Muster der alten Industriegesellschaft entscheiden und handeln und *andererseits* die Interessenorganisationen, das Rechtssystem sowie die Politik bereits jetzt mit Debatten und Konflikten überzogen werden, die sich auf die Dynamik der Risikogesellschaft zurückführen lassen (vgl. Beck 1993, S.35f).

Die Ursachen für diese komplizierte Dynamik versucht Beck mit Hilfe der Begriffe „*Reflex*" und „*Reflexion*" zu beschreiben, wobei sich der Terminus „Reflex" als Entwicklungsprozess charakterisieren lassen kann, welcher sich „im Rahmen industriegesellschaftlicher Kategorien und Organisationsprinzipien" (Beck 1990, S. 31) zwangsläufig und zwanghaft durchsetzt, ohne dass die einzelnen Subjekte (sowie die sich aus Individuen zusammensetzenden sozialen Systeme) eine begründete Vorstellung von ihrer Entwicklungslogik haben.

Eine derartige „lineare Modernisierung" (Geißler 1996), die auch als die reflexhafte Überleitung von der Industrie- in die Risikogesellschaft bezeichnet werden kann, wird durch die Beibehaltung und Steigerung der traditionellen Verhaltensweisen und -strategien der Industriegesellschaft produziert.

Anders gewendet: Die Veränderungen, die sich innerhalb moderner westlicher Gesellschaften heute vollziehen und morgen vollziehen werden, folgen nach wie vor der *Logik einer Markt- und Gesellschaftsdynamik*, die nicht geplant und nicht gewollt ist, wobei sich das menschliche Handeln in erster Linie lediglich darauf zu konzentrieren scheint, die Wege und Ausprägungen zu bestimmen, in denen sich Modernisierung vollzieht (vgl. dazu auch Lisop 1996, S. 286, Kern 1997, S. 136).

Demzufolge werden die Konstellationen der Risikogesellschaft erzeugt, weil die Denk- und Handlungsmodi der einzelnen Individuen und der Organisationen die Selbstverständlichkeit der Industriegesellschaft am Beispiel des Fortschrittskonsens, der Abstraktion von ökologischen Folgen und Gefahren sowie des Kontrolloptimismus dominieren. Somit stellt die Risikogesellschaft dann auch keine *Option* dar, die im Zuge politischer Auseinandersetzung gewählt oder verworfen

werden könnte, sondern entsteht im Selbstlauf verselbstständigter, folgenblinder, gefahrentauber Modernisierungsprozesse (vgl. Beck 1993, S. 36).
Zur Illustration dieser These kann erneut exemplarisch die Technikentwicklung angeführt werden, da

– einerseits immer schneller neue Techniken erfunden, entwickelt *und* zur praktischen Anwendung gebracht werden und
– andererseits erkannt wird, dass die Technikentwicklung eine Kette von Folgen und Nebenfolgen auslöst bzw. auslösen kann, die im Gegensatz zur Industriegesellschaft nicht mehr wie in früheren Zeiten beiseite geschoben werden können, sondern nunmehr - aufgrund der o.a. Nebenfolgen und Risiken - zur ernsten Auseinandersetzung innerhalb der Gesellschaft zwingen,

um das erhoffte Bindeglied zwischen einem (möglichen) wissenschaftlich-technischen Fortschritt und einer gleichzeitigen „Zunahme praktischer Vernunft" (Forschner 1992, S. 273f) bzw. Mündigkeit darzustellen.

Da sich die Menschheit – so Beck bewusst provozierend - zunehmend in geradezu verantwortungsloser Weise mit „rasender Geschwindigkeit ohne Licht" (Picht 1969, S. 15) auf einen möglichen Abgrund zu bewegt, scheint es denn auch immer notwendiger zu werden, „Steuerrad und Bremse" (Beck 1993, S.297) in Form einer *Re-Installation von Vernunft* einzubauen und sich dementsprechend vom Nimbus der Unvermeidbarkeit *unhinterfragbarer* wissenschaftlich-technischer Entwicklung zu verabschieden.
Vor dem Hintergrund einer derartigen Problematik unterscheidet Beck zwischen einer - durchaus in Zusammenhang mit den ursprünglichen Absichten der Aufklärung in Verbindung zu bringender - „vernünftigen" *Moderne* und einer sich als „immer unvernünftiger" herausgestellten *Gegenmoderne*, wobei sich erstere mit dem Kriterium *„Fragwürdigkeit"* und letztere mit demjenigen der *„Fraglosigkeit"* (1993, S. 96) verbinden lässt.
Angesichts dieser Polarisierung nimmt nunmehr die These Gestalt an, dass die moderne Industriegesellschaft in ihrer selbst verschuldeten Unfreiheit bzw. *Unvernunft* gefangen ist, da sie analog zu den von ihr kritisierten und geradezu lächerlich gemachten vorindustriellen Gesellschaften Problemlösungen *statt* mit *Rationalität*, hier verstanden als Vernunft, mit Hilfe von *Fortschrittsglauben(sbekenntnissen)* anzubieten sucht.
Diesem naiven, immer *unmündiger* scheinenden Fortschrittsglauben, der den Weg für eine rücksichtslose und daher *unvernünftige* Entfaltung von Zweckrationalität geebnet hat, kann nach Auffassung Becks konsequenterweise nur mit Hilfe von *Denken und Rationalität* begegnet werden. Dementsprechend bedeutet ein Rückfall in *Glauben* Gegenmoderne, während eine *konsequente Entfaltung von Rationalität* und somit von *Vernunft* Moderne begründet (vgl. Geißler 1996b, Petersen 1997).

Anders gewendet: Ulrich Beck orientiert sich in seinen Vorschlägen an der *Unabgeschlossenheit der Aufklärung* in Gestalt einer - auf den Vorschlägen Kants basierenden - notwendigen Entfaltung menschlicher (und nun aber auch gesellschaftlicher) Vernunft , sieht aber die Ursachen für die von ihm beschriebenen Transformationsprozesse darin begründet, dass die industriegesellschaftliche Moderne ihr Rationalitätsverständnis in erster Linie auf die *Entwicklung und den Einsatz von rationalen Mitteln* - am Beispiel von Technik, Management und Organisationen - konzentriert hat.

Sich dieser Argumentation anschließend, kann das bisherige Rationalitäts- und Vernunftsverständnis als verkürzte bzw. *halbierte Rationalität* (vgl. u.a. Habermas 1981, Ulrich 1986, Kirsch 1990, Geißler 1995) bezeichnet und kritisiert werden, „weil die Rationalität der letztlichen Ziele und Zwecke i.S. eines *Zweifelns und Fraglichmachens* auf die Sphäre der Mittel und Instrumente beschränkt blieb und nicht auf den Bereich der obersten Ziele und der ihnen zugrunde liegenden Vorannahmen individuellen und kollektiven Handelns angewendet worden ist" (Petersen 1997, S.25).

Ein möglicher Ausweg aus dieser Problematik im Sinne einer „reflexiven Modernisierung" (Beck 1993, S. 199) könnte folglich darin liegen, die Entwicklung und Ermöglichung *wissenschaftlicher Rationalität* einzuleiten.

Auf diese Weise wird einerseits die Gültigkeit der Formel des kategorischen Imperativs unterstrichen, aber andererseits gleichzeitig die mangelnde konsequente Umsetzung ihres ethischen Anspruches im Kontext sich zu Risikogesellschaften transformierender Industriegesellschaften grundlegend in Frage gestellt.

Ein derartiger Entwicklungsprozess zur Ermöglichung wissenschaftlicher Rationalität, der den Weg für eine (selbst-) **kritische** - d.h. die Ursachen und Konsequenzen menschlichen Entscheidens und Handelns ständig reflektierende - **Mündigkeit** ebnet, lässt sich nach den Vorstellungen Ulrich Becks durch die Ermöglichung eines *reflexiven Zweifels* einleiten.

2.2.2. Charakteristika des reflexiven Zweifels

Um im Sinne einer Ermöglichung und Entfaltung kritischer Mündigkeit eine *Lerntheorie wissenschaftlicher Rationalität* überhaupt einleiten zu können, scheint es vor dem Hintergrund der oben skizzierten Nebenfolgen ökonomischen Denkens, Entscheidens und Handelns immer dringlicher, einen derartigen - letztlich gesamtgesellschaftlich - zu konzipierenden *Lern- und (selbstkritischen) Reflexionsprozess* insbesondere auf drei Bereiche zu konzentrieren, und zwar

- *erstens* auf „das Verhältnis der modernen Industriegesellschaft zu den Ressourcen von Natur und Kultur, auf deren Existenz sie aufbaut, deren Bestände aber im Zuge einer sich durchsetzenden Modernisierung aufgebraucht, aufgelöst werden." (Beck 1993, S. 38).
- „*Zweitens* geht es um das Verhältnis der Gesellschaft zu den von ihr erzeugten Gefährdungen und Problemen, die ihrerseits die Grundlagen gesellschaftlicher Sicherheitsvorstellungen übersteigen und dadurch, sofern sie ins Bewusstsein treten, geeignet sind, die Grundannahmen der bisherigen Gesellschaftsordnung zu erschüttern." (...).
- „*Drittens* führen die Aufzehrungen, die Auflösung und Entzauberung der kollektiven und gruppenspezifischen Sinnquellen (z.B. Fortschrittsglauben, Klassenbewusstsein) der industriegesellschaftlichen Kultur (die mit ihren Lebensstilen und Sicherheitsvorstellungen noch weit ins 20. Jahrhundert hinein auch die westlichen Demokratien und Wirtschaftsgesellschaften gestützt haben) dazu, dass nunmehr alle Definitionsleistungen den Individuen selbst zugemutet oder auferlegt werden: Das meint der Begriff '*Individualisierungsprozess*'." (Beck 1993, S. 38f, kursiv d. U. Beck).

Angesichts dieser dreiteiligen Fragestellung und insbesondere vor dem Hintergrund des Individualisierungsprozesses lohnt es sich, in Anlehnung an Beck auf den französischen „Skeptiker" Michel de Montaigne hinzuweisen, der bereits im ausgehenden 16. Jahrhundert die These aufstellte, dass der Mensch den Mut haben muss, sich *seines eigenen Zweifels* zu bedienen, um auf diese Weise sein ureigenes Vermögen zu schärfen, sich gegen fremde Erkenntnisse aufzulehnen, zu reflektieren und somit ständig neue Erkenntnisse aufzunehmen (vgl. Beck 1993, S.254).

Um hinterfragen zu können, was sich hinter dem Begriff „eigener Zweifel" verbirgt und wie der *eigene Zweifel* denn überhaupt „die Weichen" zu kritischer Mündigkeit „stellen kann", ist es wichtig, auf die von Ulrich Beck zugrunde gelegte Unterscheidung zwischen einem *linearen* und einem *reflexiven Zweifel* hinzuweisen:

Der *lineare Zweifel* ist im Zusammenhang mit einer spätestens seit den Gedanken Rene´ Descartes´ aktuellen *verzweifelten* Suche des Menschen nach einer allgemeingültigen Erkenntnis zu sehen (vgl. Schwan 1991).
Dabei droht dem - rein verstandesorientierten - *linearen Zweifler*, sich in zunehmendem Maße in den Dilemmata des *unendlichen Regresses* zu verfangen, da er ständig jedem Zweifel einen weiteren nachschicken muss (vgl. Beck 1993, S. 256).
Die von Beck angeregte Diskussion in bezug auf die Transformation moderner Industriegesellschaften zu Risikogesellschaften und die Notwendigkeit einer *re-*

flexiven Modernisierung lässt demgegenüber sich als gewichtiges Argument ranführen,

- dass der Mensch zu der Erkenntnis gelangen muss(te), ein *imperfektes* und *endliches* Wesen zu sein (vgl. u.a. Benner 1991, S. 25ff; s.u.),
- welches zu Lebzeiten nicht in den Genuss der *objektiven Wahrheit* kommen kann,
- um sein Denken, Entscheiden und Handeln daran ausrichten zu können.

Angesichts dieser vielschichtigen und immer weniger zu überschauenden Verantwortung in einer als immer komplexer empfundenen Welt droht der Mensch aufgrund einer nach wie vor stark ausgeprägten Orientierung am linearen Zweifel Gefahr zu laufen, zu *verzweifeln* oder sich zumindest in „unvernünftiger Weise" (fremdinitiierten) Ideologien bzw. Mythen und Moden hinzugeben (vgl. Petersen 1997a).

Die die Ausführungen zur Risikogesellschaft zumindest implizit begleitende Aussage, dass die Menschheit die Verantwortung für ihre Geschichte trägt, birgt letztendlich die Konsequenz in sich, dass *jeder einzelne* als das „Subjekt unserer zukünftigen Geschichte" (Picht 1969, S. 19) begriffen werden kann und sich gleichzeitig selbst zu begreifen hat, auch wenn keine konkreten - von Institutionen jedweder Art - ausgearbeiteten Handlungsanweisungen bestehen.
Anders gewendet: Während in früheren Epochen bei auftretenden Problemen oftmals auf die Problemlösekompetenz bestimmter Experten, Wissenschaft(sdisziplinen) und Gelehrter verwiesen worden ist, fordert dagegen der von Ulrich Beck angesprochene *Individualisierungsprozess*, einen Bewusstseinswandel zu initiieren, der *jedermann* dazu befähigt und gleichsam aufruft, an der (politischen) *Willensbildung* (s.u.) teilzuhaben, die sich auf die Zukunft von Mensch und Natur unmittelbar auswirkt (vgl. dazu auch Leipert 1990, S.37ff).

Diese Entwicklung hat zur Folge, dass jedermann, der - ob zunächst einmal willentlich oder nicht - *mithandelt*, sich auch der *Verpflichtung zum Mitdenken* ausgesetzt sieht, obwohl angesichts der Komplexität moderner Gesellschaften kein einzelner - auch kein Experte und Gelehrter - den (Sach-) Verstand besitzen kann, das Problem einer gemeinsamen Zukunft von Mensch und Natur zu lösen.

Die der Thematik „Ermöglichung eines dialogischen Management" zugrundeliegende These, dass angesichts einer immer unüberschaubareren Welt und kaum noch uneingeschränkt prognostizierbarer Problemlösemodi immer weniger soziale oder regionale Herkunft, Schul- bzw. Studienabschluss, Weltanschauung oder Hautfarbe den Ausschlag dafür geben können, a priori Führungsaufgaben in Organisationen jedweder Art wahrnehmen zu können, lässt immer stärker *Vernunft* in Form einer (Bereitschaft zur) *kritischen Mündigkeit* (im Umgang mit sich und der Umwelt bzw. den Erfordernissen ihrer) als „Alleinstellungsmerkmal" einer zukunftsorientierten Führungskraft in Organisationen jedweder Art scheinen.

Dementsprechend scheint es immer notwendiger zu werden, einen *selbstinitiierten* und *selbstgesteuerten* Erkenntnisprozess zu ermöglichen, bei dem der Mensch seine Imperfektheit, Offenheit und „unbestimmte Bestimmtheit" (Geißler 1995b, S. 366 in Anlehnung an Prange 1978, S. 45ff.) erkennen und akzeptieren sowie Verantwortung für sein Denken und Handeln übernehmen lässt (vgl. Petersen 1997, S. 35). Dieser Erkenntnisprozess wird von Beck als „reflexiver Zweifel" bezeichnet:

„Der *reflexive* Zweifel bricht (...) die Wahrheitsenergie, die den Zweifel in die Verzweiflung treibt, indem erstens der Zweifel wie Wasser und Luft als Lebenselement akzeptiert wird (...). Zweitens (...) wird erfahren, erfahrbar, dass der Zweifel den Zweifel nicht zur Verzweiflung treibt, sondern *bricht*. Der (reflexive, J.P.) Zweifel selbst nimmt dem Zweifel sein Ätzendes, Zersetzendes, um nicht zu sagen: Zweifelhaftes. Der Zweifel gegen den Zweifel gewendet, gebietet dem Zweifel halt. Er ermöglicht auch sein - scheinbares - Gegenteil: Glauben, Moral, Erkenntnis usw. Nur eben ohne jenen seltsamen Anspruch der Verbindlichkeit, die alle weiteren Zweifel schluckt, verdammt und das Persönliche im Allgemeinen auf- und untergehen lässt.
Für diese Art des Glaubens, der nun durch Zweifel *gesichert* wird, muss der Glaubende mit seinem Ich gerade stehen. Es ist unwiderruflich *sein* Glaube, sein *persönlicher* Glaube, den er gewählt und zu verantworten hat, auch wenn es der alte allgemeine Glaube sein sollte" (Beck 1993, S. 217, kursiv d. U.Beck, vgl. dazu auch Giddens 1991, S. 3).

Der reflexive Zweifel nimmt folglich den *formalen* Charakter einer *Hilfestellung* ein, um - i.S. einer „Hilfe zur Selbsthilfe" - zunächst einmal den einzelnen Menschen in die Lage zu versetzen, (selbst-) kritisch zu erkennen, dass sich das bisherige Zweifeln und Infragestellen im individuellen, organisationalen und (global-) gesellschaftlichen Rahmen in erster Linie auf den Bereich der Mittel und Instrumente konzentrierte, um darüber hinaus den Blick dahingehend weiten zu können, *die Methode des Zweifelns und Infragestellens insbesondere auch auf den Bereich der obersten Ziele und der ihnen zugrunde liegenden Vorannahmen anzuwenden* (vgl. Beck 1993, S. 53, Geißler 1995b, S. 365):

Vor diesem Hintergrund wird hier die These vertreten, den *reflexiven Zweifel* als „risikogesellschaftliche Neufassung bzw. Aktualisierung „ des kategorischen Imperativs Kants aufzufassen, mit dessen Hilfe eine „volle" bzw. „ganze" Rationalität entwickelt werden kann. Diese Rationalität hat eine *Rationalität* bzw. *Vernunft* zu sein, die die bisherige - dem Primat einer *halbierten* Vernunft unterliegende - Zweckrationalität thematisiert und gleichzeitig radikalisiert, indem sie auch auf die Aufklärung der eigenen letztlichen Zwecke bezogen wird. Auf diese Weise bringt der reflexive Zweifel eine *Wertrationalität* hervor, deren Grundlage Demut, Dienst Bescheidenheit, Liebe, Vertrauen und Hoffnung sein können (vgl. u.a. Bretz 1988).

Demzufolge wirkt sich der „*reflexive Zweifel*" unmittelbar auf den Kern der Persönlichkeit und Identität einzelner Individuen sowie sich aus Menschen zusammensetzender Organisationen am hier naheliegenden Beispiel von Unternehmen aus.

Vor dem Hintergrund der sich hieraus im Sinne der Verständigungsorientierung ergebenden These, dass Organisationen gleich welcher Art und Zielsetzung[65] immer mehr als gesellschaftspolitische Akteure auftreten und andererseits jene Institutionen als *hochkomplexe sozio-ökonomisch-technische Systeme* ohne die *Interpretationsleistungen der Organisationsmitglieder* nicht zu denken sind, kann die von Beck als Lösungsvorschlag für Probleme der Moderne eingeführte Methode des *Reflexive(n) Zweifel*(s) auch als „Stachel" bzw. Auslöser für kritische Mündigkeit aufgefasst werden.

Kritische Mündigkeit, ermöglicht durch Prozesse reflexiven Zweifelns, lässt sich dadurch fördern, dass sich jeder einzelne mit den Bedingungen, der Umsetzung und den Konsequenzen seines Orientierens und Handelns auseinandersetzt und sich darüber Klarheit verschafft, innerhalb welcher Freiräume und Freiheitsgrade er entscheiden, handeln und verantworten kann bzw. muss und wo er Wirkungszusammenhängen unterliegt, die sein Entscheiden und Handeln beeinträchtigen und die er (zunächst einmal) nicht unmittelbar zu verantworten hat. Kritische Mündigkeit entfaltet sich folglich im Spannungsfeld zwischen persönlichen - zumindest implizit wahrgenommenen - Interessen im Kontext der Organisation und den Erfordernissen der organisationalen Leistungserstellung vor dem Hintergrund des (global-) gesellschaftlichen Anspruches nach einem „besseren Leben" bzw. einer „sinnhaften" Überlebenssicherung von Mensch und Natur.

Eine so verstandene kritische Mündigkeit, die auch mit dem Prädikat einer **reflexiven Eigenständigkeit** versehen werden kann, beinhaltet ein (selbst-) kritisches *In-sich-selbst-Hineingehen* und somit auch die Ausgestaltung einer Kraft, im organisationalen Kontext Innovations- und Wandlungsprozesse zu ermöglichen und ggf. auch mit damit verbundenen Widerständen umgehen zu können. Dementsprechend ist es dem reflexiv Eigenständigen aufgegeben, sich mit der Realität auseinander zusetzen, am Bestehenden zu „reiben" und auf diese Weise

---

[65] Es geht hier ausschließlich um Organisationen mit legalen Zielsetzungen. Zweifellos sind auch Verbrecherzusammenschlüsse Organisationen, die sich in ihren Zielsetzungen allerdings kaum um gesellschaftliche Legitimation oder *Gemeinwohlausrichtung* (s.u.) bemühen, wenn, dann allenfalls als „Nebenprodukt", um sich beispielsweise Loyalität oder „Rückzugsmöglichkeiten" vor den Strafverfolgungsbehörden zu sichern.

Vorstellungen von der Welt und Handlungsweisen in der Welt zu entwickeln und zu revidieren. In diesem - durch reflexives Zweifeln ausgelösten - Lern- und Entwicklungsprozess sind Irrtümer bzw. Fehler und Schwachstellen auch - im Gegensatz zum linearen Zweifel - nichts Schlechtes, sondern vielmehr als Chancen zur persönlichen und organisationalen Weiterentwicklung zu verstehen. Diese Interpretation der Gedanken Becks ist allerdings dahingehend zu nuancieren, dass natürlich angesichts der Gefahr irreversibler Fehler neben der Erkenntnis, diese als Weiterentwicklungschancen zu begreifen, eine *Strategie der Risikominimierung* verfolgt werden muss, worauf Ulrich Beck (s. u.a. Beck 1990, S. 13ff) ausdrücklich hinweist.

Dementsprechend gilt dann auch der damit einhergehende, einzukalkulierende Irrtum als *Lernimpuls*, vorausgesetzt der reflexiv Eigenständige ist willens und aufmerksam genug, die Hinweise aus seiner Umwelt wahrzunehmen und richtig zu deuten. Vor diesem Hintergrund geht reflexive Eigenständigkeit allerdings auch mit der möglichen Konsequenz einher, vor dem Hintergrund der o.a. Wandlungsprozesse und Risiken den *organisationalen Grundauftrag* und somit u.U. auch die Mitgliedschaft in jenen Organisationen *grundlegend hinterfragen zu müssen*.

2.2.3. Zusammenfassung

Die Diskussion der Ausführungen Becks zur Transformation westlicher Industriegesellschaften zu Risikogesellschaften und das von ihm als Problemlösevorschlag eingebrachte Prinzip des „reflexiven Zweifels" sollte deutlich machen, dass

- Kants Verständnis von *Vernunft als Ausdruck von Mündigkeit* nach wie vor seine Gültigkeit hat und insbesondere angesichts tiefgreifender - sich häufig durch Unvernunft in bezug auf die Auswirkungen menschlichen Entscheidens und Handelns auf Mensch und Natur auszeichnender - Wandlungsprozesse in Organisationen und Gesellschaft einer grundlegenden Renaissance bedarf, wobei der Mensch
- den Mut haben muss, sich zur *Selbstbefreiung aus selbstverschuldeter Unmündigkeit* (selbst-) kritisch seines Zweifels zu bedienen und dementsprechend u.U. einen Abschied von liebgewonnen, sich an dem Streben nach der objektiven Wahrheit ausrichtenden Orientierungsmustern zu nehmen, was
- mit der Konsequenz einhergeht, dass jeder Mensch im allgemeinen und die mit Führungsaufgaben beauftragte Person im besonderen ständig das eigene Entscheiden und Handeln im Kontext seiner Organisation und der globalen Gesellschaft (selbst-) kritisch reflektiert und dabei

- als Grundlage einer kritisch-mündigen Hinterfragung des organisationalen Grundauftrages und gesamtgesellschaftlicher Präferenzen ansieht, was hier als *reflexive Eigenständigkeit* bezeichnet worden ist.

Reflexive Eigenständigkeit als Ausdruck einer kritischen Mündigkeit kann allerdings nur dann zu einer *vernünftigen* Entfaltung kommen, wenn der Mensch als *soziales Wesen* erkennt, dass die oben beschriebenen Wandlungsprozesse *des Zusammenwirkens mit anderen bedürfen.*
Auf diese Weise wird notwendigerweise der *Mitmensch* mit seinen Problemsichten, Gefühlen, Ängsten und Erwartungen zur „Reflexionsinstanz", um hinterfragen zu können,

- ab *wann* das individuelle Recht auf selbstbestimmte Lebensgestaltung die Optionen für eine zukunftsfähige Welt beeinträchtigt
- und *wie* die Menschen als Subjekte des Entscheidens, Handelns und Gestaltens angesichts der o.a. Nebenfolgen ihrer Entscheidungen und deren Umsetzung für jetzige und noch nicht geborene Generationen Rede und Antwort stehen können.

Dieser Fragekanon lässt es naheliegend scheinen, dass der Aspekt einer reflexiven Eigenständigkeit um die Komponente der **Mitverantwortung** zu erweitern ist, obwohl es angesichts des gesellschaftlichen Wandel begleitenden Wertepluralismus immer schwieriger zu werden scheint, *sich über substantielle Normen und Werte zu verständigen, die eine allgemeine Geltung beanspruchen können und somit auch als Gütekriterium dienen können, sich selbst und sein eigenes (Management-) Handeln kritisch und mündig zu reflektieren.*

Angesichts dieser Problematik wird es als weiterführend erachtet, der Frage nachzugehen, ob es denn überhaupt hinsichtlich einer Thematisierung strittiger Normen und Werte Verfahrensnormen und -werte gibt bzw. geben kann, die dem *Anspruch auf Allgemeingültigkeit* gerecht werden könn(t)en.

Im folgenden gilt es daher, zu thematisieren, wie jeder Kommunikation kontrafaktisch bestimmte metakommunikative Ansprüche unterstellt werden können, damit Kommunikationsprozesse im Verständnis kritischer Mündigkeit und Mitverantwortung ermöglicht werden.
Hierzu bietet es sich an, die Vorschläge Karl-Otto Apels und Jürgen Habermas' zur Transzendentalpragmatik dahingehend zu untersuchen, ob sie hierfür eine Schrittmacherfunktion wahrnehmen.

2.3. Vernunft im Verständnis der Transzendentalpragmatik

Die Ausführungen zur Transformation moderner *Industrie*gesellschaften zu *Risiko*gesellschaften und die vor dem Hintergrund des reflexiven Zweifels vorgeschlagene Aufforderung, sich kritisch mündig bzw. reflexiv eigenständig mit sich und dem Kontext auseinander zusetzen, sollten verdeutlichen, dass eine derartige *Selbstbefreiung aus selbstverschuldeter Unmündigkeit* in immer stärkerem Maße *kommunikativer Befähigung und Bereitschaft* bedarf.

Hieraus lässt sich die These ableiten, dass die sich in den ausdifferenzierten industrie- bzw. risikogesellschaftlichen Subsystemen Politik, Recht, Wissenschaft und Wirtschaft darstellenden Konflikte unserer Zeit in zunehmendem Maße im gesamt- bzw. global-gesellschaftlichen Rahmen eine ethisch-politische Grundorientierung (vgl. Apel 1980) *erfordern, um Konsens bezüglich eines wünschenswerten Zustandes menschlichen Zusammenlebens ermöglichen und herstellen zu können, welcher dementsprechend als Maßstab für eine kritischmündige, mitverantwortliche und somit reflexiv-eigenständige Auseinandersetzung mit dem eigenen (Management-) Handeln in Organisationen wie bspw. Unternehmen dienen könnte.*

Dabei hat die die Gedanken Becks zumindest implizit wie ein „roter Faden" durchziehende Fragestellung, nämlich *wie denn* im Kontext von Prozessen „reflexiver Modernisierung" (Beck 1993, Beck/Giddens/Lash 1996) der *wünschenswerte Zustand* menschlichen Zusammenlebens bereits jetzt und künftig überhaupt definiert werden könnte, deutlich gemacht, dass es immer weniger möglich ist, in postmodernen und pluralistischen, sich zu Risikogesellschaften transformierenden Industriegesellschaften ein moralisches Werte- und Normensystem zu entwickeln, das eine *allgemeine Geltung* beanspruchen kann und dementsprechend im allgemeingültigen Sinne von allen nur noch zu entdecken und zu beherzigen ist[66].

Anders gewendet: *Die Suche nach Wahrheit* im Sinne von *richtig* oder *falsch* bzw. *gut* oder *böse* tritt *scheinbar* immer mehr zugunsten einer *Suche nach Problemlösungen* in den Hintergrund, welche eben *nicht* für alle Zeiten *wahr* oder *gut* sind, sondern in Abhängigkeit von den jeweils vorhandenen Problem-

---

[66]   Auf die Problematik derartiger Vorschläge und (Ethik-) Konzeptionen hat bereits Hans Albert (1969, S. 13) in dem von ihm bezeichneten *Münchhausen-Trilemma* hingewiesen, indem er die Auffassung vertrat, dass derartige Bestrebungen zu inakzeptablen Alternativen führen, die sich entweder in Form eines *infiniten Regresses*, in der Gestalt, auf immer höhere, argumentativ übergeordnete Normen zurückgreifen zu müssen, eines *logischen Zirkels* oder gar im *Abbruch der Begründung* durch apodiktische Setzungen oder Glaubensbekenntnisse darstellen (vgl. dazu auch Apel 1988).

stellungen sowie den gängigen Auffassungen eines Zeitalters mit dem Prädikat *richtig* bzw. *angemessen* versehen werden kann (vgl. Luhmann 1989).

Demgegenüber scheint es vor dem Hintergrund einer hier intendierten Höherentwicklung einzelner sozialer Zusammenschlüsse wie Organisationen und der Gesellschaft in die Richtung einer Entfaltung von mehr Humanität von zunehmender Bedeutung zu sein, *zu erkennen*, dass „der unbestreitbare *handlungslogische Eigensinn* von Recht, Politik, Wissenschaft und Wirtschaft (...) ja keineswegs die Relevanz moralischer Regeln (von vornherein, J.P.) aus(schließt)" (Kettner 1992, S.23).

Dies geht mit der Aufforderung einher, im organisationalen und gesamt- bzw. globalgesellschaftlichen Rahmen sicherzustellen, dass bezüglich der - nunmehr zunehmend *intersubjektiv* auszugestaltenden - Klärung, *wie* bzw. *anhand welcher Normen und Werte* sich menschliches Zusammenleben wünschenwert gestalten sollte, keine Einzelinteressen unberücksichtigt bleiben sowie aus nicht nachvollziehbaren, sprich: *unvernünftigen* Gründen, bevorzugt oder benachteiligt werden (dürfen).

Angesichts dieser Fragestellung, die letztendlich auf die Notwendigkeit verweist, mit Hilfe einer (Re-) Konstruktion von Kriterien eines *vernünftigen Redens und Handelns in Gestalt situations- und auch machtunabhängiger Regeln*[67] in Organisationen sowie im gesamt- bzw. globalgesellschaftlichen Rahmen *moralische Urteilsfähigkeit* (vgl. Lempert 1995, S. 346, auch Brewing 1995, S. 133) zu ermöglichen, lohnt es sich, auf die Vorschläge der von Karl-Otto Apel und Jürgen Habermas (Apel 1973, 1988, Habermas 1983, 1991) zur Diskussion gestellten auf der *Philosophie der Transzendentalpragmatik* basierenden, *Diskurs-* bzw. *Kommunikationsethik* zu verweisen.

2.3.1. Die Diskursethik: Ermöglichung moralischer Urteilsfähigkeit via kommunikativer Vernunft

Die Transzendentalpragmatik versteht sich zunächst einmal in der Tradition der oben diskutierten Transzendentalphilosophie Kants, deren wesentliche Ziele in Form einer verbindlichen Begründung der moralischen Maßstäbe menschlichen

---

[67] Würde nämlich ein Konsens durch den Einsatz von Macht (mitteln) erzwungen, ginge damit am Beispiel des Alltages in Organisationen jedweder Art die Gefahr einher, dass bei möglicherweise zukünftig verändernden Machtverschiebungen „erzwungene" Kompromisse aufgekündigt werden, wenn sie bei nunmehr geringerem Sanktionsdruck den eigenen Interessen zuwiderlaufen. Auf diese Weise könnte dann auch nicht von *reflexiver Eigenständigkeit*, sondern es müsste von „rücksichtsloser Eigensinnigkeit" gesprochen werden.

Handelns in einer normativen Ethik zum einen sie bewahren will (vgl. Habermas 1976, S. 264), sie aber gleichzeitig zu transformieren sucht.
Die Kritik, die Karl-Otto Apel und Jürgen Habermas - als prominenteste Vertreter der Transzendentalpragmatik - an den vorliegenden Ethiktheorien (am besonderen Beispiel der maximenethischen Vorschläge Kants) üben und die die Grundlage für den von ihnen angeregten Ergänzungsbedarf bildet, kapriziert sich auf die von ihnen interpretierte Vorannahme Kants, dass das Ethikproblem *monologisch* bzw. *bewusstseinsphilosophisch* zu lösen ist und sich dementsprechend der solipsistische Denker aufgefordert sieht, für sich alleine richtig zu denken und somit Erkenntnisse hinsichtlich moralischer Prinzipien oder gesellschaftlicher Normen zu gewinnen, die die Vernunft gebietet und die *jeder andere* auch erkennen kann, sobald er die *freie Entfaltung seiner Vernunft* ermöglicht.

Wie bereits oben im Rahmen der Diskussion Kants transzendental-philosophischer Ausführungen angedeutet wurde, vernachlässigt nämlich - so die Kritik der Transzendentalpragmatik - eine derartige solipsistische Argumentation die Tatsache, dass auch das Denken des einsamsten Denkers notwendigerweise *immer* einen Diskussionspartner voraussetzt, der die Aufgabe wahrzunehmen hat, *mit Hilfe kritischer Rückfragen die Qualität der Gedankenführung zu überprüfen.*

In bezug auf die Erkenntnisproblematik hat diese transzendentalpragmatische Vorannahme zur Folge, dass sich nunmehr alle mit Anspruch auf Wahrheit auftretenden theoretischen Beschreibungen und Erklärungen der Welt innerhalb einer Gemeinschaft von Forschern (bzw. Gelehrten im Kantischen Sinne) über das *Medium Sprache* argumentativ behaupten können müssen.

Als ermöglichende Bedingungen *vernünftiger Argumentation* werden dabei

- *erstens* die Befähigung, eine Sprache logisch, grammatisch und semantisch einwandfrei zu verwenden und
- *zweitens* die *unbegrenzte ideale Kommunikationsgemeinschaft*

angesehen (vgl. Apel 1984, 1988).

Während die erste Bedingung seitens der Sprachwissenschaft thematisiert wird[68], vollzieht sich in der zweiten Bedingung die verbindliche sprachliche Be-

---

[68]   Vor diesem Hintergrund lohnt es sich, auf die *Semiotik* zu verweisen, die sich als Lehre von den drei Beziehungen der Worte bzw. Sprache deuten lassen kann und sich aus *Syntax* (Beziehung der Worte zueinander), *Semantik* (Beziehung der Worte zu dem damit

gründung der moralischen Maßstäbe menschlichen Handelns vor dem Hintergrund der Annahme,

1. dass es im Rahmen einer intersubjektiven Bestimmung von Handlungsorientierungen und hinsichtlich eines argumentativ herbeigeführten Konsenses über normative Grundlagen notwendig ist, Lebensinteressen, Einstellungen und Deutungen diskursiv zu thematisieren und in Aushandlungsprozessen zu gemeinsam getragenen Auffassungen und Handlungszielen zu formieren (vgl. Behrmann 1997), wobei

2. in einer derartigen Auseinandersetzung *jeder* Kritiker, Relativist und Skeptiker im Vollzug seiner kritischen, relativistischen oder skeptischen Argumentation eine Reihe von Voraussetzungen statuiert, die die Grundlage dafür schaffen, dass er sinnvoll sprechen und sich verständigen kann.

Die ethische Konsequenz aus diesen transzendentalpragmatischen Überlegungen liegt im *normativen Anspruch*, eine handlungsentlastende Form der Kommunikation *via Sprache* (vgl. Habermas 1976, S.115) zu ermöglichen, da sich das Vernunftsubjekt nur durch *die Mitgliedschaft an einer Kommunikationsgemeinschaft* auf die Situation vorbereiten kann, mit verschiedensten realen Kontrahenten zwecks Überprüfung und Begründung von Behauptungen (Ist-Aussagen) oder Aufforderungen (Soll-Aussagen) diskutieren und bezüglich dessen, was konkret zur Lösung eines Konflikts getan werden soll, *verhandeln* zu können, um einen *universalen* (d.h. einen für alle vernünftig Argumentierenden gültigen) Konsens herbeizuführen.

Die hier angesprochene *Verhandlungssituation* verdeutlicht dann auch den ergänzenden Charakter der Transzendentalpragmatik zur Transzendentalphilosophie Kants konkret:

Statt den Mitmenschen eine durch individuelles Prüfen zustande gekommene - Norm als allgemeingültiges Sittengesetz „vorzuschreiben", fordert demgegenüber die Diskursethik, diese Maxime zwecks *diskursiver Prüfung* ihres Allgemeingültigkeitsanspruches *allen Betroffenen* vorzulegen. Dies setzt voraus, dass *jeder*, der sich ernsthaft mit der Frage auseinandersetzt, wie vernünftig gehandelt werden muss, *rational argumentiert* und sich - auch wenn gegenläufige Interessen verfolgt werden - um *Konsens* mit den Verhandlungspartnern *bemüht*. Aufgrund dieser normativen Ansprüche, die vernünftigerweise *immer* und *jedem* unterstellt werden müssen, obwohl im konkreten Einzelfall durchaus gegen sie praktisch verstoßen werden kann, verschiebt sich das Gewicht von dem, was *jeder* einzelne nach erfolgter *einsamer* Prüfung als *allgemeines Gesetz* wollen

---

Gemeinten) und *Pragmatik* (Beziehung zwischen dem Wort und den Menschen, die es anwenden) zusammensetzt.

kann, auf das, was *alle* nach erfolgtem *kollektiven Verständigungsprozess* als *universelle Norm* anerkennen wollen (vgl. Habermas 1983, S. 77).

Kurz: Menschliche Vernunft entfaltet sich - statt im Sinne Kants als Ausdruck der Selbstgesetzgebung des freien Willens - nunmehr in der Befähigung, an einem diskursiven Prüfprozess in einer *politisch freien Gemeinschaft (prinzipiell) aller Menschen* teilzunehmen, welche - im Idealfall - *alle* „Konflikte und Meinungsverschiedenheiten durch Verständigung und Konsensbildung lösen würde" (Apel 1984, S. 62f).

Hieraus lässt sich dann seitens der transzendentalpragmatischen Vorschläge begründen, gegenüber den bisherigen Ethikvorstellungen einen *Paradigmenwechsel* vorzunehmen und an die Stelle des *einen* Vernunftsubjekts in der Argumentation Kants in der Transzendentalpragmatik das *zweifache A priori der realen und idealen Kommunikationsgemeinschaft* treten zu lassen, wobei die „Interaktionsnormen einer *idealen Kommunikationsgemeinschaft*" (Apel 1988, S. 9) als *Orientierungslinie* dienen.

Vor diesem argumentativen Hintergrund scheint dann auch die Rekonstruktion von Diskursregeln das *zentrale Problem* der transzendentalpragmatischen Philosophie darzustellen[69].

Um diesbezüglich zu klären, *wer* im Kontext einer idealen Kommunikationsgemeinschaft *was* in die Diskussion hineingeben und aus ihr mitnehmen darf, schlägt Jürgen Habermas (1983, S. 99) vor, folgende *formale Verfahrensregeln* einzulösen: Es muss gewährleistet werden,

- dass sich die Argumentierenden der Argumentation in einem Diskurs öffnen, also den anderen anhören und antworten wollen,
- dass sie weder sich selbst noch andere belügen,
- dass sie begründete Argumente nicht ablehnen,

---

[69] Jürgen Habermas, dessen Arbeiten sich insbesondere mit der Fragestellung befassen, den Nachweis zu erbringen, dass die normativen Grundlagen gesellschaftlicher Prozesse in der *Sprache* liegen (vgl. u.a. Habermas 1981), unterscheidet abhängig davon, was inhaltlich zur Sprache kommen soll, drei Diskurstypen: Im *theoretischen Diskurs* werden naturwissenschaftliche und technische Fragen mit dem Anspruch auf Wahrheit thematisiert. Der *praktische Diskurs* verfolgt das Ziel, Normen und Werte mit Bezug auf das Kriterium der Legitimität bzw. Sittlichkeit diskutieren zu lassen. Schließlich orientiert sich der *ästhetische Diskurs* am Kriterium der Schönheit. Vor dem Hintergrund der hier angesprochenen Thematik, nämlich *wie* und *ob* die Diskursethik zur Ermöglichung eines *ethisch begründeten Managements* bzw. *einer ethisch begründeten Führung* einen Weg weisen kann, ist insbesondere der *praktische Diskurs* von Interesse.
    Hierbei wird des weiteren deutlich, dass sich Habermas in seiner Kategorisierung „theoretisch" bzw. „praktisch" an den Unterscheidungsmerkmalen Kants orientiert hat.

– dass sich die Diskurspartner als Personen, das heißt als zurechnungsfähige, gleichberechtigte und wahrheitsfähige Subjekte anerkennen,
– dass keinerlei Einschränkungen und Tabus hinsichtlich der behandelten Themen angenommen werden.

Um im Sinne einer „Prozedur der Willensbildung (...) Platz für die Betroffenen (zu machen), die in eigener Regie Antworten auf moralisch-ethische Fragen finden müssen, welche mit geschichtlicher Objektivität auf sie zukommen" (Habermas 1986, S. 32), ist es weiterhin erforderlich, dass sich jeder, der von einer Thematik betroffen ist, unabhängig von seiner (gesellschaftlichen und/oder organisationalen) Stellung/Machtposition, Herkunft etc. beteiligen und seine Erfahrungen und Sichtweisen argumentativ ungehindert vortragen kann.

Da der Diskurs als *formal-prozessuales Verfahren* zur *gemeinsamen Wahrheitssuche* nur aufgrund der Kraft von Argumenten sowie unter der Vorannahme der Wahrheits- und Zurechnungsfähigkeit, der darauf basierenden Gleichberechtigung der Argumentationspartner, ihrer gleichen Redechancen und der Abwesenheit von Zwang - außer dem „zwanglosen Zwang des besseren Arguments" (Habermas) - stattfindet, lässt sich begründen, dass *Wahrheit* als *Übereinstimmung in einer idealen Kommunikationsgemeinschaft* definiert werden kann, für die *Gerechtigkeit* und *Herrschaftsfreiheit* (vgl. Apel 1988, Habermas 1983, 1991) die allgemeingültigen, zustimmungspflichtigen Leitkriterien bilden.
Die damit verbundene Vorannahme, dass ohne den Doppelanspruch der *Herrschaftsfreiheit* und *Gleichberechtigung* nicht vernünftig argumentiert werden kann, birgt bezüglich der Mitgliedschaft in einer Kommunikationsgemeinschaft für jedes beteiligte Subjekt die Konsequenz in sich, dass es - auch wenn es für sich alleine denkt - dem Anspruch auf intersubjektive Gültigkeit Rechnung tragen und somit - in Anlehnung an einen *diskursethischen kategorischen Imperativ* - so handeln soll, als ob es Mitglied einer *idealen Kommunikationsgemeinschaft* wäre (vgl. Apel 1988, S. 10f, Habermas 1983, S. 77).

In Anlehnung an die oben skizzierte zweite Formel des kategorischen Imperativs - nämlich die Menschheit, sowohl in deiner Person, als in der Person eines jeden andern, jederzeit zugleich als Zweck, niemals bloß als Mittel zu gebrauchen - müssen *alle* gleiche Beteiligungsrechte haben und partizipiert *alle* Erkenntnis, sofern sie nicht nichtig ist, an der idealen Kommunikationsgemeinschaft, wobei die ideale Kommunikationsgemeinschaft allerdings nicht als *empirische Größe*, sondern als ein *regulatives Prinzip* zu verstehen ist.

Der regulative Charakter lässt sich dadurch begründen, dass alle bislang angesprochenen Normen, die die einzelnen Subjekte zu einem unstrategischen und rein argumentativ-kommunikativen Verhältnis zueinander auffordern, ein *kontrafaktisches, idealisiertes Kommunikationsverhältnis* unterstellen.

Da sich jeder Dialog jedoch in einer *realen* Kommunikationsgemeinschaft - nämlich in sich zu Risikogesellschaften transformierenden Industriegesellschaften und der damit verbundenen Ansprüche und Auswirkungen auf Individuen und Organisationen – vollzieht, geht es *sowohl* darum, die Kommunikationsgemeinschaft, die hier das „Subjekt" aller Erkenntnis- und Handlungsvollzüge ist, als Realität zu bewahren *als auch* auf die Verbesserung der Kommunikationsverhältnisse abzuzielen.

Die transzendentalpragmatische Diskursethik fordert vor diesem Hintergrund dementsprechend nicht nur zur oben angesprochenen Anwendung der Diskursregeln auf, sondern im gleichen Atemzug zu einer realistischen Analyse der realen Sprechsituation und somit auch zur Wahrnehmung, dass im globalgesellschaftlichen Kontext (und somit auch in dem von Organisationen) häufig aus strategischen bzw. mikropolitischen Gründen

- offene Auseinandersetzungen gemieden,
- Täuschungen versucht,
- bestimmte Menschen und deren Ansprüche ignoriert sowie
- gewisse Themen aus der Auseinandersetzung ausgeschlossen werden.

Da hierdurch bezüglich einer vernünftigen Konfliktlösung und des dahinter stehenden Überlebens der Gattung Mensch ein Widerspruch zu den eigentlichen Absichten und ethischen Grundeinstellungen offensichtlich wird, nimmt nunmehr die *ideale Kommunikationsgemeinschaft* die Aufgabe wahr, als in erster Linie *politisch* zu verstehende *kontrafaktische Leitidee* für die Argumentations- und Aushandlungsprozesse in der imperfekten *realen Kommunikationsgemeinschaft* zu dienen, was mit der Aufforderung einhergeht, sich zwecks vernünftiger Konfliktlösung und des dahinterstehenden Überlebens der Gattung Mensch nach besten Kräften um *Emanzipation* im Sinne einer schrittweisen *Realisierung idealer Sprechsituationen zu bemühen* (vgl Apel 1980, S.290f).

Anhand dieser Prämissen wird deutlich, dass sich im Verständnis der Transzendentalpragmatik *humane Vernunft* als *kommunikative Vernunft* darstellt, wobei menschliche Bedürfnisse als interpersonale Ansprüche enthalten sind, sofern sie gerechtfertigt werden können. Dementsprechend geht die Diskursethik weit über die Ethik des kategorischen Imperativs Kants hinaus (vgl. Apel 1992, S. 29), da sie nicht nur die *innere* Freiheit des Subjekts, die mit dem Wollen des anderen verträglich ist, fordert, sondern zugleich die *politische* Freiheit, das heißt „die Situation, in der über alle inhaltlichen Ansprüche aller Mitglieder in der Kommunikationsgemeinschaft ein Konsens herbeigeführt werden kann" (Apel 1980, S. 289).

Auf diese Weise wird anhand der Diskursethik ein Verfahren aufgezeigt, wie die neuzeitliche Erkenntnistheorie, die sich am besonderen Beispiel von Kants ma-

ximenethischem Verständnis durch die *Dyade* Erkenntnissubjekt-Erkenntnis-
objekt kennzeichnen lässt, mit Hilfe einer *sprachpragmatischen* Transformation
in eine *Erkenntnis-Triade* Erkenntnissubjekt - Erkenntnis-Kosubjekt - Erkenntnisobjekt erweitert werden kann.

Da sich im Sinne der transzendentalpragmatischen Vorschläge Denken immer
als *sprachliches Denken* darstellt - auch in dem Fall, wenn die Dialogpartner
und ihre Interessen nur im Denkprozess des einzelnen berücksichtigt werden -
und folglich Sprache das entscheidende Werkzeug für (wissenschaftliche) Er-
kenntnisprozesse anzusehen ist (vgl. Kuhlmann 1992, S. 22), lässt sich begründen, dass Sprache zu einem schlechthin „Letzten" erklärt wird.
Nur mittels Sprache - so die transzendentalpragmatische Vorannahme im Sinne
einer Reflexion der Bedingungen, die eine Argumentation überhaupt erst ermöglichen - können die Geltungsansprüche der Wahrheit, Verständlichkeit, Richtigkeit und Wahrhaftigkeit - und somit Vernünftigkeit - einfließen, welche jeglicher Verständigung und damit menschlichem Handeln , das sich in sozialen Interaktionen realisiert, als moralische Normen zugrunde liegen. Des weiteren lassen sich die den Verständigungsprozess umrahmenden unhinterfragten Kenntnisse und Hintergrundüberzeugungen, sprich: die *Lebenswelt* der Beteiligten am
konkreten Beispiel der Mitglieder von Organisationen im allgemeinen sowie der
mit Führungsaufgaben betrauten im besonderen, sprachlich artikulieren und in
bezug auf gemeinsame, definierte Handlungsziele zur Diskussion stellen.
Dementsprechend veranlasst die verfahrensethische Diskursethik das ernsthaft
fragende Subjekt zur *transzendentalen Selbstreflexion*, und zwar im Sinne einer
„Reflexion auf den Umstand, dass es sich auf das Argumentieren eingelassen hat
und damit notwendigerweise in Freiheit das ideale Verfahrensprinzip einer idealen Argumentationsgemeinschaft auch als normativ-ethisches Prinzip der kon-
sensual-kommunikativen Lösung aller Probleme anerkannt hat" (Apel 1988, S.
174).

Anders gewendet: Während das oben in der Fußnote angesprochenen Albertsche
Münchhausentrilemma darauf verweist, dass bei der praktischen Einlösung von
Begründungspflichten immer wieder neu die Möglichkeit besteht, weitere „Warum"-Fragen zu stellen und dementsprechend von einer unendlichen Begrün-
dungskette ausgegangen werden muss (vgl. Steinmann/Löhr 1997), lässt sich die
transzendentale bzw. *ideale Kommunikationsgemeinschaft* als *ethisch-
letztbegründete Instanz* auffassen, die bei jedem Argumentieren von allen Individuen vorausgesetzt wird und folglich nicht ohne Selbstwiderspruch zu leugnen
ist, da hinter die Norm der Konsensbedürftigkeit im Argumentieren nicht zu-
rückgegangen werden kann. Menschliche Kommunikation und Argumentation
setzen nämlich bereits gewisse Zugeständnisse voraus, die sich *ethisch* interpretieren lassen. Jedes logische Argumentieren, jeder Begründungsversuch und
damit auch jede wissenschaftliche Tätigkeit erfordert gewisse ethische Zuge-

ständnisse, so dass transzendentalpragmatische Ethik die *conditio sine qua* non
für das Gespräch, die Argumentation und somit wissenschaftliche Erkenntnis
bildet. Auf diese Weise verleiht die Diskursethik der pragmatischen Fähigkeit
aller, konsensfähige Lösungen zu finden, eine *transzendentale* Basis, zumal der
an die Kommunikationsgemeinschaft geknüpfte Forschungs- bzw. Normenüber-
prüfungsprozess den Charakter der Unabschließbarkeit erhält. Da auf diese Fähigkeit aus vernünftigen Gründen nicht verzichtet werden kann, handelt es sich
um eine „letzte", nicht weiter begründbare Geltungsgrundlage (vgl. Apel 1980,
S. 278).

Vor diesem Hintergrund ist allerdings mit Bezug auf Karl-Otto Apel zu betonen,
dass der Geltungsbereich einer Norm, die den Anspruch erhebt, nicht weiterge-
hend begründungspflichtig, sprich *letztbegründet* zu sein, mit dem Bereich bzw.
der Thematik identisch zu sein hat, auf den sich das Verfahren der Aufdeckung
jener Norm bezieht. Aus diesem Grunde ist es dann auch unzulässig, nach der
Aufdeckung jener Norm deren Geltungsbereich über die Grenzen des Referenz-
bereichs der Normfindung zu erweitern[70].

2.3.1.1. Zusammenfassung

Die bisherigen Ausführungen sollten verdeutlichen, dass die Diskursethik somit
ein zeitlich und situativ unabhängiges *formal-prozeduales Verfahren* darstellt,
das - prinzipiell auf jeder Argumentationsebene anwendbar - für die kritische
Prüfung erhobener Geltungsansprüche verwendet werden sowie Unparteilichkeit
der Urteilsbildung garantieren soll.

Dementsprechend geht es nicht um die *materiale*, sprich inhaltliche
Ausgestaltung eines „objektiven" Normenkataloges (vgl. Thielemann 1997), so
dass die strittigen Fragen *selber* nicht geklärt (vgl. Brewing 1995, S. 153) und
somit auch keine konkreten Anweisungen für das Problemlösehandeln von Organisationen gegeben werden (können).

Vor diesem Hintergrund weist die sich am Idealprinzip der *herrschaftsfreien* und
gerechten Kommunikationsgemeinschaft orientierende Diskursethik den Charakter einer *kognitivistischen, formalistischen* und *universalistischen* Ethik auf,
die am Verpflichtungscharakter ethischer Normsätze festhält:

---

[70] Hierunter ist vor dem Hintergrund der hier behandelten Gesamtthematik zu verstehen, dass
beispielsweise die aufgrund diskursiver Thematisierung der Umgangsregeln erfolgte Neugestaltung des Miteinanders in einer Organisation *nicht automatisch* auf andere übertragen
werden kann.

1. Der *kognitivistische* Aspekt wird dadurch betont, dass es sich bei der Diskursethik um eine Ethik mit *rationalem Begründungsanspruch* handelt, die auf die
   vernünftige Einsicht in die Verbindlichkeit „eines Prinzips des Guten als des
   Gesollten besteht und dieses nicht allein zur Sache einer bloß irrationalen
   Letztentscheidung macht. Sie setzt auf die Einsichtsfähigkeit der Vernunft-
   subjekte, wobei sie natürlich auf die willentliche Bekräftigung durch die Subjekte angewiesen ist. Diese kann sie nicht herbeiargumentieren oder gar her-
   beizwingen" (Brewing 1995, S.154).
2. Das *formalistische* und *universalistische* Element der Diskursethik lässt sich
   dadurch begründen, weil sie unter bewusster Ausschließung *konkreter* materialer Normen und Delegation der Aushandlungsprozesse an die Betroffenen
   Allgemeingültigkeit und *Universalität* des Prinzips glaubt, begründen zu können (vgl. Brewing ebd.).
3. Der *Pflichtcharakter* wird dadurch betont, dass sich die Ethik auf das Gute im
   Sinne des universell-letztbegründet *Gültigen* und *Gesollten* bezieht. Hierbei
   wird allerdings das Ziel des guten Lebens überhaupt nicht festgelegt, „weil sie
   „(...) - als kritisch-universalistische Ethik - das Glücks-Telos der einzelnen
   und das der Gemeinschaft nicht dogmatisch präjudizieren, sondern *freigeben*
   (will)" (Apel 1986, S. 5)

Der hier angesprochene Anspruch, *stets das Gute zu wollen und das Böse abzu-
lehnen*, birgt die Konsequenz in sich, dass sich jeder so *gesinnungsethisch* ver-
haltende Kommunikationspartner ganz auf dieses Wissen und Wollen stützt,
ganz gleich, ob die Handlung in pluralistischen Kontexten moderner Organisationen und Gesellschaften zum Erfolg führt oder nicht (vgl. Schöpf 1992, S. 94).
Die Diskursethik sieht vor ihrem *idealtypischen Hintergrund* folglich auch keine
Problematik darin, den im Zeitalter sich zu Risikogesellschaften transformierender Industriegesellschaften begleitenden Normen- und Wertepluralismus als
Normalfall zu akzeptieren, da sie die Kriterien vernünftigen Handelns und Argumentierens *kultur-* und *zeitunabhängig* versteht, die für *alle* vernünftigen Wesen *gleichermaßen gültig* sind. Aufgrund ihres formal-prozessualen Charakters
läuft sie dann auch *nicht* Gefahr, sich als ethisches Verfahren den vorherrschenden Bedingungen der Praxis in Organisationen jedweder Art sowie der Gesellschaft und der Selbstansprüche der durch Herrschaft und Selbstentfremdung
zumindest bedrohten Individuen auszuliefern,

- da ihnen die o.a. Normen der kontrafaktischen Selbstansprüche des praktischen Diskurses - nämlich Herrschaftsfreiheit und Gerechtigkeit - entgegen-
  gehalten werden, die
- als kontrafaktischer Anspruch immer schon menschliche Praxis hinterfragen
  und von jedem problemlos erkannt werden kann, der bereit ist, von seiner eigenen (kommunikationstheoretisch gefassten) Vernunft Gebrauch zu machen.

Reflexive Eigenständigkeit als *Ausdruck individueller Autonomie und Vernünftigkeit* wird - so lassen sich zunächst einmal die transzendentalpragmatischen Vorschläge im Sinne des vorgeschlagenen Paradigmenwechsels gegenüber den Gedanken Kants deuten - nunmehr dadurch erzielt und bewahrt, dass durch die Teilnahme an einer *universellen Kommunikations-* bzw. *Vernunfts*gemeinschaft das Handeln *jedes* sich dem Diskurs stellenden Individuums als *moralisch richtig* und dementsprechend auch als *kritisch mündig* und *mitverantwortlich* anerkannt werden kann.

Damit geht einher, dass sich in bezug auf den Alltag des *reflexiv eigenständig* auszugestaltenden Managementhandelns bspw. in Unternehmen die bisher dargelegten Vorschläge der Diskursethik weiterhin primär als *normativ-ethisch-verständigungsorientierten Anspruch* interpretieren lassen, bei Entscheidungs- und Handlungsprozessen bewusst auf den Einsatz von Macht (-Instrumentarien) zu verzichten und statt dessen bei der Entwicklung und Ausgestaltung organisationaler Problemlöseangebote bzw. -strategien die von jenen Entscheidungen Betroffenen ständig qua vernünftiger, sprich: herrschaftsfreier und gerechter Argumentation zu beteiligen.

Die Umsetzung der oben dargelegten Charaktistika *diskursiver*, sprich: *kommunikativer Vernunft* zur Ermöglichung eines *reflexiven Managementhandelns* im Kontext von Organisationen jedweder Art ginge dann auch mit der Aufforderung an die mit Führungsaufgaben betrauten Personen einher, sich am *Primat der vernünftigen Argumentation* zu orientieren. Konkret bedeutet dies für die Führungskräfte,

– bereit zu sein, *alle* (tatsächlich oder zumindest potentiell) Betroffenen von organisationalen Entscheidungs- und Handlungsprozessen bereits im Vorfeld zu beteiligen, um *alle* entscheidungs- und handlungsrelevanten Argumente zu hören, damit eine möglichst exakte Erkenntnis von der Wirklichkeit erreicht wird, was mit der Konsequenz einhergeht, zu erkennen, dass

– *wertrationale Entscheidungen* in Gestalt der exemplarischen Frage, *wie* das mit Managementaufgaben betraute Subjekt in Organisationen jedweder Art überhaupt sein Formalziel konkretisieren kann, *nicht länger* lediglich auf *jetzt schon* seitens diverser Managementmodelle zumindest offiziell angestrebter *Partizipation* aufbaut (s.u.), sondern vielmehr in die Richtung von

– *Basisdemokratie* tendiert.

Insbesondere der letzte Aspekt lässt deutlich werden, dass sich die Transzendentalpragmatik in ihren Vorschlägen insbesondere an (gesellschafts- bzw. staats-) *politischen Kontexten* orientiert, weshalb dann auch - die insbesondere seitens progressiver (gesellschafts-) politischer Kräfte häufig geforderte - Basisdemokratie als a priori zum *Maßstab* für ein *vernünftiges Miteinander* in der Gesellschaft, aber eben auch in Organisationen jedweder Art erklärt wird.

Eine derartige Argumentation scheint auf den ersten Blick zunächst einmal schon aus dem Grunde nachvollziehbar zu sein, weil vermutlich insbesondere im politischen Kontext „eine normativ gerechtfertigte langfristige Zielsetzung im Schaffen von Bedingungen, unter denen die Forderungen intra- und internationaler Gerechtigkeit, die Wahrnehmung von Mitverantwortung für Folgen kollektiver Aktivitäten (...) und die Rückgewinnung der Initiative gegenüber den sogenannten Sachzwängen der technischen Zivilisation" (Kettner 1992, S. 23) rational entfaltet und optimiert werden kann.

Dementsprechend scheint es aus bisheriger *idealtypischer* Sicht dann auch nur konsequent, geradezu *teleologisch* ausschließlich auf eine (gesellschafts-) politische Praxis abzuzielen, in der die normativen Bedingungen einer idealen Kommunikationsgemeinschaft - nämlich Herrschaftsfreiheit und Gerechtigkeit - erfüllt sind (vgl. Habermas 1983, S. 119).

Dieser Aspekt lässt sich dahingehend als (zumindest impliziter) Anspruch interpretieren, zunächst im gesellschafts-politischen Kontext zu ermöglichen, dass die o.a. *Diskursbedingungen zur Anwendung kommen*, um dann wiederum den gesellschafts-politischen Kontext „auffordern" zu können, diese Diskursbedingungen den *anderen gesellschaftlichen Subsystemen* - ungeachtet derer *speziellen Kontextbedingungen* und der daraus entstehenden *Folgen für deren Handlungsfähigkeit*- quasi „überzustülpen".[71]

Vor dem Hintergrund vorzuschlagender Prozesse zur Ermöglichung eines dialogischen Management bedarf es dementsprechend der Anmerkung, dass die primär gesellschafts- bzw. staatspolitisch ausgelegten diskursethischen Vorschläge offensichtlich nicht (genügend) berücksichtigen, dass sich *jede* Organisation - gemäß ihrem Grundauftrag - in bestimmten Kontexten behaupten muss.

Auf diese Problematik wird im Rahmen der Implementierungsdebatte noch näher einzugehen sein.

---

[71] Ein derartiges „Überstülpen" stünde dann auch in einem geradezu eklatanten Widerspruch zu den Absichten der Diskursethik, zumal hier „Übermächtigung" bzw. *Bevormundung* des gesellschafts-politischen Kontexts gegenüber den anderen droht.

2.3.2. Kritische Würdigung der diskursethischen Vorschläge - Zur Implementierungsproblematik

Die soeben erfolgte Auseinandersetzung mit der Diskursethik wurde vor dem Hintergrund der These vorgenommen, dass im Kontext von Organisationen wie bspw. Unternehmen in ständigen Wandlungsprozessen unterliegenden pluralistischen Gesellschaften *reflexiv eigenständiges Entscheiden und Handeln* von Menschen im allgemeinen und mit Führungsaufgaben betrauten im besonderen in zunehmendem Maße auf *moralische Urteilsfähigkeit* angewiesen ist, zumal es anscheinend *immer weniger möglich ist*, ein moralisches Werte- und Normensystem zu entwickeln, das eine *allgemeine Geltung* beanspruchen kann und dementsprechend im allgemeingültigen Sinne von allen nur noch zu entdecken und zu beherzigen ist (s.o., vgl. dazu auch Inglehart 1977, Noelle-Neumann/ Strümpel 1984).

Vor diesem Hintergrund scheint es auf den ersten Blick dann auch naheliegend, von der These auszugehen, dass die *vernünftige Argumentationsgemeinschaft* nur durch *reflexiv eigenständige Diskursteilnehmer* ermöglicht werden kann, welche zwar immer in einem *Spannungsfeld von persönlichen Interessen und Zielvorstellungen einerseits und organisationalen sowie (global-) gesellschaftlichen Präferenzen und Ängsten (bspw. vor Risiken und Nebenfolgen) andererseits stehen*, aber sich *ständig* - unter Zugrundelegung der o.a. Diskursregeln - um eine *ideale Kommunikation* bemühen.

Da sich moralische Urteilsfähigkeit - wie oben angedeutet - i.S. eines Ermöglichers kritischer Mündigkeit und Mitverantwortung bzw. reflexiver Eigenständigkeit als das Vermögen kennzeichnen lassen kann, für Interessen-, Normen- und Wertkonflikte Problemlösungen vorzuschlagen, die sich durch *allgemein* zustimmungswürdige Argumente begründen lassen, erfordert das Vorbringen derartiger Begründungen *sicherlich* eine Orientierung an universellen Prinzipien am Beispiel der Leitkategorien Herrschaftsfreiheit und Gerechtigkeit, *bedarf aber im gleichen Atemzug* auch der Berücksichtigung situativer Kontexte und individueller Eigenarten sowie der Einkalkulierung langfristiger Folgen des Entscheidens und Handelns (vgl. dazu auch Lempert 1997, S. 270). Gerade der letzte Aspekte offenbart einen *entscheidenden Schwachpunkt* der diskursethischen Betrachtungen: Es wird nämlich hinsichtlich der mit diesem Abschnitt einhergehenden Fragestellung, ob die Diskursethik als *Maßstab* bzw. *Leitkategorie* für eine reflexiv eigenständige Formulierung und Ausgestaltung von Managementhandeln im Kontext von Organisationen jedweder Art aufgefasst werden kann, zunächst geklärt werden müssen, *ob* bzw. *wie* denn *überhaupt* eine mittels diskursiver Verfahren gerechtfertigte Handlungsnorm in menschliche Praxis, sprich die *reale*, sich durch strategisches Handeln kennzeichnende, Kommunikationsgemeinschaft umgesetzt werden könnte.

Hinsichtlich dieser *Implementierungsproblematik*, die im diskursethischen Gesamtkonzept nicht etwa theoretisch nachgeordnet ist, sondern statt dessen ein *Kernproblem* ihrer Begründung ausmacht (s.o., vgl. Habermas 1991, S. 156), scheint es nämlich *äußerst problematisch* zu sein, die menschliche Lebensgemeinschaft ausschließlich als (politische) *Verstehens-* bzw. *Kommunikationsgemeinschaft* zu fassen (vgl. Apel 1976, S. 62) und nicht gleichermaßen als multikontextuale und arbeitsteilige - letztlich erst die Wahrnehmung von Managementfunktionen begründende und somit den Kontext für Prozesse dialogischen Managements darstellende - *Produktions- und Dienstleistungs- bzw. Wertschöpfungsgemeinschaft* (s.o.).

Vor dem Hintergrund der oben angesprochenen Absicht der Diskursethik, *humane Vernunft als kommunikative Vernunft* aufzufassen und dabei in Anlehnung an Jürgen Habermas mit Bezug auf die regulative Idee des theoretischen, praktischen und ästhetischen Diskurses zu beschreiben, berücksichtigt eine reine Konzentration auf den staats- bzw. gesellschaftspolitischen Kontext nämlich zu wenig, dass sich die Bedingungsmöglichkeiten des politischen Systems zunächst einmal *kategorial* vom unbestreitbar *handlungslogischen Eigensinn* anderer Kontexte (und deren *Sprach-* bzw. *Argumentationsspielen*) am Beispiel von Recht, Wissenschaft und Wirtschaft unterscheiden.

Angesichts der Fragestellung, *ob* und ggf. *wie* die Diskursethik einen Weg zur Ermöglichung und Ausgestaltung eines reflexiv eigenständigen Managementhandelns weisen kann, scheint eine *ausschließliche Ausrichtung* am politischen Kontext bei gleichzeitiger *Vernachlässigung* des jeweiligen - aufgrund besonderer Herausforderungen spezifische Problemlösungen erfordernden organisationalen - *realen*, sprich: durch den organisationalen Grundauftrag definierten Kontext als *verkürzt* und *utopisch* (vgl. Steinmann/Löhr 1997*)*, zumal sich bereits im politischen Kontext *ständig* die Implementierungsproblematik stellt (s.u.).

Vor dem Hintergrund der Absicht, ein reflexiv eigenständiges Managemententscheiden und -handeln mit Hilfe der Kriterien kritische Mündigkeit und Mitverantwortung zu entfalten, welches Menschen im allgemeinen und Führungskräfte im besonderen *nicht* aus der *Verantwortung* für *ihr Entscheiden und Handeln entlässt*, wird ein rein argumentatives Vorgehen *alleine* als *nicht ausreichend* eingeschätzt, sondern bedarf, um eine ethisch begründete Führung in und auch von Organisationen jedweder Art in ständigen Wandlungsprozessen unterliegenden Industriegesellschaften zu ermöglichen, einer die *Folgen* von (möglicherweise diskursiv zustande gekommenen und legitimierten) Entscheidungs- und Handlungsprozessen *hinterfragenden Ergänzung.*

Zwecks Begründung dieser These lohnt es sich, eine Querverbindung zu den Vorschlägen des Soziologen Max Weber herzustellen, der *in kontradiktorisch-idealtypischer Abgrenzung* zur *Gesinnungsethik* die *Verantwortungsethik* als einen ethischen Diskurs auffasst, bei dem der moralische Wert menschlichen Entscheidens und Handelns hinsichtlich der Qualität der Güterabwägung und der angemessenen Beachtung möglicher Folgen der den Zweck realisierenden Handlungen bemessen wird. Weber versuchte, mit Hilfe dieser Unterscheidung, die dem rationalen und zweckhaften Kalkül der *Verantwortungsethik* eine eindeutige Vorrangstellung zuwies, die Gesellschaft vor der *Unvernunft* gesinnungsethischen Entscheidens und Handelns zu bewahren (vgl. Weber 1958)[72]. Zur Illustration dieser Gedanken erschien Weber die *(staats-) politisch handelnde Persönlichkeit* ein besonders einleuchtendes Beispiel zu sein, welche sich kategorisch - um nämlich dem Übel gewaltsam widerstehen zu können, da sonst Verantwortung für die Überhandnahme des Übels zu übernehmen ist - von dem gesinnungsethischen *Heiligen* unterscheidet, *der in dem Bewusstsein agiert, Recht zu tun und den Erfolg Gott anheimzustellen* (vgl. Weber 1964).

Max Weber ging dabei in seinen Überlegungen von der Vorannahme aus, dass sich ein staatspolitisch Handelnder häufig in Situationen befindet, in denen er nicht wissen bzw. damit rechnen kann und darf, dass sich alter ego im gesinnungsethischen Sinne *vernünftig* verhält. Statt dessen sieht sich der (ebenfalls strategisch seine Ziele verfolgende) Politiker mit *strategisch operierenden* einzelnen Individuen, Gruppen, Organisationen, Staaten konfrontiert (vgl. Apel 1984, S. 630 ff.) und kann vor diesem Hintergrund auch nicht die Gewissheit haben, dass die Verhandlungspartner *authentisch* und *wahrhaftig* sind, wenn sie (offiziell) ihren guten Willen bekunden. Dementsprechend sieht sich jeder politisch handelnde Mensch dem Vorwurf der *Naivität* ausgesetzt, der von vornherein davon ausgeht, dass die andere Seite tatsächlich ausschließlich *verständigungsorientiert* handeln wird (vgl. Apel 1986, S. 15) und *muss* sowohl bei Verhandlungssituationen im gesamtgesellschaftlichen Kontext als auch in dem von Organisationen jedweder Art die Möglichkeit der Täuschung und Überlistung im Sinne eines *verdeckt strategischen Handelns* einkalkulieren[73]. Für einen sich dieser Problematik bewusst stellenden Menschen hat dies zur Folge, erkennen

---

[72]   Dementsprechend obliegt es dem *Verantwortungsdiskurs*, zu begründen, weshalb der entscheidende und handelnde Mensch gegenüber Dritten eine moralische Pflicht zur Selbstverpflichtung und Rechenschaft hat (vgl. dazu auch u.a. Picht 1969, Höffe 1992).

[73]   Auf diesen Aspekt wird im nächsten Hauptabschnitt, in dem u.a. die Problematik der *Unternehmensethik* behandelt wird, noch näher eingegangen: So kann es sein, dass im Kontext sich zu Risikogesellschaften transformierender Industriegesellschaften eine (zumindest ansatzweise) offizielle Überprüfung bisheriger organisationaler Präferenzen erforderlich ist, um für den - wie auch immer in Anlehnung an den organisationalen Grundauftrag definierten - *Markt* weiterhin akzeptabel zu sein, was unmittelbar auf die *Legitimationsproblematik* organisationalen Entscheidens und Handelns verweist (vgl. P. Ulrich 1977, 1986, 1995, Kirsch 1990, des weiteren zur Unterscheidung zwischen *veröffentlichten* Meinungen und der *tatsächlichen* Handlungsgrundlage von Organisationen siehe Argyris/Schön 1978).

zu müssen, dass sich *auch* der (jeweils) andere - weil er sich *nämlich ebenfalls strategisch verhält* - Ziele setzt (und jene verfolgt)[74]. Da somit - gemäß Weber - a priori zunächst einmal *keine gemeinsame Willensbildung* im Rahmen einer Verhandlungssituation strategisch operierender Individuen unterstellt werden kann, muss seitens des Verantwortungsethikers „mit eben jenen durchschnittlichen Defekten der Menschen" gerechnet werden, so dass der Verantwortungsethiker gar kein Recht hat, „Güte und Vollkommenheit (von alter ego, J.P.) vorauszusetzen (...)" (Weber 1964, S.58).

Angesichts dieser Problematik kann dann auch nur derjenige, der „sicher ist, dass er daran nicht zerbricht, wenn die Welt, von seinem Standpunkt aus gesehen, zu dumm oder zu gemein ist für das, was er ihr bieten will" (Weber 1964, S. 67) als ein - zur Politik berufenes politisches - Subjekt bezeichnet werden, das nicht einfach *hohen Geboten* bzw. *Maximen* folgt, sondern vielmehr in erster Linie auf die voraussehbaren Folgen der Handlungen zu achten und für sie aufzukommen vermag.

Auch wenn sich Max Weber in seinen Vorschlägen auf die staatspolitisch handelnde Persönlichkeit konzentriert hat, wird hier angesichts des Vorhabens, dialogisches Management als ein reflexives Führungsmodell vorzuschlagen und zu entfalten, die Auffassung vertreten, dass sich Webers Überlegungen grundsätzlich auch auf mit Managementfunktionen betraute Personen in Organisationen jedweder Art im Kontext sich zu Risikogesellschaften transformierender Industriegesellschaften übertragen lassen können, zumal *letztlich jedes* kommunikative Handeln und somit auch das in Organisationen jedweder Art zunächst einmal als ein *politisches Handeln* - allerdings im Rahmen der jeweiligen Kontextbedingungen - zu charakterisieren ist (vgl. dazu ursprünglich Easton 1965, auch Küpper/Ortmann 1992, Petersen 1995).

Vor dem Hintergrund der Fragestellung, *wie* die ideale Kommunikationsgemeinschaft *denn* im Kontext postmoderner, sich zu Risikogesellschaften transformierender Industriegesellschaften realisiert werden kann - von den Autoren kurz als *Implementierungsproblematik* bezeichnet - und auf das *Spannungsfeld* zwischen realer und idealer Kommunikationsgemeinschaft verweist, bot es sich für Karl-Otto Apel an, die von Max Weber vorgenommene Abgrenzung der Verantwortungsethik von der Gesinnungsethik zum Anlass zu nehmen, eine *Überprüfung* bzw. *Ergänzung* des auch ihm (vgl. Apel 1992, S. 29ff) primär als gesinnungsethisch eingeschätzten diskursethischen Verständnisses vorzunehmen.

---

[74] Konkret könnte sich ein strategisches Verhalten darin äußern, dass beispielsweise ein *Interesse* für eine bestimmte Thematik oder gar *Mitgefühl* bei Problemsituationen lediglich *vorgespielt* oder gar *geheuchelt* werden, weil es entweder opportun erscheint oder aber der Interesse bzw. Mitgefühl erwartende Dialogpartner zumindest momentan die Machtposition innehat, jenes auch vom sich strategisch Verhaltenden einfordern zu können, da sonst mit Sanktionen gerechnet werden müsste (s.o.).

2.3.2.1. Zur Begründung des „Ergänzungsprinzips" durch Karl-Otto Apel

Bereits oben wurde darauf hingewiesen, dass auch die Vertreter der transzendentalpragmatischen Verfahrensethik eingestehen, dass die Annäherung an die *ideale* Kommunikationsgemeinschaft unter den *stets* restriktiven Bedingungen der *realen* Argumentationsgemeinschaft, in denen praktische Diskurse (noch) nicht möglich sind - am besonderen Beispiel des Alltages in Organisationen gleich welcher Zielsetzung - *niemals uneingeschränkt gelingen* könne, sondern bestenfalls immer nur annäherungsweise (vgl. Apel 1988, S. 298).

Darüber hinaus sollte die hier geübte Kritik hinsichtlich einer ausschließlichen Konzentration auf den (gesellschafts-) politischen Kontext unterstreichen, dass die Diskursethik aufgrund einer damit verbundenen Vernachlässigung der Zielvorstellungen anderer Subsysteme am besonderen Beispiel der o.a. Erfolgsorientierung im Management von Unternehmen der Gefahr unterliegt, „ins Leere zu laufen", sprich : sich in ein argumentativ verursachtes Dilemma zu begeben, nämlich

– *einerseits* den *Universalisierungsanspruch* jeder Geltung beanspruchenden Norm nicht aufgeben zu dürfen, um zu verhindern, dass einzelne (Kontext-) Interessen unberechtigterweise bevorzugt, benachteiligt oder vernachlässigt werden,

– *andererseits* jedoch eingestehen zu müssen, dass in der multikontextualen postmodernen Praxis diesem idealtypischen Anspruch *nicht* entsprochen werden kann, wodurch aufgrund der Dynamik und des handlungslogischen Eigensinns der Kontexte die *Allgemeingültigkeit* dieses Verfahrens zur „Farce" zu werden droht[75].

Vor dem Hintergrund der damit einhergehenden, immer deutlicher werdenden *Implementierungsproblematik* hat sich in zunehmendem Maße Karl-Otto Apel veranlasst gesehen, ohne dabei allerdings das Konzept der Diskursethik *vollkommen* zu verwerfen (vgl. Apel 1980, 1992), die auch seiner Auffassung nach wenig überzeugende idealistische Vorannahme *zu hinterfragen*, dass das in ethischer Reflexion gewonnene Wissen, was hinsichtlich des Anspruches der Ver-

---

[75] Aufgrund der zunehmenden organisationalen und gesamt-. bzw. globalgesellschaftlichen Komplexität erscheint es nämlich *einerseits* immer wahrscheinlicher, dass letztlich die gesamte Menschheit von den Folgen und Nebenwirkungen einer allgemeinen Befolgung der strittigen Norm tangiert wird, was *andererseits* gleichzeitig - aufgrund dieses immer unübersichtlicher werdenden Adressatenkreises - mit der Gefahr einhergeht, dass das, was moralisch verlangt wird, durch die Praxis *ständig unterlaufen wird* oder - hinsichtlich bestimmter Kontextbedingungen - u.U. *gar werden muss*.
Hieraus ergibt sich angesichts der damit einhergehenden These, dass sich soziale Systeme sowie die sie umgebenden Kontexte zu verselbstständigen drohen, dann auch die Frage, *wie* Organisationen denn überhaupt „ethikfähiger" werden können.

allgemeinerungsfähigkeit in bestimmten Situationen *getan* oder besser *nicht getan* werden soll(te), bereits *allein* eine hinreichende Orientierung für das moralische Handeln in konkreten Situationen geben könne.

Angesichts des abstraktionsbedingten Defizits einer rein sollensorientierten bzw. *deontischen Ethik*, die die „Zumutbarkeit der Befolgung des Idealprinzips (...)" noch nicht als Problem reflektiert und die Realisierung der Zumutbarkeitsbedingungen noch nicht selber als moralisch aufgegebenes Ziel menschlicher Bemühungen" (Apel 1988, S. 300) scheint es Apel statt dessen anschlussfähiger, sich vom „gesinnungsethischen Rigorismus" zu verabschieden und unter Zuhilfenahme von *Verantwortungsdiskursen* die Diskursethik im Sinne einer *zweistufigen Konzeption* zu entfalten.

Die Durchführung von Diskursen zur *Legitimation moralischer Normen* - Apel bezeichnet dies als *Teil A* der Diskursethik, Habermas spricht von *Begründungsdiskursen* - wird von Apel als „formal-prozeduales Prinzip der argumentativen Konsensbildung" bzw. „*Idealprinzip*" aufgefasst, das zwar weiterhin als regulative Idee *unbedingte Geltung* beanspruchen und somit philosophisch (letzt-) begründet werden kann (vgl. Apel 1988, S.271), aber im gleichen Atemzug mit Hilfe eines „*Ergänzungsprinzips*" - von Apel als *Teil B* tituliert - zu vervollständigen ist.

Teil B widmet sich angesichts der *Implementierungsproblematik* dabei zunächst einmal der Fragestellung, dass der idealtypisch-gesinnungsethische Anspruch auf die Entfaltung humaner Vernunft durch vernünftige Argumentation dort an „natürliche Grenzen" stößt, wo sich kommunikative Verständigungsprozesse aus gewissen Gründen nicht ermöglichen lassen. Zu denken ist hier beispielsweise an Entscheidungen und Handlungen, die das Schicksal künftiger Generationen oder auch das der natürlichen Umwelt unmittelbar berühren, welche „aus natürlichen Gründen" noch nicht als Diskursteilnehmer zur Verfügung stehen können und somit durch die jetzt Verhandelnden allenfalls *stellvertretend* bzw. *advokatorisch* anzusprechen sind. Dementsprechend *kann* bzw. *darf* der Konsens der am Diskurs Beteiligten *niemals* mit dem Konsens *aller* Betroffenen gleichgesetzt werden (vgl. Apel 1988, S. 271).

Das zweite Argument für eine - um eine verantwortungsethische Komponente zu erweiternde - *Zwei-Stufen-Konzeption* der Diskursethik liegt darin begründet, „dass eine Diskursethik als Verantwortungsethik (...) die deontische *Sollensgewissheit*, die mit moralischen Normen verknüpft ist, nicht mehr (...) von dem *theoretischen Wissen* der Menschen abkoppeln kann - insbesondere nicht von dem Wissen um Folgen und Nebenfolgen der Handlungen und der regelmäßigen Befolgung von Handlungsnormen" (Apel ebd.).

Auf diese Weise stellt sich Apel - ohne sich explizit auf die Vorschläge Ulrich Becks zur Risikogesellschaft und dem reflexiven Zweifel zu beziehen - der damit einhergehenden Problematik, dass kontextrelevante Motive - am oben angeführten Beispiel des primär ökonomischen Gesetzmäßigkeiten unterliegenden Marktes für Unternehmen - seitens der Diskursethik zu berücksichtigen sind, wenn beispielsweise die (global-) gesellschaftlichen Auswirkungen ökonomischen Entscheidens und Handelns hinterfragt werden. Des weiteren verweist Apel geradezu *selbstkritisch* darauf, dass die hier angesprochenen *realen* Interaktionssituationen *eben nicht nur* (gesellschafts-) politische sind, „sondern strukturell *alle* Situationen, in denen der *argumentative Diskurs* mehr oder weniger eindeutig durch Verhandlungen (die Angebote und Drohungen enthalten) ersetzt werden (müssen) - und auch alle Situationen, in denen das *Überzeugenwollen* der *verständigungsorientierten* Kommunikation durch das *Überredenwollen* der *verdeckt strategischen* Kommunikation ersetzt wird" (Apel 1988, S. 298, kursiv d. K.-O. Apel), zu berücksichtigen sind.

Für mit Führungsaufgaben betraute Personen in den unterschiedlichsten Kontexten hat dies zur Folge - da sie zunächst einmal die bestehenden Verhältnisse einer *realen*, sprich: *nicht herrschaftsfreien* und somit als *ungerecht und somit unvernünftig* zu bezeichnenden Kommunikationsgemeinschaft voraussetzen müssen -, dass sie „(noch) nicht die monologisch und quasi-utilitaristisch orientierte Verantwortlichkeit durch die dialogische Mitverantwortung im Sinne der Diskursrationalität ersetzen (können)" (Apel ebd.).

Um allerdings nicht der Gefahr zu erliegen, dass der diskursethische Primat der *Gerechtigkeit* und *Herrschaftsfreiheit* verwässert bzw. vollständig als „eingestandene Utopie" den Bedingungen einer realen Kommunikationssituation „geopfert" wird, verbleibt Apel bei der Forderung, dass das Ergänzungsprinzip auch *weiterhin* die vernünftige Argumentationsgemeinschaft als *höchstes Ziel allen langfristigen Handelns* zu betrachten hat.

Dementsprechend baut die Diskursethik auch in ihrer verantwortungsethischen Ergänzung auf dem *dialogischen Primat* auf, so dass die unbegrenzte Kommunikationsgemeinschaft die regulative Idee für das Ergänzungsprinzip darstellt (vgl. Apel 1984, S. 632ff; 1988, S. 271f).

Weiterhin lässt sich die hier vorgestellte zweistufige Konzeption Apels dahingehend deuten, dass das Ergänzungsprinzip gegenüber dem Idealprinzip letztlich doch eine *nachgeordnete* Funktion einnimmt. Es hat nämlich erster Linie die Aufgabe wahrzunehmen, den in Teil A mit Hilfe *des Sprachspiels eines vernünftigen Argumentierens* konsentierten Normen unter den konfliktträchtigen Bedingungen multikontextualer und (meinungs-) pluralistischer Industriegesellschaften zur Geltung zu verhelfen.

Folglich verbleibt auch die zweistufige Diskursethik Apels - trotz der *prinzipiell* konzeptionellen Berücksichtigung der Gegebenheiten moderner, sich zu Risiko-gesellschaften transformierender Industriegesellschaften - auf der Ebene rein *kommunikationstheoretischer* bzw. *sprachpragmatischer Entfaltung* und ver-nachlässigt *nach wie vor* eine explizite *lerntheoretische* Thematisierung von Wandlungsprozessen in Organisationen jedweder Art und der Gesellschaft.

Insbesondere dieser Aspekt soll als Anlass für eine kritische Hinterfragung der Diskursethik aus pädagogischer Sicht dienen, welche dann als Übergang zu den Überlegungen Harald Geißlers und den darauf basierenden Management-sinnmodellen zu verwenden sind.

2.3.2.2. Kritische Würdigung der diskursethischen Vorschläge aus (erwach-senen-) pädagogischer Sicht

Der Versuch, Prozesse dialogischen Managements insbesondere in Unterneh-men vorschlagen, begründen und ermöglichen zu können, basiert auf der Voran-nahme, dass das Fragwürdigwerden der gängigen gesellschaftlichen Normen im allgemeinen sowie des bisherigen Managemententscheidens und -handelns im besonderem in zunehmendem Maße eine Suche nach Rechtfertigung der bishe-rigen oder Begründung neuer sittlicher Normen auslöst bzw. auslösen muss. Dies hat ja auch aus betriebswirtschaftlicher Sicht zur Infragestellung eines rein erfolgsorientierten Managementverständnisses und –handelns geführt (s. insbe-sondere Ulrich 1986, Steinmann/Löhr 1997, Scherer 2000)
Vor diesem Hintergrund wurden die transzendentalpragmatischen Ansätze als *grundlegende Veränderung* des bisherigen - auch die Pädagogik entscheidend mitprägenden - bewusstseinsphilosophischen Verständnisses (Kants) einge-schätzt.

Um nunmehr - angesichts des Vorhabens, ein dialogisches Management mit Hil-fe der hier als erziehungswissenschaftlich charakterisierten *Leit-* und *Prüfkate-gorien* **kritische Mündigkeit** und **Mitverantwortung** bzw. **reflexive Eigen-ständigkeit** *umfassend* entfalten und auch auf soziale Zusammenschlüsse über-tragen zu können - zu untersuchen, inwiefern die Diskursethik *bereits jetzt* den Vorstellungen von reflexiver Eigenständigkeit entgegenkommen und somit die Basis für ein reflexives Führungsmodell bilden kann, liegt es nahe, die diskurs-ethischen Vorschläge mit Hilfe pädagogischer Fragestellungen zu beleuchten.

Hierbei ist es auch aus pädagogischer Sicht zunächst einmal von besonderem Interesse, dass seitens der Transzendentalpragmatik ein Verfahren angeboten wird, bei dem Ethik nicht ausschließlich mit Bezug auf *moralische Inhalte*, die *jenseits* desjenigen liegen, der sich jene Aufgabe stellt, begründet wird, sondern statt dessen mit Bezug auf *Verfahrensnormen*, die *jeder*, der vernünftig sein und dementsprechend argumentieren will, ganz gleich, welchen alltäglichen Zwängen er unterliegt, *bereits jetzt* durch ihre Anwendung *als gültig anerkennt*. Auf diese Weise sieht sich *jeder einzelne* aufgefordert, gemäß dem *diskursethischen kategorischen Imperativ* - nämlich so zu handeln, als ob man Mitglied einer idealen Kommunikationsgemeinschaft wäre – auch als Unternehmensangehöriger seinen Beitrag zu einer vernünftigen Argumentation zu liefern.

Aus pädagogischer Sicht scheint die Diskursethik dann auch hinsichtlich ihres - anhand der Leitkriterien *Herrschaftsfreiheit* und *Gerechtigkeit* explizierten - *Emanzipationsanspruches* zunächst einmal *uneingeschränkt* anschlussfähig zu sein, da pädagogisches Handeln traditionell *stets* darauf konzentriert war bzw. zu sein hat(te), Lehr-Lern-Arrangements zu ermöglichen und auszugestalten, die zur Entfaltung humaner Vernunft in *Freiheit* und *Selbstbestimmung* beitragen. Vor diesem Hintergrund kann es dann auch nicht als zufällig erachtet werden, dass - inspiriert durch die diskursethischen Überlegungen und auch die Kritik deren Vertreter am Wertfreiheitspostulat des Kritischen Rationalismus (s.o.) - insbesondere in den 1960er und 1970er Jahren die *kritisch-emanzipatorische Pädagogik* durch ihre *ideologiekritische* Fragestellung auf die *Verflochtenheit* und Bestimmtheit pädagogischen Denkens und Handelns mit den jeweils vorherrschenden gesellschaftspolitischen und ökonomischen Verhältnissen und daraus sich ergebenden Abhängigkeiten und Zwängen hingewiesen hat (vgl. u.a. Blankertz 1969, Klafki 1976). Im Rahmen der kritisch-emanzipatorischen Argumentation standen zwar ebenso wie im traditionellen pädagogischen Verständnis *Freiheit* und *Selbstbestimmung* des Menschen - kurz *Emanzipation* - im Mittelpunkt, wobei allerdings immer mehr die Notwendigkeit gesehen wurde, darauf hinzuweisen, dass die - seit den durch die Ansätze Kants beeinflussten Vorschlägen Humboldts gültige - traditionelle *Trennung* pädagogischer und gesellschaftspolitischer Fragestellungen zur *Ideologie*, sprich: zum „falschen Bewusstsein" führen müsse, da bis dato seitens der pädagogischen „Mainstreams" die *wechselseitige Verschränktheit* individueller und gesellschaftlicher Emanzipation *nicht* bzw. *nicht genügend* thematisiert worden ist.

Trotz dieser feststellbaren weitreichenden Einflussnahme der transzendental-pragmatischen Argumentationslinien auf neuere pädagogische Denktraditionen wird es angesichts des Vorhabens, ein ethisch begründetes Führungsmodell mit Hilfe der o.a. pädagogischen Fragestellungen ermöglichen und entfalten zu können, allerdings als *höchst problematisch* eingeschätzt, dass die Diskursethik scheinbar *völlig* die Kontextbedingungen einer produktions- und dienstleistungsorientierten - sich zur Risikogesellschaft transformierenden - Industriegesellschaft ignoriert und nahezu *ausschließlich* auf die *vernünftige Verstehensgemeinschaft* zwecks Ermöglichung gesamtgesellschaftlichen *moralischen Fortschritts* rekurriert. Da sich die pädagogische Praxis mit der Thematik auseinander zusetzen hat, dass menschliches Denken und Handeln neben der - seitens der Diskursethik thematisierten - (gesellschafts-) *politischen Praxis* weitere Einzelpraxen mit ihrem handlungslogischen Eigensinn ausgestaltet, welche sich zwar gegenseitig *im Sinne komplexer Wirkungszusammenhänge* beeinflussen, aber dennoch in einem *nicht-hierarchischen* Verhältnis zueinander stehen (vgl. Benner 1987, S. 34), scheint es vor diesem Argumentationshintergrund nicht ausreichend zu sein, dass die Diskursethik auch in ihrer durch Apel vorgenommenen und mit Teil B titulierten Reformulierung ausschließlich auf eine reine *Legitimationsfunktion* verweist und dabei die *möglichen Folgen* von Normenüberprüfungsverfahren im Rahmen der jeweiligen Kontexte vernachlässigt. Statt dessen kommt der Pädagogik, die sich vor dem Hintergrund der Kontextvielfalt moderner Industriegesellschaften in verschiedene spezielle Disziplinen *diversifiziert* hat, neben der Ermöglichung *moralischen Fortschritts* im *gleichen Maße* qua *Ermöglichung und Mitgestaltung von Lern- und Qualifizierungsprozessen* (vgl. u.a. Faulstich 1986, S. 112, Geißler 1997, Arnold/Harth 1998) das Aufgabenfeld einer *Optimierungsfunktion*, sprich: der Ermöglichung und Förderung *sozialtechnologischen Fortschritts* zu, da nur die Einschließung *beider* Fortschrittsaspekte den Menschen in die Lage versetzen können, in ihren vielfältigen Handlungsfeldern Strategien und Maßnahmen zu entwickeln und umzusetzen, die ihren eigenen sowie einen gesamtgesellschaftlichen Fortschritt umfassend ermöglichen und gleichermaßen hinterfragen (können).

1. Die Diskursethik rekurriert vor ihrem soziologisch-philosophischen Hintergrund in erster Linie auf *soziale* (Kommunikationssysteme) und vernachlässigt das *Individuum* (als traditionell pädagogisches Betrachtungsfeld) mit seinen Ängsten, Erwartungen und Absichten, welches sich ständig aufgefordert sieht, selbstinitiiert sein Steuerungspotential im Umgang mit sich und dem kulturell bedingten Kontext zu erhöhen, sprich: zu **lernen** (vgl. Petersen 1997, S. 46).
2. Die Diskursethik beschränkt sich dementsprechend dann auch darauf, ein *formal-prozedurales* Verfahren zu fordern, um unabhängig von *inhaltlichen Normen* ein vernünftiges Argumentieren sicherzustellen. Die damit einhergehende *bewusste Trennung* zwischen dem angesprochenen Normenüberprüfungsverfahren und den inhaltlichen Normen, sprich: *dem zu Diskutierenden*, scheint zumindest im Kontext der die menschliche Imperfektheit (vgl. Benner 1991) charakterisierenden, *realen Sprechsituationen* wenig wahrscheinlich zu sein. Es liegt aus pädagogischer Sicht statt dessen näher, von einer wechselseitigen Durchdringung bzw. Verzahnung *materialer* und *formaler* Aspekte auszugehen[76], worauf Apel und Habermas zumindest explizit *bewusst* verzichten.

---

76   Zwecks Begründung dieser These aus pädagogischer Sicht lohnt es sich, auf die Vorschläge Wolfgang Klafkis hinzuweisen, der den Versuch unternommen hat, in seinem

Anhand dieser Kritikpunkte wird die These zur Diskussion gestellt, dass *zweifellos* die Transzendentalpragmatik anhand ihrer Kriterien Herrschaftsfreiheit und Gerechtigkeit bzw. Mitverantwortung (vgl. Apel 1992, S.29ff) der Pädagogik und somit auch dem Vorhaben, mit Hilfe pädagogischer Fragestellungen ein reflexives Führungsmodell entfalten zu können, einen wichtigen Impuls bei der Ermöglichung einer hierfür notwendigen reflexiven Eigenständigkeit geben kann, zumal seitens der Diskursethik auf die wechselseitige Verschränktheit individueller und gesellschaftlicher Emanzipation hingewiesen wird, die in dem auf bewusstseinsphilosophischer Begründung aufbauenden pädagogischen Verständnis früherer Epochen vernachlässigt worden ist.

Vor dem Hintergrund der Absicht pädagogischen Denkens und Handelns, nämlich im Dialog mit der Gesellschaft und ihren ebenfalls mit handlungslogischem Eigensinn versehenen Subsystemen die Normen gesellschaftlichen Fortschritts und in diesem Zusammenhang auch die pädagogische Leitkategorie „Bildung" identifizieren und mit Bezug auf sie -qua Qualifizierungsprozessen - diejenigen Optimierungsstrategien und -maßnahmen ermöglichen zu können, die individuellen und gesamtgesellschaftlichen Fortschritt in Gestalt von Freiheit, Selbstbestimmung und Humanität *fördern* und gleichzeitig *einfordern*, wird allerdings eine rein sprachpragmatische Entfaltung als nicht ausreichend eingeschätzt, sondern lässt statt dessen eine *lern- und bildungstheoretische* Ergänzung dringlich scheinen.

Anlässlich dieser Kritik bedarf es des Hinweises, dass nämlich interessanterweise im Gegensatz zur Transzendentalphilosophie Immanuel Kants seitens der Transzendentalpragmatik *keine expliziten Forderungen an die Adresse der Pädagogik formuliert werden*, um beispielsweise *vernünftiges Argumentieren* mit Hilfe pädagogischer Lehr-Lern-Arrangements zu ermöglichen.
Konkret: Während im seitens der Transzendentalpragmatik kritisierten *bewusstseinsphilosophischen* zu deutenden und auch kritisierten (s.o.) Verständnis Kants pädagogisches Handeln über Erziehung und Bildung den *Maßstab* bildet, um - vermittelt über die Ethik - die Kriterien für individuellen und intersubjekten, gesellschaftlichen Fortschritt hinsichtlich der *Selbsterzeugung moralischer Vernunft*, welche sich am *Kriterium des Wohls des Ganzen* orientiert, überhaupt

---

Bildungsverständnis der *kategorialen Bildung* den sich bisher geradezu unversöhnlich gegenüberstehenden formalen und materialen Bildungsauffassungen eine „gemeinsame Plattform" anzubieten, kurz: „Bildung ist *kategoriale* Bildung in dem Doppelsinn, dass sich dem Menschen eine Wirklichkeit „kategorial" erschlossen hat und dass eben damit er selbst - dank der selbstvollzogenen „kategorialen" Einsichten, Erfahrungen, Erlebnisse - für diese Wirklichkeit erschlossen worden ist (Klafki 1976, S. 80, Hervorhbg. d. W.Klafki).

formulieren zu können, und somit eine eindeutige Aufgabenstellung an die Pädagogik ausgesprochen wird, bleiben die von Apel und insbesondere Habermas
zur Diskussion gestellten Vorschläge zur Ermöglichung einer vernünftigen Argumentationsgemeinschaft - die Aufgabe der Pädagogik betreffend - offensichtlich hinter den Gedanken Kants zurück bzw. explizieren sie nicht, da in ihnen
nur eine *sprachpragmatische* Entfaltung vorgenommen wird.

Anders gewendet: Während Kant, von dem kategorischen Imperativ ausgehend,
unmittelbare pädagogische Konsequenzen zur Umsetzung dessen in seinen diversen Formeln einfordert, verweisen Karl-Otto Apel und Jürgen Habermas
auch in der von ihnen als Kernproblem identifizierten Implementierungsproblematik *nicht explizit* auf die (hier als notwendig aufgefasste) Verständigung zwischen Ethik und Pädagogik mit Hilfe *individueller* (vgl. Kant 1803, S. 7) bzw.
kollektiver (vgl. u.a. Geißler 1994, Petersen 1997) Lernprozesse, sondern konzentrieren sich primär auf kommunikationstheoretische Aspekte zur Ermöglichung einer auf Herrschaftsfreiheit und Gleichberechtigung basierenden vernünftigen Verständigungs- und Argumentationsgemeinschaft.

Des weiteren muss betont werden,

- dass durch die - qua bewusstem Verzicht auf inhaltliche Normen und „Kon-
  textegoismen" - nicht in letzer Konsequenz diskutierte Implementierungsproblematik *überhaupt nicht* bzw. *allenfalls rudimentär* zur Sprache gebracht
  wird,
- dass unter Umständen kommunikative Vernunft *erst* **gelernt** und mit Hilfe
  ständigen Lernens *stets verbessert werden muss,*
- so dass Vernunft nicht nur eine *sprachpragmatische* bzw. *kommunikationstheoretische,* sondern vielmehr auch eine *lerntheoretische* Entfaltung
  zu erfahren hat.

Obwohl gerade der letzte Aspekt insbesondere bei Karl-Otto Apel vermutlich
eine durchaus zumindest implizite Berücksichtigung finden könnte (vgl. dazu
u.a. Apel 1992, S. 30ff), lassen sich aus pädagogischer Sicht die Vorstellungen
Harald Geißlers als erste vorläufige Schritte werten, den *normativ-
kommunikationstheoretischen Anspruch* der Diskursethik mit einer durch pädagogische Fragestellungen begleiteten *lerntheoretischen Betrachtung* zu verbinden, um ein *vernünftiges Managementhandeln* (insbesondere) in und von Unternehmen zu ermöglichen.

2.4. Das „Mitverantwortungsmodell" Harald Geißlers - Zur pädagogisch-lerntheoretischen Ergänzung der diskursethischen Überlegungen in Gestalt eines dialogischen Managementsinnmodells

Als Ausgangspunkt für die von Harald Geißler - unter pädagogisch-philosophischen Prämissen vorgenommene - *lerntheoretische Auseinandersetzung* mit der primär *kommunikationstheoretisch* angelegten Diskursethik dient die Absicht, einen Vorschlag zu unterbreiten, wie die transzendentalpragmatischen Überlegungen im Rahmen der diversen Kontexte moderner Industriegesellschaften mit Hilfe pädagogischer Fragestellungen den Grundstein für *moralische Lernprozesse* von Individuen und Organisationen legen könnten (vgl. u.a. Geißler 1997, S. 165ff).

Ein wichtiger Ansatzpunkt, *um unter lerntheoretischen Gesichtspunkten einen Brückenschlag von der Diskursethik zur Pädagogik wagen zu können,* liegt für Geißler zunächst einmal in den auch unter pädagogisch-lerntheoretischen Gesichtspunkten prinzipiell als weiterführend anzusehenden Ansprüchen auf Herrschaftsfreiheit und Gleichberechtigung, welche im Rahmen der Thematisierung des Entscheidens und Handelns von Menschen, aber auch Organisationen dahingehend als regulative Idee dienen, auf *Macht* (s.o.) und damit verbundene Durchsetzungs- bzw. Gewaltinstrumentarien (möglichst) zu verzichten. Auf diese Weise könnte nämlich einer wertepluralistischen, sich zur Risikogesellschaft transformierenden Industriegesellschaft ein formal-prozessuales Verfahren angeboten werden, mit Hilfe dessen sie sich im *subjektreferenziellen* Sinne auf diejenigen Normen moralischer Ansprüche konzentrieren kann, welche aufgrund ihrer Ausrichtung am Kriterium der Vernunft letztbegründet gesetzt sind und somit die normativen Bedingungsmöglichkeiten menschlichen Entscheidens und Handelns darstellen.

Ein derartiges Verfahren wird von Geißler mit dem Prädikat einer *normativen Selbstexplikation* versehen (vgl. Geißler 1996), was mit dem Anspruch einhergeht, das methodische *Kern-* bzw. *Bestimmungsstück* einer *subjekt-referenziellen* Ich- und Sozialkompetenz sein zu können und somit den Weg in Richtung *allgemeiner Vernünftigkeit* zu weisen (vgl. u.a. Geißler 1996a, S. 253ff).

Auf diese Weise wird von Geißler unterstrichen, dass vernünftiges Handeln *nicht teleologisch* - im Sinne einer zielgerichteten Ausrichtung an der alleinigen Herstellung einer vernünftigen Kommunikationsgemeinschaft - festgelegt werden kann, sondern statt dessen den Qualitätskriterien von sich ständig im Wandel befindlichen Industriegesellschaften und ihren mit handlungslogischem Eigensinn versehenen Subsystemen unterliegt, aus denen sich wiederum dann auch die Ansprüche an das Management von Organisationen jedweder Art ableiten lassen.

Angesichts der bereits oben angedeuteten Vermutung, dass sich die insbesondere unternehmerische Praxis, im Rahmen derer Managemententscheiden und -handeln stattfindet, durch eine vom diskursethischen Ideal abweichende, *unvoll-*

kommene Kommunikation imperfekter, machtorientierter und mikropolitisch a-
gierender Menschen (vgl. u.a. Benner 1991, Bosetzky 1992, Geißler 1994, 1996,
1997) charakterisieren lassen kann, schlägt Geißler einen anderen Weg vor,
nämlich die Methode der *selbstreflexiven Vergewisserung.*
Die Methode der selbstreflexiven Vergewisserung geht im Gegensatz zu der sich
am Kriterium einer auf Verfahrensaspekte einer legitimierten Entscheidungsfindung messenden *idealen Kommunikationsgemeinschaft* (seitens mindestens
zweier Subjekte) zunächst einmal vom einzelnen Subjekt[77] aus, welches vor der
Frage steht, wie sich das Wesen (je)des Menschen denn überhaupt deuten und
bestimmen lassen kann. Im Rahmen eines derartigen Vergewisserungsprozesses
stößt der Fragende auf die *(Selbst-)-Erkenntnis,* dass sich jeder, der sich diese
Frage als eine offene Frage stellt, selbst als *unvollkommen* erkennen muss, was
sich dahingehend verallgemeinern lassen kann, dass sich *alles* menschliche Dasein, Entscheiden und Handeln durch *Unvollkommenheit* bzw. *Imperfektheit*
charakterisieren lassen kann.
Neben dieser zunächst ernüchternden und vom Denken Kants abweichenden
Erkenntnis, dass *nämlich der Mensch ein imperfektes und somit auch unvernünf-*
tiges Wesen ist, kommt allerdings diejenige der *Vervollkommnungsmöglichkeit*
hinzu, zumal derjenige, der sich der Frage stellt, was denn das Wesen des Menschen sei,
– neben dem Erkennen, dass der Mensch diese Frage nur unvollkommen beantworten kann, auch von der Vorannahme ausgehen muss,
– dass er die Möglichkeit hat, im Laufe der Auseinandersetzung mit dieser Fragestellung mit Hilfe von *Lernprozessen* sein Wissen über das Wesen des
   Menschen schrittweise zu verbessern und somit seine Imperfektheit schrittweise zu wenden (vgl. Benner 1991).
Wäre nämlich diese Möglichkeit nicht gegeben, würde allein darauf verwiesen,
dass es sich beim Menschen um ein *Mängelwesen* handelt (vgl. Benner 1987, S.
26), und es wäre folglich sinnlos, sich mit dieser Fragestellung zu befassen.
Vor diesem Hintergrund ist der Mensch ein *sinnhaftes Wesen,* „wobei der Sinn,
der ihn konstituiert, ihm nicht gegeben ist, sondern ihm aufgegeben ist. Er muss
ihn allererst aus sich heraus, also *autopoietisch* (s. Arnold/Siebert in Teil 4, J.P.),
entwickeln. Die Konstitution des Menschen ist deshalb immer ein Prozess, - und
zwar genauer gesagt: ein Lernprozess, der niemals zu einem Ende kommen
kann" (Geißler 1994, S. 270).
Dementsprechend stellt sich der Mensch als ein *homo discens,* sprich: ein durch
Lernen bestimmtes und sich selbst bestimmendes Wesen dar.
Mit Hilfe einer derartigen Argumentation schafft Harald Geißler anhand anthro-
pologischer Fragestellungen die Voraussetzungen, *die kommunikationstheoreti-*
sche Diskursethik lerntheoretisch zu ergänzen, um deutlich zu machen, dass die
Offenheit bzw. *unbestimmte Bestimmtheit* des Menschen ein ausschließlich

---

[77] Hierunter sind *alle* Subjekte zu verstehen.

sprachpragmatisch-teleologisch ausgelegtes Verfahren, wie es die Diskursethik darstellt, problematisch scheinen lässt.

Aufbauend auf einem derartigen Fundament, welches kommunikations- und lerntheoretische Aspekte verknüpft, kann dann auch der Versuch gewagt werden, qualitativ unterschiedliche *Denkmöglichkeiten* zu rekonstruieren, wie sich Menschen im allgemeinen und mit Führungsaufgaben betraute im besonderen die Beziehung zu sich und ihrem organisationalen Umfeld vorstellen können. Diese Denkmöglichkeiten werden als *Sinnmodelle bezeichnet* und sind *Rekonstruktionen der konkreten Bedingungsmöglichkeiten*, um mit Hilfe einer Thematisierung des eigenen Denkens - auch als Selbstreflexion bezeichnet - den Gegebenheiten der primär unternehmerischen Praxis denkend und handelnd zu begegnen (vgl. Geißler 1996, S. 114).

2.4.1. Zur Ausgestaltung der „linearen" Kausalität" im Management-sinnmodell des „Handwerkers"

Das hier angesprochene Paradigma der *linearen Kausalität* bezieht sich darauf, dass insbesondere im westlichen Kulturkreis (vgl. u.a. Moser 1994, Lutz 1994) in Anlehnung an die *klassischen Naturwissenschaften* - am besonderen Beispiel der Newtonschen Mechanik - nach wie vor häufig davon ausgegangen wird, menschliches Entscheiden und Handeln unter den Prämissen *monokausaler Ursache-Wirkungs-Beziehungen* deuten und bezüglich eigener Zielsetzungen zwecks Zielerreichung auch legitimieren zu können. Dies wurde bereits oben als Charakteristikum eines primär erfolgsorientierten Handelns identifiziert.

Abbildung 1: Das Paradigma der linearen Kausalität
(Quelle: Geißler 1996b, S. 8)

Vor diesem argumentativen Hintergrund herrschen im gesamtgesellschaftlichen Kontext Kräfte vor, die im linearen Sinne bestimmte Wirkungen hervorrufen können. Das Verhältnis von A (Ursache) und B (Wirkung) weist demzufolge einen eindimensionalen Charakter auf, der nicht weiter hinterfragungsbedürftig ist.

Im Sinne einer Übertragung dieses Orientierungsmusters auf die Management- und Unternehmenspraxis gilt folglich *derjenige* als der ideale Manager, welcher *omnipotent* und *allwissend* alle hochkomplexen Ursache-Wirkungbeziehungen der Organisation genau kennt und über ausreichende Machtmittel verfügt, dieses Wissen auch für die Erreichung der von ihm verfolgten Ziele zu nutzen (s.o.).

Harald Geißler (1996a, S. 113ff) hat das damit einhergehende *normative Ideal-bild* des Managers auch als „Handwerker-Modell" bezeichnet, da er von der Annahme ausgeht, dass dieses traditionelle (Selbst-) und Berufs-Verständnis strukturell mit demjenigen eines Handwerkers - am Beispiel eines Tischlers - dahingehend übereinstimmt,

- dass sowohl Manager als auch Handwerker Objekte bearbeiten, die sachlicher Natur sind, weshalb der Manager sein unterstelltes Personal auch nicht als individuelle, reflexiv eigenständige Persönlichkeiten, sondern vielmehr als organisationseigene (Personal-) Ressourcen ansieht und behandelt;
- dass von beiden erwartet wird, dass die Bearbeitung bis in alle Einzelheiten exakt geplant werden kann und wird, wobei der Manager diejenigen Mittel und Verfahren so organisiert und einsetzt, welche der Erreichung seiner exakt definierten Ziele dienlich sind;
- dass für die Ausführung des Plans geeignete Werkzeuge zur Verfügung stehen und mit handwerklichem Geschick einzusetzen sind, was die Notwendigkeit bestimmter Instrumentarien bzw. „tool-boxes" (Arnold 1991) unterstreicht, die sich in Hinblick auf die Bearbeitung bestimmter Aufgaben bewährt haben und, wenn mit ihnen professionell umgegangen wird, zur Zielerreichung beitragen;
- dass die gesamte Arbeit in eine Sequenz klar beschreibbarer und kalkulierbarer Schritte gegliedert werden kann, weshalb die gesamte Arbeit des Managers wiederum in Segmente zerlegt werden muss, die sich jedes für sich genommen exakt beschreiben und kalkulieren lassen;
- und dass die Erfolgskontrolle sowohl bei jedem Teilschritt bzw. Zwischenergebnis wie auch bei der Überprüfung des Gesamtprodukts ansetzen kann und muss. Diese Erfolgskontrolle, für die der Manager verantwortlich ist und der er auch selber seitens seiner Vorgesetzten unterliegt, setzt entsprechend einerseits bei den Zwischenergebnissen der Teilschritte und andererseits bei der Überprüfung der Gesamtaufgabe an.

Hierbei ist es zunächst unerheblich, ob sich der Handwerker primär mit Naturprodukten - am aktuellen Beispiel des Tischlers Holz - und der Manager in erster Linie mit Menschen bzw. der Organisation deren Zusammenarbeit befasst. Beide Denk- und Handlungsmuster lassen sich auf einer abstrakteren Ebene auf folgende allgemeine Vorannahmen zurückführen:

- „Es wird davon ausgegangen, dass die Praxis, in der man sich zu bewähren hat, durch klar definierbare Ursachen und Wirkungen bzw. Ursache-Wirkungs-Ketten bestimmt ist. In dieser Hinsicht - so die Vorannahme - besteht kein Unterschied zwischen der Praxis, die die Naturwissenschaften untersuchen, und derjenigen, mit denen sich die Ökonomie befasst.
- Aus dieser ersten grundlegenden Vorannahme folgt eine zweite, nämlich diejenige, dass man die Kenntnis der Ursache-Wirkungs-Beziehungen nutzen kann, um Mittel und Verfahren zu entwickeln bzw. anzuwenden, mit de-

ren Hilfe die Ziele, die der Manager verfolgt, praxiswirksam zu realisieren sind.

– Mit Bezug auf diese Überlegung begründet sich schließlich die dritte Vorannahme, die darin besteht, dass die Praxis bzw. das Handeln des Managers konsequent zweckrational strukturiert sein sollte, d.h., dass jede Tätigkeit und jede Maßnahme als ein funktionales Mittel zur Erreichung eines klar definierten Ziels angelegt sein sollte, wobei dieses Ziel - nun in der Funktion eines Mittels - seinerseits auf ein wiederum übergeordnetes Ziel ausgerichtet sein muss usw." (Geißler 1996a, S.116).

Dementsprechend verbindet sich mit dem Sinnmodell des Handwerkers das Vorstellungsbild des „Darüber Stehens", des Beherrschens, des „Im-Griff-Habens" sowie die Souveränität und das Wissen darum, wie alles funktioniert und wie Gehorsam gefunden bzw. erzwungen werden kann. Kurz: „Wenn wir an „managen" denken, denken wir an bezwingen, unterdrücken, zähmen, bändigen, lenken, leiten, gebieten, diktieren und über den Dingen stehen, sie durch und überschauen. Ein Manager ist jemand der alles im Griff hat." (Mann 1988, S.63f).

Ein derartiges Arbeitsverhalten und Selbstverständnis lässt folglich die Vermutung naheliegend scheinen, dass - bezogen auf mit Managementaufgaben zu betrauende Personen in Organisationen jedweder Art - nur ein ganz *spezieller elitärer Kreis* in der Lage sein kann, diesen anspruchsvollen Tätigkeitsbereich wahrzunehmen, welcher dann auch Macht und Herrschaft über andere zu legitimieren scheint[78].

Reflexive Eigenständigkeit bekäme vor dem Hintergrund dieses Managementsinnmodells allenfalls den Charakter einer *möglichen Neigung* eines sich (aufgrund zu erhoffender Vorteile am Beispiel von Prestigegewinn) *bewusst human- oder verständigungsorientiert* geben wollendenden Managements zugesprochen, weist aber ansonsten einen eher kontraproduktiven Charakter auf, da es Komplexität erhöht und linear abgeleitete und auch so legitimierte Herrschaft in Frage stellt.

Angesichts der Vermutung, dass *einerseits* ein derartiges Managementverständnis stabile, durch den „Handwerker" in allen Facetten stets überschau- und beherrschbare Umwelten voraussetzt und *andererseits* hochkomplexe Organisationen im Rahmen sich zu Risikogesellschaften transformierender Industriegesellschaften eine derartige Stabilität immer unwahrscheinlicher werden lassen, scheint es immer dringlicher zu werden, vom Paradigma der linearen Kausalität und dem darauf aufbauenden Managementsinnmodell des Handwerkers Ab-

---

[78]   Das Handwerkermodell soll allerdings nicht dahingehend missverstanden werden, dass ihm etwa unterstellt wird, die Realität in Handwerksbetrieben abzubilden, es geht vielmehr nur um die *monologisch* erfolgende Auseinandersetzung des einzelnen mit seinem Werkstoff bzw. -stück.

schied zu nehmen und statt dessen ein Orientierungsleitbild anzustreben, das der (zumindest empfundenen) zunehmenden Komplexität Rechnung trägt.

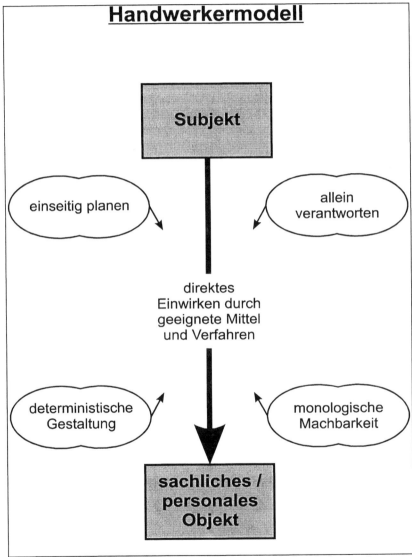

Abbildung 2: Das Handwerkermodell als paradigmatischer Rahmen des aus-schließlich erfolgsorientierten Managements (Quelle: Lehnhoff 1998a, S. 112)

2.4.2. Das Paradigma der zirkulären Kausalität und das darauf aufbauende Managementsinnmodell des „Gärtners"

Das Paradigma der *zirkulären Kausalität* lehnt sich an neuere biologisch-naturwissenschaftliche Forschungsergebnisse zur *Selbstorganisation* bzw. *Autopoiesis* (vgl. u.a. Maturana/Varela 1987, Prigogine 1990, Moser 1995) und die Übertragung dieser Erkenntnisse auf *soziale Systeme* (vgl. exemplarisch Luhmann 1984, 1988) an (s. Teil 4 zu den Vorschlägen einer konstruktivistischen Erwachsenenbildung von Rolf Arnold und Horst Siebert).

Vor diesem erkenntnistheoretischen Hintergrund weist das Paradigma der *linearen Kausalität* zweifellos Defizite auf, da grundlegend in Frage zu stellen ist, dass zwischen Ursache und Wirkung *geradezu automatisch* ein linearer Ableitungszusammenhang besteht. Demgegenüber gehen die Vertreter des Paradigmas der zirkulären Kausalität von der Annahme aus, dass sich das Verhältnis von A und B wechselseitig durch *Feedbackprozesse* steuert, wodurch ein *zirkulärer Zusammenhang* entsteht und eine Ablösung des bisherigen, einer mechanistischen Auffassung von Menschen und sozialen Systemen zuzuordnenden *linearen Denkens* zugunsten eines *dynamischen, vernetzten, ganzheitlichen* bzw. „systemischen Denkens" (Geißler 1995a, S. 1) vorzunehmen ist.

Diese Vorstellung kann als Grundstein neuerer systemtheoretischer Forschung in bezug auf die Gestaltung, Lenkung und Entwicklung sozialer Systeme aufgefasst werden (vgl. u.a. Probst 1987) und ist mit unmittelbaren Konsequenzen für das Entscheiden und Handeln von mit Führungsaufgaben betrauten Personen verbunden (vgl. Ulrich 1985, Ulrich/Probst 1990, Probst 1995).

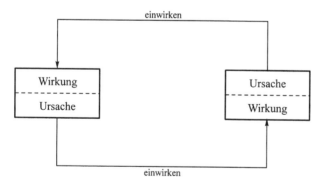

Abbildung 3: Das Paradigma der zirkulären Kausalität
(Quelle: Geißler 1996b, S. 9)

Die Aktualität der damit einhergehenden Forderung, von einem linearen Denken zugunsten eines zirkulären Verständnisses Abschied zu nehmen, hat insbesondere in Form tiefgreifender Wandlungsprozesse im gesamtgesellschaftlichen Kon-

text und somit auch den mit handlungslogischem Eigensinn versehenen Einzelpraxen, welchen mit Hilfe der oben angesprochenen neuen Managementkonzepte begegnet werden soll, eine zusätzliche Nahrung bekommen, zumal diese neu-
en Managementverständnisse den Führungskräften in zunehmendem Maße *vom
linearen Denken abweichende Einstellungen und Kompetenzen* abverlangen
(vgl. Heimerl-Wagner 1995).

Die das Handwerker-Modell kennzeichnende *Subjekt-Objekt-Trennung*, gemäß
der der Manager als Subjekt bestimmte Objekte, worunter sowohl Mitarbeiter
als auch bestimmte Organisationsbereiche verstanden werden konnten, einseitig
nach seinen Intentionen bzw. nach den von ihm verinnerlichten betrieblichen
Sachzwängen und Zielen zu manipulieren vermochte (vgl. Reinhardt 1993, S.
88), ließ sich schon aus Gründen der Informationsvielfalt und des Spezialisie-
rungsgrades innerhalb der Organisationen angesichts ihrer durch den jeweiligen
Markt ausgedrückten Ansprüche, sprich: des *handlungslogischen Eigensinns*
nicht länger aufrecht erhalten.

Eine derartig zu charakterisierende Entwicklungsdynamik unterstreicht dann
auch die zunehmende Dringlichkeit, seitens des Managements von Organisationen jedweder Art dem, das Handwerker-Modell charakterisierenden Machbar-
keitswahn eine grundlegende Absage zu erteilen und statt dessen *Managementprozesse analog zu Naturprozessen* - am besonderen Beispiel des Entstehens,
Wachsens, Aufblühens und Vergehens von Flora, Fauna und gesamten Ökosys-
temen – aufzufassen, zu lenken und zu gestalten (vgl. u.a. Probst 1987, Probst
1991, S.333)[79].

Vor diesem Hintergrund lässt sich die Aufgabe des Managers bzw. des Managements[80] statt der eines Handwerkers, der *alles* nach einem vorher festgelegten
Plan organisiert und durchsetzt, vielmehr mit derjenigen eines *Gärtners* vergle-
chen (s. Geißler 1996, S. 116ff), dessen Kunst darin besteht, die Gesetze der Natur zu beachten und dabei zu erkennen, wie diese Gesetze für seine Zwecke am
besten genutzt werden können, indem nämlich das Management zur richtigen
Zeit mit den richtigen Mitteln und Methoden an der richtigen Stelle interveniert.

Im Gärtner-Modell wird dementsprechend implizit davon ausgegangen, dass
sich die Praxis in Organisationen
– *einerseits* in die Praxis des Managements, das sie durchschauen und daher im
Rahmen der sich bietenden Möglichkeiten nutzen kann, und

---

[79] Der Vergleich mit der Natur scheint schon aus dem Grunde naheliegend zu sein, als in
der Natur *nicht* - wie gezeigt - a priori lineare Ursache-Wirkungs-Ketten, sondern vielmehr *zirkuläre Ursache-Wirkungs-Kreise* vorherrschen und somit im Unterschied zur
Maschine *jede* Wirkung durch *Feedback* auf ihre Ursache zurückwirkt.

[80] Im vorherigen Abschnitt wurde auf die Unterscheidung zwischen dem Management als
Institution i.S. einer Gruppe von Managern und dem Management als *Funktion* näher
eingegangen. Die Managementsinnmodelle werden hier allerdings *zunächst* einmal für
beide Managementverständnisse angewendet.

– *andererseits* in die Praxis der übrigen Organisationsmitglieder, die - da sie *eben* (noch) *nicht* mit Führungsaufgaben betraut sind - nicht in der Lage sind, die Regeln der Gruppen-, Organisations- und Marktdynamik bzw. gesellschaftlichen Entwicklung zu durchschauen, obwohl sie durch ihr - im Gegensatz zu dem des Managements *nicht freibestimmten* - Handeln zu ihrer Reproduktion beitragen,

aufteilen lässt.
Insbesondere die Organisationsleitung bekommt in diesem Management-Modell die „gärtnerische Aufgabe" zugewiesen,
– der Organisation ein „Profil" zu geben, in dem festgelegt wird, „wo was wachsen soll". Für ein Unternehmen hieße dies beispielsweise zu bestimmen, welche marketingstrategischen Geschäftsfelder erschlossen, gepflegt, ausgebaut bzw. zurückgenommen werden sollen, weiterhin
– welche Organisationsstrukturen für die Entwicklung der Geschäftsfelder am günstigsten sind, um den gewünschten Entwicklungen möglichst wachstumsförderliche Bedingungen zukommen zu lassen
– und welche konkreten Maßnahmen ergriffen werden müssen, um bei den unterstellten Bereichen und einzelnen Mitarbeitern positive Entwicklungsprozesse auszulösen und zu fördern bzw. negative Einflüsse und Prozesse zu stoppen und zurückzudrängen bzw. bereits im Keim zu ersticken.
Um in bezug auf die Regeln betrieblicher Entwicklungsprozesse und die Möglichkeiten, sie beeinflussen zu können, gut vorbereitet zu sein, benötigt das Management ein umfassendes Wissen über die Beschaffenheit seines „Gartens" Unternehmung sowie Erfahrung und Fingerspitzengefühl im Umgang mit den ihm Anvertrauten (vgl. Geißler 1996, S. 119).
Angesichts einer die oben angesprochenen neuen Managementkonzepte charakterisierenden drastischen Abflachung der Hierarchien sowie deutlichen Reduzierung der wissensvorbereitenden und „-verteilenden" Stabsstellen (vgl. u.a. Geißler/Behrmann/Petersen 1995, Petersen 1997) wird allerdings die schnelle Verfügbarkeit organisationalen, „gärtnerrelevanten" Wissens immer schwieriger, was sicherlich auch unter erfolgsorientierten Prämissen als ein *entscheidender Schwachpunkt* dieses Modells angesehen werden kann.
Kurz: Obwohl das Gärtner-Modell sicherlich als *qualitativer Sprung* gegenüber dem Handwerker-Modell anzusehen ist, lässt sich vor dem Hintergrund des Vorhabens, Prozesse dialogischen Managements mit Hilfe der Leitkriterien kritische Mündigkeit und Mitverantwortung zu ermöglichen, kritisch anmerken, dass dialogisches Management mit einem freien Willen versehene Menschen voraussetzt, die ihre Entwicklung *selbst* mitbestimmen *können* und *wollen*, während - im Sinne des Paradigmas der zirkulären Kausalität und des darauf aufbauenden Gärtner-Modells - Pflanzen durch ein seitens der Natur festgelegtes *genetisches Entwicklungsprogramm* bestimmt werden (vgl. Geißler ebd.) und somit

analog zur Flora der freie Wille der Mitarbeiter nicht primärer Gegenstand des Interesses ist.

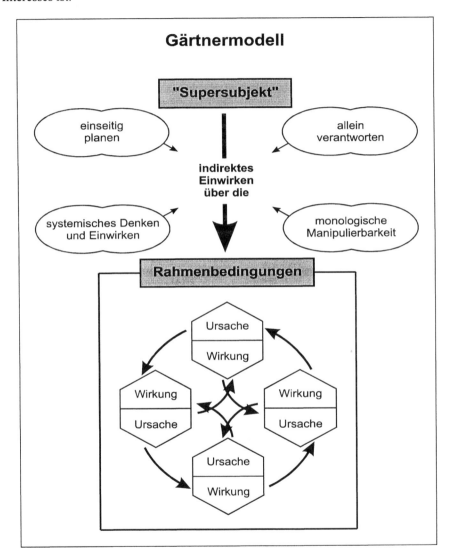

Abbildung 4: Das Gärtnermodell als paradigmatischer Rahmen des Managements (Quelle: Lehnhoff 1998a, S. 116)

Analog zum Handwerker-Modell wird folglich auch im Gärtner-Modell der Mitarbeiter zum *Kalkulations-* und *Manipulationsobjekt* einer „höheren Vernunft" in Gestalt einer mit Führungsaufgaben betrauten Person „degradiert".
Da auch im Gärtnermodell ein „dialogisches Korrektiv" in Gestalt eines reflexiv eigenständigen Umfeldes fehlt, eignen sich weder das *Handwerker-* noch das *Gärtner-*Modell aufgrund ihrer konzeptionellen Verkürzung dazu, dem Management dabei behilflich zu sein, sich sowohl unter erfolgs- als auch unter verständigungsorientierten Prämissen zwecks Optimierung *umfassend und reflexiv eigenständig mit sich und seinem Managementhandeln auseinander zusetzen.*

Insbesondere vor dem Hintergrund der oben angesprochenen ständig wachsenden Hinterfragung der *Begleitumstände* und *Nebenfolgen* organisationaler Leistungserstellung und Rentabilität kann dabei die These vertreten werden, dass in zunehmendem Maße von einem *Auseinanderdriften* von organisationaler Zielsetzung und gesellschaftlicher Anspruchshaltung gesprochen werden muss, auf das das Paradigma der zirkulären Kausalität und das damit in konzeptionellem Zusammenhang stehende „Gärtner-Modell" keine umfassende und befriedigende Antwort zu geben vermögen.
Hieraus wird deutlich, dass für Geißler aufgrund tiefgreifender Wandlungsprozesse und Herausforderungen nicht länger ausreichend ist, die Aufgaben des Managements auf eine möglichst weitgehende monologisch-*fremdreferenzielle* Plan-, Kalkulier- und Steuerbarkeit der Praxis zu beschränken.
Vor diesem Hintergrund ist der Vorschlag Geißlers zu sehen, das Paradigma der „zirkulären Kausalität" bzw. die Subjektvorstellung des „Gärtner"-Modells mit Hilfe desjenigen auf dem Paradigma *hermeneutischer Selbstreferenzialität* aufbauenden *„Mitverantwortungs"-* bzw. *„Weggemeinschafts"-*Modell zu erweitern.

2.4.3. Hermeneutische Selbstreferenzialität und Mitverantwortung: Grundlagen eines reflexiven Führungsverständnisses

Das Paradigma der *hermeneutischen Selbstreferenzialität* kann im Sinne des oben dargelegten „reflexiven Zweifels" als Antwort *auf die* bzw. als *Erweiterung der* o.a. Paradigmen verstanden werden, zumal vor dem Hintergrund von Geißlers anthropologischen Überlegungen von der Annahme ausgegangen wird, dass Menschen (und sich aus ihnen zusammensetzende soziale Systeme) im Gegensatz zu Werkzeugen oder Flora und Fauna das Bedürfnis nach Sinn, Motivation und Moral aufweisen, welche mit Hilfe von Fragestellungen insbesondere des linearen, aber eben auch des Paradigmas der zirkulären Kausalität nicht ausreichend genug geklärt werden können.
Obwohl das Paradigma der zirkulären Kausalität ansatzweise im Gegensatz zum linearen Verständnis unterstellt, dass im Rahmen von autopoietisch bzw. selbst-

organisiert zu gestaltender Komplexitätsumgangsprozesse bereits von *systemischer Eigendynamik* gesprochen werden kann, unterschlägt es aber nach wie vor den Aspekt, dass am Beispiel der Zwänge des internen und externen Marktes weiterhin *monologische Fremdbestimmtheit das Denken und Handeln von Management und Organisationen dominiert.*
Auf diese Weise machen sich Menschen und kollektive Zusammenschlüsse am Beispiel von Unternehmen *selbst ausschließlich zum Objekt externer Ansprüche*, weshalb das Paradigma der zirkulären Kausalität letztendlich eine *raffinierte Selbstausbeutung* begünstigt, welche allerdings im Unterschied zur linearen Kausalität nunmehr einen „selbstreferenzielleren Charakter" aufweist.

Diese Problematik thematisierend, geht das *Paradigma der hermeneutischen Selbstreferenzialität* davon aus, dass das einzelne Subjekt (und sich aus ihnen zusammensetzende soziale Systeme am Beispiel von Unternehmen) danach streben, *sich kritisch mündig ein Bild von sich und der Welt zu machen und es in mitverantwortlich geprägter Verständigung mit anderen zu überprüfen.*

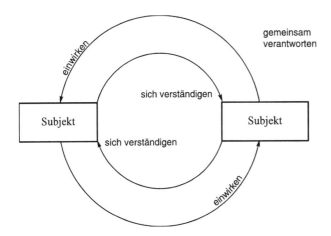

Abbildung 5: Das Paradigma der hermeneutischen Selbstreferenzialität (Quelle: Geißler 1996b, S. 11)

Die *paradigmatische Wendung* gegenüber den bisherigen Ansätzen liegt dann auch aus pädagogischer Sicht darin begründet, dass das Paradigma der hermeneutischen Selbstreferenzialität in Anlehnung an die dialogische Transzendentalpragmatik sowie die Vorschläge Martin Bubers (vgl. Buber 1965, S. 7f) betont, dass der Mensch als Subjekt neben dem *Ich* auf eine *unableitbare Du-Beziehung* angewiesen ist und dementsprechend sich seine Welt als *die gemeinsame Welt menschlichen Miteinanders* darstellt.

Da sich dieses Miteinander - wie oben angesprochen - insbesondere im *Dialog qua Sprache* vollzieht, liegt es nahe, das Paradigma der hermeneutischen Selbstreferenzialität und ein darauf aufbauendes Sinnmodell der Mitverantwortung nunmehr auf einer *dialogisch ausgerichteten Kommunikation* aufzubauen, die - sich an der Fragestellung bezüglich einer *Verantwortung* der Organisation für die Gesellschaft sowie im gleichen Atemzug hinsichtlich einer Verantwortung der Gesellschaft für die Organisation orientierend - die Organisationsgrenzen überschreitet und folglich anerkennt, dass erst die *Gemeinschaft* und die in ihr wirkenden Subjekte den Rahmen bilden, Rede und Antwort zu stehen für das, was jedermann alleine und/oder im organisationalen bzw. gesellschaftlichen Kontext getan und/oder unterlassen hat (vgl. Geißler 1996a, S. 122ff).

Hinsichtlich der Beantwortung der Frage, wie das Entscheiden und Handeln *in* sowie *von* Organisationen legitimiert und begründet werden können, kommt es dementsprechend zunehmend darauf an, **mittels umfassenden Lernens** die Voraussetzungen für eine *dialogische Vernunft* zu schaffen, so dass alle Beteiligten und Betroffenen organisationalen Entscheidens und Handelns im dialogischen Sinne eingebunden werden können, um die Voraussetzungen zu schaffen, die „organisationale Praxis" in eine „sozial-organisationale Praxis" transformieren zu helfen (s. hierzu unter sozial-*ökonomischen* Gesichtspunkten P. Ulrich 1986 in Teil 3)[81].

In Anlehnung an die oben dargelegten anthropologischen Erkenntnisse - nämlich, dass der Mensch nicht inhaltlich festgelegt ist wie eine Pflanze nach ihrem strukturgenetischen Bauplan, *sondern sich selbst zu bestimmen hat* - scheint es nämlich äußerst fragwürdig zu sein, mit Sicherheit eine oberste ethische Norm zu finden, welche konsentiert konkretisiert werden kann, zumal dem Menschen in der Regel *immer* Entscheidungs- und Handlungsalternativen zur Wahl stehen (vgl. Geißler 1996, S. 123 in Anlehnung an Benner 1991, Prange 1978).

Angesichts dieser Verknüpfung lerntheoretischer und dialogisch-kommunikationstheoretischer Aspekte im Paradigma der hermeneutischen Selbstreferenzialität scheint es nunmehr reizvoll zu sein, jene Verknüpfung in Form eines Management-Sinnmodells darzulegen, zumal es auf den ersten Blick sehr unge-

---

[81]   Es soll nicht bestritten werden, dass auch die Praxisoptimierung im Rahmen des Handwerker- und Gärtner-Modells ständige Lernbereitschaft und -fähigkeit voraussetzt. Angesichts ihres monologischen Charakters liegt allerdings die Vermutung nahe, dass derartige Lernprozesse nicht auf eine *reflexiv eigenständige* Ausgestaltung des Miteinanders abzielen, sondern primär dem Primat fremdreferenziell bestimmter Zweckrationalität unterliegen und somit als verkürzt einzuschätzen sind.

wöhnlich scheint, Management, welches immer noch i.d.R. mit Hierarchie, Durchsetzung von Entscheidungen und somit *Herrschaft* und *mikropolitische Ambitionen* in Verbindung gebracht wird, dialogisch entfalten zu wollen.

Um dieser Fragestellung nachgehen zu können, wird auf das *Mitverantwortungsmodell* (Geißler 1996, S. 119ff.) verwiesen, welches von der *hermeneutisch-selbstreferenziellen Prämisse* ausgeht, dass Erkenntnisse über organisational relevante Wirkungszusammenhänge einerseits und ethisch gutzuheißende Normen andererseits letztlich ausschließlich im Dialog mit *allen* Beteiligten und Betroffenen organisationalen Entscheidens und Handelns entwickelt werden können (vgl. Geißler 1997, dazu auch Kirsch 1990, 1992, Steinmann/Löhr 1997).

Das Mitverantwortungsmodell basiert dabei auf der Vorannahme, dass die Selbstbestimmung des Menschen eine zeitlose Aufgabe ist, der er sich nicht entziehen kann, weil sie ein zentrales Merkmal seiner menschlichen Natur darstellt. Aus diesem Grunde erfordert die Selbstbestimmung des Menschen einen freien, selbstbestimmten Willen und fordert nicht nur einzelne Individuen, sondern auch die Gemeinschaft im Kontext sich zu Risikogesellschaften transformierender Industriegesellschaften heraus (vgl. Geißler 1996, S. 119).

Das Mitverantwortungsmodell als Sinnmodell für mit Managementaufgaben betraute Personen lässt sich vor diesem gesamtgesellschaftlichen Hintergrund dann auch als *Bindeglied* zwischen den
– oben diskutierten und - ob ihres ausschließlich sprachpragmatisch entfalteten gesinnungsethisch-idealtypischen Primats - kritisierten *diskursethischen Vorschlägen* von Jürgen Habermas und Karl-Otto Apel,
– der von Geißler vorgenommenen, in Anlehnung an Dietrich Benner und Klaus Prange *anthropologisch-lerntheoretisch* begründeten pädagogischen Erweiterung,
– den damit korrespondierenden Ansprüchen an eine *humanistische Ethik,* nach der sich alle Dialogpartner in ihrer Menschenwürde und in ihren Menschenrechten gegenseitig anerkennen sollten (vgl. P. Ulrich 1995, S. 243, Hoppe 1998), sowie
– unternehmens- bzw. organisationsethischen Überlegungen zur Ausgestaltung eines *normativen Managements* (s.u.), in dessen Zentrum die Frage nach der identitätsstiftenden Zukunftsperspektive der Organisation steht (vgl. Bleicher 1992, S. 84ff) und sich im aktiven Dialog mit der Unternehmenspolitik, der Unternehmensverfassung und der Unternehmenskultur zu konkretisieren hat,

auffassen.

Angesichts einer Übertragung dieses vielschichtigen, sich aus philosophisch-anthropologisch und auch betriebswirtschaftlich begründenden Fundamentes auf Organisationen jedweder Art und deren Management zielt das Mitverantwortungsmodell folglich auf die *Initiierung und Organisation von Gesprächs- und Aktionskreisen* ab, in denen Dialoge *institutionalisiert* und somit die *Betroffenen zu Beteiligten* gemacht werden.

Dies könnte *nicht nur* unter verständigungsorientierten Prämissen dergestalt geschehen, dass *alles,*

– was sie betrifft und betroffen macht, zu Gehör gebracht wird,
– indem sie eine gemeinsame Problemsicht erarbeiten
– und indem sie gemeinsam Lösungsmöglichkeiten entwickeln und umsetzen (vgl. Petersen 1997, S. 294ff).

Das Ziel und der Sinn dieser Dialoge ist es, dass sowohl *alle diejenigen,* die an organisationalen Planungs- und Entscheidungsprozessen zu beteiligen sind, als auch *diejenigen,* die von diesen Maßnahmen betroffen sein werden, *auch unter Aspekten der erfolgsorientierten Prozessoptimierung Verantwortung* für die eigentlichen unternehmerische Leistungserstellung sowie deren interne und externe Nebenfolgen übernehmen (vgl. Bretz 1988).

Demzufolge sieht der Vorschlag des Mitverantwortungsmodells dann auch vor, diese institutionalisierten Dialoge *nicht* - beispielsweise die Dauer einer Umstrukturierungsmaßnahme zur Kostensenkung oder die Einführung einer erfolgversprechend scheinenden neuen Managementphilosophie (s.u.) - zu terminieren bzw. *teleologisch* aufzufassen, sondern statt dessen als einen *ständigen individuellen und gleichermaßen kollektiven Lernprozess* zu verstehen. Dies sollte erfolgen, um im Unternehmen bzw. in der Auseinandersetzung mit den vom unternehmerischen Entscheiden und Handeln Betroffenen *gemeinsam* soziale Normen und Regeln zwecks Erfolgsgewährleistung und -sicherstellung

– zu begründen
– erprobend anzuwenden und
– zu verantworten, um zu ermöglichen, diese Normen und Regeln
– permanent überprüfen und verbessern zu können (vgl. Geißler 1997).

Das Mitverantwortungsmodell könnte den mit Managementaufgaben betrauten Personen insbesondere in Unternehmen über spezielle, unmittelbar handlungsrelevante Entscheidungssituationen hinaus behilflich sein, im *Dialog mit allen Betroffenen* eine möglicherweise ihrerseits festgestellte *Diskrepanz* zwischen ihrer Rolle in der Unternehmung *einerseits* und einer Mitgliedschaft in der Gesellschaft angesichts der vorherrschenden Bedingungen von einzelorganisationalen Interessen *andererseits* zu reflektieren.

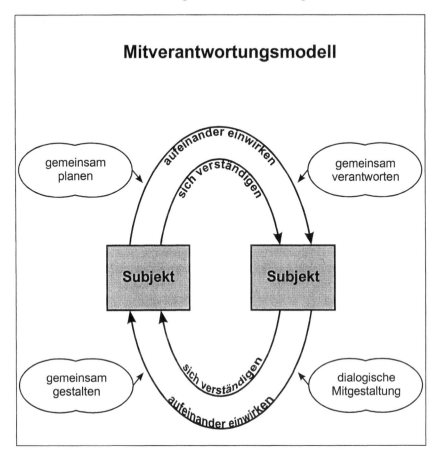

Abb. 6: Das Mitverantwortungsmodell als paradigmatischer Rahmen des Managements (Quelle: Lehnhoff 1998a, S. 121)

Vor diesem Hintergrund lässt sich das **Aufgabenfeld eines dialogischen Managements** im Sinne Harald Geißlers dahingehend definieren, dass mit Managementaufgaben betraute Personen im Sinne eines individuellen Aufklärungsprozesses ihr *Selbst* und ihr *Wollen thematisieren* und in bezug auf eine Ermöglichung und Entfaltung von Humanität und Verantwortung gegenüber dem Kontext bei einer gleichzeitigen Orientierung an der organisationalen Handlungs- und Legitimationsfähigkeit *hinterfragen*.

Die Orientierung am Dialog in Form einer Bemühung um eine verständliche und verständnisvolle *Rede* und *Gegenrede* überschreitet die Grenze, den Mitmenschen im monologischen Sinne *lediglich* als *Zulieferer* und *Empfänger* von Material und Informationen aufzufassen und dementsprechend anzustreben, Herrschaft und Macht über ihn zu erlangen, auszuüben oder zu erweitern (vgl. Geißler 1996, S. 122 in Anlehnung an Küpper/Ortmann 1992).

Der mit dem Mitverantwortungsmodell Geißlers einhergehende Anspruch, dass Unternehmen ihr Entscheiden und Handeln *vernünftig* zu begründen haben, unterstreicht, dass der *Einsatz von Macht-Mitteln* immer weniger tauglich scheint, da Macht Partnerschaftlichkeit negiert und eine reflexiv eigenständig zu vertretende Gegenposition aufgrund ihres monologischen - durch den vermeintlich „Mächtige(re)n" vorbestimmten - Charakters verhindert. Erst die Bereitschaft zur *dialogischen Vernunft* - so die *Zentralaussage* des Mitverantwortungsmodells - kann den Rahmen für eine umfassende, möglichst herrschaftsfreie Thematisierung des Organisationalen- und Managementalltages bilden.

Diese angesichts des handlungslogischen Eigensinnes der diversen Kontexte - am besonderen Beispiel des Marktes - sicherlich sehr idealtypisch scheinende Aufforderung mag auf den ersten Blick dann auch als Anlass für eine grundlegende Hinterfragung dieses Modells ob seiner *konkreten* Umsetzbarkeit im Alltag von Organisationen jedweder Art genommen werden.

2.4.4. Zusammenfassung und Kritik

Es ist sicherlich unstrittig, dass das Mitverantwortungsmodell, welches hinsichtlich seiner Forderung, die Qualität organisationalen Entscheidens und Handelns am idealtypischen Verständnis einer herrschaftsfreien Kommunikationsgemeinschaft auszurichten, bis dato *kaum* den realen Bedingungen der Managementpraxis in und von Unternehmen mit ihrer nach wie vor in erster Linie erfolgsorientierten Ausrichtung entspricht

Diesem Vorwurf, der gleichsam zur Diskursethik auf die Implementierungs- bzw. Umsetzungsproblematik hinweist, begegnet Geißler indem er die Auffassung vertritt, dass sich Qualitätsansprüche in der Regel *gerade nicht* im Kontext des Vorhandenen finden und definieren lassen können, *sondern vielmehr in der Distanz zum Gegebenen* (vgl. Geißler 1996, S. 123) zu formulieren sind.

Kurz. Das Mitverantwortungsmodell lässt sich zunächst einmal als eine *kontrafaktische Norm* bzw. **regulative Idee** bezeichnen, die eine *hohe Diskrepanz* zwischen *Sein* und *Sollen* zu überbrücken hat und unter den Fragestellungen und Kontextbedingungen einer realen Kommunikationsgemeinschaft geradezu utopisch, unvollständig und ergänzungsbedürftig scheint.

Das Managementsinnmodell der Mitverantwortung lässt sich folglich als Versuch einer mit Hilfe (negativ-) anthropologischen Fragestellungen lerntheoretisch erweiterter Übertragung der Diskursethik auf den organisationalen Kontext auffassen.

Vor diesem Argumentationshintergrund fungiert die Diskursethik dann auch nicht länger (lediglich) als eine kontrafaktische Vision, an der sich die reale, imperfekte Praxis zu orientieren hat, sondern sie wird vielmehr im Sinne eines in erster Linie *moralischen Lerndialogs* weiterentwickelt, der sich sowohl an den jeweils vorliegenden Zielvorstellungen als auch an den individuellen Erwartungen, Zielen und auch Ängsten der am Dialog Beteiligten zu orientieren hat (vgl. Lehnhoff 1997).

Anders gewendet: Das Managementsinnmodell der Mitverantwortung spricht an, dass sich die Normen, an denen sich einzelne Menschen und sich aus Menschen zusammensetzende Unternehmen in ihrem Entscheiden und Handeln ausrichten bzw. auszurichten haben, nicht länger im Rückgriff auf unbefragte Traditionen begründen lassen, sondern statt dessen eines *Legitimationsverfahrens* bedürfen, an dem *alle* Beteiligten und Betroffenen teilhaben und welches - in Ergänzung zum diskursethischen Verständnis - als *offener Lernprozess* wahrzunehmen und zu gestalten ist. Dahinter verbirgt sich die Vorstellung, dass durch die Einbindung *aller* (als prinzipielle Problemlöser) unter gleichzeitiger Vermeidung von Zwang mehr Problemlösungsvorschläge unterbreitet werden als im Handwerker- oder Gärtner-Modell. Dies ist zunächst unter erfolgsorientierten Fragestellungen trotz der zu erwartenden Zeitinvestition von großem Interesse.

Der verständigungsorientierte Aspekt wird dadurch angesprochen, dass eine auf dem *Managementsinnmodell der Mitverantwortung* aufbauende Organisations- und Managementpraxis die Chance in sich birgt, dass mit Führungsaufgaben beauftragte Personen in Organisationen am besonderen Beispiel von Unternehmen und somit auch Unternehmen selbst als „Kollektivsubjekte" (Petersen 1997) *ihr Verhältnis zu sich selbst und zu den jeweiligen Anspruchsgruppen neu definieren*.

Trotz dieser vielversprechenden lerntheoretischen Erweiterung der Diskursethik bleibt Harald Geißler allerdings auch in letzter Konsequenz die Antwort schuldig, *wie denn nun* die sich durch Unfreiheit und Herrschaft kennzeichnenden Gegebenheiten eines realen Organisationsalltages in ein *dialogisches Miteinander* umwandeln lassen können.

Vor diesem Hintergrund wird das „Mentorenmodell" vorgestellt, welches anschließend als Charakteristikum und Prüfkriterium eines **reflexiv eigenständiges Managementhandelns** dienen soll.

2.5. Das „Mentorenmodell" – Vernünftiges Managementhandeln durch politisches Lernen

2.5.1. Einleitung: Zur Begründung des Mentorenmodells

Anhand der bisherigen Ausführungen sollte deutlich werden, dass im Zentrum von Prozessen eines dialogischen Managements, die zur Ermöglichung eines *reflexiv eigenständigen* Managementhandelns in und von Unternehmen führen sollen, der Anspruch steht, dass Menschen und insbesondere mit Managementaufgaben betraute Personen neben der primär erfolgsorientierten Optimierung der organisationalen Leistungserstellung *gleichermaßen auch* im kritisch mündigen und mitverantwortlichen Sinne Sensibilität und Handlungskompetenz gegenüber dem globalgesellschaftlichen Kontext zu entwickeln und auszugestalten haben.

Folglich scheint es immer dringlicher zu werden, qua internem und externem Dialog den Blick hin zur Ermöglichung *von Management-* und *organisationaler Vernunft* zu weiten[82] und somit u.U. auch bereit zu sein, **den bisher gültigen - vermutlich i.d.R. eher zweckrationalen Prämissen unterliegenden - organisationalen Grundauftrag - i.S. eines „was wollen wir (denn überhaupt)?" - hinsichtlich einer verantwortungsvollen Mitgestaltung des Wohls des Ganzen auszuweiten bzw. gar neu zu fassen.**

Dementsprechend liegt es nahe, hier einen Vorschlag zu unterbreiten, wie sowohl unter Humanitäts- als auch unter Effizienzkriterien die Verhältnisse innerhalb von gesellschaftlichen Subsystemen optimiert werden können, um eine Verbesserung auf der nächsthöheren, sprich gesamt- bzw. globalgesellschaftlichen Ebene zu ermöglichen, die einer diskursiven Überprüfung standhaltend als gemeinwohldienlich eingeschätzt werden können. Hierbei liegt die Annahme zugrunde, dass für derartige Prozesse das Management (insbesondere) in und von Unternehmen einen entscheidenden Beitrag leisten kann.
Um vor diesem Hintergrund nunmehr ein dialogisch begründetes reflexives Managementhandeln im Sinne des von Harald Geißler in die Diskussion eingeführten Mitverantwortungsmodells einleiten und ständig überprüfen zu können, stellt sich nunmehr die Frage, *wie denn* bzw. mit Hilfe welcher normativen *Orientierungslinien* und *Spielregeln* (vgl. dazu auch Homann 1997) jenes im Rahmen realer Kontextgemeinschaften *überhaupt gelernt werden kann.*

---

[82] Dementsprechend läßt sich die Entwicklung vom *Handwerker-* über das *Gärtner*modell hin zum *Mitverantwortungs*modell als *Blickwinkelerweiterung* auffassen (vgl. dazu auch Lehnhoff 1998).

Dieser Aspekt wurde zwar von Harald Geißler bereits angedeutet, konnte aber letztendlich angesichts seines von der negativen Anthropologie Pranges beeinflussten philosophisch-anthropologischen Anspruchsniveaus noch nicht befriedigend genug entfaltet werden, da sich Geißler im Rahmen seiner Argumentation sonst in den Widerspruch verwickelt hätte,

– *einerseits* den Menschen als ein inhaltlich *nicht bestimmbares* Wesen, das sich selbst bestimmen muss, zu charakterisieren und
– *andererseits* eine *oberste konkrete, sprich: materiale ethische Norm* für das Managemententscheiden und -handeln zu fordern, die allgemeine Gültigkeit besitzt und nur noch „umgesetzt" werden muss, wodurch wiederum *Bestimmbarkeit* unterstellt bzw. gefordert werden würde.

So verbleibt in letzter Konsequenz auch bei Harald Geißlers sicherlich sehr weitreichend und umfassend ausgelegter Anregung nach wie vor die Frage offen, *wie denn* mit Managementaufgaben betraute Personen die - zunächst einmal als „Quadratur des Kreises" *scheinende* - Aufgabe lösen können,

– im qua Dialog vernünftigen Sinne die Interessen von am - wie auch immer definierten - Markt operierenden Organisationen mit denen der Betroffenen im Hause und außerhalb abzustimmen und dabei zu berücksichtigen, dass
– *jeder* Abstimmungsprozess in und von wie auch immer definierten Gemeinschaften den Charakter einer *politischen Handlung* aufweist, bei der vor dem Hintergrund einer beabsichtigten *Interessenwahrnehmung aller* - insbesondere angesichts der Verteilungsproblematik knapper Ressourcen - auch mit den in Teil 1 angesprochenen Faktoren *Macht* und *Widerstand* umzugehen ist (s.u., vgl. dazu auch Sutor 1991, S. 48ff)[83].

Vor diesem Hintergrund überrascht es denn auch nicht, dass auch Harald Geißler betont, dass die *methodische Herbeiführung diskursiver Bedingungen* für Unternehmens- und Managemententscheidungen keineswegs *stets* diskursiv erfolgen muss, sondern - situationsbedingt - mit großer Wahrscheinlichkeit zunächst einmal einen Rückgriff auf das *monologische* „Gärtner"-Modell oder gar das „Handwerker"-Modell erforderlich scheinen lässt, um nämlich seitens des Managements diejenigen Verfahren und Methoden entwickeln und ausgestalten zu können, „mit deren Hilfe die vorliegenden Managementbedingungen so zu ver-

---

[83] Auch wenn das sich dem transzendentalpragmatischen Ideal der Diskursethik angelehnte und anthropologisch ergänzte *Mitverantwortungsmodell* a priori Widerstand als *obsolet* erscheinen lassen müsste, da er *unvereinbar* mit einer *idealen Kommunikationsgemeinschaft* zu sein scheint, wird hier die Ansicht vertreten, dass sich das Entscheiden und Handeln im *realen* Kontext von Organisationen jedweder Art *ständig* mit Widerständen und Konflikten konfrontiert sieht und somit einer *permanenten politischen Auseinandersetzung* bedarf, worauf im Laufe dieses Kapitels einzugehen ist.

verbessern sind, dass sie den Ansprüchen, die das „Mitverantwortungs"-Modell stellt, tendenziell entgegenkommen" (Geißler 1996a, S. 126)[84].

Um diese These zunächst einmal aufzugreifen und dahingehend erweitern zu können, dass das Mitverantwortungsmodell einer *Präzisierung zwecks Umsetzung* bedarf, liegt es zunächst einmal nahe, zur Diskussion zu stellen, dass sich *alle* Organisationen als

– *kollektive Institutionen von (mit und ohne Führungsaufgaben betrauten) Menschen* darstellen, die sich (höchstwahrscheinlich) ursprünglich zusammengeschlossen haben, um ein - wie auch immer zustande gekommenes - *gemeinsames* Ziel zu verfolgen, um vor dem Hintergrund dieser kollektiven Erfolgsvorstellung(en) auch eigene Zielvorstellungen zu verwirklichen. Dies leitet dazu über, dass

– insbesondere Unternehmen als erwerbswirtschaftliche Organisationen (zunächst einmal) in ihre jeweilige *Gesellschaft und Kultur eingebettet sind*, was nicht nur daraus resultiert, dass sie ihre jeweiligen Produkte und Dienstleistungen dieser Umwelt anzubieten haben (sowie Energie und andere Güter aus der Umwelt aufnehmen, vgl. hierzu auch Bullinger 1997, S. 27), sondern auch, dass sich der potentielle Nachwuchs der Organisationen aus der Gesellschaft und ihren Werthaltungen rekrutiert, was unterstreicht,

– dass sich insbesondere Unternehmen unmittelbar dem *Spannungsfeld Effizienz* (Erstellung von Gütern, Dienstleistungen, Beitrag zur volkswirtschaftlichen Leistungserstellung, Funktion als Arbeitgeber und Steuerzahler, sprich: Erfolgsorientierung) - *Humanität* (kollektive Hinterfragung des dem unternehmerischen Denken und Handeln zugrunde liegenden Fortschrittsparadigmas vor dem Hintergrund einer sich zur Risikogesellschaft transformierenden Industriegesellschaft einerseits und knapper Ressourcen andererseits, sprich: Verständigungsorientierung) *ausgesetzt* sehen (vgl. dazu auch Enquete- Kommission des Deutschen Bundestages 1990, S. 29) und es sich demzufolge insbesondere bei

---

84   Dementsprechend bedarf es des erneuten Hinweises, dass selbstverständlich bestimmte Situationen des organisationalen Kontextes, in denen schnell gehandelt werden muss - zu denken ist beispielsweise an eine Notoperation im Krankenhaus -, zunächst einmal ein *dialogisches Thematisieren* im Sinne des Mitverantwortungsmodells unmöglich erscheinen lässt und statt dessen auf *Gärtner-* oder gar *Handwerker-* Verhaltensmuster zurückgegriffen werden muss. So zielt das Mitverantwortungsmodell dann auch *keineswegs* auf die *vollständige* Aufgabe von *Hierarchie* und *Macht* ab, sondern vielmehr auf eine qua kritisch mündigem und mitverantwortlichem *Dialog* zu erfolgende *Hinterfragung* des organisationalen Miteinanders und organisationalen Grundauftrages, die u.U. auch zeitversetzt zu erfolgen hat.

– Unternehmen eben insbesondere auch um *politische* Systeme handelt (s. Bleicher 1991), wobei es sich sowohl bei Willensbildungs- und Entscheidungsprozessen als auch bei der Umsetzung dieser Beschlüsse sowie der Rechtfertigung des organisationalen Handelns nach innen und außen um eine *kollektive Innen-* und *Außenpolitik* handelt (vgl. Petersen 1995, 1997).

Angesichts der von Geißler angeregten Problemlösung, die Ermöglichung des
Mitverantwortungsmodells nicht an festgelegte - lediglich *nur* noch zu *konkreti-
sierende* - Normen zu binden, sondern statt dessen die individuelle und im Dialog mit anderen erfolgende kritische Reflexion der dem Entscheiden und Handeln von Managementfunktionen wahrnehmenden Organisationsmitgliedern
zugrunde liegenden Orientierungsmuster *als Aufgabenfeld lebenslanger individueller und auch kollektiver Lernprozesse zu identifizieren*, wird hier der Vorschlag unterbreitet, dieser Problematik mit *Hilfe politischen Lernens* bzw. *politischer Bildung* zu begegnen.

Ein derartiges politisches Modell für die Gestaltung des unternehmensinternen
Miteinanders und *gleichermaßen* für die Beziehungsgestaltung der Unternehmung zur Außenwelt soll als **Mentorenmodell** bezeichnet werden,

– weil es erstens die Kommunikationsgemeinschaft zunächst einmal sensu Karl-
Otto Apel und Jürgen Habermas als *politische Gemeinschaft* von handelnden
Akteuren versteht, welche zwecks gegenseitiger, *vernünftiger* Interessenabstimmung
– auf den wertschätzenden Dialog reflexiv eigenständiger Menschen angewiesen ist, bei dem *alle* ihre Interessen, Ängste und Erwartungen austauschen
können,
– was wiederum zur Folge hat, dass *jeder* Beteiligte wie ein sich zur Wahl stellender *Politiker* prüfen muss, ob auch der *andere* das eigene Wollen und
Handeln akzeptieren kann. Durch eine derartige Offenheit für den Dialog
kann *jedes* Subjekt überprüfen, ob es etwas wirklich will, so dass der politische Dialog das eigene Wollen überprüft. Auf diese Weise sieht sich
– *jeder* Dialogpartner aufgefordert, sich im Sinne eines *Mentors* bzw. „väterli-
chen Freundes" gleichermaßen für die eigene Politik- und Dialogfähigkeit
verantwortlich und die des Mitmenschen *mitverantwortlich* zu fühlen und mit
Hilfe *ständigen Lernens* zu deren kontinuierlicher Verbesserung beizutragen.

Das *Mentorenmodell* greift somit grundsätzlich die Charakteristika und Ziele
des *Mitverantwortungsmodells* auf, erweitert diese aber zwecks Präzisierung
und Implementierung um die Komponente, *den Umgang im und des Unternehmens als Fragestellungen politischer Art* zu identifizieren und zu konkretisieren.

2.5.2. Charakteristika des Mentorenmodells

Die Diskurstheorie in der Auslegung Apels und Habermas' wurde dahingehend kritisiert, dass sie sich mit Hilfe *dialogischer Vernunft* nahezu ausschließlich dem Aspekt der *Normenbegründung* widmet und Fragestellungen der *Normenanwendung,* sprich: *der Implementierungsproblematik in konkret zielerreichungsorientierten Kontexten vernachlässigt* (vgl. u.a. Höffe 1987, S. 212ff). Das in dieser Erörterung verfolgte Bestreben, *mittels Dialog qua politischem Lernen eine Brücke zwischen Erfolgsorientierung einerseits und Verständigungsorientierung andererseits bauen zu können*, geht mit der Aufforderung einher, das Management aufzufordern und zu ermutigen, sich dem Wohl des Ganzen verpflichtet zu sehen, *um auch eine Verbesserung auf der gesellschaftlichen Ebene mit einzuleiten, die einer diskursiven Überprüfung standhalten als gemeinwohldienlich[85] eingeschätzt werden.*

Damit leistet *politisches Lernen einen Beitrag,* um insbesondere Unternehmen und ihr Management hinsichtlich einer „aktiven Gemeinwohlsuche" zu sensibilisieren, in welcher das Verhältnis zwischen Erfolgs- und Verständigungsorientierung im Management zu klären ist. Hierbei könnte es insbesondere auf folgende „Schlüsselqualifikationen" (s. Abschnitt 4) abkommen:

- Politisch-kulturelle Urteilskraft,
- Orientierungswissen,
- Innere Souveränität,
- Ethisches Reflexionsvermögen,
- Fähigkeit zum systemischen Denken in Alternativen und Optionen sowie
- Problemlösekompetenz (vgl. u.a. Steinmann/Gerum 1979, Dyllick 1989, 1991, Steinmann/Schreyögg 1997, Scherer 2000).

Vor diesem Hintergrund bedeutet Dialogisches Management, ermöglicht durch politisches Lernen, fähig und bereit zu sein, sich aktiv an der *Gemeinwohlsuche* zu beteiligen und dabei *ebenfalls* anderen behilflich zu sein, ständig die Gültigkeit der eigenen und organisationalen Zielvorstellungen zu überprüfen. Dies beinhaltet die Aufgabenstellung, im konstruktiv-dialogischen Sinne ständig zu stören und gleichzeitig „Hilfe zur Selbsthilfe" zu leisten.

---

[85]   Die Verwirklichung des Gemeinwohls wird im allgemeinen als die höchste Aufgabe staatlichen und staatsbezogenen Handelns angesehen (vgl. Sutor 1991), wobei im Sinne dieser Prämisse der Grad der Umsetzung von Gemeinwohlvorstellungen der entscheidende Maßstab für die Legitimation von Politik darstellt.

Das Aufgabenfeld *politischen Lernens* im Sinne des Mentorenmodells könnte dementsprechend darin liegen, sich gegenseitig Hilfe zur Selbsthilfe bei der Suche nach Antworten auf die Fragen zu geben:

– wie erkenne(n) ich/wir ein Organisationsproblem und seine Ursachen?
– wie setze(n) ich/wir in den besonderen Organisationssituationen in *vernünftiger Weise* die Instrumentalvariablen ein, um die Systemziele möglichst optimal zu erreichen?
– welche Alternativen habe(n) ich/wir und welche wähle ich/wir aus? Hierbei gilt es, die Einstellungen und das Verhalten der Individuen sowie die zwischen Gruppen ablaufenden Interaktionen und Prozesse zu erfahren und zu hinterfragen und ggf. auf sie einzuwirken und dementsprechend eine offenere vertrauensvolle Atmosphäre in dem sozialen System zu schaffen und dadurch zu einer besseren Problemlösung und einer besseren Aufgabenerfüllung beizutragen. Dies erfordert eine gleichmäßigere Machtverteilung anstelle autoritärer Machtzentralisierung, sprich: eine institutionalisierte *Kontrolle der Macht* statt institutionalisierter *Absicherung der Macht* sowie eine *dialogische, mitverantwortliche Teilnahmemöglichkeit* für alle Angehörigen des sozialen Systems an Entscheidungsprozessen. Um dies gewährleisten zu können, müssen *alle* Beteiligten die Fähigkeit und Bereitschaft besitzen, *sich selbst in Frage zu stellen bzw. stellen zu lassen* und Konflikte zur Lösung von Problemen *offen* auszutragen.

Hierzu bedarf es konkreter Hilfestellung im Sinne der Ermöglichung, Ausgestaltung und „ständige Pflege" einer

– *fachübergreifenden Reflexion* im Sinne einer *Integration* pädagogischer, soziologischer und psychologischer Fragestellungen im ökonomischen Denken und Handeln, da geistes- und sozialwissenschaftliche Erkenntnisse dem Manager von heute und morgen behilflich sein können, die „seelisch-soziale Wirklichkeit, die auch die Organisation außen umgibt und die sich im Unternehmen auf besondere Weise ausbildet" (Glasl 1995, S.60), zu erkennen und im Denken und Handeln zu verarbeiten sowie einer

– *kulturellen Reflexion*, wobei Kultur nicht länger als das Schöne, vom Alltag Abgehobene bezeichnet werden kann, welches im Gegensatz zu Gesellschaft, Politik und Ökonomie steht. Vielmehr kann durch kulturelle Bildung das Management dahingehend sensibilisiert werden, dass die Kultur im Sinne kollektiver Sinnkonstruktionen mit dem Alltag und der Gesellschaft dahingehend eng verflochten ist, dass sie die Grundlagen und Normen schafft, welche das Entscheiden und Handeln in der Gesellschaft und den einzelnen Subsystemen entscheidend mitprägen (vgl. Hennig 1989, S.14). Dementsprechend birgt das *aktive* politische Mitwirken an und in einer Kulturnation die Aufgabe in sich,

gemeinsame Weltbilder mitzugestalten, auf die sich zu berufen möglich ist.
Vor diesem Hintergrund kommt auf die Organisationen und das Management
zu, politische Prozesse über die Organisationsgrenzen hinaus anzuregen und
aktiv zu begleiten, zumal sich jede Organisation als Teil einer überaus vielschichtigen, dynamischen und komplexen Umwelt definieren lassen kann und
dieser Nutzen zu stiften hat.[86] Auf diese Weise wird die

– *gesellschaftspolitische Reflexion* unmittelbar angesprochen, geht es doch darum, zwecks Gemeinwohlsuche, über die Übernahme von Verantwortung die
„Synthese zwischen dem Ziele der individuellen Freiheit und jenem der sozialen Bindung" (Hennig 1989, S.19) zu ermöglichen. Eine Organisation, die
nicht nur nach innen, sondern auch nach außen, sprich zur Gesellschaft hin
attraktiv sein will, um einerseits ihre Produkte und Dienstleistungen anbieten
und vertreiben zu können und andererseits ihren Nachwuchs aus eben dieser
Gesellschaft zu rekrutieren beabsichtigt, kann gesellschaftliche Einflüsse und
Bedürfnisse nicht ignorieren oder gar negieren, sondern scheint zunehmend
vor der Notwendigkeit zu stehen, schneller als der Mitbewerber gesamtgesellschaftliche Trends zu erkennen und dementsprechend zu handeln[87].
Hieraus ergibt sich der Querverweis zur

---

[86] Hierbei gilt es, zu betonen, dass derartige Funktionen nur zum kleinen Teil durch be-
      stimmte Steuerorgane dieser Systeme definiert und den Organisationen vorgegeben
      werden können, sondern sie müssen von den Organisationen selbst erfasst und interpre-
      tiert werden. Zu denken ist beispielsweise an vom Staat gesetzte Rechtsnormen, deren
      Einhaltung durchgesetzt werden kann, aber insbesondere auch an den Umgang mit ge-
      sellschaftlichen Anspruchsgruppen, die zwar nicht unmittelbar über die staatliche
      Zwangsgewalt verfügen, aber andere Sanktionsmöglichkeiten wie z.B. Boykottierung,
      Mobilisierung der öffentlichen Meinung usw. haben (vgl. u.a. Dyllick 1989). Da sich
      insbesondere gesellschaftliche Ansprüche rasch verändern können und oft untereinander
      widersprüchlich erscheinen, ergibt sich daraus, dass - wie gezeigt - zwar die Organisati-
      onen in ihrem Entscheiden und Handeln *niemals* im Einklang mit *allen* in einer *pluralis-
      tischen Gesellschaft* vertretenen Werthaltungen stehen können (vgl. Ulrich/Probst 1990,
      S. 241), aber dennoch auf eine ständige Dialogbereitschaft und -fähigkeit angewiesen
      sind

[87] Ein damit eng verbundenes Phänomen liegt im gesellschaftlichen Wertewandel, welcher
      seit den 1970er Jahren in den Ländern des Westens festgestellt werden kann und auch
      auf die Einstellung zur Arbeit zurückstrahlt (vgl. u.a. Inglehart 1977). Während nämlich
      die Nachkriegsgeneration ihren Sinn primär im Wiederaufbau und der Herstellung des
      wirtschaftlichen Wohlstands gesehen hat und sich politischen, gesellschaftlichen, öko-
      nomischen und erst recht ökologischen Fragestellungen gegenüber eher passiv verhalten
      hat, hat die nachfolgende Generation, für die die Befriedigung elementarer Bedürfnisse
      nahezu selbstverständlich war, am besonderen Beispiel der 1968er Bewegung die E-
      manzipation vom Regelwerk der Gesellschaft und ihren ökonomisch-zentrierten Zwän-
      gen eingefordert. Bisher vermittelte Werte wie Pflichtbewusstsein, Pünktlichkeit, wel-
      che u.a. das Funktionieren ökonomischer Strukturen und Abläufe begünstigte, wurden
      nunmehr als Bejahung von Herrschaftsstrukturen verstanden und nicht zuletzt auch we-
      gen ihrer Pervertierung im NS-Regime abgelehnt (vgl. dazu auch Noelle-

– *handlungsorientierten und kreativitätsfördernden Reflexion*, da im Verlauf der bisherigen Diskussion deutlich werden sollte, dass das bisherige neuzeitlich-mechanistische, monokausale Rationalitätsverständnis im Sinne des Handwerker- und auch Gärtner-Modells sicherlich als verkürzt für die Lösung umfangreicher Problemstellungen in hochkomplexen Systemen am Beispiel einzelner Organisationen und der (globalen) Gesellschaft angesehen werden kann.

– Statt dessen ermöglicht erst die handelnde Bereitschaft zum Dialog reflexive Eigenständigkeit im Sinne der oben von Ulrich Beck zitierten Aufforderung Montaignes, *sich seines eigenen Zweifels zu bedienen* und schafft die Grundlage zu einer Mitgestaltung des Gemeinwesens qua politischem Lernen bzw. politischer Bildung.

Diese verschiedenen Reflexionsforen können als *Fundament* für eine politisch relevante reflexive Eigenständigkeit aufgefasst werden.

2.6. Zusammenfassung

Die - ursprünglich auf die Vorstellungen Immanuel Kants rückführbaren und diskursiv weiterentwickelten - Gedanken von Karl-Otto Apel und Jürgen Habermas sowie der von Harald Geißler vorgeschlagene Ansatz, die Diskursethik mit Hilfe pädagogisch-philosophischer Fragestellungen *managementethisch auszulegen und zu erweitern,* unterstreichen, dass sich *reflexive Eigenständigkeit* von Menschen im allgemeinen und mit Führungsaufgaben betrauten im besonderen sowohl *kommunikations-* als auch *lerntheoretisch* entfaltet.

Vor diesem Hintergrund speist sich *reflexive Eigenständigkeit* dann auch aus mehreren Quellen, nämlich
– aus einer *kritischen Mündigkeit* im Umgang des Subjekts mit sich und seinem Aufgabenfeld sowie
– aus der sich mit Hilfe der Diskursethik entfaltenden *aktiven Mitverantwortung* gegenüber den Interessen, Haltungen, Erwartungen und Ängsten des bzw. der (bereits lebenden und noch nicht geborenen) Mitmenschen sowie einer - qua *aktivem politischen Lernen, Entscheiden und Handeln* ständig zu überprüfenden

---

Neumann/Strümpel 1984, Rürup 1989, S.45). Die Zunahme an intrinsischen Bedürfnissen im gesamtgesellschaftlichen Spektrum lässt sich auch als Herausforderung für Manager verstehen, die Interessen der Mitarbeiter, ihrer Angehörigen sowie sonstiger Anspruchsgruppen von vornherein mit zu berücksichtigen, um global-gesellschaftlich ein verantwortungsbewusstes Handeln zu ermöglichen (vgl. Petersen 1993).

– *Gemeinwohlsuche*, wobei erst die ständige Bereitschaft und Befähigung zum Dialog die Basis für eine permanente Überprüfung des eigenen Entscheidens und Handelns bietet.

Hieraus ergibt sich, dass *reflexive Eigenständigkeit* im Sinne einer dialogisch zu erarbeitenden Erkenntnistheorie letztendlich nur in der Aushandlung mit anderen zur Entfaltung kommen sowie ständig überprüft und weiterentwickelt werden kann. Dies erfordert zunächst einmal einerseits die Fähigkeit und auch das *Wollen*, selber vernünftig zu lernen, und andererseits eine *Sozialkompetenz*, die dazu befähigt, auch dem/den Mitmenschen ein vernünftiges Lernen zu ermöglichen.

Das *Mentorenmodell* zielt dementsprechend darauf ab, mit Managementaufgaben betrauten Personen insbesondere in Unternehmen behilflich zu sein, ihr Orientieren, Entscheiden und Handeln moralisch vertretbar zu gestalten und *qua politischem Lernen* somit auf eine *vernünftige Grundlage* zu stellen.
Hierbei wird davon ausgegangen, dass die mit dem Mentorenmodell einhergehende ethische Bindung des Managementhandelns hinsichtlich des zuvor unterstellten *handlungslogischen Eigensinns* der diversen Kontexte und Märkte *nicht* im Gegensatz zu den damit verbundenen (möglicherweise primär erfolgsorientierten) Zielvorstellungen steht, sondern statt dessen durch eine aktive Beteiligung an der Gemeinwohlsuche Inhumanität und Unvernunft zu bändigen hilft.

Auf diese Weise kann **Dialogisches Management** als **Ermöglicher eines ethisch begründeten Managements bzw. einer ethisch begründeten Führung** *in* und auch *von* Organisationen die Weichen dafür stellen, dass sich reflexiv eigenständige Persönlichkeiten in ihren jeweiligen Kontexten als überzeugte - gleichsam kritisch mündige und mitverantwortliche - Mitgestalter ihres jeweiligen organisationalen Kontextes und der (globalen) Gesellschaft verstehen.

Dies kann erreicht werden,

– wenn *einerseits* die Bereitschaft vorhanden ist, Position für das zu beziehen, was gemäß den eigenen Wertvorstellungen als das *Bessere* bzw. *Gerechtere* oder *Humanere* definiert worden ist, *andererseits* aber auch auf den Anspruch verzichtet wird,
– im Besitz der höheren politischen Wahrheit zu sein, zumal es in
– politischen Lernprozessen nicht darum gehen kann, *die endgültige gute Ordnung herzustellen*, sondern statt dessen darum,
– menschliche Imperfektheit *schrittweise zu wenden* (vgl. u.a. Benner 1991, Sutor 1991, S. 327).

Als konkreter Ansatzpunkt der Wissenschaft, *reflexive Eigenständigkeit und Dialog als sinnvoll für die Gestaltung des organisationalen Miteinanders sowie der Beziehung zur Außenwelt zu erachten*, ist die oben als primär verständigungsorientiert identifizierte *unternehmensethische* Diskusssion anzusehen, welche auch eine zunehmende (erwachsenen-) pädagogische Begleitung erfährt (s. hierzu Geißler 1997, Kern 1997, Lempert 1997, Pöggeler 1997, Petersen 1997).

3. Wirtschafts- und Unternehmensethik als Anstöße zur Entfaltung ökonomischer Vernunft – Grundlagen für Dialogisches Management?!

Im dritten Abschnitt wird beabsichtigt, die Ansprüche des sich oben immer noch zu nebulös darstellenden *verständigungsorientierten Managements* mit Hilfe *unternehmensethischer* Fragen sowie mit der der Gedanken des Managementtheoretikers Werner Kirsch zur Ermöglichung „Fortschrittsfähiger Organisationen" darzulegen. Aus diesem Grunde bietet es sich an, ausgesuchte Ansätze zur Wirtschafts- und Unternehmensethik als Ansatzpunkte zu Hilfe zu nehmen, um einerseits den Anspruch an verständigungsorientiertes Managemententscheiden und –handeln zu präzisieren und andererseits noch einmal zu unterstreichen, dass in dieser Erörterung Verständigungsorientierung *nicht als unvereinbar* mit Erfolgsorientierung gesehen wird.

3.1. Wirtschafts- und Unternehmensethik im Spannungsfeld zwischen Normenbegründung und Normenanwendung

Die bisherigen Ausführungen sollten auf die Frage hinweisen, *wie sich* denn in Zeiten tiefgreifenden Wandels und Meinungspluralität vernünftiges Wirtschaften definieren lassen kann und *wie* sich dabei das Verhältnis zwischen *ökonomischer Rationalität* und *allgemeiner Vernunft* vorstellen und gestalten lässt. Angesichts dieser Fragestellung werden im folgenden drei Ansätze vorgestellt, die sich dieser Thematik unter verschiedenen Präferenzen annähern.

Hinsichtlich der bisherigen Überlegungen zur Ausgestaltung eines dialogischen Managements liegt es nahe, mit dem unternehmensethischen Ansatz Peter Ulrichs, der Unternehmensethik primär als Problematik der *Normenbegründung* auffasst, zu beginnen.

3.2. Ausgewählte Ansätze zur Unternehmensethik

3.2.1. Wirtschafts- und Unternehmensethik als primäre Thematik der Normenbegründung - Zum Ansatz von Peter Ulrich

Peter Ulrich formulierte bereits in den 1970er Jahren den Anspruch, Unternehmen als *gleichermaßen* ökonomische *und* gesellschaftliche Institutionen zu verstehen (Ulrich 1977).

Diese Aussage leitete seine Forderung nach einem *fundamentalen Übergang* von einer rein *utilitaristischen* zu einer *kommunikativ-ethischen Rationalitätskonzeption* in der Ökonomie ein, um zu erreichen, dass mehr *ethisch-praktische Vernunft* in die betriebswirtschaftliche Rationalität und das damit einhergehende unternehmerische Entscheiden und Handeln hineingebracht wird.

Auf diese Weise wird durch Ulrich eine kritische Hinterfragung des rein *erfolgsorientiert-ökonomischen Rationalitätsprinzips* vorgenommen, welches sich auf primär zweckrationales Handeln bei vorgegebenen Zielen sowie auf die Ausdehnung technischer Verfügungsgewalt beschränkt. Ulrich betrachtet eine rein zweckrationale Ausrichtung ökonomischen Denkens und Handelns nämlich als *zu eindimensional* und sieht einen *dringenden Ergänzungsbedarf* in Richtung Ausgestaltung einer *praktisch-kommunikativen, sprich: verständigungsorientierten Vernunft.*

Hinsichtlich dieses Anspruches argumentiert Ulrich dahingehend, dass *Rationalität* oder die Frage, *wie* vernünftig zu handeln ist, *sowohl* das Grundthema der praktischen Philosophie (i.S. der praktischen Vernunft Kants, s.o.) *als auch* der Wirtschaftstheorie (Ökonomische Rationalität) ist. Ulrich versucht dementsprechend, die durch die „atlantische Wendung" entstandene Lücke zwischen praktischer Philosophie und Ökonomie wieder zu schließen. Somit kommt einer modernen Wirtschaftsethik - will sie *wirklich* vernünftig sein - die Aufgabenstellung zu, eine methodische Vermittlung der Ökonomischen Rationalität mit ethisch-praktischer Vernunft vorzunehmen, um die Ökonomische Rationalität, deren Auswirkungen und Nebenfolgen sich in Risikogesellschaften immer häufiger unvernünftig darstellen, selbst „zur Vernunft" zu bringen. Mit den Worten Ulrichs: „Das Grundthema von Wirtschaftsethik *als Wissenschaft* kann kein anderes als die ökonomische Vernunft selbst sein. *Es gibt keine vernünftige Wirtschaftsethik jenseits der ökonomischen Rationalität - und keine wohlverstandene ökonomische Rationalität diesseits praktischer (ethischer Vernunft).* (...) Es kommt gerade auf die praktisch-philosophische, kommunikativ-ethisch fundierte Vermittlung von wirtschaftswissenschaftlicher Rationalität und sittlichem Engagement an, und das heißt auch: auf die philosophische Vermittlung von Theorie und Praxis" (Ulrich 1986, S.344).

Eine Möglichkeit, dies zu erreichen, liegt für Ulrich in der im Rahmen seiner Habilitationsschrift angeregten Transformation der Ökonomie in eine *praktische Sozialökonomie*, die der autonomen, „atlantischen" Ökonomik *kategorial* gegenübersteht und den Selbstanspruch stellt, eine *regulative Idee vom vernünftigen Wirtschaften* zu entfalten, welche bereits *in sich* den ethischen Ansprüchen einer modernen (Risiko-) Gesellschaft genügt (vgl. Ulrich 1986, S. 125)[88].

Das erkenntnisleitende Interesse dieser „kritischen Leitidee sozial-ökonomisch-vernünftiger (rationaler) betriebswirtschaftlicher Praxis" (Brewing 1995) liegt dementsprechend in „der Erfassung wirtschaftlicher Tatbestände und Handlungs- bzw. (darin, J.P.), Gestaltungsprobleme im lebensalltäglichen Gesamtzusammenhang auszudrücken; sie betrachtet im Unterschied zur autonomen Ökonomik ihre Gegenstände nicht ausschließlich unter der Perspektive der funkti-

---

[88]   Ulrich bezieht sich in seinem Vorschlag zwar nicht unmittelbar auf die im gleichen Jahr erschienenen Gedanken Ulrich Becks zur Risikogesellschaft, würde jene aber sicherlich als Bestätigung seiner eigenen Vorstellungen ansehen.

onsrationalen Systemsteuerung, sondern aus dem Blickwinkel der Lebenswelt" (Ulrich 1993, S. 341f).

Ulrich setzt sich mit der Frage, *wie moderne Wirtschaftswissenschaft praktisch sein kann*, dahingehend auseinander, indem er betont, dass praktische Sozial-ökonomie nicht etwa im Sinne einer moralisierenden *Begrenzung* einer als solche nicht hinterfragten ökonomischen Rationalität von *außen* her zu verstehen ist, sondern *gerade* umgekehrt um ihre philosophisch-ethische *Erweiterung* von *innen* her. Mit anderen Worten: Es geht angesichts ständiger Verteilungsprobleme in Anlehnung an das „Pareto-Optimum"[89] im marktwirtschaftlichen Kontext um eine *methodische Versöhnung* von ökonomischer Rationalität und ethischer Vernunft. Die grundlegende Aufgabe, die sich dabei stellt, ist die Rekonstruktion des normativen Fundaments der ökonomischen Rationalitätskonzeption, das noch immer aus dem 18. Jahrhundert stammt und das „atlantische Denken" einleitete, auf dem Niveau der heutigen praktischen Philosophie (vgl. Ulrich 1986, S. 125).

Kurz: Ulrich ist davon überzeugt, dass in marktwirtschaftlich geprägten westlichen Demokratien *die ökonomische Vernunft nicht ohne normative Voraussetzungen auskommen kann.*

Aus diesem Grunde könnte Peter Ulrich vermutlich mit der hier vertretenen These einhergehen, ökonomische Vernunft als sinnvolle Synthese von Erfolgs- und Verständigungsorientierung zu identifizieren, wobei zweifellos Ulrichs Hauptanliegen in der Verständigungsorientierung liegt.

Der „Schlüssel" zum Umdenken in Richtung eines *umfassenden* Überprüfens der bisherigen Denk- und Handlungsgrundlagen und einer schrittweisen Wendung der insbesondere von Jürgen Habermas angesprochenen *Kolonialisierung der Lebenswelt* durch den zweckrationalen ökonomischen Primat liegt für Ulrich im *herrschaftsfreien Diskurs* bzw. den Vorstellungen der Transzendentalpragmatik (vgl. dazu auch Ulrich 1995, S.243). Der Weg *praktischer Verständigungslösungen* scheint Ulrich aufgrund (zumindest momentan) fehlender *innerökonomischer Lösungsansätze* für die oben angesprochenen Rationalitätsprobleme nur konsequent zu sein.

Das sozialökonomische Rationalitätsproblem am konkreten Beispiel des Verteilungsproblems in der Marktwirtschaft verweist nämlich auf die Notwendigkeit

---

[89] *Pareto-Optimalität* weist auf einen Zustand hin, demzufolge es nicht mehr möglich ist, ein Mitglied der Gesellschaft besser zu stellen, ohne nicht mindestens ein anderes zu benachteiligen. Aus diesem Grunde muss nach Möglichkeiten gesucht werden, die *zwar* die Lage einzelner verbessern, aber nicht zuungunsten anderer. Kurz: Die mögliche Besserstellung von Individuen erscheint weniger konfliktträchtig und damit auch wünschenswerter als in der Situation des Pareto-Optimums, in der derartige individuelle Verbesserungen zwangsläufig zuungunsten anderer Gesellschaftsmitglieder erfolgen *müssen* (vgl Nutzinger 1994).

einer *sprachpragmatischen Aufhebung*, in der freie und reflexiv-eigenständige Menschen *vernünftig* argumentieren, um diesbezügliche Problemlösungen entwickeln zu können. Das ökonomische Kalkül wird hierbei *systematisch* in gesellschaftliche Verständigungsprozesse eingebunden, für deren Gestaltung in einer freiheitlich-demokratischen Gesellschaft die *Diskursethik* den idealen Orientierungsrahmen bzw. -horizont weist (s. Apel 1988, S. 272, der die Diskursethik als „Ethik der Demokratie" bezeichnet hat, auch Ulrich 1994, S. 83f).

Die von Ulrich vorgenommene wirtschafts- und unternehmensethische Anlehnung an die Transzendentalpragmatik mit ihrem *Normenbegründungsprimat* lässt sich dahingehend deuten, dass sich für Peter Ulrich - in konsequent „fundamentalistischer" Abgrenzung zu den in Teil 1 dargestellten erfolgsorientiert-liberalistischen Vorstellungen Milton Friedmans – die Zielsetzung des Unternehmens *nicht länger ausschließlich* durch ökonomische Ziele wie Gewinnmaximierung bestimmen lassen *darf*, sondern *ständig* sowohl intern als auch mit der Außenwelt im Sinne eines dialogischen und sozialen Prozesses *neu auszuhandeln* ist.

Hieraus ergibt sich für Ulrich die Konsequenz, dass in der Unternehmenspolitik generell das Gewinnziel selbst nur *neben anderen Zielen* Berücksichtigung finden soll. Hierbei stellt Peter Ulrich geradezu *grundlagenkritisch* die Forderung nach einer *multidimensionalen* Zielfunktion unter Einschluss ethischer Ziele auf, die sich der „republikanischen" Kritik und Diskussion (s. Steinmann/Löhr 1994, 1997) unterwerfen muss, so dass *in dubio* die *Ethik Vorrang vor der Ökonomik hat* und somit eine „Durchbrechung" der „atlantisch" ökonomisch-dominierten Logik erfolgt (vgl. Homann 1997, S. 187).

Die „Daseinsberechtigung" eines Unternehmens liegt für Ulrich ausschließlich in seinem *vernünftigen* (und nicht primär erfolgsorientiert-ökonomischen Gesetzmäßigkeiten unterliegenden) *Beitrag zum gesellschaftlichen Interessenausgleich* als einer *genuin* unternehmensethischen Leistung begründet. Dies kann dahingehend gedeutet werden, dass es zur gesamtgesellschaftlichen Verantwortung der Unternehmung gehört, die *ethische Leistung* des Unternehmens *so* zu verbessern, dass die externen Effekte der unternehmerischen Tätigkeiten *inkorporiert* werden (vgl. Steinmann/Löhr 1997).

Die von Peter Ulrich verfolgte „Aufdeckung der normativen Bedingungsmöglichkeiten wirtschaftlichen Handelns" (Geißler 1997) lässt sich folglich als Bemühung kennzeichnen, eine Norm zu *identifizieren*, welche geeignet ist, konkurrierende moralische Ansprüche zu *bewerten*. Der oben dargelegten Argumentationslinie der Transzendentalpragmatik folgend, können für Peter Ulrich strittige Normen *auch* im ökonomischen Kontext *nur dann* als gerechtfertigt gelten und Gültigkeit beanspruchen, wenn sie das formale Prozedere eines *praktischen Diskurses* durchlaufen haben.

Hinsichtlich dieses *verständigungsorientierten Anspruches* schlägt Ulrich (1987, S. 321f.) *folgende drei Prinzipien* vor, die sich auch im Sinne eines dialogischen Managements deuten lassen können:
a) Wo die Voraussetzungen der Verständigungsgegenseitigkeit erfüllt sind oder ihre Erfüllung im Zeithorizont der anstehenden Verantwortungsprobleme möglich ist, handelt *derjenige* verantwortlich, *welcher* den Dialog mit den Betroffenen *real* führt.

b) Wo die Voraussetzungen der Verständigungsgegenseitigkeit aus prinzipiellen Gründen nicht erfüllbar sind (Zukunftsverantwortung für Ungeborene), handelt *derjenige* verantwortlich, *welcher* stellvertretend einen *fingierten Dialog* in „einsamer" Reflexion vollzieht.

c) Wo die Voraussetzungen der Verständigungsgegenseitigkeit lediglich aus pragmatischen Gründen vorläufig nicht erfüllbar sind, handelt *derjenige* verantwortlich, *welcher* zunächst stellvertretend die einsame Verantwortung übernimmt, zugleich aber sein Handeln an der regulativen Idee der (längerfristigen) *Realisierung der idealen in der realen Kommunikationssituation* orientiert."

Die *Arenen* für ethische Konflikte im Kontext ökonomischen Denkens und Handelns sind folglich für Ulrich *die einzelnen Unternehmen* und der Anspruch an sie, durch den Diskurs vernünftig ökonomisch zu handeln, und nicht etwa - wie anhand der Argumentation Karl Homanns noch zu zeigen sein wird - die *Wirtschaftsordnung*, innerhalb derer die „kollektiven Akteure" agieren.

3.2.1.1. Zur kritischen Würdigung der Vorschläge Peter Ulrichs

In bezug auf die oben dargelegten Charakteristika eines dialogischen Managements ist Peter Ulrich zweifellos zuzustimmen, wenn er betont, dass eine „funktionierende" zwischenmenschliche Kooperation sowohl organisationsintern als auch im Umgang mit externen Anspruchsgruppen *immer auch auf normativen Grundlagen beruht*, die er als „Ethos der Kooperation" (vgl. Ulrich 1988) bezeichnet. Dementsprechend *scheint seine verständigungsorientiert-motivierte Kritik* berechtigt zu sein, dass die moderne Organisations- und Managementlehre das Koordinationsproblem in komplex-arbeitsteiligen Organisationen lange Zeit nahezu ausschließlich *erfolgsorientiert-sozialtechnologisch* konzipiert und als *Problem* von *Planungs-, Organisations- und Führungstechnik* verstanden und ausgelegt hat. Dieser Aspekt wurde ebenfalls oben im Rahmen der Kritik am Planungsprimat sowie den gängigen Führungstechniken zum Ausdruck gebracht.

Dementsprechend ist Ulrichs Schlussfolgerung, dass Organisationen *nur dann* vernünftig und leistungsfähig sein können, wenn eine *vernünftige Kooperations-kultur* gepflegt und dabei auch der Markt als *mitverantwortlich bzw. ethisch zu gestaltende Größe* angesehen wird, *zunächst als deckungsgleich* mit den An-sprüchen gegenüber einem dialogischen Management anzusehen, zumal Ulrich einen kategorischen Bruch mit dem in puncto Ausschließlichkeit als verkürzt charakterisierten erfolgsorientiert-atlantischen Denken mit seinem, sich von an-deren Gesellschaftsbereichen *strikt abgrenzenden Normengerüst* vornimmt.

Die Anregungen Ulrichs zur Ausgestaltung einer praktischen Sozialökonomie zeigen konsequent auf, dass auch das genuine Betätigungsfeld von Unterneh-men, nämlich der Markt, mit dem kulturellen und dem politischen System in Wirklichkeit *so eng* verzahnt ist, dass *Marktmitgestaltung* a priori ständig auch *gesellschaftspolitische* Auswirkungen hat und dass sich somit der ökonomisch Handelnde eben *genauso* als ein dem *Gemeinwohl* verpflichteter *homo politicus* darstellt (vgl. Ulrich 1986, S. 231ff.).

(Reflexiv-eigenständige) Marktmitgestaltung bedeutet nämlich, sowohl unter ökonomischen als auch unter gesellschaftspolitischen Rahmenbedingungen und Ansprüchen hinsichtlich der Begründung ethischer Ansprüche auch faktisch vor-liegende und umsetzbar scheinende normative und empirische Bedingungen des jeweiligen Kontexts zu berücksichtigen.

Aus diesem Grunde ist auch Peter Ulrich dahingehend zuzustimmen, dass sich eine *wirklich glaubwürdige* Wirtschafts- und Unternehmensethik *eben* als *wirk-liche* Wirtschafts- und Unternehmensethik begründen muss und nicht etwa *als eine irgendwie definierte Form der Modifikation allgemeiner Ethik im ökonomi-schen Kontext.*

Die mit dieser Argumentation einhergehende von Ulrich vorgenommene Verab-schiedung von zweckrational-linearen Ableitungsmustern, welche von vermeint-lichen Marktvorgegebenheiten und -bedingungen ausgingen (bzw. immer noch ausgehen), zugunsten dialogisch kreativ-innovativer Gestaltungs- und Verant-wortungszusammenhänge, bietet einen Rahmen, mit Hilfe des Dialoges *konse-quent* Innovations- und Kreativitätsprozesse *im* Unternehmen und *des* Unter-nehmens auszulösen.

Für ein dialogisches Management im Kontext einer Wirtschafts- und Unterneh-mensethik im Sinne Ulrichs (1994) entstehen daraus folgende exemplarische Konsequenzen:

- Es müssen durch den Dialog ethische Kriterien und Standards entwickelt werden, wodurch die ethische Qualität von Intentionen, Zielen, Normen und Werten im ökonomischen Kontext eingeschätzt werden kann.
- Die entwickelten ethischen Kriterien und Standards unterliegen einer „Vorbehaltsklausel", welche der Tatsache Rechnung tragen muss, dass sie nur den *gegenwärtigen* Stand des Wissens und Wollens der Dialogpartner

spiegelt. Hierbei wird aufgrund der Vorläufigkeit unberücksichtigt gelassen, was in Zukunft gewollt und welche ethischen Ansprüche später an die gegenwärtig ablaufende oder abgeschlossene Ethikdiskussion gestellt werden.

- Der Vorbehalt darf allerdings nicht dahingehend verstanden werden, dass die Dialogpartner entscheidungs- und handlungsunfähig werden. Wirtschafts- und Unternehmensethik hat somit auch in der Argumentation Peter Ulrichs die Aufgabe, Mut zu machen, das Wagnis begründungsbedürftigen Entscheidens und Handelns einzugehen und sich proaktiv der Zukunft zu stellen. Nur so lässt sich eine „sittliche Höherentwicklung der Organisation" einleiten. (vgl. dazu Kirsch 1990, S. 487ff., Petersen 1993).

Zusammengefasst: Dialogisches Management bekäme hinsichtlich des *verständigungsdominierten Anspruchshintergrunds* Peter Ulrichs die Aufgabe zugewiesen, *einen entscheidenden Beitrag zur Legitimierung der sozio-ökonomischen Praxis zu leisten.*

Trotz dieser vielversprechenden Möglichkeiten einer praktischen Sozialökonomie setzt sich Peter Ulrich allerdings *der* Kritik aus, die bereits oben prinzipiell am Konzept der Transzendentalpragmatik Apels und Habermas' geübt wurde.

Es gehört nämlich zu den *entscheidenden* Defiziten in Ulrichs (primär) unternehmensethischer Argumentation, nicht *eindeutig genug* zu unterstreichen, mit Hilfe *welcher* Vorgehensweisen *denn nun* das *Normenimplementierungsproblem* insbesondere im ökonomischen Kontext gelöst werden soll, um sowohl die unternehmerische Zielerreichung zwecks Sicherstellung der Handlungsfähigkeit (s.u. die Ausführungen von Kirsch) als auch den Unternehmensbeitrag zum „gesellschaftlichen Frieden" (s.u. die Anregungen von Steinmann/Löhr) dauerhaft zu sichern.

Die von Peter Ulrich vorgenommene *eindeutige Präferierung* des Normenbegründungsproblems mit Hilfe herrschaftsfreier Diskurse bei einer *Hintanstellung* des Implementierungsproblems - von ihm belegt durch ausgewählte Praxisfälle und -trends (vgl. Ulrich 1986, S. 443ff, 1994, S. 92ff.) - *kann als Versuch gedeutet werden, zu unterstreichen*, dass nämlich normative Bedingungen vernünftigen Argumentierens im Sinne der praktischen Sozialökonomie als die normativen Bedingungsmöglichkeiten wirtschaftlichen Handelns eine *derartige* normative Kraft aufweisen, welche „geradezu automatisch" ihre eigene Anwendung erzwingen (müssen).

Hinsichtlich dieser These liegt die Vermutung nahe, dass sich Peter Ulrich, der sich in seinen Vorstellung in der philosophischen Tradition von Kant, Hegel und Marx befindet, von einem „geschichtsdynamischen Verständnis" leiten lässt, nach dem die Weiterentwicklung hin zum moralisch Guten „vorprogrammiert" ist und durch konsequente Verständigungsorientierung nur noch abgerufen werden muss (vgl. Geißler 1997).

Die ökonomischen Rahmenbedingungen einer kapitalistischen Marktwirtschaft zeigen *allerdings* auf - dies sollte in Teil 1 verdeutlicht werden -, dass überwiegend *reale bzw. strategische Diskurse* vorherrschen, die meist *eben nicht* konsensual-kommunikativ, sondern unter erfolgsorientierten Prämissen insbesondere von Einzelinteressen und (mikropolitischen) Machtspielen *dominiert* werden. Diese Kritik bekommt schon allein dadurch noch eine besondere Qualität, da es sich insbesondere bei am Markt operierenden Unternehmen *eben nicht* in erster Linie nur *um Normenbegründungs- und Aushandlungsinstanzen* - von Steinmann/Löhr (1997) etwas jovial als „Talking-Shops" bezeichnet – handelt. Wirtschaftsunternehmen in einem kapitalistischen Marktwirtschaftssystem sind zunächst einmal als „working shops" (Steinmann/Löhr 1997) im Sinne von *Wertschöpfungszusammenschlüssen* zu sehen, in denen ein konkreter ökonomischer Nutzen verfolgt werden muss, um zunächst einmal das ökonomische Überleben dahingehend zu sichern, dass - systemtheoretisch formuliert – auch weiterhin *jederzeit* Beobachter die Grenzen des sozialen Systems Unternehmung wahrnehmen und beschreiben können (vgl. Petersen 1997).

Hinsichtlich dieser Bedenken, dass der ökonomische Kontext weitgehend von *vielfältigen Zwängen* und Machtaushandlungsprozessen bestimmt ist, muss die Wahrscheinlichkeit dann auch als sehr hoch eingeschätzt werden, dass vor diesem Hintergrund *eher* mit erfolgsorientiertem bzw. strategischen und *eben nicht* mit einem *strikt konsensual* kommunikativen Handeln zu rechnen ist[90].
Dieser Problematik scheint sich auch K.-O. Apel (1990, S. 134) bewusst gewesen zu sein, als er das Konzept des *„moralisch-strategischen Ergänzungsprinzips"* (Teil B) vorgeschlagen hat (s.o.).
Apels Teil B kann auch gegenüber Ethikern wie Peter Ulrich als „kritischer Fingerzeig" gegenüber einem angeregten Normenbegründungsprimat betrachtet werden, indem nämlich eindeutig der Anspruch erhoben wird, die *empirischen Ausgangsbedingungen* bei allen *ethischen Forderungen* zu berücksichtigen.

Apel sieht nämlich insbesondere in bezug auf den ökonomischen Kontext deut-

---

[90]   Eine solche Skepsis wird durch die oben bereits angedeuteten Arbeiten zur *Mikropolitik* in Organisationen (Cozier/Friedberg 1979, Küpper/Ortmann 1988) gestützt, in welchen betont wird, dass in jeder Interaktion *Macht* entsteht, wenn nämlich jemand über materielle, geistige oder emotionale „Ressourcen" verfügt, an deren Teilhabe eine andere Person Interesse hat, ohne über sie verfügen zu können (vgl. dazu auch Petersen 1995). Eine genaue Betrachtung menschlicher Zusammenschlüsse oder sozialer Systeme (Luhmann 1984) führt dazu, dass dieser Faktor grundsätzlich immer zutrifft, da *jeder* Beteiligte ein Interesse an einer zumindest minimalen Anerkennung durch die anderen hat, die letztere ihm allerdings *jederzeit* auch verweigern können. Gerade dieser Aspekt ist ein Charakteristikum für Organisationen, da in ihnen *soziale Bindungen* vorherrschen, die sich derartig charakterisieren lassen können, andere zu binden und durch andere wiederum im Kontext der Gemeinschaft (ein)gebunden zu sein (vgl. Geißler 1994).

lich die Gefahr, dass der Ansatz Peter Ulrichs als „*gesinnungsethisch-utopische Konzeption der Unternehmensethik*" zu betrachten ist,

- weil in ihm grundsätzlich unterstellt wird, dass *alle* gesellschaftlichen Institutionen (und somit auch die des ökonomischen Kontextes) konsequent nach dem Konsensprinzip vernünftig organisiert werden können und somit die Charakteristika und Begleitscheinungen realer Diskurse negiert werden, wobei
- die Komplexität des Steuerungsproblems (insbesondere der Wirtschaft) in hochentwickelten Industriegesellschaften sträflich vernachlässigt wird (vgl. Steinmann/Löhr 1997).

Peter Ulrichs unternehmensethisches Konzept kann nämlich auch für Karl-Otto Apel *keine überzeugende Antwort* auf die Frage geben, *wie* verhindert werden kann, dass moralisch motiviertes Handeln von einzelnen und Gemeinschaften ausgenutzt und somit die allgemeine Anwendung der betreffenden Norm systematisch untergraben wird.

In einem derartigen Handeln liegt nämlich die Gefahr, dass die „ethische Qualität" im gesamtgesellschaftlichen Kontext zunehmend sinkt, weil ständig durch das Scheinen von Trittbrettfahrern „nach unten nachgebessert werden muss", um nicht die eigene Existenz und Handlungsfähigkeit *aufs Spiel zu setzen*[91].

Anders formuliert: Derjenige, welcher im Sinne der Vorschläge Peter Ulrichs möglicherweise in *bester moralischer Absicht* Anlass für ein solches „Trittbrettfahrertum" gibt, droht – natürlich ungewollt, aber dennoch – Gefahr zu laufen, *unmoralisch zu handeln*, weil er durch sein (vielleicht als naiv oder weltfremd ausgelegtes) Handeln den Trittbrettfahrer zu unmoralischem Handeln *verführt* (s.u. die diesbezüglichen Bedenken Karl Homanns).

Insofern überrascht es nicht, dass selbst der Transzendentalpragmatiker Karl-Otto Apel (s. Apel 1988, S. 297) Peter Ulrichs unternehmensethischem Ansatz trotz naheliegender grundsätzlicher Sympathie „ungeheuerliche Idealisierungen" attestiert[92].

---

[91] Hierauf macht auch Niquet (1996) aufmerksam, indem er darauf verweist, dass sich *jeder* moralisch motiviert Handelnde mit dem Problem auseinander zusetzen hat, dass eine als gültig betrachtete Norm aus unterschiedlichsten Gründen von einer mehr oder weniger großen Zahl von egoistisch motivierten Mitmenschen nicht befolgt wird. Diese empirische Bedingung kann dann seitens des moralisch motivierten Subjekts als Anlass genommen werden, selber die Befolgung jener Norm(en) zunächst einmal auszusetzen und statt dessen eine oder mehrere „Folgenorm(en)" zu entwickeln, die den konkreten vorliegenden Bedingungen Rechnung trägt bzw. tragen.

[92] Von einer ähnlichen Skepsis getragen, argumentiert auch Josef Brewing (1995), der ebenfalls an die Philosophie der Transzendentalpragmatik anschließt und prinzipiell Ulrichs Vorschläge gutheißt. Auch Brewing wirft Ulrich die Illusion vor, *nicht genügend zu verarbeiten*, dass die Wirtschaft einen *autopoietischen Systemzusammenhang* dar-

Vor dem Hintergrund dieser doch als *schwerwiegend* zu bezeichnenden Bedenken gegenüber einer nahezu *ausschließlichen Bindung eines unternehmensethischen Konzeptes an die Normenbegründungsproblematik* wird der Ansatz Ulrichs als *verkürzt* betrachtet, dialogischem Management als *alleinige Handlungsanleitung* zu dienen, da in Ulrichs Vorschlag *zu wenig* die *Normenanwendungsprobleme* in konkreten ökonomischen Kontexten - selbst bei prinzipieller Bereitschaft dazu - berücksichtigt werden.

Die bisherigen Ansprüche an ein dialogisches Management sollten nämlich dahingehend gedeutet werden, im organisationsinternen Diskurs und in der Auseinandersetzung der Organisation mit der Außenwelt *gleichermaßen* auf Normenbegründungs- *und* Normenanwendungsdiskurse einzugehen.

Hinsichtlich dieser Kritik an den Vorschlägen Ulrichs scheint es nunmehr reizvoll, das sogenannte „spiegelbildliche Gegenstück" (Geißler 1997), nämlich die Anregungen Karl Homanns zu untersuchen, die sich insbesondere auf die *Normenanwendungsproblematik* konzentrieren.

3.2.2. Wirtschafts- und Unternehmensethik unter dem Primat der Normenanwendungsproblematik - Die Vorstellungen Karl Homanns

Obwohl Karl Homann und seine Mitautoren *ebenso* wie Peter Ulrich einen zunehmenden Mangel an moralischer und gesellschaftlicher Legitimation ökonomischen Entscheidens und Handelns (vgl. Homann/Blome-Drees 1992, S. 186) wahrnehmen, vertreten sie eine *kategorial unterschiedliche Auffassung* gegenüber der eher als „fundamentalistisch" einzuschätzenden unternehmensethischen Position Peter Ulrichs (s. u.a. Homann 1994, 1997, Homann/Pies 1991, Homann/Blome-Drees 1992). Im Gegensatz zu den Vorstellungen Peter Ulrichs und den noch darzustellenden Vorschlägen von Steinmann/Löhr konzentriert sich Homann *nämlich nicht* auf die unternehmensethisch zu begründende Entscheidungssituation im Unternehmen, sondern geht vielmehr von dem *wirtschaftsethisch dominierten Ansatz* aus, „dass die Unternehmen sich in einem institutionellen Zusammenhang bewegen, der ihre Handlungs- und Entscheidungsmöglichkeiten gerade hinsichtlich moralischer Anliegen auf eine ganz signifikante Weise einschränkt". (Homann/Blome-Drees 1992, S. 187).
Die Ursache der festgestellten zunehmenden Konflikte zwischen Gewinnstreben der Wirtschaftssubjekte und moralischen Ansprüchen der Gesellschaft werden dann auch in erster Linie in *institutionellen Defekten* gesehen, so dass konstatiert

---

stellt (s. dazu insbes. Luhmann 1988). Die sich aus dieser Vernachlässigung ableitende Vorstellung, ökonomisches Denken und Handeln ließe sich heute noch substantiell von einer ordnungspolitischen Ebene aus steuern, stellt einen weiteren Kritikpunkt gegenüber der Position Peter Ulrichs dar.

werden kann, dass der moralische Konfliktfall *dann* entsteht, *wenn* gewinnorientiertes ökonomisches Entscheiden und Handeln auf defizitäre Rahmenbedingungen trifft (vgl. ebd.).

Vor diesem Hintergrund sucht Homann das Aufgabenfeld von Wirtschafts- und Unternehmensethik dahingehend zu identifizieren, eine Klärung herbeizuführen, „welche moralischen Normen und Ideale unter den Bedingungen der modernen Wirtschaft und Gesellschaft (von den Unternehmen) zur Geltung gebracht werden können" (Homann/Blome-Drees 1992, S. 14). Hierbei vertritt Homann in bewusster Anlehnung an die oben kurz skizzierten Vorstellungen des Moralphilosophen und Nationalökonomen Adam Smith die Auffassung, dass der Wohlstand *aller* als Ermöglichung der Freiheit *aller* als das erwünschte Ziel aller Mitglieder einer Gesellschaft anzusehen ist, wodurch der *Sicherung des Wohlstandes* eine *moralische Qualität* zukommt (vgl. Homann 1994, S. 110). Gewinnmaximierung einzelner Unternehmen dient somit der Wohlstandssicherung des Gemeinwesens und ist auch unter *moralischen Gesichtspunkten* nicht verwerflich. Es muss allerdings angesichts der *Legitimationsproblematik* darüber nachgedacht werden, *unter welchen Rahmenbedingungen die Gewinnmaximierung erfolgt.*
Aus diesem Grunde entscheidet sich Homann zunächst für eine wirtschaftsethische Annäherung, die allerdings in einem zweiten Schritt einer (konkretisierten) unternehmensethischen Umsetzung bedarf.

3.2.2.1. Zur Begründung der wirtschaftsethischen Präferenzen im Konzept Homanns

Der wirtschaftsethische Zugang Homanns ist eng an die Frage gekoppelt, inwieweit moralische Konfliktsituationen trotz seines klaren Bekenntnisses zum marktwirtschaftlichen Prinzip in den Gesellschaften des Westens auf institutionelle Ursachen rückführbar sind. Homann versteht dabei die soziale Marktwirtschaft als „moralisches Projekt" (Homann/Blome-Drees 1992, S. 189), das den *Rahmen* vorgibt, aber *eben auch* in moralischer Hinsicht vervollkommnungsbedürftig und –möglich scheint. Der Vorteil der Marktwirtschaft im Gegensatz zu Modellen, die aus Gründen vermeintlich höherer Gerechtigkeit die Gesetze des Marktes aushebeln wollten (am Beispiel der der Marktwirtschaft unterlegenen sozialistischen Planwirtschaft), liegt aber für Homann *auf jeden Fall* darin, dass *nur* die Marktwirtschaft *den Rahmen setzen kann,* zum Wohle der Konsumenten und somit, da auch Produzenten und Anbieter *immer auch* Konsumenten sind, *aller* Mitglieder der Gesellschaft beizutragen[93].

---

93 Das Streben nach Gewinnmaximierung stellt nämlich für Homann insofern eine *sittliche Pflicht* dar bzw. weist einen *gemeinwohlförderlichen* Charakter auf, als „genau dieses

Vor diesem vielfältigen Hintergrund stellt sich die Marktwirtschaft als ein *für alle Beteiligten* aufreibendes, strapaziöses *System* dar, welches eine *ständige* Orientierung an den Bedürfnissen tatsächlicher und potentieller Kunden verlangt. Erst eine derartige Motivation *aller Beteiligten* führt nämlich zu derjenigen Innovations-, Investitions-, Kapitalbildungs- und Wachstumsorientierung, welche als *Wiege* für die außerordentliche *Wohlstandssteigerung* der *Allgemeinheit* in den funktionierenden Marktwirtschaften des Westens bezeichnet werden kann. Vor diesem Hintergrund überrascht es dann auch nicht, dass für Karl Homann

- der systematische Ort der Moral in einer Marktwirtschaft die Rahmenordnung ist;
- Wettbewerb solidarischer als Teilen ist sowie
- Privateigentum gemeinnütziger als Gemeineigentum ist (vgl. Homann 1994).

Unter erwachsenenpädagogischen Gesichtspunkten (s. Abschnitt 4) ließe sich die von Homann vorgenommene moralische Begründung für eine uneingeschränkte Bejahung der (sozialen) Marktwirtschaft dahingehend deuten, dass durch die Marktwirtschaft *jeder* (zumindest prinzipiell) *frei* als „mündiges, reflexiv-eigenständiges Subjekt" im *Dialog* mit dem Anbieter klären kann, ob er das angebotene Produkt/Dienstleistung erwerben bzw. eintauschen will. Dieser Aspekt wurde oben im „Vertragsmodell der Unternehmung zum Ausdruck gebracht.

Dementsprechend sehen sich alle beteiligten Akteure „in die Pflicht genommen", *die Regeln der Rahmenordnung, die allgemeinen staatsbürgerlichen Regeln und die Regeln der Wettbewerbsordnung* zu befolgen (vgl. Homann/Blome-Drees 1992, S. 51), wobei die Unternehmen ausdrücklich aufgefordert werden, innerhalb dieser Regeln *zum Wohle aller* langfristige Gewinnmaximierung zu betreiben (vgl. ebd.).

Hieraus ergibt sich für Homann die Konsequenz, dass *erst* Marktwirtschaft *und* Wettbewerb die *institutionelle Rahmenordnung* für Unternehmen bieten *können*, moralisch zu handeln. Moral kann sich diesem Anspruch zufolge eben nicht *gegen* die moderne Marktwirtschaft, sondern nur *in ihr* geltend machen (vgl. Homann 1994).

Trotz dieser *eindeutigen Bejahung* des marktwirtschaftlichen Prinzips ergibt sich ein *weites Feld* wirtschaftsethischer Forschung. Die Marktwirtschaften des Westens zeichnen sich nämlich durch *kontrollierte* und *differenzierte Verwendungen* von *Dilemma-Strukturen* aus (vgl. Homann 1994, S. 110).

Streben den Konsumenten (und somit allen, J.P.) langfristig am nachhaltigsten dient" (Homann/Blome-Drees 1992, S. 51).

Um diese These zu untermauern, verwendet Homann das spieltheoretische Beispiel des „Gefangenendilemmas", weil sich auf diese Weise die Problematik, der sich am Markt operierende und um Kunden werbende Unternehmen ausgesetzt sehen, am besten illustrieren lässt.

Die Spielregeln des „Gefangenen-Dilemmas" sind so festgelegt, dass die Beteiligten zu einem *gegenseitigen Konkurrenzverhalten* animiert werden. Dementsprechend gibt es – analog zur Marktsituation - Gewinner und Verlierer, was wiederum *jeden* Beteiligten zu dem Verhalten veranlasst, durch Cleverness und ggf. Rücksichtslosigkeit „das Rennen zu machen" und den Konkurrenten „auf die Verliererstraße" zu bringen", wobei moralische Prinzipien *überhaupt* keine Rolle spielen. Kurz: Es zählt zunächst einmal nur der unmittelbar messbare Erfolg, sprich: die Auftragserteilung.

Im „Gefangenen-Dilemma" stellt sich die marktanaloge Konkurrenzsituation so dar, dass zwei Gefangene, denen eine gemeinsam begangene Straftat – vergleichbar mit einem beiderseitigen Auftreten am Markt - angelastet wird, entscheiden können, welches Ausmaß die noch festzulegende Strafe für jeden einzelnen hat. Das Strafmaß können die Gefangenen, die sich aufgrund einer erfolgten Verlegung in Einzelzellen *nicht abstimmen können* und somit für sich *alleine* eine „marktrelevante" *Entscheidung* treffen müssen, durch ihre Kooperationsbereitschaft mit dem „Kunden" Richter *mitbestimmen*.

Für beide Gefangenen ist *die* Option von großem Interesse, dass das Gestehen der Tat zu Straffreiheit, sprich zur Belohnung seitens des „Kunden" Richter, führt, wenn *gleichzeitig* der Mittäter kein Geständnis ablegt und auf diese Weise sich den „Marktbedürfnissen" (hier: Wahrheitsfindung) verweigert. Aufgrund dieser „Kronzeugen-Regelung" werden beide „Täter" zu Konkurrenten am „Wahrheitsfindungsmarkt". Denn jeder Marktteilnehmer hat aufgrund der Kronzeugenregelung die Möglichkeit, straffrei davonzukommen und somit Gewinner am Markt zu sein und den anderen zum Verlierer zu machen, was sich in diesem spieltheoretischen Beispiel so darstellt, dass der frühere Komplize zehn Jahre ins Gefängnis kommt. Neben dieser für den „Gewinner" äußerst günstigen und für den „Verlierer" äußerst ungünstigen Handlungsoption werden allerdings vom Richter noch andere Möglichkeiten eingeräumt:

- Wenn beide „Täter" ein Geständnis ablegen, werden beide mit je acht Jahren Gefängnis bestraft,
- und wenn beide „Täter" nicht gestehen, werden sie aufgrund fehlender Beweislast für eine härtere Strafe mit nur zwei Jahren Gefängnis bestraft.

Dieses spieltheoretische Beispiel führt in der Regel dazu, dass *jeder* gesteht, um sich auf Kosten des anderen Vorteile am Markt zu verschaffen und damit allerdings die Strafe von acht Jahren Gefängnis riskiert (vgl. Homann/Blome-Drees 1992, S. 30).

Der Kunde – am spieltheoretischen Beispiel des Richters - wird zum „lachenden Dritten", der vom Streit der beiden Gefangenen profitiert. Das Gefangenendilemma zeigt nämlich deutlich, dass ein von beiden „Tätern" gleichermaßen gezeigtes Konkurrenzverhalten mit dem Ziel, jeweils den größten Gewinn zu erwirtschaften, *insgesamt* dazu führt, dass beide Konkurrenten zwar nicht mit der Höchststrafe, aber doch *empfindlich* bestraft werden.

Die Analogie dieses spieltheoretischen Beispiels zum Marktverhalten von Wirtschaftssubjekten lässt sich dadurch herstellen, dass Wirtschaftsunternehmen miteinander mit dem Ziel in eine Wettbewerbssituation eintreten, beim Kunden als *Gewinner* hervorzugehen und die Konkurrenz durch das eigene strategisch geschickte Marktverhalten zum *Verlierer* zu machen. Der Kunde ist somit wie der Richter im spieltheoretischen Beispiel der „lachende Dritte", um dessen Gunst sich die Konkurrenten streiten.

Dem Markt kann nämlich gemäß der Auffassung Homanns – in Anlehnung an das Gefangenen-Dilemma - *keine* moralische Dimension *per se* zugesprochen werden, zumal es sich beim Markt lediglich um den (imaginären) Ort handelt, an dem *Angebot* und *Nachfrage* zusammenkommen.

Das *Verhältnis* zwischen *Markt* und *Moral* lässt sich also dahingehend charakterisieren, dass auf den Märkten Entscheidungen darüber getroffen werden, *wie* die Güter aufgeteilt werden sollen, um konkurrierenden Bedürfnissen Rechnung zu tragen, während nach der Auffassung Homanns Moral erst bei den *Regeln* beginnt, nach denen die *Verteilung* der Güter auf dem Markt organisiert wird. Vor diesem Hintergrund ist es Homann wichtig, auf den Unterschied zwischen *Spielregeln* und *Spielzügen* hinzuweisen: Der *produktive* und aus diesem Grund auch *ethisch erwünschte Wettbewerb* spielt sich im Rahmen bestimmter *Spielzüge* einzelner Unternehmen ab, während den Intentionen der Moral in den *Spielregeln* des *ordnungspolitischen Bezugsrahmens* Rechnung getragen wird, denen alle miteinander wetteifernden Unternehmen *gleichermaßen* unterworfen sind[94].

---

[94]   Die von Homann vorgenommener Unterscheidung von Spielregeln und Spielzügen soll verdeutlichen, dass moralische Absichten primär in den *Spielregeln* geltend zu machen sind, zumal jene für *alle* Wettbewerber *gleichermaßen* gelten und damit *wettbewerbsneutral* sind. Hieraus ergibt sich, dass im Wettbewerb die Unternehmen auf der Ebene der Spielzüge *entscheiden und handeln*, welche sich zunächst einmal *moralfrei*, aber nicht als *unmoralisch* darstellt. Vor diesem Hintergrund sehen sich die einzelnen Wirtschaftsakteure angehalten, ihr Eigeninteresse in bezug auf Sicherstellung der Handlungsfähigkeit und Überleben sicherzustellen. Das mit dem marktwirtschaftlichen Prinzip korrespondierende unternehmerische Gewinnstreben wird dann auch durch die Rahmenordnung so kanalisiert, dass es als moralisch legitim angesehen werden kann.

Um diese Gedanken zu veranschaulichen und zu konkretisieren, liegt es für Homann nahe, Vergleiche aus der Welt des Sports – am Beispiel eines Fußballspiels – und des ökonomischen Wettbewerbs vorzunehmen[95]. Sowohl um die Meisterschaft oder Pokalwettbewerbe konkurrierende Fußballvereine – oft selber um die Gunst der Zuschauer und Werbeetats ringende „Unterhaltungsunternehmen" als auch Unternehmen müssen sich an bestimmte *Spielregeln* halten, wozu im Fußball beispielsweise unter moralischen Gesichtspunkten das „Fair-Play"[96] zu zählen ist, sind aber gleichermaßen um *erfolgreiche Spielzüge* bemüht, die einen Erfolg auf dem jeweiligen „Spielfeld" ermöglichen.

Zur Konkretisierung dieses Anspruches stellen Homann /Blome-Drees (1992, S. 27f) einen „Forderungskatalog" auf, der einen *fairen Wettbewerb* sowohl auf dem Fußballplatz als auch im ökonomischen Wettstreit sicherstellen soll:

– Die Regeln müssen für alle Kontrahenten *gleich* sein: Es geht nicht an, dass die eine Mannschaft nach den sportlichen Regeln spielt, während die andere sich nicht daran hält und sich unrechtmäßige Vorteile verschafft.
– Die Regeln müssen den Beteiligten *bekannt* und von ihnen auch *anerkannt* sein, da sonst die Spieler nicht (richtig) spielen können. Regelunsicherheit behindert das Spiel wie die Marktwirtschaft ebenso wie die Ablehnung einzelner Regeln, die zu „versteckten Fouls" führt.
– Die Regeln müssen *durchgesetzt* werden: Man stelle sich nur ein wichtiges Fußballspiel ohne Schiedsrichter, allein auf der Basis von Appellen an die Regelbefolgung vor! Gewünschte Interaktionen werden erst durch Kontrolle und Erzwingung der Regeln ermöglicht. Auch muss die Durchsetzungsinstanz neutral sein.
– Im Sport sollte – soweit wie möglich - die *relative Starke* der Mannschaften ungefähr gleich sein, damit das Spiel für die Zuschauer interessant ist. Auf die Wirtschaft übertragen bedeutet das, dafür zu sorgen, dass eine hinreichende Zahl *potenter* Wettbewerber vorhanden ist, von denen jeder die Chance hat, Vorteile gegenüber seinen Konkurrenten zu erzielen. Wie es im Sport Handi-

---

[95] Sicherlich liegt ein solcher Vergleich auch deshalb nicht fern, weil insbesondere sportliche Erfolge im professionellen Fußball auch *unmittelbar* mit *ökonomischen Vorteilen* (Prämienzahlungen, höheres Zuschauerinteresse sowie interessantere bzw. potentere Sponsoren etc.) verbunden sind.

[96] So hat es sich im Fußball mittlerweile als Selbstverständlichkeit herausgestellt, einen Einwurf, der aufgrund der Verletzung eines Spielers zwecks Spielunterbrechung und ggf. ärztlicher Behandlung verursacht worden ist, zu der Mannschaft zurückzugeben, die ihn zu diesem Zwecke ausgelöst hat. Zuwiderhandlungen mögen zwar auf der Ebene der Spielzüge einen sportlichen Vorteil beinhalten, würden aber vom Publikum und das Publikum beeinflussenden Sportkommentatoren als Verstoß gegen „fair play" und somit als *illegitim* gewertet.

caps und verschiedene Spielklassen gibt, so kann auch in der Wirtschaft die Ausgangssituation so gestaltet werden, dass ein echter und fairer Leistungswettbewerb stattfinden kann. Dauerhafte Machtpositionen von „Großen" mit der Möglichkeit zu ruinöser Konkurrenz untergraben den Sinn des Wettbewerbs.

– Die Spieler müssen den Wettbewerb ernst nehmen, d.h. sie müssen *gewinnen wollen,* sonst werden die Zuschauer um ihren Einsatz (Eintrittsgeld oder Wetteinsatz) betrogen. Es sind in der Wirtschaft immer wieder Bestrebungen festzustellen, aus dem Wettbewerb auszusteigen und Bestandsgarantien anzustreben. Aber Wettbewerb muss scharf sein, Kartelle sind zu untersagen: All dies folgt aus Funktionsgesetzen und dem Sinn des Wettbewerbs.

– Die Regeln müssen zeitlich eine *gewisse Stabilität* aufweisen, damit sie ihren Zweck, nämlich die Sicherheit der wechselseitigen Verhaltenserwartungen erfüllen. *Regeländerungen* müssen *förmlich,* d.h. *öffentlich* mit Datum ihrer Gültigkeit versehen und für alle gleich verbindlich durchgeführt werden. Es ist nicht möglich, nur an eine Mannschaft zu appellieren, dass sie z.B. Rückpässe zum Torwart - oder (beispielsweise völkerrechtlich) fragwürdiges Verhalten - unterlassen möge, während ihre Gegner, die Konkurrenten, weiter Vorteile aus solchen Spielzügen ziehen können. Appelle ohne Sanktionsandrohung tragen unter echten Wettbewerbsbedingungen den großen Nachteil, dass sie ausbeutbar werden: Gerade denjenigen, die sich im Sinne eines fairen Spiels verhalten, drohen empfindliche, bis zu „überlebensbedrohliche Strafen", was sich wiederum auf die gesamtgesellschaftliche Moral äußerst negativ auswirkt.

– Damit werden allgemeine *Fairness-Appelle* nicht überflüssig, im Gegenteil, aber sie bedürfen der institutionellen Unterstützung und Absicherung gegen Ausbeutbarkeit.

Bei Berücksichtigung dieses Forderungskatalogs sind Markt und Wettbewerb unter (einer) geeigneten Rahmenordnung(en) *ein Instrument zur Verwirklichung der Solidarität aller Menschen* und weisen auch eine *ethische Legitimation* auf, nämlich die, unter fairen Bedingungen eine möglichst hohe Leistungserstellung zu erreichen.

Moralische Intentionen lassen sich dementsprechend nur im Windschatten ökonomischer Anreize realisieren und nicht gegen sie. Moralische Intentionen „werden geltend gemacht nicht primär in den Handlungen, sondern in den Handlungsbedingungen, also auf der Regel- beziehungsweise der Ordnungsebene" (Homann 1997, S. 188).

Anhand der *Einbettung* der Unternehmen in ihre jeweiligen Branchen und letztlich in die Gesamtgesellschaft ergibt sich für Homann die Konsequenz, gemeinsame ordnungspolitische „Spielregeln" *der Branche oder gar der gesamten*

Wirtschaft (vgl. Henning 1989, S. 14) entwickeln und vorschlagen zu müssen, um *ethisches und mitverantwortliches Handeln* zu ermöglichen bzw. mit zu beeinflussen.

Aus diesem (primär wirtschaftsethischen) Grunde setzt sich Homann auch äußerst kritisch mit den (in erster Linie unternehmensethisch ausgelegten) Vorschlägen Peter Ulrichs auseinander, *auf der Ebene des einzelnen Unternehmens* und seines Managements eine multidimensionale Zielfunktion unter Einschluss ethischer Ziele einzufordern, die sich ständiger gesamtgesellschaftlicher Legitimation ausgesetzt sehen. Die von Peter Ulrich angeregte „Durchbrechung" der (marktwirtschaftlich-definierten) ökonomischen Logik in Form einer *eindeutigen Präferierung ethischer Grundsätze im Konfliktfall* würde sich – so Homanns Befürchtung – zumindest mittelfristig kontraproduktiv auswirken.

Es wäre nämlich, so Homann, unerträglich und auch für die Ausgestaltung einer „ethischen Kultur" geradezu *unmoralisch*, moralisch handeln wollende Unternehmen dahingehend zu „bestrafen", dass sie aufgrund einer damit verbundenen u.U. teureren Erstellung bzw. eines Verzichts auf die Herstellung von moralisch fragwürdigen Produkten und Dienstleistungen vom Markt ausgeschlossen werden. Auf diese Weise würden nämlich die moralisch Handelnden neben der konkreten Gefahr, nicht länger existieren zu können, *sogar* zu „Mitschuldigen" unmoralischen Verhaltens, weil nämlich sogenannte „Trittbrettfahrer" die ökonomisch relevante „Schwäche" der moralisch Handelnden ausnutzen könnten und sich mit auf den ersten Blick preisgünstigeren – weil nicht mit „moralischen Kosten" versehenen – Angeboten am Markt positionieren könnten. Moralisch handelnde Unternehmen würden somit mitverantwortlich sein, dass die „Moralschraube" ständig nach unten, sprich: zu immer weniger Moral „gedreht" wird.

Anders formuliert: Es besteht die Gefahr, dass unter den Bedingungen von Markt und Wettbewerb *langfristig die Moral auf der Strecke bleibt*, weil *gerade die ethisch handelnden (bzw. handeln wollenden) Unternehmen nicht am Markt bestehen können* (vgl. Homann 1997, S. 188), woraus sich wiederum Parallelen zu den o.a. Befürchtungen Apels und Niquets ergeben.

Aus diesen Anregungen Homanns ergibt sich, *dass das Ziel einer anwendungsorientierten (Wirtschafts-) Ethik nur sein kann, (wirtschaftliche) Institutionen so zu verändern, dass in ihrem Kontext Moral möglich wird, d.h. dass auch diejenigen zu moralischem Handeln motiviert werden, die in erster Linie egoistisch-erfolgsorientiert motiviert sind und ihre Ziele strategisch durchsetzen können und auch wollen (Homann 1994, S.125 ff.).*

Hieraus ergeben sich Konsequenzen für den speziellen Kontext einer Unternehmensethik.

3.2.2.2. Konsequenzen für die Unternehmensethik

Die oben gezeigten wirtschaftsethischen Präferenzen bilden das *Kernstück* der Argumentation Karl Homanns, nach der eine konsistente und enge theoretische *Anbindung* der Unternehmensethik an die Wirtschaftsethik *unerlässlich* ist, da in dieser klassischen zweistufigen Legitimationskonzeption wirtschaftlichen Handelns auf den ersten Blick kein Raum und kein Gestaltungsfeld für eine eigenständige Unternehmensethik zu bestehen scheint. Moralische Anliegen lassen sich *nur* durch die Befolgung o.a. wirtschaftsethischer Handlungsanweisungen zur Geltung bringen (vgl. Homann 1994, 1997).

Hieraus ergibt sich für Homann die Konsequenz, dass unter den Bedingungen der modernen (Markt-) Wirtschaft eine Unternehmensethik nur aus ordnungstheoretischer Perspektive entwickelt werden kann (vgl. ebd., auch Homann/Blome-Drees 1992).

Dementsprechend liegt es für Homann nahe, darauf zu verweisen, dass unter Berufung auf die ökonomische Theorie auf der Unternehmensebene aufgrund der *Universalität des Wettbewerbsdrucks* das *alleinige Ziel aller Entscheidungen* nur die *Gewinnmaximierung* sein könne (vgl. Homann/Blome-Drees 1992), wodurch das *einzelne* Unternehmen und *sein* Management zunächst einmal von moralischem Druck *befreit* werden, da über die Verbesserung der moralischen Qualität erst im *ordnungspolitischen Kontext* befunden werden kann[97]. Folglich können „Unternehmen (...) nicht anders, als ihren eigenen Vorteil im Auge zu behalten. Das eine Mal versuchen sie, direkt ökonomischen Erfolg zu erzielen, das andere Mal versuchen sie, die politischen Voraussetzungen des ökonomischen Erfolgs zu beeinflussen, indem sie die Rahmenordnung ändern; letzteres ist also eine indirekte Strategie zur Erzielung ökonomischer Erfolge" (Homann/Blome-Drees 1992, S. 41).

Der Verweis auf die *Notwendigkeit einer eigenständigen Unternehmensethik* liegt dabei allerdings darin begründet, dass sich zweifelsohne die in weiten Zügen durch Homann bejahte marktwirtschaftliche Rahmenordnung in der Praxis letztlich doch imperfekt bzw. defizitär darstellt.

Diese defizitäre Situation führt dazu, dass sich die einzelnen beteiligten Unternehmen aufgefordert sehen, eigenständige Legitimationsbemühungen und moralische Verantwortungsübernahme anzustrengen. Hieraus wird deutlich, dass sich auch Karl Homann nicht damit zufrieden geben will, Unternehmen *ausschließ-*

---

[97]　Dementsprechend müssen sich dem Markt stellende Unternehmen, die eben nicht ideologisch oder gesellschaftspolitisch motivierte - von Homann als unfair bezeichneten – Subventionen erhalten, so organisiert sein und geführt werden, dass sie den Anforderungen des Marktes gerecht werden und folglich fähig sind, die sich bietenden Chancen zu ergreifen.

lich die Aufgabe der Gewinnmaximierung zuzusprechen, obwohl Gewinnmaximierung die *conditio sine qua non* für die Handlungsfähigkeit und Weiterexistenz von Unternehmen darstellt.

Die einzelnen Unternehmen sehen sich im Falle festgestellter Defizite der Rahmenordnung dahingehend „in die Pflicht genommen", die generell an die Ordnungsebene abgegebene moralische Verantwortung dann wieder auszuüben, wenn ein Verantwortungsvakuum entstanden ist und eben *unternehmensethisch* der „moralischen Füllung" bedarf. Dementsprechend unterbreiten Homann/Blome-Drees (1992) den Vorschlag, das Aufgabenfeld einer Unternehmensethik dahingehend zu charakterisieren, *das Verhältnis von Moral und Gewinn in der Unternehmensführung zu thematisieren und sich mit der Frage auseinander zusetzen, wie moralische Normen und Ideale unter den Bedingungen der modernen Wirtschaft von den Unternehmen zur Geltung gebracht werden können.*
Die Aufgabe einer Unternehmensethik liegt dementsprechend darin, die oben illustrierten – scheinbar unabdingbaren - Bedingungen eines Gefangenendilemmas unternehmensethisch zu überwinden und gleichzeitig die o.a. Legitimationsproblematik schrittweise zu wenden (vgl. Homann 1994, S. 110). Gelingt dies – und davon ist Homann überzeugt –, wird sich ethisches Denken und Handeln schon auch im ökonomischen Kontext (zumindest) mittelfristig durchsetzen.

Vor diesem Hintergrund scheint es notwendig zu sein, den Aspekt der *Implementierungsmöglichkeiten* ethischer Normen im Ansatz Homanns näher zu beleuchten. Diesbezüglich lassen sich - abhängig vom jeweiligen moraltheoretischen Standort des Betrachters - insbesondere zwei Argumentationsrichtungen unterscheiden, nämlich das Paradigma der *Individualethik* und das Paradigma der *Institutionenethik*.
Beide Alternativen unterscheiden sich hinsichtlich der Frage, ob die Ethik die moralische Verantwortung des ökonomischen Handelns *eher* durch moralische Verhaltenserwartungen an einzelne Unternehmen und ihr Management oder in erster Linie durch eine entsprechende Mitgestaltung des *institutionellen Rahmens* einfordert.

Unternehmensethik als *Individualethik erhebt den Anspruch*, durch (möglicherweise dialogisch angeregte) Appelle an das *Gewissen des Managements* moralische Intentionen im Wirtschaftsprozess durchzusetzen, und zielt folglich auf eine *unmittelbare Beeinflu*ssung der Spielzüge durch moralische Motive der Handelnden ab.
Hierbei wird die Realisierung moralisch beeinflussten Entscheidens und Handelns in erster Linie von den Präferenzen und „Neigungen" der Entscheidungsträger abhängig gemacht.

Demgegenüber konzentriert sich der Ansatz, Unternehmensethik als *Institutionenethik aufzufassen*, primär auf die *institutionellen Rahmenbedingungen* des unternehmerischen Handelns, da in ihnen der Ansatzpunkt gesehen wird, in der Wirtschaft die Moral zur Geltung bringen zu können. Institutionsethik setzt dann auch auf eine *indirekte Beein*flussung der unternehmerischen Spielzüge durch den als moralisch ausgezeichneten Bezugsrahmen, der für die Beurteilung der Spielzüge von Relevanz ist. Der institutionenethische Ansatz verarbeitet die *Restriktionen* wirtschaftlichen Handelns. Daher erfolgt die moralische Würdigung unternehmerischen Entscheidens und Handelns nicht mehr *direkt* (wie beim individualethischen Verständnis), sondern eher *indirekt*.

Das institutionsethische Verständnis thematisiert folglich, dass im Kontext einer modernen westlichen Marktwirtschaft *jedes* ökonomische Entscheiden und Handeln *in einem engen Zusammenhang mit dem Ordnungsrahmen steht, in dem sie vollzogen wird.*

Obwohl *beide* Ethik-Paradigmen in der wirtschafts- und unternehmensethischen Forschung Berücksichtigung finden, wobei Peter Ulrich sich - wie oben dargelegt - für die individualethische Perspektive entscheiden würde, ist es Karl Homann wichtig, zu betonen, dass der jeweilige *Problemkontext für die jeweilige Favorisierung den Ausschlag geben sollte.*

Unter prinzipieller Berücksichtigung beider Möglichkeiten präferiert Homann den *institutionalen unternehmensethischen Zugang*, da nach seiner Überzeugung in einer modernen westlichen marktwirtschaftlich geprägten Wirtschaft unternehmerisches Entscheiden und Handeln insbesondere auch von den diesbezüglichen Reaktionen der „Mitstreiter" am Markt abhängt, ohne dass diese sowohl in puncto ökonomischer als auch moralischer Erfolg im Wettbewerb wiederum unmittelbar kontrolliert werden könnten.

Hieraus ergibt sich für Karl Homann die Konsequenz, dass unter den Bedingungen der modernen (Markt-)Wirtschaft eine *sinnvoll ausgestaltete Unternehmensethik nur aus ordnungstheoretischer Perspektive entwickelt werden kann* (vgl. Homann/Blome-Drees 1992).

Dies wiederum kann als Beleg dafür gewertet werden, dass eine konsistente und enge theoretische Anbindung der Unternehmensethik an die Wirtschaftsethik unerlässlich scheint. Erst eine am Paradigma der Institutionenethik orientierte Unternehmensethik ist für Karl Homann in der Lage, Unternehmen realistische Möglichkeiten aufzuzeigen, unter den besonderen Wettbewerbsbedingungen und damit einhergehenden Problemstellungen auch individuell moralische Normen und Ideale zur Geltung zu bringen.

Konkret sieht Homann den Sinn der von ihm präferierten *institutionenethischen* Perspektive für die Unternehmensethik in einer konsequenten Verknüpfung von *wirtschafts- bzw. ordnungsethischer Untersuchung* der Spielregeln, die für alle beteiligten volkswirtschaftlichen Akteure verbindlich sind und sich somit der

Legitimation dieses Rahmens widmen *einerseits* sowie einer unternehmensethischen Auseinandersetzung mit den (zu legitimierenden) Handlungen innerhalb der Rahmenordnung, sofern sie von Untenehmen überhaupt vollzogen werden können, *andererseits* (vgl. Homann/Blome-Drees 1992, Homann 1994, Homann 1997).

Es steht nämlich der Aspekt im Mittelpunkt des Interesses, *mit Hilfe welcher Spielzüge* die Unternehmen berechtigte moralische Anliegen überhaupt zur Geltung bringen können, um auf diese Weise - obwohl sie legitimerweise ihren eigenen Vorteil im Auge haben - ihrer moralischen Verantwortung in einem defizitären Kontext gerecht zu werden.

Die Angemessenheit einer sich am institutionenethischen Paradigma orientierenden Unternehmensethik wird darin gesehen, dass in der ethischen Beurteilung der jeweiligen unternehmenseigenen Spielzüge immer zu berücksichtigen gilt, in welchem institutionellen Kontext sie vollzogen werden. Folglich stellt der institutionelle Zusammenhang den entscheidenden Bezugspunkt dar, welcher seitens der Unternehmensethik Orientierungen bzw. Handlungsempfehlungen für unternehmerische Spielzüge zur Etablierung moralischer Anliegen geben kann.

Hierbei wird auch von Homann der *Gemeinwohlaspekt* - ausgedrückt in Form eines (allerdings nicht näher definierten) politischen Engagements der beteiligten Unternehmen - angesprochen. Dieser Hinweis verdeutlicht allerdings, dass sich die Unternehmensethik *nicht länger lediglich* der Betrachtung klassischer Spielzüge nach dem marktwirtschaftlichen Konzept widmen kann, sondern vielmehr - darüber hinaus - *Spielregeln im politischen Prozess* zu ändern suchen sollte.

Derartige, das Gemeinwohl *zumindest implizit berücksichtigende politische Spielzüge* zielen dann auch für Homann *nicht mehr unmittelbar* auf den individuellen ökonomischen Erfolg einzelner Unternehmen ab, sondern auf eine Verbesserung der politischen Voraussetzungen für einen solchen Erfolg, sprich: auf die Verbesserung der Rahmenordnung für den Wettbewerb aller Unternehmen (vgl. Homann/Blome-Drees 1992).

Diesbezüglich wird angesichts zunehmender ordnungspolitischer Defizite der Argumentation Homanns eine immer größere Bedeutung hinsichtlich der Weiterentwicklung der Marktwirtschaft im Sinne moralischer Ideen zuerkannt.

Die Unternehmenspolitik sieht sich nämlich dahingehend herausgefordert, sowohl das Verhältnis des Unternehmens zum Umfeld (Branche, Gesellschaft, Welt) zu klären als auch, darauf aufbauend, zusammen mit den Wettbewerbern Möglichkeiten zu suchen und „Spielregeln" zu entwickeln, die sowohl moralischen als auch ökonomischen Aspekten Rechnung tragen.

Als *konkrete unternehmensethische Umsetzung* im ordnungspolitischen Kontext bietet sich für Homann eine durch Fairness, Integrität, Goodwill und ein Gerechtigkeitsempfinden zu charakterisierende „ethische Abfederung" der sich immer komplexer und unvollständiger darstellenden ökonomisch-relevanteren Verträge an, die eine starke gegenseitige Abhängigkeit der Wirtschaftsakteure unterstreichen.

Angesichts dieser defizitären Situation zunehmend unvollständiger und sich juristisch immer diffiziler darstellenden Verträge stellt sich Ethik organisationsintern und im Hinblick auf die Beziehung zur Außenwelt - am Beispiel von Kunden, Lieferanten, Banken, Öffentlichkeit - dann auch als *strategischer Erfolgsfaktor* dar, „in den zu investieren, Wettbewerbsvorteile schafft" (Homann 1997, S. 189).

Mit anderen Worten: Unternehmensethik erhält unter institutionenethischen Prämissen die zentrale Aufgabenstellung, dazu beizutragen, dass eine von Fairness, Integrität und Gerechtigkeit geprägte Kultur des gegenseitigen, des allseitigen Vertrauens aufgebaut und erhalten wird. Auf diese Weise wird angesichts der oben angesprochenen Unvollständigkeit ökonomisch-relevanter Verträge die organisationale Handlungsfähigkeit und Flexibilität sehr stark erhöht. Denn: „Nur Unternehmen, in denen alle Mitarbeiter auch ohne detaillierte vertragliche Grundlage an einem Strang ziehen, weil der Name für Fairness und Korrektheit auch in solchen Situationen steht, werden auf die Herausforderungen der Märkte schnell und unbürokratisch antworten können" (Homann 1997, S. 191).

Homann sieht nämlich sehr deutlich, dass in einem sich immer komplexer darstellenden ökonomischen Kontext der Wettbewerb zwar ständig verschärft wird, aber im gleichen Maße „weiche" Faktoren wie Moral, Vertrauen, Kultur und Reputation in zunehmendem Maße zu den entscheidenden Erfolgsfaktoren werden (vgl. Homann ebd.). Kurz: Unternehmensethik „rechnet sich auch" unter ökonomischen Präferenzen.

3.2.2.3. Kritische Würdigung des Ansatzes von Karl Homann

Karl Homann ist zweifellos ebenso wie Peter Ulrich von der *Notwendigkeit* und auch *Machbarkeit* ethischen Verhaltens im ökonomischen Kontext überzeugt. Aus diesem Grunde würde Homann sicherlich auch die Bedeutung eines dialogischen Managements darin sehen, hierzu entscheidende Weichen zu stellen.

Des weiteren kann es in bezug auf die Ausgestaltung eines dialogischen Managements insbesondere im ökonomischen Kontext als weiterführend angesehen werden, dass Homann auf einen *wirklich fairen Wettbewerb* abzielt und sich gegenüber einer Benachteiligung von Unternehmen aus Gründen einer primär gesellschaftspolitisch motivierten „Legitimations- bzw. Gerechtigkeitswut" verweigert, die u.U. dem Normenbegründungsprimat Peter Ulrichs unterstellt werden könnte.

Aus (erwachsenen-) pädagogischer Sicht in bezug auf die Ermöglichung und Ausgestaltung eines dialogischen Managements durch umfassende (politische) Lernprozesse (s.u.) ist es weiterhin auch von Interesse, dass Karl Homann ebenso wie Peter Ulrich *von einem freien Willen und einer Verantwortungsnotwen-*

digkeit des Menschen - hier insbesondere des Unternehmers bzw. Managements - ausgeht, wobei sich allerdings Homanns primär am oben in Anlehnung an David Ricardo skizzierten „*homo oeconomicus*" zu orientieren scheint, welcher sich in erster Linie am erfolgsorientierten *Paradigma strategischer Rationalität* ausrichtet. Diese Präferenz soll nicht dahingehend missgedeutet werden, dass sich Karl Homann mit einem bloßen Verweis darauf, aus Sachzwängen nicht ethisch handeln zu können, zufrieden geben würde. Kurz: Karl Homann weist Wirtschaft und einzelnen Unternehmen zunächst einmal die gemeinwohlförderliche Aufgabe zu, durch die *Sicherung der ökonomischen Grundlage* einer demokratischen-marktwirtschaftlich-orientierten Gesellschaft deren Handlungsfähigkeit auch in moralischer Hinsicht sicherzustellen, wobei wiederum die konkrete Umsetzung hinsichtlich einer gesamtgesellschaftlichen Verantwortungsübernahme auf andere, nämlich gesellschafts- bzw. ordnungspolitische Ebenen verlagert wird und die Unternehmen auf einer privaten Ebene belassen werden (s. Steinmann/Löhr 1997).

Homann ist vor diesem Hintergrund einer eher erfolgsorientiert-liberalistischen ökonomischen und auch gesellschaftlichen Ausrichtung nicht bereit, a priori den Unternehmen und ihrem Management das Prädikat bzw. die Aufgabenstellung eines *gesellschaftspolitischen* „Schlüsselproblemlösers" zuzuerkennen, sondern verweist in erster Linie auf deren ökonomische Kompetenz und die auch damit einhergehende *primär ökonomische Verantwortung* für das gesellschaftliche Wohlergehen i.S. eines „Jeder im Rahmen seiner Möglichkeiten, so gut wie er eben kann".

Hierbei wird von Homann bewusst in Kauf genommen, dass sich die Unternehmen und ihr Management in erster Linie auf die ethische *Mitgestaltung des ökonomisch dominierten Bezugsrahmens* konzentrieren und die Lösung gesamt- bzw. globalgesellschaftlicher Problemstellungen - sollten sie die ökonomischen Grenzen überschreiten - zunächst einmal anderen, nämlich politischen, Institutionen überlassen, wobei auch die Unternehmen selbstverständlich einen „Part" zu übernehmen haben.

Die primäre, von Homann auch als legitim bezeichnete Aufgabe von Unternehmen bleibt allerdings die *Gewinnmaximierung im Kontext des marktwirtschaftlichen Bezugsrahmens*, von der - in Anlehnung an die Vorstellungen Adam Smiths - auch das Gemeinwohl entscheidend profitiert[98].

---

[98]   Hierbei muss zunächst einmal kritisch angemerkt werden, dass - wie oben gezeigt - der Moralphilosoph *und* Nationalökonom Adam schon allein deshalb einen „starken Staat" forderte, weil er sich von jenem versprach, dass er bei Regelverstößen und drohenden Ungerechtigkeiten einer liberalistisch-kapitalistischen Wirtschaft und daran ausgerichte-

In Anlehnung an die bisherigen Ansprüche an ein dialogisches Management sowie hinsichtlich der o.a. externen *Effekte* muss allerdings Homanns Auffassung dahingehend kritisch hinterfragt werden, dass eine *reine (liberalistisch-ausgerichtete) Marktorientierung* nicht ausreichend genug in der Lage sein kann, die Frage zu beantworten, wie eine Organisation erfolgreich und *gleichzeitig moralisch* sein kann. Diese Frage können Management und Organisationen nur in einem Dialog mit den jeweiligen Anspruchsgruppen klären.

Der Verweis Homanns auf den ordnungspolitischen Bezugsrahmen ist natürlich nicht abwegig, wird aber unter Zugrundelegung der oben formulierten Ansprüche gegenüber einem dialogischen Management als eine problematische Verkürzung betrachtet.

Angesichts des in dieser Erörterung identifizierten Aufgabenfeldes eines dialogischen Managements, nämlich wirklich fähig und bereit zum *politischen Dialog zur Gemeinwohlsuche* zu sein und dabei *ständig* die Gültigkeit der eigenen und organisationalen Zielsetzungen und somit die Konsequenzen des eigenen (Management-) und des organisationalen Entscheidens und Handelns zu überprüfen, würde Homann vermutlich kritisch anmerken, dass diese Aufgabe das Management insbesondere von Unternehmen schlicht überfordern würde.

Das von Karl Homann artikulierte Verständnis birgt allerdings die Gefahr blinder Flecken in sich, da es Gefahr läuft, den Unternehmen und ihrem Management (und somit letztlich allen Organisationsmitgliedern) in letzter Konsequenz lediglich eine *Zuschauerrolle* zuzuweisen, indem nämlich zwar auf eine Mitgestaltung der ordnungspolitischen Bezugsebene verwiesen wird, *dies aber lediglich unter den Prämissen der Normenanwendungsproblematik geschieht*[99].
Die von Homann angeregte Delegation auf die ordnungspolitische Ebene kann nämlich leicht als *Delegation von Verantwortung* „umgedeutet" werden, bei der die einzelnen Unternehmen und ihr Management geradezu fatalistisch auf die „Gesetzes des Marktes" verweisen, welche „bedauerlicherweise" *eben* nicht *mehr* Moral und Mitverantwortung zulassen.
Die Verlockung, unmoralisch zu handeln, ist nämlich insbesondere dann als be-

---

ten Gesellschaft *aktiv* wird, um beide Gefahren einer reinen Marktausrichtung zu minimieren.

[99] In die gleiche Richtung gehen auch die Bedenken von Steinmann/Löhr (1997), die darauf hinweisen, dass bei einer derartigen Argumentation die Verantwortung für den gesellschaftlichen Frieden systematisch auf der *politischen* Ebene verankert werde, auf der die Spielregeln und Rahmenbedingungen des marktwirtschaftlichen Wettbewerbs vorgegeben werden. Dementsprechend wird die Unternehmung in konsequent liberalistischem Verständnis als „private Angelegenheit" betrachtet und „die Zumutung öffentlicher Ansprüche jenseits gesetzlicher Pflichten, etwa im Rahmen einer Unternehmensethik, prinzipiell zurückgewiesen" (Steinmann/Löhr 1997, S. 25).

sonders hoch einzuschätzen, wenn keine umfassende dialogische Beziehung zu tatsächlichen oder potentiell Betroffenen des ökonomischen Entscheidens und Handelns existiert.

Aus diesem Grunde scheint dann auch die Kritik Harald Geißlers (1997) nachvollziehbar zu sein, nach der es geradezu als *naiv* zu bezeichnen ist, das *Normenbegründungsproblem* zu vernachlässigen (vgl. dazu auch Brewing 1995, S. 211ff). Homann begibt sich diesbezüglich auf die gleiche Ebene wie Peter Ulrich, der meinte, das *Normenanwendungsproblem* ähnlich konsequent anderen - von ihm kritisierten Autoren - zu überlassen.

Kurz: Konzentriert sich Peter Ulrich *im verständigungsorientierten Sinne* in erster Linie auf das Normenbegründungsproblem unter möglicher einkalkulierter Preisgabe des Gewinnprinzips (vgl. dazu auch Kern 1997), nimmt Karl Homann – sich primär *erfolgsorientiert* gebend - letztlich eine Hintanstellung des moralischen Prinzips - falls es sich mit erheblichen Nachteilen für die beteiligten Unternehmen und ihr Management darstellt - notfalls in Kauf.
Dementsprechend laufen sowohl die Vorstellungen Ulrichs als auch die Homanns Gefahr, *zu einseitig* die unternehmens-, aber auch wirtschaftsethische Problematik anzugehen, und sind trotz weitreichender Impulse als *zu verkürzt* für die Ausgestaltung eines dialogischen Managements unter unternehmensethischen Gesichtspunkten zu betrachten.

Aufgrund dieser Kritik an beiden in bezug auf die Normativität im ökonomischen Kontext „extremen Positionen" wird nunmehr der „republikanische Ansatz" von Horst Steinmann und Albert Löhr dahingehend zu untersuchen sein, ob er einen eher „vermittelnden" Beitrag in der wirtschafts- und unternehmensethischen Debatte darstellt.

3.2.3. Das „republikanische Verständnis" einer Unternehmensethik - Der Vorschlag von Horst Steinmann und Albert Löhr

Horst Steinmann und Albert Löhr sehen die Ursache für die Aktualität der Unternehmensethik darin begründet, dass das kapitalistische Wirtschaftssystem in *zunehmendem Maße* eines *ethischen Fundamentes* bedarf, welches *sowohl* für die Ebene der Gesamtwirtschaft *als auch* die der einzelnen Unternehmung von Relevanz ist (vgl. Steinmann/Löhr 1994, Steinmann/Löhr 1997).

Die zentrale Leitidee des prozessualen Ethikansatzes von Steinmann/Löhr ist die Ermöglichung eines *gesellschaftlichen Friedens*. Dementsprechend wird Unternehmensethik als die Lehre vom richtigen, d.h. friedensstiftenden, Handeln der Unternehmensführung bei (weitreichenden) Konflikten mit Bezugsgruppen der

Unternehmung angesehen (vgl. Steinmann/Schreyögg 1997, S. 106). Hierbei schlagen die Autoren vor, Frieden als *allgemeinen, freien Konsens zwischen allen Betroffenen* zu definieren (vgl. Steinmann/Löhr 1994, S. 149), und betonen, dass jegliche machtinduzierten Konfliktlösungen einen *höchst instabilen Charakter* aufweisen und zumindest *solange* als konfliktträchtig einzuschätzen sind, „wie der Machtgebrauch nicht vorgängig durch einen freien Konsens als *Herrschaftsausübung* legitimiert wurde" (ebd., zum Friedensbegriff bzw. zum Problem des Krieges siehe auch ausführlich Hoppe 1986, S. 15ff).

Dies beinhaltet die Vorstellung, „das rein erfolgsorientierte Handeln des Managements in Richtung auf verständigungsorientiertes Handeln zu erweitern" (Steinmann/Schreyögg 1997, S. 103).

Hinsichtlich des somit identifizierten Aufgabenfeldes der Unternehmensethik - nämlich mit Hilfe einer *Verknüpfung* von Erfolgs- und Verständigungsorientierung - einen wichtigen Beitrag zur Legitimation der sozialen Marktwirtschaft *und* zum gesellschaftlichen Frieden leisten zu können - korrespondieren Steinmann/Löhr dann auch *auf den ersten Blick durchaus* insbesondere mit den Vorstellungen Peter Ulrichs, aber auch mit denen Karl Homanns.
Es wird allerdings in der Anregung von Steinmann/Löhr *relativ schnell* darauf verwiesen, dass ein *eindeutiger Konsens* hinsichtlich der Frage, *ob* und *wie* wirtschafts- und unternehmensethische Begründungsansprüche zur Sicherstellung eines gesellschaftlichen Friedens eingelöst werden können, *noch nicht* in Sicht ist. Die Ursache für diese eher ernüchternde Einschätzung liegt darin begründet, dass es in einer postkonventionellen demokratischen Gesellschaft kaum mehr möglich scheint, bestimmte Normen und Werte zu identifizieren, die (zumindest) die Majorität bejaht, so dass diese eine entsprechende Wirtschafts- und Unternehmensethik begründen könn(t)en.
Dementsprechend unterstreichen Steinmann/Löhr dann auch von vornherein die „Bipolarität" unternehmensethischer Fragestellungen:
1. Zum *einen* sieht sich die Unternehmensethik einem *ökonomischen Begründungsproblem ausgesetzt*. Hierbei muss geklärt werden, ob und inwiefern in der marktwirtschaftlichen Wettbewerbsordnung überhaupt Platz für eine ethische Orientierung des unternehmerischen Handelns ist, die sich nicht im Prinzip der Gewinnmaximierung erschöpft. Hieran schließt sich dann auch geradezu automatisch die Frage, ob denn die *Unternehmensebene* überhaupt eine richtige Adresse für ethische Ansprüche sein kann, oder ob nicht vielmehr - wie von Karl Homann vertreten - eher die *Rahmenordnung* des Wirtschaftssystems derjenige Ort ist, über den moralische Vorstellungen an die marktwirtschaftlichen Akteure herangetragen werden müssen. Eine derartige Argumentation ist an die Überzeugung gekoppelt, dass der Wettbewerb „gnadenlos" ist, Unternehmen folglich zwingt, *in erster Linie* nach *Effizienzkriterien* zu entscheiden und zu handeln, und dass dementsprechend der Ver-

such, im Alleingang moralische Zusatzleistungen zu erbringen, geradezu als *existenzgefährdend* einzuschätzen ist.

2. Zum *anderen* geht es um die Lösung eines weitreichenden *philosophischen Begründungsproblems.* Hierbei gilt es, der Auffassung entgegenzutreten, dass ethische Forderungen allenfalls *persönliche Bekenntnisse* von einzelnen darstellen, die nicht *intersubjektiv überprüfbar* und somit einer *wissenschaftlichen Begründung* nicht weiter zugänglich sind. Anders formuliert: Es geht um die Frage, mit Hilfe welchen Anspruches eine Unternehmensethik konzipiert werden kann, wobei es *eben nicht nur* um ein System von *Aussagesätzen* gehen soll, sondern vielmehr um die Entwicklung *begründeter Aufforderungssätze* (vgl. Steinmann/Löhr 1997, S. 10).

Angesichts dieser Bipolarität bleibt für beide Autoren *nur ein Lösungsweg* übrig, nämlich ein *Verfahren* für den Umgang mit unterschiedlichen Normen und Werten zu entwickeln und auszugestalten, welches aus dem Grunde mit allgemeiner Zustimmung rechnen kann, *weil es als faires Verfahren empfunden und somit als friedensfördernd eingeschätzt wird.*

Vor diesem Hintergrund liegt es für Steinmann/Löhr nahe, das Aufgabenfeld einer Unternehmensethik *dahingehend* zu identifizieren, sich als Teilbereich der Wirtschaftsethik mit der Frage zu befassen, „welcher Beitrag auf der Unternehmensebene geleistet werden kann und soll, um die *Legitimität* unternehmerischen Handelns dauerhaft sicherzustellen" (Steinmann/Löhr 1997, S. 10, vgl. dazu auch Steinmann/Löhr 1994).

Um eine *Selbsterzeugung und Entfaltung moralischer Vernunft*, welche sich am Kriterium des Ganzen orientiert (vgl. Geißler 1997, S. 3), überhaupt ermöglichen zu können, schlagen Steinmann/Löhr ein Sechs-Ebenen-Modell vor, welches die Legitimationsproblematik sowie die jeweiligen Lösungsmöglichkeiten und Adressaten umschreibt:

Auf der untersten bzw. 6. Ebene – von Steinmann/Löhr als *Handlungsebene* bezeichnet – geht es um die Ebene der unternehmerischen Entscheidungen und Umsetzungen. Die Ursachen für unternehmensethische Probleme sind hierbei in der aktuellen *Unternehmensstrategie* zu sehen. Diese Ebene behandelt diejenige des individuellen Handelns im Unternehmen unter den Gegebenheiten unterschiedlicher Interessen und Wertvorstellungen des o.a. von Charles Handy angesprochenen *Interessenhexagons*. Die vielfältigen Interessen können nämlich durch die Entscheidungsprozesse *derartig eingeschränkt werden*, dass die Gefahr weitreichender (Interessen-) *Konflikte* besteht.

Die Ebene 5 – *auch als Unternehmensebene* bezeichnet – thematisiert das Handeln von Unternehmen als *Kollektivsubjekten* (vgl. Geißler 1997, Petersen 1993,

1997). Ebene 5 geht von der Vorannahme aus, dass sich das Management in Konfliktsituationen *selbst* um eine friedliche Regelung bemühen kann. Vorstellbar ist beispielsweise, sich auf bestimmte rechtliche Regelungen zu berufen, um dadurch auch die Legitimität von Managemententscheidungen zu begründen. Somit könnte dokumentiert werden, „dass die Unternehmensstrategie das Ergebnis einer verantwortungsbewussten Nutzung der unternehmerischen Freiheit darstellt" (Steinmann/Löhr ebd.). Mit anderen Worten: Geht es in der 6. Ebene um die Legitimation der Unternehmensstrategie, behandelt die 5. Ebene die Regeln der *Unternehmensverfassung* (vgl. u.a. Bleicher 1991, Petersen 1998), um die Rechtmäßigkeit von Entscheidungen zu belegen. *Die entscheidende Frage auf dieser Ebene ist die, ob eine Strategieänderung ohne Gefährdung des Überlebens der Unternehmung überhaupt möglich ist* (vgl. Steinmann/Löhr 1997, S. 11).

Vor diesem Hintergrund verweisen Steinmann/Löhr dann auch explizit auf einen zu ermöglichenden „*Unternehmensdialog*" mit dem Ziel eines rationalen Konsenses (vgl. ebd.). Auf dieser Ebene ließe sich dann auch das Aufgabenfeld eines *dialogischen Managements* dahingehend identifizieren, eigenständige Legitimationsleistungen zu erbringen, um entweder das eigene Handeln *einsichtig* zu machen oder die Unternehmensstrategie *selbst* (zumindest partiell) *zu revidieren*.

Die Ebenen 4 (Verbandsebene) und 3 (Ebene der Rahmenordnung) verdeutlichen, dass eine Revision auf den Ebenen 5 und 6 *allerdings nur dann* möglich ist, wenn sich dies mit der *Wettbewerbssituation* des Unternehmens vereinbaren lässt. Hierdurch wird unterstrichen, dass in *jeder* Konfliktsituation das Management dem *ökonomischen Imperativ* Rechnung zu tragen hat, um die Weiterexistenz der Unternehmung im Wettbewerbskampf sicherzustellen (s. u. dazu die Überlegungen Werner Kirschs zum „Überlebensmodell"). Vor diesem Hintergrund verweisen Steinmann/Löhr explizit auf das *Subsidiaritätsprinzip*[100] als

---

[100] Das *Subsidiaritätsprinzips* wurde von der katholischen Soziallehre im 19. Jahrhundert angeregt und beinhaltet eine gegen staatlichen Zentralismus und Kollektivismus ausgerichtete Gesellschaftsauffassung, die für die Eigenständigkeit und Eigenverantwortung der kleineren Sozialsysteme eintritt.
Hierbei bildete die Überlegung den Ausgangspunkt, dass alles, was einzelne Individuen *aus eigener Initiative leisten können*, jenen nicht entzogen und einer übergeordneten Instanz übertragen werden darf. Die übergeordnete Instanz ist demgegenüber vielmehr verpflichtet, erst im Bedarfsfall Hilfe zu leisten, was auch als *Hilfe zur Selbsthilfe* charakterisiert werden kann.
Demzufolge dürfen die Aufgaben, die die verschiedenen Sozialgebilde erfüllen, nicht vom Staat übernommen und zentral gesteuert werden, sondern dem Staat obliegt es statt dessen, die Voraussetzungen für die Funktionsfähigkeit der Sozialgebilde zu schaffen.
Kurz: Das Subsidiaritätsprinzip „stellt (...) eine Verteidigung der freien Initiativen in der Gesellschaft dar, es plädiert für das Recht der kleineren Lebenskreise, für den Aufbau gesellschaftlicher Ordnung von unten nach oben" (Sutor 1991, S. 37).

Leitidee (vgl. Steinmann/Löhr 1997, S. 13). Dies bedeutet auch in diesem speziellen *Legitimationskontext*, dass jedes einzelne Unternehmen *nichts unversucht lassen sollte*, erst einmal *seine* eigenen Konfliktlösungsmöglichkeiten zu identifizieren und auszuschöpfen, bevor es Regelungsmechanismen „höherer" Ebenen beansprucht (vgl. Steinmann/Löhr 1994).

Analog zu den o.a. Charakteristika des Subsidiaritätsprinzips müssen folglich *erst dann, wenn* eine Konfliktsituation *so gravierend* ist, dass einzelne Unternehmen mit einer Lösung ökonomisch überfordert wären, entweder auf der *Branchenebene* oder gar der *politischen Ebene der Rahmenordnung* möglichst gerechte bzw. wettbewerbsneutrale Lösungen angestrebt werden (vgl. Steinmann/Löhr 1997, S. 13).

Kurz: Es geht auf der Ebene 3 um die Thematisierung der Frage, *ob eine wettbewerbsneutrale Revision des Verbandskodex möglich scheint* und auf der 4. Ebene um eine *mögliche Revision der Spielregeln* (vgl. Steinmann/Löhr 1997, S. 11).

Die Ebenen 2 und 1 thematisieren *Ethische Prinzipien und ihre Fundierung*. Diese beiden Ebenen lassen sich dahingehend interpretieren, dass auch in einem demokratischen Rechtsstaat die (politische) Ebene der Gesetzgebung *eben nicht* die *letzte Legitimationsstufe* unternehmerischen Handelns darzustellen vermag, weil nämlich die *Unterscheidung* zwischen *Legalität* und *Legitimität* durch die demokratisch-formalen Instanzen *Verfassung* und *Gesetzgebung nicht genügend* vorgenommen werden kann. Erst eine derartige Differenzierung – so Steinmann/Löhr – „erlaubt und erfordert es, in eine kritische Distanz zum bestehenden Recht zu treten" (Steinmann/Löhr 1997, S. 14).

Eine *umfassende* Klärung der *Legitimationsproblematik*, die als *die* zentrale Leitvorstellung für unternehmensethisches Handeln und somit letztendlich als

---

Der mit dem Subsidiaritätsprinzip verbundene Grundsatz, „Hilfe zur Selbsthilfe" zu leisten, soll nicht dahingehend missverstanden werden, dass Hilfe etwa als *Entmündigung* verstanden wird. Hilfe zur Selbsthilfe betont vielmehr die *Unterstützung* übergeordneter Instanzen bei der gesellschaftlichen Mitgestaltung und somit die Sicherstellung der freien Entfaltung gesellschaftlicher Kräfte. Dementsprechend korrespondiert der subsidiäre Charakter des Staates mit seiner *universalen* und nicht etwa *totalen* Zuständigkeit für das Gemeinwohl.

Hieraus wird deutlich, dass das Subsidiaritätsprinzip nicht etwa auf einen schwachen Staat abzielt, sondern vielmehr auf einen, der sich auf seine genuin zu erfüllenden Aufgaben konzentriert. Das Subsidiaritätsprinzip - welches in Abschnitt 5 im Zusammenhang mit der Ermöglichung und Ausgestaltung föderalistischer Organisationen erneut aufgegriffen wird (vgl. dazu auch Petersen 1998b) - lässt sich dementsprechend als „ein Plädoyer für eine freiheitliche Gesellschaft" (Sutor 1991, S. 38), aber gleichzeitig auch für eine sozial sinnvoll geordnete und somit ständig lern- und bildungsbereite und -fähige, sprich: reflexiv eigenständige und handlungsfähige Gesellschaft deuten, weil es die primären Sozialgebilde wie zum Beispiel die Familie, aber auch andere Kleingruppen in ihrer sozialen Bedeutung für die Menschwerdung und die menschliche Entfaltung ihrer Glieder zum Zuge kommen lässt (vgl. ebd.).

unternehmensethischer Maßstab für dialogisches Management anzusehen ist, benötigt nämlich über die politische Ebene hinaus Fragen nach den *höchsten Prinzipien oder Werten*, an denen sich *alle* gemeinsamen orientieren sollten. Für Steinmann/Löhr geht es somit auf diesen obersten Ebenen darum, *Quellen ethischer Prinzipien zu identifizieren*, sprich: zu klären, *wie* sich trotz Werte- und Normenpluralität in modernen, hochkomplexen Risikogesellschaften *überhaupt noch* Werte begründen lassen können. Hierbei stellt sich die Frage, ob dies – in Anlehnung an die Erkenntnisse der Aufklärung - mit den Mitteln der *Vernunft* oder (bzw. auch) mit den Mitteln der *Religion* geschehen soll, oder ob es sich hierbei lediglich um mehr oder weniger *willkürlich zustande gekommene* Entscheidungen oder Glaubensakte handelt, durch die moralische Werte postuliert werden (vgl. ebd., S. 14).

Dieses angeregte Sechs-Ebenen-Modell der Entfaltung humaner Vernunft unterstreicht zunächst einmal besonders in Anlehnung an Karl Homann, dass Unternehmensethik grundsätzlich nur im Rahmen von Wirtschaftsethik *sinnvoll* zu diskutieren und zu entfalten ist, aber auch, „dass letztere nur mit Bezug auf eine *humane Vernunft* begründet werden kann, die das Wirtschaftssystem in das Ganze einer Weltgesellschaft stellt" (Geißler 1997, S. 3), was wiederum den Vorstellungen Peter Ulrichs entgegenkommt.

Obwohl durch das Sechs-Ebenen-Modell eine *Hierarchisierung der Begründungsstruktur* vorgenommen wird, ist es Steinmann/Löhr wichtig, zu unterstreichen, dass die Ebene, auf der nach einer Konfliktlösung gesucht werden muss, von den Umständen des Einzelfalles abhängt und dementsprechend *nicht theoretisch vorentschieden* werden kann.

Dementsprechend wird im Sechs-Ebenen-Modell *dreierlei* deutlich:

1. Um individuelles Handeln im organisationalen Kontext überhaupt rechtfertigen zu können, ist es erforderlich, auf *vernünftige* (i.S. gut begründete) Zwecke verweisen zu können, für die die jeweiligen Handlungen als geeignete Mittelwahlen einzuschätzen sind. Hierfür bilden in erster Linie die *Unternehmensstrategien* - von Steinmann/Löhr als *Sachziele* bezeichnet - den Rahmen, da in ihnen im Sinne der Erreichung des Formalzieles *Gewinnerzielung* der Aufbau von Erfolgspotentialen sowie der diesbezügliche Ressourceneinsatz geplant und sichergestellt wird. Kurz: Unternehmensstrategien geben zunächst einmal die unmittelbaren inhaltlichen Orientierungspunkte für jegliches organisationale Entscheiden und Handeln ab (s.o.).

2. Zwecks Rechtfertigung dieser *Strategien* gilt es, einen *gesellschaftlichen Gesamtnutzen* zu identifizieren, welcher die formulierten Unternehmensstrategien als *vernünftige Mittelwahl* rechtfertigen lässt. Gewinnorientiertes Wirtschaften ist somit *Regeln* unterworfen, die gesamtgesellschaftlich oder (zumindest) auch branchenspezifisch formuliert werden (müssen).

3. Es reicht allerdings nicht aus, derartige normativen Regeln *lediglich* qua Gesetzesverordnung in Kraft zu setzen. Soll dem ethischen *Grundsatz der Universalisierbarkeit* wirklich entsprochen werden können, müssen Normen durch einen *vernünftigen Konsens* zustande gekommen sein.

Insbesondere der Hinweis auf die Notwendigkeit eines *vernünftigen Konsenses* qua *vernünftiger Argumentation* lässt es nicht überraschend scheinen, dass sich auch Steinmann/Löhr zunächst einmal den von Peter Ulrich favorisierten Ansätzen der *Dialog-* bzw. *Diskursethik* anschließen, da *sowohl* die Legitimation der sozialen Marktwirtschaft *als auch* die unternehmerischen Entscheidens und Handelns vor dem Hintergrund der Leitidee „Ermöglichung eines gesellschaftlichen Friedens" *nur noch* im Dialog bzw. Diskurs wahrgenommen werden kann (vgl. Steinmann/Löhr 1994, 1997).

Hierbei sind auch Steinmann/Löhr *nicht so naiv*, zu verkennen, dass das Entscheiden und Handeln im ökonomischen Kontext neben Versuchen, Konfliktbewältigung qua *dialogischer Argumentation* sicherzustellen, häufig(er) durch *Machtstrukturen* gekennzeichnet ist, die eben nicht *unmittelbar* auf die Schaffung eines gesellschaftlichen Friedens abzielen (vgl. insbes. Steinmann/Löhr 1994).
Um diese Problematik aufzugreifen, bietet es sich für beide Autoren an, die Unterschiede zwischen einem *Kompromiss* und einem *Konsens* zu konkretisieren.

Hierbei lassen sich „Kompromisse" dadurch kennzeichnen, dass der Gebrauch von *Macht*, worunter neben physischer und psychischer Bedrohung insbesondere im ökonomischen Kontext geschickte Strategien der Manipulation zu zählen sind, durchaus als *probates Mittel* zur subjektiven *Interessendurchsetzung* des Managements angesehen werden kann (vgl. dazu auch Sutor 1997, S. 93ff, auch der Begründungsteil B von K.-O. Apel sowie Petersen 1995). Demgegenüber zeichnen sich *Konsensfindungsprozesse* dadurch aus, dass eben *ein so verstandener Gebrauch von Macht aufgegeben werden muss* (vgl. Steinmann/Löhr 1997, S. 21).

Die Ökonomen Horst Steinmann und Albert Löhr schließen sich der Argumentation der Transzendentalpragmatik an, indem sie betonen, „dass es (zur Sicherstellung eines gesellschaftlichen Friedens, J.P.) um eine *möglichst machtfreie Gestaltung der Verständigungsprozesse* gehen soll - wobei unterstellt werden darf, dass wir alle praktisch schon recht gut unterscheiden können zwischen eher machtfreien und eher machtgestützten Kommunikationen" (ebd.)[101].

---

[101]   Vor diesem Hintergrund betonen Steinmann/Löhr, dass die Fähigkeit und Bereitschaft, diese Unterscheidungsfähigkeit zu kultivieren, mit einer *Schärfung der moralischen Urteilsfähigkeit* gleichbedeutend ist. Das damit einhergehende Bestreben nach tendenziell

Dementsprechend wird erst der *allgemeine freie Konsens* im Sinne einer Zustimmung aller Betroffenen auf der Grundlage der gewonnenen *Einsicht in bessere Argumente* (s.o. die Verweise auf Habermas 1971, S.137) als Grundlage
verstanden, *einen gesellschaftlichen Frieden* wahrscheinlicher werden zu lassen.
Hierfür gibt es – was im Rahmen der oben vorgenommenen Diskussion der Diskursethik deutlich werden sollte – allerdings kein „Patentrezept" in Form einer
„stellvertretenden" Lösung beispielsweise durch externe moralische Gutachter.
Die *Werte-* und *Normenvielfalt*, der sich (in zunehmendem Maße) eben auch der
ökonomische Kontext ausgesetzt sieht (vgl. hierzu Zürn 1991, Conradi 1996),
kann nämlich letztendlich *nur zu der* Konsequenz führen, dass eine „post-
traditionale Ethik" bzw. *Ethik der (demokratischen) Risikogesellschaft* als *formale Verfahrensregel* zu konzeptionalisieren ist und folglich nicht als „inhaltliche Vorgabe" angelegt werden kann (vgl. Steinmann/Löhr 1997, S. 21).

Derartige philosophische Anregungen im Rahmen der Diskussion über Unternehmensethik sollen dann auch als ein Beitrag betriebswirtschaftlicher Forschung zur Sicherung des gesellschaftlichen Friedens aufgefasst werden.
Trotz dieses Anspruches darf allerdings nicht übersehen werden, dass der Friede
als *höchstes ethisches Prinzip* zunächst einmal nur als *Orientierungsgrundlage*
bzw. *regulative Idee* dienen kann, deren Umsetzung sich immer an den histo-
risch-empirischen Bedingungen auszurichten hat. Anderenfalls - und dies in Abgrenzung zu Peter Ulrich - bestünde nämlich die Gefahr, ein „*utopisches*" Konzept der Unternehmensethik anzuregen, welches mit dem Prädikat „ungeheuerliche Idealisierung" versehen werden müsste (s.o. die Kritik Apels an Peter Ulrich).

Konkret bedeutet dies, dass alle Bemühungen, eine *realistische* Unternehmensethik zu entfalten, nun einmal im *Kontext einer kapitalistischen Wettbewerbswirtschaft* geschehen, wobei insbesondere das Gewinnprinzip *nicht automatisch*
mit dem Ziel eines gesellschaftlichen Friedens *kompatibel* erscheint.

*Wie in der Auseinandersetzung mit den Vorstellungen Homanns betont, gehört
es nämlich zu den Charakteristika des Marktes, dass er sich nicht aus sich selbst
heraus zu legitimieren vermag.*
*Vor diesem Hintergrund bietet es sich an, erneut auf die oben vorgenommene
Unterscheidung zwischen „Konsens" und „Kompromiss" zurückzugreifen.*
Der Markt wird als eine *politisch gewollte Institution* zur Herstellung von Kom-
promissen in denjenigen Lebensbereichen gedeutet, „in denen eine private Inte-

---

machtfreien Situationen führt dann auch dazu, „die Dialogethik schrittweise praktisch
werden zu lassen" (Steinmann/Löhr 1997, S. 22.).

ressenverfolgung durch preisgesteuerte - d.h. *sprachfreie* - Tauschakte für wünschenswert erachtet wird" (Steinmann/Löhr 1997).
Die Stärke der Marktwirtschaft liegt dabei darin begründet, dass sie – und hier stimmen Steinmann/Löhr mit Homann überein – sich gegenüber Alternativmodellen (am konkreten Beispiel der sozialistischen Planwirtschaft) als effizienter erwiesen hat, eine Lösung für die Problematik der Koordination individueller wirtschaftlicher Handlungen herbeizuführen.
Anders formuliert: In einer Marktwirtschaft lassen sich die individuellen Handlungen nicht mehr über die Absichten der Beteiligten – mögen sie ethisch noch so wünschenswert scheinen - koordinieren, sondern *ausschließlich* über die *Folgen von Handlungen* (s. dazu insbesondere Homann/Blome-Drees 1992, S.47ff.).
Derartige Rahmenbedingungen der Marktwirtschaft, begleitet von Internationalisierungs- bzw. Globalisierungstendenzen, verdeutlichen, dass eine alleinige Konzentration auf Konsensbildungsverfahren *nicht mehr ausreichen kann*, die *Komplexität* der Ökonomie in hochentwickelten Gesellschaften zu bewältigen (s.o.).

Trotz der Problematik, dass unternehmerisches Handeln in der Marktwirtschaft nicht automatisch den gesellschaftlichen Frieden zum Ziel haben kann (s.o. die Ausführungen zur Erfolgsorientierung im Management), weil unternehmenseigene Interessen verfolgt werden, sehen Steinmann/Löhr den *entscheidenden friedensstiftenden* Vorteil der Wettbewerbswirtschaft darin, dass dieses Wirtschaftssystem am ehesten in der Lage ist, das o.a. *ökonomische Knappheitsproblem zu lösen*. Die damit verbundene Beseitigung oder Minimierung von Mangel beseitigt Ressourcenkonflikte und stabilisiert den gesellschaftlichen Frieden. Schon aus diesem Grunde lassen sich das Gewinnprinzip sowie die Präferenzen der Argumentation Steinmann/Löhrs legitimieren. Vor diesem Hintergrund kann dann auch folgende Maxime für unternehmerisches Handeln zugrundegelegt werden: „*Maximiere den Gewinn, soweit das vereinbar ist mit dem gesellschaftlichen Friedensziel!*" (Steinmann/Löhr 1997, S. 30). Dies kann als Versuch gedeutet werden, erfolgsorientierte Prämissen um die verständigungsorientierte Komponente zu erweitern.
Hinsichtlich dieses Verständnisses erhält das Management von sich dem Wettbewerb stellenden Unternehmen dann auch eine doppelte Rolle zugesprochen:

1.   Es ist für das *ökonomische Überleben* der Unternehmung in der Marktwirtschaft verantwortlich, wobei zweifellos der erzielte *Gewinn* als Erfolgsindikator dient.

2.	Es ist aber gleichsam mitverantwortlich für den *gesellschaftlichen Frieden*. Dieser Mitverantwortung ist durch die Entwicklung und Umsetzung *konsensfähiger Unternehmensstrategien* Rechnung zu tragen[102].

Daher überrascht es nicht, dass Steinmann/Löhr den Unternehmen zuallererst das Charakteristikum einer *ökonomischen Institution ("working shop")* zusprechen (s.o.). Im Gegensatz zu Peter Ulrich und in Annäherung an die Vorschläge Karl Homanns sehen Steinmann/Löhr, dass Unternehmen, *die am Markt erfolgreich operieren wollen, eben nicht* in primär ethische Institutionen *("talking shop")* uminterpretiert werden können und mit einer *generellen* Verantwortung bei der Lösung gesellschaftlicher Probleme zu betrauen sind.

Dennoch geht der *republikanische Ansatz* mit dem Anspruch einher, dem „Talking" zur Sicherung des Friedens einen *gewichtigen Raum* zu geben und sich nicht ausschließlich dem „Working" zu widmen.

3.2.3.1. Reflexive Eigenständigkeit und Subsidiarität als zentrale Elemente einer Unternehmensethik als republikanisches Programm

Das Handeln in und von Organisationen unter *republikanische Prämissen* stellen zu wollen – wie es der Titel zum Ausdruck bringt – bedarf zunächst einmal der Klärung, was denn überhaupt mit dem Prädikat „republikanisch" versehen werden kann.

Als *Grundgedanke des Republikanismus* im staatspolitischen Sinne kann seit der Ablösung des ausgehenden Feudalsystems durch den bürgerlichen „vernünftigen" Verfassungsstaat angesehen werden, den Menschen als Vernunftswesen zu verpflichten, „aus dem Naturzustand herauszutreten in eine Ordnung gesetzlich geschützter Freiheit von Rechtssubjekten" (Sutor 1997, S. 33).

---

[102]	Vor diesem Hintergrund wird von Steinmann/Löhr betont, dass die Rechtfertigung des Gewinnprinzips nicht als Freibrief für das unternehmerische Handeln misszuverstehen ist: „Eine nicht bloß *grundsätzlich*, sondern auch in jedem konkreten *Einzelfall* tragfähige Legitimation unternehmerischen Handelns kann nur erreicht werden, wenn man die unternehmerische Freiheit an das öffentliche Interesse an einem möglichst stabilen gesellschaftlichen Frieden zurückbindet. Es geht - mit anderen Worten - um die Frage, wie die individuelle Freiheit in praktisch sinnvoller Weise mit der Verantwortung für das Ganze zusammengedacht werden kann. Im Konzept des gesellschaftlichen Friedens als allgemeinem freien Konsens werden in diesem Sinne *Einheit und Freiheit* miteinander vermittelt. Erst diese konzeptionelle Ausgangsposition schafft eine *tragfähige Begründungsbasis* für die Forderung, dass in *allen gesellschaftlichen Bereichen*, auch in der Wirtschaft, die Freiheit zum Handeln immer an eine korrespondierende Verantwortung zurückgebunden bleiben muss" (Steinmann/Löhr 1997).

Hierzu hat insbesondere die oben angesprochene zweite Fassung des kategorischen Imperativs Immanuel Kants, nämlich die Aufforderung an jeden einzelnen, *so zu handeln, dass diese Person die Menschheit, sowohl in einem selbst als in der Person eines jeden anderen, jederzeit zugleich als Zweck, niemals bloß als Mittel brauchest*, den Grundstein für Menschenwürde gelegt.

Im Aufklärungszeitalter des ausgehenden 18. Jahrhunderts ging es insbesondere darum, den kategorischen Imperativ zum Leitgedanken für den Entwurf freiheitlicher Verfassungsstaaten zu deklarieren, um der Politik durch Menschenrechte wirksam solche Grenzen zu setzen, dass sie den Menschen nicht mehr zum Mittel für andere, angeblich höhere Zwecke machen kann.
Heutzutage geht es nach weitgehender Überwindung *unvernünftiger* staatlicher Strukturen - zumindest in den Industriestaaten des Westens - nunmehr *auch insbesondere im ökonomischen Kontext* darum, jenen *republikanischer, sprich: vernünftiger* zu gestalten, um das Konfliktpotential moderner marktwirtschaftlicher Industriegesellschaften zu begrenzen und auf diese Weise weitere Erfolgsvoraussetzungen für deren Legitimation und Funktionsfähigkeit zu erreichen (vgl. Steinmann/Löhr 1994, 1997).

Vor diesem Anspruchshintergrund kann nach der Überzeugung von Steinmann/Löhr die Rolle des Managements und der Organisationen nicht (mehr) ausschließlich unter privatwirtschaftlichen Prämissen definiert werden, da im Unterschied zum liberalistischen Verständnis das „republikanische Konzept" einer Organisation einen *fairen Interessenausgleich* zwischen den beiden „Polen" *Gewinnerwirtschaftung* und der „öffentlichen Sache" des *gesellschaftlichen Friedens* benötigt, welcher anzustreben und zu verwirklichen ist[103]„ (Steinmann/Löhr 1994, S. 146f). Dementsprechend gilt es, seitens der Unternehmen und deren Management im Interesse des Friedens nicht nur effiziente, sondern zugleich immer auch gesellschafts- bzw. sozialverträgliche Strategien zu entwerfen und zu verwirklichen.
Hierdurch wird von Steinmann/Löhr – wenn auch mit anderen Worten – auf die Notwendigkeit *reflexiver Eigenständigkeit* im republikanischen Verständnis verwiesen *und zielt zumindest implizit* auf die „sittliche Höherentwicklung von Organisationen" durch gelebte reflexive Eigenständigkeit und Subsidiarität ab (vgl. dazu Geißler 1994, S. 255ff; Kirsch 1990, S. 487ff.; Petersen 1997).

---

[103]   Hierbei verweisen Steinmann/Löhr (ebd.) darauf, dass die Verpflichtung auf das Friedensziel bereits in der *Summa Theologica* Thomas von Aquins eine wichtige Rolle einnimmt : „Die Wohlfahrt und Sicherheit einer Vielzahl, die in eine Gesellschaft geformt ist, liegt in der Wahrung ihrer Einheit, die Frieden genannt wird. Wenn diese entfernt wird, ist der Nutzen des sozialen Lebens verloren, vielmehr wird die Uneinigkeit einer Vielzahl zur Bürde." (Thomas von Aquin 1985, zit von Steinmann/Löhr 1994, S. 149).

Vor diesem Hintergrund kann das republikanische Verständnis – ohne Gefahr zu laufen, als allzu idealtypisch bezeichnet zu werden -, die Funktion eines „Türöffners" übernehmen, um unternehmensethische Fragestellungen sehr eng an bildungstheoretische Aspekte zu knüpfen. Dies scheint insofern vielversprechend zu sein, als der republikanische Ansatz *auf den Dialog* lernender Subjekte *in der* Organisation und der Organisation mit dem Umfeld angewiesen ist.

3.2.3.2. Kritische Würdigung des Ansatzes von Steinmann/Löhr

Horst Steinmann und Albert Löhr charakterisieren Wirtschafts- und Unternehmensethik *primär* als ein *methodisches Problem.*
Hierbei liegt es für beide nahe, in ihrem Vorschlag, ein Konzept der Unternehmensethik *zwecks vernünftiger Gestaltung der Beziehung* zwischen „Frieden" und „Gewinnerzielung", bzw. zwischen Erfolgs- und Verständigungsorientierung von folgenden Prämissen auszugehen:

1. Unternehmensethik ist in erster Linie als ein *prozedurales bzw. formales* Konzept zu verstehen und nicht etwa als ein von vornherein *material* definierter Ansatz[104], in dem bestimmte normative Gebote und Verbote für Management und Organisationen vorbestimmt und festlegt werden. Aus diesem Grunde ist auch der Verweis auf das Subsidiaritätsprinzip von besonderer Bedeutung. Daraus ergibt sich die Konsequenz, dass
2. Unternehmensethik als ein rationales, *dialogisches* Konzept zu verstehen ist, welches sich gründlich von jeglichen monologischen und bloß bekenntnishaften Konzepten abzugrenzen hat[105].

Hiermit geht einher, dass eine *derartige* bipolare Legitimation *nicht nur* auf der ordnungspolitischen Ebene herzustellen ist, wie es speziell Karl Homann anregt, sondern *gerade auch* durch das verantwortliche Handeln eines jeden einzelnen Unternehmens zuallererst mit herzustellen ist. Diese Argumentation charakterisiert insbesondere die Peter Ulrichs.
Hieraus ergibt sich, dass Steinmann/Löhr eine „Mittlerposition" zwischen den oben als eher „fundamentalistisch" eingeschätzten Anregungen Peter Ulrichs und den eher „liberalistisch" dominierten Vorschlägen Karl Homanns zugesprochen werden kann (vgl. Steinmann/Löhr 1994).

---

[104]   Vgl. hierzu unter bildungstheoretischen Gesichtspunkten die Überlegungen Wolfgang Klafkis zur Ausgestaltung einer „kategorialen Bildung" (1963, auch Petersen 1993, 1997).

[105]   Als Beispiel für ein derartiges *monologisches Konzept* lässt sich die appellatorische „Idee der gesellschaftlichen Verantwortung der Unternehmensführung" ranführen, die bereits Anfang der 1970er Jahre im „Davoser Manifest" vertreten worden ist (vgl. Steinmann 1973).

Entscheidend für Horst Steinmann und Albert Löhr hinsichtlich der Legitimation und Akzeptanz der sozialen Marktwirtschaft ist die Frage, dass die unternehmerische Freiheit, die im Sinne des „Vertragsmodells der Unternehmung" als Garant für eine erfolgreiche Marktwirtschaft gilt, nicht eingeschränkt wird, aber im gleichen Atemzug dafür Sorge getragen wird, dass zwischen privatem Unternehmertum und öffentlichem Interesse ein *fairer Interessenausgleich* geschaffen wird.

Vor diesem Hintergrund kann der Ansatz von Steinmann/Löhr dahingehend gedeutet werden, dass hinsichtlich neuer nationaler und ökonomischer Herausforderungen - am konkreten Beispiel der Globalisierung - auch im nationalen Kontext - trotz schwindender (ökonomischer) Souveränität der Nationalstaaten und des nationalen Rechts bei gleichzeitig noch nicht vorhandenen internationalen Regelungen - neue Verantwortungsstrukturen erforderlich sind, um die sich vermutlich geradezu automatisch ergebenden Konflikte friedlich lösen zu können.

Dementsprechend geht es darum, Konsequenzen zu hinterfragen, die sich aus dieser Situation für das Verhältnis von Freiheit und Verantwortung auf der Unternehmensebene ergeben. Es stellt sich nämlich immer stärker heraus, dass sich einzelne Unternehmungen und ihr Management der unternehmensethischen Herausforderung zu stellen haben, von der unternehmerischen Freiheit verantwortlich Gebrauch machen zu müssen, um den *gesellschaftlichen Frieden* als *Voraussetzung erfolgreichen Wirtschaftens* zu stabilisieren.

Aus (erwachsenen-) pädagogischer Sicht ist hierbei sicherlich die Kritik Josef Brewings (1995) von Bedeutung, der zufolge eine auf praktische Anwendbarkeit sich verpflichtende Ethik, wie der Ansatz von Steinmann/Löhr, ihrem formulierten Anspruch, Unternehmensethik als ‚realistische Idee' qua Dialog vorzuführen, insofern *nicht gerecht werden kann*, als sie Gefahr läuft, dass „ihr" unternehmensethischer Ansatz zu einer – oben kritisierten – (dann doch eher monologischen) *Managementtechnologie* reduziert werden könnte, die mit dem Prädikat *Strategieentwicklung der Legitimations- und Akzeptanzsicherung unternehmerischen Handelns* versehen werden kann.

Dementsprechend ist Unternehmensethik im ausgehenden 20. Jahrhundert, „zumindest dann, wenn sie sich als kommunikative Ethik versteht, allein möglich als kritische Reflexionstheorie ökonomischen Handelns und betriebswirtschaftlicher Theorie. In diesem Sinne ist sie *möglich*, weil sie auf ein normativethisches Fundament sich berufen kann, das als begründet und wissenschaftlich tragfähig gelten darf. *Nötig* ist sie, weil sie über einen lebenspraktischen Kontrastpunkt gegenüber den unternehmensinternen und -externen Effekten einer zunehmend ökonomischen Kolonisierung verfügt, die weder die klassischen Ansätze noch die systemtheoretisch belehrten Ansätze in der Betriebswirtschaftslehre bzw. der betriebswirtschaftlichen Management- und Organisationslehre als solche überhaupt wahrnehmen können" (Brewing 1995, S. 231).

Aus diesen Überlegungen ergibt sich - ohne diese Kritikpunkte zu vernachlässigen -, dass das Verständnis Steinmann/Löhrs von allen drei hier vorgestellten Ansätzen *am ehesten* aufgrund der in Teil 2 vorgenommenen Überlegungen auch aus pädagogischer Sicht als ein für die Ausgestaltung eines dialogischen Managements *ermöglichend* einzuschätzen ist.

Trotz dieser von Steinmann/Löhr vorgenommenen *prinzipiell angeregten und auch möglich scheinenden Verbindung* zwischen der *Normenanwendungs-* und – *begründungsproblematik*, die insbesondere die *Divergenz* der Ansätze von Peter Ulrich und Karl Homann offensichtlich scheinen ließ, bleibt allerdings aus (erwachsenen-) pädagogischer und auch unternehmensethischer Sicht die *Konkretisierung* offen, *wie denn nun* der Prozess zur „Versöhnung" der *Formalziele* Gewinnmaximierung (erfolgsorientiertes Handeln) und gesellschaftlicher Frieden (Verständigungsorientierung) eingeleitet werden kann.

Dieser Aspekt, der unter unternehmensethischen Prämissen noch nicht befriedigend genug entfaltet werden konnte, bedarf einer erwachsenenpädagogischen Begleitung.

Hierauf wird in der Zusammenfassung kurz verwiesen.

3.2.4. Unternehmensethik als Ansatz reflexiver Eigenständigkeit - Zur Identifizierung eines (erwachsenen-) bildungstheoretischen Aufgabenfeldes

Alle drei vorgestellten Beispiele eines unterschiedlichen Zuganges zu wirtschafts- bzw. unternehmensethischer Thematik lassen sich auf die Frage konzentrieren, *wie es denn möglich sein kann*, in einer *primär* nicht-dialogisch bzw. diskursiv ausgelegten - nämlich ökonomischen - Praxis Diskursregeln zu implementieren.

Vor diesem Hintergrund vertreten letztgenannte Steinmann/Löhr die Auffassung, dass Ethik und Ökonomie zunächst einmal *zwei relativ eigenständige Bereiche* sind und dies auch bleiben sollten, wobei erst im (gesamtgesellschaftlichen) Konfliktfalle auf die unterstützende und orientierende Hilfe seitens der Ethik zurückzugreifen ist.

Ein derartiges Verständnis würde Peter Ulrich (1986, 1995) mit Sicherheit zunächst einmal in Frage stellen und auf das Konzept einer sozio-ökonomischen Rationalität verweisen, welches auf einer früheren Vermittlung von Ethik und Ökonomie aufbaut. Einen diesbezüglichen Vorschlag hält wiederum Karl Homann (Homann 1994, Homann/Blome-Drees 1992, Homann 1997) für *zu naiv*, weil insbesondere Peter Ulrich nach Karl Homanns Erachten von der *falschen Vorannahme* ausgeht, dass die Begründung wirtschafts- und unternehmensethischer Normen das Problem ihrer Implementierung in ökonomische Praxis ausblenden bzw. als ein konzeptionell nachgängiges Problem behandeln könne bzw. müsse (s. dazu auch Brewing 1995, Petersen 1997).

Trotz dieser sicherlich als sehr *weitreichend* einzuschätzenden Unterschiede in der einzelnen Betrachtung des komplexen Aufgabenfeldes Unternehmensethik (vgl. Brewing 1995) kann als „kleinster gemeinsamer Nenner" aller drei vorgestellten Ansätze herausgearbeitet werden, dass es nicht ausreichend sein kann, Ethik lediglich mit *Legalität*, sprich: der Bereitschaft, die Gesetze und Verordnungen zu erfüllen, gleichzusetzen. Eine reine Konzentration auf die Legalität – so der „Minimalkonsens" aller - hätte nämlich zur Folge, dass sich der Gesetzgeber ständig zur Verabschiedung immer neuer einschränkender Gesetze und Vorschriften gezwungen sehen müsste, die wiederum die Handlungsfähigkeit der ökonomischen Akteure geradezu empfindlich einschränken würde.

Demgegenüber vertreten Ulrich, Homann sowie Steinmann/Löhr die Auffassung, dass bei Auseinandersetzungen in Streitfällen eine *Einigung aufgrund von ethischen Überzeugungen* anzustreben ist, die auch viel leichter erreichbar scheint als die *juristische Klärung*[106].

Anders formuliert: Die Konzentration bzw. ausschließliche Fokussierung auf die - auch schon von Ulrich Beck angemahnte zunehmende - *Rechtsgesellschaft* droht, die schöpferische Freiheit von Menschen, Management und Organisatio-

---

[106] Auf derartige „*Steuerungsgrenzen des Rechts*" verweisen insbesondere Steinmann/Löhr (1997, S. 28) indem folgende Schwachstellen kritisiert werden:

– *Time-lag-Probleme:* Die Rechtsentwicklung hinkt dem Entstehen konkreter Konfliktsituationen auf Unternehmensebene in aller Regel hinterher, insbesondere angesichts der immer dynamischer werdenden Innovationszyklen von Produkten und Produktionsverfahren.

– *Abstraktionsprobleme:* Die Flut relevanter Einzelfallprobleme kann oft nur sehr schwer zu einer allgemeinen Tatbestandsbeschreibung verdichtet werden; dies führt einerseits zu einer Vielzahl unbestimmter Rechtsbegriffe und andererseits zu einer Aufblähung des materiellen Rechts; das Recht kann kaum noch übersehen und korrekt angewendet werden.

– *Vollzugsdefizite:* Die Überwachung und Sanktionierung von Gesetzesverstößen stößt an strukturelle Grenzen; schon heute sind die Kontrollkapazitäten erschöpft, Verstößen kann nicht mehr in dem Maße nachgegangen werden, dass eine Einhaltung geltenden Rechts gewährleistet wird.

– *Adressatenunklarheit:* Die hoch arbeitsteilige Organisation unternehmerischen Handelns und die damit verbundene fortschreitende Diffusion von Entscheidungen in der Unternehmenshierarchie führt zu dem vielfach hervorgehobenen Phänomen der „organisierten Unverantwortlichkeit" (Beck 1988). Einzelne Unternehmensmitglieder sind für ethisch relevante Gesamtentscheidungen häufig gar nicht mehr juristisch verantwortlich zu machen (vgl. Schünemann 1979, S.34f.).

nen übergebührlich einzuschränken und sich daher *kontraproduktiv* auszuwirken[107].

Dementsprechend kann es nur im eigenen Interesse von Wertschöpfungsgemeinschaften (wie sie zum Beispiel zwischen Unternehmen und ihren Kunden und Lieferanten gegeben ist) sein, wenn sie soweit wie nur möglich einen von gegenseitigem Vertrauen getragenen Dialog ermöglichen und institutionalisieren und auf diese Weise so weit wie möglich zum beiderseitigen Vorteil gesetzliche Regelungen und Vorschriften unnötig sein lassen.

Daraus entsteht - sozusagen als *Argument für ein ethisches Handeln* im ökonomischen Kontext - die Konsequenz, seitens der Unternehmungen und ihres Managements, *qua Dialog mit tatsächlich oder potentiell Betroffenen* (vgl. Kirsch 1990, s.u.), sprich: im Rahmen des o.a. Hexagons *allgemeine ethische Bindungen* eingehen zu müssen[108], um gesetzliche Regelungen und die sich daraus geradezu automatisch ergebenden Fälle von Rechtsprechung soweit wie überhaupt möglich zu vermeiden.

Die oben diskutierten Vorschläge lassen sich dahingehend interpretieren, dass neben dem Verzicht auf juristische Regelungen Unternehmensethik *auf einem auf Vernunft begründeten Lernprozess im Unternehmen und des Unternehmens zu basieren hat, der nur durch den Dialog mit dem jeweiligen Kontext* gestaltet werden kann.

---

[107] Sicherlich liegt hierbei der Einwand nahe, dass auch freiwillige Einschränkungen, etwa im Sinne einer *Bindung aller an einem ökonomischen Austauschkomplex Beteiligten* (vgl. Hamm 1998, auch Homann/Blome-Drees 1992, Homann 1997, s.u.) akzeptierter *Verpflichtungen* gegenüber einem *Kodex ethischer Normen* genauso als einengend empfunden werden können wie eine gesetzliche Bindung. Dennoch würde auch der Restriktionen wirtschaftlichen Entscheidens und Handelns gegenüber äußerst kritische Karl Homann zustimmen, dass eine derartige „Absprache" bzw. Normierung die Chance in sich birgt, im Konfliktfalle auch seitens der einzelnen Wirtschaftsakteure leichter gehandhabt und vor allem auch viel leichter sanktioniert werden zu können als die Konfliktlösung durch eine immer kompliziertere Rechtsprechung, welche letztlich *alle* Beteiligten oder zumindest potentiell Beteiligten einzuschränken droht.

[108] So hat beispielsweise der Mineralölkonzern Royal Dutch Shell ein „Statement of General Business Pnnciples" verfasst, welches den Charakter einer Art „Shell-Grundgesetz" erhalten hat, an das sich die Shell Unternehmenspolitik überall auf der Welt halten muss. Neben der Betonung einer besonderen Fürsorgepflicht des Unternehmens für die eigenen Mitarbeiter wird auch auf die Wahrung der Menschenrechte verwiesen, zu deren Achtung und Eintreten sich das Unternehmen verpflichtet sieht. Einen entscheidenden Faktor bei der ständigen Überarbeitung dieser Principles spielt ein „Round-Table-Gespräch" in über 14 Ländern mit über 150 leitenden Shell Mitarbeitern und nahezu ebenso vielen externen Vertretern von Menschenrechts- und Umweltschutzgruppen sowie Journalisten und Sozialwissenschaftlern. Diese Gesprächskreise hatten die Aufgabe, auszuloten, wo und wie das Unternehmen die Grundsätze ergänzen und klarer fassen sollte, sowie praktische Hinweise und Ratschläge zu geben (vgl. Laufs 1998).

Das Aufgabenfeld eines *dialogischen Managements* lässt sich *dahingehend formulieren,* die Weichen dafür zu stellen, *konsequent* vom (atlantischen) fremdreferenziellen Verständnis abzurücken und statt dessen *Selbstreferenzialität* ins Zentrum des Interesses rücken. Selbstreferenzialität bedeutet hierbei eine Konzentration auf sich selbst, sprich: auf die „Unternehmensidentität" (vgl. Conradi 1996), wobei die unternehmenseigenen Kernkompetenzen und vor allem Normen und Werte mit Hilfe eines Dialoges mit dem Kontext in den Mittelpunkt rücken.

Hierfür bietet sich die Pädagogik als kritischer Begleiter und „Richtschnur" *vernünftiger Lehr- und Lernarrangements* an.
Um dieser Aufgabenstellung allerdings gerecht zu werden, ist es erforderlich, dass Ethik und Ökonomie die noch ungelöste Begründungsproblematik wirtschafts- und unternehmensethischer Normen lösen, um der (Erwachsenen-)Pädagogik/Weiterbildung eine klare Richtschnur zu geben, *was sie denn überhaupt vermitteln soll* (vgl. Geißler 1997).

Vor diesem Anspruchshintergrund wird nunmehr auf die Gedanken Werner Kirschs zu verweisen sein, die – zumindest implizit - auch unternehmensethische Fragestellungen zum Anlass genommen haben, den Dialog einer Unternehmung bzw. ihres Managements mit dem Umfeld als existentiellen Prüfstein ökonomischer Daseinsberechtigung und Leistungserstellung zu definieren.

3.3. Zur Fortschrittsfähigkeit von Organisationen - Die Berücksichtigung der Bedürfnisse Betroffener als Aufgabenfeld eines dialogischen Managements

Im folgenden wird mit dem Vorschlag Werner Kirschs, den Aspekt der *Fortschrittsfähigkeit* von Organisationen eng an den Dialog mit Betroffenen organisationalen Entscheidens und Handelns zu binden, ein managementtheoretisches Gedankenmodell vorgestellt, welches durchaus als Bindeglied ökonomischer und philosophisch-ethischer Vernunft i.S. einer Verarbeitung der o.a. unternehmensethischen Vorstellungen betrachtet werden kann. Diese Untersuchung geschieht unter der Vorannahme, dass auch aus der Sicht der Managementtheorie eine *bildungstheoretische Begleitung dialogischer Managementprozesse* zwecks Vermittlung zwischen erfolgs- und verständigungsorientiertem (Management-) Handeln immer notwendiger scheinen müsste.

Der Managementforscher Werner Kirsch (1990, 1994) hat sich bereits relativ früh intensiv mit den Vorschlägen von Jürgen Habermas auseinandergesetzt und diesbezüglich die gängige Managementliteratur hinsichtlich ihrer Sinnmodelle und Deutungsmuster hinterfragt.

Analog zu Habermas stellt auch Kirsch fest, dass in Managementliteratur und Ökonomie das *atlantische*, sprich: „technische" Erkenntnisinteresse eindeutig vorherrscht, während ein republikanisches bzw. „emanzipatorisches" Erkenntnisinteresse kaum angesprochen wird. So verwundert es Kirsch auch keinesfalls, dass die Lösung von Führungsproblemen allzu häufig als sozialtechnologische Thematik angesehen wird (s.o.).
Um das „emanzipatorische" Erkenntnisinteresse stärker zu verankern, sah sich Kirsch bereits in den 1970er Jahren veranlasst, an einer Konzeption zum „Strategischen Management" zwecks Ermöglichung „fortschrittsfähiger Organisationen" (s. Kirsch 1979) zu arbeiten. Hierbei sollte dem atlantischen Ansatz, Menschen und sich aus Menschen zusammensetzende Organisationen primär zu Objekten ökonomischer Kalküle zu machen, entgegengetreten werden.

3.3.1. Fortschrittsfähigkeit durch Dialog – Der Ansatz von Werner Kirsch

Werner Kirsch verfolgt in seinen Arbeiten die Auffassung, dass es immer notwendiger scheint, eine geplante Entwicklung von Unternehmungen i.S. der Metapher eines *Fortschreitens* einzuleiten. Fortschritt wird dabei ausdrücklich *nicht* i.S. eines traditionell-atlantischen Strebens nach einem „Höher, Schneller, Weiter" definiert, sondern rückt den *Aspekt praktischer Vernunft* in den Mittelpunkt. Dementsprechend wird in den Vorschlägen Kirschs die oben diskutierte unternehmensethische Dimension zunehmend als eine *konstitutive Dimension* des allgemeinen Managements berücksichtigt.

Im geplanten organisationalen Wandel hin zu einer Entfaltung praktischer Vernunft spielt der (betroffene) Mensch (zunächst einmal am Beispiel des Organisationsmitgliedes) eine entscheidende Rolle. Der Mensch lässt sich dabei als „Teilmenge" mehrerer Schnittstellen (Gruppen, Kollektive, Koalitionen und Kontextgemeinschaften) begreifen (vgl. Ringlstetter 1988, S. 30f). Innerhalb dieser *Kontextgemeinschaften*, die sich auch als *Lebenswelten* bezeichnen lassen (vgl. Kirsch 1990, S. 22ff in Anlehnung an Habermas 1986), werden Sprach- und Lebensformen durch bestimmte Regeln konstituiert, die der einzelne in einer bestimmten Lebenswelt bzw. Kontextgemeinschaft verwurzelte Mensch erlernt (vgl. dazu aus pädagogischer Sicht auch Dewe 1994, Bauer 1996, Peters 1996).
Demzufolge hat sich der Mensch damit auseinander zusetzen, dass moderne Gesellschaften eine *Vielzahl* von Lebens- und Sprachspielen hervorbringen. Insbesondere vor dem Hintergrund von Kirschs Absicht, Menschen und Organisationen zu befähigen, die Bedürfnisse Betroffener zu thematisieren, ist diese Problematik nicht zu unterschätzen, da nicht nur die *derivativen Lebensformen* im eigenen Hause zu berücksichtigen sind, sondern auch die anderer relevanter

Organisationen am Beispiel von Kunden, Lieferanten, Banken, Verbänden, Bürgerinitiativen etc.(s.u., vgl. Petersen 1997).

Die Auseinandersetzung mit dem Lebensweltaspekt kann folglich als zunächst genuines Aufgabenfeld von dialogisch ermöglichten und entfalteten Lernprozessen aufgefasst werden, zumal die Lebenswelt dem einzelnen Organisationsmitglied sowie der gesamten Organisation die Orientierungsgrundlage geben kann,

- mit der er sich selbst und seinen Kontext *kategorial* erschließt (s. Klafki 1963, Petersen 1997), daraus resultierend,
- verhaltens- und handlungsgenerierende Regeln entwickelt, die wiederum durch Sprache den Mitmenschen (bspw. Kollegen) mitgeteilt werden, was wiederum
- eigene (und mitmenschliche) Lernprozesse dieser Qualität auslösen kann (vgl. Bretz 1991, S. 192).

Diese Lernprozesse wirken sich auf die *beobachtbaren Handlungsmodi* der Unternehmung aus.

Durch Lernen sollen Menschen *in der* Unternehmung und *die* Unternehmung befähigt werden, verantwortungsbewusst und (dadurch) „innerlich wachsend" die Zukunft zu gestalten (vgl. dazu auch Boehm-Tettelbach 1990, S. 6), so dass von einer geplanten Evolution i.S. einer *kollektiven Selbsttransformation* gesprochen werden kann.

Diese Veränderung, welche auch als *Höherentwicklung evolutionsfähiger Systeme* (Kirsch 1994) zu deuten ist, lässt sich durch Wandel des „Sinnmodells" dokumentieren, welches in der Unternehmenskultur verankert ist und folglich als Inbegriff der in der Unternehmenspraxis vorhandenen Annahmen, Denkweisen und Vorstellungen aufzufassen ist (vgl. Kirsch 1994).
Zur Illustration dieser Gedanken bietet sich ein Verweis auf die *organisationalen Sinnmodelle* an, anhand derer eine Entfaltung des Fortschrittsgedankens auf organisationaler Ebene vorgenommen werden kann.

3.3.2. Organisationale Sinnmodelle - Vom Zielmodell zur Fortschrittsfähigen Organisation

Vor dem Hintergrund, Kirschs Gedanken zum geplanten evolutionären Wandel in einen Bezug zum oben skizzierten Paradigma reflexiver Eigenständigkeit im Sinne des Mentoren-Modells setzen zu können, liegt es nahe, die Entwicklung von möglichen Annahmen über Sinn und Zweck unternehmerischen Daseins und Handelns am Beispiel *organisationaler Sinnmodelle* nachzuzeichnen. Ein organisationales Sinnmodell soll dabei „zum Ausdruck (bringen), was eine Organisation „ist" und welche Funktionen sie zu erfüllen hat. Es besitzt den Charakter eines „Weltbildes", das „hinter" der Tiefenstruktur von Regeln steht, nach denen sich das Handeln der Aktoren in Organisationen immer wieder (re)produziert" (Kirsch 1990, S. 474, Hervorhbg. d. W. Kirsch).

Kirsch schlägt dabei ein Entwicklungsschema vor, das als Quintessenz eines geplanten Wandels i.S. Höherentwicklung des organisationalen Lernniveaus verstanden werden kann, wobei bewusst die Präferenz des *mechanistischen*, sich ausschließlich an messbaren Daten orientierenden Denkens mit jeder Stufe *abnimmt* und umgekehrt Ethik-, Sinn- und Humanitätsaspekte, sprich: *die Entfaltung praktischer Vernunft* in jeder Entwicklungsstufe einen *zunehmenden* Stellenwert erhalten.

Das erste dieser Sinnmodelle ist das *Ziel-* bzw. *Instrumentalmodell* (vgl. Kirsch/Ringlstetter 1995, S. 242), welches - analog zum *Handwerker-Modell* - die Organisation in erster Linie als Instrument zur Erfüllung bestimmter, mehr oder weniger eindeutig vorgegebener Ziele und Aufgaben ansieht, die von der Unternehmensleitung bzw. anderen organisationalen Machthabern am Beispiel von Hauptaktionären artikuliert werden. Die organisatorischen Strukturen, Strategien und Entscheidungen unterliegen nahezu ausschließlich dem Primat der Zweckrationalität. Management und Organisationsmitglieder haben sich in diesem Modell vertraglich verpflichtet, zur Erreichung dieser Ziele beizutragen, wobei seitens dieses Organisationsmodells die Hinterfragung individueller Sinn- und Zielvorstellungen der meisten Betroffenen als irrelevant angesehen wird.

Das *Koalitionsmodell* ist als Zwischenstufe zu verstehen und ist im Zusammenhang mit (politischen) Zielbildungs- und Zielerreichungsprozessen von Interesse. Hierbei wird von der Vermutung ausgegangen, dass in Unternehmen häufig zur Zielerreichung Koalitionen aus mehreren Menschen gebildet werden müssen, „was so interpretiert werden kann, dass über derartige Interessengemeinschaften auch bewusst die Aushebelung bestehender Machtgefüge und eine darauf basierende Reorganisation durch die sogenannten „informellen Führer" dieser Koalitionen eingeplant wird" (Petersen 1995, S. 391). Dementsprechend könnte es sich - unter weitgehender Beibehaltung des Paradigmas der linearen Kausalität - als vorteilhaft erweisen, Informationen über die Zielvorstellungen „mächtiger Betroffener" oder deren „Kronprinzen" zu erhalten, um, darauf aufbauend, Koalitionen zum eigenen Vorteil eingehen zu können (vgl. Petersen 1995, S. 391f). Kurz: Im Koalitionsmodell wird nach wie vor im Kontext des Zielmodells bzw. des „Handwerker-Modells" gedacht und argumentiert. Dennoch kann die Weiterentwicklung gegenüber dem Zielmodell darin gesehen werden, dass alle Beteiligten neben nach wie vor zu verfolgenden (primär zweckrational definierten) individuellen Zielen zumindest auch das gemeinsame

Ziel des organisationalen Überlebens verfolgen und vor diesem Hintergrund eine Art „große Koalition" bilden (vgl. Kirsch 1994).

Basierend auf der Erkenntnis, dass es sich bei Unternehmen um *soziale und offene Systeme* handelt, widmet sich das *Überlebens- bzw. Bestandsmodell* der Fragestellung, wie ein Unternehmen trotz vieler Beteiligter, multipler Austauschbeziehungen und Umweltveränderungen am Beispiel von gesellschaftlichen und ökonomisch-technischen Wandlungsprozessen überleben kann (vgl. Kirsch 1990, S. 520, Kirsch/Ringlstetter 1995, S. 242).

Die Frage *nach dem Sinn einer Unternehmung bzw. des unternehmerischen Handelns* wird mit Hilfe *semiautonomer Lernprozesse* folglich damit beantwortet, sicherzustellen, dass die Voraussetzungen für ein Überleben in einer feindlichen Umwelt geschaffen werden.

Die prinzipielle Anerkennung des Selbstzweckcharakters einer Organisation ermöglicht zwar im *kognitiv-instrumentellen Sinne* die Ausprägung eines Gemeinschaftsgedankens innerhalb des Systems (vgl. Kirsch 1990, S. 520), der allerdings zu dem Preis „erkauft" wird, dass die gefundenen Problemlösungen nur an systemeigenen Kriterien gemessen werden, wodurch ein erhebliches *Sinndefizit* beispielsweise in Hinblick auf die kulturelle Eingebundenheit von Menschen und Organisationen in den jeweiligen Kontext deutlich und auch in Kauf genommen wird (vgl. Kirsch 1990, Geißler 1994, Petersen 1997).

Dementsprechend setzt sich das System primär unter *funktionalen* Aspekten mit der Umwelt auseinander und legitimiert sich vor diesem Hintergrund aus sich selbst heraus sowie aus der primären, „egoistischen" Aufgabenstellung, das eigene Überleben durch das Schaffen bzw. Beeinflussen geeigneter Rahmenbedingungen zu sichern. Vor diesem Hintergrund lassen sich eindeutige Parallelen zwischen dem Überlebensmodell und dem *Managementsinnmodell des Gärtners* herstellen. In beiden Verständnissen wird zwar erkannt, dass das Überleben in einer immer komplexeren und komplizierteren Umwelt nicht mehr mit allein technologischen Fragestellungen im Sinne des Handwerker-Modells gesichert werden kann. Dennoch wird einem „Super-Subjekt" Management zugetraut, „irgendwie doch noch" unter weitgehender Ausklammerung des Dialoges Überlebensstrategien entwerfen sowie um- und durchsetzen zu können.

Durch das *Institutionsmodell* erhält die Organisation den ihre Existenz legitimierenden Charakter eines in die Gesellschaft eingebundenen Systems, wobei die gesellschaftliche Verantwortung im systemischen Denken und Handeln einen zunehmenden Stellenwert erhält. Das Institutionsmodell lässt sich in diesem Zusammenhang als (weiter-) entwickelte Konzeption des Überlebensmodells interpretieren, weil es immer offensichtlicher wird, dass ein Unternehmen nicht überleben kann, „wenn es ihm nicht gelingt, sich im Bewusstsein der Gesellschaft als Institution zu verankern" (Kirsch 1990, S. 486, vgl. dazu auch Ulrich 1983, S. 136).

Die Umsetzung der Erkenntnis einer erhöhten gesellschaftlichen Verantwortung in organisationale Handlungsmodi ist im Rahmen dieses Modells allerdings abhängig von persönlichen Werthaltungen des Top-Managements, so dass durchaus die Gefahr besteht, dass nicht wirklich ein republikanisches Verständnis verfolgt, sondern vielmehr ein positives Image nach außen intendiert wird (s. dazu auch Dyllick 1989).

Dementsprechend lassen sich durchaus Querverbindungen zwischen dem hier angesprochenen Institutionen-Modell und dem „Kellner"- bzw. „A la Carte-Modell" herstellen:

Es wird nämlich in beiden Sinnmodellen der Dialog *in der* Organisation und *mit der Außenwelt* als sinnvoll und nützlich erkannt, zumal sich ein derartiges Verhalten positiv auf das Ansehen von Management und Organisation auszuwirken scheint.

Hierbei bleibt allerdings die Gefahr, dass in schwierigen Situationen auf *monologische* Verhaltens- und Problemlösemuster zurückgegriffen wird, um das Überleben der Institution nicht zu sehr an den Dialog mit anderen zu binden, deren Problemlösekompetenz seitens des Managements nicht immer (an)erkannt wird.

Kurz: Im Institutionen-Modell wird die Bedeutung des Dialoges erkannt, allerdings „à la carte" je nach Problemsituation und Tagesform seitens Managements entschieden, ob und in welcher Konsequenz eine Dialog-Kultur im Hause und mit der Außenwelt gepflegt wird.

Trotz dieser Einschränkungen wird deutlich, dass die o.a. *Legitimitätsproblematik* als Reflexionsgrundlage hinsichtlich des Handelns von Management und Unternehmen am Beispiel der Entwicklungsstufe des Institutionen-Modells bereits einen zunehmenden Stellenwert erhalten hat. Der Versuch, mit Hilfe einer ganzheitlichen Betrachtung verantwortungsbewußtes Handeln zu ermöglichen, lässt sich als Erkenntnis und Anspruch zugleich interpretieren, dass Management und Organisationen in die Gemeinschaft kulturell eingebettet sind und *republikanisch entscheidend und handelnd* zu deren Weiterentwicklung beitragen müssen (vgl. dazu auch Staehle 1994, S. 926).

Vor diesem Hintergrund kann das Institutionenmodell als *Übergangsstadium* aufgefasst werden, Sinn- und Bedeutungsorientierungen im organisationalen Denken und Handeln qua Dialog zu entwickeln und ständig zu überprüfen. Es werden somit im Institutionenmodell erste „Brückenschläge" hin zu einem Verantwortungsbewusstsein gegenüber dem Umfeld unternommen, welches eben diese Verantwortung als ein *zentrales Element der Organisationspolitik* definiert (vgl. Kirsch 1994).

Die *Fortschrittsfähige Organisation* ist schließlich *der* Organisationstypus, *welcher sich auf dem höchsten momentan vorstellbaren Entwicklungsniveau befin-*

det (vgl. Kirsch 1990, S. 487). Im Fortschrittsmodell wird der Sinn und die Legitimität einer Organisation darin gesehen, *einen Fortschritt* in der Befriedigung der Interessen und Bedürfnisse von Menschen zu erzielen, die vom organisationalen Entscheiden und Handeln in *jedweder Form betroffen sind* (vgl. Trux/Kirsch 1983, S. 485). Vor diesem Hintergrund werden Bedürfnisse und Interessen nicht als *gegeben* hingenommen, sondern statt dessen als Problemstellungen identifiziert, denen sich die fortschrittsfähige Organisation *qua Dialog* zu widmen hat (vgl. Kirsch/Ringlstetter 1995, S. 242).

Hierbei wird allerdings von Werner Kirsch eingeräumt, dass fortschrittsfähige Organisationen momentan als Ganzheiten noch nicht existieren, sondern allenfalls in *Subkulturen* – am Beispiel bestimmter Abteilungen oder Bereiche - von Organisationen, die sich primär am Überlebensmodell orientieren.
Trotz dieser Einschränkungen wird die fortschrittsfähige Organisation als eine *prinzipiell erreichbare Möglichkeit* bzw. „machbare Utopie" eingeschätzt und weist (zunächst einmal) einen *kontrafaktischen Charakter* auf (vgl. Kirsch 1979, Kirsch /Trux 1981).
Die „fortschrittsfähige Organisation" dient als Leitidee für eine *kritische Organisationstheorie*, welche beabsichtigt, den Lern- und Entwicklungsprozess der Organisation mit Blick auf eine allseitig ausgewogene Berücksichtigung aller organisationsinterner und -externer Interessen und Ansprüche wahrzunehmen und zu gestalten (siehe u.a. Kirsch 1990, S. 471ff.). Fortschrittsfähigkeit dient somit als *regulative Idee* einer geplanten (vernünftigen) Evolution von sozialen Systemen (vgl. Habermas 1985, S. 136f, Kirsch 1990, S. 521).
Um das Stadium der Fortschrittfähigkeit *(annähernd)* erreichen zu können, muss die Organisation

a) erkenntnis-/lernfähig und
b) empfänglich (responsive) sein,
c) über ästhetische Fähigkeiten verfügen und
d) handlungsfähig sein.

a) *Erkenntnis- oder Lernfähigkeit* impliziert das Vermögen einer Organisation, Wissen über die Umwelt zu erfahren, welches als Grundlage für eigenes Denken und Handeln anzusehen ist. Im Modell der fortschrittsfähigen Organisation gilt es, die Ebene des „instrumentell-kognitiven" Wissens durch „moralisch-praktisches" sowie „ästhetisch-expressives" Wissen zu erweitern, um über die Fähigkeit zur Güter- und Dienstleistungserstellung hinaus „sensibel gegenüber den verschiedenen Lebens- und Sprachformen (zu sein, J.P.), in deren Kontext die Bedürfnisse und Interessen jeweils artikuliert werden" (Kirsch 1990, S. 474).

b) Lern- oder Erkenntnisfähigkeit ist dabei als Basis für *Empfänglichkeit* bzw. *Responsiveness* zu betrachten, durch die die Organisation in der Lage ist, Werte-

und Sinnorientierungen ihrer Mitglieder, aber auch des Umfeldes zu verarbeiten sowie ihr Denken und Handeln danach auszurichten. Vor diesem Hintergrund bietet es sich an, erneut auf den im zweiten Teil angesprochenen *Stakeholder-Approach* zu verweisen. *Empfänglichkeit* gegenüber den Stakeholderansprüchen bedeutet zunächst einmal, seitens der Organisation und ihres Managements zu verarbeiten, dass jene sowohl unmittelbaren Interessen der Organisation entsprechen können als auch als Zwang empfunden werden. Des weiteren können sie materieller oder moralischer Natur sein.

Hierbei sind als Anspruchsgruppen zunächst einmal *nicht* alle Interessengruppen zu bezeichnen, sondern *nur diejenigen*, die in der Lage und bereit sind, Einfluss und Verantwortung zu übernehmen und dabei einen *zusätzlichen Wert* für die Organisation und ihre Leistungserstellung zu erbringen. Die vielfältige Vernetzung von Organisationsinteressen und Interessen von internen sowie externen Anspruchsgruppen macht es notwendig, dass eine Organisation für sich selbst und für ihre Partner Klarheit darüber schafft, welchen Auftrag, welche Mission sie in ihrem Umfeld wahrnehmen will und wie sie sich zu den verschiedenen Anspruchsgruppen stellt. Kurz: Es geht um die Formulierung einer „betrieblichen Außenpolitik" im Rahmen des (vorläufig definierten und durch den Dialog ständig zu hinterfragenden) organisationalen Grundauftrages.

Die Auseinandersetzung sowohl mit den eigenen Zielsetzungen und Strategien als auch den Bedürfnissen Betroffener erfordert demzufolge eine das organisationale Dasein und Handeln legitimierende, unternehmerische *Innen- und Außenpolitik* in Form von

„Zielausrichtung auf Anspruchsgruppen
1. Entwicklungsorientierung
2. Ökonomische(r) Zielausrichtung
3. Gesellschaftliche(r) Zielausrichtung"

(Bleicher 1991, S. 94f, vgl. dazu auch Petersen 1995, S. 385ff), welche wiederum auf einen Erwerb von Wissen hinsichtlich der verschiedenen Sprach- und Lebensformen angewiesen ist (vgl. Pautzke 1989, Kirsch 1994).

Vor diesem Hintergrund kann ein Management, welches ausschließlich die (möglicherweise) zweckrational-dominierten – sich somit immer „unvernünftiger" darstellenden - Interessen der Organisation vertritt, dem Anspruch nach *Responsiveness* nicht gerecht werden.
Um diese These zu „untermauern", bietet sich ein Querverweis auf das von Knut Bleicher (1991, S. 183ff im Rahmen seines Konzeptes „Integriertes Management" vorgeschlagene Spannungsfeld zwischen einer

- (kollektiven) *Opportunitätspolitik*, die primär nach dem Nutzen des unternehmerischen Handelns in Hinblick auf Gewinnmaximierung, Überlebensfähigkeit der Unternehmung sowie die Verantwortlichkeit unternehmenspolitischer Entscheidungen in erster Linie gegenüber den Kapitalgebern/Aktionären sieht, und einer

- (kollektiven) *Verpflichtungspolitik*, die über den rein ökonomischen Erfolg hinaus zwar nach wie vor die Überlebensfähigkeit des Kollektivsubjektes verfolgt, aber in gleichem Maße die Bedürfnisse der eigenen Mitarbeiter *und* der (auch außerökonomischen) Umwelt zum Gegenstand verantwortungsbewusster Unternehmenspolitik erklärt,

an.

Fortschrittsfähigkeit im Verständnis Kirschs am konkreten Beispiel des „Bausteins" *Responsiveness* sieht in Anlehnung an die *Verpflichtungspolitik* Bleichers vor, durch *ständige dialogisch zu gestaltende Lern- und Entwicklungsprozesse* organisatorische Arrangements zu treffen, in denen *gleichberechtigt* die Interessen der Anspruchsgruppen zur Geltung und Wirkung kommen. Diese sind für Organisationen und deren Anspruchsgruppen *gleichermaßen* als *Rechte* und *Pflichten* aufzufassen und wirken sich auf die *Organisationsverfassungen* dahingehend aus, dass sie mit einer „Idee allgemeiner Organisationsbürgerrechte" (Ulrich 1997, S.453) versehen werden (müssen) (vgl. Petersen 1998).

Unternehmen und ihr Management sind folglich ohne *dialogische Kompetenz* nicht in der Lage, die Bedürfnisse von Stakeholdern i.s. interner und externer Betroffener aufzunehmen, zu verstehen und berücksichtigend in gemeinsam getragenes Handeln umzusetzen (vgl. dazu auch Hartfelder 1989, S. 166).

c) *Ästhetische Fähigkeit* ist in diesem Zusammenhang als Vermögen der Unternehmen zu sehen, den vom kollektiven Handeln betroffenen Individuen bei der Weiterentwicklung ihrer Bedürfnisse im *nichtmanipulativen* Sinne zu helfen (vgl. Bretz 1988, S. 11).

Mit den Worten Kirschs: „Die These von der Notwendigkeit einer nichtmanipulativen *Weiter*entwicklung vorhandener Bedürfnislagen geht letztlich davon aus, dass unter den Bedingungen einer modernen Gesellschaft vorhandene Bedürfnislagen einer fortwährenden „Kolonialisierung" ausgesetzt sind (...) und daher eine bloße „Widerspiegelung" dieser Bedürfnislagen (...) nicht ausreichend ist; das ist dann auch der Grund, warum eine ästhetische Fähigkeit der Organisation heute von besonderem Interesse zu sein scheint" (Kirsch 1990, S. 494, Hervorhbg. d. W. Kirsch).

Eine konsequente Berücksichtigung und Entfaltung dieses Kriteriums dürfte i.d.R. zur Infragestellung (zumindest momentan) gängiger Marketing- und Vertriebsstrategien führen (vgl. Kotler/Bliemel 1992), so dass im „fortschrittlichen Verständnis" *weniger Marketing*, sondern *vielmehr Partizipation* als Leitprinzip zu identifizieren ist (vgl. Kirsch et al 1984).

d) Als *Grundvoraussetzung* für die Realisierung *aller* o.a. Fähigkeiten ist die *Handlungsfähigkeit* anzusehen. Eine Unternehmung, die nicht willens oder in der Lage ist, zu handeln, kann den oben dargelegten Ansprüchen nicht entsprechen. Dementsprechend ist auch Werner Kirsch *nicht so naiv*, zu verkennen, dass genügend Ressourcen vorhanden sein müssen, um unter den Bedingungen des Marktes zukünftig die Problemlösekompetenz und –kapazität der Organisation sicherzustellen. Allerdings muss die „Identität" der Unternehmung im Sinne einer Ausrichtung am organisationalen Grundauftrag aufrechterhalten werden können, was mit der Forderung einhergeht, eine gewachsene Unternehmensidentität aus eigenem Antrieb verändern zu können. Sonst ließe sich eine „geplanten Evolution" (vgl. etwa Kirsch et al. 1979, 5. 423ff.) in Richtung auf ein fortschrittsfähiges System kaum sinnvoll darstellen.

Daher müssen die organisationalen Strukturen und Potentiale ständig durch Lern- und Beobachtungsprozesse überprüft und möglicherweise korrigiert werden, um sich dem Ziel einer fortschrittsfähigen Organisation schrittweise dahingehend zu nähern, sowohl den Kriterien praktischer Vernunft als auch denen konkreter Problemlösefähigkeit gerecht zu werden.

Vor diesem Hintergrund gilt es nunmehr, zur Überwindung der Gegensätze dieser vier Bedingungen des von Kirsch vorgeschlagenen Fortschrittverständnisses beizutragen und dadurch eine *integrierende Gesamtsicht und entsprechende Wissens-* (instrumentell-kognitiv, moralisch-praktisch, ästhetisch-expressiv) und *Handlungsmodi* zu entwickeln, die zur *Realisierung der Fortschrittsfähigen Organisation* führen können.

Eine Fortschrittsfähige Organisation ist demnach fähig, ihre kulturelle Eingebundenheit in den Gesamtkontext zu reflektieren und die exemplarische Frage nach dem *organisationalen Grundauftrag* und dem damit einhergehenden *Sinn* von Unternehmen und Management daraus resultierend zu beantworten.

Diesbezüglich sehen sich die Fortschrittsfähige Organisation und ihre Mitglieder ständig herausgefordert, sich qua Dialog mit sich selbst und der Umwelt auseinander zusetzen und diesbezüglich ihr *Denken, Fühlen, Wollen und Handeln* zu überprüfen, um einen Fortschritt in der Befriedigung von Bedürfnissen und Interessen der direkt und indirekt Betroffenen des organisationalen Entscheidens und Handelns zu verwirklichen.

Anhand dieser Ausführungen zur „vernünftigen Evolution" und ihrer organisationalen Entfaltung im Sinne einer Fortschrittsfähigen Organisation kann geschlossen werden, dass sich Kirsch implizit bereits sehr stark am Paradigma der Hermeneutischen Selbstreferenzialität und dem oben vorgeschlagenen Mentorenmodell orientiert und *hierbei insbesondere die Bedeutung des Dialoges hierfür unterstreicht.*

Trotz (oder gerade wegen) des kontrafaktischen Charakters seines Organisationsmodells stellt nämlich der normative Anspruch einer nichtmanipulativen Hinterfragung der Bedürfnisse Betroffener einen Ansatz dar, unternehmerisches Denken und Handeln *vernünftig* zu gestalten (vgl. dazu auch Neuberger 1994, S. 7, Steinmann/Löhr 1994, 1997).

Insofern lassen sich zwischen den Vorstellungen Kirschs und denen Steinmann/Löhrs *eindeutige* Verbindungen herstellen, sowohl eine *republikanische Unternehmensethik* als auch ein *fortschrittsfähiges Organisationsverständnis* das Ziel eines vernünftigen – erfolgs- und verständigungsorientierte Prämissen *gleichsam verarbeitende* - Wirtschaftens verfolgen und dabei zumindest implizit die Notwendigkeit eines Dialogischen Managements unterstreichen.

So sehen beide Ansätze eine *Handlungsorientierungsfähigkeit* vor, mit Hilfe derer das Management und gesamte Organisationen sich in die Lage versetzen können,

– Ziele zusetzen und zu verfolgen,

– diese aber auch vernünftig zu begründen.

Kurz: Das republikanische Verständnis und der Ansatz Kirschs, Organisationen *fortschrittsfähig* zu gestalten, erfordern zunehmend, dass Management und Unternehmung in die Lage versetzt werden, sich die Fragen zu stellen, welche sie zu ihrer eigenen Zielerreichung und einem friedlichen Ausgleich mit ihrem Umfeldes benötigen.

3.4. Zusammenfassung

Die Anregungen von Werner Kirsch sollten als Ergänzung zu den von Horst Steinmann und Albert Löhr angeregten *republikanischen Vorstellungen* einer Unternehmensethik unterstreichen, dass es in modernen Industriegesellschaften mit pluralistischen Wertesystemen zur Sicherung des gesellschaftlichen Friedens zunehmend darauf ankommt, im *vernünftigen Sinne qua Dialog* und *Lernbereitschaft und -fähigkeit* die Bedürfnisse Betroffener zu hinterfragen.

Vor diesem Anspruchshintergrund bietet es sich erneut an, auf die Gedanken Knut Bleichers zur Ausgestaltung eines *normativen Managements* zu verweisen, das sich mit den generellen Zielen der Unternehmung, sprich: „mit Prinzipien, Normen und Spielregeln, die darauf ausgerichtet sind, die Lebens- und Entwicklungsfähigkeit der Unternehmung sicherzustellen" (Bleicher 1992, S. 16, kursiv d. K. Bleicher), befasst.

Sowohl das normative Management Bleichers als auch die Vorstellungen

Kirschs und Steinmann/Löhrs zielen nämlich unter Berücksichtigung der Normenbegründungs- und –anwendungsproblematik darauf ab, ein „Sinnmanagement" zu ermöglichen, das unternehmensethische Aspekte verarbeitet und dem in Abschnitt 2 vorgestellten „Mentoren"- Modell sehr nahe kommt.

Die Frage nach der *unternehmerischen Vision* im Sinne einer *identitätsstiftenden Zukunftsperspektive der Organisation* (vgl. Bleicher 1992, S. 84ff) als sich damit herauskristallisierendes Aufgabenfeld eines normativen Managements hat sich zu konkretisieren in der - durch verständliche und verständnisvolle Rede und Gegenrede zu *konstituierenden* - dialogischen Auseinandersetzung mit der *Unternehmenspolitik*, der *Unternehmensverfassung* und der *Unternehmenskultur* (vgl. Lehnhoff 1997.

Diese Entwicklung unterstreicht, dass nicht länger von einer ökonomischen, sondern – in Anlehnung an Peter Ulrich - vielmehr von einer *sozial-ökonomischen Praxis* gesprochen werden muss, die sich dialogisch zu gestaltenden Lernprozessen stellt und sich von der „absoluten Wahrheit" distanziert, dass es quasi-naturhafte oberste Organisationsziele gebe, aus denen sich Sachzwänge ableiten lassen (müssen), denen sich *jeder*, der weiterexistieren will, *absolut* unterzuordnen habe.

Eine derartige sozialökonomische Hinterfragung der atlantisch-ökonomischen Denkschemata durch die Managementforscher Werner Kirsch und auch Knut Bleicher beinhaltet auch aus managementtheoretischer Sicht die Konsequenz, dass die bislang gültigen (primär erfolgsorientierten) Kategorien der Betriebswirtschaftslehre sowie der Organisations- und Managementtheorie einer (erwachsenen-) bildungstheoretischen Reformulierung bedürfen, die auch die Verständigung mit dem umgebenden gesellschaftlichen Umfeld mit berücksichtigt.

Somit zeigen sowohl das republikanische Verständnis Steinmann/Löhrs als auch das Fortschrittsverständnis Kirschs sowie das nur kurz angedeutete Verständnis Bleichers zum „Integrierten Management" einen Weg auf, den Dialog zwischen Ethik und Ökonomie zu eröffnen, wobei die Erwachsenenbildung/Weiterbildung – zumindest implizit – immer mehr gefordert ist, einen gleichberechtigten Part zu übernehmen, wird doch die Frage nach der *moralischen Vernunftfähigkeit von Organisationen* insbesondere im ökonomischen – dem Primat knapper Ressourcen unterliegenden - Kontext immer noch eher vernachlässigt.

Vor dem Hintergrund gilt es, zwecks einer so zu identifizierenden *bildungstheoretischen Gestaltung individueller und organisationaler Lernprozesse einen Dialog zwischen Ethik und Ökonomie erwachsenenpädagogisch zu arrangieren.* Dementsprechend soll im folgenden die bislang vorliegende erwachsenenpädagogische Diskussion dahingehend untersucht werden, ob in ihr bereits Ansätze vorhanden sind, diesen Dialog aufzugreifen und somit einer – von allen Wissenschaftsdisziplinen geforderten fachübergreifenden Herangehensweise gerecht zu werden.

4. Dialogfördernde Erwachsenenbildung als Voraussetzung einer vernünftigen Ermöglichung und Ausgestaltung dialogischer Managementprozesse – Zur Identifikation des Dialogischen Managements als erwachsenenpädagogisch zu begründende Bildungsaufgabe für einzelne Subjekte und soziale Systeme

Die oben dargelegten Charakteristika des von Steinmann/Löhr angeregten republikanischen unternehmensethischen Verständnisses sowie Kirschs formulierte Ansprüche hinsichtlich der Ermöglichung fortschrittsfähiger Organisationen haben deutlich werden lassen, dass die Verwirklichung vernünftigen Managemententscheidens und -handelns ein *Zusammenspiel* von pragmatischer Überlegung, dialogischer Kompetenz bei gleichzeitiger Bereitschaft zur kritischen Selbstreflexion erfordert.

Vor diesem Anspruchshintergrund, der *unmittelbar* auf *bildungstheoretische Aspekte* verweist (vgl. Geißler 1997, Lehnhoff 1997, Behrmann 1998, Petersen 1997, 1998), liegt es nunmehr nahe, der Frage nachzugehen, welche Ansätze der Pädagogik, am besonderen Beispiel der Erwachsenenbildung/Weiterbildung denn als besonders weiterführend für die *Ermöglichung und Ausgestaltung eines dialogischen Managements* durch *umfassendes Lernen* erachtet werden können.

Da Fragen des Managements - insbesondere im ökonomischen Kontext - für lange Zeit nicht als genuin erwachsenenpädagogisches Aufgabenfeld identifiziert worden sind bzw. sich die Erwachsenenpädagogik *immer noch* schwertut, die Managementforschung als Dialogpartner für die eigene Weiterentwicklung anzusehen (und umgekehrt), überrascht es dann auch nicht, dass *bislang kaum von einer systematischen Kooperation von Managementforschung und Erwachsenenbildung gesprochen werden konnte* (s. hierzu erste Ansätze bei Arnold 1994, 1996, Geißler 1994, 1997). Dagegen haben psychologische und soziologische Erkenntnisse eine wesentlich stärkere Berücksichtigung in den verhaltensorientierten Ansätzen der Management- und Organisationswissenschaften erfahren (s. z.B. Staehle 1994). Trotz der – sowohl von der Pädagogik als auch seitens der Managementforschung - zunehmend erkannten Bedeutung der Weiterbildung sowohl für den ökonomischen Erfolg von Unternehmen als auch für die Selbstbestimmung und den „Marktwert" einzelner Individuen werden insbesondere in der pädagogischen Diskussion nach wie vor sehr häufig Unternehmen und deren Management – überspitzt formuliert - als „Vereinnahmungsinstanzen" des Individuums durch außerhalb der Person stehende (i.d.R. wirtschaftliche) Zwecksetzungen gedeutet und ihnen dementsprechend mit großem Misstrauen begegnet (s. u. insbesondere Kade 1983, Strunk 1988, Meueler 1993, K. H. Geißler 1993). So haben pädagogisch relevante Ansätze wie beispielsweise der der „Humanisierung und Demokratisierung der Arbeitswelt", der „(Schlüssel-) Qualifizierung" (s.u.) und entsprechende „Weiterbildungsoffensiven" insofern (auch vermutlich nicht unberechtigten) pädagogischen Widerspruch erfahren, als in ihnen bislang nie eindeutig (genug) geklärt werden konnte, ob in ihnen primär eine „Befreiung" des Menschen von Fremdbestimmtheit im Arbeitsleben intendiert worden ist, oder ob letztlich nicht doch in erster Linie eine Erhöhung des Leistungspotentials des Mitarbeiters ausschließlich zum Wohle der Unternehmung und ihres sich an erfolgsorientierten Prämissen orientierenden Managements verfolgt wurde.

Vor diesem Hintergrund befürchten viele Erwachsenen-, Betriebs- und Berufspädagogen, dass Weiterbildung – als prinzipielles „Bindeglied" erwachsenen- bzw. betriebs- sowie berufspädagogischer und managementtheoretischer Überlegungen – lediglich der „Qualifizierung", oft gleichgesetzt mit der *Manifestierung von Herrschaft von Menschen über Menschen* in Unternehmen und deren Zielsetzung, dienlich ist (s.u.).

Diese eindeutig formulierten Bedenken mögen mit die wesentlichen Gründe dafür sein, dass in der erwachsenenpädagogischen Diskussion nach wie vor zwischen ökonomischen- und pädagogischen Prinzipien und damit zwischen dem „Reich" der Notwendigkeit bzw. dem der *Realien* (Petersen 1997) *einerseits* und dem der (pädagogischen) „Freiheit" *andererseits* unterschieden wird (vgl. Arnold 1991, S. 34).

Insbesondere die damit einhergehende Annahme, dass Unternehmen und ihr Management auf das im Mittelpunkt pädagogischer Betrachtungen stehende Individuum einen vorwiegend *monologisch-dominiert-fremdbestimmten* Einfluss ausüben, scheint eine Notwendigkeit in sich zu bergen,

- sich gegen die Indienstnahme der Erwachsenenbildung für ausschließlich ökonomische Zwecke und
- gegen die Überbetonung beruflich-betrieblicher Weiterbildung zu wehren (vgl. Ahlheim/Bender 1996, S. 11) sowie
- mit Hilfe einer erwachsenenpädagogischen Begleitung eine Alternative anzubieten, welche auf Emanzipation und Selbstreflexion in modernen Industrie- bzw. Risikogesellschaften abzielt.

Um Möglichkeiten aufzuzeigen, wie diesen sicherlich ernstzunehmenden Bedenken der Erwachsenen-, Betriebs- und Berufspädagogik begegnet werden kann und eine Annäherung zwecks kritischer Mitgestaltung dialogischer Managementprozesse seitens der Erwachsenenpädagogik hinsichtlich der hier *beabsichtigten Identifikation des Dialogischen Managements als Bildungsaufgabe für einzelne Subjekte und soziale Systeme einzuleiten ist,* wird zunächst einmal die Entwicklung der deutschen Erwachsenenbildung nach dem Zweiten Weltkrieg kurz skizziert. Hierbei kommt es darauf an, (zumindest implizite) Anknüpfungspunkte zwischen erwachsenenpädagogischen und managementtheoretischen Fragestellungen zu identifizieren, die im Zusammenschluss zwischen Erwachsenenpädagogik und Organisationsforschung dialogisch verarbeitet werden können.

4.1. Die „realistische Wende" in der Erwachsenenbildung – Prinzipielle Öffnung der Erwachsenenbildung gegenüber ökonomisch-technischen Fragestellungen

Die deutsche Erwachsenenbildung stand zumindest bis 1945 – abgesehen von den Jahren der Hitler-Diktatur – *eindeutig* in der Tradition des insbesondere von Wilhelm von Humboldt angeregten *Neuhumanismus*, welcher sich an dem *sich bildenden Menschen* in *kritischer Distanz* zu Staat und Gesellschaft sowie den *ebenfalls deterministischen Realien* in Form von Ansprüchen an den Menschen seitens Ökonomie und Beruf orientierte.

Dementsprechend wurde Bildung in der Tradition des Neuhumanismus in erster Linie als *Selbstbildung* und *eben nicht* als ein „Gebildetwerden" nach einer von außen *vorgegebenen*, vermeintlich *allgemeinen Vernunft* (vgl. Humboldt 1792/1969, Bd.1, S. 54f.) aufgefasst, zumal sich insbesondere das ausgehende Feudalzeitalter des späten 18. und frühen 19. Jahrhunderts durch Unvernünftigkeit und Unmündigkeit der Nichtherrschenden „auszeichnete".

Kurz: Die Unbestimmbarkeit des Menschen und die „Selbstzweckhaftigkeit" der Bildung untersagte aus neuhumanistischer Sicht zur „Gewährleistung humaner Vernunft" bis in die Weimarer Zeit hinein ein *unmittelbares* Eingreifen des Staates und anderer „objektiver Mächte" (vgl. Spranger 1929) in den Bildungsprozess des Menschen (vgl. u.a. Hartmann 1995, S. 329ff, Benner 1990, S. 52ff). Dementsprechend kann bis 1933 sowie von 1945 bis ca. 1960 (s.u.) von *einer Dominanz eher zivilisationskritischer und kulturpessimistischer Positionen* insbesondere in der Erwachsenenbildung gesprochen werden (vgl. Siebert 1994, S.57), so dass sich die Erwachsenenbildung zu dieser Zeit noch eher als „ein Ort kulturvoller und zweckfreier Freizeitgestaltung" (Siebert 1994, S.60) definieren ließ.

Unmittelbar nach dem Zweiten Weltkrieg und dem Ende der Hitler-Diktatur sah sich in der Bundesrepublik Deutschland[109] die neuhumanistisch-geprägte Pädagogik im allgemeinen und die Erwachsenenbildung im besonderen allerdings vor die *Problematik* gestellt,

---

[109] Obwohl auch in der ehemaligen DDR Bestrebungen unternommen worden sind, eine stärkere Berufsorientierung der Bildung einzuleiten, widmet sich dieser Abschnitt in erster Linie der Entwicklung in der Bundesrepublik Deutschland.

- zu wenig die gesellschaftlichen Rahmenbedingungen von Bildung verarbeitet,
- auf politische Gefahren vorbereitet sowie sich dem
- Ideologieverdacht ausgesetzt zu haben (vgl. u.a. Blankertz 1969).

In der Bundesrepublik der 1950er Jahre, die Horst Siebert (1994, S. 55) *politisch* als Zeit der Restauration, *ökonomisch* als Zeit des Wirtschaftswunders, *kulturell* als Zeit der Amerikanisierung charakterisiert, stellte sich nunmehr die Frage, ob bei der Neugestaltung der Erwachsenenbildung erneut kritiklos an die neuhumanistischen Traditionen der Weimarer Zeit als Zeitalter der ersten Demokratie in Deutschland angeknüpft werden sollte. Hierbei drohte allerdings die Gefahr einer *Beibehaltung der Ignorierung sozio-ökonomischer Entwicklungstendenzen* (vgl. Dikau 1980, S.20).
Neben der Revisionsbedürftigkeit des herkömmlichen Bildungsverständnisses, dem eine umfassende Bewusstseinsschärfung gegenüber der nationalsozialistischen Diktatur nicht gelungen war, bewirkte insbesondere das sich anbahnende „Wirtschaftswunder" geradezu fieberhafte Bemühungen, Bildung – wie auch immer definiert - als „Hebel" aufzufassen, die Qualität und Wettbewerbsfähigkeit der deutschen Wirtschaft zu betonen und zu steigern (vgl. Reble 1980, S. 272).

Vor diesem Anspruchshintergrund ließ sich die spätestens seit Mitte der 1950er Jahre - im neuhumanistischen Sprachgebrauch – festzustellende *Hinwendung zu den Realien* (Petersen 1997) damit begründen, dass Schulen und Volkshochschulen[110] in ihren Bildungsangeboten zu große Teile der Arbeitswelt und Industriegesellschaft *eben nicht mehr* zu fassen und zu deuten vermochten (vgl. Musolff 1989, S. 234 in Anlehnung an Hartmut von Hentig), zumal in den 1950er und 1960er Jahren die Vorstellung einer „nivellierten Massengesellschaft" zunehmend durch das Modell einer „differenzierten Leistungsgesellschaft" ersetzt worden ist, welches Wohlstand und zunehmendes Sozialprestige durch Qualifizierung versprach (vgl. Siebert 1994, S. 58)[111].

---

[110] In diesem Sinne ist die Anmerkung von Hans Tietgens (1968, S. 188) als einem der maßgeblichen Begründer der bundesrepublikanischen Erwachsenenbildung zu verstehen, dass beispielsweise die Volkshochschule als lange Zeit im Zentrum des Interesses stehende Einrichtung der Erwachsenenbildung sich „in ihrer Ausstrahlung nach außen betont antiindustriell, antiorganisatorisch und antibürokratisch (darstellt). Mochten die Volkshochschulen praktisch auch damals schon nüchterne und nützliche Arbeit leisten, das Bild, das man von ihnen nach außen hervorkehrte, war zivilisationskritisch gefärbt".

[111] Angesichts der sich in den 1950er und 1960er Jahren abzeichnenden Tendenz, „Bildung auf den Aspekt der gesellschaftlich verwertbaren Qualifikationen zu reduzieren" (Wittwer 1995, S. 27), lassen sich *Qualifikationen* dann auch primär als „Fähigkeitseinheiten, die in Lernprozessen erworben, zum Teil durch formale Zertifikate bestätigt werden und zur Ausübung ganz bestimmter, mehr oder weniger eindeutig zuzuordnender Ar-

Zusammengefasst: Das (bislang prägende) neuhumanistische Bildungsverständnis schien an Grenzen gestoßen zu sein, die auf eine *abnehmende gesellschaftliche Problemlösekompetenz* vor dem Hintergrund der insbesondere moralischen Katastrophe des 3. Reiches *einerseits* und der Konzentration auf ökonomische Aspekte in Zeiten des „Wirtschaftswunders" *andererseits* schließen lassen (vgl. Fink 1960, S. 14f, auch Blankertz 1966, S. 64f, Klafki 1963)[112].

Bildung im allgemeinen und Erwachsenenbildung im besonderen sahen sich dementsprechend zunehmend aufgefordert,

- die Voraussetzungen für die ökonomisch-technische Weiterentwicklung von Wirtschaft und Gesellschaft zu schaffen,
- dabei den Qualifizierungsansprüchen der Individuen gerecht zu werden
- und somit einen Bildungs-/Qualifizierungsvorlauf gegenüber anderen Industrienationen zu schaffen (vgl. Lenz 1979, S. 35)[113].

Angesichts der Notwendigkeit, als junge Exportnation am Weltmarkt bestehen zu können, kam es für die bundesdeutsche Bildungslandschaft nunmehr in erster Linie darauf an, die *nach Maßstäben bestimmter Leistungsanforderungen definierten theoretischen und praktischen Kenntnisse und Fähigkeiten von Menschen auszubilden und durch lebenslanges Lernen/Qualifizieren zu erhalten.*

Dementsprechend musste angesichts veränderter sozio-ökonomisch-technischer Prämissen und Ansprüche von einem *neuen Verhältnis* der Pädagogik gegenüber Politik und Gesellschaft, Berufsausbildung, Technik und Ökonomie (vgl. Blankertz 1966, S. 61) und somit von einem *bildungstheoretischen Paradigmenwechsel* (vgl. ursprünglich Kuhn 1967, Petersen 1993) gesprochen werden, durch den insbesondere das pädagogische Aufgabenfeld der *Erwachsenenbildung*, dem bislang keine nennenswerte Aufmerksamkeit in der pädagogischen Diskussion zukam, nunmehr eine starke Aufwertung erfuhr (vgl. u.a. Born 1994,

---

beitsaufgaben taugen" (Beck/Brater/Daheim 1980, S. 17, vgl. dazu auch Bundesinstitut für berufliche Bildung 1988, S. 12) bzw. als „berufliche Handlungskompetenz zur Auseinandersetzung mit Arbeitsaufgaben und ihren technisch-organisatorischen Determinanten im Arbeitsprozess" (Pawlowsky 1992, S. 179) deuten.

112   Ein weiteres Indiz für diesen Standpunkt - von einer abnehmenden Problemlösekompetenz des neuhumanistischen Bildungsverständnisses zu sprechen - kann im gestiegenen Einfluß empirischer Denk- und Vorgehensweisen gesehen werden, welche eine Ablösung der geisteswissenschaftlichen durch die *sozialwissenschaftliche Pädagogik* bzw. *Erziehungswissenschaft* (Brezinka 1974) begünstigten (vgl. Thiersch 1989, S. 1117, auch Hartfiel 1973, S. 19, Petersen 1997).

113   Pichts (1964, S. 17) nach heutigem Verständnis als absolut übertrieben anmutende Betonung der „Bildungskatastrophe" im Sinne einer *empfundenen* Unfähigkeit des Bildungssystems, die Ausbildung für die Erwerbstätigkeit sicherzustellen sowie genügend Abiturienten „hervorzubringen", mag als ein Beispiel für diese Einschätzung dienen.

S. 288ff, Musolff 1989, S. 222f sowie die ähnliche Einschätzung von Röhrig 1994, S. 187).

Nach der (1960 erfolgten) Publikation des Gutachtens durch den (1953 gegründeten) Deutschen Ausschuss für das Erziehungs- und Bildungswesen, welches sich speziell der Erwachsenenbildung widmete und dabei *einerseits* „die 'freie' (Erwachsenenbildung), die sich unabhängig vom Autoritätsanspruch konfessioneller, sozialer oder politischer Körperschaften an alle Bürger des Staates wendet und sie miteinander in ihrer Arbeit verbindet, und (*andererseits*, J.P.) die aus verschiedenen Wurzeln gewachsene 'gebundene' (Erwachsenenbildung), die zunächst vor allem bestimmten Gruppen dient" (Deutscher Ausschuss 1960, S. 49) unterschied, wurde von der *„realistischen Wende"* (Roth 1962, Roth 1967, S. 179ff, Tietgens 1994) in der Erwachsenenbildung gesprochen.

Das Gutachten des Deutschen Ausschusses für das Erziehungs- und Bildungswesen kann zunächst als *Verbindung* zwischen der humanistischen Tradition der deutschen Erwachsenenbildung und den Anforderungen der modernen Arbeitswelt verstanden werden (vgl. Siebert 1994, S.59f), wobei es konsequentkritisch das bisherige „Weimarer" Konzept der zweckfreien Bildung zu überprüfen und demgegenüber zunehmend „nützliche" Kurse mit Zertifikaten anzubieten galt (vgl. Siebert 1994, S.61).

Kurz: Gegenüber früheren Bildungsepochen zeichnete sich das Verständnis der realistischen Wende durch

- unerschütterlichen Fortschritts- und Planungsoptimismus,
- Vergesellschaftung der Bildungspraxis,
- „Versozialwissenschaftlichung" der Bildungsforschung sowie
- Bildungsplanung, um lebenslanges Lernen nicht nur aus humanistischen, sondern auch aus sozial- und arbeitsmarktpolitischen Gründen zu fördern,

aus.

Diese Entwicklung wurde im 1970 vom Deutschen Bildungsrat veröffentlichten „Strukturplan für das Bildungswesen" noch untermauert, zumal hier erstmals der Weiterbildung offiziell der Status eines eigenen Bereiches organisierten Lernens zugewiesen worden ist und sie dabei als *quartärer Sektor* eine gleichwertige Einstufung neben den traditionellen Bildungsbereichen erfuhr. *Weiterbildung* ersetzte im Strukturplan den mittlerweile etwas „verstaubt" scheinenden Terminus *Erwachsenenbildung* als Oberbegriff für die Bereiche beruflich orientierter Fortbildung und Umschulung sowie Erweiterung der Grundbildung und politischen Bildung:

„Weiterbildung wird hier als Fortsetzung oder Wiederaufnahme organisierten Lernens nach Abschluss einer unterschiedlich ausgedehnten ersten Bildungsphase bestimmt. Das Ende der ersten Bildungsphase und damit der Beginn möglicher Weiterbildung ist in der Regel durch den Eintritt in die volle Erwerbstätigkeit gekennzeichnet (...). Die Grenzen zwischen erster Bildungsphase und Weiterbildung bleiben fließend, ein Mindestzeitraum der Erwerbstätigkeit als Voraussetzung für die Weiterbildung lässt sich nicht angeben. Das kurzfristige Anlernen oder Einarbeiten am Arbeitsplatz gehört nicht in den Rahmen der Weiterbildung" (Deutscher Bildungsrat 1970, S. 197).

Auf diese Weise erhielt - angesichts der zunehmenden ökonomischen Bedeutung von Lernen und Bildung - der Bereich der berufsrelevanten Weiterbildung unter dem „Dach Weiterbildung" den *gleichen Stellenwert,* wie ihn vorher die sozio-kulturelle bzw. allgemeine Bildung beanspruchte:

„Unter der Zielsetzung der Weiterbildung ergibt sich für die primär beruflich orientierte Weiterbildung eine weitgehende Auflösung der einseitigen Beziehung, in der die beruflichen Qualifikation von einem eng begrenzten Tätigkeits- und Verwendungsfeld bestimmt werden. Jeder Bildungsgang der Weiterbildung muss allgemeine Gesichtspunkte berücksichtigen, um jedem die Möglichkeit zu geben, Einsicht zum Beispiel in politische, wirtschaftliche, soziale und kulturelle Zusammenhänge zu gewinnen und zu Teilhabe und Mitwirkung befähigt zu werden. Auch der Erwerb einer einzelnen zusätzlichen fachlichen Qualifikation muss didaktisch darauf angelegt sein, jene allgemeine Fähigkeiten hervorzubringen, die die theoretische Durchdringung der Wirklichkeit fördern. Von der Gesamtentwicklung des Menschen her gesehen müssen als beruflich und nicht beruflich bezeichnete Lernprozesse ineinander greifen und sich gegenseitig ergänzen. Insofern ist alles Lernen nützlich und zweckmäßig und im Interesse der personalen Entfaltung durch die Weiterbildung zu unterstützen" (Deutscher Bildungsrat 1970, S. 57).

Aspekte der beruflichen Bildung hatten folglich nicht länger auf den traditionellen berufspädagogischen Fokus der Berufs*ausbildung* beschränkt zu bleiben, sondern waren vielmehr auf den bereits ausgebildeten (erwachsenen) Erwerbstätigen auszuweiten. Hierfür konnten sowohl das Konzept des lebenslangen Lernens als auch die berufliche Weiterbildung als „Weichenstellungen" aufgefasst werden (vgl. Arnold 1991a, S. 87, Greinert 1993)[114].

---

[114] Darüber hinaus lassen sich als ein weiteres Indiz für zunehmende Berufsbezogenheit des Bildungsverständnisses der 1960er Jahre u.a. auch die im Jahre 1969 verabschiedeten Gesetze (AFG, BBiG) ranführen, bei denen es hauptsächlich darum ging, berufliche Tüchtigkeit (i.S. einer Bereitschaft und Fähigkeit, sich zu qualifizieren) staatlich zu fördern. Hierbei zielte insbesondere das AFG auf eine Förderung der beruflichen Weiterbildung ab.

Berufliche Weiterbildung bekam somit nunmehr *eine explizit gesellschaftliche Funktion* (vgl. dazu auch Anweiler et al. 1992, S. 22), um
- mit Hilfe der Verbesserung der die gesellschaftliche Position (insbesondere) der (berufstätigen) Erwachsenen (vgl. Arnold 1991a, S. 88, Keller 1992, S. 155.) zur Chancengerechtigkeit *in* der Gesellschaft beizutragen

- sowie die (ökonomische) Leistungs- und Wettbewerbsfähigkeit *der* Gesellschaft abzusichern.

Der damit einhergehende Vorschlag, den in Hinblick auf gesellschaftspolitische und ökonomische Herausforderungen *antiquiert scheinenden Bildungsbegriff* (vgl. Fink 1960, S. 14f) wegen seiner philosophischen Abstraktheit, mangelnden lernorganisatorischen Umsetzbarkeit und vor allem auch wegen seiner so bedingten Ideologieanfälligkeit aufzugeben und durch den des Lernens und der Qualifikation zu ersetzen (vgl. u.a. Baethge 1974, Bauer 1996), schien dann auch zu diesem Zeitpunkt eine naheliegende Konsequenz zu sein.

Das mit der realistischen Wende einhergehende Bildungsverständnis

- orientierte sich immer stärker an Aspekten der (messbaren) *beruflichen Nutzbarkeit* und, damit korrespondierend, an der wirtschaftlichen Wettbewerbsfähigkeit und Prosperität,
- gab dadurch den eigentlichen/ursprünglichen neuhumanistisch geprägten Bildungsbegriff *billigend preis*, indem versucht wurde, ihn durch Lernen, Sozialisation und Qualifikation zu ersetzen,
- führte nach heutiger Sicht, obwohl ursprünglich nicht beabsichtigt, *letztendlich zur Vernachlässigung von Fragen der Humanität und Sinnhaftigkeit des eigenen Handelns* (als zweiter Seite der Bildungsmedaille) (vgl. Siebert 1994, S.63).

Mit anderen Worten: Während sich das neuhumanistische Bildungsverständnis in erster Linie daran orientierte, das Subjekt für das Leben zu bilden und aus ihm ein, *in sittlicher Hinsicht*, nützliches Mitglied der Gesellschaft *herauszubilden*, zeigten sich nunmehr zunehmend Bestrebungen, den Bildungsbegriff in *zweckrationaler Hinsicht* zu Lasten des „sittlichen Anteils" der Bildung auszuweiten, um mit Hilfe einer Konzentration auf Qualifikationen (im Verständnis einer *Vermittlung* und des *Nachweises* handlungspraktischen Wissens und Könnens) ökonomische Effizienz, aber auch eine stärkere (gesellschafts-) politische Mitgestaltung und Emanzipation zu ermöglichen (vgl. Petersen 1997).

Des weiteren kann festgehalten werden, dass die realistische Wende in der Erziehungswissenschaft zweifellos bewirkt hat, dass der technische Aspekt und damit auch die ökonomische Dimension von Bildung in den Aufmerksamkeits-

bereich der Erziehungswissenschaft rückten (vgl. Ortner 1991) sowie neue erziehungswissenschaftliche Aufgabenfelder am Beispiel der Bildungsökonomie oder des Schulmanagements thematisiert worden sind.
Obwohl auf den ersten Blick eine Annäherung an managementtheoretische Aspekte naheliegend und einem Brückenschlag zum ökonomischen Bereich förderlich scheinen müsste, gilt es allerdings aus heutiger Sicht kritisch anzumerken, dass sich diese Initiativen *nahezu ausschließlich* auf das Gebiet *pädagogischer Institutionen* beschränkt und *übrige* Organisationen sowie deren Management *weitgehend ausgeklammert haben.*

Die Pädagogik musste trotz ernsthaft vorgenommener Reformulierungsprozesse erkennen, dass mittlerweile die Betriebe[115] zu den entscheidenden Trägern beruflicher Bildung geworden sind (vgl. u.a. Geißler 1992)[116].

Aufgrund dieser Entwicklung scheint es immer dringlicher zu werden, sich seitens der Erwachsenenbildung *aktiv* in einen *Dialog* mit der betrieblichen Weiterbildung einzulassen: Dies bedeutet, dass sich die erwachsenenpädagogische Diskussion noch wesentlich stärker als bisher mit der Frage zu befassen hat, Wege zu suchen und aufzuzeigen, wie sie die betriebliche Weiterbildung „befruchten" könnte, um auch in nichtpädagogischen Organisationen wie Unternehmen ein vernünftige(re)s Entscheiden und Handeln zu ermöglichen.

Ansatzpunkte bieten hierfür

- *einerseits* die allgemeine und politische Erwachsenenbildung, die ihre Konzeptionen insbesondere auf die besonderen Bedingungen ökonomischen Handelns und Reflektierens in Unternehmen zu erweitern hätte,

---

[115] Obwohl oben in Anlehnung an Erich Gutenberg eine Unterscheidung zwischen Betrieben und Unternehmen vorgenommen worden ist, setzt die pädagogische Diskussion Betriebe und Unternehmen gleich. Wenn also in diesem Abschnitt, der sich mit der pädagogischen Behandlung der Thematik Management befasst, von *Betrieben* gesprochen wird, sind damit erwerbswirtschaftliche, auf Gewinnmaximierung ausgerichtete, Organisationen, sprich: *Unternehmen*, gemeint.

[116] Dementsprechend verwundert es denn auch nicht, dass der betrieblichen Bildung in der erwachsenenpädagogischen Diskussion (siehe z.B. Arnold 1991) traditionell der Charakter einer *Spezialdisziplin* zuerkannt wird, in dem zunächst zwischen der allgemeinen und politischen Erwachsenenbildung auf der einen und der beruflichen Erwachsenenbildung auf der anderen Seite unterschieden wird, wobei letztere sich intern in den Bereich der *öffentlich (AFG)-geförderten beruflichen Bildung* einerseits und in denjenigen der *privatwirtschaftlich begründeten betrieblichen Bildung* andererseits aufschlüsseln lassen kann.

- und *andererseits* ein Diskurs zwischen Erwachsenenbildung als *allgemeiner und politischer Bildung* mit den (ursprünglich betriebswirtschaftlich geprägten) Organisations- und Managementwissenschaften.

Dieser Dialog scheint insbesondere durch die Einführung neuer Informationstechnologien, die zur Beschleunigung des gesamtgesellschaftlichen Wandels beigetragen haben, noch von zusätzlicher Dringlichkeit zu sein.

4.2. Erwachsenenbildung in Zeiten dynamischer Wandlungsprozesse – Chance für mehr Vernunft und Mündigkeit oder Erfüllungsgehilfe erfolgsorientierter Managementinteressen?!

Die Erfindung des Mikroprozessors Anfang der 1970er Jahre leitete einen tiefgreifenden technischen Wandel in Wirtschaft und Gesellschaft ein[117].
Im Gegensatz zu den insbesondere unter ethisch-moralischen bzw. gesellschaftspolitischen Aspekten zu hinterfragenden Charakteristika einer Transformation der modernen Industriegesellschaft zur Risikogesellschaft und ihrer bildungstheoretischen Verarbeitung im Rahmen einer „reflexiven Wendung" in der Erwachsenenbildung (vgl. Dewe/Frank/Huge 1988, S. 45)[118] lassen sich neue Informationstechnologien als objektive und konkrete Herausforderung für Wirtschaft und Gesellschaft verstehen, denen sich einzelne Menschen, Organisationen und Gesellschaft lernend zu stellen haben.
Die mit der Einführung neuer Technologien häufig verbundene
- Veränderung der materiellen Ausstattung
- Umstrukturierungen im Produktionsprozess (möglicherweise Strukturveränderungen ganzer Organisationen)
- Erweiterungen/Veränderungen der Produktpalette

---

[117] Als grundlegende Neuigkeit dieser technologischen Entwicklung kann es dabei angesehen werden, dass mit den Möglichkeiten der elektronischen Datenverarbeitung endgültig das *Informationszeitalter* begonnen wurde (vgl. u.a. Zielinsky 1991, S. 91f), welches die Handlungsfähigkeit und Problemlösekompetenz von Organisationen jedweder Art geradezu existentiell vom schnellen Zugriff *auf* und der Verarbeitung *von* Informationen abhängig machte (vgl. dazu auch Probst 1995, S. 166).

[118] Im Rahmen einer reflexiven Wendung wurde der Bildungsbegriff an das Handeln und Erleben der Menschen in verschiedenen *Lebenswelten* (s.o.) gebunden. Als Ziel einer reflexiven Wendung kann es angesehen werden, die Individuen zur Selbst- und Gesellschaftsreflexion vor dem Hintergrund ihrer lebensweltlichen Eingebundenheit zu befähigen oder diesbezügliche Unterstützung zu leisten. Hierbei ging es weder um eine „lebensfremde Vergeistigung" noch um ein „technokratisches Funktionieren" der Menschen, sondern vielmehr wurde auf die ganzheitliche Identitätsfindung unter Berücksichtigung verschiedener Teillebenswelten durch die Befähigung zur Reflexivität und zum Selbstlernen abgezielt (vgl. Dewe/Frank/Huge 1988, S. 48).

hatte einen *erheblichen* Qualifizierungs- und Bildungsbedarf zur Folge (vgl. dazu u.a. Geißler 1993, S. 74, Nagel 1993 S. 104, Staudt 1995, S. 38, Jagenlauf/Schulz/Wolgast 1995), welcher neben eindeutigen Gefahren am konkreten Beispiel von Rationalisierungstendenzen allerdings auch als prinzipielle Chance gedeutet werden kann, mehr Eigenverantwortung und Mündigkeit in den verschiedensten Organisationen einzuleiten (vgl. u.a. Faulstich 1986, S. 112, Baethge/Baethge-Kinsky 1995, S. 145).

Die Erwachsenenbildung als (kritischer) Begleiter bzw. *Mit- und Ausgestalter* des organisationalen Wandels sieht sich vor diesem Hintergrund zunehmend herausgefordert, sich insbesondere auf zwei Aufgabenfelder zu konzentrieren:

1. Über die Ermöglichung umfassender Lernprozesse zur Vermittlung von Qualifikationen, die zum Umgang mit neuen Technologien befähigen beizutragen, deren Qualität im verstärkten Maße auch Qualitätskontrollen (am Beispiel der ISO-Normen) unterliegt (vgl. hierzu u.a. Faulstich 1996, S. 310). Auf diese Weise wird primär der *Effizienzaspekt* angesprochen.
2. Förderung der Bewusstseinsbildung des Menschen in Hinblick auf Möglichkeiten und Gefahren, die mit dem Einsatz neuer Technologien verbunden sind. Im Rahmen dieser Aufgabenstellung kommt es darauf an, Chancen und Gefahren neuer Technologien im ganzheitlichen Zusammenhang (am Beispiel der Gedanken zur Transformation der modernen Industriegesellschaft zur Risikogesellschaft) zu beurteilen, die Auswirkungen der technologischen Entwicklung auf den einzelnen und die Menschheit zu hinterfragen sowie sich der Frage zu widmen, ob bzw. wie neue Technologien zur Gestaltung einer humanorientierten, besseren Zukunft beitragen können. Dadurch wird insbesondere der Aspekt der *Humanität* betont (vgl. dazu Arnold 1991c, S. 74f, Tilch 1993, S. 56, Staudt 1995, S. 57, Weinbrenner 1995, S. 252, auch Krug 1988, S. 99, Enquête-Kommission des Deutschen Bundestages 1990, S. 29).

Hierbei könnte der Anspruch, die Voraussetzungen dafür zu schaffen, neue Technologien seitens der Organisationen und ihres Managements *vernünftig einzusetzen*, als Anlass genommen werden, die erwachsenen- und berufspädagogische Debatte hinsichtlich des Verhältnisses zwischen Bildung und Qualifizierung aufzugreifen.

4.2.1. Zum Spannungsfeld zwischen Qualifizierung und Bildung in der (erwachsenen-, betriebs- und berufs-) pädagogischen Diskussion

Hinsichtlich sich zunehmend dynamischer gestaltenden gesellschaftlichen, politischen und auch ökonomischen Rahmenbedingungen scheint die im frühen 19.

Jahrhundert entstandene und heute in modifizierter Form immer noch bestehende *Divergenz* zwischen Allgemeinbildung und beruflicher bzw. betrieblicher Bildung sowie die Aufsplittung in politische, allgemeine und berufliche/betriebliche Weiterbildung immer weniger zeitgemäß (vgl. Arnold 1991, S. 86ff., Schulz 1996). Um eine Überwindung dieser Differenzierung einleiten zu können, bedarf es einer *grundlegenden Reflexion und Neufassung* der Grundlagen pädagogischer Theoriebildung und der Organisation ihrer praktischen Konkretisierung, die sich eben nicht nur im Kontext pädagogischer, sondern vielmehr auch in dem nichtpädagogischer Organisationen abspielt.

Ein zentraler Punkt hierbei, der auch das Verhältnis zwischen Erwachsenenbildung und Management, dem seitens der Pädagogik häufig immer noch eine ausschließlich erfolgsorientierte Konzentration auf Macht, Hierarchie und Zweckrationalität unterstellt wird, neu definieren könnte, stellt das nach wie vor als Gegensatz definierte Verhältnis zwischen Bildung und Qualifizierung dar.

Die *Differenzierung* zwischen Bildung und Qualifikation geht auf die oben angesprochene Programmatik der Aufklärung und des sich daran anschließenden Neuhumanismus zurück (vgl. Strunk 1988) und kann als ein zentrales Bestimmungsstück erziehungswissenschaftlicher, konkret erwachsenen- sowie berufspädagogischer Reflexion und Diskussion betrachtet werden. Obwohl weitgehende Einigkeit darüber herrscht, dass die Diskussion über die *Gütekriterien* von Lernen bzw. die Frage, in welcher Beziehung Bildung und Qualifikation stehen sollen, für den erziehungswissenschaftlichen Diskurs von größter Bedeutung ist, wurde bislang kein Konsens gefunden, wie sich diese Frage beantworten lässt und wie mit den zum Teil recht kontroversen Antworten auf sie umzugehen ist.

Jochen Kade als ein Autor, der sich den ökonomischen und qualifikatorischen Anforderungen an Subjekte gegenüber sehr kritisch zeigt, sieht sich beispielsweise veranlasst, *eine klare Distanzierung* von den Vorstellungen der o.a. realistischen Wende *vorzunehmen,* da in ihr – wie schon von Horst Siebert angemerkt – eine Ersetzung des neuhumanistischen Bildungsgedankens durch einen „zeitgemäßeren" Lern-, Qualifikations- bzw. Effizienz- und Funktionalitätsprimat vorgenommen wird. (vgl. Kade 1983, S. 859).

Kade hält in seinen Ausführungen demgegenüber strikt an dem besonderen Begriff der Bildung fest und versucht dabei, eine kritische Klärung des Verhältnisses von Bildung und Qualifikation vorzunehmen, um deren fundamentale Unterschiede herauszuarbeiten. Hierzu scheint ihm insbesondere das Lernen im ökonomischen – von Kade als primär erfolgsorientiert identifizierten - Kontext geeignet zu sein.

Vor diesem Hintergrund betont Kade, dass eine pädagogische Hinterfragung des Qualifikationsbegriffs sinnvollerweise ihren Ausgangspunkt bei der Frage nehmen sollte, ob die verschiedenen Versionen des Qualifikationsbegriffs „eine pädagogisch zu verantwortende Verlaufsform für den Widerspruch zwischen beruflicher Tüchtigkeit und Anpassung einerseits, Selbstbestimmung und Mündigkeit andererseits zulassen bzw. eröffnen" (Kade 1983, S. 862, vgl. dazu auch Lipsmeier 1978, S. 125f).

Hierbei bemängelt Kade das seiner Auffassung nach technisch-instrumentell verkürzte Qualifikationsverständnis insbesondere von Kern/Schumann (1982), welches in erster Linie auf die Anforderungen eines einzelnen Arbeitsplatzes beschränkt blieb und den Aspekt der Verwirklichung beruflicher Mündigkeit unterschlug. Berufliches Lernen entfaltet sich somit im wesentlichen als (weitgehend fremdbestimmtes) Anpassungslernen.
Für Jochen Kade liegt der Verdacht nahe, dass ein so verstandenes „Anpassungslernen" (Geißler 1994) insbesondere die Bereiche des *Wissens, Könnens,* aber auch des (möglicherweise erzwungenen) *Wollens* (vgl. Petersen 1997) anspricht,

-   indem der Lernprozess von der objektiv beschreibbaren Diskrepanz zwischen dem momentan vorhandenen und einem angestrebten zukünftigen Wissen bzw. Können ausgelöst wird,
-   das lernende Subjekt selbst bestimmte arbeitsplatzrelevante Ziele erreichen will und hierfür noch nicht vorhandenes Wissen bzw. Können benötigt oder,
-   dass andere (bspw. Vorgesetzte, Personalabteilung etc.) eine Definition der Lernziele vornehmen und deren Erreichung während des gesamten Lernprozesses kontrollieren, so dass der Lernende sein augenblickliches Wollen extern vorgenommener Zielbestimmung anpasst.

Anpassungslernen in dieser Deutung lässt sich dementsprechend charakterisieren, dass das individuelle Wollen des Subjekts von ihm selbst als unproblematisch bzw. als nicht weiter fragwürdig wahrgenommen wird. Das individuelle Wollen scheint dem Lernenden selbst als unproblematisch, da die zugrunde liegenden Deutungs- und Orientierungsmuster (s. Arnold 1983) nicht angesprochen werden und somit nicht Gegenstand des Lernprozesses sind.

Hinsichtlich dieser Verkürzung sieht sich Jochen Kade dann auch veranlasst, Qualifikationen das Charakteristikum zuzusprechen, von Lebenswelt, Deutungsmustern sowie konkreten Handlungssituationen und konkreten Individuen zu abstrahieren. Das Besondere menschlicher Individualität wird sozusagen organisationaler und gesellschaftlicher Verwertbarkeit „geopfert". Dementsprechend lassen sich Qualifikationen als verselbstständigte und vergesellschaftete Fähigkeiten und Eigenschaften deuten und entsprechen der Tatsache, „(...) dass

sich die Arbeitsfähigkeiten seit der Industrialisierung gegenüber den Tätigkeiten verselbstständigt haben" (Beck/Brater/Daheim 1980, S 17). Vor diesem Hintergrund liegt es für Kade dann auch nahe, Qualifikationen „das Merkmal der Machbarkeit" (Lehnhoff 1997, S. 34) zuzuordnen, zumal Qualifikationen die erfolgreiche Ausführung einer Arbeit unterstellen und dabei von den Begleitscheinungen einer Anwendungssituation und der an ihnen beteiligten Subjekte absehen (vgl. Kade 1983, S. 864ff). Qualifizierung zwingt somit nach Kades Auffassung die „menschliche Entwicklung in das Prokrustesbett (ökonomisch determinierter, J.P.) abstrakter Zweck-Mittel-Rationalität" (Kade 1983, S. 866) und reduziert menschliche Entwicklungsprozesse auf *Erfordernisse einer abstrakten, durchschnittlichen und ökonomisch dominierten Gesellschaftlichkeit.*
Eine vergleichbare, die Einschätzung Kades bestärkende, Position findet sich bei Erhard Meueler, der eine Auslieferung des Individuums und seiner genuin subjektiven Interessen gegenüber dem Primat der *halbierten Rationalität* einer „totalen Marktgesellschaft" befürchtet, die sich nach seiner Auffassung letztendlich in Form einer *funktional stromlinienförmigen Qualifizierung von Managern und anderen Organisationsmitgliedern* widerspiegelt (vgl. Meueler 1993, S. 161ff.).
Kade und Meueler sind dementsprechend nicht länger bereit, Subjektqualitäten auf spezifische (erfolgsorientierte) Unternehmens- und Managementziele auszurichten.

Für Jochen Kade und Erhard Meueler, die – so lassen sich ihre Anmerkungen interpretieren - in ihren Anregungen *mechanistisch-sozialtechnologisch-machtzentrierte Management- und Organisationsmuster* unterstellen, ist es auch nur als konsequent zu bezeichnen, Qualifikationen, die aufgrund externer Zwänge – am Beispiel der Gegebenheiten des Marktes –Einzigartigkeit menschlichen Daseins zu ignorieren oder übergehen scheinen, *den Begriff der Bildung entgegenzusetzen.*
Bildung, die als „ein notwendiges Moment nicht entfremdeter individueller Subjektivität, der Kraft und Fähigkeit, gesellschaftlich abgesteckte Lebens- und Arbeitsmöglichkeiten sich anzueignen und neue für sich und die anderen zu entdecken und zu gestalten" (Kade ebd., S. 867) betrachtet wird, unterscheidet sich nach Kade dahingehend von Qualifizierung, dass sie sich *eben nicht* unter Ignorierung individueller Erfahrungen organisational bzw. gesellschaftlich kontrolliert herstellen lässt (vgl. Lehnhoff 1997, S. 35).
Bildung ermöglicht somit *im Gegensatz* zu Qualifizierung eine *reflexiveigenständige Beziehungsgestaltung* zwischen Individuum und Gesellschaft, in der das Individuum eine tragende Rolle einnimmt, während Qualifikationen bisherige Machtverhältnisse in Gesellschaft und (ökonomischen) Organisationen zu manifestieren scheinen und *allenfalls punktuell* Entwicklungen der Gesellschaft und der (den Gegebenheit ihrer Funktionserfüllung unterliegenden) Individuen zulassen.

Bildung und Qualifikation werden somit als *zwei sich gegenüberstehende Prinzipien* beruflicher Lernprozesse angesehen, die allerdings aufeinander bezogen sind.

Während der durch den Begriff der Bildung gekennzeichnete Teil des beruflichen Lernens sich im Idealfall durch

- lern- und verhaltensrelevante Erfahrungen und Orientierungen, die jeder aus seinem sehr individuellen Kontext heraus mitbringt,
- eine informelle, sehr spezifische soziale Struktur aller Beteiligten sowie
- individuelle Ressourcen und Kenntnisse, Fähigkeiten und Fertigkeiten, die jeder von sich aus in den Lernprozess einbringen kann und will,

kennzeichnen lassen kann, orientiert sich ein organisiertes Lernen zur Erlangung von Qualifikationen insbesondere an

- allgemeinen, von vornherein definierten und vorgegebenen Lernzielen
- einer formellen Struktur des Lehr-Lern-Prozesses, der sich häufig als asymmetrisches Verhältnis zwischen „Lehrer" und „Schüler" darstellt sowie
- institutionell für den Lernprozess zur Verfügung gestellten „sich rechnen müssenden" Ressourcen und Kompetenzen (vgl. hierzu Dauber 1981, S. 57ff, Lehnhoff 1997, S. 35f).

Lernen zur Qualifikationsvermittlung zielt folglich auf die Erreichung objektiv überprüfbarer Fähigkeiten gemäß einem sorgfältig geplanten und „kontrollierbaren" Lehr-Lern-Arrangements ab. Dieses didaktisch-methodische Arrangement spielt im Kontext von Bildungsprozessen eine eher untergeordnete Rolle, da Bildung *selbstorganisierte Formen des Lernens hervorbringt* und individuelle Besonderheiten der Lernsubjekte, die sich ihren Lernstoff erarbeiten und dabei selbstreferenziell entwickeln, berücksichtigt.

Während Kade Bildung als *integralen Bestandteil der Persönlichkeit* bezeichnet, weil Bildung auf Lernformen abzielt, in denen die Besonderheit der Menschen zum Ausdruck kommen, lässt er dieses Prädikat bezüglich Qualifikationen nicht zu.
Als Grund nennt Kade die Problematik, dass Qualifikationsprozesse aufgrund zweckrationaler Präferenzen bestimmte Normen und Lernziele *absolut setzen* und somit menschliche Individualität *verleugnen*, da die Lernenden nur die Alternative haben, eine Norm zu erfüllen oder von ihr abzuweichen (vgl. Kade 1983, S. 874).

Qualifikationslernprozesse erfolgen somit für Kade *ausschließlich* unter *fremdreferenziell-zweckrational-erfolgsorientierten Gesichtspunkten*, da sie sich *nicht* an einer *reflexiv eigenständigen Subjektentwicklung* orientieren, sondern - unabhängig von der Persönlichkeit des Lernenden - eindeutig auf *berufliche Tüchtigkeit* ausgerichtet sind.

Vor diesem Argumentationshintergrund liegt es dann für Kade auch nahe, den Qualifikationsbegriff als ausschließlich funktional-objektiv-handlungs-praktischen Bereich des Lernens zu bezeichnen, während Bildung das Charakteristikum zugesprochen werden kann, sich von externen Vorgaben (beispielsweise bestimmter gesellschaftlicher und/oder organisationaler „Machthaber") im Sinne einer individuellen Subjektentfaltung zu distanzieren.

Nach Kades Auffassung orientiert sich berufliches Lernen insbesondere im ökonomischen Kontext in erster Linie an der Erlangung von Qualifikationen, wobei Bildungsprozesse eher einen „Randcharakter" erhalten (vgl. Kade 1983, S. 875). Aufgrund dieser Gegebenheit moderner Industriegesellschaften und ihrer Aus- und Weiterbildung durchführenden und finanzierenden Unternehmen sieht sich Kade in enger Korrespondenz mit Erhard Meueler (1993, S. 164) veranlasst, *der vorherrschenden betrieblichen Aus- und Weiterbildung den „Ehrentitel" Bildung abzusprechen.*

Kade geht nämlich in seiner Kritik am von Management- und Organisationsinteressen geprägten Qualifikationsverständnis von einer *Dominanz sozialtechnologischer Bestrebungen* aus und unterscheidet dabei „Machthaber", die Qualifikationsanforderungen stellen (dürfen), einerseits und „Ohnmächtige" andererseits, die sich diesen Anforderungen „auf Gedeih und Verderb" anzupassen haben, um beispielsweise nicht wegrationalisiert zu werden oder sonstige Nachteile hinnehmen müssen.

Neben der Position Kades, die eine Gegensätzlichkeit von Bildung und Qualifikation proklamiert, ist es von Interesse, kurz die Auffassung Rolf Arnolds zu skizzieren, in der der Versuch unternommen wird, die *traditionellen Entweder-Oder-Gegensätze* zwischen Bildung und Organisation aufzuheben, ohne allerdings Bildung einem „ausufernden Qualifikationsbegriff" (Lehnhoff 1997, S. 37) preiszugeben.

Rolf Arnold (s. Arnold 1990, 1994, 1995) korrespondiert insofern zunächst einmal mit Jochen Kade, als er sich nicht in erster Linie am *Qualifikationslernen*, sondern vielmehr an *Bildung mit Hilfe umfassender Lernprozesse* orientiert. Auch in Arnolds Vorstellungen steht zunächst einmal das einzelne sich bildende Subjekt im Mittelpunkt pädagogischer Herangehensweisen, welche Lernprozesse insbesondere dahingehend hinterfragen, *ob durch sie Reflexivität* und *Persönlichkeitsentwicklung, sprich: reflexive Eigenständigkeit ermöglicht wird oder nicht* (vgl. Arnold 1994, 1995).

Bildung erhält somit seine primäre Sinnstiftung für die lernende Auseinandersetzung des Individuums mit seiner Umwelt anhand von Kulturgegenständen (i.S. *materialer Bildung*) aufgrund der Vorannahme, dass Bildungsprozesse die Entwicklung und Ausformung reifer Subjektivität zu ermöglichen haben, was als *formale Bildung* zu bezeichnen ist[119].

Bildung nimmt somit auch für Rolf Arnold eine *Schlüsselkategorie* innerhalb der erwachsenen- und berufspädagogischen Diskussion ein. Obwohl sich Rolf Arnold – nicht zuletzt aufgrund der Vorschläge der „realistischen Wende" – intensiv mit der Fragestellung befasst hat, dass der traditionelle Bildungsbegriff *nicht unumstritten* ist, hat Bildung für Arnold (1994, S. 38) letztlich doch nach wie vor eine *Eigenständigkeit* bewahrt, die sich nach seiner Deutung mit folgenden drei Thesen beleuchten lassen:

- Erwachsenenbildung/Weiterbildung und Berufsbildung zielen auf reflexive Eigenständigkeit von Subjekten im Verständnis einer eigenständigen und selbstbestimmten Entfaltung gegenüber von außen vorgegebenen Ansprüchen und Kräften ab. Erst durch ein konsequentes Festhalten an erwachsenen- und berufspädagogischen Prämissen mit ihren Ansprüchen hinsichtlich einer Ermöglichung von Mündigkeit und Vernunft in einem von Sachanforderungen dominierten Bereich kann dem genuinen Interesse der Pädagogik Rechnung getragen werden.
- Pädagogisches Handeln hat sich weiterhin – obwohl es zunächst einmal paradox scheint – an seiner eigenen „Verüberflüssigung" zu orientieren.
- Bildung ist vor diesem Hintergrund mehr als Lernen (insbesondere Qualifikationslernen), da Bildung Aspekte der Identitätssicherung und -erhaltung beinhaltet und verarbeitet.

Obwohl auch Rolf Arnold auf diese Weise den Bildungsbegriff zunächst einmal – in Anlehnung an *kulturpädagogisch-hermeneutische Deutungen* (vgl. Spranger 1929, Litt 1957, 1958, 1965) - deutlich von dem Qualifikationsbegriff der realistischen Wende abgrenzt, sieht er sich - angesichts gesamtgesellschaftlicher und

---

[119] Um dieses Kriterium der Bildung verständlich zu machen, liegt es für Rolf Arnold nahe, auf die Erkenntnisse Dietrich Benners zurückzugreifen: „Nicht bei sich selbst, weder bei der zufälligen Einzelheit des eigenen Dasein noch der gesellschaftlich vermittelten Bestimmung der eigenen Existenz stehen zu bleiben, auch nicht zu sich selbst unverändert oder bloß um neue Erfahrungen und Einsichten bereichert, zurückkehren, sondern zusätzlich auf die Welt über zu gehen, die Welt namentlich Geschichte und Sprache, Länder, Nationen, äußere Verhältnisse, Staatsgeschäfte, Menschen sich anzueignen und durch die Beschäftigung mit Fremdem, Unbekanntem, selbst ein anderer zu werden, alles nach einem inneren Maßstab, der jedoch permanent in Veränderung begriffen ist, zu beurteilen, dies war und ist das Programm der neuzeitlichen Bildungstheorie und Bildungspraxis (...)" (Benner 1991, S. 21).

auch organisationaler Entwicklungstendenzen - angeregt, seinerseits die Frage zu stellen, ob die traditionelle dualistische Gegenüberstellung von Bildung und Qualifikation mit ihrem *dualistischen* „Entweder-Oder-Schema" weiterhin ihre Berechtigung haben kann (vgl. Arnold 1994, S. 147).

Statt dieser *dualistischen Konzeption* liegt es für Rolf Arnold *näher*, ein *integratives Verhältnis von Qualifikation und Bildung* anzuregen, da sich nach seiner Auffassung betriebliche Qualifikationsanforderungen *zunehmend in Richtung pädagogischer Fragestellungen orientieren*. Obwohl nach wie vor *nicht* pädagogische, sondern *in erster Linie* ökonomische Aspekte den Ausschlag für die inhaltliche Ausgestaltung betrieblicher Weiterbildung geben, scheint es doch angesichts der Gegebenheiten sich dem umfassenden Wandel stellen- (müssen)der Unternehmen immer naheliegender zu sein, von einer *Komplementarität* der Entwicklungstendenz betrieblicher Anforderungen und dem Anliegen der Bildung auszugehen (vgl. Arnold 1994, S. 148).

Im Gegensatz zu Jochen Kade und auch Erhard Meueler geht Rolf Arnold (1994, S. 38) nämlich *immer weniger* von dem „pädagogischen Vorurteil" aus, dass organisationale Qualifikationsanforderungen *eine bloße Anpassung an bestehende fest definierte Anforderungen in Form einer gegebenen Technik und einer statischen Arbeitsorganisation intendieren*. Statt dessen erwartet Arnold in Korrespondenz mit Felix Rauner in zunehmendem Maße, dass im „Prozess der Organisationsentwicklung der Unternehmen der Qualifizierung vielmehr neben der Technik- und Arbeitsgestaltung die Funktion einer relativ eigenständigen Gestaltungsdimension zu (kommt)" (Rauner 1990, S. 54).

Einen Ansatz, diese These zu untermauern, liegt nicht nur für Rolf Arnold in der Fragestellung, *ob und inwieweit* die Organisationen, ihr Management sowie ihre Mitglieder über ein Potential von

- Kreativität
- abstraktem, theoretischem Denken (beispielsweise im Umgang mit Software)
- Selbstständigkeit
- planerischem und analytischem Denken (Erkennen von Software-Abläufen)
- ausgeprägter Bereitschaft zu Teamarbeit und ständigem Informationsaustausch
- Informationsverarbeitung
- Flexibilität (Einstellung auf neue Verfahren und Akzeptanz dieser Abläufe) sowie
- einer ständigen Lernbereitschaft und -fähigkeit, sprich:

- der „Fähigkeit zum *selbstständigen* Problemlösen" (Arnold 1994, S. 148, kursiv d. R. Arnold) verfügen (vgl. Henning 1989, S. 391, Arnold 1991c, S. 74f, Baethge/Baethge-Kinsky 1995, S. 152) bzw. bereit sind, sich diese anzueignen (vgl. Petersen 1997).

Diese Fähigkeiten werden häufig als *extrafunktionale* (vgl. Kern/Schumann 1982) oder auch *Schlüsselqualifikationen*[120] bezeichnet, die *eben nicht nur* für eine bestimmte Tätigkeit gebraucht werden, sondern *darüber hinaus* für vielerlei *momentane und zukünftige* Aufgaben- und Betätigungsfelder von Relevanz sind (vgl. Arnold 1992a, S. 5, Arnold 1996, S. 108ff).

Schlüsselqualifikationen stellen dabei nicht etwa einen *Ersatz* für fachliche Kompetenzen zur Ausübung eines Berufes dar, sondern dienen vielmehr als *Ergänzung* dazu (vgl. Arnold 1990, S. 107). Schlüsselqualifikationen lassen sich somit als *Meta-Wissen* deuten, um mit Faktenwissen im originär organisationalen, aber auch gesellschaftlichen Kontext umgehen zu können (vgl. Witt 1990, S. 95, Dubs 1995, S. 179) und tragen somit letztlich auch zur Flexibilität individueller und auch organisationaler Lern- und Handlungsprozesse bei.

Die damit verbundene Aufgabenstellung - nämlich insbesondere in den Betrieben Lernprozesse zur Vermittlung derartiger *Meta- bzw. Strategischen Qualifikationen* zu ermöglichen - birgt für Unternehmen und deren Management die Herausforderung in sich, die Grundlagen für ein vernetztes und selbstständiges Denken und Handeln (am Beispiel von Planen, Durchführen und Kontrollieren) *aller* Organisationsebenen schaffen und somit auch zunehmend *dialogisch vorgehen zu müssen*. Auf diese Weise drohen auch bisherige – primär nach dem Handwerker- oder Gärtner-Modell konzipierte - Personal- und Organisationsentwicklungskonzeptionen mit den damit verbundenen Adressaten und Programmen betrieblicher Bildung in zunehmendem Maße der Gefahr zu unterliegen, mittlerweile überholt und fragwürdig zu sein (vgl. dazu auch Baethge/Baethge-Kinsky 1995, S. 146).

---

[120] Der Begriff *Schlüsselqualifikationen* entstand in den frühen 1970er Jahren (vgl. Mertens 1974) und entstammte ursprünglich aus arbeitsmarktpolitischen Gründen (Rezession nach der Ölkrise 1973) der mittlerweile gewonnenen Erkenntnis, dass traditionelle Berufsbilder mit abnehmender Wahrscheinlichkeit erhalten bleiben können und statt dessen die „Erschließung" neuer Anforderungen an den Arbeitsplatz ermöglicht werden sollte. Interessanterweise geriet das Schlüsselqualifikationskonzept im Laufe der späten 1970er und frühen 1980er Jahre zunächst wieder in Vergessenheit und erlebte erst vor dem Hintergrund weitreichender Konsequenzen für Mensch, Beruf und Arbeitswelt durch neue Technologien eine Renaissance und eine bildungstheoretische Beachtung erwachsenen- sowie (berufs-) pädagogischer Forschung (Arnold 1990, S. 102).

Vor diesem Hintergrund überrascht es nicht, dass seitens vieler Autoren Schlüsselqualifikationen als *Chance* aufgefasst werden, betriebliche (primär effizienzorientierte) Bedürfnisse nach Flexibilität und Innovationsfähigkeit (des Mitarbeiterpotentials) *und* individuelle Ansprüche (der Mitarbeiter) an eine sinnerfüllende und sichere Existenz (i.s. einer Synthese von Tüchtigkeit *und* Mündigkeit) *vernünftig verbinden zu können* (vgl. Rischmüller 1991, S. 46, Famulla 1990, S. 67, Arnold 1991c, S. 74f, Staudt 1995, S. 60).

Auf diese Weise lässt sich auch aus pädagogischer Sicht dahingehend eine „Brücke" hin zur Technik - welche bislang als Begründungsgrundlage für fremdbestimmtes Arbeiten und Lernen aufgefasst und dementsprechend eher skeptisch betrachtet wurde - „bauen", da die Technik mittlerweile in zunehmendem Maße (zumindest grundsätzlich) den Charakter einer *Ermöglichungs- und Entfaltungsfunktion in bezug auf mehr Vernunft und Humanität in Organisationen* erhalten hat (vgl. u.a. Geißler 1995, 1996).

Anders formuliert: Während sich viele Erwachsenen- und Berufspädagogen traditionell daran orientiert haben, mit Hilfe von Aus- und Weiterbildungsprozessen die Mitarbeiter zu befähigen, betriebliche Abläufe mitzugestalten und vor diesem Hintergrund bislang einen Widerspruch zu dem traditionell von Technik, Ablauforganisation und Planung determinierten Arbeitsalltag feststellten (vgl. u.a. die Anmerkung Rauners 1995, S. 52), wird mittlerweile in den Betrieben *selbst*, bedingt durch die im Zusammenhang mit technischen Entwicklungen stehenden Erfordernisse nach Mündigkeit, Selbstständigkeit und kommunikativer Kompetenz, die Notwendigkeit hinsichtlich

– einer Hinterfragung des bis dato gültigen (primär linear-mechanistisch-geprägten, fremdbestimmten) Qualifikationsverständnisses (vgl. u.a. Arnold 1994, 1995, Baethge/Baethge-Kinsky 1995, S. 144ff) sowie

– eines intensiven reflexiv-eigenständigen Nachdenkens über betriebliche Alternativen in bezug auf eine Einbindung *aller* Organisationsmitglieder in die effiziente Mitgestaltung der Arbeitsorganisation

erkannt (vgl. u.a. Rauner/Heidegger 1989, S. 217, Arnold 1994, Rauner 1995, S. 53ff, Lenzen 1996, S. 12, Zimmer 1999, S. 14ff).[121]

---

[121]   Nicht zuletzt zeigte sich diese Tendenz - nämlich eine Revision der herkömmlichen Berufsausbildungskonzeptionen einzuleiten - am Beispiel der Neuordnung der Metall- und Elektroberufe Ende der 1980er Jahre (vgl. u.a. Rauner 1995, S. 51 Bundesinstitut für Berufsbildung 1991, Laur-Ernst 1991), um der Erkenntnis Rechnung tragen zu können, dass eine „Addition von Fertigkeiten und Kenntnissen" (Faix et al. 1989, S. 11) nicht länger ausreicht und statt dessen „nur ein beruflich ganzheitlich gebildeter Mitar-

Hieraus lässt sich die These ableiten, dass sich zweifellos unter dem (nach wie vor gültigen) Primat technischer Möglichkeiten und Notwendigkeiten zur Ermöglichung einer umfassenden Problemlösekompetenz der Unternehmen *auf einmal traditionelle berufspädagogische Forderungen nach einer Synthese von beruflicher Tüchtigkeit und Mündigkeit* (vgl. Lipsmeier 1988a, S. 60) *tendenziell zu erfüllen scheinen.* Dies kann auch unter erwachsenen- bzw. berufspädagogischen Aspekten als *Indikator einer schrittweisen Abkehr von einem monologischen hin zu einem dialogischen Managementverständnis* aufgefasst werden.

Dementsprechend lassen sich Lernprozesse, die zur Vermittlung von Schlüsselqualifikationen führen, zunächst einmal als „Ziele und notwendige Elemente einer ganzheitlichen Berufsbildung sowie Personal- und Organisationsentwicklung im Betrieb" (Arnold 1993, S. 3) bezeichnen, zumal sich derartige Konzepte neben einer (nach wie vor primär intendierten) Steigerung des *handlungspraktischen Wissens und Könnens* in zunehmendem Maße auch förderlich auf die Ausgestaltung der *„Trias von Fach- Selbst- und Sozialkompetenz als neuem Konzept beruflicher Handlungskompetenz"* (Strunk 1996, S. 55) *sowie der sachbezogenen Methodenkompetenz* (vgl. Euler 1996, Dubs 1995, S. 179) auswirken.

Vor diesem Hintergrund liegt es - wie oben angedeutet - auf den *ersten Blick* auch nahe, Schlüsselqualifikationen als *Chance* aufzufassen,

-   *einerseits* der Herausforderung durch neue Technologien i.S. einer Steigerung der organisationalen Handlungskompetenz begegnen zu können und
-   *andererseits* mit Hilfe derartiger - nicht primär zweckgebundener - Konzeptionen und Lernprozesse (Schlüssel-) Qualifizierung immer stärker als Vermittlung der Fähigkeit *individueller Problembewältigung* zu verstehen
-   sowie ihnen im Hinblick auf die Ermöglichung einer Existenz in der modernen Gesellschaft den Charakter einer *universalistischen bzw. gesellschaftspolitischen Größe* zuzuerkennen (vgl. Arnold/Lipsmeier 1995, S. 21).

Somit ließe sich dann auch der traditionelle neuhumanistische Gegensatz zwischen Allgemeinbildung und Berufsbildung aus Gründen sich verändernder Produktionsverhältnisse *tendenziell aufheben* (vgl. Rauner 1990, S. 55) bzw. auf der qualifikationsinhaltlichen Ebene *entschärfen* (vgl. Arnold 1994, S. 144).

Die sich aus diesen Positionen ableitende Auffassung einiger Autoren, dass Schlüsselqualifizierung prinzipiell durchaus als eine neue Bezeichnung für (formale) Bildung im oben angesprochenen Sinne *einer Weckung innerer Kräfte*

---

beiter (...) in Zukunft den Anforderungen der Unternehmen gerecht werden (kann)" (Faix et al. ebd.).

zur Ermöglichung einer selbstständigen und selbstentwickelten Problemlöse-kompetenz gelten könne, löste eine heftige betriebs- und berufspädagogische Kontroverse aus, in der unter anderem befürwortende Autoren wie Brater (1988, S. 43) davon ausgehen, dass mit Hilfe von Schlüsselqualifikationen - verstanden als *nicht unmittelbar zweckgebunden* bzw. „Überschussqualifikationen" - Selbstkompetenz und moralische Mündigkeit eingeleitet werden können[122]. Hieraus könnte allerdings auch die provozierende These abgeleitet werden, *dass die wahrscheinlich primär erfolgsorientierte ökonomisch-technische Entwick-lung eine Schrittmacherfunktion wahrnimmt, auf die die pädagogische Praxis allenfalls reagiert.*[123]
Vor diesem Hintergrund unterstellen Kritiker wie K.H. Geißler in Anlehnung an die oben eindeutig geäußerten Bedenken Kades und Meuelers auch, dass es sich bei neueren Qualifizierungskonzepten wie dem Schlüsselqualifizierungskonzept lediglich um *geschickt formulierte Ansätze* handelt, welche - dem Primat *(tech-nisch-ökonomischer)* Zweckrationalität bzw. dem der oben angesprochenen „halbierten Rationalität" verpflichtet - von einer reflexiv-eigenständigen Über-prüfung des betrieblichen Miteinanders ablenkt.

Rolf Arnold entscheidet sich in dieser Kontroverse für *die* Position, im Konzept der Schlüsselqualifikation die (prinzipielle) Möglichkeit zu sehen, Bildung und Qualifikation im Sinne eines *integrativen Verhältnisses* zu beleuchten, da die Notwendigkeit, die Qualifikation der Mitarbeiter an die technische Entwicklung „anzupassen", die Betriebe wiederum herausfordert, aufgrund der besonderen, partiell offen „Beschaffenheit" dieser (notwendigen) Qualifikationen Mitar-beiter in einer Weise zu qualifizieren, „die die zugrundeliegende Anpassungs-Absicht selbst konterkariert" (Arnold 1994, S. 143). Hieraus ergibt sich für Ar-nold die Konsequenz, dem Konzept der Schlüsselqualifizierung das Prädikat einer *relativen Eigenständigkeit* gegenüber den deterministischen Anforderun-gen des Betriebes zuzuerkennen, zumal Schlüsselqualifikationen auf eine nicht *begrenzbare Qualifikationsdimension* abzielen. Insofern ist es nicht zuletzt auf-

---

[122]   Unterstützung scheinen diese Positionen zunächst durch Herwig Blankertz zu erhalten, der bereits 1966 die Auffassung vertreten hatte, dass die hochindustrialisierte Gesell-schaft ihren Mitgliedern sehr viel mehr Freiheit als in früheren Zeiten gewähre, „so dass es möglich wird, die wirtschaftlich geforderte Ausbildung nicht nur unter ökonomischer Nützlichkeit, sondern auch unter dem der individuellen Personwerdung zu betrachten" (Blankertz 1966, S. 75).

[123]   Dementsprechend forderte Blankertz - sozusagen als zweite Seite der Medaille - auch energisch, Bildung als *Hilfestellung und Kontrollmöglichkeit* in bezug auf einen ver-antwortungsvollen Umgang mit Ökonomie und Technik aufzufassen und anzunehmen: „Wenn (nämlich, J.P.) Ökonomie und Technik dasjenige ausschlössen, was Bildung meint, stände es mit Bildung in unserer Zeit denkbar schlecht. Dann wären im Recht positivistische Technokraten, die Bildung als personale Gestalt für Illusion, der fort-schrittlichen Entwicklung hinderlichen Ballast erklären" (Blankertz 1966, S. 74).

grund veränderter gesellschaftlicher und auch betrieblicher Rahmenbedingungen für Arnold auch nur konsequent, diese nicht begrenzbare Qualifikationsdimension mit der Dimension einer *formalen Bildung* gleichzusetzen sowie von einer Koinzidenz von ökonomischer und pädagogischer Vernunft auszugehen (vgl. ebd. S. 144, Lehnhoff 1997).

Schlüsselqualifizierung kann allerdings auch für Arnold *nur dann* dem Anspruch an (eine formale) Bildung entsprechen, *wenn die* o.a. *Trias von Sachreflexion, Selbstreflexion und sozialem Lernen* ermöglicht wird. Demzufolge reicht es für berufliche Bildung als Persönlichkeitsentwicklung auch nicht aus, nur über Arbeitsabläufe zu reflektieren, sondern sie hat vielmehr zu ermöglichen, über die eigene Person sowie die eigene Position im Gruppen- oder auch Betriebsrahmen zu reflektieren, zu diskutieren und sich auszutauschen (vgl. 1994, S. 30). In diesem Sinne fordert Arnold (1994, S. 30), „(...) die Berufsbildung, möchte sie Berufsbildung und nicht nur berufliche Qualifizierung sein, als eine humane Praxis zu gestalten".

Anders formuliert: Arnold sieht in Schlüsselqualifizierungsprozessen durchaus die Möglichkeit, im Sinne des oben angesprochenen funktionalen Managementverständnisses die Mitarbeiter zu befähigen, gegen eine vorherrschende – möglicherweise monologisch-determinierte - Unternehmenskultur, Unternehmensstruktur und Unternehmensstrategie Position zu beziehen und somit selber Managementfunktionen wahrnehmen zu können: „Schlüsselqualifikationen beinhalten somit ein Qualifikationsrisiko für die Unternehmen, auf das diese sich jedoch einlassen *müssen*, wollen sie nicht auch auf die für sie funktionale Seite der Schlüsselqualifikation verzichten: „Selbstständigkeit" und „kommunikative Kompetenz" - dies sind die immer wieder genannten wesentlichen Schlüsselqualifikationen (...) erhöhen nämlich eher die Wahrscheinlichkeit, dass - um die Skepsis von Karlheinz Geissler aufzugreifen - Mitarbeiter sich auch Gedanken darüber machen und sich darüber verständigen, dass es in den Betrieben auch ganz anders sein könnte" (Arnold 1994, S. 144).

Die Position Rolf Arnolds, welche insbesondere bei Karlheinz Geißler, Jochen Kade und Erhard Meueler vermutlich auf wenig Zustimmung stößt, unterstreicht,

- dass dynamische Wandlungsprozesse in Wirtschaft und Gesellschaft am Beispiel der technologischen Herausforderung zwar nach wie vor das traditionell *dualistische Verhältnis von Bildung und Qualifikation nicht gänzlich negieren können* (vgl. dazu auch Arnold 1995, S. 3ff),
- dass aber *gleichzeitig* die Grenzen zwischen Allgemeinbildung und Berufsbildung bzw. zwischen Bildung und Qualifikation immer *weniger greifbar scheinen.*

Dementsprechend wird in zunehmendem Maße deutlich, dass bezüglich der Frage, wie Bildung gedeutet und dementsprechend als Auslöser und Ermöglicher dialogischer Managementprozesse angesehen werden kann, immer weniger eine einheitliche Position zustande kommt (vgl. dazu auch Blankertz 1977, S. 36).

Vor diesem Hintergrund bleibt in der ganzen Auseinandersetzung - *ob und wie* Schlüsselqualifikationen i.s. einer formalen Bildung gedeutet werden könne - auch die Frage offen,

- ob Schlüsselqualifikationen *tatsächlich* durch Individuen und Organisationen intendiert werden, um bspw. vor dem Hintergrund der technologischen Herausforderung und der Transformation der modernen Industriegesellschaft zur Risikogesellschaft einen reflexiven Umgang mit Chancen und Gefahren zu ermöglichen, oder

- ob sie lediglich durch Sachzwänge und Ansprüche des Umfeldes (für den Betrieb: der Markt, für das arbeitende Individuum: die Anforderungen des Arbeitsplatzes im Betrieb), also primäre Effizienzerwägungen,

ihre Aktualität erhalten (vgl. dazu auch die kritische Anmerkung Arnolds 1991, S. 69, dass es trotz der geradezu inflationären Anwendung des Begriffs Schlüsselqualifikation nicht gelungen ist, das dahinterliegende Konzept eindeutig zu klären, sowie Zabeck 1992, Dubs 1995).

Aus diesem Grund wird hier - trotz der oben gezeigten Tendenzen hin zu einer Relativierung der traditionell strikten Trennung zwischen Qualifizierung und (formaler) Bildung - die These vertreten, dass es problematisch ist, Schlüsselqualifizierungsprozesse mit Prozessen (formaler) Bildung gleichzusetzen und dementsprechend als alleinigen Ansatz für die Ermöglichung und Ausgestaltung eines dialogischen Managements zu betrachten.

In Anlehnung an die in Abschnitt 2 vorgenommene Unterscheidung zwischen *linearer* und *zirkulärer Kausalität* sowie *hermeneutischer Selbstreferenzialität* mit den dazugehörigen *Managementsinnmodellen* können Schlüsselqualifizierungsprozesse dahingehend gewertet werden, dass sie zwar grundsätzlich Menschen und soziale Systeme befähigen können, *durch strategisches Erschließen des Kontexts* die Ausgestaltung der Ich-, Sozial und Methodenkompetenz selbst zu gestalten, dabei aber kaum bzw. noch nicht ausreichend genug die E-bene des *subjektiven Wollens* i.S. einer konsequenten Verarbeitung der Lebenswelt und damit verbundenen Deutungsmustern berücksichtigen.

Mit anderen Worten: Über Schlüsselqualifikationen werden (individuelle und kollektive) Spielräume geschaffen, die *selbstentfremdet selbst gestaltet werden*. Unternehmensangehörige, deren Management und gesamte Unternehmen wähnen sich hierbei selbstbestimmt, sind aber in Wirklichkeit - am Beispiel der Zwänge des internen und externen Marktes und der Notwendigkeit, neue Technologien erfolgversprechend zu nutzen - letztendlich doch nach wie vor *fremdbestimmt*. Bedingt durch derartige zweckrationale Zwänge, machen sich Menschen und kollektive Zusammenschlüsse über Schlüsselqualifikationen *selbst zum Objekt externer Ansprüche*, weshalb dieser Ansatz auch als Methode einer *raffinierten Selbstausbeutung* verstanden werden kann. Die im Gegensatz zum bisherigen, mechanistischen Qualifikationsverständnis bereits vorhandene *Selbstreferenz* findet (bspw. bedingt durch die Erfordernisse und Möglichkeiten neuer Technologien) *nach wie vor* auf einer *primär zweckrationalen Ebene* statt.

Aus diesem Grunde wird der Position Rolf Arnolds *nicht uneingeschränkt* zugestimmt, dass Schlüsselqualifikationen *sowohl* den Gegensatz von Allgemeinbildung und Berufsbildung *als auch* den von Qualifikation und Bildung aufzuheben vermögen.

4.2.2. Zusammenfassung: Schlüsselqualifikationen als Ermöglicher dialogischer Managementprozesse?

In bezug auf die Fragestellung, ob Schlüsselqualifizierungsprozesse als Äquivalent für Bildungsprozesse angesehen werden können, die hier als eine „Richtschnur" für die Ermöglichung und Ausgestaltung eines dialogischen Management betrachtet werden, kann folgendermaßen zusammengefasst werden:

-   Schlüsselqualifikationen lassen sich zweifellos als *Bindeglied* zwischen dem rein *fachlichen, zweckgebundenen Qualifizieren* und *Bildung* bezeichnen, da nach wie vor in erster Linie die berufliche Kompetenz und Vorbereitung auf sich ständig verändernde Arbeitsprozesse von primärem Interesse ist.
-   Somit liegt es nahe, Schlüsselqualifikationen zunächst einmal prinzipiell als Kompetenz bzw. *Geisteshaltung der Offenheit* zu betrachten, die es dem lernenden Subjekt nicht nur ermöglicht, sondern es geradezu anspornt, sich mit Neuem auseinander zusetzen und neugierig neue Wissensgebiete zu *erschließen*.
-   Dabei ist allerdings in der erwachsenen- und berufspädagogischen Literatur noch keine eindeutige Aussage darüber getroffen worden, ob sich Schlüsselqualifizierungsprozesse eher in einem monologischen oder einem dialogischen Kontext abzuspielen haben. Obwohl ein dialogisches Miteinander

zweifellos auch für Schlüsselqualifizierung als vorteilhaft zu bezeichnen ist und beispielsweise als Voraussetzung für den Erwerb von Sozialkompetenz angesehen werden kann, lässt sich nämlich nicht ausschließen, dass dahinter ein in erster Linie erfolgsorientiert-monologisches Managementverständnis steht, welches mit einem damit verbundenen Funktionsprimat derartige, sicherlich immer notwendiger erscheinende Prozesse ausgelöst hat.

- Bildung geht darüber noch hinaus und stellt sich als die *Gesamtheit der Qualifikationen und Erfahrungen* dar, die das Subjekt befähigen, *sich selbst zu definieren und seinen Platz im Kontext zuzuordnen.* Hierzu ist in Anlehnung an die o.a. Anregungen Martin Bubers und Harald Geißlers der Dialog mit anderen notwendig.

Schlüsselqualifizierungsprozesse mögen für *Bildung qua Dialog* die Weichen stellen, sind aber damit *nicht* gleichzusetzen (vgl. dazu auch Wagner/Nolte 1993, S. 6), da *erst* Bildung einzelne Menschen, Organisationen und deren Management befähigt, frei zu sein, *sich vom Zwange der (sachlich bedingten) Kausalität befreien zu können* und im Dialog mit sich selber und mit anderen *die* Fragen zu stellen, welche zur eigenen Weiterentwicklung und der des Umfeldes (u.U. neu) gestellt werden müssen.

Vor diesem Hintergrund werden im folgenden drei exemplarische erwachsenenpädagogisch-didaktische Ansätze dahingehend zu untersuchen sein, ob sie als Schrittmacher für eine pädagogische Mitgestaltung auch nicht-pädagogischer Organisationen am besonderen Beispiel von Unternehmen dienen können.

4.3. Zur Diskussion ausgewählter erwachsenenpädagogisch-didaktischer Ansätze hinsichtlich einer möglichen Ausgestaltung reflexiv-eigenständiger, dialogischer Managementprozesse

Die Auseinandersetzung mit konkreten erwachsenenpädagogisch-didaktischen Ansätzen, die nunmehr erfolgen soll, scheint schon aus dem Grunde dringend geboten zu sein, als ein dialogisch auszugestaltendes Management im Sinne des Mentorenmodells darauf aufbaut, dass sich jeder Dialogpartner im erwachsenenpädagogischen Sinne *mitverantwortlich* für das Lernen des jeweils anderen fühlen sollte, wenn die Voraussetzung erfüllt ist, dass er ihn als (zumindest prinzipiell) gleichberechtigten Problemlöser und somit reflexiv-eigenständiges Subjekt ansieht.

Vor diesem Anspruchshintergrund bietet es sich an, mit den Anregungen Erhard Meuelers zur *Subjektivitätsförderung* zu beginnen.

4.3.1. Zum subjektivitätsförderndenden Primat Erhard Meuelers

Der Erwachsenenpädagoge Erhard Meueler befasst sich in seinen Arbeiten mit der *Subjekthaftigkeit* des Menschen und stellt dabei die Frage in den Mittelpunkt, *wie* mit ihr erwachsenenpädagogisch *angemessen* umgegangen werden kann.

Erhard Meueler befindet sich - wie oben kurz dargestellt - auf den ersten Blick sehr im Einklang mit den äußerst ökonomie-, management- und qualifikationskritischen Gedanken Jochen Kades.

Erhard Meueler begründet seine management- und organisationskritische Einschätzung damit, *sich aufgrund bisheriger Erfahrungen nicht vorstellen zu können*, dass Unternehmen und Management aufgrund ihrer Erfolgsorientierung und damit verbundenen Werthaltungen, Menschenbildern und Präferenzen auch nur *ansatzweise* zur Subjektivitätsförderung als der von ihm identifizierten erwachsenenpädagogischen Aufgabenstellung beitragen (vgl. Meueler 1993, S. 86).

Dementsprechend ist es auch nicht verwunderlich, *wie kritisch* Meueler Qualifikationslernprozessen gegenübersteht. „Sollten die in der betrieblichen Weiterbildung abgeforderten Lernprozesse den mit dem Bildungsbegriff gegebenen Ansprüchen der Subjektentwicklung gerecht werden, müssten diese Maßnahmen mit Strategien zur verstärkten Mitbestimmung, zur Abschaffung unqualifizierter Tätigkeiten und mit der Humanisierung der Arbeitswelt verbunden werden (...). Ich möchte dem betrieblichen Qualifikationslernen den pädagogischen Ehrentitel „Bildung" verweigern." (Meueler, 1993, S. 164)
Um diese These zu unterstützen, verweist Meueler darauf, dass insbesondere betriebliche Lernprozesse primär auf die ökonomisch dominierten Interessen und Ziele des Betriebes verpflichtet sind, welche seiner Auffassung nach mit Bildung im Sinne der Ermöglichung und Ausgestaltung reflexiver Eigenständigkeit zur Förderung dialogischer Managementprozesse *unvereinbar* sind, und schließt daraus, dass „alles Lernen, inklusive der dafür aufgewandten Zeiten, dem Maßstab betrieblicher Nützlichkeit (unterliegt, J.P)" Kurz: „Was erfolgreich ist, gilt als vernünftig. Die pädagogische Vernunft muss auf ihre kritische Kompetenz verzichten, wenn als *einziger Maßstab nur der Nachweis von Verwertbarkeit und instrumenteller Effizienz gilt*" (Meueler 1993, S.165, Kursiv d. J.P.).

Trotz dieser äußerst skeptischen Anmerkungen wird hier *dennoch* die Vermutung geäußert, dass sich mit Hilfe von Meuelers erwachsenenpädagogisch-didaktischen Anregungen durchaus eine Weiterentwicklung hin zum dialogischen Management ermöglichen lässt, welches schließlich auf reflexiv-eigenständigen, Managementfunktionen wahrnehmenden Subjekten basiert.

Hieraus ergibt sich die Frage, *welche Kriterien denn von Meuler als entscheidend für die Ermöglichung von Bildung und Subjektivitätsförderung angesehen werden.*

Um sich dieser Thematik anzunähern, verweist Erhard Meueler darauf, dass bis zum Zeitalter der Aufklärung und dem damit einhergehend neuhumanistischen Verständnis (s.o.) Bildung als *transzendentaler* bzw. *göttlicher Auf*trag verstanden wurde, sich „im Denken, Fühlen, Wollen und Handeln als Ebenbild Gottes herauszubilden" (Meueler 1993, S. 153).
Im Zuge der *Verweltlichung* dieses Bildungskonzepts durch die *Aufklärung* stellen sich mittlerweile *Selbstdenken, Selbstbestimmung* und *Selbstaneignung* als *zentrale Bestimmungsstücke* dar, die im *wechselseitigen Verhältnis* zueinander stehen. (Meueler, 1993, S. 156).

Vor dem Hintergrund dieser These liegt es für Erhard Meueler nahe, zunächst einmal einen kurzen Überblick über die wichtigsten Philosophien zu geben, die die gängigen Vorstellungen von Subjekthaftigkeit geprägt haben. Anhand einer intensiven Auseinandersetzung mit den Arbeiten Kants, Marx/Engels, Freuds, Horkheimers/Adornos und Foucaults stößt Meueler auf die Erkenntnis, dass die Kategorie „Subjekt" als ein normativer Begriff verstanden werden muss, und zwar als ein zu *allererst herzustellendes Verhältnis* (Meueler 1993, S. 94) im Sinne einer „Dialektik von angestrebter Selbstbestimmung und Angewiesensein auf andere" (ebd., S. 100), sprich: einer *Verschränkung von Selbst- und Fremdreferenz.*
Auf diese Weise grenzt sich Meueler gegenüber der traditionellen Vorstellung ab, *Selbstbezogenheit* und *Unersetzbarkeit* als *zentrale Kriterien des Subjektbegriffs* zu identifizieren. Im Rahmen dieser Argumentation scheint es ihm hilfreich zu sein, sich auf den protestantischen Theologen Henning Luther zu beziehen: „Erst im Ausgang aus sich selbst, erst in der Bewegung zum anderen, die eine Bewegung ohne Rückkehr zu sich selbst ist, erwacht Subjektivität. Sie ist also gerade nicht im Selbstbezug, bei sich zentriert, nicht in der Innerlichkeit des Selbst, sondern gerade im Draußen (...), beim anderen. Nicht die Freiheit der Wahl, sondern die passive Passivität des den anderen von außen Auf- und Annehmens, des von anderen Angesprochen-Seins und Aufgerufen-Seins steht am 'Anfang' der Subjektwerdung." (Luther 1991, S. 188f).

Dementsprechend hat sich der Begriff „Subjekt" in einem doppelten Spannungsverhältnis zu entfalten, und zwar einerseits in Form einer *Dialektik von Fremd- und Selbstreferenz* sowie andererseits *in der Anerkennung dessen*, wie der Mensch und seine Praxis *faktisch* ist, was mit einer *gleichzeitigen Ausrichtung* hinsichtlich des Anspruches verbunden wird, wie das Subjekt und seine Verhältnisse *kontrafaktisch sein sollten* (vgl. Geißler 1997).

Luthers Anregungen dienen Meueler als Bestätigung dafür, sich in die Lage zu versetzen, fundierte und facettenreiche Anregungen zu geben, wie eine kritische Reflexion der gegenwärtigen Praxis erfolgen könnte, die das Subjekt dazu animiert, sich als ein „widerständiges Subjekt" (Meueler 1993, S. 47ff.) zu entwickeln, das die Möglichkeit erkennt und die Chance wahrnimmt, selbstständig zu denken und zu lernen. Diese Chance, sich als Subjekt entwickeln zu können, stellt sich dann auch als *die einzige Hoffnung* des Menschen im gesamtgesellschaftlichen und somit auch ökonomischen Kontext dar, mit Herausforderungen und hoffnungslos scheinenden Krisen im Kontext sich zu Risikogesellschaften wandelnder Industriegesellschaften umgehen zu können.

Hieraus ergibt sich im allgemeinen, dass sich der Mensch durch die *Wirkungsmächtigkeit* seines Handelns und die *Verantwortung* auszeichnet, die er dafür übernehmen muss (vgl. Bender 1991, Meueler 1993).

Vor diesem Hintergrund hebt Erhard Meueler zunächst in Anbetracht der für ihn notwendigen Prozesse subjektiven Lernens im Rahmen von Modernisierungsprozessen der Gesellschaft zum Ende des 20. Jahrhunderts die „Zwiespältigkeit" der auch schon von Ulrich Beck angesprochenen *Individualisierung* hervor, die sich auch auf dialogische Managementprozesse unmittelbar auswirken:

Einerseits beschert der gesellschaftliche Wandel freiheitliche Spielräume für eigene Entscheidungen, *andererseits* muss jeder Mensch, „zur Freiheit verpflichtet, (...) diese Freiheit für sich immer wieder neu definieren und verantworten" (Meueler 1993, S. 57), zumal zunehmend orientierungsgebende Traditionen sozialen Miteinanders erodiert sind und somit das Verlorene durch individuelle Orientierungsleistungen ersetzt werden muss (vgl. Meueler 1993, S. 58).

Dies hat allerdings zur Folge, dass eben nicht „die Konsequenzen selbstverantwortlich getroffener Entscheidungen, sondern auch die Konsequenzen aus nicht getroffenen Entscheidungen (...) vom einzelnen selbst ausgebadet werden (müssen)" (Meueler, 1993, S. 58).

Hierbei hat sich zunehmend herausgestellt, dass die kapitalistische Wirtschaftsordnung einen *prägenden* - von Meueler äußerst kritisch eingeschätzten - Einfluss auf den Vollzug der subjektiven Gestaltung individueller Handlungs- und Identitätsspielräume unter der Bedingung „verinnerlichter Marktanforderungen" (Meueler 1993, S. 59) ausübt, welcher den einzelnen zwingt, „seine Existenz unter Inanspruchnahme der kulturellen Muster, Waren und Dienstleistungen, die der Markt als kommerziellen Service für Identitätsarbeit und -darstellung bereithält, zu standardisieren. Eine wirkliche Selbstverfügung kommt so nicht zustande" (Meueler ebd.).

Als Gegenstück zum *Subjekt* ist deshalb das (vergesellschaftete) *Objekt* anzusehen, auf *das unter dem Primat der Erfolgsorientierung von außen eingewirkt bzw. das von anderen gestaltet wird* und das für derartige Prozesse und damit einhergehende Reaktionen *keine Verantwortung zu tragen hat bzw. sie tragen kann.* Auf dieser Ebene ordnet Meueler – wie oben gezeigt – betriebliche Qualifizierungsprozesse ein.

Hieraus wird deutlich, dass jedes Subjekt grundsätzlich immer im Spannungsfeld steht, einerseits *Subjekt seiner selbst und seiner Welt zu sein,* aber andererseits sich auch *ständig der Gefahr ausgesetzt sieht, Objekt zu werden,* und zwar dann,

- wenn es etwas nicht bewirken kann oder
- davon überzeugt ist, nichts bewirken zu können und somit meint,
- nur auf das Verhalten anderer reagieren zu müssen,
- und wenn es glaubt, für eigene Lern- bzw. Weiterentwicklungsprozesse und die anderer keine (Mit-) Verantwortung übernehmen zu müssen.

Vor diesem Hintergrund scheint es dann auch unter den äußerst ambivalenten Bedingungen der Individualisierung in einer kapitalistischen Gesellschaft seitens des Individuums einerseits dringend notwendig zu sein, i.S. einer *Kompetenzaneignung* seinen „Marktwert" durch letztlich fremdbestimmte Weiterbildung, besser Weiterqualifizierung zu bestätigen, aber gleichermaßen gegenüber dem Kontext - Autonomie und Subjekthaftigkeit nicht aufzugeben - eine kritische Einstellung wahrzunehmen, die eben als *Selbstvergewisserung* bezeichnet werden kann (vgl. Behrmann 1998).

Bildung des Subjekts stellt sich für Erhard Meueler als ein Weg dar, der „vom subjektlosen (sich den Anforderungen des Kontexts geradezu unhinterfragt unterwerfenden, J.P.) Subjekt zum gelegentlichen und eigentlichen Subjekt" (Meueler 1993, S. 184) führt und nur vom Individuum *alleine* gegangen werden kann.

Hierbei wird Erwachsenenbildung zu einem *sich selbst regulierenden Lehr-Lern-System* (vgl. Behrmann 1998) und hat mit den in ihr Tätigen dafür Sorge zu tragen, dass Selbstlernprozesse unterstützt und erleichtert werden, sowie Arrangements zu treffen, die zur Selbstreflexion und zum „Experimentieren, Lernen, der Erweiterung der Funktionen und Möglichkeiten von Selbstrealisierung (anregen)" (Meueler 1993, S.230).
Vor diesem Hintergrund vollzieht sich Lernen auf der Basis *eines bewussten und beabsichtigten Erkennens und Handelns* des Subjekts gegenüber dem Kontext und konstituiert sich als ständiger Prozess des „Erkennens wie auch der praktischen Aneignung und Veränderung" (Meueler 1993, S. 82) der Lebenswelt (s.o.)

durch den einzelnen, was als Bewegung des Subjekts im *Wechselspiel zu den Lebensbedingungen* interpretiert werden kann (vgl. Behrmann 1998), wobei „Subjekt und Objekt (...) als sich wechselseitig voraussetzende und sich ergänzende Begriffe verstanden" (Meueler 1993, S. 83) werden.

Hierbei scheint es Meueler naheliegend, „Selbstaufklärung" und „Selbstbestimmung", die als die Fähigkeit, das Selbstverständliche zu bezweifeln, angesehen wird (s. Meueler, 1993, S. 87), als zentrale Momente von Lernprozessen zu identifizieren, um somit zur „Konkretisierung von Mündigkeit" bzw. reflexiver Eigenständigkeit beizutragen.

Hinsichtlich dieser Thematik scheint insbesondere die *subjektivitätsfördernde Erwachsenenbildung* geeignet zu sein.

4.3.1.1. Zu den Charakteristika einer subjektivitätsfördernden Erwachsenenbildung

Erhard Meueler hat insbesondere in seiner Veröffentlichung „Die Türen des Käfigs - Wege zum Subjekt in der Erwachsenenbildung" den Versuch unternommen, ein didaktisches Konzept subjektivitätsfördernder Erwachsenenbildung" anzuregen, welches sich anhand der folgenden vier Überschriften skizzieren lassen kann:

- Lernen als Prozess „widerständiger Auseinandersetzung" sowie der „Selbstbewusstwerdung".
- Lehren und Lernen in „Anlehnung an Praxis" und als „Konstitution von Praxis".
- Die „Begleitung der Lebenspraxis" als Ziel der Erwachsenenbildung.
- Der Lehrende bzw. Mentor als „Anstifter" zu Subjektbildungsprozessen.

a) Lernen als Prozess „widerständiger Auseinandersetzung" sowie der „Selbstbewusstwerdung"

Um Lernen als Prozess „widerständiger Auseinandersetzung" sowie der „Selbstbewusstwerdung" darlegen zu können, beginnt Meueler mit der These, dass sich die Selbstentfaltung des Individuums in der Regel in Form einer Auseinandersetzung „mit *von anderen* gesetzten (sprich: fremdreferenziellen, J.P.) Bedingungen, Normen und Wertmaßstäben als Suche nach einem *selbst* gutgeheißenen Weg" (Meueler 1993, S. 175) vollzieht.

Hierbei gilt es, seitens des Subjektes das Verhältnis zwischen dem gesellschaftlich Vorgegeben sowie den objektiven Lernanforderungen am konkreten Beispiel der Anforderungen des Marktes zu klären und den eigenen Lernbedürfnissen und Interessen entgegenzustellen.

Vor diesem Anspruchshintergrund verschließt sich Meueler nicht dem gesellschaftlichen Anspruch, dass sich die Subjekte in ihren jeweiligen Kontexten gewisse Fertigkeiten und Fähigkeiten aneignen müssen, sondern betrachtet es vielmehr als elementares Aufgabenfeld des Menschwerdungsprozesses, sich gesellschaftlich relevante Bildungsinhalte aneignen zu müssen (vgl. dazu auch Behrmann 1998).

Ein so verstandenes Lernen ist nicht mit „kritiklosen Qualifizierungslernprozessen" gleichzusetzen, denen Meueler den Ehrentitel Bildung verweigert, sondern ein derartiges Erwachsenenlernen fordert das Subjekt vielmehr auf, *alle Chancen zu ergreifen*, um als reflexiv-eigenständiges Subjekt mit der Aneignung des kulturell Aufgegebenen auf die Anforderungen des Kontextes *selbstbewusst* antworten zu können (vgl. Meueler 1993, S. 175).

Hieraus wird deutlich, dass sich Meueler nicht in die Gefahr begeben will, Lernen die Aufgabe *eines rein affirmativen Reagierens auf Kontextanforderungen* zuzusprechen, sondern das lernende Subjekt entscheidet hinsichtlich der Aneignung selbst.

Mit anderen Worten: Individuelles Lernen zielt auf die *Aufklärung der widersprüchlichen Lebenspraxis* ab, in welcher der Lernende das Subjekt „Produkt gesellschaftlicher Verhältnisse und gleichzeitig ihr Produzent, Opfer und Täter in einem (ist)" (Meueler 1993, S. 181), was wiederum so gedeutet werden kann, dass jedes lernende Subjekt die Möglichkeiten hat, gegen Widerstände und Traditionen Veränderungsprozesse mitverantwortlich anzuregen, zu ermöglichen und auch durchzusetzen.

Es kommt folglich darauf an, „nach immer neuen Wegen und immer neuen sozialen Bündnissen zu suchen, um die unterproportionierten Subjektanteile (...) zu erhöhen, um das Subjekt im Widerspruch zu konstituieren." (Meueler 1993, S. 180). Demnach kann es als Aufgabenfeld von Lernen konstatiert werden, im Sinne von Aneignung, Kritik (Widerstand) und Veränderung auf die „Selbstbewusstwerdung" des Subjekts unter den Gegebenheiten kapitalistischer Industriegesellschaften abzuzielen, was bedeutet, „unterworfen und doch frei" (Meueler 1993, S. 180) zu sein.

b) Lehren und Lernen in „Anlehnung an Praxis" und als „Konstitution von Praxis"

In bezug auf diesen Gliederungspunkt ist es Meueler wichtig, darauf zu verweisen, dass die *traditionelle Lehr-Lern-Situation* häufig immer noch als eine Aufspaltung in *wissende* „lehrende Subjekte" und *unwissende* „empfangende Lernobjekte" aufgefasst wird, was auch so gedeutet werden kann, dass Lernen nur durch einen planenden und beherrschenden Lehrer „erzeugt" werden kann (s. hierzu auch unten die Anmerkungen von Arnold 1991, Arnold/Siebert 1995).

Meueler stellt sich strikt *gegen* ein *derartiges didaktisches Verständnis*, welches neben der „Arroganz" der Lehrenden ebenfalls eine prinzipiell „affirmativ-obrigkeitlich" und „bequem-konsumtive" Lernhaltung hervorruft, und fordert demgegenüber eine Didaktik,

- in der seitens der Lehrenden Lernveranstaltungen *demokratisiert*, sprich: das „Definitions-Monopol" aufgegeben und die Hierarchie der Lehr/Lern-Situation aufgeweicht wird,
- in welcher seitens der Lernenden aber auch eine offene Einstellung gegenüber neuen Umgangsformen und Erfahrungen bestehen muss und sich somit
- das Lehren und Lernen als Prozess „dialogischer Verständigung" gestaltet.

Erst eine derartige Didaktik kann im Sinne Meuelers als eine wirklich „subjektivitätsfördernde Erwachsenenbildung" (Meueler 1993, S. 169ff) angesehen werden, die sich *an Praxis orientiert* und sich gleichsam *als Praxis konstituiert*.

Für die Ermöglichung und Ausgestaltung dialogischer Managementprozesse mit Hilfe erwachsenenpädagogischer Arrangements bedeutet dies im konkreten Fall, dass Meueler in seinen Vorstellungen von lernenden Erwachsenen ausgeht, die reflexiv-eigenständig in ihrem Kontext agieren und sich erfahrungsbedingt ein Bild von ihrer Lebenswelt machen, das sich in Deutungen und Orientierungen sowie Erklärungen und Alltagstheorien niederschlägt, wobei letztere als das Resultat von Lernen im Alltag im Sinne der vom Erwachsenen zu bewältigende Lebenspraxis anzusehen sind (vgl. Meueler 1994, S. 623).

Kurz: Es handelt sich um *Subjektentwicklungsprozesse*, die in enger Verbindung zur Lebenswelt und den darin gemachten Erfahrungen stehen. Hierbei stellt es sich als Aufgabenfeld der Erwachsenenbildung dar, derartige Subjektentwicklungs- bzw. *Bildungsprozesse* mit Blick auf

- das Subjekt selbst (Selbstverständnis des einzelnen),
- und auf den Umgang des Subjektes mit anderen (soziale Kompetenz im Umgang mit anderen), weil „die Entwicklung von eigener Identität nicht ohne Teilnahme und Teilhabe an sozialen Gruppen und Gemeinschaften auskommen kann (vgl. Meueler, 1993, S. 71)

- die Anforderungen der Außenwelt (fachliche Kompetenz gegenüber Ansprüchen der Außenwelt) sowie
- die (bisher gemachten) Alltagserfahrungen und
- die diesbezüglich angewendeten Lernstrategien des Lernenden zu entfalten,

um diese im erwachsenenpädagogischen Prozess überhaupt wahrnehmen und konstruktiv nutzen zu können (vgl. Meueler 1994, S. 622ff).

Der hier von Meueler als geradezu *elementar* beurteilte Praxisbezug basiert allerdings *nicht nur* auf gemachten Erfahrungen in der Vergangenheit, sondern bekommt auch *dadurch* einen besonderen Stellenwert, dass es um Lern- und Subjektentwicklungsprozesse geht, die auf zukünftige Aufgabenstellungen ausgerichtet sind. Lernprozesse sind demzufolge in ihren Zielen und Inhalten auf die Bewältigung von Lebenssituationen gerichtet, um „mir selbst gegenüber kein Fremder, sondern ein Mit-mir-bekannt-Gewordener zu (werden, J.P.)" Meueler, 1993, S. 71).

Als Anregungen Meuelers zur Ausgestaltung einer subjektorientierten Erwachsenenbildung lässt sich festhalten, dass sich unter dem Einfluss der organisatorischen Rahmenbedingungen und eines historisch gegebenen gesellschaftlichen Kontexts subjektivitätsfördernde Lehr-/Lern-Arrangements in einem situativen Zusammenhang zu konstituieren haben, bei dem sich alle Beteiligten in einem „sich selbstregulierenden Lehr-Lern-System" (Meueler 1993, S. 231) zusammenfinden.
Folglich hat eine subjektorientierte Erwachsenenbildung die Aufgabenstellung, Lernprozesse zu initiieren, in welchen

- Ziele, Inhalte und Methoden der Lernprozesse selbst bestimmt,
- sozial verbindlich vereinbart,
- von Zeit zu Zeit bewusst reflektiert und
- ggf. korrigiert und erneut vereinbart

werden.
Hierbei gilt es, zu berücksichtigen, dass sich im Verlauf des Lernprozesses Absichten und Interessen fortentwickeln und verändern können, was wiederum mit der Konsequenz verbunden ist, in die Gestaltung des gemeinsamen Lernprozesses die *kritische Selbstreflexion* jedes einzelnen und des Sozialsystems einfließen zu lassen.

Hieraus wird deutlich, dass für die subjektorientierte Erwachsenenbildung Meuelers die „demokratische Selbstregulierung" und die „dialogische Verständigung" *zentrale Elemente einer subjektivitätsfördernden Erwachsenenbildung* darstellen, als deren Ziel es angesehen werden wird, „dem Erwachsenen, Gelegenheit (zu geben, J.P.), sich auch als didaktischer Erfinder und Kompositeur der gemeinsamen Lernarbeit zu erleben." (Meueler 1994, S. 625). Darüber hinaus kann es als geradezu charakteristisch für eine Didaktik, die subjektivitätsfördernde Selbstbildungs- und soziale Selbstorganisationsprozesse in der Erwachsenenbildung anstrebt, angesehen werden, auf die „Offenheit des Lerngeschehens" zu verweisen. Dies hat allerdings zur Folge, dass „zwischen der totalen Festlegung in streng vorgegebenen Aktionsformen (...) und dem totalen, struktur- und ziellosen Offenlassen verbindlicher Bedeutungen von Ideen, Dingen, Geschehnissen, Menschenbeziehungen, Einsichten und Handlungskonsequenzen (...) *unbedingt ein Mittelweg gefunden werden* (muss, *J.P.)*" (Meueler 1982, S. 127, kursiv d. J.P.).

Interessanterweise verweist in diesem Zusammenhang auch Meueler explizit darauf, dass *Einflüsse von Macht* im subjektivitätsfördernden Bildungsprozess dabei nicht ausgeschlossen werden können, wobei von ihm Macht als das Vermögen angesehen wird, einzelnen beteiligten Subjekten im Lehr-/Lern-Prozess *bewusste Lenkung und Gestaltung zu geben*. Relativierend fügt Meueler aber hinzu, dass diese Faktoren im Idealfall über das gesamte Lehr-LernSystem verteilt werden und situationsbezogen von unterschiedlichen Mitgliedern repräsentiert werden, was mit den o.a. Vorstellungen des Mentorenmodells korrespondiert (vgl. Meueler 1993, S. 232).

c) „Begleitung der Lebenspraxis" als Aufgabenfeld erwachsenenpädagogischer Prozesse

Erwachsenenpädagogische Aktivitäten haben für Meueler die *primäre Aufgabe*, Erwachsenen dabei behilflich zu sein, *sich selbst und ihre Tätigkeit zu definieren* sowie die Beziehung zur beruflichen Arbeit und zum gesamtgesellschaftlichen Kontext herzustellen. Erst auf diese Weise scheint es für Meueler möglich zu sein, dass sich das Subjekt reflexiv-eigenständig Bildungsaufgaben stellt, indem im *dialogischen Lernen* mit anderen *Selbstbildungsaufgaben* übernommen werden. *Ein so verstandener Lernprozess* wird auf folgende Bereiche bezogen:

1. *Verarbeitung von Alltagserfahrungen:* „Wahrnehmungen, Empfindungen, Handlungen werden (...) erinnert, gemeinsam durchgearbeitet, kritisch in Frage gestellt und gedeutet." (Meueler 1982, S. 72).
   Hierbei beinhaltet der Prozess der Erfahrungsverarbeitung zunächst einmal *narrative Elemente*, in denen seitens des Erzählers auf Erinnerungen zurückgegriffen wird und Bezug zur aktuellen Situation gesucht wird. Der Erzähl- und Erinnerungsvorgang bekommt hier den *Stellenwert von Arbeit* zugemessen, da die aktive „bewusste und unbewusste Rekonstruktion des Sprechers" (Meueler 1982, S. 75) einem *Erfahrungsaustausch* im Sinne ei-

ner Auf- und Verarbeitung von privaten und beruflichen Alltagserfahrungen besonders dienlich ist. Der Erfahrungsaustausch ist insofern als *dialogförderlich* einzuschätzen, als sich die ausgeführten Erlebnisse, Deutungen, Meinungen, Einstellungen und Erfahrungsbestände zunächst einmal ohne weiteres mit denen anderer vergleichen lassen können. Vor diesem Hintergrund lassen sich Erlebnisse angesichts neugewonnener Einsichten *neu deuten*, was damit einhergeht, dass sich bisherige Einstellungen und Deutungsmuster durch ihr Infragestellen angesichts anderer Meinungen und Weltanschauungen verändern können, aber u.U. auch ihre Bestätigung erhalten. Auf diese Weise werden „die kreativen Potenzen aller, auch in der Form von Störungen und Kritik, genutzt, (...) (zumal, J.P.) ohne Problematisierung, ohne erkennbare Widersprüche, ohne eigens erzeugte Spannung zwischen Gegensätzen kommt kein Interesse, (...) kein Mitvollzug, keine denkerische Aufregung, die weitere Denkprozesse auslöst, zustande(kommen kann)." (Meueler 1993, S. 216f).

Als Ziel dieses ersten Schrittes kann es angesehen werden, dass im Erfahrungsaustausch und durch ein so definiertes *dialogisches Suchen und Finden* neue Orientierungen zustande kommen.

2. *Kritische Würdigung der Wirklichkeitsinterpretationen:* Die in der Auseinandersetzung mit der Umwelt im Laufe der biographischen Entwicklung gewonnenen Einsichten und Wirklichkeitsinterpretationen sind subjektiv und können der Realität mehr oder weniger angemessen scheinen. Durch den Erfahrungsaustausch mit anderen und ihren Deutungsmustern sowie durch die Konfrontation mit analytischem Wissen aus der Wissenschaft können die eigenen Wirklichkeitsinterpretationen zum Ausdruck gebracht, überprüft, verworfen und erneuert oder erweitert und ausdifferenziert werden (vgl. Meueler 1993, S. 216).

3. *Selbstvergewisserung und (Selbst-) Aufklärung:* Mit Hilfe eines Dialoges mit anderen erfährt jedes Subjekt neben der thematischen Auseinandersetzung mit dem jeweils behandelten Gegenstand immer auch sich selbst und das Co-Subjekt.
    Erwachsenenpädagogische Situationen lassen sich sicherlich einerseits als „Refugium" deuten, in welchem die Beteiligten ihre eigenen Vorstellungen äußern können, ohne riskieren zu müssen, von den anderen abgelehnt zu werden. Auf diese Weise wird sicherlich zunächst einmal den menschlichen Bedürfnissen nach sozialen Kontakten, Sicherheit, Anerkennung und Harmonie entsprochen; es verführt allerdings auch leicht zu einer gewissen Schonhaltung (vgl. Behrmann 1998).

Aus diesem Grunde bedarf es der *Distanzierung*, der intensiven *Auseinandersetzung* sowie *gegensätzlicher Standpunkte und Sichtweisen*, damit Selbstvergewisserungs-, -problematisierungs- und -veränderungsprozesse und somit menschliche Entwicklung ermöglicht werden können (vgl. Meueler 1993, S. 220).

Auch hier ergibt sich ein Querverweis zur o.a. Machtthematik, wobei es hinsichtlich eines bewussten Umganges mit Macht als Ziel der Erwachsenenbildung angesehen werden kann, im Sinne der Selbstaufklärung

- *einerseits* die hinter allen menschlichen Erfahrungen, Erkenntnissen und Handlungen stehenden Interessen und Mächte *transparent* zu machen
- und *andererseits* unterschiedliche Interessen zuzulassen und dementsprechend den Umgang mit Macht und Herrschaft als *Lernaufgabe* zu verstehen (vgl. Meueler 1993, Behrmann 1998).

Hierbei bleibt Macht „als Mächtigkeit weiter im Spiel, aber der Überwältigung werden durch gemeinsam getroffene Verabredungen und eine dadurch erzeugte Sensibilisierung für Abhängigkeiten Grenzen gesetzt" (Meueler 1993, S. 227).

Die so kurz skizzierten Aufgaben stellen sich nach Meueler dem Subjekt in der Erwachsenenbildung, vorausgesetzt letztere soll einen subjektivitätsfördernden Charakter aufweisen und die Teilnehmer sehen sich als Veranstalter ihres eigenen Lernens bzw. werden auch wirklich als solche angesehen.

Als Ziel der organisierten Erwachsenenbildung sieht es Meueler dann auch an, *ständig zu versuchen*, „unsere Lebenswirklichkeit auszulegen, um den eigenen Ort und die eigenen Möglichkeiten, aber auch Grenzen unseres Handelns deutlicher bestimmen zu können" (Meueler 1982, S. 20). Dabei geht es nicht nur darum, das vorhandene Wollen der an der Erwachsenenbildung interessierten und beteiligten Subjekte zu fördern, sondern darüber hinaus kommt es darauf an, die Subjekte mit Hilfe *angemessener Lernarrangements zur Verarbeitung von Alltagserfahrungen, Überprüfung von Wirklichkeitsinterpretationen und zur Selbstvergewisserung und (Selbst-) Aufklärung zu bewegen.*

Auf diese Weise lässt sich selbstorganisiertes Lernen mit Blick auf die Subjektbildung anregen.

d) Der Lehrende bzw. Mentor als „Ermöglicher" von Subjektbildungsprozessen

Vor dem Hintergrund, dass es sich bei der von Erhard Meueler beschriebenen subjektivitätsfördernden Erwachsenenbildung um eine *institutionalisierte* und *organisierte* Lern- bzw. *Bildungsarbeit* zur Ermöglichung selbstbestimmter Lernprozesse handelt, wird der erwachsenenpädagogisch Tätige herausgefordert,

neben einer intensiven Vorbereitung[124] als *Mentor* die Selbstorganisationspotentiale und Selbstbildungsmotivationen zu fördern.
Dabei sieht sich der Lehrende bzw. Mentor mit folgenden Aufgaben konfrontiert:

- „Er arbeitet mit, indem er zum Beispiel Lerngelegenheiten herstellt, indem er ganz bestimmte Probleme, Fragestellungen aus seiner Sicht als wissenswert und bildungs-relevant erklärt. Er stiftet zur Aneignung an, versucht die von allen eingebrachten Fähigkeiten, Kräfte und Erfahrungen dafür zu mobilisieren, selbst zu fragen und selbst nach Antworten zu suchen." (Meueler 1993, S. 223).

- Der Lehrende bzw. Mentor sieht sich als Lernbegleiter seiner Teilnehmer und versucht im Lernprozess, „den übrigen Beteiligten Störungen, Irritationen und Abweichungen so zu spiegeln, dass sie zur systematischen Reflexion der im Sozialsystem ablaufenden unbewussten Prozesse genutzt werden können" (Meueler 1993, S. 231). Aufgrund seiner anzunehmenden Professionalität obliegt es ihm weiterhin, „sich immer wieder aus dem System auszuklinken, um allen übrigen Beteiligten aus bewusster Distanz sagen zu können, wo man sich gerade befindet und welche Aufgaben noch vor einem liegen" (ebd.).

- Angesichts der Vorannahme, dass in den von Meueler intendierten Lernprozessen *alle Beteiligten als gleichberechtigte Lernpartner angesehen werden*, stellt sich das Verhältnis zwischen Mentor und Teilnehmern als ein *nicht-hierarchisches System* dar, obgleich zweifellos in einem derartigen

---

124   Der Erwachsenenpädagoge als Veranstalter hat nach Meueler (1982, S. 154ff) in bezug auf folgende Aspekte Vorbereitungen zu treffen, um einen erfolgversprechenden Bildungsprozess zu ermöglichen:
- Lernort,
- *Zeitplanung der Veranstaltung sowie vorbereitender Maßnahmen,*
- Zielgruppe (anzusprechender bzw. ansprechbarer Personenkreis, soziale Ausgangslage bzw. persönliche Lebenssituationen der zu erwartenden Teilnehmer, mögliche Lerninteressen, vermutete Erfahrungen, Erwartungen und Bedürfnisse),
- Mitarbeiter bzw. Helfer,
- Kooperation mit anderen (Institutionen, Experten),
- realisierbare und beabsichtigte Lernziele,
- *Thematik,*
- Veranstaltungsform und gedachter Verlauf (stimmige Abstimmung von Inhalt, Zielen und Methoden),
- einsetzbare, verfügbare oder noch zu beschaffende bzw. herzustellende Arbeitsmittel und Medien,
- Möglichkeiten und Instrumente der Auswertung von Lernprozessen und Lernzielen,
- Folgeaktivitäten bzw. mögliche und nötige Handlungskonsequenzen.

Lehr/Lern-Verhältnis situationsbedingt *gewisse Asymmetrien* vorkommen können (vgl. dazu auch Lehnhoff 1997). Dies trifft beispielsweise in dem Falle zu, wenn bestimmte Beteiligte hinsichtlich einer speziellen Thematik bereits Vorkenntnisse aufweisen.

- Der i.d.R. vorhandene Wissens- sowie methodisch-didaktische Kompetenz-vorsprung des Mentors gegenüber den Teilnehmern fordert ihn dahingehend auf, „vor allem problemformulierende und -aktivierende Arbeitsformen vor-zuschlagen, die den Beteiligten vielerlei Formen aktiver Auseinandersetzung abfordern: analysieren, vergleichen, herausfinden, bezweifeln, phantasieren, weiterschreiben, Gegendenken, über-alle-Grenzen-hinaus-Denken, Gegen-welten ausdenken etc." (Meueler 1994, S. 625).
- Damit geht einher, dass eine subjekt-orientierte Erwachsenenbildung nicht auf fertige Antworten, sondern vielmehr auf zu entwickelnde Problemlö-sungsstrategien und –techniken abzielt (vgl. Meueler 1993, S. 185).

Dies hat zur Folge, dass die vom Mentor angeregten und eingesetzten Methoden lediglich aktive Lernprozesse anregen, fördern und kritisch begleiten, sie aber nicht *erzeugen* können (s.u. die Anregungen Rolf Arnolds und Horst Sieberts). Dementsprechend sind die Lernenden aufgefordert, die für den Lern- und Wei-terentwicklungsprozess *entscheidenden Antriebe* selbst zu erbringen (vgl. Meue-ler 1994, S. 624).

Weiterhin sollen die subjektivitätsfördernden Methoden nicht etwa als Dogma, sondern vielmehr als „Experimente" verstanden werden (Meueler 1993, S. 206), wobei neben

- den Inhalten und Zielen der *gemeinsam* bzw. *dialogisch* zu realisierenden Lernprojekte
- auch die Methoden der Begründung hinsichtlich ihres zielführenden Ein-satzes, der Reflexion ihrer Angemessenheit hinsichtlich der mit ihnen ver-bundenen Erwartungen/Effekte sowie der Bewertung in Anlehnung an die zu berücksichtigenden Bedürfnisse der Teilnehmer bzw. der Lerngruppe ange-sehen werden (vgl. Behrmann 1998).

Hieraus ergibt sich, dass *zweifellos* der Dialog zumindest implizit eine wichtige Rolle im Vorschlag Meuelers einzunehmen hat.
Dennoch konzentriert sich Meueler in seinen Vorschlägen zur Subjektförderung explizit *nahezu ausschließlich auf individuelle Lernprozesse* und befasst sich nicht weiter mit lernenden Teams oder gar Organisationen am Beispiel von Un-ternehmen. Diese individualistischen Schwerpunktsetzung Meuelers soll in der kritischen Würdigung betont werden, gilt es doch in diesem Abschnitt, die Er-wachsenenpädagogik als Ermöglicher und Hilfesteller eines dialogischen Mana-gements und dialogfähiger Organisationen anzusehen und diesbezüglich zu kon-kreten Maßnahmen aufzufordern.

4.3.1.2. Kritische Würdigung der Anregungen Erhard Meuelers

Die Ausführungen Erhard Meuelers zur Entfaltung des Subjektbegriffs und der damit einhergehenden Förderung reflexiver Eigenständigkeit sind vor dem Hintergrund der Fragestellung, dass *erst jene* den Ausgangspunkt für dialogische Managementprozesse darstellen können, zunächst einmal als sehr überzeugend zu werten.

Dialogisches Management ist auf *Mündigkeit, Selbstständigkeit* und *Verantwortung* für den gemeinsamen Lern- und Entwicklungsprozess angewiesen, worauf Meueler in seinen Vorschlägen einer subjektivitätsfördernden Erwachsenenbildung *eindeutig* verweist.

Hinsichtlich einer Ermöglichung und Ausgestaltung dialogischer Managementprozesse mit Hilfe erwachsenenpädagogischer Anregungen ist es nämlich zweifellos als äußerst problematisch anzusehen, wenn davon ausgegangen wird, dass die Entfaltung und Ausgestaltung reflexiver Eigenständigkeit im Sinne von Bildung *von außen* vorgeschrieben werden kann. Statt dessen muss reflexive Eigenständigkeit vom lernenden Subjekt *selbst definiert und begründet werden*. Dies hat in einem Prozess zu erfolgen, der sich nicht terminieren lassen kann, wodurch Bildung zu einem *unabschließbaren lebenslangen Projekt* wird (vgl. Meueler 1993).

Vor diesem Hintergrund können die Anregungen und Bedenken Erhard Meuelers durchaus als Reflexionsgrundlage für eine (Neu-) Formulierung der betrieblichen Bildung und Personalentwicklung dienen. Sieht sich diese nämlich im Sinne der Befürchtungen Kades und eben auch Meuelers darauf konzentriert, *lediglich* qualifikatorischen Ansprüchen i.S. einer *alleinigen Konzentration* auf das Wissen und Können bei (primär) fremdbestimmter Motivation zu genügen, scheint die Bemerkung Meuelers durchaus berechtigt, der betrieblichen Bildung den Ehrentitel „Bildung" abzusprechen und ausschließlich von „Qualifizierung" zu sprechen .

Dennoch ist die Thematik, mit Hilfe erwachsenenpädagogischer Anregungen dialogisches Management im Sinne des Mentorenmodells, welches Lernpartnerschaften reflexiv-eigenständiger Subjekte im organisationalen und somit auch ökonomischen Kontext fördern soll, ein willkommener Anlass, sich auch in einen *konstruktiv-kritischen Dialog* mit Erhard Meueler zu begeben (vgl. dazu auch Geißler 1999, S.200).

Hierbei geht es darum, vor dem Hintergrund einer möglicherweise neu zu gestaltenden Beziehung zwischen „Subjekt" und „Bildung" darauf zu verweisen, dass gesellschaftliche Krisen wie der Wandel zur Risikogesellschaft, der das

Wasser zum Kinn steigen lässt (vgl. Meueler 1993, S. 137), *eben nicht nur* individuelles, *sondern vor allem auch* organisationales Lernen und Handeln *erforderlich scheinen lässt*, was so gedeutet werden kann, dass für ein Überleben in der Risikogesellschaft *ermöglichendes Entscheiden und Handeln in, mit und (ggf. in reflexiv-eigenständiger Distanz) zu Organisationen jedweder Art immer nötiger scheint.*

Anders formuliert: Auch unter subjekttheoretischen Gesichtspunkten – wie sie Meueler primär pointiert hat – reicht es nicht länger aus, als das Subjekt von Bildungsprozessen lediglich den sich selbst und seine Welt reflektierenden einzelnen zu identifizieren (vgl. Bender 1991; Meueler 1993), sondern es ist darüber hinaus darauf zu verweisen, dass Bildung auf den Dialog *mit anderen* angewiesen ist, die den Umgang mit sich und dem Kontext als eine *offene Frage* (s. Prange 1978) thematisieren.

Es ergibt sich vor diesem Anspruchshintergrund der Verdacht, dass Meuelers Anregungen von der traditionellen Vorstellung dominiert werden, dass sich Erwachsenenbildung auf das Lernen einzelner *in* und *mit* Gruppen zu konzentrieren hat und dabei Organisationen als geradezu anonyme bzw. *subjekteinengende* Zusammenschlüsse[125] zu betrachten sind.

Eine derartige *argumentative Engführung* droht allerdings angesichts der Risikogesellschaft und des Vorschlages Becks, *sich seines Zweifels zu bedienen* und somit das *Gehen neuer Wege* anzuregen, als *verkürzt* betrachtet zu werden und sollte *dahingehend* einer Prüfung unterzogen werden, ob der traditionell-subjektorientierte Bildungsbegriff angesichts der vielfältigen Bedrohungen *noch* aktuell und verantwortbar scheint.

Für die Erwachsenenpädagogik stellt sich folglich die Frage, ob es nicht besser ist, *statt einzelne Subjekte* mit der Aufgabe zu betrauen, gegen als gefährlich eingestufte Wandlungsprozesse anzugehen, Wege aufzuzeigen, *wie denn* der Wandel zur Risikogesellschaft mit Hilfe verantwortungsbewussten und organisierten Handelns in, mit und in reflexiv-eigenständiger Distanz zu Organisationen human(er) gestaltet werden kann.

Dies läuft auf eine *Verzahnung* von Subjekt- und Organisationsentwicklung bzw. auf eine von individuellem und organisationalem Lernen hinaus, *die durch den Dialog erst eingeleitet und ermöglicht werden kann.* Die *Wechselwirkung* von Subjektentwicklung durch Organisationsentwicklung und Organisationsentwicklung durch Subjektentwicklung würde auf diese Weise unterstrichen, die letztendlich dann auch die Richtung hin zu einer betrieblichen Bildung und Per-

---

125   Möglicherweise würde Meueler dies *pädagogischen Organisationen* nicht unterstellen.

sonalentwicklung angeben kann, welche sich dieser Dialektik von Subjekt- und Organisationsentwicklung verpflichtet weiß und der dann auch von Jochen Kade und Erhard Meueler nicht länger der Ehrentitel „Bildung" abgesprochen werden kann.

Angesichts dieser vielleicht provozierend scheinenden These scheint es nunmehr lohnenswert zu sein, auf die Gedanken Rolf Arnolds und Horst Sieberts zur Ermöglichung einer konstruktivistischen Erwachsenenbildung zu verweisen, die sich – zunächst einmal analog zu Meueler - bewusst von „klassischen Lehr-Lern-Designs" distanzieren und unter Anlehnung an systemtheoretisch- konstruktivistische Erkenntnisse das Beschreiten neuer Wege in der Erwachsenenbildung einfordern.

4.3.2. Der Ansatz konstruktivistischer Erwachsenenbildung von Rolf Arnold und Horst Siebert

Die Auseinandersetzung mit den erwachsenenpädagogischen Vorstellungen Rolf Arnolds und Horst Sieberts schließen insofern zunächst einmal an die Vorschläge Erhard Meuelers an, als auch in ihnen kein „didaktischer Absolutheits- bzw. Wahrheitsanspruch" gestellt wird, sondern vielmehr – „mit zunehmend notwendiger pädagogischer Bescheidenheit" - subjektives Lernen zunächst einmal als individuelle Beobachtung bzw. Betrachtung seiner selbst sowie des Kontexts identifiziert wird.

Unterschiede lassen sich allerdings dadurch kennzeichnen, dass eine subjektivitätsfördernde Erwachsenenbildung vordergründig den Subjektbildungsprozess betont, während sich die konstruktivistische Erwachsenenbildung im wesentlichen für das „lebendige Lernen" im Sinne der Deutungsarbeit zwischen *pluralen* Wirklichkeitskonstruktionen, die sich in erster Linie als Produkt(e) der menschlichen Wahrnehmung betrachten lassen können, interessiert.
Vor diesem Hintergrund hat Rolf Arnold das Ziel zugrunde gelegt, „die Berufsbildung und die Erwachsenenbildung einander anzunähern" (Arnold 1994, Klappentext) und sich dabei an den zugrundeliegenden Annahmen des „Radikalen Konstruktivismus" zu orientieren. Arnold und Siebert unternehmen dabei den Versuch, die Grundpostulate der konstruktivistischen Erkenntnistheorie *bildungstheoretisch zu überprüfen und anzuwenden.*

Dementsprechend hat sich die Erwachsenenbildung und die Berufsbildung der Thematik zu stellen, dass sich menschliche Erkenntnisse über die Wirklichkeit und damit auch über die zunehmend ablaufenden Veränderungsprozesse gemäß der konstruktivistischen Erkenntnistheorie als *Konstruktionen des menschlichen Geistes* darstellen und somit abhängig von den Fähigkeiten der menschlichen

Wahrnehmung sind. Da Menschen selektiv wahrnehmen, kann geschlossen werden, dass die Konstruktion von Wirklichkeit sehr stark von individuellen Zielen, Wünschen und Befürchtungen beeinflusst wird (vgl. Lehnhoff 1997): „Bei jeder Wahrnehmung der Außenwelt spielen grundsätzlich Vor-Urteile eine wichtige Rolle; wenn wir ein Modell der Wirklichkeit konstruieren, wird diese Konstruktion stets durch Modelle beeinflusst, die wir schon in uns tragen, auch wenn uns dies gar nicht bewusst ist. In gewissem Sinn kann man sagen, dass wir nur das wahrnehmen können, was in unserem vorgefassten „Modell der Außenwelt" Platz findet." (Ulrich 1994, S. 23).

Eine Übertragung der Erkenntnistheorie des Konstruktivismus auf erwachsenenpädagogische Situationen und zu gestaltende Lehr-/Lernarrangements bedeutet somit auf den ersten Blick, dass Lehre in der Erwachsenenbildung *nicht* (länger) als *lineare Vermittlung* nach dem Sender-Empfänger-Modell funktioniert. Lernprozesse sind vielmehr *autopoietisch* aufzufassen und zu ermöglichen, was letztendlich idealerweise auf eine „Koevolution" (vgl Arnold/Siebert 1995, S. 88ff) zwischen Lehrenden und Lernenden hinausläuft.

Dies kann auch als Entwicklung weg von einer „erzeugenden Didaktik" und hin zu einer *ermöglichenden* bezeichnet werden. Hierauf wird später noch ausführlicher einzugehen sein.
Insbesondere die eben kurz angesprochene Betrachtung menschlicher Lernprozesse als zu *ermöglichender selbstorganisierter bzw. autopoietischer* (vgl. Arnold 1994, Arnold/Siebert 1995, Arnold/Harth 1997) lässt es notwendig scheinen, damit zu beginnen, das diesem konkreten erwachsenenpädagogisch-didaktischen Vorschlag zugrundeliegende *Autopoiesisverständnis* näher zu beleuchten.
Hierbei lohnt es sich, auf bereits vorhandene Anwendungsfelder des Autopoiesisgedankens am Beispiel der Anregungen Niklas Luhmanns und in der Managementforschung am Beispiel der St. Gallener Managementtheorie hinzuweisen.

4.3.2.1. Autopoiesis – Ausgangspunkt für eine dialogische Lern- und Managementprozesse ermöglichende Didaktik?

Die Autopoiesisdiskussion hat ihren Ursprung in den Naturwissenschaften bzw. durch Naturwissenschaftler erfahren[126], konnte aber spätestens seit den 1980er

---

[126] Die Naturwissenschaften haben sich bereits in der ersten Hälfte des 20. Jahrhunderts intensiv mit der „Ausgestaltung eines holistischen Weltbildes" befasst, welches dann insbesondere nach dem zweiten Weltkrieg durch die Arbeiten der Naturwissenschaftler Albert Einstein, Niels Bohr, Erich Schrödinger, Manfred Eigen und Ilya Prigogine ge-

Jahren insbesondere durch die Anregungen Niklas Luhmanns (s. Luhmann 1984) auch einen erheblichen Einfluss in den Sozialwissenschaften gewinnen. Da der Autopoiesisbegriff das *Kernstück* der Vorschläge von Rolf Arnold und Horst Siebert darstellt, bietet es sich an, einen *Exkurs* hinsichtlich der Klärung und Überprüfung des Autopoiesisbegriffs vorzunehmen, um eine Beziehung zu dialogischem Lernen herstellen zu können. Dies geschieht in drei Schritten:

a) Autopoiesis als *Ausdruck* eines sich selbststeuernden lebenden Systems
b) Autopoiesis als *Charakteristikum* sozialer Systeme
c) Selbstorganisation als *Herausforderung* eines innovativen Managements - Der systemtheoretische Management-Ansatz der St. Gallener Schule

a) Autopoiesis als Ausdruck eines sich selbststeuernden lebenden Systems

Während seit Beginn der Industrialisierung die Umsetzbarkeit physikalischer bzw. (darauf aufbauender) ingenieurwissenschaftlicher Erkenntnisse zur Ermöglichung des ökonomischen Erfolges beitrugen, schien sich im Laufe des 20. Jahrhunderts immer mehr herauszustellen, dass neben der Physik auch andere naturwissenschaftliche Disziplinen - am konkreten Beispiel der Biologie - Wege aufzeigen konnten, die sich aus Menschen, zusammensetzenden sozialen Systeme noch treffender abzubilden.
Standen noch in den 1950er Jahren in erster Hinsicht Fragestellungen der *Ultra- und Multistabilität* (Staehle 1994, S. 41) im Mittelpunkt systemtheoretischen Interesses (vgl. u.a. Beer 1958), lag es vor dem Hintergrund einer sich immer stärker ausprägenden Notwendigkeit, gesellschaftspolitische und ökonomische Unsicherheiten seitens der Führung sozialer Systeme bei Entscheidungs- und Handlungsprozessen zu berücksichtigen, nahe, soziale Systeme (am Beispiel von Unternehmen) dem Kriterium der (Über-) Lebensfähigkeit zu unterziehen, um letztendlich Mechanismen ausprägen und ausgestalten zu können, die einen „systemeigenen Umgang mit Komplexität" widerspiegeln (vgl. Maturana 1980, Maturana/Varela 1980, Varela 1979).

Dementsprechend setzte sich die Erkenntnis durch, dass nicht länger die auf Systemstabilisierung ausgerichteten Mechanismen einer *Kybernetik I* zur Lösung komplexer Probleme ausreichen würden. Statt dessen zeichnete es sich erkenntnistheoretisch immer stärker ab, soziale Systeme wie Unternehmen nicht länger als *statische Gebilde* aufzufassen. Die mit dem Paradigma der zirkulären Kausa-

---

fördert wurde und den Grundstein bzw. Ausgangspunkt für die Autopoiesisdiskussion gelegt hat.

lität einhergehende Erkenntnis, dass *letztlich alles mit allem zusammenhängt* und dass alles *ständig im Fluss ist,* lässt es naheliegend scheinen, Instabilität, Wandel, Autonomie und Selbstreferenz eben auch als *Chancen* aufzufassen, die *Weiterentwicklung* und somit das *Überleben* von Menschen und sozialen Systemen *erst* zu ermöglichen (vgl. Gomez/Zimmermann 1993, S. 19). Auf diese Weise bekommt neben der individuellen insbesondere die systemische bzw. organisationale Lernfähigkeit den Charakter eines „Garanten des Überlebens".

Diese auch als *Kybernetik II* zu bezeichnende Weiterentwicklung systemtheoretischer Forschung erhielt seit Beginn der 1970er Jahre durch Naturwissenschaftler am Beispiel der Bio-Chemiker Manfred Eigen und Ilya Prigogine sowie der Neurologen Humberto Maturana/Francisco Varela dahingehend starke Impulse, dass das Prinzip der *Selbstorganisation* den Charakter eines *neuen (biologischen) Paradigmas* bekam, dessen revolutionäre Bedeutung für die Biologie ähnlich eingeschätzt werden konnte wie das der Quantentheorie für die Physik (vgl. Moser 1989, S. 130).
Insbesondere die Thematisierung bislang unhinterfragter naturwissenschaftlich-biologischer Prinzipien am Beispiel der (seit den Arbeiten Darwins gültigen) These, dass die Evolution nicht länger nach dem bisherigen (mechanistischen) Prinzip „Zufall und Notwendigkeit" (Alles Sein entsteht durch *zufällige* Mutationen, Evolution ist ein *notwendiger* Selektionsprozess vgl. Monod 1971) erfolgt, sondern statt dessen durch *Selbstorganisation* (vgl. Eigen 1972, Prigogine 1980) und über Krisen und Chaos (vgl. Prigogine 1990), wonach „Ungleichgewicht keine Katastrophe, sondern eher der Normalfall und Voraussetzung für Wandel (ist)" (Staehle 1994, S. 41), verursachte einen geradezu „erdrutschartigen" Bruch mit den bisherigen Orientierungslinien naturwissenschaftlich-biologischen Denkens.

Diese mit dem Selbstorganisationsverständnis einhergehenden Grundannahmen unterstrichen die geradezu revolutionäre Bedeutung dieses Ansatzes und öffneten gleichzeitig Möglichkeiten für eine sozialwissenschaftliche Durchdringung ursprünglich naturwissenschaftlicher Erkenntnisse (vgl. dazu auch Prigogine 1990, S. 54f, Strasser 1996, S. 83ff).

Dabei bot sich immer mehr auch der in Anlehnung an die oben kurz skizzierten grundlegenden Wandlungsprozesse im Bereich der Biologie bzw. Bio-Chemie von Francisco Maturana eingeführte Terminus „Autopoiesis" (*autos* = selbst; *poiein* = machen) *als Ansatzpunkt sozial- und auch wirtschaftswissenschaftlicher Forschungsbemühungen an,* um auf diese Weise die Autonomie und zirkuläre Organisation von lebenden Systemen begrifflich charakterisieren zu können:

„Es gibt lebende Systeme. Diese erzeugen eine spezifische Scheinungswelt, die Scheinungswelt lebender Systeme (...) Es gibt eine Klasse mechanistischer Systeme, in der jedes Element ein dynamisches System ist, das als eine Einheit durch Relationen definiert wird, welche es als Netzwerk von Prozessen der Produktion von Bestandteilen konstituieren. Diese Bestandteile wirken einmal durch ihre Interaktionen in rekursiver Weise an der Erzeugung und Verwirklichung eben jenes Netzwerkes von Prozessen der Produktion von Bestandteilen mit, das sie selbst erzeugte, und bauen zum anderen dieses Netzwerk von Prozessen der Produktion von Bestandteilen dadurch als eine Einheit im Raum auf, in dem sie (die Bestandteile) existieren, so dass sie die Grenzen dieser Einheit erzeugen. Ich nenne solche Systeme autopoietische Systeme, die Organisation eines autopoietischen Systems heißt autopoietische Organisation. Ein autopoietisches System, das im physikalischen Raum existiert, ist ein lebendes System" (Maturana 1985, S. 141f).

Kurz gefasst: *Autopoiesis liegt dann vor, wenn sich die Komponenten des Systems über rekursive Prozesse physisch produzieren lassen, woraus wiederum gefolgert werden kann, dass ein lebendes System auf die Aufrechterhaltung seiner autopoietischen Organisation angewiesen ist, da anderenfalls der Verlust der Autopoiesis gleichbedeutend mit dem Tod des Systems ist.*

Demnach

- zeigen lebende Systeme als wesentliches Merkmal die *Autonomie*;
- sind Autonomie und Vielfalt sowie die Erhaltung der Art und der Ursprung aller Veränderungen der Art die grundlegenden Herausforderungen, die die Scheinungswelt an uns stellt;
- sind lebende Systeme *sich selbst machende* (autopoietische) Systeme, die durch ihr Operieren fortwährend ihre eigene Organisation erzeugen;
- werden lebende Systeme durch ihre Organisation (d.h. durch Relation zwischen ihren Bestandteilen und nicht durch die Eigenschaften der Bestandteile) definiert:
- gibt es eine allen lebenden Systemen gemeinsame Organisation (vgl. Maturana/Varela 1987).

Die Arbeiten von Maturana/Varela lassen sich als Impuls verstehen, kollektive Zusammenschlüsse wie bspw. Unternehmen (und letztlich die gesamte Wirtschaft und Gesellschaft) unter den Gesichtspunkten der Autopoiesis zu betrachten, um auf diese Weise zur Ausgestaltung eines ganzheitlichen ökonomischen Denkens und Handelns beizutragen.

Aus diesem Grunde liegt es auch vor dem Hintergrund einer erwachsenenpädagogisch zu ermöglichenden Ausgestaltung dialogischer Managementprozesse nahe, kurz auf die Gedanken des Soziologen und Systemtheoretikers Niklas Luhmann zu verweisen, der das oben vorgeschlagene Autopoiesisverständnis in bezug auf soziale Systeme hinterfragt und weiterentwickelt hat.

b) Autopoiesis als Charakteristikum sozialer Systeme

Niklas Luhmann, der sich spätestens seit Mitte der 1980er Jahre mit der Thematik befasste, das oben skizzierte Autopoiesisverständnis auf soziale Systeme am Beispiel der Gesellschaft oder eines privatwirtschaftlichen Unternehmens übertragen zu können, hat dabei das sich auf sich selbst beziehende (selbstreferenzielle), strukturierte autopoietische (selbststeuernde) soziale System am Beispiel der *nicht-trivialen Maschine*[127] als Bezugsrahmen (vgl. Luhmann 1984, Willke 1987).

---

[127]   Die *triviale Maschine* ist nach Auffassung Heinz von Foersters durch eine *eindeutige Beziehung* zwischen ihrem „Input" (Stimulus, Ursache) und ihrem „Output" (Reaktion, Wirkung) charakterisiert. Diese invariante Beziehung ist „die Maschine". Da diese Bezeichnung ein für allemal festgelegt ist, handelt es sich hier um ein deterministisches System; und da ein einmal beobachtbarer Output für einen bestimmten Input zu gleicher Zeit ebenfalls gleich sein wird, handelt es sich auch um ein vorhersagbares System" (von Foerster 1985, S.12, Hervorhbg. d. H. v. Foerster).

Triviale Maschinen

- lassen sich dementsprechend in ihrem Verhalten vorhersagen,

- sind von der Geschichte unabhängig,

- sind synthetisch deterministisch und

- analytisch determinierbar (vgl. Probst 1987, S.77).

Demgegenüber sind *nicht-triviale Maschinen* dadurch gekennzeichnet, dass „die Input-Output- Beziehung (...) nicht invariant (ist), sondern durch den zuvor erzeugten Output der Maschine festgelegt (wird). Mit anderen Worten, ihre vorausgegangenen Arbeitsgänge legen ihre gegenwärtigen Reaktionen fest. Obwohl diese Maschinen auch deterministische Systeme sind, sind sie schon aus praktischen Gründen nicht vorhersagbar: ein einmal nach einem bestimmten Input beobachteter Output wird höchstwahrscheinlich zu späterer Zeit, auch wenn der Input gleich ist, ein anderer sein" (von Foerster 1985, S.12).
Auf diese Weise wird die Monokausalität (Ursache-Wirkung), die das Modell der trivialen Maschine auszeichnete, zugunsten von non-linearen Denk- und Handlungsprozessen relativiert. Das Management steuert folglich das System nicht mehr von außen, sondern ist ein Teil des Ganzen. Diese Entwicklung wurde oben als die vom Managementsinnmodell des Handwerkers *hin zu dem* des Gärtners charakterisiert.

Hierbei scheint es naheliegend zu sein, von der Vorstellung auszugehen, ein Unternehmen und dessen Management als ein soziales System aufzufassen, *welches sich in seinen Handlungen und Kommunikationen ausschließlich auf sich selbst bezieht und weiterhin ausschließlich durch seine eigene Struktur festlegt, mit welchen Ereignissen seiner Umwelt es interagiert und wie es sich aufgrund dieser Interaktion verhält.*

Aufgrund dieser Prozesse stellt sich das soziale System *selbst her und erhält sich* (vgl. dazu Luhmann 1984) eigenständig, wobei sich nach der Auffassung Luhmanns *alle* sozialen Systeme nicht *durch Individuen* bzw. individuelles Bewusstsein konstituieren, sondern über *Kommunikation*(en).

Obwohl auch Luhmann eingesteht, dass die *Autopoiesis* sozialer Systeme auf das Vorhandensein einzelner Individuen - von ihm verstanden als „Idee(n) seiner selbst, die durch Darstellung in der Welt mittels Sprache, Bildung und Kunst Realität gewinnt" (Luhmann 1989, S. 214) - angewiesen ist (vgl. Luhmann 1984, S. 297), werden keine *unmittelbaren Zusammenhänge* zwischen individuellen Handlungen und der konkreten Ausgestaltung sozialer Systeme hergestellt. Statt dessen wird behauptet, dass soziale Systeme aufgrund der Geräusche entstehen, die psychische Systeme bei ihrem Versuch, zu kommunizieren, erzeugen, (vgl. Luhmann 1984, S. 292, Willke 1994, S. 99). Dieser Argumentation folgend, lassen sich soziale Systeme durch - über Kommunikationsprozesse zustande gekommene - (Sinn-) Grenzen charakterisieren, welche durch die Systeme selbst gegenüber ihrer Umwelt gezogen und in gewissem Rahmen konstant gehalten werden[128].

Soziale Systeme heben sich dementsprechend aufgrund ihrer systemeigenen Unterscheidungspraxis von ihrem Hintergrund ab und differenzieren sich über eigene Differenzierungsleistungen gegenüber ihrer Außenwelt (vgl. dazu auch Bardmann 1994, S. 140), wobei in Luhmanns Verständnis auch einzelne Organisationsmitglieder (am Beispiel des Managements) als Umweltsysteme sozialer Systeme am Beispiel von Unternehmen zu verstehen sind.

Weiterhin können aufgrund der Annahme Luhmanns, dass *nur* in sozialen Systemen Kommunikationsprozesse stattfinden können, Unternehmen zunächst als *geschlossene* Systeme aufgefasst werden, wobei allerdings die Grundlagen der Kommunikation wiederum dem Bewusstsein der einzelnen interpenetrierenden psychischen Systeme, also Menschen, entstammen, wofür die Unternehmen wiederum *offen* sein müssen.

---

[128]   Hierbei dient die Kategorie „Sinn" im Verständnis Luhmanns der Anschlussfähigkeit systemeigener Komplexitätsumgangsprozesse und ist nicht *normativ* - im Verständnis einer zeitlosen Suche des Menschen nach Sinnhaftigkeit des Handelns - zu verstehen.

Insofern ist eine Unternehmung sowohl ein *offenes als auch ein geschlossenes System*, da nur *beide* Charakteristika zusammen die Reproduktions- und Evolutionsfähigkeit und somit *die Handlungsfähigkeit* des sozialen Systems gewährleisten (vgl. dazu auch Probst 1987, S. 74):

„Auf der Basis des Grundgeschehens Kommunikation und mit ihren operativen Mitteln konstituiert sich ein soziales System als Handlungssystem. Es fertigt in sich selbst eine Beschreibung von sich selbst an, um den Fortgang der Prozesse, die Reproduktion des Systems zu steuern. Für Zwecke der Selbstbeobachtung und Selbstbeschreibung wird die Symmetrie der Kommunikation asymmetrisiert, wird ihre offene Anregbarkeit durch Verantwortlichkeit für Folgen reduziert. Und in dieser verkürzten, vereinfachten, dadurch leichter fasslichen Selbstbeschreibung dient Handlung, nicht Kommunikation, als Letztelement" (Luhmann 1984, S. 227f).

In bezug auf die beabsichtigte Erhöhung des Steuerungspotentials sozialer Systeme im Umgang mit sich und dem Kontext kann demzufolge nicht länger die *Verhaltensänderung* als Kriterium systemischen bzw. kollektiven Lernens angesehen werden, sondern es kommt in sozialen Systemen vielmehr der *Veränderung der Informationswahrnehmung und -verarbeitung* eine entscheidende Rolle beim handelnden Umgang mit Komplexität zu (vgl. Luhmann 1988, S. 50, Fiol/Lyles 1985, S. 806).

Vor diesem Hintergrund kann in Anlehnung an Heimerl-Wagner (1995, S. 30) die These vertreten werden, dass *systemisches Lernen* auf *systemischer Beobachtung* - zu verstehen als das *systemspezifische Handhaben von Differenzschemata* (normal/anormal, erfolgreich/nicht erfolgreich, innen/außen) - basiert. Dementsprechend findet systemisches Lernen *dann* statt, „wenn Widersprüche erkannt und akzeptiert werden und wenn in der Folge die vorhandenen Differenzschemata in ihrer Angemessenheit hinterfragt und gegebenenfalls erneuert werden" (Heimerl-Wagner 1995, S. 30).

Ein Unternehmen als soziales System entwickelt somit seinerseits anhand *sinnvoller Systemgrenzen* in bezug auf die *spezifischen* Leitdifferenzen des gesamtökonomischen Systems „Zahlung" vs. „Nicht-Zahlung" (vgl. Luhmann 1988) *selbst* die Kriterien bzw. bereitet sie vor, anhand derer Problemsichten wahrgenommen und in *primär erfolgs- und/oder verständigungsorientierte Entscheidungs- und Handlungsprozesse* umgesetzt werden. Auf diese Weise kann von einer „Operationsweise eines Systems (gesprochen werden, J.P.), bei welcher die Reproduktion der Einheit des Systems die Bedingung der Möglichkeit von Umweltkontakten (Fremdreferenz) abgibt" (Willke 1993, S. 281), was mit dem Begriff *Selbstreferenz* sozialer Systeme umschrieben werden kann:

„Die Theorie selbstreferenzieller Systeme behauptet, dass eine Ausdifferenzierung von Systemen nur durch Selbstreferenz Zustandekommen kann, das heißt dadurch, dass die Systeme in der Konstitution ihrer Elemente und ihrer elementaren Operationen auf sich selbst (sei es auf Elemente desselben Systems, sei es auf Operationen desselben Systems, sei es auf die Einheit desselben Systems) Bezug nehmen. Systeme müssen, um dies zu ermöglichen, eine Beschreibung ihrer selbst erzeugen und benutzen; sie müssen die Differenz von System und Umweltsystem intern als Orientierung und als Prinzip der Erzeugung von Information verwenden können" (Luhmann 1984, S. 25).

Vor diesem Hintergrund können drei Formen der Selbstreferenz unterschieden werden, die ein soziales System in bezug auf die eigene Systemkomplexität ausbilden muss, um erfolgreich handeln und letztlich überleben zu können:

1. Basale Selbstreferenz
2. Reflexivität und
3. Reflexion

1. *Basale Selbstreferenz* lässt sich so auffassen, dass sich Kommunikationen (aus denen sich soziale Systeme konstituieren) selbst mit anderen Kommunikationen in Verbindung setzen, wobei sich die einzelnen Elemente aufeinander beziehen:

„Wenn eine kommunikative Handlung anschlussfähig sein bzw. eine Folgehandlung auslösen und somit auf dieser elementaren Ebene die Reproduktion eines sozialen Systems sichergestellt werden können soll, so muss sie sich als eine mögliche Folge der vorausgehenden bzw. als Prämisse einer möglichen Folgehandlung verstehen; das heißt sie muss durch Einbeziehung eines solchen Handlungszusammenhangs auf sich Bezug nehmen" (Luhmann 1984, S. 385).

Vor dem Hintergrund des Organisationsalltages können *getroffene Entscheidungen* als Ausdruck von basaler Selbstreferenz verstanden werden, da Unternehmen „aus Entscheidungen bestehen und die Entscheidungen, aus denen sie bestehen, durch die Entscheidungen, aus denen sie bestehen, selbst anfertigen" (Luhmann 1988, S. 166).
Das Konzept der basalen Selbstreferenz lässt sich somit als *Basis* auffassen, um *zwei weitere* Kommunikationsprozesse zu unterscheiden.

2. *Reflexivität oder prozessuale Selbstreferenz* kann als ein „ursächlich hervorgerufenes Feedback von Systemaktivitäten" (Geißler 1995a, S. 8) aufgefasst werden und liegt dementsprechend dann vor, wenn eine Organisation und ihr Management in der Lage ist, ihre Kommunikationen anhand eines Vergleiches *vorher vs. nachher* zu unterscheiden und auf diese Weise Strukturen zu reproduzieren.

Auf diese Weise wird im Gegensatz zur basalen Selbstreferenz *nicht ein Element* als Gegenstand der Selbstreferenz angesehen, sondern *der Prozess*.

Vor diesem Hintergrund ist Kommunikation als Prozess aufzufassen, in dem jedes Element als Reaktionserwartung und Erwartungsreaktion zu verstehen ist: „Von Reflexivität soll immer dann die Rede sein, wenn ein Prozess als das Selbst fungiert, auf das die ihm zugehörige Operation der Referenz sich bezieht"(Luhmann 1991, S. 600).

Der Alltag im Unternehmen beinhaltet *in vielfacher Hinsicht* prozessuale Selbstreferenz, zumal einerseits beispielsweise Management als das Auslösen von Handlungen verstanden wird und andererseits das Auslösen (von Handlungen) auch wieder eine Handlung darstellt, da sie aufgrund ihrer Ergebnisse auf die auslösende Handlung zurückwirkt.

Für die *handelnden* Unternehmensangehörigen am Beispiel des Managements könnte diese Art der Kommunikation am Beispiel eines Unternehmens konkret bedeuten, dass im Rahmen eines an eine vorhergehende Kommunikation anschließenden Kommunikationsprozesses *rückbezüglich* überprüft werden kann, und zwar

- ob vorherige Kommunikation verstanden worden ist, bzw.
- warum etwas nicht gesagt worden ist, woraus u.U. ein hoher Bedarf für kontrollierte Strukturveränderung entstehen könnte (vgl. Luhmann 1984, S. 612).

3. Von (prozessualer) *Reflexion* kann dann gesprochen werden, wenn *sich* soziale Systeme über Kommunikation explizit oder implizit *selbst* (als Einheit bzw. als Identität der Organisation oder eines ihrer Subsysteme) thematisieren und sich dementsprechend *selbst* als geeignete Umwelten anderer sozialer Systeme begreifen (vgl. Luhmann 1984, S. 617ff, Willke 1993, S. 110).

Kurz gefasst: *Wenn die Reflexion zu einer Handlungsmaxime des gesamten Systems geworden ist, werden auch die Interessen anderer sozialer Systeme berücksichtigt* (vgl. Willke 1993, S. 111), *wodurch wiederum (systemeigene) Strukturen zum Objekt der Thematisierung werden.*

Um „Vorstellung ihrer Identität" (Luhmann 1985, S. 423) entwickeln zu können, d.h. zur Reflexion bzw. Selbstreflexion fähig zu werden, bilden soziale Systeme *eigene* – möglicherweise als reflexiv-eigenständig zu deutende - *Vorstellungen* (diese Rollen thematisierende Kommunikationen) aus, die für das *jeweilige System* mit seinen Strukturen, Problemlösemodi, Deutungs- und Handlungsmustern *zutreffen* (vgl. Staehle 1994, S. 536, dazu auch Kirsch/Ringlstetter 1995, S. 226 sowie Arnold 1995, S. 354).

Nicht zuletzt wirkt sich eine derartige Betrachtungsweise auch unmittelbar auf die Einbindung erwachsenenpädagogischer Fragestellungen im organisationalen Kontext aus, da nicht länger Bildungs- und Qualifizierungsmaßnahmen - sozusagen als vorgefertigtes Programm - unabhängig von der jeweiligen Systemidentität im Sinne der „Erzeugungsdidaktik" konzipiert werden können, sondern in einem engen Zusammenhang mit den sich ständig vollziehenden drei Formen der Selbstreferenz zu sehen sind (vgl. Arnold 1995, S. 354).

Zwischen den Ausführungen Luhmanns und denen Maturanas im Sinne einer Ausgestaltung organisationstheoretischer Betrachtungen bestehen somit auch unter erwachsenenpädagogischen Fragestellungen dahingehend Parallelen, als sich auch selbstreferenzielle, strukturierte autopoietische, selbststeuernde soziale Systeme am Beispiel der *nicht-trivialen Maschine*

- zuerst an ihrer Überlebensfähigkeit orientieren,
- wobei die Organisation durch die Relation zwischen ihren Bestandteilen und nicht durch deren Eigenschaften bestimmt wird. Mit anderen Worten: Die Organisation eines Systems bestimmt nicht die Eigenschaften der Teile der Organisation, sondern lediglich die Relationen bzw. Dienstleistungen, die von den Bestandteilen der Organisation hergestellt werden müssen.

Weiterhin ist die *Flexibilität* der Organisation i.S. einer Fähigkeit zur kurzfristigen Anpassung ausschlaggebend, wobei sich das wahre Wachstum des Unternehmens im Werden zeigt. Ein derartiges „systematisches, planvolles und kontinuierliches Agieren" (Bühner 1994, S. 25) *in der Organisation und der Organisation* wird durch die dauernde bewusste *Infragestellung* der Organisation ermöglicht, wodurch wiederum den Vertretern von Fremdsteuerung und Fremdorganisation eine eindeutige Absage erteilt wird (vgl. Staehle 1994, S. 536).
Auf diese Weise bleiben alle Systeme trotz oder gerade wegen ihrer charakteristischen Umweltkonstrukte als autopoietische Einheiten *intakt* und *ermöglichen* durch die eigene Reproduktion die Reproduktion jeweils anderer Systemebenen (vgl. Bardmann 1994, S. 146).
Eine so verstandene Fähigkeit zur *kontinuierlichen Selbsttransformation* der Organisation (am Beispiel von Technikimplementierung, Lernpotential und Umgang mit Umweltkomplexität wie Shareholder Value und Globalisierung, s.o.) stellt sich immer stärker als zentrale Voraussetzung für einen künftigen und nachhaltigen Wettbewerbsvorteil heraus. Die Begründung für diese These liegt darin, dass mit Hilfe des oben vorgestellten autopoietischen Ansatzes sich insbesondere die Unternehmungen in die Lage versetzen (können), *selbstreferenziell ständig den (letztlich weltweiten) Markt und sich selbst zu beobachten und dementsprechende Handlungsmodi anzubieten.* (vgl. dazu auch Reinhardt/Schweiker 1995, S. 272, McMaster 1992, S. 3).

Vor dem Hintergrund der Absicht, dialogische Managementprozesse mit Hilfe konstruktivistisch-erwachsenenpädagogischer Arrangements zu ermöglichen, ist der Ansatz Luhmanns, ursprünglich naturwissenschaftliche Fragestellungen auf den Umgang sozialer Systeme mit sich und der (Um) Welt zu übertragen, *zunächst* als hilfreich einzustufen, da auf diese Weise deutlich wird, dass

- monokausale Ursache-Wirkungszusammenhänge angelehnt an das Paradigma der linearen Kausalität, des Handwerker-Modells sowie der Erzeugungsdidaktik *kaum* noch zur Problemlösekompetenz sozialer Systeme beitragen können,
- dementsprechend das Management sozialer Systeme *nicht länger* als externe Lenkung und Steuerung aufgefasst werden kann,
- zumal die drei Ebenen der Selbstreferenz *eng* an ständige Lernbereitschaft und Lernfähigkeit von Menschen und sozialen Systemen *gebunden sind.*

Allerdings muss vor dem Hintergrund der Absicht, dialogische Managementprozesse im Sinne des o.a. Verständnisses, *mit Hilfe anderer eine konstruktivkritische Überprüfung der eigenen Zielvorstellungen vornehmen zu können,* Luhmanns These als problematisch eingeschätzt werden, dass *das menschliche Wollen bzw. die menschliche Suche nach Sinnhaftigkeit als wenig weiterführend für die Selbstreferenz sozialer Systeme angesehen wird.*

Luhmann begründet dies aufgrund seines Autopoiesisverständnisses damit, dass soziale Systeme am Beispiel von Unternehmen bei der *Organisation von Kontingenz- und Komplexitätsproblemen* selbsttätig agieren und sich von subjektunabhängigen Systemimperativen leiten lassen.

Hinsichtlich der Absicht, mit Hilfe dialogischer Lern- und Entwicklungsprozesse alle Organisationsmitglieder *zu befähigen, sich selbst, ihr Wollen und Handeln aufzuklären* und somit eine (notwendige) Arbeit der Organisationsmitglieder an *sich* und *am System* zur Ermöglichung von mehr Humanität bei gleichzeitiger Orientierung an der Handlungsfähigkeit von Unternehmen zu ermöglichen, scheint ein Systemverständnis, welches Selbstreferenz nahezu ausschließlich als Wahrnehmung(sstrategien) auffasst und nicht das *Wollen* (von Menschen und kollektiven Zusammenschlüssen) thematisiert, *dringend ergänzungsbedürftig*[129].

---

[129]   In diesem Sinne betont auch Scherr (1992, S. 91), dass die Luhmannsche Systemtheorie (...), indem sie die Verzichtbarkeit des Subjektbegriffs behauptet und eine strikte Trennung von sozialen und psychischen Systemen zugrunde legt, eine radikale Zurückweisung jener Grundannahmen sozialwissenschaftlichen Denkens (ist), die für eine Theorie der Bildung, die die Programmatik der klassischen Bildungstheorien fortentwickeln will, unverzichtbar sind."

Die Unterstellung einer autopoietischen Reproduktion differenzierter sozialer Systeme könnte nämlich dahingehend interpretiert werden, dass die hier angeregten Prozesse zur Ausgestaltung reflexiver Eigenständigkeit *keinerlei* Einfluss auf die Struktur und den Prozess der gesellschaftlichen Entwicklung ausüben und dass somit die Bildungstheorie an ihrem Anspruch, derartige Bildungsprozesse *in bezug auf eine vernünftige Umbildung* der gesellschaftlichen Verhältnisse denken zu können, gescheitert ist (vgl. Scherr 1992, S. 91, Lehnhoff 1997, S. 54).

Vor diesem Hintergrund wird nunmehr darauf hinzuweisen sein, dass nicht nur im Bereich der Erwachsenenbildung/Weiterbildung *Selbstorganisation* einen neuen Schlüsselbegriff darstellt, sondern eben auch im Bereich der Organisationswissenschaften und Betriebswirtschaftslehre. Dies berücksichtigend, scheint es dann auch hinsichtlich der Überprüfung einer konstruktivistischen Erwachsenenbildung für die Ermöglichung von dialogischen Managementprozessen von Interesse zu sein, die Vorschläge der St. Gallener Schule zur Ausgestaltung eines *systemisch-autopoietischen Managements* zu untersuchen. Dabei soll herausgearbeitet werden, *ob* und *wie* eine engere Verknüpfung von individuellem Wollen, Entscheiden und Handeln einerseits und systemischer Betrachtungsweise andererseits insbesondere vor dem Hintergrund der Gegebenheiten moderner Unternehmen hergestellt werden kann.

c) Selbstorganisation als Herausforderung an ein innovatives Management - Der systemtheoretische Management-Ansatz der St. Gallener Schule

Im Gegensatz zu früheren managementtheoretischen Ansätzen, bei denen in erster Linie die Führung einzelner Personen und/oder Personengruppen untersucht worden ist (s. Abschnitt 1), thematisiert die St. Gallener Managementtheorie unter der Verarbeitung systemtheoretischer und kybernetischer Erkenntnisse die *Gestaltung und Lenkung von gesamten Systemen* (vgl. u.a. Bleicher 1985, S. 82, Malik 1986, S. 50f, Staehle 1994, S. 43).

Vor diesem Hintergrund wird die These vertreten, dass *in* und *seitens der* Unternehmung nur mit Hilfe einer *ganzheitlichen Verknüpfung*

- interner (Zusammenfügung von Teilen zu einem funktionierenden System) und
- externer Faktoren (Berücksichtigung der Umweltverflechtung)

wirksame Denk- und Handlungsmodi entwickelt werden können, die letztlich die *weitere Existenz der Unternehmung sichern* (vgl. Ulrich 1985, S. 24).

Insbesondere für den Alltag von Unternehmen lassen sich diesbezüglich in Anlehnung an Gilbert Probst (1993, S. 481f) mehrerlei Argumente für eine *systemisch-autopoietische* Herangehensweise ranführen:

1. Eine Unternehmung kann sich von außen kaum wirklich kontrollieren lassen, sondern kontrolliert sich selbst. Weiterhin konstituiert sie unabhängig von externen Zwängen ihren eigenen Bezugsrahmen sowie ihre Problemlöse- und Handlungsmodi.
2. Identität, Kultur und Bezugsrahmen eines Systems verändern sich aufgrund der ständigen Interaktion mit der Umwelt.
3. Weder Management noch Mitarbeiter können *für sich genommen* die Entwicklung und das Handeln der Unternehmung bestimmen. Eine derartige Bestimmung erfolgt statt dessen über *systemeigene Ordnungsmuster*. Auf diese Weise wird zwar einerseits dem Ansatz Rechnung getragen, dass Unternehmen ohne Menschen nicht existieren können, aber andererseits darüber hinaus auch verdeutlicht, dass der institutionelle Bezugsrahmen eines Unternehmens auch durch Faktoren wie Technologie, Politik, Gesetze, Spielregeln und Machtstrukturen bestimmt wird (vgl. dazu auch Küpper/Ortmann 1992).
4. Soziale Systeme können sich nur dann entwickeln, wenn sie Neuerungen gegenüber nicht a priori feindlich gegenüberstehen, sondern sie in bezug auf Chancen, aber auch auf Risiken hinterfragen.

Technische, administrative und soziale Bedingungen (innerhalb einer Unternehmung) lassen sich diesem Ansatz zufolge *nur gesamtsystemisch* betrachten, wobei das systemische Denken als *integrierendes Rahmenkonzept* fungiert (vgl. dazu u.a. Rieckmann 1980, Ulrich/Probst 1990), um die Stellung des Unternehmens als sich in einem *ständigen Fließgewicht* mit der Gesellschaft befinden *Subsystem* erklären zu können (vgl. Ulrich 1984, S. 52ff, Bleicher 1992, S. 34f).
Unternehmen werden als *lebens- und entwicklungsfähige soziale Systeme* verstanden, die *bewusst* von Menschen gebildet worden sind (vgl. Ulrich 1984, S. 1, auch Ulrich/Probst 1990, S. 234, Klimecki/Probst/Eberl 1994, S. 1ff), durch *menschliche Interaktionen* zu originärer Selbstgestaltung, Selbstreflexion und Selbstorganisation befähigt werden (vgl. u.a. Probst 1987, Glasl/Lievegoed 1993, S. 18). Sie zeichnen sich durch die Charakteristika

- Ganzheitlichkeit
- Vernetztheit
- Offenheit
- Komplexität und
- Ordnung

aus.

Hieraus lässt sich der Ansatz begründen, dass die *systemisch-autopoietische Sichtweise* Unternehmen als von Menschen gebildete Organisationen weder als mechanistische noch als biologische Systeme versteht, *sondern vielmehr als von Individuen bewusst oder unbewusst gestaltete Systeme.* Obwohl in Anlehnung an Neuberger (1994, S. 7) die These vertreten werden kann, dass vor allem große Organisationen nicht mehr allein von außen oder oben gelenkt werden können, wird im Vorschlag der St. Gallener Managementtheorie dem Menschen - am konkreten Beispiel des Managers - die Fähigkeit zugesprochen, die *Systemmechanismen bewusst zu verändern, um beispielsweise auch eigene Ziele integrieren zu können* (vgl. Probst 1993, S. 447, Klimecki/Probst/Eberl 1994, S. 33)[130].

Vor diesem Hintergrund versteht sich das *systemorientierte Management* als Ansatz, den Führungskräften in (prinzipiell) allen Organisationen behilflich zu sein, ein „systemisch-evolutionäres Paradigma" zu erarbeiten, welches sich vom oben durch Fredmund Malik angesprochenen bisherigen „konstruktivistisch-technomorphen" Managementverständnis unterscheidet und dem Ziel der Maximierung der Lebensfähigkeit statt der Maximierung des Gewinns dient(vgl. Malik 1992, S. 49ff).

In bezug auf ein derartiges Managementverständnis unterbreitet die St. Gallener Managementtheorie Vorschläge, wie Unternehmen als zweckgerichtete soziale Systeme *gestaltet, gelenkt und entwickelt werden können* (vgl. Ulrich 1985, S. 11f).

Dem Aufgabenfeld der *Gestaltung* liegt die Erkenntnis zugrunde, dass soziale Systeme in der Natur nicht vorkommen, sondern erst vom Menschen geschaffen und „als zweckgerichtete, handlungsfähige Ganzheit aufrechtzuerhalten (sind)" (Ulrich ebd., S. 6).

Als *Lenken* sozialer Systeme ist demzufolge die Zielbestimmung sowie die Festlegung, Auslösung und Kontrolle zielorientierter Systemaktivitäten bzw. deren Subsysteme anzusehen (vgl. Ulrich ebd., S. 8).

Das Aufgabenfeld der *Entwicklung* umfasst alle gestalterischen Aktivitäten, die das System befähigen, auf veränderte Umweltbedingungen einzugehen, wobei

---

[130] Im Gegensatz zu den Vorstellungen Niklas Luhmanns, bei denen der Mensch in bezug auf die Problemlöse- und Handlungsfähigkeit sozialer Systeme nicht die „Schlüsselkategorie" darstellt (s.o.), geht die St. Gallener Managementtheorie von einem systemtheoretischen Verständnis aus, welches ein *systemisch denkendes und handelndes Management*[130] als Zielvorstellung verfolgt (vgl. Probst 1991, S. 333). Hierdurch soll unterstrichen werden, dass sich das Management *als ein Teil des Ganzen definiert und eben nicht als unbeteiligter „Input-Geber" außerhalb der Organisation(en) steht.*

durch variierende Zwecksetzungen des Systems eine Umweltanpassung erreicht werden kann. Hierzu sind zweckorientierte Systeme als entwicklungsfähige Institutionen zu gestalten, da davon auszugehen ist, dass sich Organisationen ähnlich wie die in ihr tätigen Menschen entwickeln können(vgl. dazu auch Glasl/Lievegoed 1993, S. 19).

In Hinblick auf die Entwicklungsfähigkeit von Organisationen jedweder Art und Zielsetzung lassen sich nach Bernard Lievegoed folgende Charakteristika bzw. *Gesetzmäßigkeiten* annehmen:

– „Entwicklung ist prinzipiell diskontinuierlich.
– Entwicklung durchläuft eine Reihe von Phasen in der Zeit.
– Innerhalb jeder Phase zeigt sich ein System mit der für diese Phase charakteristischen Struktur.
– Innerhalb dieser Systeme zeigen sich Variable und Subsysteme, von denen eine bzw. eines dominant ist.
– Eine folgende Phase unterscheidet sich von der vorherigen durch einen höheren Grad an Komplexität und Differenzierung.
– Die neue Phase hat ein neues dominantes Subsystem, wodurch keine Addition stattfindet, sondern alle Verhältnisse untereinander innerhalb des Systems sich verschieben und neu ordnen.
– Entwicklung ist nicht umkehrbar (die Jugend kommt nicht zurück!)" (Lievegoed 1993, S. 34).

Vor diesem Hintergrund bietet es sich an, zu hinterfragen, ob mit Hilfe der St. Gallener Managementtheorie Management und Wirtschaftssubjekte in die Lage versetzt werden können, Orientierungsgrundlagen für (systemeigene) Kommunikations- und Handlungsmodi zu entwickeln, die zur *Entwicklungsfähigkeit von Organisationen anhand der Kriterien Steigerung der Humanität bei gleichzeitiger Handlungsfähigkeit* beitragen.

Um sich dieser Fragestellung anzunähern, ist zunächst von Interesse, die seit ca. Mitte der 1980er Jahre erfolgten Vorschläge der St. Gallener Managementtheorie zur *Entwicklungsorientierung* aufzugreifen.

Entwicklungsorientierung lässt sich dabei als Charakteristikum einer neuen Managementkonzeption verstehen (vgl. Klimecki/Probst/Eberl 1994, S. 1), die sich durch

– Wert- und Sinnorientierung,
– die Absicht, dezentrale Managementkompetenz zu entfalten,
– strategische Ausrichtung,
– prozesshafte Betrachtung,
– Lernorientierung,
– Flexibilität und
– partizipative Ausrichtung

auszeichnet (vgl. Klimecki/Probst/Eberl 1994, S. 24ff).

In Hinblick auf die Zielsetzung eines jeden entwicklungsfähigen Managements, nämlich „die Entwicklungsfähigkeit und damit das Problemlösepotential sozialer Systeme zu erhöhen" (Klimecki/Probst/Eberl 1994, S. 22), kommt neben dem Bereich der *organisationalen Lernfähigkeit* dem Faktor *Selbstorganisation* eine Schlüsselbedeutung zu, um letztlich eine Revision des bisherigen Managementverständnisses ermöglichen zu können:

„Selbstorganisation produziert Vielfalt, alternative Strukturen, Interaktionen, Wandel - sie kompliziert das Leben der Macher. Sie verlangt nach Facilitatoren, dem Schaffen von Kontexten statt Endprodukten, einem kybernetischen Führen und Balancieren. Selbstorganisierte Systeme sind anpassungs- und entwicklungsfähig, sie müssen jedoch im Rahmen unserer idealisierten Vorstellungen („Wollen") mitgestaltet und kanalisiert werden" (Probst 1987, S. 13).

Diesbezüglich liegt es nahe, das Selbstorganisationsverständnis der St. Gallener Managementtheorie, welches mit den (in einem vernetzten Zusammenhang stehenden) intrinsischen Charakteristika

- Komplexität
- Redundanz
- Selbstreferenz und
- (relative) Autonomie

verbunden ist (vgl. Probst 1993, S. 482ff), zu untersuchen:

Komplexität
Komplexität ist als Produkt von Kompliziertheit und Dynamik zu verstehen, was dazu führt, dass ein System weder umfassend beschrieben noch in seinem Verhalten eindeutig prognostiziert werden kann (vgl. Sydow 1992, S. 252, Gomez/Zimmermann 1993, S. 130). Demzufolge gilt es, Methoden zu entwickeln, die die Systemkomplexität in Einklang mit der Umweltkomplexität bringen (vgl. Malik 1984, S. 170). Komplexe Systeme umfassen Sub-Ganzheiten, welche wiederum aus Teilbereichen zusammengefasst und in übergeordnete Systeme eingebunden sind (vgl. Bleicher 1992, S. 36). Vor diesem Hintergrund weist jedes System, gleichgültig auf welcher Ebene, generell die gleiche Struktur auf, so dass von einer Selbstähnlichkeit in sich verschachtelter Systeme in puncto Lebensfähigkeit gesprochen werden kann (vgl. Probst 1981, S. 217, Bleicher 1992, S. 37). In bezug auf das Verhältnis von Organisationsmitgliedern, Unternehmensbereichen und Unternehmen bedeutet dies, dass prinzipiell „im Rahmen selbstorganisierter sozialer Systeme eine Nichtreduzierbarkeit der Komplexität anzuerkennen (ist)" (Probst 1987, S. 78). Der unternehmerische Alltag erfordert statt dessen eine *Affirmation* der Komplexität in Form einer laufenden Verände-

rung sowie ein damit verbundenes *multikausales* bzw. *zirkuläres* Denken und Handeln.

Selbstreferenz
Selbstorganisierte soziale Systeme sind als selbstreferenziell zu bezeichnen, da die systemeigenen Elemente mit Hilfe der Elemente, aus denen sie bestehen, ständig (re)produziert werden. Daher können selbstorganisierte Systeme auch als operationell geschlossene Systeme bezeichnet werden (vgl. Gomez/Zimmermann 1993, S. 130).

Auf diese Weise entsteht ein systemisches Eigenverhalten, das es von der Umwelt abgrenzt, und gleichzeitig nach innen eine Systemidentität, da nur das System *selbst* festlegen kann, in welcher Form jene Bedingungen geschaffen werden, die zur Erhaltung und Weiterentwicklung erforderlich sind.

Analog zu den Vorschlägen Luhmanns ist *operationelle Geschlossenheit* hier allerdings nicht als „Abgeschlossenheit" gegenüber der Umwelt zu verstehen, sondern bedeutet statt dessen, dass ein selbstorganisiertes System seine eigenen Mechanismen finden muss, um Umwelteinflüsse zu verarbeiten (vgl. Probst 1987, S. 80, auch Sydow 1992, S. 252).

Dadurch wird betont, dass es sich bei Gestaltungs-, Lenkungs- und Organisationsprozessen um selbstreferenzielle Prozesse handelt. Kurz: Die Organisatoren solcher Systeme sind Teile des Ganzen und stellen die „rekursiven Kreisläufe" (Probst ebd., S. 80) dar.

Redundanz
Für selbstorganisierte Systeme ist Redundanz *die* Voraussetzung, da durch sie das Potential zur Selbstorganisation im System verteilt ist. Auf diese Weise wird jeder Systembeteiligte gleichzeitig auch zum Gestalter desselben (vgl. Probst 1987, S. 81), wobei die vorhandene Fähigkeit, zu gestalten, „in jedem Systemmitglied in ihrem Potential redundant (ist)" (Gomez/Zimmermann 1993, S. 130).

Auf diese Weise kann (eine bestimmte) Redundanz in Form gewährter Freiheitsspielräume als „Motor" für Selbstproduktion und Selbstentwicklung verstanden werden, wodurch innovatives Verhalten, Kreativität und organisationale Lernprozesse gefördert werden können (vgl. Pawlowsky 1992, S. 219, auch Sydow 1992, S. 252).

(Relative) Autonomie
Von Autonomie kann dann gesprochen werden, „wenn die Beziehungen und Interaktionen, die das System als Einheit definieren, nur das System selbst involvieren und keine anderen Systeme" (Probst 1987, S. 82).

Trotz der operationellen Geschlossenheit können Systeme aber nur als *relativ* autonom bezeichnet werden, da sie von der Umwelt *nicht* völlig unabhängig sind.

Hierbei bestimmt aber wiederum das System, *wie es* beispielsweise Umwelteinflüsse (Komplexität) verarbeitet. Folglich liegen die systemeigenen vernetzten Informations- und Kommunikationsprozesse im *Zentrum des Interesses*, da durch sie bestimmt wird, „warum das System tut, was es tut" (Probst 1987, S. 82).

Anders gewendet: Es obliegt dem System, auf seine Art und Weise mit Umwelteinflüssen (in Form eigener Gestaltungsparameter) umzugehen.

In bezug auf die *Eigenschaft Autonomie* sieht sich das Management herausgefordert, sich als ein *kontextuelles Management* aufzufassen, um zu ermöglichen, dass die Systemidentität bewusst gemacht und aufrechterhalten bleibt und weiterhin die Qualität der Beziehungen des Unternehmens zur Umwelt und die Qualität der autonomen Prozesse verbessert werden können (vgl. Probst 1995, S. 177). Vor diesem Hintergrund wird seitens der betriebswirtschaftlich-managementtheoretischen Literatur dem Faktor *organisationaler Lernfähigkeit und -bereitschaft* (s.u.) eine immer größere Bedeutung zuerkannt und dabei die Frage gestellt, wie Lernen im betrieblichen Alltag erfolgversprechend organisiert werden kann.

Angesichts dieser Fragestellung ist Autonomie als integraler Bestandteil zur Ermöglichung von Selbstorganisation auch im Zusammenhang mit der Ermöglichung von Lernprozessen *in der* Organisation und *der* Organisation von besonderem Interesse, da nach der Auffassung der St. Gallener Managementtheorie Lernen nur im selbstorganisierten System möglich ist und demzufolge einen wesentlichen Aspekt jeder Entwicklung darstellt (vgl. Petersen 1993, 1997).

Auf diese Weise werden *systemische*, das ganze Unternehmen umfassende Lernprozesse als entscheidende „Weichenstellungen" für die Entwicklungs-, Handlungs- und somit (Über) Lebensfähigkeit selbstorganisierter Systeme verstanden. Die Systeme *selbst* haben sich durch ständige Lernbereitschaft mit ihrem Kontext (Umwelt) auseinanderzusetzen und können folglich *nur dann* eigene Strategien und „Komplexitätsumgangsmechanismen" entwickeln und ausprägen, wenn sie eine *lernfördernde Kultur* zu gestalten, lenken und entwickeln in der Lage sind.

Selbstorganisation und Lernfähigkeit[131] (als diesbezügliche Charakteristika von Organisationen) sind daher als zwei Seiten ein und derselben Medaille zu bezeichen (s. Abschnitt 5).

---

[131] Lernfähigkeit eines sozialen Systems bedeutet dementsprechend sowohl *operative Anpassungslernprozesse* initiieren und gestalten zu können, die sich beispielsweise durch die Implementierung neuer Technologien ergeben haben, als auch *Fragestellungen nach Humanität und Sinnfindung* zu thematisieren.

Dabei stellt es sich in zunehmendem Maße heraus, dass ein bislang häufig ausreichend erschienenes (von einer Zentralinstanz gesteuertes) *reaktives Lernen* immer weniger zum Umgang mit der wachsenden Änderungsgeschwindigkeit befähigt und statt dessen (subsidiär-organisierte) *proaktive Lern- und Entfaltungsformen* zu entwickeln und auszugestalten sind (vgl. Probst 1995, S. 167).

Hieraus wird deutlich, dass sich Organisationen *mittels einer Befähigung zum kollektiven Lernen aus sich selbst heraus in die Lage versetzen können*, ihre Ressourcen darauf zu verwenden, „neue Verhaltens- und Entwicklungsmöglichkeiten zu simulieren, ihre erfolgreichen Handlungen zu hinterfragen, kreativ nach neuen Werten, Zielen und Aktivitäten zu suchen" (Probst 1995, S. 171).

Selbstorganisation führt demzufolge zu einer grundlegenden Neuformulierung des *individuellen und kollektiven Bezuges zur Umwelt*, der nunmehr nicht mehr von außen vorgegeben wird. Aus diesem Grunde überrascht es nicht, dass Autoren wie Arnold/Siebert die Ermöglichung von Selbstorganisation auch als *Aufgabenfeld erwachsenenpädagogischer Fragestellungen* identifizieren.

Trotz vieler wichtiger Hinweise zur Zukunftsgestaltung moderner Unternehmen in hochkomplexen Umwelten können einige Kritikpunkte am St. Gallener Managementmodell herangeführt werden, die eine *unhinterfragte Übereinstimmung* des hier vertretenen Autopoiesis- bzw. Selbstorganisationsverständnisses mit den Ansprüchen des Mentorenmodells problematisch scheinen lassen.

d. Kritik am Autopoiesisverständnis Luhmanns und der St. Gallener Schule vor dem Hintergrund einer Ermöglichung reflexiver Eigenständigkeit

Oben wurde bereits in Anlehnung an Harald Geißler (1995, S. 1f) darauf hingewiesen, dass die St. Gallener Managementtheorie prinzipiell dem Paradigma der *zirkulären Kausalität* und dem damit einhergehenden *Managementsinnmodell des Gärtners* zuzuordnen ist.

Die „Schwelle" zum oben als *bildungsäquivalent* bezeichneten Paradigma der *hermeneutischen Selbstreferenzialität*, welches - im Sinne der *Freiheit*, „sich vom Zwang der Kausalität befreien zu können" (Geißler 1995a, S. 8) – zur *reflexiven Eigenständigkeit* befähigt, wird nach dieser Einschätzung aus folgenden Gründen nicht überschritten:
- Das (von Luhmann vertretene und von der St. Gallener Schule prinzipiell übernommene Charakteristikum) der Selbstreferenzialität bezieht sich in erster Linie nur auf die Wahrnehmung und Anschlussfähigkeit komplexer Probleme und nicht auf das *Wollen* von Menschen und sozialen Systemen bzw. die Hin-

terfragung dessen, so dass „selbst der Normbegriff noch funktionalistisch interpretiert (wird)" (Kern 1997, S. 134, vgl. dazu auch die Kritik von Brewing 1995, S. 230).

– Die hier explizierten Sinnziele weisen dementsprechend nach wie vor einen *vagen Charakter* auf und setzen allenfalls einen Verhaltensrahmen, da es aufgrund der zunehmenden Legitimationsproblematik von Wirtschaft und Management u.U. *modenbedingt* immer wichtiger scheint, sich mit der *Sinnproblematik* auseinander zusetzen (vgl. Petersen 1997a).

Hieraus lässt sich ableiten, dass im (normativ prinzipiell offenen) Paradigma der zirkulären Kausalität und dem damit einhergehenden Sinnmodell des Gärtners der Versuch unternommen wird, die organisationale Wirklichkeit vor dem Hintergrund sachlicher Notwendigkeiten objektiv zu erfassen.
Da weiterhin im Sinne des Paradigmas der zirkulären Kausalität *jeder* sowohl Subjekt als auch Objekt ist, kann schwer herausgearbeitet werden, *wer* eigentlich die Verantwortung für organisationale Entscheidungen und ein darauf basierendes Handeln trägt. Kurz gefasst: *Wenn alles mit allem zusammenhängt, kann nichts mehr gesteuert werden.*

Die St. Gallener Managementtheorie wagt - letzteres Manko verarbeitend - nunmehr den *Kunstgriff*, eine Vorgehensweise vorzuschlagen, bei der von einer *Obersten Steuerungsebene* - analog zu einem „Supersubjekt" - ausgegangen wird, die letztlich doch einen irgendwie gearteten - von monologischer Manipulierbarkeit geprägten - *dirigistischen Gestaltungs-, Lenkungs- und Entwicklungsrahmen* vorgibt.

Hierbei wird von der theoretischen Vorannahme ausgegangen, dass die Komplexität einer Organisation zumindest soweit reduziert werden kann, dass das Top-Management (bspw. aufgrund vorhandener Informationen, Erfahrung oder Macht) in der Lage ist, die Unternehmung *eben wie ein Gärtner* prinzipiell von „oben" zu steuern. Dieser *oberste Hebel* weist wiederum einen *linearen und fremdreferenziellen Charakter* auf, zumal ein solches Systemverständnis letztlich doch auf sehr geschickte Weise die rein erfolgsorientierten Auffassungen von Zweckrationalität und Kontrollierbarkeit bzw. *Steuerung/Führung* in und von Organisationen unterstützt. Kurz: Die „Spitze" muss entscheiden, hat prinzipiell recht und trägt (nach wie vor) die (Allein-) Verantwortung" (Reinhard/Schweiker 1995, S. 273f), stempelt somit andere Beteiligte zu „Statisten" ab.
Vor dem Hintergrund einer Diskussion managementtheoretischer Konzeptionen zur Ermöglichung dialogischer Managementprozesse im Sinne einer gleichzeitigen Entfaltung von mehr Humanität und einer Orientierung an der Handlungsfähigkeit der Organisationen kann die St. Gallener Managementtheorie *dahin-*

gehend eingestuft werden, dass sie im Sinne einer Orientierung am Paradigma der zirkulären Kausalität auf ein *strategisches Verhalten zur Sicherung der Entwicklungsfähigkeit unter dem Primat des Überlebens abzielt.*

Der Mensch als handelndes Subjekt ist folglich im Rahmen dieses Paradigmas nicht wirklich frei, sein Wollen zu hinterfragen und dementsprechend (mit Hilfe einer dialogischen Auseinandersetzung mit anderen) sein Handeln ggf. zu korrigieren, sondern ist vielmehr von Determinanten und Sachzwängen am oben gewählten Beispiel neuer Informationstechnologien oder von außen in die Unternehmen eindringende Anspruchshaltungen nach Sinnhaftigkeit bestimmt.

Demzufolge setzen sich einzelne Manager bzw. das Management im Verständnis der St. Gallener Managementtheorie zwar mit dem Kontext auseinander und können *ihn auch innerhalb eines gewissen Rahmens mitgestalten*[132]. Dies erfolgt aber nach wie vor primär unter einem *Primat der Erfolgsorientierung und nicht im Sinne einer gleichberechtigten Steigerung der Verständigungsbereitschaft bzw. -fähigkeit.*

Angesichts des in dieser Erörterung geäußerten Anspruches, Management dialogisch zu gestalten, bedarf der *St. Gallener Ansatz* einer *Weiterentwicklung,* da in ihm der gestellte Selbstanspruch systemisch-ganzlichen Denkens nicht in jeder Hinsicht konsequent erfüllt wird (vgl. Geißler 1995), da er sich trotz vielversprechender Anregungen letztlich doch in erster Linie auf eine traditionell empirisch-analytische bzw. sozialtechnologische Betrachtung zu konzentrieren scheint.

Aus diesem Grunde kann das dargelegte Autopoiesisverständnis Luhmanns und der St. Gallener Schule nicht von vornherein *als bestimmendes Stück* von Erwachsenenbildungsprozessen zur Entfaltung reflexiver Eigenständigkeit betrachtet werden. Vor diesem Hintergrund scheint es besonders reizvoll, zu untersuchen, wie Rolf Arnold und Horst Siebert die Synthese zwischen dialogischer Ermöglichungsdidaktik und autopoietischen Grundannahmen - am konkreten Beispiel der hier gezeigten exemplarischen Positionen - herzustellen beabsichtigen.

4.3.2.2. Vom Erzeugen zum Ermöglichen – Zu den Anregungen einer „didaktischen Wende" in der Erwachsenenbildung

Bevor die Charakteristika einer *Ermöglichungsdidaktik* in der Erwachsenenbil-

---

[132] Beispielsweise ermöglichen neue Informationstechnologien - wie oben gezeigt - einen Rahmen, der durch strukturelle und organisatorische Maßnahmen noch stark erweitert werden kann.

dung näher beleuchtet werden können, gilt es zunächst einmal, die o.a. Erkenntnisse von Maturana/Varela, Luhmann und der St. Gallener Managementtheorie „pädagogisch umzusetzen".

Als pädagogisch relevante Merkmale des Konstruktivismus lassen sich folgende kurz zusammenfassen:

- Der beobachtende Mensch ist ein *autopoietisch-psychisch-selbst-referenzielles System und elementarer Teil der Beobachtung*, was sich so deuten lassen kann, dass sich die Erkenntnis des Beobachters im Verlauf seines Erlebens und Konstruierens von Wirklichkeit ergibt.
- Wirklichkeit bzw. objektive Wahrheit existiert nicht, sondern jegliche Erkenntnis zerfällt in subjektive Weltsichten (vgl. Glaserfeld 1981, Schmidt 1987, Steinmann/Löhr 1997).
- Wirklichkeitskonstruktionen müssen *intersubjektiv* über Kommunikation abgestimmt werden.
- Wissen hat die Aufgabe, den Menschen „lebenstüchtig" zu machen, sprich: ihn zu befähigen, in seiner Lebenswelt Probleme zu lösen und Ziele zu erreichen. Das pragmatische Kriterium, an dem sich Wissen und Fähigkeiten messen, ist die *Viabilität*. Viabilität - verstanden als „Gangbarmachung" - bedeutet im Hinblick auf Erkenntnis im Sinne einer Konstruktion von Wirklichkeit, dass es um menschlichen Erkenntnisgewinn zur Ermöglichung einer jeweils positiveren Bilanz aus Erfolg und Misserfolg geht (vgl. Behrmann 1998).

Folglich zielt der Konstruktivismus darauf ab, *den Menschen zu befähigen, in seinem Kontext Probleme zu lösen*.

Rolf Arnold hat bereits relativ früh energisch darauf hingewiesen (s. Arnold 1990, 1991), dass das Verhältnis zwischen professionell erwachsenenpädagogisch Tätigen *einerseits* und den „Kunden" der Erwachsenenbildung, nämlich den *Lernenden andererseits* nicht länger nach den Vorstellungen von – möglicherweise traditionell bewährten - Lehrplänen gestaltet werden kann.
Ein derartiges Verständnis betrachtet nämlich - so auch die Kritik Meuelers - Lernen als einen *vorrangig fremd- und objektreferenziellen Prozess*, der der Anleitung und Orientierung durch den Lehrenden bedarf. Somit wird in einem als *Erzeugungsdidaktik*[133] zu titulierenden Lehr-Lern-Design von einer *linearen*

---

[133] Der Begriff „Erzeugungsdidaktik" ist u.a. den Arbeiten Heinzes entliehen (vgl. Heinze 1981, S. 12f), der u.a. für die Unzulänglichkeit der Unterrichtsforschung eine Unterrichtstheorie verantwortlich macht, die von der einseitig kausalen Abhängigkeit des Lernens vom Lehren ausgeht. Didaktik als *Erzeugungsdidaktik* begriffen, orientiert sich folglich daran, Lehren als *Lernenmachen* zu identifizieren. (vgl. Heinze ebd.).

Vermittelbarkeit von Inhalten und der Erzeugungsmöglichkeit von Qualifikationen ausgegangen, welches letztendlich das Lehr-/Lernverhältnis im *Sinne des Handwerker-Modells* ausgestaltet.

Die oben gezeigten Entwicklungstendenzen haben allerdings sowohl im Kontext pädagogischer Institutionen als auch in dem betrieblichen Umfeld deutlich werden lassen, dass aufgrund

-   einer stärkeren Gewichtung des Lernaspekts in der Didaktik sowie einer zunehmenden Subjektorientierung in der betrieblichen Weiterbildung und
-   der hier in Anlehnung an Malik angeregten Bestrebungen, (möglichst) *alle* Organisationsmitglieder mit Managementfunktionen zu betrauen,

ein Abschied von einem *monologischen Lehr-Lern-Design* nicht nur möglich, sondern auch ökonomisch immer notwendiger scheint (vgl. Lehnhoff 1997). Erst auf diese Art und Weise können sowohl persönliche als auch organisationale Leistungs- und Entwicklungspotentiale gewinnbringend zur Entfaltung gebracht werden.

Eine so zu titulierende „didaktische Wende"[134] wird von Rolf Arnold (1991a, 1991c) und Arnold/Siebert (1995) als *Ermöglichungsdidaktik* bezeichnet, welche sich als eine situationsbezogene und subjektorientierte didaktische Perspektive charakterisieren lassen kann, die zur *Förderung von Selbstorganisation und Identitätsentwicklung* der Lernenden beiträgt bzw. beitragen soll.
Selbstorganisation wird von Rolf Arnold und Horst Siebert als paradigmatische Grundlage einer evolutionären Berufspädagogik sowie einer konstruktivistischen Erwachsenenbildung bezeichnet.

Selbstorganisation setzt sowohl im berufs-, betriebs- als auch im erwachsenenpädagogischen Kontext - wobei die Unterscheidung in bezug auf die Gesamtthematik, eine *innovative Didaktik zu ermöglichen*, allenfalls akademischer Natur ist - die Fähigkeit zum Selbstsein und somit auch die von der Organisation *bewusst geförderte Autonomie* der Subjekte voraus.

Um eine Ermöglichungsdidaktik überhaupt „ermöglichen" zu können, ist für Arnold zunächst einmal eine Veränderung des „didaktischen Blicks" erforderlich: „Didaktik als die Theorie von der „stellvertretenden Erschließung von Bildungsgehalten" führt nämlich den Lehrer oder Ausbilder, wenn sie Selbstorganisation und Selbstständigkeit im Lernprozess ermöglichen und fördern möchten,

---

[134]   Der Ausdruck „didaktische Wende" stammt vom Verfasser und ist nicht explizit auf die Ausführungen Rolf Arnolds oder Horst Sieberts zurückzuführen.

in eine klassische Doppel-Bindungs-Falle, wie sie bereits in dem Mündigkeitspostulat aufscheint: Lernziele, wie ‚Sei mündig!‘ ‚Organisiere Dich selbst!‘ etc., dementieren das, was sie didaktisch zu realisieren versuchen, d.h. Selbstorganisation kann gerade nicht im Rahmen eines didaktisch vorwegge-planten Unterrichtsentwurfs eingeübt oder gelernt werden, sondern ist als „Ziel des pädagogischen Weges in jedem Augenblick bereits vorausgesetzt" (Arnold 1992, S.11, vgl. dazu auch Arnold 1994, S.167).

Auf diese Weise wird in der Ermöglichungsdidaktik die als *absolut angesehene* Planbarkeit der *Erzeugungs-* oder „Handwerker-Didaktik" durch eine *prinzipiell situative Offenheit* ersetzt. Aufgrund dieser weitgehenden Offenheit ergeben sich den Lernenden umfangreiche Möglichkeiten, Lernziele, -inhalte und Me-thoden des eigenen Lernprozesses entsprechend den für ihn an dieser Stelle re-levanten situativen Bedingungen *selbst zu bestimmen und auszugestalten.* Dies soll allerdings *nicht* dahingehend interpretiert werden, dass fachliches Lernen zwecks Kompetenzvermittlung *nunmehr überflüssig* geworden ist.

Ermöglichung bedeutet somit, dass

- natürlich weiterhin fachliche Qualifikationen, aber *gleichermaßen* reflexive Kompetenzen Gegenstand von Lernprozessen sind und es somit gilt,
- fachliche Qualifikationen zu *vermitteln* und reflexive Kompetenzen didak-tisch zu *ermöglichen.*

Lernen wird folglich nicht als *abgeleitete Funktion von Lehren* begriffen, son-dern stellt einen *absolut selbstorganisierten Problemlösungsprozess* dar, bei dem sich die Lerninhalte häufig erst im Rahmen einer *gemeinsamen Gestaltung und Moderation der Problemlösungssituation* ergeben. Diese gemeinsame Ges-taltung und Moderation der Lernsituation findet durch die Annahmen des bereits dargestellten und begründeten Mentorenmodells und die Vorschläge der Trans-zendentalpragmatik ihre Orientierung in Gestalt der sprachpragmatisch und selbstreflexiv nachgewiesenen Diskursregeln der Herrschaftsfreiheit und Ge-rechtigkeit. Lernen lässt sich *somit* als einen durch *formalprozedurale Normen gekennzeichneten Dialog rekonstruieren,* in welchem die Asymmetrie zwischen Lehrenden und Lernenden immer mehr schwindet.

Die im Sinne der Erzeugungsdidaktik den Lehr-Lern-Prozess *eindeutig dominie-renden* Vorgesetzten, Personalentwickler, Trainer, Dozenten, Seminarleiter etc. werden im Konzept der Ermöglichungsdidaktik aber nicht etwa überflüssig, sondern bekommen vielmehr die Aufgabe zugewiesen „(...) Betreuer, change agents und Moderatoren (zu sein, J.P.), die im Dialog mit betrieblichen Abtei-lungen Probleme identifizieren sowie Problemlösungsprozesse initiieren und moderieren" (Arnold 1995c, S. 23).

Eine solche Rollenverschiebung lässt sich als „Brückenschlag" zum dialogischen Management auffassen, da davon ausgegangen wird, dass „Führung" als hierarchisches und monologisches Einwirken auf und Beeinflussen von Mitarbeitern seine Bedeutung zugunsten evolutionärer Entwicklungs- und Lernprozesse verliert (vgl. Arnold 1995a, S. 32).

Rolf Arnold und Horst Siebert sehen sich aufgrund der o.a. Entwicklung, dass *einseitige Festlegungen von Wahrheit* seitens der Führungskräfte und/oder Lehrenden immer weniger möglich scheinen, dazu veranlasst, von der *Notwendigkeit einer „epistemologischen Bescheidenheit"* zu sprechen (s. Arnold 1994, S. V).

Das von beiden Autoren als Problemlösung angedeutete Prinzip eines „evolutionären Wachsenlassens"[135] – vergleichbar mit dem oben unterbreiteten Vorschlag einer gemeinsamen Wahrheitssuche – zielt auf ein *gemeinsames symmetrisches Lernen* sich als reflexiv-eigenständige Subjekte anerkennender Individuen.

Hieraus ergibt sich als Aufgabenfeld *eines jeden Lernpartners*, nach den Lernbegründungen und Lerninteressen der (Mit-) Lernenden *fragen zu müssen*, um sie auf diese Weise in ihrem Lernen zu begleiten und zu beraten, so dass alle ihre individuellen Suchbewegungen und Kompetenzaneignungsprozesse selbst organisieren können (vgl. Arnold/Siebert 1995, S.150).

Dies kann so gedeutet werden, dass im Kontext der Ermöglichungsdidaktik dem Dialog der Charakter einer *conditio sine qua non* zugesprochen werden muss. *Der Dialog wird folglich durch die Ermöglichungsdidaktik erst gefördert, und gleichzeitig ist erst die Ermöglichungsdidaktik der didaktische Garant für dialogische Lern- und Entwicklungsprozesse.*

Die Unterschiede zwischen einem *monologisch-erzeugenden* und einem *dialogisch-ermöglichenden* didaktischen Verständnis lassen sich dementsprechend wie folgt herausstreichen:

Monologisches Erzeugen	Dialogisches Ermöglichen
Konzentration auf fachliches und strukturelles Wissen, das nach dem *Prinzip der Reduktion* erschlossen und reglementiert wird. Komplexitätsminderung und Systematisierung der fachlichen Anforderungen seitens der Lehrenden. Wissen wird (nach den Kriterien des	Lernen zielt auf Selbstbildungsprozesse der Beteiligten und Entreglementierung des Lernens. Lehrende und Lernende sehen sich als (prinzipiell) *gleichberechtigte, reflexiv-eigenständige Lernpartner.*

---

[135] Andre Lehnhoff (1997) verweist in diesem Zusammenhang deutlich darauf, dass das Prinzip des „evolutionären Wachsenlassens" nicht etwa so interpretiert werden darf, dass letztendlich doch auf die monologische Gestaltung systemischer Rahmenbedingungen abgezielt wird, um Lern- und Bildungsprozesse von Individuen zu ermöglichen. Dies würde nämlich eher dem dargestellten Gärtnermodell entsprechen (vgl. Lehnhoff 1997, S. 298).

Lehrenden) in überschaubaren Lerninhalten aufbereitet und vorgegeben bzw. reglementiert. Asymmetrisches Verhältnis zwischen Lehrenden und Lernenden.	
Konzentration auf vermittelnde Methoden. Lerninhalte sind durch die weitgehende Vorplanung des Lehrenden von vornherein bereits auf eine bestimmte Art und Weise erschlossen.	*Förderung individuellen Suchens* sowie einer vom Lernenden selbstgesteuerten Aneignung von subjektrelevanten Inhalten. Dieser Prozess wird durch den lehrenden Mentor behutsam unterstützt.
Kurz: Lernen wird primär als *fremdreferenzieller* Prozess gedeutet.	Kurz: Lernen stellt sich als ein primär *selbstreferenzieller*, d.h. *autopoietischer* Prozess dar.

Diese Gegenüberstellung soll verdeutlichen, dass sich die Erwachsenenbildung/Weiterbildung im Sinne einer Berücksichtigung der Lernerinteressen aufgefordert sehen muss, von bisherigen, bislang möglicherweise durchaus erfolgversprechenden, „curricularen Normativitäten" Abstand zu nehmen (vgl. Siebert 1996, S. 9f)[136].

4.3.2.3. Zu den Charakteristika einer konstruktivistischen Erwachsenenbildung

Nachdem das Potenzial einer Erzeugungsdidaktik in bezug auf die Ermöglichung dialogischer Managementprozesse mit Hilfe erwachsenenpädagogischer Anregungen dargelegt worden ist, werden nunmehr die speziellen Vorstellungen einer konstruktivistischen Erwachsenenbildung skizziert.

---

[136]   Horst Siebert ist sich dessen bewusst, dass Konstruktivismus durchaus als „Provokation für die Bildungsarbeit" (Siebert 1996, S. 9) bezeichnet werden kann. Die kognitive Unzugänglichkeit der Welt einerseits und die Betrachtung *jedes* Menschen als „geschlossenes System" verursacht nämlich den Abschied von zwei pädagogischen Mythen, und zwar sowohl, dass Lehrpläne und Unterrichtsmaterialien die Welt und ihre Anforderungen real widerspiegeln, als auch „dass Lernen die Widerspiegelung des Lehrens ist." (Siebert ebd., S. 9f).
Dennoch wird der Konstruktivismus als *produktive Provokation* bzw. als Denkanstoß gedeutet und nicht etwa als neue Heilslehre oder Supertheorie im Sinne eines didaktischen „one-best-way". Siebert sieht im Konstruktivismus einen fruchtbaren Impuls, sich seitens der (Erwachsenen- bzw. Berufs-) Pädagogik intensiver mit ursprünglich anderen erkenntnistheoretischen Schwerpunktsetzungen zu befassen und diese zum Anlass zu nehmen, die *eigene Praxis ständig zu hinterfragen* (vgl. Arnold/Siebert 1996b).

Hierzu bietet es sich an , diese hochkomplexe Thematik anhand von vier Unterpunkten zu bearbeiten:

- Lernen als prozessuale „Konstruktion der Wirklichkeit"
- Das Lehr-/Lern- Arrangement als „Soziales System"
- Problemlösung als Ziel (konstruktivistischen) Lernens
- Die Rolle des Lehrenden im Kontext konstruktivistischer Bildungsaktivitäten

a)   Lernen als prozessuale „Konstruktion der Wirklichkeit"

Aufgrund der Annahme, dass menschliches Erkennen eine *aktive Handlung* ist und somit durch den menschlichen Erkenntnisapparat und das darin erzeugte Wissen eine eigene Wirklichkeit geschaffen wird, wird Lernen *zunehmend als Prozess des Entwurfs von möglichen Realitäten* gedeutet, welcher als Grundlage menschlichen Handelns dienen kann. Dementsprechend hat Lernen nicht länger (von außen bzw. fremdreferenziell) Vorgegebenes abzubilden, sondern vielmehr (selbstreferenziell) Eigenes zu gestalten (vgl. Arnold/Siebert 1995, S.89). Lernen stellt sich somit zunächst als *Aneignung der Lebenswelt* dar, wobei individuelle Wirklichkeitskonstruktionen im lebensweltlichen Bezug zunächst einmal hergestellt und dann weiterentwickelt werden.
Dies kann so gedeutet werden, dass aufgrund der Annahme der Selbstreferenzialität bzw. der autopoietischen Reproduktion das Subjekt die Wirklichkeitskonstruktionen und Handlungsorientierungen zwar letztlich *in* sich selbst schafft, dass dies aber nicht nur ausschließlich *für* sich selbst als geschlossenes System und auch nicht ohne Bezug zur Umwelt geschieht (vgl. Behrmann 1998).
Neben der autopoietischen Reproduktion hat die Annahme von Entwicklung durch *Perturbation*[137] zur Folge, dass das Entstehen von Wirklichkeitskonstruktionen und Handlungsorientierungen eben auch auf die Abstimmung mit anderen und deren Weltauffassungen angewiesen und Wandlungen unterworfen ist. Kommunikation i.S. einer *dialogischen Auseinandersetzung mit anderen* erhält den Charakter einer entscheidenden Bedingung für die Ausgestaltung von Zwischenmenschlichkeit im Sinne der Gestaltung *einer gemeinsamen Lebenswelt.*
Lernen setzt somit die „Verständigung mit anderen" (Arnold/Siebert, 1995, S.89) voraus, was mit dem Anspruch der konstruktivistischen Erwachsenenbildung verbunden ist, dass *alle* am Lernprozess Beteiligten die Verantwortung für ihre „subjektiven Wissenskonstruktionen letztlich *selbst* übernehmen müssen".
Lehren und Lernen ist dementsprechend als „soziales System" zu arrangieren.

---

[137]   Als *Perturbationen* lassen sich aus systemtheoretischer Sicht Zustandsänderungen im Sinne von „Störungen" in der Systemstruktur bezeichnen, welche aufgrund von Zuständen in der Umwelt des Systems ausgelöst werden.

b) Das Lehr-/Lern- Arrangement als „Soziales System"

Das oben gezeigte Autopoiesisverständnis am Beispiel der Annahmen Maturanas, Luhmanns und auch der managementtheoretischen Vorschläge der St. Gallener Schule sollte aufzeigen, dass sich Systembeziehungen aus der Möglichkeit ergeben, dass die eigendynamische Zustandsänderung eines Systems eine Perturbation eines anderen Systems auslöst.

Dies birgt für (erwachsenenpädagogisch) auszugestaltende Lehr-/Lernarrangements die Konsequenz in sich, dass sich didaktische Maßnahmen seitens des Lehrenden *nicht länger* als planbare und zielführende Einwirkungen darstellen. Didaktische Maßnahmen können allenfalls den *Charakter von Impulsen* in Richtung des Lernenden erhalten, die bei jenem *Entwicklungen ermöglichen können*, aber *nicht unbedingt müssen*.

Obwohl diese Erkenntnis die Vermutung naheliegend scheinen lässt, dass didaktische Planung seitens des Lehrenden kaum noch möglich ist, verweist Horst Siebert (1996, S.206) darauf, dass eine *professionelle didaktische Planung* keineswegs überflüssig wird: „Planbar sind die Bedingungen des Lernens, nicht aber der Lernprozess selber. Damit gewinnen das Setting, die Lernökologie und die Lernatmosphäre im Vergleich zu den klassischen curricularen Entscheidungen zunehmend an Bedeutung. Wichtig sind lernfördernde Situationen, in denen eine *„Koevolution"* der Beteiligten erleichtert wird. Zwar wird jedes Individuum als autopoietisches System begriffen, aber zwischen mehreren Personen sind Wechselwirkungen möglich. Koevolution meint eine Schwingung, eine Resonanz zwischen „unabhängigen" Individuen." (kursiv d. H. Siebert).

Die Betrachtung des Lehr-/Lern- Arrangements als „Soziales System" birgt somit folgende didaktische Konsequenz in sich:

-   Die Lehre in der Erwachsenenbildung bekommt die Aufgabe, *lernanregende* Situationen bereitzustellen, in denen individuelles Suchen und Probieren möglich ist.

-   Die Aufwertung von Selbstorganisation und Selbstverantwortung der Lernenden führt zur Entlastung der Lehrenden (vgl. Arnold/Siebert 1995, S. 109)

c) Problemlösung als Ziel (konstruktivistischen) Lernens

Die bisherigen Skizzierungen sollten verdeutlichen, dass es als das Ziel konstruktivistischer Lehr-/Lern-Arrangements anzusehen ist, zur *aktiven Lebensbewältigung* und Problemlösefähigkeit beizutragen. Vor diesem Hintergrund gilt es, den Versuch zu unternehmen, Hilfestellungen für den Fall anzubieten, dass bisherige Problemlösungs- und Handlungsstrategien den sich entwickelten Anforderungen von Lebenssituationen nicht mehr gerecht zu werden scheinen. Die Erwachsenenbildung befindet sich vor diesem Anspruchshintergrund in einem Spannungsfeld:

- *Einerseits* kann sie in einem sich immer komplexer darstellenden Kontext als Institution aufgefasst werden, die als „Vergewisserungs- und Sinnstiftungsanstalt" (Tietgens 1992, S. 165) richtungsweisend wirken kann,
- *andererseits* fördert sie (insbesondere in einer konstruktivistischen Auslegung) die „Vergrößerung und Verbreiterung der Deutungsmöglichkeiten" (Arnold/Siebert 1995, S. 37). Hierbei stellt sich das, was im Rahmen von Lernprozessen neugieriger Subjekte angeregt wird, häufig als *veränderte Wirklichkeitskonstruktion* dar, die wiederum die individuellen und gesamtgesellschaftlich gesehenen Deutungsmöglichkeiten erhöht. Erwachsenenbildung trägt somit auch zur *Verunsicherung* bei, die im positiven Sinne als *produktiv* gewertet werden kann.

Insbesondere die letztgenannten Prozesse werden als „Reframing" bezeichnet. *Reframing* lässt sich so deuten, dass u.U. menschliche Erfahrungen und Wissen in einen neuen Rahmen eingepasst werden müssen (vgl. Siebert 1996, S. 204). Auf diese Weise kann es der Erwachsenenbildung dann auch gelingen, eine gesamtgesellschaftliche Problemlösefunktion wahrzunehmen, da potentielle Problemstellungen identifiziert und in (konkrete) Lernbedarfe umgewandelt werden. Hieraus ergibt sich als Aufgabenfeld konstruktivistischer Erwachsenenbildungsarbeit, *stets* die Gangbarmachung bzw. *Viabilität des Herkömmlichen* in Frage zu stellen und somit das scheinbar Selbstverständliche und Unveränderliche zu erschüttern (vgl. Arnold/Siebert 1995, S. 118). Derartige Umdeutungsprozesse scheinen vor allem in dem Falle notwendig zu werden, wenn bisherige Orientierungsmuster bzw. Wirklichkeitskonstruktionen *nicht länger geeignet scheinen*, (zunächst einmal) zur individuellen Problemlösung beizutragen.
Das Ziel der konstruktivistischen Erwachsenenbildung liegt somit in der Wiedergewinnung *viablen Wissens*. Dabei kann allerdings *letztlich nur* der Lernende *allein* die Viabilität angebotener Inhalte beurteilen (vgl. Arnold/Siebert 1996, S. 2ff).

d) Die Rolle des oder der Lehrenden im Kontext konstruktivistischer Bildungsaktivitäten

Im Kontext konstruktivistischer Bildungsaktivitäten sieht sich der Lehrende im Verständnis eines Coaches, Mentors oder „Stewarts" (Senge 1990) vor die Aufgabe gestellt, die selbstständige und selbsttätige Erschließung der Lebenswelt der Lernenden zu ermöglichen.

Das damit einhergehende didaktische Prinzip zur Ausgestaltung selbstorganisierter Lernprozesse wird von Rolf Arnold und Horst Siebert als „Steinbruch-
Modell" des Lehrens tituliert:

„Der Lehrende präsentiert bzw. moderiert ein offizielles Thema, welches von
den Lernenden als „Steinbruch" genutzt wird, d.h. sie entnehmen ihm gewissermaßen die „Bausteine" bzw. Sinn(-bestand)teile, die sie zur Bearbeitung ihrer
eigenen Lernthemen, d.h. - um im Bild zu bleiben - zum Bau bzw. Wiederauf-
bau ihres eigenen Sinnhauses, benötigen. Eine solche subjektwissenschaftliche
Begründung des Lernens in der Weiterbildung legt es nahe, zunächst nach den
biographischen Lernprojekten der Teilnehmer bzw. Teilnehmerinnen zu fragen,
vor diesem Hintergrund sodann nachzuzeichnen, wie sie auf die an sie herange-
tragenen - universellen - Lernangebote reagieren, um schließlich sowohl typische Reaktionsformen aus der Lernerperspektive wie auch typische Interventi-
onsformen aus der Lehrerperspektive zu beschreiben." (Arnold/Siebert 1995, S.
151).

In Hinblick auf die didaktische Bearbeitung der *Zirkularität zwischen Erkennen
und Handeln* wird von beiden Autoren insbesondere auf die Rolle der
„Beobachtungen II. Ordnung" (Arnold/Siebert 1995, S. 162) bzw. die der
„Metakognitionen" (Siebert 1996) verwiesen.
Hierbei wird die These aufgestellt, dass sich der Kreislauf von Erkennen und
Tun dadurch didaktisch gestalten lassen kann, dass „kognitive Landkarten" (Ar-
nold/Siebert ebd.) verwendet werden, die es ermöglichen, *diejenigen Konstrukte*
zu verdeutlichen, *welche* im Kontext von Wirklichkeitskonstruktionen, Denk-
und Handlungsmustern wirksam sind (vgl. Behrmann 1998). Dies lässt sich mit
Hilfe von *Verständigungsprozessen auf einer Metaebene* ermöglichen (vgl. Ar-
nold/Siebert ebd.).

Damit geht einher, dass Beobachtungen II. Ordnung im Lernprozess auch „stellvertretend" seitens des Lehrenden „übernommen" werden können. Hierbei bewegt sich der Coach, Mentor oder Stewart quasi auf einer *Metaebene*, welche es
ihm erlaubt, die sich wechselseitig bedingenden Wahrnehmungs-, Denk- und
Handlungsprozesse der Lernenden *miteinander* sowie *in bezug zum eigentlichen
Lerngegenstand* zu beobachten und jederzeit zu thematisieren.

Konkret bedeutet dies:

-   Der Lehrende als *Stewart, Coach* oder *Mentor* ist *auch weiterhin* für das Ar-
    rangement des Lernprozesses 'zuständig'. Hierbei hat er allerdings darauf zu
    achten, dass der Lernprozess weniger in Form von Impulsen und Dauervor-
    trag bzw. *Dauerdominanz* abläuft, „sondern vielmehr in der Form von Lern-
    fragen, Aufgabenstellungen, Hilfen und Beratung, um die Schüler und Stu-

denten in die Lage zu versetzen, sich *selbstorganisiert,* d.h. lebendig, neues Wissen erschließen und ihre professionellen Verhaltensmöglichkeiten zu erweitern. Er schafft somit die Bedingungen für die Selbstorganisation der Lernenden. Folglich erzeugt der Lehrer nicht mehr das Wissen, das ‚in die Köpfe der Schüler „einzutrichtern" ist, sondern ermöglicht statt desen Prozesse der selbsttätigen und selbstständigen Wissenserschließung sowie Wissensaneignung" (vgl. Arnold 1993, S. 53). Mit anderen Worten: Es geht um die Überwindung des von Erhard Meueler angesprochenen *Oberkellner-Syndroms* in der Erwachsenenbildung – nach dem der Lehrende mit dem bedient, was er aufzutischen hat, während ihm die Wünsche und Potentiale der Lernenden (Kunden) unbekannt bleiben (vgl. Meueler 1993, S. 213).

- Weiterhin geht es darum, dem Lernenden Informationen im laufenden didaktischen Prozess anzubieten, die wahrscheinlich zu Perturbationen seines kognitiven Apparates führen. Hierbei erhöht sich die Wahrscheinlichkeit, dass Informationen vom Lernenden als *autopoietisch-psychischem System* im Sinne von Entwicklungsimpulsen aufgenommen werden, wenn sie „als

- *relevant,* d.h. bedeutsam, sinnvoll
- *viabel,* d.h. praktisch, hilfreich, nützlich
- *neu,* d.h. nicht redundant
- *anschlussfähig,* d.h. in ein vorhandenes kognitives System integrierbar" (Arnold/Siebert 1995, S. 113)

scheinen.

Als (normatives) Fazit des Vorschlages, Erwachsenenbildung im konstruktivistischen Sinne didaktisch zu gestalten, lässt sich ziehen, dass sich erwachsenendidaktisch Tätige von der nach wie vor häufig vorzufindenden Schlichtheit – und auch eventuell Bequemlichkeit - didaktischer Vermittlungsillusionen lösen und eine Professionalität zum „Lehren vom anderen her" zu entwickeln haben (vgl. Arnold/Siebert 1996, S. 2ff).

Mit den Worten Arnold/Sieberts: „Es geht demnach um zweierlei: um die „Kunst, mit dem Lehren aufzuhören" und um die „Kunst des Lehrens". Im Hinblick auf einen solchen Wandel der Lernkultur gibt es eine ganze Reihe von offenen Fragestellungen, wobei auch hierbei die Professionalisierungsfrage die wesentliche sein dürfte, d.h. die Frage, wie erreicht man, dass angehende ErwachsenenbildnerInnen eine ermöglichungsdidaktische Professionalität entwickeln" (Arnold/Siebert in GBO-Netzwerk).
Hieraus lässt sich die These entwickeln, dass die konstruktivistische Erwachsenenbildung *prinzipiell sehr wohl* einen Weg weisen kann, wie mit Hilfe einer

ermöglichenden erwachsenendidaktischen Professionalität dialogische *Managementprozesse angeregt, begleitet und gefördert werden können.*
Diese These bedarf allerdings im Rahmen der kritischen Würdigung einer näheren Überprüfung.

4.3.2.4. Kritische Würdigung des Ansatzes einer konstruktivistischen Erwachsenenbildung

Rolf Arnold und Horst Siebert sehen eine entscheidende Ursache *sowohl* für die Aktualität der konstruktivistischen Theorie *als auch* für die Notwendigkeit erwachsenenpädagogischen Engagements in *gesamtgesellschaftlichen Wandlungsprozessen* am Beispiel der Individualisierung und Pluralisierung von Lebensstilen. Des weiteren geht es um einen erwachsenenpädagogisch möglichst professionell zu gestaltenden Umgang mit neuen Unübersichtlichkeiten angesichts der sich anbahnenden Dominanz virtueller Realitäten, des Verfalls der großen ideologischen Metaerzählungen, aber natürlich auch angesichts der Krisen der pädagogischen Theorie und Praxis (vgl. Arnold/Siebert 1996, S. 2ff).
Hinsichtlich dieser Problematik vertreten beide Autoren am speziellen Ansatz der konstruktivistischen Erwachsenenbildung die Auffassung, dass es sich hier nicht *etwa auch* um eine neue „Supertheorie der Didaktik" im Sinne eines „onebest-way" handelt[138], sondern dass insbesondere *Unsicherheiten* und *Unkalkulierbarkeiten* als charakteristisch für den Lehr-/Lernprozess anzusehen sind (vgl. Arnold/Siebert 1995).
Vor diesem Hintergrund lässt sich der Konstruktivismus dann auch durchaus als weiterführende bzw. *produktive Provokation* pädagogischen Handelns bezeichnen (vgl. Siebert 1996, S. 9), da die mit dieser Erkenntnistheorie verbundene kognitive Unzugänglichkeit der Welt und die Betrachtung jedes Individuums als geschlossenes, psychisches System den Abschied von zwei Sicherheit vermitteln wollenden „pädagogischen Mythen" (Siebert ebd.) bedeutet, nämlich:

-   der Vorstellung, dass sich mit Hilfe von Lehrplänen und Unterrichtsmaterialien die Welt so darstellen lässt, wie sie wirklich ist, sowie,
-   dass Lernen die Widerspiegelung des Lehrens ist (vgl. Siebert 1996, S. 9f).

Angesichts dieser These erheben Arnold/Siebert als erwachsenenpädagogische Autoren *auch nicht den Anspruch*, aus einer (konstruktivistischen) Erkenntnistheorie eine Didaktik und Methodik der Bildungsarbeit *deduktiv abzuleiten*,

---

[138]   Ein derartiges Verständnis würde auch sicherlich dem inhaltlichen Anspruch des Konstruktivismus – zumindest wie ihn Rolf Arnold und Horst Siebert zu deuten und auf didaktische Gegebenheiten zu übertragen scheinen – *grundlegend widersprechen.*

verweisen aber trotzdem darauf, dass die Bildungspraxis mit einer Erkenntnistheorie „kompatibel" sein sollte (vgl. Arnold/Siebert 1996, S. 2ff). Unterstützung erhalten hierbei beide Autoren von Harald Geißler, der es als äußerst sinnvoll, bzw. schärfer, sogar als *geboten* erachtet, „den Konstruktivismus als *pädagogische Theorie* zu entfalten; denn der Prozess des Erkennens, für den sich der Konstruktivismus interessiert, ist nicht ohne ein Konzept von Lernen angemessen auszuleuchten." (Geißler 1995, S. 43).

Allerdings wird auch von Rolf Arnold und Horst Siebert eingestanden, dass der Konstruktivismus als erkenntnistheoretische Grundlage ihrer Erwachsenendidaktik nicht *alle Fragen* menschlichen Lebens und Zusammenlebens *zu erklären vermag*. Dies wird allerdings in den Vorschlägen der beiden Autoren auch nicht beansprucht. Folglich hat auch für Arnold/Siebert der Konstruktivismus „offene Flanken", welche beispielsweise durch ethische und gesellschaftstheoretische Anregungen thematisiert bzw. ergänzt werden *müssen*. Diese prinzipielle Erkennung von Schwachstellen und die damit einhergehende Bereitschaft zum Diskurs mit anderen Disziplinen und Ansichten lässt dennoch den Konstruktivismus zunächst einmal als *erkennend widersprüchlich und grundsätzlich dialogbereit scheinen*.

Insbesondere die *Solipsismus-Dialog-Problematik* lädt zu einem *genaueren Hinsehen ein*:
Die Anlehnung konstruktivistischer Positionen an die o.a. Transzendentalphilosophie Immanuel Kants im Sinne eines „was wir nicht sehen, existiert nicht" (Maturana/Varela 1987, S. 260), lässt es naheliegend scheinen, dem Konstruktivismus ein „monologisches Erkenntnisparadigma" zu unterstellen, welches sich durch einen *„epistemische(n)* Solipsismus" (v. Glaserfeld 1987, S. 404) kennzeichnen lassen kann.

Wie oben bereits im Rahmen der Erörterung von Kants Transzendentalphilosophie angedeutet, hätte dies zur Folge, dass das Individuum *für sich allein* die Verallgemeinerbarkeit seiner Maxime prüfen kann. Obwohl auch Kant - wie dargelegt - *keineswegs* die Verständigung zwischen Individuen ausgeschlossen hat, lässt sich doch der Solipsismus dadurch kennzeichnen, „dass, wenn der Mensch auch, empirisch gesehen, ein Gesellschaftswesen ist, die Möglichkeit und Gültigkeit der Urteils- und Willensbildung doch prinzipiell ohne die transzendental-logische Voraussetzung einer Kommunikationsgemeinschaft, also gewissermaßen als konstitutive Leistung des Einzelbewusstseins, verstanden werden kann (Apel 1973, S. 375).

Dementsprechend wird auch im Vorschlag von Rolf Arnold und Horst Siebert die Frage nicht umfassend (genug) beantwortet, wie sich das Verhältnis von Konstruktivismus und Dialog im Kontext von Organisationen und deren Management klären lassen kann. Obwohl immer darauf hingewiesen wird, dass der Konstruktivismus auf eine *kommunikative Überprüfung* von (individuellen) Weltbildern abzielt, können auch Arnold/Siebert nicht verhehlen, dass es sich beim Konstruktivismus in *erster Linie um eine solipsistische Erkenntnistheorie* handelt (vgl. dazu auch Geißler 1997).

Daran schließt sich auch vor dem Hintergrund der o.a. gesellschaftspolitischen Bedeutung der Erwachsenenbildung die Kritik an, dass der Konstruktivismus der (soziokulturellen) Umwelt *nicht genügend* eine aktive, anregende Rolle bei der Ermöglichung von Lernprozessen zukommen lässt (vgl. Bauer 1996, S. 126).

Folglich würde eine alleinige Ausrichtung erwachsenenpädagogischer Bestrebungen zur Ausgestaltung dialogischer Managementprozesse am – letztlich doch monologisch-solipsistisch geprägten - Konstruktivismus mit der Gefahr einhergehen, eine *zu starke normative Offenheit* in Kauf zu nehmen, da der reflexiv-eigenständige Dialogpartner *nicht konsequent genug als konstitutives Element einer konstruktivistischen Weiterentwicklung* angesehen wird.
Vor diesem Hintergrund könnte die konstruktivistische Erwachsenenbildung als Beispiel für das Paradigma der zirkulären Kausalität und des sich daran orientierenden Gärtnermodells angesehen werden, da in erster Linie auf die Rahmenbedingungen für erwachsenenpädagogische Lernprozesse geachtet wird und die *dialogische Erarbeitung* von wertrationalen Fragen *nicht a priori im Mittelpunkt des Interesses* zu stehen scheint.

Der Grund für diese nicht zu unterschätzende Vernachlässigung mag darin liegen, dass Rolf Arnold und Horst Siebert aufgrund ihrer bisherigen Publikationen den Dialog als *geradezu selbstverständlich* für die Ausgestaltung eines didaktischen Konzepts ansehen und folglich ihn als *konstitutives Element einer konstruktivistischen Erwachsenenbildung verstanden wissen wollen.* Dies gibt allerdings per se der Konstruktivismus, *welcher bewusst* von Kommunikation, aber nicht von *Dialog* spricht, nicht ohne weiteres her.

Der große Gewinn dieses Vorschlages ist in bezug auf die Ermöglichung und Ausgestaltung dialogischer Managementprozesse – trotz dieser Anmerkungen - aber zweifellos darin zu sehen, dass sich die Erwachsenenbildung aufgrund der konstruktivistischen Anregungen zunehmend der Notwendigkeit bewusst wird, „auch das betriebliche Erwachsenenlernen in dieser ganzheitlich konstruktivistischen Weise zu bestimmen und damit die Erwachsenenbildungstheorie gleichzeitig um eine Dimension zu erweitern, die das reflexive Lernen des Individuums mit dem systemischen Lernen der (*gesamten,* J.P.) Organisation verbindet" (Arnold 1996, S. 379).

Dieser Hinweis Arnolds kann als willkommener Brückenschlag angesehen werden, nunmehr auf die organisationsdidaktischen Anregungen Harald Geißlers zu verweisen, die im Gegensatz zu den Vorstellungen Meuelers sowie Arnold/Sieberts *explizit* die individualistische Ebene um die organisationaler Lernkontexte erweitern, und den Dialog als *Voraussetzung hierfür ansehen.*

4.3.3. Zum Verständnis einer Bildungstheorie der Organisation – Die organisationsdidaktischen Vorstellungen Harald Geißlers

4.3.3.1. Zur Begründung einer pädagogischen Konzeption des Organisationslernens

Harald Geißler kann als einer der ersten Autoren bezeichnet werden, die sich aus pädagogisch-didaktischer Betrachtungsweise intensiv mit der Ermöglichung und Ausgestaltung *organisationaler Lernprozesse* befasst und hierfür eine erziehungswissenschaftliche Hinterfragung und Begleitung angeboten haben (vgl. insbes. Geißler 1994, 1997, 1998, 2000).

Vor diesem Hintergrund wurde Geißler seitens der managementtheoretischen, aber auch erziehungswissenschaftlichen Literatur insbesondere durch

- die bereits oben angesprochenen managementtheoretischen Anregungen Werner Kirschs, Knut Bleichers und der St. Gallener Managementschule, aber auch
- die Vorschläge der Pädagogen Dietrich Benner (s. insbes. Benner 1991) und Klaus Prange (1978) sowie
- die amerikanischen Organisationslernmodelle von Argyris/Schön (1978), Duncan/Weiss (1979) sowie March/Olsen (1976)

angeregt, Organisationslernen als ein zukunftsweisendes Forschungsfeld zu betrachten, welches einer pädagogisch-didaktischen Begleitung bedarf.

In Anlehnung an die bereits in Abschnitt 2 dargestellten philosophischen Grundlagen, nämlich Bezug nehmend auf Klaus Prange und Dietrich Benner, den Menschen als imperfektes Wesen und daraufhin Menschen sowie sich aus Menschen zusammensetzende soziale Systeme als *offene Frage* bzw. *homo* oder *communicatio discens* zu betrachten, werden Organisationen von Geißler als Wertschöpfungs-, -distributions- und Risikogemeinschaften, aber eben auch als *Lern-, Erziehungs- und Selbsterziehungsgemeinschaften* betrachtet (vgl. Geißler 1997, S. 172).
Diese Gemeinschaften haben sich - analog zu Individuen - *mit faktisch vorliegenden systemischen Rahmenbedingungen auseinander zusetzen und in einen*

Bezug zu kontrafaktisch angestrebten Entwicklungsmöglichkeiten zu stellen: „Denn das Wesen einer Organisation ist nicht allein in der Sphäre des Faktischen, sondern auch in der Sphäre des normativ Wünschenswerten bzw. Geforderten zu suchen" (Geißler 1996b, S. 261).

Angesichts dieser Betrachtung von Organisationen, einhergehend mit der Aufforderung Geißlers, sich als Kollektivsubjekt mit faktischem und kontrafaktisch Erwünschtem reflexiv-eigenständig auseinander zusetzen, wird der Vorschlag unterbreitet, derartige *Lern- und Reflexionsprozesse* von Unternehmen sowie sonstiger Organisationen (auch der öffentlichen Hand wie bspw. Schulen) *erwachsenenpädagogisch zu begleiten* (vgl. Geißler 1996, S. 148).

Der Weg dorthin wird von Geißler als „Bildungstheorie der Organisation" bezeichnet und ist auf die Ermöglichung und Ausgestaltung *umfassender* organisationaler Lernprozesse angewiesen.

Obwohl dieses Vorhaben *nicht unbedingt* in der *individual-orientierten* (neuhumanistischen) Bildungstradition steht, welche – wie oben gezeigt – immer noch einen starken Einfluss auf erwachsenen- und berufspädagogische Strömungen und auch auf die eingangs geschilderten Didaktikansätze Meuelers sowie Arnold/Sieberts ausübt, sieht Geißler die Chancen für die von ihm als *Erweiterung des bisherigen Bildungsverständnisses* kreierte *Bildungstheorie der Organisation* durchaus als gegeben an. Geißler begründet diese These dahingehend, als sich

- *erstens* im Gegensatz zum späten 20. Jahrhundert die Welt der bildungstheoretischen Klassiker Humboldt, Schleiermacher, Hegel und Herbart bis auf Kirche, Staat und Militär eben nicht *als die Welt der Organisationen* präsentierte (s. Petersen 1993, Geißler 1995),
- *zweitens* die o.a. sozio-ökonomischen Wandlungsprozesse im ausgehenden 20. Jahrhundert immer stärker einen ständigen, sprich: *immer wieder neu zu gestaltenden* Ausgleich *ökonomischer* und *humanistischer* Begründungen von Handlungsentscheidungen erforderlich machen,
- *drittens* technische Innovationen eine Flexibilisierung organisationaler Leistungserstellung ermöglicht sowie
- *viertens* Veränderungen der Arbeitsorganisation am Beispiel von Gruppen- und/oder Projektarbeit ausgelöst haben.

Für Harald Geißler ist es angesichts seines (erwachsenenpädagogischen) Anspruches, eine Bildungstheorie der Organisation anzuregen, natürlich von besonderem Interesse, auf die *wertrationale Komponente* organisationaler Lernprozesse hinzuweisen, welche insbesondere in den amerikanischen Organisationslernmodellen von March/Olsen (1976) Argyris/Schön (1978) sowie Duncan/Weiss (1979) kaum berücksichtigt worden ist (vgl. Geißler 1994). Um diese Lücke schließen zu können, ist es für Geißler weiterführend, hierzu die relativ kurzen Verweise von Argyris/Schön (1978) auf ein als „Deutero-Learning" bezeichnetes *Meta-Lernen* sowie die o.a. Erkenntnisse Ulrich Becks (1986, 1993) und die der Transzendentalpragmatik zu thematisieren.

Aus dieser *Vielfalt* von zu be- und verarbeitenden Anregungen ergibt sich für Geißler der *gemeinsame Nenner*, sowohl unter zweckrationalen als auch unter wertrationalen Fragestellungen die *umfassende* Problemlösefähigkeit *insbesondere* von Organisationen zu erhöhen.

Die oben angedeuteten *gegenseitigen Vorbehalte* zwischen Ökonomie und Erziehungswissenschaften scheinen vor diesem Hintergrund für Geißler *immer weniger aufrechtzuerhalten* sein, da beispielsweise die in Abschnitt 3 dargelegte unternehmensethische Debatte gezeigt hat,
- dass sich auch Unternehmen mit den Folgen zu einseitig erfolgsorientiert-zweckrational orientierten Wirtschaftens auseinander zusetzen haben und
- *gleichzeitig* – insbesondere angesichts knapperer Haushaltsmittel - auch traditionelle (Erwachsenen-) Bildungseinrichtungen wie die Volkshochschule zunehmend mit ökonomischen Mess- und Effizienzkriterien konfrontiert werden und dementsprechend ihre fast ausschließlich (erwachsenen-) pädagogische Akzentuierung zu überprüfen haben (vgl. Geißler 1998).
Folglich überrascht es dann auch nicht, dass das Konzept der „lernenden Organisation" bzw. des „Organisationslernens" (s. ausführlicher Abschnitt 5) *auch aus pädagogischer Sicht* seit einigen Jahren zunehmende Beachtung erfährt (vgl. Geißler 1994, Arnold 1994, Petersen 1993, 1997, Petersen/Lehnhoff 1999).

Hierbei wird allerdings von Geißler kritisiert, dass es - obwohl die vorliegende Zahl an Publikationen zum Organisationslernen im letzten Jahrzehnt sprunghaft angewachsen und heute kaum noch zu überblicken ist - *bisher zu wenig gelungen ist*, eine wissenschaftlich tragfähige Theorie des Organisationslernens zu entwickeln (vgl. Geißler 1994, 1998, Behrmann 1998, Roehl 1999).
Diese Atmosphäre wissenschaftlicher Unverbindlichkeit *bis hin zu mangelnder Seriosität* fügt nach der Auffassung Geißlers letztlich der *gesamten* sozialwissenschaftlichen Forschung großen Schaden zu, weil mit derartig teilweise unpräzisen Ansätzen keine neuen Orientierungen und Anleitungen im Sinne von Lernimpulsen gegeben werden können. Als Ausnahmen dieser sicherlich überdenkenswerten Entwicklung können allenfalls die Arbeiten vom MIT (vgl. Argyris 1993, auch Womack/Jones/Roos 1990), des systemischen Managements im Umkreis der St. Gallener Schule (vgl. Probst 1987, Klimecki/Probst/Eberl 1993) sowie die unten noch kurz zu skizzierenden Ansätze zum Wissensmanagement (s. Pawlowsky 1995, Reinhardt 1998) betrachtet werden.

Diese Kritik aufgreifend, gilt es zu klären, welchen Anspruch gegenüber einem Organisationslernen zu erheben sind, das auch unter pädagogisch-bildungstheoretischen Fragestellungen bestehen und somit als Ausgangspunkt dienen kann, unter erwachsenenpädagogischen Prämissen eine *explizit pädagogische Organisations- und Managementtheorie* darzustellen (vgl. dazu erste Ansätze bei Arnold 1991, 1994 Geißler 1994, 1995 Lehnhoff 1997, 1998, Petersen 1993, 1997, 1998, Petersen/Lehnhoff 1999).

Hierbei stellt sich auf den ersten Blick die Frage, ob es wiederum als seriös bezeichnet werden kann, zu behaupten, dass Organisationen als soziale Gebilde überhaupt lernen können, oder ob es sich bei dem Konstrukt „Organisationslernen" nicht vielmehr selbst um eine „Schimäre", sprich: um eine konzeptionelle Irreführung handelt (vgl. die Kritik von Faulstich 1998, auch Strunk 1994 sowie K.-H. Geißler/Orthey 1997).

In Erwiderung dieser Kritik betont Geißler, dass es immer weniger ausreichen kann, von der (traditionellen) *Fiktion* eines *einsamen bzw. solipsistischen Lerners* auszugehen. Statt dessen scheint es weiterführend zu sein, Lernen als einen *dynamischen Prozess* aufzufassen, in welchem sich das Individuum *nicht nur einsam* einem (Lern-) Objekt zuwendet. Somit ist vielmehr davon auszugehen, dass sich Lernen als ein *reflexives Moment intra- und interpersoneller Handlungen* in Form einer *Triade* darbietet, zumal sich arbeitende und lernende Individuen eben nicht nur mit Arbeits- und Lernobjekten, *sondern genauso* mit den sie umgebenden Kosubjekten auseinander zusetzen haben (vgl. Behrmann 1998).

Auf diese Weise bekommt die *soziale Dimension des Lernens* einen *noch höheren* Stellenwert als bisher. Geißler orientiert sich – wie bereits in seinen Managementsinnmodellen angedeutet - an der transzendentalpragmatischen Argumentation, der er zwar eine Vernachlässigung des Lernaspekts zur Diskursfähigkeit sowie der Normenanwendungsproblematik bescheinigt, sie aber dennoch als *richtungsweisend* hinsichtlich ihrer Bemühungen um eine *dialogische Begründung* von Normen menschlichen Handelns und folglich auch pädagogischen Bemühens ansieht.

Vor dem Hintergrund dieser Fragestellung bezieht Harald Geißler, der die Bedeutung individuellen Lernens keinesfalls negiert (s.u.), zunächst einmal dahingehend eindeutig Stellung, sich nicht allein auf die Diagnose und Förderung individuellen Bewusstseins konzentrieren zu wollen. Statt dessen befasst er sich mit der (lernend auszugestaltenden) Kommunikation innerhalb der Organisation und identifiziert demzufolge *Organisationslernen als einen Prozess, der das Problemlösungspotential einer Organisation samt ihrer Mitglieder erhöht* (vgl. Geißler 1997, 1998).

Um diese noch recht allgemein gehaltene These zu präzisieren, bietet es sich für Geißler an, davon auszugehen, dass auch aus pädagogischer Sicht das *Problem-*

lösungspotential einer Organisation insbesondere durch zwei *wechselseitig in Verbindung* stehende Bedingungskomplexe bestimmt wird, und zwar:

- durch das Wissen und Können sowie durch die Einstellungen und Motivationen der Organisationsmitglieder
- und durch die Kommunikations- und Kooperationsregeln der Organisationsmitglieder, die den Rahmen für die Entfaltung ihres individuellen Wissens und Könnens sowie ihrer individuellen Einstellungen und Motivationen darstellen.

Bezüglich dieser Regeln lassen sich analytisch

- gruppendynamische Regeln
- institutionelle Ordnungsregelungen
- und Regeln des Umganges mit organisationsexternen Kunden und Lieferanten (Marktregeln)

unterscheiden (vgl. Geißler 1997).

Ein Aufgabenfeld der Erwachsenenbildung könnte es dabei im Verständnis Geißlers sein, im organisationalen Kontext zu hinterfragen,

- welche Kooperationsregeln innerhalb der verschiedenen Kooperationsgruppen vorherrschen,
- welche Kooperationsregeln zwischen den Kooperationsgruppen in horizontaler und vertikaler Hinsicht vorliegen,
- welches Wissen und Können im Rahmen der vorliegenden Kooperationsregeln normalerweise angewandt und ausgetauscht wird,
- welches Wissen und Können sowie welche Motivationen und Einstellungen im Rahmen der vorliegenden Kooperationsregeln nicht aktualisierbar bzw. nicht austauschbar sind,
- wie die vorliegenden Kooperationsregeln zu verändern sind,
- damit organisationsrelevantes Wissen und Können aktualisierbar wird,
- damit organisationsrelevantes Wissen und Können austauschbar wird,
- damit brachliegende Motivationspotentiale sich entfalten können,
- und welche Methoden-, Sozial- und Ich-Kompetenzen die verschiedenen Organisationsmitglieder brauchen, um ihre eigenen Kooperationsregeln angemessen überprüfen und angemessen verbessern zu können (vgl. Geißler 1997).

Mit Bezug auf diese Parameter lassen sich auf den ersten Blick zwei *wechselseitig miteinander verbundene* Hypothesen aufstellen:

1. Das Problemlösungspotential einer Organisation *kann nur dann nachhaltig verbessert werden*, wenn entsprechend günstige Kooperationsregeln entwickelt werden, die die Anwendung bereits vorliegenden Wissens und Könnens sowie die Freisetzung von Motivationspotentialen begünstigen.

2. Die Veränderung der vorliegenden Kooperationsregeln *kann sich nur im Zuge sozialer Lernprozesse der je einzelnen vollziehen*. Mit anderen Worten: Soziale Lernprozesse der je einzelnen sind die Bedingung für die Veränderung der vorherrschenden Kooperationsregeln, wie umgekehrt die Veränderung der vorherrschenden Kooperationsregeln eine wichtige *Stimulation* für die Anregung sozialer Lernprozesse ist.

Diese umfangreichen Fragestellungen sieht Harald Geißler als Bestätigung für seine These und begründete Erwiderung auf die Bedenken von Peter Faulstich oder Gerhard Strunk an, dass es – im Gegensatz zu bisherigen pädagogischen Vorstellungen – *eben nicht länger* ausreichen kann, von der Vorstellung *lediglich individueller Lernsubjekte* auszugehen. Statt dessen scheint die Annahme berechtigt zu sein, dass sich Lernen im Kontext sozialer Systeme als ein *dialogisch-dynamischer Prozess* darstellt.

Die Aufgabe der Erwachsenenbildung im Kontext einer Bildungstheorie der Organisation ist es dabei, *organisationsdidaktisches Arrangement zwecks Integration von Arbeiten und Lernen* am jeweiligen organisationalen Arbeitsplatz anzubieten.

Hinsichtlich dieses Anspruches scheint insbesondere die Konzentration auf folgende Punkte naheliegend zu sein:

a) *Überwindung* der nach wie vor vorherrschenden Trennung zwischen Arbeits- und Lernort sowie Förderung der Dezentralisierung von Aus- und Weiterbildungsprozessen.

b) *Entwicklung* von Lernarrangements jenseits von Schulungsaktivitäten. Es stellt sich immer mehr heraus, dass klassische Beschulungen von Mitarbeitern erstens auf erhebliche Transferprobleme stoßen und zweitens deutliche Grenzen aufweisen, eine proaktive Problemlöse- und Handlungskompetenz zu vermitteln. Statt dessen geht es um die

c) *Entwicklung und Erprobung* eines Modells selbstorganisierten Lernens auf der Ebene des individuellen Lernens, Gruppenlernens und Organisationslernens. Dabei soll der Erkenntnis Rechnung getragen werden, dass die gestiegene Komplexität des betrieblichen Alltages *nur mit Hilfe einer Befähigung zu selbstorganisierten Lern- und Gestaltungsprozessen* von einzelnen Betriebsangehörigen, Arbeitsgruppen und letztlich der gesamten Organisation bewältigt werden kann.

d) *Verknüpfung* informellen Lernens mit organisierter Weiterbildung und Organisationsentwicklung, da der Alltag vieler Organisationen bislang häufig gezeigt hat, dass die Bereiche der organisierten Weiterbildung einerseits sowie der Organisationsentwicklung andererseits nicht in einem systemischen Zusammenhang gesehen, sondern oftmals getrennt geplant und umgesetzt werden.

Anhand dieser Aufzählung wird deutlich, dass Geißler in seinen erwachsenen-pädagogisch-organisationsdidaktischen Vorstellungen *Lernen als dynamischen Prozess der ständigen Reflexion und reflexiven Verbesserung der Kooperations- und Kommunikationsbeziehungen in der interpersonellen Zusammenarbeit und der diesen zugrundeliegenden organisationalen Strukturen und Regeln* auffasst.

Demnach steht Lernen *einerseits* in bezug zum organisationalen Kontext, d.h.

- zu der Technik mit ihren Regelungs- und Steuerungsmechanismen,
- zu den Dokumenten (Dienstvorschriften, Gebrauchsanweisungen, Akten, Urkunden), die organisational relevantes Wissen enthalten,
- zu den Regelungen der offiziellen und informellen Organisationsstrukturen (Aufbau- und Ablaufstrukturen, Stellenbeschreibungen, Informationsstrukturen, Betriebsvereinbarungen) und der offiziellen sowie informellen Organisationskultur (Leitfäden der Führung oder Zusammenarbeit, Organisationsphilosophie) und
- zu den bewusst intendierten oder sich faktisch durchgesetzt habenden Anreizsystemen (Belohnungs- und Sanktionssysteme)

und kann andererseits nur *dann* zu einer Verbesserung des organisationalen Miteinanders führen, *wenn* die Gestaltung der o.a. Bedingungsfaktoren des organisationalen Kontextes von

- einem sich verändernden Wissen der Kooperationspartner über die systemischen Wirkungszusammenhänge ihres Verhaltens,
- einem sich ändernden kommunikationspraktischen Können ihres wechselseitigen Umgangs miteinander,
- sich ändernden Intentionen miteinander
- und von einem wachsenden wechselseitigen Vertrauen, an die guten Absichten und an die Entwicklungsfähigkeit des anderen und der eigenen Person zu glauben,

begleitet wird (vgl. Geißer 1995, S.50, Behrmann 1998).

Organisationslernen unter (erwachsenen-) pädagogischen bzw. bildungstheoretischen Prämissen lässt sich somit zunächst einmal als das Bestreben kennzeichnen, *auf der kommunikativen und metakommunikativen Ebene Regeln im Pro-*

zess von interindividuellen Abstimmungs- und Aushandlungsprozessen aus- und abzubilden, die das organisationale Wir determinieren.
Auf diese Weise lässt sich ein *umfassendes* organisationales Lernen ermöglichen, welches das *gesamte* Steuerungspotential der Organisation erhöht. Dies wird von Harald Geißler in Anlehnung an die amerikanischen Organisationspsychologen Chris Argyris und Donald Schön (1978, S. 27) als „Deutero Learning" bezeichnet und soll ein *umfassendes organisationalkulturelles „Identitäts- bzw. Metalernen"* widerspiegeln, welches einer (erwachsenen-) pädagogischen *Begleitung* bedarf, um organisationales Entscheiden und Handeln (besser) legitimieren zu helfen.

4.3.3.2. Deutero learning als organisationskulturelles Metalernen

Deutero-Learning wird von Harald Geißler als *organisationskulturelles Identitätslernen* aufgefasst, welches unter dem Primat eines *vernünftigen* Entscheidens und Handelns von *ökonomischen Zwängen unterliegenden Organisationen* sowohl *Zweckrationalitäts-* als auch *Sittlichkeitslernen* fall- und kontextbezogen *miteinander verbindet* (vgl. Geißler 1994, auch Petersen 1995). Deutero-Learning zielt somit auf eine *Verknüpfung* von Erfolgs- und Verständigungsorientierung durch (Organisations-)Lernen ab.

Obwohl im deutero-learning in erster *Linie organisationskulturelle Fragen angesprochen werden*, sieht Geißler die Notwendigkeit, dass deutero learning konsequenterweise im *gleichen Maße* auch die Organisationsstruktur und –strategie zu thematisieren hat.
In bezug auf die Hinterfragung des Phänomens *Organisationskultur* hat sich Harald Geißler stark von den Gedankengängen des amerikanischen Organisationspsychologen Edgar Schein (1985) beeinflussen lassen, die sich daran ausrichten, dass Organisationen, analog zur Gesellschaft, kulturelle Ausprägungsformen entwickelt haben, durch die „Reaktionen, responsive Aktivitäten und Handlungen" (Probst 1987, S.99) geleitet werden.
Edgar Schein unterscheidet in seinem Vorschlag dabei *drei Ebenen* von Organisationskultur:

1. Die auch von außenstehenden Personen wahrnehmbare Oberfläche, die als die *Ebene der Artefakte* bezeichnet wird und sich beispielsweise durch bestimmte Kleidung, die Gestaltung der Gebäude, Sprache oder auch nach außen hin wahrnehmbare Unternehmensleitsätze ausdrücken[139],

---

[139]   Zu denken ist hierbei beispielsweise an die typische Kleidung oder Gebäudegestaltung von Banken oder dem Militär, welche *auch* für „Nichtvertraute" bzw. „Nichteingeweih-

2. Die *intentionalen Vorannahmen und Problemlösemuster*, welche sowohl die „internal integration issues" (organisationelle und hierarchische Struktur, der interne Umgang miteinander, auch Belohnungs- und Bestrafungstechniken, Umgang mit Problemen etc.) als auch die „external adaption issues" (verfolgte Ziele der Organisation, Marktstrategien und komplexitätsreduzierende, abgeleitete Ziele, die Mittel zur Zielerreichung und Steuerungsverfahren), umfassen.

Derartige Symbole, Werte und Normen, die zwar auf den ersten Blick eindeutig die Charakteristika von Organisationen ausmachen, weisen aber auf den zweiten Blick immer noch einen *objektivierenden Charakter* auf.

Edgar Schein betont deshalb, dass sie auf der *dritten bzw. tiefsten Ebene*, nämlich der der *basic underlying assumptions*, aufbauen. Basic underlying assumptions werden von Schein als kollektive *Vorannahmen* bzw. *Deutungsmuster* (vgl. Arnold 1983) verstanden, als deren entscheidendes Merkmal es anzusehen ist, dass sie für die betreffenden Handlungssubjekte ein *undiskutierbarer letzter Grund und Ausgangspunkt sind und damit den Status von Glaubensgewissheiten haben* (vgl. dazu auch Geißler 1993, S.83). Derartige Glaubensgewissheiten beziehen sich beispielsweise auf das Menschenbild des Individuums, die (private und auch berufliche) Einstellung gegenüber sowie der Umgang mit dem Mitmenschen, die Einstellung zu Natur und den umgebenden Kontext, sprich: die Einstellung des Individuums (Organisationsmitgliedes) zu sich selbst und seiner Welt (vgl. Geißler 1994, Petersen 1993, 1995, 1997). Basic assumptions sind demzufolge *nicht vollständig diskutierbar*, können es auch gar nicht sein, da sie nach Scheins Auffassung den Individuen selbst zum großen Teil verborgen sind und sich *lediglich implizit* im Verhalten der Organisationsmitglieder ausdrücken (vgl. Geißler 1993, S.82).
Hieraus ergibt sich, dass die konsequente und tiefgreifende Herausarbeitung individueller und auch organisationaler basic underlying assumptions auf eine konsequente Anwendung dialogischer Prozesse angewiesen ist (vgl. Geißler 1994, S.100f), welche wiederum auf umfassenden Lernprozessen basieren.
Kurz: Das einzelne Subjekt ist darauf angewiesen, zwecks Ermöglichung und Ausgestaltung eigener Lernprozesse die Gemeinschaft anderer zu suchen, die ihm dabei behilflich sein können „(to, J.P.) defend ourselves against dangerous and powerful inner impulses" (Schein 1985, S.181).

Demzufolge schließen sich Menschen zu Gruppen oder Organisationen zusammen, um gemeinsame Erfahrungen zu interpretieren, zu reflektieren und – darauf basierend - Handlungen zu generieren (vgl. Probst 1987, S.99). Es geht dar-

---

te" *so eindeutig erscheint*, dass diese als Charakteristika einer *solchen* Organisation wahrgenommen werden.

um, besser die (Umwelt-) Komplexität bewältigen zu können sowie kollektive Deutungsmuster zu entwickeln, die wiederum *jedem einzelnen Individuum* eine Sicherheit im Umgang sowohl mit eigenen als auch mit den Unwägbarkeiten der Welt vermittelt.

Da individuelles und organisationales Lernen einen zentralen Stellenwert in der organisationsdidaktischen Argumentation Harald Geißlers einnehmen, ist der Verweis auf die Überlegungen Edgar Scheins von Interesse, *insbesondere von zwei Lerntypen auszugehen,* die die Individuen bewegen (sollen), sich lernend mit sich und ihrer Umwelt auseinander zusetzen und demzufolge auch den Erfolg bzw. Misserfolg ihres Lernens zu beurteilen:

1. Das *Vermeidungslernen* (pain and anxiety reduction), welchem die Vermutung zugrunde liegt, dass Menschen lernen, um (persönlich empfundene bzw. befürchtete) Nachteile wie bspw. Statusverlust oder Entlassung zu vermeiden. Folglich zielt Vermeidungslernen auf die „Stabilisierung der vorliegenden äußeren Bedingungen" (Geißler 1994a, S.101). Diesem Lerntypus steht das

2. *Problemlösungslernen* (positive problem solving) sozusagen *kategorial* gegenüber. Gemäß diesem Lerntypus lernen Menschen, um die eigene Problemlösekompetenz zu erhöhen, (pro-) aktive Lernprozesse auszulösen sowie um die vorliegenden äußeren Bedingungen zu ihren Gunsten zu verbessern, was sich bspw. durch beruflichen Aufstieg in der Organisation charakterisieren lassen kann.

Folglich bewegt sich Lernen im organisationalen Kontext innerhalb des *Spannungsfeldes* von Glauben an die bessere Zukunft (was sich durch das positive problem solving learning ausdrückt) *einerseits* und existentieller Angst, diese Zukunft betreffend (pain and anxiety reduction) *andererseits*. Hierbei scheint es sehr wahrscheinlich, dass sich vermutlich beide angesprochenen Lerntypen mit unterschiedlicher Intensität auf die Organisationsmitglieder im einzelnen sowie die organisationale Lernkultur in toto auswirken (vgl. Schein 1985, S.174, auch Probst 1987, S.99 sowie Geißler 1994, S.107).

Unternehmenskultur lässt sich vor diesem Hintergrund als *Basis kollektiv entwickelter Grundannahmen* (basic underlying assumptions) in Hinblick auf Werte, Normen sowie Welt- und Menschenbilder verstehen, die durch Lernprozesse entstanden und vermittelt, die Organisation in die Lage versetzen, mit Herausforderungen der externen Anpassung (adaptation) und internen Integration (integration) umzugehen. Auf diese Weise wird dem einzelnen Organisationsmitglied die *notwendige Sicherheit* und *Zugehörigkeit*, sprich: ein „gemeinsamer Glaube" vermittelt, der als *Fundament* dienen kann, sich mit sich selbst und der

Umwelt auseinander zusetzen (vgl. Probst 1987, S.99, Bleicher 1991, S.153, Geißler 1994, S.121).

Somit können basic underlying assumptions als „Gerüst" bzw. *Rückgrat der Organisation* verstanden werden, um die gelebte und gedeutete Kultur als *Mittelpunkt organisationaler Lernprozesse* zu deuten und auf diese Weise den Organisationsmitgliedern Hilfestellung in Form einer die Grenzen der primär erfolgsorientierten (Zweck-) Rationalität verlassenden Selbstreflexion zu geben[140].
Diese Anregungen Edgar Scheins sowie die sich darauf beziehenden Vorschläge Harald Geißlers zeigen, dass Organisationskulturentwicklung (vgl. Dürr 1989) als eine *zentrale und vorrangige Aufgabe betrieblicher (Weiter-) Bildung und Personalentwicklung* anzusehen ist, welche die gesamte Organisation und ihre Kultur erfasst sowie erwachsenenpädagogischer Unterstützung bedarf.
Dieser Anspruch richtet sich unmittelbar an die erwachsenenpädagogische bzw. organisationsdidaktische Ausgestaltung von organisationalen Lehr- und Lernprozessen und wird im folgenden konkretisiert.

4.3.3.3. Zur organisationsdidaktischen Ermöglichung und Ausgestaltung organisationaler Lehr-/Lernprozesse

Harald Geißlers Überlegungen zur Ermöglichung und Ausgestaltung organisationaler Lernprozesse sind – wie geschildert - nicht dahingehend mißzuverstehen, dass individuelles Lernen in seiner Konzeption nicht mehr berücksichtigt wird. Auch Harald Geißler bricht nicht mit dieser pädagogischen Tradition: Er geht nämlich in *Korrespondenz* mit den Kritikern des Organisationslernens ebenfalls davon aus, dass Lernen als ein (erwachsenendidaktisch zu begleitender) Prozess zu beschreiben ist, der sich aufgrund der Dynamik zwischen dem handelnden Subjekt und seiner äußeren Welt, auf die sich sein Handeln konzentriert und in

---

[140]   In diesem Sinne ist die von Harald Geißler (vgl. u.a. 1994, S.235) vorgeschlagene Unterscheidung zwischen einer

- *rational-objektivierenden Reflexion*, die in den Dienst der Komplexitätsreduktion gestellt wird, folglich also eine Aufgaben- und Arbeitserleichterung des Individuums beabsichtigt, sowie einer

- *existentiell-ästhetischen Reflexion*, welche die selbstreferenzielle Reflexion des Individuums und des Kollektivsubjektes thematisiert, um der Existenz Sinn zu verleihen,

als hilfreich einzuschätzen und lässt sich als *integrales Spannungsfeld* von individuellen und kollektiven Bildungsprozessen verstehen, durch die wiederum die Unternehmenskultur einer *permanenten* Überprüfung unterzogen wird.

Auseinandersetzung mit der es sein Selbst hervorbringt, entwickelt (vgl. Geißler 1996, S. 329).

Vor diesem Hintergrund lässt sich die Problemstellung der Erwachsenendidaktik im Sinne Geißlers als *Vermittlung* von Informationen, Informationsverarbeitungs- bzw. Problemlösungsverfahren und Wahrnehmungs- und Beurteilungsstandpunkten im Beziehungsgeflecht zwischen

- Arbeit
- Kommunikation
- Qualifizierung
- Selbststeuerung und
- Bildung

positionieren.

Als Aufgabe der Erwachsenendidaktik kann hinsichtlich dieses Anspruches die Entwicklung der aktuellen Fähigkeiten (materiales Wissen, methodisches Können und identitätsstiftende Standpunkte) des Subjekts angesehen werden, was dahingehend zu erfolgen hat, dass das Individuum eigene (zukünftige) Entwicklungsmöglichkeiten *erfolgreich*, sprich: *verantwortlich für sich selbst und mitverantwortlich für andere erschließt.*
Hierbei ist didaktisches Handeln in der Erwachsenenbildung in *drei* Bereichen, die durch einen *Implikationszusammenhang* miteinander *verzahnt sind*, zu gestalten. Es geht um die *Ermöglichung* und „Pflege" der *Interaktion*

- zwischen (haupt- und nebenamtlichen) Dozenten und den Teilnehmern (in Bildungsberatung, Unterricht/Training/Coaching),
- zwischen den verschiedenen Mitgliedern der Weiterbildungsorganisation (Führungskräften, Bildungsmanagern, Trainern/Dozenten etc.) sowie
- zwischen den Mitgliedern der Weiterbildungsorganisation und externen Ziel- und Bezugsgruppen (potentielle Teilnehmer, Träger, Geldgeber, Multiplikatoren u.a.m.).

Die Überleitung von einer individualorientierten Didaktik hin zu einer organisationalen bzw. Organisationsdidaktik ergibt sich dadurch, dass für beide Kontexte *grundsätzlich dieselbe pädagogische Aufgabenstellung* zugrunde gelegt werden kann. Sowohl die Erhöhung des individuellen als auch die des organisationalen Steuerungspotentials erfordert es, *sich der Welt lernend zuzuwenden*, wobei für Geißler insbesondere der *dialogische Charakter* individuellen und organisationalen Lernens zu betonen ist (vgl. Geißler 1996, 1997, 1998). Vor diesem Anspruchshintergrund lässt sich für Harald Geißler ein Verständnis organisationaler Lehr-Lern-Prozesse entfalten, die mit dem „Prädikat" *Organisationsdidaktik* versehen und folgendermaßen charakterisiert werden können:

- *Eine ständig wechselnde Rolle zwischen den Lern- bzw. Kooperationspartnern,* so dass sich beide *ständig* im Sinne des hier zur Diskussion gestellten *Mentorenmodells* in der Rolle des Lehrenden und des Lernenden befinden. Dies scheint schon allein deshalb naheliegend, als (insbesondere im betrieblichen Alltag) die miteinander kooperierenden und lernenden Individuen auf *problemlösungsrelevantes Wissen* angewiesen sind, welches sie befähigt, ihren Aufgabenbereich erfolgversprechend wahrzunehmen und diesbezügliche Entscheidungen zu treffen (s.o. vgl. Duncan/Weiss 1979, Pautzke 1989). Hierzu bedarf es der Bemühung, das eigene und das Kooperationsverhalten des jeweils anderen auszuprägen und zu entwickeln, um den Informations- und Wissensaustausch zu ermöglichen. Dabei entwickeln sie einerseits entsprechende Kompetenzen und befinden sich sozusagen in der Rolle des Lernenden.

- *Grundlegende Metakommunikation bezüglich der stattfindenden Kooperations- und Kommunikationspraxis.* Hierbei *konkretisieren* die Kooperationspartner ihre Kommunikationspraxis, *indem sie wechselseitig* Defizite im Kooperations- bzw. Kommunikationsverhalten aufdecken und bearbeiten.

- *Ständige Verbesserung der Rahmenbedingungen,* unter denen im organisationalen Kontext gearbeitet und gelernt wird (bzw. werden kann) Vor diesem Hintergrund bearbeiten die Kooperationspartner die organisationalen Gegebenheiten (Technik, Dokumente, Organisationsstrukturen, Anreizsysteme etc.). Hieraus ergibt sich, dass sich der Organisationsalltag nicht nur als *Bedingung,* sondern auch als *Thema* des Lehr-Lern-Prozesses darstellt (vgl. Geißler 1995).

Vor diesem Hintergrund ist es als Aufgabenfeld der Organisationsdidaktik anzusehen, Impulse zu vermitteln, die umfassende Organisationslernprozesse initiieren und anleiten (vgl. Geißler 1994) sowie mit Hilfe von Feedback bzw. Rückkoppelungsschleifen allen Organisationsmitgliedern die Erkenntnis zu vermitteln, dass der organisationale Rahmen in Gestalt der o.a. Organisationsstrategie, -kultur und -struktur einen prozessualen Charakter aufweist, der ständig durch umfassendes Lernen zu überprüfen und ggf. auch zu verändern ist (vgl. dazu auch Geißler 1998).

Hinsichtlich einer damit verbundenen professionell unterstützten *Didaktik organisationalen Lernens bzw. organisationaler Lehr-Lern-Prozesse* scheint die Forderung dann auch nur folgerichtig, dass sich unter Inbezugnahme auf organisationales Lernen die Maßnahmen der betrieblichen Aus- und Weiterbildung *eben*

- *nicht allein auf die Gewährleistung fachlicher Qualifizierung beschränken dürfen,*

- sondern vielmehr ein Wissen, Können, Wollen und Glauben zu entwickeln und auszuprägen ist, welches die beteiligten Organisationsmitglieder dazu befähigt, interpersonell angemessen zu kooperieren und dabei auch die betreffenden organisatorischen Rahmenbedingungen im Auge zu behalten und sinnvoll weiterzuentwickeln.
- Diese Fähigkeiten betreffen sowohl die Rolle des Lernenden wie auch auf diejenige des Lehrenden.

Des weiteren sind Arbeitsplatz und Lernort nicht etwa *getrennt* zu sehen, sondern der Arbeitsplatz ist als Lehr-Lernort *systematisch mit zu berücksichtigen* (vgl. Geißler 1995, S. 51, Geißler 1996, S. 143ff).

Hierbei legt Geißler darauf Wert, dass derartige dialogische Lernprozesse nicht einseitig an einem *basisdemokratischen Ideal* ausgerichtet werden, sondern vielmehr auch immer bestehende organisationale wie bspw. ökonomische Rahmenbedingungen zu berücksichtigen sind.

Mit anderen Worten: Dialogisches Management als Bildungsaufgabe der Organisationsmitglieder und gesamter Organisationen verläuft damit in einem *Spannungsfeld zwischen Faktischem und Kontrafaktischem*, und somit zwischen dem in Abschnitt 2 dargelegten Anspruch an eine transzendentale Kommunikationsgemeinschaft und der gleichzeitigen Beschränkung der realen Kommunikationsgemeinschaft (vgl. Lehnhoff 1997).

Da sich diese Aspekte unmittelbar auf das Management auszuwirken scheinen, liegt es hinsichtlich der Ausgestaltung einer Bildungstheorie der Organisation nahe, die damit verbundenen *Auswirkungen gegenüber dem* Management zu hinterfragen und gleichsam *Ansprüche an das* Management zu formulieren.

4.3.3.4. Die Ermöglichung umfassender organisationaler Lernprozesse als organisationsdidaktisch auszugestaltende Managementaufgabe

Angesichts des Anspruches, Organisationslernen als einen *gesamtorganisationalen Entwicklungsprozess* in bezug auf die Ausgestaltung und Hinterfragung von Organisationskultur, -strategie und –struktur *zu verstehen*, der

- *einerseits* die *Steigerung ökonomischer Effizienz* zur optimierten Produktion von Gütern und Dienstleistungen als *primär erfolgsorientiert-technisch-*

rationales Handeln mit dem Ziel der Verfügbarkeit und Kontrolle von Objekten (technische Vernunft) und

- *andererseits* die *Steigerung der ökonomischen Rationalität* im Sinne kommunikativ-rationalen Handelns als Orientierungsmuster einer *intersubjektiven Verständigung* hinsichtlich der Ausgestaltung gemeinsamer Weltinterpretationen und Handlungsorientierungen (kommunikative Vernunft)

verfolgt (vgl. Ulrich 1987, S. 58f), identifiziert Geißler die Aufgabe der (Erwachsenen-) Pädagogik dahingehend, *zwischen beiden Zielvorstellungen zu vermitteln* (vgl. Geißler 1997).

Im herkömmlichen bzw. institutionellen Sinne schien hierfür insbesondere ein didaktisch zu arrangierendes Lernen einzelner Führungskräfte bzw. der *Institution Management* weiterführend zu sein, da sie aufgrund ihrer herausgehobenen Stellung und dem damit häufig verbundenen ihres Machtpotentials (vgl. Krüger 1976) einen entscheidenden Einfluss auf die Unternehmenskultur, -strategie und –struktur auszuüben vermag. Des weiteren nimmt dieser Personenkreis in Vorgesetztenfunktion *unmittelbar* Personalführungs- und Personalentwicklungsfunktionen wahr.

Angesichts einer derartigen Betrachtungsweise ergibt sich im Sinne Geißlers für die Angehörigen der Institution Management dann auch die Aufgabenstellung, *zunächst einmal* das *Hauptaugenmerk* auf ihre eigene *Selbstbildung* zu legen (vgl. dazu auch Wagner/Nolte 1995).

Ein derartiges reflexives Vorgehen, gepaart mit der Erkenntnis, dass sich Management *nicht länger institutionell deuten lassen kann* (s.o.), scheint *allerdings* zunehmend auf den Dialog mit anderen Organisationsmitgliedern (sowie der Außenwelt) angewiesen zu sein, um bei der Reflexion *nicht immer nur* eigenen Denk- bzw. Hinterfragungsmustern zu unterliegen[141].

Kurz: Es geht darum, sich als Organisationsmitglied im Sinne eines „Wahrnehmers von Managementfunktionen" – gleich welcher Ebene - zunehmend mit der organisationsdidaktischen Aufgabe eines „betriebspädagogischen Semi-Professionals" zu identifizieren und sich diesbezüglich um eine *professionelle Organisationsdidaktik* zu bemühen.

a) Zum Aufgabenfeld eines „betriebspädagogischen Semi-Professionals"

Wie bereits oben angedeutet, überträgt Geißler in seinem Konzept einer organisationalen Didaktik den Organisationsmitgliedern die Aufgabe, individuelle und

---

[141] Hieraus ergibt sich der bereits oben angedeutete Anspruch, seitens des Managements neben der didaktisch zu fördernden Selbstbildung *auch* andere Personen bei ihrer Selbstbildung professionell zu unterstützen bzw. zu begleiten.

organisationale Lernprozesse bewusst zu vollziehen und sich dabei sowohl empirischen als auch normativen Ansprüchen zu stellen.

Die Führungskräfte haben im Kontext organisationaler Lernprozesse die entscheidende Aufgabe, didaktische Funktionen wahrzunehmen und somit sich als *betriebspädagogische Semi-Professionals* zu betätigen. Im einzelnen bedeutet dies,

- sich als Lehrende in organisationsdidaktischen Arrangements zu verstehen und dabei anderen Organisationsmitgliedern behilflich zu sein, die Qualität ihrer Arbeit zu überprüfen und lernend zu verbessern[142]. Kurz: „Sie (die Semi-Professionals, J.P.) müssen das Arbeitshandeln ihrer MitarbeiterInnen beobachten und sie anhalten, es auch selber differenziert wahrzunehmen, darüber nachzudenken und zu analysieren, wie Fehler (besser) vermieden und Verbesserungsmöglichkeiten (besser) ausgeschöpft werden können. Aus die-

---

[142] Hierbei identifiziert Geißler (1998b, S. 177f) insbesondere *drei* verschiedene Gründe für Qualitätsmängel der Arbeit, und zwar

- „fehlende Kompetenzen,
- mangelnde Motivation in Verbindung mit entsprechend negativen Gefühlen gegenüber der Arbeit, wobei beides bedingt wird durch entsprechend ungünstige paradigmatische Vorannahmen,
- und last but not least auch *restriktive* organisationale Rahmenbedingungen, die die Aktualisierung und Weiterentwicklung bereits vorhandener Kompetenzen und Motivationen, Gefühlen und Deutungsmustern, die in anderen Kontexten zur Entfaltung kommen, *behindern* bzw. *verhindern*."

Angesichts dieser Gründe bieten sich für Geißler (ebd.) mehrere Möglichkeiten an, um derartige Qualitätsmängel der Arbeit zu beseitigen:

- „Man kann im Prozess der Arbeit versuchen, sich durch explizites Lernen besser zu motivieren und eventuelle Kompetenzdefizite wiederum durch explizites Lernen, aber auch durch Erfahrungslernen, d.h. durch Übung bzw. Konzentration auf die vorliegenden Schwächen zu überwinden. Dabei kann es notwendig werden, die Organisation des eigenen Arbeitsprozesses im Rahmen der vorliegenden formalen und/oder informellen Organisationsstrukturen zu modifizieren.
- Man kann Maßnahmen für organisationales Umlernen ins Auge fassen, indem die organisationalen Rahmenbedingungen der eigenen Arbeit so verändert werden, dass die bereits vorliegenden Kompetenzen und die in anderen Kontexten praktizierten Motivationen, Gefühle und Deutungsmuster auch in der Organisation am eigenen Arbeitsplatz sich vernünftigerweise entfalten können.
- Die dritte Möglichkeit schließlich ist, den Arbeitsprozess für eine gewisse Zeit (also für Minuten, Stunden oder Tage) zu unterbrechen, um sich im Rahmen expliziten Lernens ausschließlich der Überwindung der festgestellten Defizite im Bereich der Kompetenzen bzgl. des emotional-motivationalen Komplexes und bzgl. eventuell problematischer paradigmatischer Vorannahmen zuzuwenden"."

sen Erkenntnissen müssen planend Konsequenzen gezogen und handelnd umgesetzt werden" (Geißler 1998, S. 24).

- Des weiteren geht es darum, andere dazu zu motivieren und auch zu qualifizieren, „ihre Wahrnehmungen im Prozess der Arbeit, ihr Nachdenken über die Arbeit, ihr Planen der weiteren Arbeit und die dabei zugrunde liegenden Motivationen, Emotionen und schließlich auch paradigmatischen Vorannahmen zu reflektieren, was seinerseits voraussetzt, dass sie differenziert wahrgenommen werden, dass über sie systematisch nachgedacht wird und dass schließlich planend Konsequenzen für entsprechende Lernhandlungen gezogen und praktisch umgesetzt werden." (ebd.).

Daher sind durch die Semi-Professionals die anderen zu ermutigen, „über ihre Kooperation metakommunikativ zu sprechen, und sie dabei (...) qualifizierend anzuleiten." (Geißler 1998, S. 26). Dies schließt ein, dass „auch die Kooperation zwischen den MitarbeiterInnen und der Führungskraft unter metakommunikativer Beteiligung letzterer thematisiert wird" (ebd.).
Dieser Prozess hat *dialogisch* zu erfolgen und kann dementsprechend auch nur dann erfolgreich sein, wenn *alle* Beteiligten (weitestgehend) auf den Einsatz von Macht(mitteln) verzichten, da sonst Metakommunikation erst gar nicht zustande kommt bzw. schnell in sich zusammenbricht (vgl. Geißler 1998, S. 24f).

Die Konzeption der Organisationsdidaktik Geißlers zwecks Ermöglichung einer bildungstheoretischen Reflexion von Unternehmen oder auch Organisationen der öffentlichen Hand (und deren Management) läuft somit darauf hinaus, dass sich das Management sowohl *lehrend* als auch *lernend tätig* versteht und die Lernenden gleichsam Lehrfunktionen für das Lernen der anderen übernehmen.

a) Zum Aufgabenfeld von betriebspädagogischen „Full-Professionals"

Harald Geißler verkennt nicht, dass nach wie vor die Wahrnehmung organisationsdidaktischer Funktionen kaum als *genuines Lernfeld in der Ausbildung von Führungskräften* gezählt werden kann. Weiterhin sind die Führungskräfte im Falle der metakommunikativen Reflexion ihrer Zusammenarbeit mit ihren Mitarbeitern *selbst unmittelbar betroffen*, so dass es kaum möglich scheint, die eigene Betroffenheit auszuklammern und moderierende Aufgaben wahrzunehmen (vgl. Behrmann 1998). Hinsichtlich dieser Problematik verweist Geißler auf die notwendige Unterstützung der *Semi*-Professionals durch interne und u.U. auch externe betriebspädagogische „Full"-Professionals, deren Unterstützung wie folgt aussehen könnte:

- Umfassende Analyse von Bildungsbedarfen
- Unterstützung bei der Lern- und Prozessbegleitung „on-the-job"
- Bereitstellung von Trainings- bzw. Workshopsequenzen „off-the-job"
- Sicherstellung einer qualitativ hochwertigen Transferbetreuung sowie
- Evaluation des gesamten Lern-, Kooperations- bzw. Entwicklungsprozesses.

Hierbei kommt es darauf an, dass der Lern-, Kooperations- bzw. Entwicklungsprozess sowohl seitens der Führungskräfte als auch der (von der Herkunft her zunächst einmal offene) „Full"-Professionals von der Einsicht geprägt ist, dass eine professionelle Unterstützung *nur dann möglich ist*, wenn eben die „Full"-Professionals von den Führungskräften diesbezüglich gestützt werden, da jenen die *organisationale Macht obliegt*. Hierbei wird deutlich, dass Geißler – die o.a *Normenimplementierungsproblematik* verarbeitend – eingesteht, dass die durch die Organisation verliehene Macht insbesondere bei den Führungskräften liegt und dies auch aus pädagogischer Sicht zunächst einmal hingenommen werden muss (vgl. Geißler 1998, S. 21).

Hieraus ergibt sich, dass sich organisationsdidaktisches Handeln nicht länger *nur* auf die Ermöglichung von Lernprozessen konzentrieren kann, sondern dabei vielmehr auch die strukturellen und arbeitsorganisatorischen Bedingungen zu bedenken hat. Dementsprechend reicht es eben nicht aus, lediglich die Arbeit einzelner Organisationsmitglieder – gleich welcher hierarchischen Zuordnung - und deren interindividuelle Kooperations- und Kommunikationskultur lernend zu verbessern. Vielmehr sollte es zunehmend notwendig scheinen, *gestalterisch* auf die Verbesserung der diesen zugrundeliegenden organisationalen Bedingungen einzugehen. Für die an derartigen Veränderungs- bzw. Lernprozessen Beteiligten, nämlich die betriebspädagogischen Professionals und für die Organisation insgesamt stellt sich die Aufgabe, dass sich die initiierten, gestalteten und begleiteten Lernprozesse nicht nur auf die Personal-, sondern auch auf die (gesamte) Organisationsentwicklung zu beziehen haben.

Eine solche Organisationsdidaktik kann folglich bei der Betrachtung und Anleitung individuellen Lernens nicht stehen bleiben, sondern *muss auf Lernprozesse, die die organisationalen Kommunikations- und Kooperationsbeziehungen unmittelbar tangieren*, ausgerichtet sein. Mit Blick auf die erziehungswissenschaftliche Leitkategorie der Bildung hat sich eine *Organisationsdidaktik auf den Selbstbestimmungsprozess einer Organisation zu konzentrieren, welcher sich im Kontext kommunikativer Prozesse darstellt.*

4.3.3.5. Zusammenfassung und kritische Würdigung

Harald Geißler stellt der Organisationsdidaktik die Aufgabe, den *Selbstbestimmungsprozess einer Organisation* aufzuklären und anzuleiten (vgl. Geißler 2000, Lehnhoff 1997).

Dieser Anspruch verweist darauf, dass Organisationen als soziale Systeme lernen müssen „(...) sich zum einen mit ihrem ökonomischen, ökologischen, sozialen, kulturellen und politischen Kontext und zum anderen mit sich selbst, d.h. mit ihren Organisationsmitgliedern und deren Kommunikations- und Kooperationsbeziehungen auseinander zusetzen, um gegenüber ihrem Umfeld und ihren Mitgliedern eine Identität bilden und behaupten und auf diese Weise überhaupt existent sein zu können" (Geißler 1996b, S. 254). Ein derartiger organisationaler Selbstbestimmungsprozess vollzieht sich durch systemeigene Meta-Kommunikation und kann dann mit dem Prädikat „Organisationale Bildung" versehen werden, „wenn es gelingt, sich der eigenen absoluten Unvollkommenheit mit Blick auf das Ziel einer möglichst weitgehenden Vervollkommnung zu stellen" (Geißler 1996b, S. 259). Auf diese Weise ist das soziale System Organisation prinzipiell gleichzustellen mit dem sich selbst bestimmenden Subjekt und erhält „Subjektcharakter". Das Lernen der Organisation stellt sich qualitativ anders dar, als das Lernen einzelner Organisationsmitglieder, kann allerdings nicht unabhängig von jenen gestaltet werden (vgl. Lehnhoff 1997, 1998).

Organisationsdidaktik im Verständnis Geißlers konzentriert sich folglich nicht in erster Linie auf die Unterstützung von Lern- und Bildungsprozessen *einzelner*, sondern zielt insbesondere auf eine sinnvolle Gestaltung des *organisationalen Miteinanders* am Beispiel von Organisationskultur, -struktur und –strategie. Diese gilt es ständig zu hinterfragen und zu verbessern.

Auf diese Weise kann insbesondere Harald Geißlers Ansatz, das weite Feld des Organisationslernens erwachsenenpädagogisch bzw. organisationsdidaktisch zu erschließen, als Zeichen bzw. Appell gewertet werden, dass die Pädagogik im allgemeinen und die Erwachsenenbildung im besonderen *ihren Blickwinkel zu weiten und sich zunehmend auf die Belange von Organisationen und das damit verbundene Ermöglichen eines dialogischen Miteinanders in ihnen zu konzentrieren hat.*
Dies wird im Rahmen einer kritischen Aufarbeitung aller drei vorgestellten Ansätze noch einmal skizziert.

4.4. Zusammenfassung der oben diskutierten Ansätze einer erwachsenenpädagogischen Reformulierung

Alle drei angesprochenen erwachsenendidaktischen Vorschläge, nämlich

- die „Subjektivitätsfördernde Erwachsenenbildung" Erhard Meuelers,
- die „Konstruktivistische Erwachsenenbildung" Rolf Arnolds und Horst Sieberts sowie
- die „Didaktik organisationalen Lernens" Harald Geißlers

verfolgen letztlich *zwei* Ziele, die zunächst *paradox* scheinen, nämlich:

- *einerseits* die „Kunst, mit dem Lehren aufzuhören" und
- *andererseits* die *Optimierung* der „Kunst des Lehrens" (vgl. Arnold/Siebert 1996).

Vor diesem Hintergrund wird darauf verwiesen, dass Lernen *zwar auch immer noch* der Vermittlung fachlichen Wissens und Könnens dienen soll, jedoch in zunehmendem Maße selbstorganisiert und in eigener Verantwortung der Subjekte zu erfolgen hat.

Lernen wird in allen vorgestellten Ansätzen *unisono* nicht länger als *herstell- bzw. erzeugbar* angesehen, sondern vielmehr als Lernen aufgefasst, welches mit Hilfe weitgehend *offener* und sich *dialogisch konstituierender didaktischer Arrangements* ermöglicht werden kann (vgl. Behrmann 1998).

Weiterhin wurde deutlich, dass eine Orientierung an der *objektiven Wahrheit* und einer sich daran anschließenden *Erzeugungs-Didaktik* nicht mehr als *zeitgemäße Didaktik* angesehen werden kann.
Folglich intendieren alle vorgestellten Ansätze, *Alternativen zu suchen*, sprich: eine *erwachsenenpädagogische Reformulierung* vorzunehmen, und gehen davon aus, dass dies auch gelingen kann.

Vor diesem Hintergrund wurde es übereinstimmend als notwendig angesehen, Handlungs- und Erfahrungsspielräume für das *Erproben und Anwenden* selbstorganisierter, kooperativer Führungs- und Entscheidungsprozesse zu gewähren und sich dabei an folgenden didaktischen Hauptprinzipien zu orientieren, nämlich an:

- Subjektorientierung
- Teilnehmerorientierung
- Ganzheitlichkeit sowie
- Handlungs- und Aufgabenorientierung.

Die in allen Ansätzen *deutlich gewordene Aufhebung der traditionellen Positionen* zwischen einem lehrenden „Bescheidwisser" und einem „unwissenden" Lernenden zeigt weiterhin deutlich, dass es für die Ausgestaltung erwachsenenpädagogischer Arrangements immer weniger *nur darauf ankommen kann*, über lernerbezogenes Wissen zu verfügen. Statt dessen stehen zunehmend die Fähigkeiten zum selbstständigen Umgang bzw. zur Konstruktion und Reinterpretation solchen Wissens im Vordergrund, *welche letztendlich auch erst als die Voraussetzungen für den Dialog mit dem Co-Subjekt im Sinne des Mentorenmodells angesehen werden können.*

Sowohl für Lehrende als auch für Lernende wird es daher immer wichtiger, selbstständig und qua Dialog

- Wissen erschließen zu können
- Wissen arbeitsteilig erwerben zu können und somit
- Probleme selbstständig zu lösen (vgl. Arnold 1996).

Für den Wissensvermittler als *Lernpartner* birgt dies die Konsequenz in sich, dass die Beherrschung des „reinen" Wissens *in immer stärkerem Maße* lediglich nur noch als eine *Basisqualifikation* anzusehen ist. Somit gilt es zu erkennen, dass es in immer komplexeren Situationen *einerseits* das „richtige" Wissen nicht gibt und *andererseits* die Einflussmöglichkeiten hinsichtlich der „richtigen" Vermittlung von Wissen sehr eingeschränkt sind.

Der Wissensvermittler wird zunehmend zum *Dialogpartner* und *Anbieter des Wissens* und bleibt nicht länger nur (oftmals monologischer) *Wissensüberträger*.

Folglich obliegt es dem Wissensvermittler, *für Lernarrangements* zu sorgen und eben nicht im Sinne des von Erhard Meueler angesprochenen Oberkellner-Syndroms den oder die Lernenden – unter Ignorierung ihrer Wünsche und Potentiale - damit zu „bedienen", was er auftischen kann (vgl. Meueler 1993, S. 213).

Im Hinblick auf einen solchen Wandel der Lernkultur ergibt sich dementsprechend die Frage, wie erreicht werden kann, dass Lehrende das Oberkellnersyndrom überwinden und eine *ermöglichungsdidaktische Professionalität* entwickeln.

Zwecks Klärung dieser Frage werden die oben angesprochenen Alternativen zu einer traditionell-objektivistischen Sichtweise der Didaktik mit ihren Hauptaussagen noch einmal kurz zusammengefasst:

„Traditionelle, lehrerzentrierte Didaktik"	Der subjektivitätsfördernde Didaktikansatz Erhard Meuelers	Der konstruktivistische Didaktikansatz von Rolf Arnold und Horst Siebert	Das dialogorientierte Organisationsdidaktikverständnis Harald Geißlers
Erzeugungsdidaktik	Didaktik aus dem Blickwinkel einzelner reflexiv-eigenständiger Subjekte	Ermöglichungsdidaktik	Didaktik eines Lernens qua Diskurs reflexiv-eigenständiger Subjekte im organisationalen Kontext

Die Lehr-Lern-Beziehung als linearer Beeinflussungsprozess	Die Lehr-Lern-Beziehung als dialektisches Verhältnis zwischen subjektiven Bedürfnissen und Deutungen *einerseits* sowie sozialen Ansprüchen und Rahmenbedingungen *andererseits*	Die Lehr-Lern-Beziehung als gemeinsam geteiltes Wissen hinsichtlich der Konstruktion von Wirklichkeit	Die Lehr-Lern-Beziehung als dialogisch vereinbarte Sinn- und Handlungsorientierung (im organisationalen Rahmen)
Monologisches Erkenntnisparadigma	Paradigma mündig-selbstbestimmter Erkenntnis unter Einschluss dialogischer Verständigung	Erkenntnisparadigma sowohl individueller als auch sozialer Wirklichkeitskonstruktionen	Dialogisches organisationales Erkenntnisparadigma
Am Lehrer bzw. Ausbilder oder am Vorgesetzten orientiert	Lernorientierte, subjektorientierte Ausrichtung des intersubjektiv zu gestaltenden Lehr-/Lern-Prozesses	Lernorientiert, konstruktivistische Ausrichtung des Lehr-/Lern-Prozesses	Orientierung am Lernen durch den Diskurs, explizit dialogische Ausrichtung des Lehr-/Lern-Prozesses
Klare Zielvorgabe durch den Lehrer; der Lehrende bestimmt aufgrund seines Wissensvorsprungs allein die Inhalte und Methoden	Orientierung der Lernziele, -inhalte und –methoden an jeweiligen Lerninteressen der Beteiligten, dialogische Vereinbarung	Orientierung der Lernziele, -inhalte und –methoden an den jeweiligen Sinnkonstruktionen und Deutungsmustern der Lernenden, dialogischer Austausch und Abstimmung	Eindeutige Orientierung von Lernzielen, -inhalten und -methoden an dialogisch-konsensual zustande gekommenen normativen Vereinbarungen, Ermöglichung und Ausgestaltung einer dialogischen Organisationskultur
Nahezu ausschließliche Vermittlung und Tradierung objektiver	Selbstaufklärung und Erschließung subjektiver Handlungsmöglichkei-	Wechselspiel zwischen Reduzierung und Erweiterung der Komplexität	Konsenserarbeitung in bezug auf eine ethisch vertret- und ver-

Wissensinhalte	ten im Kontext und bei der Gestaltung von gesellschaftlichen Lebensbedingungen	von Wirklichkeitsdeutungen, Stiftung von Orientierungen vor dem Hintergrund möglicher Wirklichkeitskonstruktionen	antwortbare Rationalität, dialogische Hervorbringung von Handlungsnormen unter den Bedingungen realer Organisationen
Einerseits individuelle Freiheit, Hypothesen über die Wirklichkeit bilden zu können, andererseits Unfreiheit des Subjekts aufgrund des objektiven Charakters der Wirklichkeit unter den Rahmenbedingungen bislang noch nicht falsifizierter Wirklichkeitsannahmen	Freiheit des Individuums hinsichtlich der eigenen Gestaltung des eigenen Lebensarrangements als eigene Antwort auf reale Gegebenheiten, Bedingtheit des Subjekts aufgrund der gesellschaftlich-historischen Situation einer evolvierenden sozialen Wirklichkeit	Freiheit des Individuums aufgrund der Anerkennung der Subjektivität der Wirklichkeitskonstruktionen, Bedingtheit des Subjekts angesichts der Viabilität der Wirklichkeitskonstruktionen	Autonomie durch dialogisch erarbeitete und ausgehandelte vernünftig begründete, verallgemeinerbare Wahrheitssuche und –annahme. Bedingtheit des Subjekts aufgrund der Voraussetzung ausschließlich sprachlich zustande gekommener Erkenntnis

Lernen wird dementsprechend *von allen drei Ansätzen* nicht wie herkömmlich als *herstell- bzw. erzeugbar angesehen*, sondern *vielmehr als umfassender Prozess aufgefasst*, der mit Hilfe weitgehend offener und dialogisch orientierter didaktischer Arrangements ermöglicht werden kann[143].

---

[143]   Im Rahmen der erwachsenenpädagogischen Diskussion finden sich entsprechende Überlegungen bei Behrmann (1998, 1999). Dort wird nicht allein

- situationsorientiertes arbeitsplatznahes Lernen mit Blick auf fachlich-methodische, emotional-motivationale und deutungsbezogene Ebenen sowie
- die wechselseitige Konstitution von Arbeiten und Lernen als Impulsgeber einer integrativen Personal- und Organisationsentwicklung und
- Weiterbildung im Sinne einer strategischen Kompetenzentwicklung, einer normativen Selbstvergewisserung und als Realisierung des Prinzips selbstorganisierten Lernens

entfaltet, sondern es wird insbesondere auf ein am Subjekt orientiertes Lernhandeln verwiesen, welches den Dialog konzeptionell sowie als praktisches Medium und pädagogische Methode der Weiterbildung begreift.

Vor diesem Hintergrund können *alle drei vorgestellten Didaktikverständnisse* als *Alternative* bzw. *grundlegende Reformulierung* des auch aus pädagogischer Sicht traditionell-sozialtechnologischen Verständnisses aufgefasst werden und verweisen darauf, dass die *Erwachsenenbildung dialogische Managementprozesse* ermöglichen und fördern kann.

Schärfer formuliert: Nur eine Erwachsenenbildung, *die Lernerorientierung und den Dialog als konstitutive Elemente ansieht,* kann – so die Aussage aller drei vorgestellten Ansätze - ist letztendlich in der Lage, sowohl für Individuen als auch für soziale Systeme umfassende Problemlösungen und Reflexionsforen anzubieten.

Nachdem anhand der erwachsenenpädagogisch-didaktischen Diskussion gezeigt worden ist, dass insbesondere neue Reformulierungstendenzen innerhalb der Erwachsenenbildung *einen großen Spielraum für dialogische Managementprozesse* einräumen, wird im folgenden Teil am konkreten Beispiel eine „mögliche Reformulierung" des Organisationsverständnisses anzuregen sein.

Als ein Schritt in diese Richtung wird *die umfassend föderalistische Organisation* angesehen, der *zugetraut* und *aufgegeben wird,* den *Spielraum für dialogisches Management und dialogische Lernprozesse einräumen zu können.*

5. Die föderalistische lernende Organisation als Rahmen für dialogische Managementprozesse

Anhand der vorangegangenen Abschnitte sollte aus verschiedensten Betrachtungsweisen (Managementtheorie, Philosophie, Unternehmensethik und Erwachsenenbildung) die Bedeutung des Dialogs für die Ausgestaltung reflexiver Eigenständigkeit von Individuen und Organisationen unterstrichen werden.

Während in Abschnitt 4 aus erwachsenenpädagogischer Sicht das Prinzip der Selbstorganisation, der Lehr-/Lern-*Partnerschaft* sowie des Dialoges als konstitutiv für eine Reformulierung angesehen werden kann, geht es nun darum, auch über *neue Organisationsformen* nachzudenken. Dieses Vorhaben basiert auf der These, dass neben einem *monologischen Lehr-Lern-Verständnis* sich auch die organisationalen Rahmenbedingungen bislang zu einseitig erfolgsorientiert dargestellt und es dementsprechend *noch zu wenig ermöglicht haben*, verständigungsorientiert bzw. dialogisch zu handeln.

Es soll daher in diesem Abschnitt das Angebot unterbreitet werden, „den Hebel zum Dialog" am *bisherigen, zu eindeutig erfolgsorientierten Organisationsverständnis* und der damit verbundenen Organisations*kultur*[144], Organisations*struk-*

---

[144] Als *Organisations-* oder *Unternehmenskultur* lassen sich in Anlehnung an die oben dargelegten Vorschläge Edgar Scheins (1986) die in der Organisation entwickelten Grundannahmen (assumptions) in Hinblick auf Werte, Normen sowie Welt- und Menschenbilder verstehen, die durch Lernprozesse entstanden und vermittelt, die Organisation in die Lage versetzen, mit Herausforderungen der externen Anpassung (adaptation) und internen Integration (integration) umzugehen, wodurch wiederum dem einzelnen Organisationsmitglied die notwendige *Sicherheit* vermittelt wird, sich mit sich selbst und dem Kontext auseinandersetzen zu können (vgl. Petersen 1997, vom Bruch 1993). Dementsprechend lässt sich Unternehmenskultur als das „kognitive Fundament einer Organisation verstehen, das aus einem erlernten System von Wertvorstellungen, Überzeugungen, Annahmen, Verhaltensnormen und Denk- und Handlungsweisen besteht, die von den Mitgliedern einer Organisation erworben, akzeptiert und reproduziert werden" (Lehnhoff 1998, S. 276). Im allgemeinen herrschen in der Organisationskulturdiskussion die Auffassungen vor, dass Unternehmen entweder

- *eine Kultur haben*, wobei Kultur neben Technologie Planung etc. als Kategorie zusammenhängender Variablen bezeichnet werden kann (vgl. Küpper 1994). Dementsprechend dient der Kulturansatz als Erweiterung des situativen Ansatzes und lässt sich vor diesem Hintergrund als (integrativer) Bestandteil des situativen Kontexts bzw. der Formalstruktur verstehen, oder aber

- *eigene Kulturen sind*, wobei Organisationen als soziale Konstruktionen mit spezifischen Wert- und Orientierungsmustern gesehen werden. Diesbezüglich kann von einem interpretativen Ansatz gesprochen werden, bei dem Kultur als Bedeutungsmuster oder -rahmen der Verhaltens- oder der Formalstruktur verstanden wird (vgl. Küpper 1994).

Als *Kernelemente* der Organisationskulturdiskussion (s. vom Bruch 1993) werden häufig folgende Charakteristika genannt:

1. Organisationskultur gilt als implizites Phänomen, wobei Überzeugungen und handlungsrelevante Deutungsmuster vorherrschen, die sich nicht unmittelbar beobachten lassen.

2. Organisationskultur wird bedingt durch wenig reflektierte Denk- und Verhaltensgewohnheiten gelebt.

3. Organisationskultur gilt durch handlungsprägende gemeinsame Orientierungen als kollektives Phänomen.

4. Organisationskultur kann als Ergebnis eines Lernprozesses zur Bewahrung erfolgreicher Orientierungsmuster bezeichnet werden.

5. Organisationskultur fungiert i.S. einer Sinnvermittlung einer Interpretation von Situationen und Legitimationen und Legitimation/Akzeptanz von Handlungen als Bedeutungsrahmen der Mitglieder.

6. Um organisationale Sozialisationsmechanismen zur Integration neuer Mitglieder auszugestalten, wird Organisationskultur im Rahmen eines Sozialisationsprozesses vermittelt (vgl. dazu Deal/Kennedy 1987, Bardmann 1994, Küpper 1994).
   Hierbei ist die Verlockung seitens des (traditionellen) Managementverständnisses immer noch sehr groß, Organisationskultur als zu beeinflussende oder als zu manipulierende Größe zu betrachten und zuwenig zu berücksichtigen, dass Unternehmenskultur insbesondere in der sich sozusagen *hinter dem Rücken der einzelnen durchsetzenden Veränderung* der informellen Kooperationsregeln und des von allen Kooperationspartnern geteilten impliziten inhaltlichen bzw. paradigmatischen Wissens besteht. Das traditionelle Management unterstellt statt dessen die intentionale Plan- und Steuerbarkeit von Unternehmenskultur, die in ihre Bestandteile wie Mythen, Sagen, Sprachsysteme, Symbole, Zeremonien, Metaphern, Wertesysteme und Verhaltensnormen zerlegt wird, um die einzelnen Bestandteile zielgerecht gestalten zu können. Zu den Methoden der Kulturgestaltung gehören demzufolge i.S. eines SOLL-IST-Vergleiches die IST-Analyse der gegenwärtigen Kultur, die Identifikation der gewünschten SOLL-Kultur und zielgerichtete Interventionen zur Überwindung des „culture gap", die in Form von Phasenansätzen durchgeführt werden, die sich häufig an den drei Phasen unfreezing, changing, re-freezing von Lewin orientieren (vgl. Reinhardt 1993, S. 179ff, Lehnhoff ebd.).
   Mit anderen Worten: Im Rahmen der Organisations- bzw. Unternehmenskulturdiskussion lässt sich ein Spannungsfeld zwischen der Auffassung, *sie als gemeinsame Werte, Normen, Handlungsgrundlagen aufzufassen, welche bei möglichst vielen Mitarbeitern Identifikation mit Handlungsvoraussetzung erzeugen soll,* und der Konsequenz daraus, dass *sich nämlich starke Unternehmenskulturen aufgrund einer einseitigen Effizienzorientierung häufig auch gerade durch mangelnde Flexibilität, mangelnde Lernfähigkeit und mangelnde Sensibilität gegenüber Veränderungsprozessen in bezug auf Innovation und Kreativität auszeichnen,* feststellen.

tur[145] und *–strategie*[146] „anzusetzen", um demgegenüber den Vorschlag zu unterbreiten, Organisationen – zumindest ab einer bestimmten Größe – in Richtung

---

[145] Die *Organisationsstruktur* lässt sich im herkömmlichen Sinne als ein Instrument bzw. Mittel zur Umsetzung der Unternehmensstrategie und damit zur Erreichung der Unternehmensziele interpretieren. Strukturen erlauben und fördern Handeln oder beschränken auch Handlungsmöglichkeiten, so dass die managementspezifische Gestaltung des strukturellen Kontextes als zielgerichtete Institutionalisierung von generellen, formalisierten Verhaltenserwartungen bezeichnet wird (vgl. Staehle 1991, S. 627).
Strukturentwicklung zielt auf die Veränderung der formalen Organisationsstrukturen, also der *Aufbau-* und *Ablauforganisation* und der damit angesprochenen offiziellen Regeln z.B. der internen Informationsverteilung und -verarbeitung sowie der Belohnungs- und Bestrafungssysteme. Dabei geht es im wesentlichen um die Entwicklung von Ordnungsmustern, die eine Konfliktoffenlegung und -bewältigung ermöglichen, dabei auf kreative, kognitive Vielfalt und verteilte Macht setzen und gleichzeitig Einheit, abgestimmte, auf ein gemeinsames Ziel ausgerichtete Aktion und Zusammenschluss gewährleisten (vgl. Probst 1995; S. 176ff). Die Aufgabe des Managements besteht darin, die Unternehmensstruktur so zu gestalten, dass Veränderungsprozesse und Organisationslernen gefördert werden und auf diese Weise Raum für Innovationen, Kreativität und Kundenorientierung gegeben werden kann (vgl. Lehnhoff 1998).

[146] *Strategien* legen die Stoßrichtung des organisationalen Handelns fest, ordnen ihr Ressourcen und Maßnahmen zu und bestimmen das grobe Timing. Etwas konkreter bezeichnen Strategien u.a. die Wahl des Produkt/Markt-Konzepts und der zentralen Aktionsparameter (Wettbewerbsschwerpunkte) zur Sicherstellung des Unternehmenserfolges. Strategien zielen im wesentlichen auf das Verhältnis zwischen Organisation und Umwelt ab, indem sie geplante und realisierte Reaktionen und Aktionen charakterisieren, um das Verhältnis zur relevanten Umwelt erfolgreich zu gestalten. Generell lassen sich verschiedene Hierarchiestufen von Strategien unterscheiden. So werden Gesamtorganisationsstrategien durch Geschäftsfeld- bzw. Bereichsstrategien und Funktionalstrategien konkretisiert.
Strategisches Management ist somit auf den Aufbau langfristiger Erfolgspositionen ausgerichtet, die einen Wettbewerbsvorsprung und damit das Überleben der Organisation sicherstellen sollen. Etwas allgemeiner formuliert, bestimmen Unternehmensstrategien und die ihnen nachgeordneten Strategien die strategischen und operativen Handlungsziele der verschiedenen Teilgruppen einer Organisation, wobei häufig drei Bereiche des strategischen Managements unterschieden werden:
– *„Bereich der strategischen Diagnose*
   Hier geht es darum, qua Analyse der Chancen und Risiken der Umwelt als auch durch das Erkennen eigener organisatorischen Stärken und Schwächen eine Ausgangsbasis zu diagnostizieren, von der aus sich strategische Handlungspläne entwickeln lassen können.
– *Bereich der Strategieformulierung*
   Ausgehend von den Rahmenbedingungen der strategischen Analyse und Diagnose gilt es, nun geeignete strategische Entscheidungen zu treffen bzw. Strategien zu formulieren, die den externen Herausforderungen und den internen Möglichkeiten und Chancen möglichst weitgehend gerecht werden. Neue Denkmuster, Ideen und Perspektiven erfordern dabei einen kreativen und innovativen Strategieentwicklungsprozess.

einer **Föderation** zu *entwickeln*[147] Auf diese Weise könnte auch seitens der *organisationalen Rahmenbedingungen* ein dialogförderndes Klima gefördert werden.

Da für derartig tiefgreifende Entwicklungs- und Umwandlungsprozesse umfassendes Lernen erforderlich ist, wird mit der bereits oben im Zusammenhang mit den Anregungen Harald Geißlers verbundenen Begründung der Aktualität sozialer und hierbei insbesondere organisationaler Lernprozessen fortgefahren.

5.1. Zur Begründung der Aktualität organisationaler Lernprozesse

Die mit den populären, häufig geradezu „gebetsmühlenartig" verwendeten, Schlagworten *schärferer Wettbewerb, knappere Märkte, Internationalisierung und Globalisierung* aufgeführten Entwicklungstendenzen (s.o.) verweisen auf *fundamentale Veränderungen* des Aufgabenfeldes des Managements im Kontext aller Organisationen und deren – wie auch immer definierten - Leistungserstellung. (vgl. Klimecki/Probst/Eberl 1994, S. 10, Klimecki/Laßleben 1996, S. 181) Raum zu geben.

Auf diese Weise könnte eine *Synthese* zwischen der - qua Berücksichtigung ökonomischer Fragestellungen und Präferenzen sicherzustellender - organisationalen

---

– *Bereich der Strategieumsetzung bzw. Implementierung*
  Eine so entwickelte neue Strategie muss schließlich implementiert, sprich: als strategische Neuorientierung zu einem Bestandteil der gelebten organisatorischen Rahmenbedingungen gemacht werden, um tatsächliche Wirksamkeit entfalten zu können. Dies setzt u.a. das Verständnis und die Akzeptanz der strategischen Neuorientierung bei den Mitarbeitern voraus (vgl. Klimecki/Eberl/Gmür 1993, S. 225f, Lehnhof 1998a).

[147] Bei *Organisationsentwicklung* geht es um die prozesshafte Verbesserung der Funktionsweise des gesamten Unternehmens im Zusammenhang mit einer beabsichtigten Effizienzsteigerung (bezogen auf die wirtschaftliche Leistungserstellung). Hierbei sollen verhaltenswissenschaftliche Erkenntnisse (am Beispiel organisationspsychologischer und anderer sozialwissenschaftlicher Ansätze) genutzt werden, um eine Kultur der Offenheit und der vertrauensvollen Zusammenarbeit in der Organisation zu schaffen, die von Führungskräften und Mitarbeitern als Beteiligten gleichsam mitgetragen werden (vgl. dazu ähnlich Becker/Langosch 1995, S. 2). Auf diese Weise – so die Annahme - kann Herausforderungen des Marktes (vgl. Haspar/Glasl 1988, S. 136) sowie des technologischen und gesellschaftlichen Wandels besser begegnet werden.
Organisationsentwicklung lässt sich somit als eine längerfristig angelegte, beständig verfolgte Vorgehensweise auffassen, die unter aktiver Beteiligung der Mitarbeiter sowohl *leistungssteigernde* als auch (sozusagen als zweite Seite der Medaille) *persönlichkeitsentfaltende* Elemente beinhaltet, um das ganze System zu befähigen, einen beabsichtigten und geplanten Wandel zu gestalten (vgl. Kieser 1995, S. 109). Organisationsentwicklung hat dementsprechend dazu beizutragen, das Problemlösungs- und Innovationspotential bzw. Steuerungspotential einer Organisation und ihrer Mitglieder im Umgang mit sich und dem Kontext zu erhöhen. (vgl. French/Bell 1977, S. 31, Petersen 1997, S. 137ff.)

Leistungserstellung *einerseits* sowie dem Begriff des Lernens *andererseits* hergestellt werden. (vgl. Staehle 1991).

Einen Ansatz, die Organisationen zu befähigen, sich vor dem Hintergrund der oben angesprochenen Entwicklungstendenzen und Risiken an nahezu beliebige Umweltveränderungen anzupassen können bzw. diese sogar zu antizipieren und teilweise (mit)zugestalten, galt es zu suchen und zu finden. Diese Fähigkeit wird seit spätestens den 1970er Jahren als *Organisationslernen* bezeichnet (vgl. insbes. Stata 1989, Senge 1990, Senge et al. 1994).

Angesichts dieser These gilt es, noch genauer zu thematisieren, was organisationales Lernen auszeichnet und worin der Vorteil des Dialoges hierzu liegen kann.

Das Organisationslernen bekam - obwohl die grundlegenden Konzepte bereits in den 1970er Jahren entwickelt worden sind (s. insbes. March/Olsen 1976, Argyris/Schön 1978, Duncan/Weiss 1979) - insbesondere aus der Sicht der Organisations- und Managementpraxis ihre besondere Aktualität, seit Ende der 1980er Jahre in vielen westlichen Unternehmungen nach ursprünglich japanischem Vorbild (vgl. Womack/Jones/Roos 1990) tiefgreifende Umstrukturierungsprozesse durchgeführt worden sind. Diese Prozesse bewirkten insbesondere den Wegfall mittlerer Hierarchieebenen sowie die Ausdünnung wissensverarbeitender und entscheidungsvorbereitender Stabsstellen sowie einen Wegfall traditionell *wissenssammelnder, -vorbereitender, -erhaltender, und –weitergebender Strukturen und Personen.*
Angesichts einer sich immer stärker abzeichnenden Entwicklung - dass nämlich nicht länger die *Großen die Kleinen*, sondern mittlerweile die *Schnellen die Langsamen* vom Markt verdrängen - kommt der Bereitschaft und der Befähigung, mit Hilfe organisationaler Lernprozesse ein „Management des Wandels" (Staehle 1994) zu ermöglichen und auszugestalten, eine zentrale Bedeutung für die Erreichung strategischer Wettbewerbsvorteile und somit für das Überleben am wie auch immer definierten Markt zu[148] (vgl. hierzu stellvertretend, die Arbeiten Sattelbergers 1991, 1992, Stahl/Nyhan/D´Aloja 1993, Staehle 1991, 1994, Pedler/Burgoyne/Boydell 1991, Stata 1989, Jelinek 1979, De Geus 1988, Bouwen/de Visch/Steyaert 1992, Geißler 1994, 1995, 1997, 1998, Reinhardt 1995, Conrad 1998, Lehnhoff 1998a,1998b, Behrmann 1999, Petersen 1993, 1995, 1996, 1997, 1998a, 1998b).
Um diesbezüglich Klarheit zu schaffen, *wann denn nun konkret* von organisationalem Lernen gesprochen werden kann, bieten sich folgende Fragestellungen an:

---

[148] Diese Tendenzen haben unter anderem Geißler (1995, S. 1) zu der Vermutung veranlasst, Organisationslernen als Beleg für den Paradigmenwechsel *einer sich zur Managementwissenschaft transformierenden Betriebswirtschaftslehre* aufzufassen.

– *Wer* lernt (einzelne Organisationsmitglieder, die Arbeitsgruppe/Team, die gesamte Organisation (mit ihren Partnern) oder die Wissensgemeinschaft am Beispiel einer Berufsgruppe oder Branche)?
– *Was* wird gelernt, bzw. was sind die Ergebnisse organisationaler Lernprozesse?
– *Wie* stellt sich das Lernen dar, bzw. welche Lernprozesse, -qualitäten, -arten und -formen sind relevant und werden thematisiert?
– *Wann* ist organisationales Lernen effizient, bzw. welche Effizienzkriterien lassen sich hierfür zugrunde legen?

Anhand dieses Fragenkataloges unterbreiten Wahren 1996, Unger/Lilie/Stahn 1995 sowie Sell/Fuchs-Fronhofen 1993 den Vorschlag *dann* von organisationalem Lernen zu sprechen, *wenn*

- mehrere Mitglieder einer Organisation zusammen treffen,
- um ihre jeweils individuellen Wahrnehmungen, Wissensbestände, Meinungen, Vorstellungen, Ideen, Wünsche, Hoffnungen, Erwartungen
- bezüglich eines spezifischen (zunächst) aus dem betrieblichen Geschehen herausgetrennten und isolierten Ereignisses, Themas oder Problems
- in Form einer für alle beteiligten nachvollziehbaren Form in die Gruppe mit Hilfe verbaler und visualisierter Kommunikation einzubringen. Auf die Lerngruppe kommt dabei die Aufgabe zu,
- die in die Gruppe hineingetragenen Wahrnehmungen, Wissensbestände, Meinungen, Erwartungen etc. mit Hilfe von Kommunikation und Visualisierungstechniken zu sichten, zu überprüfen, zu ordnen und zu gewichten,
- um in diesem Prozess ein *gemeinsames*, von möglichst allen Lernakteuren geteiltes kooperatives Wissen zu entwickeln,
- welches von den beteiligten Akteuren in Form von weitgehend identischen kognitiven Bildern und Karten festgehalten wird und dazu dienen kann,
- auf der Basis dieses neu entwickelten Wissens, verbindliche Vereinbarungen über zukünftige Vorgehensweisen zu treffen.

Ziel dieser Prozesse ist es, spezifische Veränderungen *in* der Organisation durch veränderte Wahrnehmungs-, Denk-, Organisations-, und/oder Handlungsformen sowie *der* Organisation nach außen in Form neuer Produkte, Leistungen sowie neuer Verhaltens- und Handlungsformen zu erreichen (vgl. RKW 1997, S. 16). Angesichts dieses Vorschlages liegt es nahe, möglicherweise *dann* von stattgefundenem organisationalen Lernen zu sprechen, „wenn durch zustandsgebundene (Lern-) Prozesse in und/oder von Organisationen Wissen geschaffen wurde, das die Verhaltensmöglichkeiten der (letztlich gesamten, J.P.) Organisation vergrößert." (Wiegand 1996, S. 324).
Organisationslernen als wissensvermehrender und Verhaltensoptionen steigernder Prozess

- konzentriert sich im Gegensatz zum *rein individuellen Lernen der Organisationsmitglieder* auf die inter- und apersonale Ebene,
- verfolgt spezifische Organisationsziele im Sinne einer „lernenden Veränderung der Organisation", wobei die Zielvorstellung verfolgt wird, das Wissen und Können einer Organisation mit Hilfe reflexiver Prozesse transparent zu machen, miteinander zu verzahnen sowie in der Alltagspraxis zu erproben,
- benötigt hierfür spezifische organisationseigene Ansatzpunkte, damit zunächst isolierte Ereignisse aus der täglichen Arbeit mit einer gemeinsamen Reflexion über die Arbeit verbunden und somit zum Lernprozess für alle Beteiligten werden können,
- ist auf das lernende Zusammenwirken mehrerer Lernakteure im kommunikativen Miteinander angewiesen und
- benötigt hierzu bestimmte Tools, um den kommunikativen Prozess in den Gruppen unterstützen zu können und somit dazu beizutragen, (zunächst) individuell unterschiedliche Wahrnehmungs-, Sicht-, Handlungs- und Verhaltensweisen nachvollzieh- und veränderbar zu machen und zu gemeinsam getragenen Maps zu formen (vgl. RKW 1997, S. 17).

Angesichts des Potentials, welches im Organisationslernen oder in der Lernenden Organisation für wissenschaftlichen, aber auch (beratungs-)praktischen Erfolg und Renommee steckt, wundert es kaum, dass es äußerst viele verschiedene Ansätze, Ideen, Anregungen und Vorstellungen gibt und somit die Ermöglichung organisationaler *Lernprozesse unter den verschiedensten Blickwinkeln und Präferenzen angeregt wird* (s. u.a. Eberl 1996, Wiegand 1996, Wieselhuber & Partner 1997, Petersen 1998b)[149].
Es handelt sich somit beim Organisationslernen *eben nicht* um ein fertiges Konzept i.S. eines „one-best-way", wie es die oben beschriebenen Managementtechniken für sich in Anspruch genommen haben. Die Ansicht von Gerhard Fatzer (1990), „Organisationslernen" mit dem Prädikat „diffus und schwammig" zu versehen, hat somit auch ein Jahrzehnt später seine Gültigkeit (vgl. dazu auch die Kritik Geißlers in Abschnitt 4.3.3.).

Als *kleinster gemeinsamer Nenner* aller Ansätze wird hinsichtlich der Problematik, zwischen dem Lernen von einzelnen, möglicherweise einflussreichen Organisationsmitgliedern und dem Lernen *der* Organisation *überhaupt unterscheiden zu können* (vgl. dazu auch Reinhardt 1992, S. 225ff, Pawlowsky 1992, S. 199ff, auch

---

149   Eine seitens der Literatur vorgenommene Typologisierung organisationaler Lernansätze unterscheidet beispielsweise *sechs* Forschungsrichtungen des Organisationslernens, und zwar eine *anpassungsorientierte, kulturelle, wissensorientierte, informations- und wahrnehmungsorientierte, systemisch-kybernetische* und eine *politische* Perspektive (Eberl 1996, S. 19). Darüber hinaus zeigt Wiegand (1996) auf, dass aufgrund der sehr unterschiedlichen konzeptionellen Grundlagen kein weithin akzeptiertes oder gar in sich geschlossenes Konzept des Organisationslernens existiert.

die kritischen Anmerkungen aus der Pädagogik am besonderen Beispiel von Strunk 1994 oder Faulstich 1998), darauf verwiesen, dass Organisationslernen nicht mit dem *summativen Lernen aller* Organisationsmitglieder gleichzusetzen ist, sondern – wie oben von Geißler angeregt - eine *eigene Lernqualität* darstellt.

Da im Rahmen dieses Beitrages Organisationen als *selbstgesteuerte und selbstorganisierte soziale Systeme* verstanden werden, liegt es für den weiteren Verlauf der Diskussion nahe, Organisationslernen i.s. einer Veränderung des Steuerungspotentials im Umgang mit sich und der Umwelt (s.o., vgl. Geißler 1991, 1992) *als selbst intendierte und selbstorganisierte zeitlose Aufgabe der ganzen Organisation zu verstehen.* Über kollektive Lernprozesse kann sich die Unternehmung selbst befähigen, ihre *kognitiven Strukturen* und *Verhaltens-/Handlungsdispositionen* (bspw. in Form der *sie* konstituierenden sozialen Beziehungen, Regeln und Normen) *unter Berücksichtigung ihrer technischen und ökonomischen Parameter* ständig zu überprüfen und (weiter) zu entwickeln.

Dieser Anspruch lässt sich dahingehend konkretisieren, die Organisation als gesamtes System durch umfassendes Lernen *selbst in die Lage zu versetzen,*

- die es konstituierenden sozialen Beziehungen, Regeln und Normen *unter Berücksichtigung ihrer technischen und ökonomischen Parameter* sowie *der Erfordernisse der Außenwelt* (Markt, Gesellschaft, Politik etc.) ständig zu überprüfen und (weiter) zu entwickeln (vgl. dazu auch Heimerl-Wagner 1995) und

- dabei fähig und willens zu sein, so entstandene eigene Denk- und Handlungsmodi auch selbst zu verantworten (vgl. Warnecke 1993, S. 152ff).

Hieraus wird deutlich, dass das umfassende Problemlösungspotential einer Organisation *nur dann* nachhaltig verbessert werden kann, *wenn* es gelingt, entsprechend günstige Kooperationsregeln im Umgang aller miteinander zu entwickeln, die die Anwendung bereits vorliegenden *Wissens* und *Könnens* sowie die Freisetzung von *Motivationspotentialen* begünstigen (s. Abschnitt 4).

Hierbei soll natürlich nicht unterschlagen werden, dass vermutlich der „Stein des Anstoßes" zur Initiierung und Ermöglichung organisationaler Lernprozesse von lernbereiten und lernfähigen (vermutlich einflussreichen, für die Problemlösekompetenz der Organisation wichtigen und mächtigen) Organisationsmitgliedern kommt, welche i.d.R. mit der Wahrnehmung von Managementfunktionen betraut sind (s.u. die Anmerkungen Spandaus zum „Leadership-Loop-Learning" in der BAU AG).

Dem Management kommt in den Konzeptionen zum Organisationslernen generell die Aufgabe zu, vor dem Hintergrund der „Lebens- und Entwicklungsfähigkeit der Unternehmung" (Bleicher 1992, S. 16) zur Problemlösung aus eigener Initiative (vgl. Probst 1991, S.337), Schaffung neuer Umgangsformen bzw. Verbesserung der Informations- und Kommunikationsmodi im Hause und nach außen (Unternehmenskultur) zur Innovationsfähigkeit beizutragen. Auf diese Weise lässt sich seitens des Managements über

- die Ermöglichung lernfördernder Kontexte,
- die Erleichterung und Nutzung derartiger Prozesse,
- der Förderung von Autonomie,
- die Erweiterung des Entscheidungsrahmens,
- die Akzeptanz der Aktivitäten aller Organisationsmitglieder sowie
- das Bestreben, derartige Lern- und Handlungsprozesse ständig im Rahmen des ganzen Systems zu integrieren (vgl. Probst 1991, S. 337)

zur umfassenden Verbesserung der Entscheidungs- und Handlungskompetenz der Organisation beitragen.

Aus diesem Grunde ist dem Vorschlag von Lehnhoff (1998a, S. 258) zuzustimmen, dass es sinnvoll erscheint, zur Ermöglichung organisationaler Lernprozesse damit zu beginnen, zunächst die Lernprozesse des Managements in den Mittelpunkt zu stellen.

Die Lernprozesse des Managements sind allerdings *nicht* nur auf die Ebene individueller Lernprozesse einzelner Manager *zu begrenzen*, sondern umfassen vor allem auch kollektive Lernprozesse des „Subsystems" (institutionelles) Management (s.o.). Ausgehend von der oben vertretenen These, dass kollektives Lernen mehr darstellt *als die Summe* individueller Lernprozesse von Mitgliedern der Institution Management, gilt es zu betonen, dass das Lernen des sozialen Systems Management insbesondere auch auf *dialogische Lern- und Aushandelungsprozesse* angewiesen ist. Managementlernen stellt sich folglich als ein *gemeinschaftlichkollektiver Prozess* dar, „der sich in Form von organisationalen oder enger von managementspezifischen Artefakten vergegenständlicht" (Lehnhoff ebd.).

Um derartige Prozesse einleiten zu können, liegt es nahe, die bisherigen organisationalen Rahmenbedingungen einer grundlegenden Überprüfung zu unterziehen und über die *Sinnhaftigkeit neuer Organisationsformen* nachzudenken.

5.2. Zur Begründung neuer Organisationsformen

Hinsichtlich des Anspruches auf eine *durch Lernen ermöglichte vernünftige Erhöhung des Steuerungspotentials der Organisation sowie ihres Managements im Umgang mit sich und den Erfordernissen der Umwelt* geht es angesichts einer damit verbundenen ständig zu erfolgenden Überprüfung des organisationalen Grundauftrages letztlich um die *Schließung der strategischen Lücke* zwischen (zukünftigem) *Gesollten* und (momentanem) *Gegebenen*. Dabei bedarf es der Klärung, wie zu entscheiden und zu handeln ist, *damit eine Organisation* als *hochkomplexes sozio-ökonomisch-technisches System*, welche in einem ständigen Austauschprozess mit dem sie umgebenden Kontext steht, ihre bereits existierenden Gestaltungsinstrumente verbessert bzw. neue einführt und damit ihre Organisations*struktur, -kultur* und *-strategie* in Hinblick auf Problemlösekompetenz nicht nur anpasst, sondern auch zukunftsorientiert/proaktiv verbessert. Für eine Ermöglichung derartiger kollektiver Lernprozesse gilt es zunächst einmal, das *Personal*, sprich: die Organisationsmitglieder durch Lern- und Kommunikationsprozesse in die Lage zu versetzen, im Umgang mit diesen Instrumenten und Strukturen alle Möglichkeiten für eine Verbesserung des eigenen und kollektiven Steuerungspotentials weitgehend auszuschöpfen. Durch diese Fragestellung wird insbesondere der *Nützlichkeits- bzw. Erfolgscharakter kollektiven Lernens* in bezug auf proaktive Beobachtung des Marktes, Sicherung der Marktanteile, Kommunikations-, Produkt-, Marketing- und Vertriebsstrategien i.S. einer *Transformation der Unternehmung* betont.

Des weiteren geht es darum, *dass eine* Organisation über das bessere und flexiblere Anbieten von Produkten und Dienstleistungen hinaus sich auch am Gemeinwohl orientiert und dabei im nichtmanipulativen Sinne die Bedürfnisse Betroffener hinterfragt, um ein *ethisches* bzw. *verständigungsorientiertes Steuerungspotential* entwickeln zu können, welches dem kollektiven Denken, Entscheiden und Handeln eine Sinn- und Legitimationsgrundlage zu verleihen vermag. Diese Thematik soll als „kollektives Sittlichkeitslernen" (Petersen 1997*)* bzw. „moralisches Organisationslernen" (Geißler 1997) bezeichnet werden.

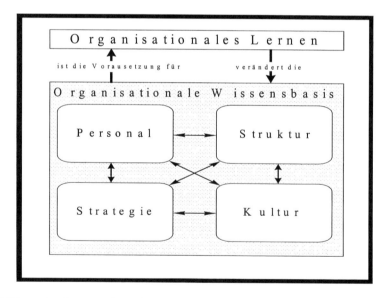

Abbildung 7: Zur Wechselwirkung von Organisationsstrategie, Organisationsstruktur, Organisationskultur und Personal

Gerade der letzte Aspekt macht deutlich, dass das organisationale Miteinander und somit auch organisationale Lernprozesse *stets auch einen politischen Charakter* aufweisen, da menschliches Planen, Entscheiden und Handeln auf die Durchsetzung bestimmter Intentionen und Verfahrensweisen sowie deren Legitimation gegenüber der Außenwelt abzielt. Die Aufgabe derartiger politischer Lernprozesse liegt folglich darin, für (im Idealfall) *alle* Organisationsbereiche möglichst gemeinsame Richtlinien zu entwickeln, die das Miteinander berechenbar und vernünftig gestalten (vgl. dazu ähnlich Holtmann 1986, auch Richter 1994, S.44). Dementsprechend kann dann auch der Lerngegenstand des politischen Lernens *in der* Organisation und *der* Organisation darin liegen, individuelle und kollektive Denk- und Handlungsmodi zu entwickeln, die eine Teilhabe der Organisationsmitglieder sowie Außenstehender an organisationalen Entscheidungsprozessen überhaupt ermöglicht (vgl. u.a. Kirsch 1990).

Auf den *politischen Charakter des organisationalen Miteinanders* haben dann auch bereits Chris Argyris und Donald Schön (1978, S. 13) als „Gründerväter" des Organisationslernens hingewiesen, zumal sie betonten, dass das organisationale Miteinander *drei* Dimensionen aufweist, und zwar

1. Regeln bzw. Abmachungen, die dem einzelnen Organisationsmitglied „erlauben", Entscheidungen für die Organisation als politisches System zu treffen und sich dabei darauf berufen zu können, dass diese Entscheidungen *im Namen der politischen Gesamtheit* getroffen werden.
2. Die Ausführung und Umsetzung einer - nunmehr - politischen Entscheidung erfordert dann auch bestimmte Delegationsregeln, anhand derer einzelne Organisationsmitglieder ermächtigt werden, einen zuvor beschlossenen und konsentierten *politischen Willen*[150] auszuführen. Des weiteren gilt es zu klären, mit

---

[150] Die *politische Willensbildung,* bezeichnet einerseits einen (normativen) *Soll*zustand und andererseits einen empirischen *Ist*-Zustand. In normativer Hinsicht spielt das Konzept eines allgemeinen Willens der Gemeinschaft bzw. eines ganzen Volkes im Sinne einer *legitimierbaren Soll- und Zielgröße politischen Handelns* (vgl. u.a. P. Ulrich 1977) eine bedeutende Rolle in der politischen Theorie und Praxis. In empirischer Hinsicht kann mit politischer Willensbildung die Formung des faktischen bzw. tatsächlich gegebenen *Willens des Gemeinwesens* (Organisation oder Volk) gleichgesetzt werden, welcher den institutionellen Rahmen und den Prozess der Artikulation sowie die Selektion und Bündelung von Interessen zu entscheidungsfähigen Alternativen meint. Im Gegensatz zur *älteren* politischen Theorie, in der häufig unterstellt worden ist, dass die politische Willensbildung einen homogenen Volkswillen oder zumindest einen homogenen Willen der Mehrheit zu erzeugen vermag, wird im *modernen* Politikverständnis auf diese Grundannahme verzichtet und statt dessen die Annahme vertreten, dass die politische Willensbildung auf einer Vielzahl auseinanderstrebender Interessen mit unterschiedlichen Artikulations- und Durchsetzungschancen basiert, deren Auswahl und Zusammenstellung zu entscheidungsfähigen Vorlagen prekär, lückenhaft und von Machtbeziehungen durchsetzt ist, dementsprechend lediglich auf zeitweiligen Mehrheiten beruht und je nach institutionellen bzw.

Hilfe welcher Ernennungsmodi gewisse Organisationsmitglieder bestimmt worden sind sowie welche Rechte und Pflichten sie im organisationalen Alltag haben.

3. Beide Regeltypen setzen die Vorentscheidung voraus, *wer* sich denn überhaupt als Mitglied des politischen Systems Organisation verstehen darf.

In Anlehnung an diese drei von Argyris/Schön vorgeschlagenen Regeln wird dann auch deutlich, dass Organisationen in ihrem Bestand und ihrer Weiterentwicklung eben nicht nur auf die einzelnen Organisationsmitglieder angewiesen sind, *sondern vielmehr deren Mitgliedschaft überdauern.*
Das organisationale Regelsystem verleiht nämlich *der politischen Gemeinschaft* Organisation eine *soziale Identität,* die das einzelne Organisationsmitglied in seiner Individualität zwar nicht negiert, aber seiner Entfaltung im organisationalen Kontext einen verbindlichen Rahmen setzt (vgl. Argyris/Schön 1978, S. 13).

Vor dem Hintergrund dieser These wird kurz auf die Anregung von Beck/Brater/Daheim (1980, S. 26ff) verwiesen, nach der Kooperations- und Kommunikationsbeziehungen in sozialen Zusammenschlüssen im Sinne eines

---

ordnungspolitischen Spielregeln (vgl. dazu auch Homann/Blome-Drees 1992, Homann 1997) zu unterschiedlichen - nicht vorher bestimmbaren bzw. ausrechenbaren - Resultaten führt. Darüber hinaus dient politische Willensbildung im modernen Sprachgebrauch häufig auch als Oberbegriff für nicht verfassungsrechtlich definierte und kanalisierte, unverfasste Institutionen und Prozesse der Artikulation, Auswahl und Bündelung von Interessen.
Die politische Willensbildung in westlichen Demokratien beispielsweise begünstigt diejenigen Interessen, die ebenso *organisations-* wie *konfliktfähig* sind. *Organisationsfähigkeit* bemißt sich nach der Kapazität, für ein Anliegen eine Interessenvertretung aufzubauen und aufrechtzuerhalten, die schlagkräftig und stabil ist und tendenziell alle Anliegen gleicher und verwandter Art organisiert. *Konfliktfähigkeit* bemißt sich nach der Fähigkeit, systemrelevante Leistungen zu verweigern. Hierbei sind im Kontext demokratischer Gesellschaften die Organisations- und Konfliktfähigkeit jedoch hochgradig ungleich verteilt. Die Interessen wirtschaftlich mächtiger Gruppen stellen sich beispielsweise ungleich besser organisierbar und konfliktfähiger dar als die Interessen von Arbeitslosen oder Interessen ökologischer Art. Es gibt sogar Grund zu der Annahme, dass hochspezialisierte Interessen kleiner Gruppen wesentlich besser organisierbar und durchsetzbar sind als allgemeine, dem o.a. *Gemeinwohl* förderliche Interessen (vgl. dazu auch Sutor 1991). Ferner verdeutlicht die Kritik der Mehrheitsdemokratie, besonders die These der potentiellen „Tyrannei der Mehrheit", dass auch die politische Willensbildung demokratischer Systeme problematisch sein kann. Gegen die „Tyrannei der Mehrheit" können *konkordanzdemokratische Konfliktregelungen* helfen (vgl. u.a. Gerstner 1995). Doch die Konsensbildung erfordert - wie im *Mitverantwortungs-* und *Mentorenmodell* angesprochen - viel Zeit, und sie mindert die Fähigkeit zu raschen Reaktionen auf neue Problemlagen und zu größeren Kurskorrekturen (vgl. dazu auch Lutz 1994).

Gebens und *Nehmens* von drei *Regulationsmechanismen* bestimmt sind, nämlich durch

1. das *Familienmodell,* bei dem Geben und Nehmen durch emotionale Motivationen des Schenkens und der moralischen (Selbst-)Verpflichtung des Versorgens gesteuert wird,
2. das *Feudalismusmodell,* bei dem Geben und Nehmen durch vertraglich gesicherte Macht reguliert wird[151],
3. sowie schließlich das *Marktmodell*[152], bei dem allein der Tauschwert dessen, was gegeben und genommen wird, Geben und Nehmen bestimmt (vgl. dazu auch Geißler 1998, S. 59).

Wie bereits anhand der Ausführungen von Argyris/Schön deutlich wurde, handelt es sich bei Organisationen um politische Systeme, deren *Mitgliedschaft* hinsichtlich verbindlicher Rechte und Pflichten *vertraglich* geregelt ist. Dieser Vertragscharakter unterstreicht, dass sich die Gestaltung des organisationalen Miteinanders am ehesten durch das *Feudalismusmodell,* das auch als *Modell der institutionalisierten Machtsicherung* (Petersen 1998b) bezeichnet werden kann, abbilden lässt, zumal –wie oben im Vertragsmodell der Unternehmung dargelegt - Arbeitsverträge weitestgehend das Arbeitshandeln der Organisationsmitglieder regeln. Die „konsequente Anwendung" des Modells der institutionalisierten Machtsicherung auf das Miteinander *in* und auch *von* Organisationen (nämlich im Umgang mit der Außenwelt) begünstigt zunächst einmal in erster Linie eine monologische Form des *Miteinanderumgehens*, die sich auch als *Status-quo-Kultur* interpretieren lassen kann und folgende Charakteristika aufweist:

1. eine (zu starke) Konzentration auf den eigenen Arbeitsbereich, wobei bereits der „Blick über den Tellerrand" im eigenen Hause als Ausdruck von Illoyalität gegenüber der Führungskraft gewertet und dementsprechend mit Misstrauen, Isolierung oder gar Abmahnung geahndet wird.

2. Abgrenzung gegenüber anderen Bereichen nach den Prinzipien einer „strategischen Koalition" (Glasl 1990) im Verständnis des Verhaltensmusters „kuschelig nach innen, feindselig nach außen". Derartige strategische Koalitionen laufen aufgrund ihrer Selbstkonzentration und (oft auch) Selbstüberschätzung Gefahr, die interne und externe Problemlösung - am Beispiel von Kunden-/ Servi-

---

151   Hierfür lassen sich insbesondere *direkte Vorschriften* am konkreten Beispiel der Arbeitszeit sowie indirekte Vorschriften wie z.B. diejenige, die geltende Regeln der Aufbau- und Arbeitsablauforganisation zu beachten, anführen (vgl. Geißler 1998, S. 59).

152   Als *Markt* sieht der o.a. Soziologe und Systemtheoretiker Niklas Luhmann „die wirtschaftsinterne *Umwelt* der partizipierenden Systeme des Wirtschaftssystems an, die *für jedes eine andere*, zugleich aber auch *für alle dieselbe* ist." (Luhmann 1988, S. 94).

ceorientierung - aus dem Auge zu verlieren und in Hinblick auf Herausforderungen des Marktes und der Umwelt zu erstarren und zu verkrusten.
3. Auf die Sicherung des Status quo gerichtetes Führungsverständnis. Das Führungsverhalten lässt sich als ein *Absicherungsverhalten* (s.o.) in bezug auf Status und Integrität des eigenen Führungsbereiches charakterisieren (vgl. Argyris
1993), wobei in erster Linie die Verbesserungsvorschläge und Ideen aus dem
eigenen Verantwortungsbereich berücksichtigt und Verfahrenskontrollen den
Vorrang gegenüber Ergebniskontrollen eingeräumt werden. Aufgrund der -
bspw. durch Ansprüche der Anteilseigner hervorgerufenen - Orientierung am
kurzfristigen, unmittelbar messbaren Erfolg wird dann auch Fachkompetenz
mit einem wesentlich höheren Stellenwert versehen als die - eher mittel- oder
gar langfristig zu verortende - Fähigkeit zu kreativem und innovativem Handeln. Vor diesem Hintergrund überrascht es auch nicht, dass Fehler und Fehl-
verhalten härter sanktioniert werden als positive Arbeitsergebnisse.

Anhand dieser sicherlich eher holzschnittartigen Skizzierung der durch das *Modell der institutionalisierten Machtsicherung* geprägten Realität in vielen primär
erfolgsorientiert ausgerichteten Unternehmen lässt sich unschwer erkennen, dass
Organisationslernen - *eben nicht* als ledigliche Metapher oder Schimäre zu verstehen - *sowohl* auf die Verbesserung der Problemlösungs- und Handlungskompetenz *als auch* auf die Veränderung des gemeinsamen Bezugsrahmens von und für
Mitglieder innerhalb der Organisation abzuzielen hat, um letztendlich ein *ver-
ständigungsorientierte(re)s Organisationsentscheiden und -handeln* zu ermöglichen.
Demzufolge kann Organisationslernen als Medium bezeichnet werden, vom dargestellten und kritisierten monologischen Prinzip der *institutionalisierten Machtsicherung* hin zu dem der dialogisch-orientierten *institutionalisierten Machtkontrolle* zu gelangen (Petersen 1998b).
Als einen möglichen ersten Schritt dorthin kann es angesehen werden, wenn sich
Organisationen in Richtung sich auf *selbst entwickelnde* Netzwerke und Teams
mit hohem *Selbststeuerungsanteil* verändern (vgl. u.a. Probst 1991, Petersen
1997).

In bezug auf diese These lassen sich die Anregungen Hans-Jürgen Warneckes
(1993) hinsichtlich der Ausgestaltung *fraktaler Organisation* als weiterführend
einschätzen, in denen *Fraktale* selbstständig agierende Unternehmenseinheiten
darstellen, deren Ziele und Leistung(en) sich eindeutig beschreiben lassen können.

Dementsprechend sind
– „Fraktale (...) selbstähnlich, jedes leistet Dienste.
– Fraktale betreiben Selbstorganisation:

- *Operativ:* Die Abläufe werden mittels angepaßter Methoden optimal organisiert.
- *Taktisch und strategisch:* In einem dynamischen Prozess erkennen und formulieren die Fraktale ihre Ziele sowie die internen und externen Beziehungen. Fraktale bilden sich um, entstehen neu und lösen sich auf.
- Das Zielsystem, das sich aus den Zielen der Fraktale ergibt, ist widerspruchsfrei und muss der Erreichung der Unternehmensziele dienen.
- Fraktale sind über ein leistungsfähiges Informations- und Kommunikationssystem vernetzt. Sie bestimmen selbst Art und Umfang ihres Zugriffs auf die Daten.
- Die Leistung des Fraktals wird ständig gemessen und bewertet." (Warnecke 1993, S. 154f.)

Dabei wird deutlich, dass das *organisationale Miteinander* und *Wertschöpfen* durch umfassendes Lernen in hauptsächlich fünf Bereichen weiterzuentwickeln bzw. zu verändern ist:

- Strukturen und Prozesse in Organisationen
- Qualifikationen, Orientierungen und Verhaltensweisen aller Mitglieder der Organisation
- Kommunikation nach innen und außen
- Produktion/Nutzung veränderter Technologien
- Veränderungen gesellschaftlicher und internationaler Werthaltungen, Kulturen und Strukturen (organisationale Rahmenbedingungen)[153].

In eine ähnliche Richtung geht der Ansatz von Dawidow/Mallone (1993) zur Ermöglichung virtueller, sprich: „der Sache nach nicht vorhandener" Strukturen.

---

[153] Dass derartige Vorschläge nicht nur „am grünen Tisch" ihre Gültigkeit haben, sondern durchaus für den Erfolg und das Überleben von Organisationen relevant sind, zeigt Arie de Geus, der in einer Shell-Studie die Merkmale von 40 Firmen untersucht hat, welche schon im 18. Jahrhundert existierten (Dupont, Hudson Bay, Kodak, Mitsui, Daimaru, Stora). Die älteste Firma war 700 Jahre alt und existierte bereits im Mittelalter. Die gemeinsamen Merkmale dieser seit Jahrhunderten „lebenden" Firmen stellen sich wie folgt dar:
- Konservative Finanzierung, niedrige Verschuldung, Betonung von ideellem statt materiellem Besitz;
- hochgradige Sensibilität gegenüber Veränderungen in der Umwelt anhand von Schrittmachersignalen;
- breites Bewusstsein über Sinn und Basiskompetenz der Firma;
- föderative oder konföderative Strukturen mit hoher Flexibilität, Autonomie und Subsidiarität.
Kurz: „Their history shows that these companies are in business, any business, so long it helps them to continue being a viable work community. They completely changed their business portfolio at least once, some of them several times" (de Geus 1995, S.26f.).

Die in diesem Vorschlag verfolgte Grundidee ist es, vor dem Hintergrund der Feststellung, dass die Faktoren *Information* und *Zeit* zu zunehmend wichtiger werdenden Produktionsfaktoren werden (vgl. Conrad, 1998, Zimmer 1998, s. dazu auch Abschnitt 6), den jeweiligen Organisationszweck durch *vernetzte Systeme* erfüllen zu lassen, die räumlich getrennt *nicht als* Organisationen im eigentlichen Sinne vorhanden sind.

Das virtuelle Unternehmen zeichnet sich dadurch aus, dass es auch strukturell mit Kunden und Lieferanten geradezu „verschwimmt", also nicht nur deren Wünsche und Interessen aufnimmt, sondern eine Beziehung im Sinne eines „co-destiny" (ebd., S. 179) aufbaut. Dieses wird dadurch erreicht, dass die durch moderne Methoden und Technologien „gewonnenen" Zeiten konsequent für die Pflege und Akquisition von Kundschaft genutzt werden. Die hierzu zu nutzenden Instrumente sind

- Just-in-time Lieferung/Produktion
- schlanke Produktion
- Einflussdelegation
- Unternehmensstraffung
- CAD, CAM
- Qualitätssicherung
- Qualitätszirkel (vgl. dazu auch Antoni 1990, 1996)[154].

Obwohl virtuelle Organisationen aufgrund kultureller, aber auch noch nicht gelöster rechtlicher Probleme bislang eher unterrepräsentiert sind und allenfalls bei zeitlich begrenzten Projekten wie beispielsweise dem Bau eines Flughafens bereits ansatzweise Anwendung gefunden haben, können fraktale und virtuelle Organisationen zunehmend als *Ansatz für eine grundlegende Abkehr* vom bisher eher geläufigen Prinzip der institutionalisierten Machtsicherung hin zu dem der intitutionalisierten Machtkontrolle bezeichnet werden.

Die Begründung für diese These liegt darin, dass sich *beide Ansätze eines reformulierten Organisationsverständnisses* vor allem auf eine *professionelle Leistungserstellung* konzentrieren und vor diesem Anspruchshintergrund bewusst bislang möglicherweise bewährte (monologische) Strukturen, Umgangsformen und Verhaltensmuster grundlegend in Frage stellen, da sie hierfür nicht mehr zeitgemäß erscheinen.

---

[154]   Conny Antoni weist auf die Problematik hin, dass insbesondere das traditionell mittlere Management Qualitätszirkeln äußerst distanziert begegnet, da insbesondere die Befürchtung besteht, dass Qualitätszirkel den eigenen Kompetenzbereich eingrenzen, indem die beteiligten Mitarbeiter „quasi an ihnen vorbei Veränderungen in ihrem Zuständigkeitsbereich auslösen können" (Antoni 1996, S. 201).

Kurz: Virtuelle und fraktale Organisationen mögen zwar nicht *von vornherein* unbedingt auf ein ethisches bzw. mitverantwortliches Managementhandeln abzielen, sind jedoch – zumindest implizit - auf die Fähigkeit und Bereitschaft zum Dialog angewiesen, da sonst „co-destiny" und Selbstorganisation kaum möglich erscheinen.

Zusammenfassend weisen die hier dargelegten neueren Organisationsverständnisse den Weg hin zu folgenden Anforderungen an das organisationale Miteinander und Gestalten:

1. Weitgehende Dezentralisierung von Handlungskompetenzen sowie Wegfall bisheriger Hierarchieebenen, um auf diese Weise die Selbstverantwortung aller zu stärken und die Selbstorganisations- und -planungsfähigkeiten der kleiner werdenden Gruppen und Bereiche mit Hilfe eines Abbaus der vertikalen Hierarchiestrukturen zugunsten horizontaler Kooperations- und Konkurrenzbeziehungen zu ermöglichen und zu verstärken.

2. Konsequente Förderung von *organizational slack* (i.S. frei verfügbarer, momentan nicht benötigter Ressourcen zur Erhöhung der Anpassungs- und Innovationsfähigkeit), so dass die strategische Interdependenz zwischen den einzelnen Bereichen zunimmt und ihr Fokus auf gemeinsame Unsicherheitszonen der Umwelt gerichtet wird.

3. Ingangsetzung einer problemlösungsorientierten internen und externen *Vertrauensspirale* (vgl. Küpper 1994).

Diese kurze Skizzierung neuerer Organisationsverständnisse und ihrer Potentiale unterstreicht, dass es angesichts der seitens der Organisationsführung vorhersehbaren dynamischen Wandlungsprozesse und deren Auswirkungen und Ansprüche auf bzw. gegenüber dem organisationalen Entscheiden und Handeln immer dringlich erscheint, *dem unterstellten Bereich zuzutrauen, aber im gleichen Atemzug auch zuzumuten,* sich möglichst weitgehend selbst zu führen. Dies lässt sich dahingehend konkretisieren, dass *auf* allen organisationalen Ebenen der Wertschöpfungsprozess *immer stärker selbst zu organisieren ist.*
Die Rolle der Führungskräfte wird vor diesem Hintergrund nicht etwa hinfällig, sondern dahingehend *umgewidmet,* auftretende Problem zu kompensieren und „Hilfe zur Selbsthilfe" zu geben (vgl. Bretz 1988, S. 343f, Handy 1994, S.40f,).

Auf diese Weise schließt sich wieder der in Abschnitt 1 eröffnete Argumentationskreis, da nämlich auch neue Organisationsformen zunehmend erfordern, dass sich alle Organisationsmitglieder im Sinne des oben dargelegten Vorschlages eines reformulierten funktionalen Managementverständnisses als Management aufzufassen haben.

Derartige Entwicklungstendenzen lassen es sinnvoll erscheinen, den Vorschlag zu unterbreiten, (zumindest größere) Organisationen in *Netzwerke mit radikalen föderalistischen Strukturen* umzuwandeln, wobei organisationales Lernen - analog zu der Metapher eines Flusses - sowohl als *Quelle* als auch als *Mündung* von Föderalismus anzusehen ist (vgl. Handy 1992, 1994, Joas 1992, S.356, de Geus 1995, S. 26f).

5.3. Die föderalistische Organisation

Der dem Organisationslernen zugrunde gelegte Anspruch, *gesamte Organisationen* und *eben nicht nur* ihre Mitglieder als *Lernsubjekte* aufzufassen, kann folglich als Aufforderung gedeutet werden, *unterschiedliche* Strategien der Selbstregulation in den diversen Subsystemen zu tolerieren und zu fördern, um somit dem Gesamtsystem zu nutzen (vgl. Gebert/Boerner 1995).
Eine Möglichkeit, dies zu erreichen, wird im *Föderalismus* gesehen.

Hierbei soll allerdings nicht unterschlagen werden, dass es sich beim Föderalismus auch um einen ungewöhnlich verschwommenen Begriff handelt, der auch in der Literatur noch weitgehend in seiner ursprünglichen Bedeutung gebraucht wird, und zwar, als funktionales Gegenstück zur Zentralisierung zu dienen (vgl. Handy 1994). Um etwas mehr Klarheit bezüglich der Frage herzustellen, worin denn die Chancen des Föderalismus für eine moderne Management- und Organisationsgestaltung liegen könnten, wird zunächst damit begonnen, die allgemeinen Charakteristika und Ziele des Föderalismus näher zu skizzieren.

5.3.1. Zu den Charakteristika und Zielen des Föderalismus

Als Föderalismus können im allgemeinen zunächst einmal politische Bemühungen angesehen werden, die *Vielfalt* eines *sozialen Gemeinwesens* im einzelnen und *gleichermaßen* seinen Anspruch als Ganzes *auszubalancieren* und – als Aufgabe aller – *gegenseitig zu sichern.*

Der Föderalismus findet dabei *seine eigentliche Legitimation* in der durch ihn *geförderten Machtstreuung* und zeichnet sich dabei insbesondere durch zwei Regelungen aus:

1. die Mitwirkung der Gliedelemente an der Problemlösung des Ganzen sowie
2. die (grundsätzliche) Ausrichtung der Glieder an der Umsetzung beschlossener Maßnahmen durch das Gesamtsystem (vgl. Rudzio 1993, S. 53).

Als *Ziel des Föderalismus* lässt sich somit einerseits die *Integration* der verschiedenen beteiligten Gruppen mit ihren Ansprüchen und Werthaltungen und andererseits die *Auffächerung der Machtbefugnisse* durch eine *vertikale*, sprich: von oben nach unten gerichtet Gewaltenteilung ansehen (vgl. u.a. Dreyer 1987, Lehner 1987, S. 95, auch Schambeck 1990, S. 27, Zippelius 1994, S. 383)[155].

Dementsprechend geht es beim Föderalismus um *die Sicherung von Eigenständigkeit und Selbstverantwortung sozialer Gebilde, wobei es insbesondere darauf ankommt, dass der jeweils übergeordneten Gewalt nicht mehr Regelungsbefugnisse gegenüber nachgeordneten Bereichen eingeräumt wird, als es im Interesse des Ganzen notwendig erscheint.*

Normativ beruht der Föderalismus auf dem oben angesprochenen *Subsidiaritätsprinzip*, welches ein ursprünglich der katholischen Soziallehre entnommenes Prinzip darstellt, wonach jede gesellschaftliche und staatliche Tätigkeit ihrem Wesen nach subsidiär (unterstützend und ersatzweise eintretend) ist bzw. *sein soll(te)* (vgl. Waschkuhn 1995, S. 4).

Diese Vorstellung wurde ursprünglich im gesellschaftspolitischen Kontext verwendet, welcher sich dem Subsidiaritätsprinzip zufolge von unten her zu konstituieren und somit insbesondere die Familie und *Primärgruppen* im Auge hat. Übertragen auf Organisationen bietet es sich dementsprechend an, die einzelnen Arbeitsgruppen als Primärgruppen zu bezeichnen und entsprechend den Prämissen des Subsidiaritätsprinzips darauf zu achten, dass deren Aufgaben nicht von vornherein von höheren Organisationsorganen als nötig übernommen und zentral gesteuert werden. Kurz: Dem Gesamtsystem obliegt es, die Voraussetzungen für die Funktionsfähigkeit der Teilbereiche bzw. Divisionen zu schaffen (vgl. u.a. Sutor 1991, S. 37).

Hieran schließt sich weiterhin die Vorstellung, dass es für föderalistisch zu konzipierende Gemeinwesen erforderlich ist, untere Ebenen mit der Entscheidungskompetenz und den besten Möglichkeiten des Hauses auszustatten, damit sie in Hinblick auf die Gegebenheiten „vor Ort" *eigenständig handeln können*[156] und

---

[155] In einer abstrakten Definition kann beispielsweise ein Gemeinwesen - am konkreten Beispiel eines Staates - *dann* als föderalistisch bezeichnet werden, wenn Entscheidungs- und Handlungskompetenzen teilweise auf autonome oder teilautonome Gliedstaaten bzw. Gebietskörperschaften übertragen sind. Daraus folgen zwei wesentliche Merkmale föderalen Staatsaufbaus. Diese sind *erstens* die Dezentralisation staatlicher Entscheidungs- und Handlungskompetenzen und *zweitens* die verfassungsrechtliche Absicherung des Bestandes der *institutionellen Eigenständigkeit* der Gliedstaaten (vgl. Lehner 1987, S. 94).

[156] Als Beispiel hierfür lässt sich insbesondere im ökonomischen Kontext die immer stärker in den Blickpunkt des Interesses rückende Bildung von Netzwerken (vgl. Sydow 1992) mit bewährten Zulieferern anführen, durch die u.a. die Voraussetzungen geschaffen worden sind, den Produktionsprozess neu zu organisieren sowie Verzögerungen bei der Ma-

unter Umständen auch Koalitionen mit Partnern eingehen zu *dürfen*, die bislang vom Gesamtsystem als Konkurrenten aufgefasst worden sind[157]. Die Aufgabe des bzw. der Führenden besteht dementsprechend darin, *sicherzustellen*, dass ihr unterstellter Bereich *kompetent und willens genug ist*, die übertragene Verantwortung auszufüllen, die Ziele der *Gesamtorganisation* zu verstehen und sich für sie einzusetzen, was dann auch dem o.a. Charakter der *Hilfe zur Selbsthilfe* entspricht.

Die Übertragung des Föderalismus und - damit einhergehend - des Subsidiaritätsprinzips auf den organisationalen Kontext scheint dann auch schon aus dem Grunde sinnvoll zu sein, weil

1. eine *zu starke Zentralisierung* den Charakter einer institutionalisierten Machtsicherung erhält und (damit i.d.R. verbundene) Bürokratie erhält und somit Innovationen blockieren und kreatives Handeln verhindern könnte und
2. umgekehrt, dass nämlich eine *ausschließliche Diversifizierung* strategische Planungen im Sinne des ganzen Systems verhindern, so dass sich die einzelnen Einheiten u.U. sogar untereinander Konkurrenz machen und auf diese Weise ihre Kräfte verschwenden, kurz: „a bit of both is needed - the *federal compromise*" (Handy 1992, S. 62, kursiv d. J.P., vgl. dazu auch Savage 1992, S. 626)[158].

Gegenüber den - wie oben angesprochen - immer noch häufig vorzufindenden, auf Fehlervermeidung ausgerichteten, „one best way-orientierten-status-quo-Kulturen", in denen diese Entrechtung des einzelnen nicht nur üblich war, sondern geradezu als Voraussetzung für erfolgreiches Handeln und Überleben galt, genießen – so der hier formulierte Anspruch - im konsequent angewendeten Föderalismus einzelne Organisationsmitglieder und -bereiche analog zu mündigen

---

terialbeschaffung und den Produktionsabläufen abzubauen. Auf diese Weise - so die dahinter stehende Erwartung und „Philosophie" - lassen sich *sowohl* die Kosten senken *als auch* die Zufriedenheit und Treue der Kunden steigern.

[157] Hier bieten sich wiederum Parallelen zum staatlich-parteipolitischen System am Beispiel der Gegebenheiten der Bundesrepublik Deutschland an, in dem auf Bundesebene Parteien miteinander um die Macht streiten, aber zum Wohle der Teilstaaten und deren Handlungsfähigkeit durchaus Koalitionen mit der „Konkurrenz" (am Beispiel *großer Koalitionen*) eingehen *dürfen*. Auf Landesebene haben nämlich i.d.R. die Landesparteiverbände (als „Töchter") *das letzte Wort* bezüglich des Eingehens von Koalitionen *und nicht* der Bundesvorstand (als „Mutterorganisation").

[158] Die oben angesprochenen Vernetzungen mit Lieferanten, Zulieferern und Dienstleistern lassen nämlich in immer stärkerem Maße die Problematik aufkommen, *wie* sich die Organisationsgrenzen überhaupt definieren und gestalten lassen können (vgl. dazu auch Schreyögg/Sydow 1997), was wiederum die Frage nach der Existenz und Gestaltung der *Organisationsidentität* nach sich zieht.

Staatsbürgern und Teilstaaten – so lange einen *Vertrauensvorschuss,* bis sich erweisen sollte, dass der organisationale Erfolg *in toto* gefährdet ist.

Dieser Anspruch verdeutlicht, dass das in dieser Erörterung zur Diskussion gestellte „Mentorenmodell" nicht etwa nur als eine „kritiklose" Hinwendung zur Verständigungsorientierung zu werten ist, sondern *gleichsam* die (notwendige) Erfolgsorientierung des Management(handeln)s verfolgt.

Auf einen einfachen Nenner gebracht, verhindern Föderalismus und das Subsidiaritätsprinzip, dass das einzelne Organisationsmitglied, aber auch der einzelne Organisationsbereich seiner (Mit-) Verantwortung und Mitgestaltungsmöglichkeit für den Erfolg des Gemeinwesens beraubt und somit *entmündigt* wird.

Vor diesem Hintergrund gilt es nunmehr der Frage nachzugehen, wie föderalistische Organisationen durch dialogisch orientiertes Lernen gestaltet werden könnten.

5.3.2. Vorschläge für die Ausgestaltung eines föderalistischen organisationalen Miteinanders

Die Übertragungsfähigkeit der oben dargelegten zunächst einmal primär staatspolitischen Vorstellungen auf Organisationen ist eng an die im Mentorenmodell angeregte Aufforderung gekoppelt, das organisationale Miteinander durch politisches Lernen verständigungsorientierter (als bisher) zu gestalten.
Erst auf diese Weise kann es gelingen, das Organisationsganze in *autonome* Einheiten zu gliedern, die ihrerseits wiederum auf eine *Gesamtleitung* angewiesen sind, die die grundlegenden Entscheidungen hinsichtlich der eigentlichen Aufgabe des Unternehmens trifft, sprich: in Form einer „Richtlinienkompetenz" die „politische Großwetterlage" bestimmt.
Durch diese Verschränkung soll die *Entstehung unkontrollierbarer Herrschaftsbefugnisse verhindert werden*, was im politischen Verständnis auch als „System der Checks und Balances" bezeichnet wird (vgl. Hartwich 1974, S. 313).
Der Föderalismus beruht somit auf einer (zumindest) *gewissen Homogenität* der Mitglieder und ihrer Zentrale, aber *gleichsam auch* auf Unterschiedlichkeit und Individualität, „die Bedingungen einer differenzierten Struktur des Gesamtkörpers sind" (Mickel 1986, S. 147). Nur so kann eine *Einheit in Mannigfaltigkeit* zwischen *allen Beteiligten* möglich erscheinen.

Gesamtorganisation und die Teilorganisationen bilden im Sinne des Föderalismus zusammen das *jeweilige politische System*. Die *Besonderheit* eines derartigen Bundesstaates oder hier zutreffend: „einer Bundesorganisation" liegt darin, dass nunmehr auch *alle Glieder* Staats- bzw. hier: „Organisationsqualität" besitzen.

Dies bedeutet: Alle Mitglieder einer Föderation verfügen über *verfassungsmäßig gewährte Rechte* und Pflichten, die die gegenseitige Rücksichtnahme aller Glieder aufeinander sowie die Kooperation aller bei der Wahrnehmung staatlicher und organisationaler Politikgestaltung bzw. Leistungserstellung sicherstellt (s.u.).

Der Aufbau föderalistischer Strukturen in Wirtschaftsorganisationen wird allerdings nach wie vor noch durch viele „liebgewonnene" Verhaltensmuster behindert: „Organizations that think of their people as role occupants are not thinking federally" (Handy 1992, S.69).

Um einen Abschied von derartigen Vorurteilen und Leitlinien zu ermöglichen, ist allerdings viel Mut zur Selbsthinterfragung seitens des Managements sowie der gesamten Unternehmung und eines darauf basierenden konsequenten Handelns erforderlich (vgl. dazu auch Rogers 1979, S.37).

Aus diesem Grunde werden im folgenden mit Hilfe der Anregungen von Peter Drucker (1949) und Charles Handy (1994) die Ansprüche an ein föderalistisches Managementverständnis verarbeitet und ein darauf basierender „Föderalismus-Dekalog" vorgeschlagen. Dieser Vorschlag kann als Ansatz verstanden werden, *mehr* im Sinne des Prinzips der institutionalisierten Machtsicherung zu handeln und somit dem Anspruch auf reflexive Eigenständigkeit *in Form eines Ausgleiches* zwischen Erfolgs- und Verständigungsorientierung gerecht zu werden:

1. Im Föderalismus stellt sich *jede Organisationseinheit als eine Organisation für sich dar*, die ihre Leistung für einen ihr eigentümlichen Markt zu erstellen und anzubieten hat. Somit bietet ein föderalistisches Verständnis die Chance, *vernünftiger* mit knappen Ressourcen umzugehen, da beispielsweise die Stätten der organisationalen Leistungserstellung näher an die Rohstoffquellen oder an den Markt herangebracht sowie die Transportkosten verringert werden und Kundenwünschen flexibler begegnet werden kann.

2. Jede Einheit muss deshalb mit einer *weitgehenden Selbstbestimmung innerhalb der Grenzen ausgestattet werden, die durch die für alle geltenden Entschließungen der Gesamtleitung des Unternehmens festgelegt werden.* Jede Einheit ist aber auch auf *ihre eigene Unternehmungsleitung* angewiesen. Diese „regionale" Leitung hat sich in *erster Linie mit regionalen Problemlösungen zu befassen* und *nicht so sehr* mit *grundsätzlichen Überlegungen*, obwohl sie auch darauf Einfluss nehmen soll (vgl. Drucker 1949).

3. Der Föderalismus gibt der Gesamtleitung die Freiheit, sich den ihr eigenen Funktionen zu widmen. *Er grenzt die Aufgabe und die Verantwortung der Leute, die im Wertschöpfungsprozess stehen, ab und gewährt einen Maßstab, um deren Erfolg und Wirksamkeit in bezug auf die organisationale Leistungs-*

erstellung zu messen. Darüber hinaus überbrückt der Föderalismus die Kluft zwischen der obersten Geschäftsleitung und einzelnen Organisationseinheiten.

4. *Die Autonomie einer Organisationseinheit ist folglich nicht lediglich das Ergebnis der Übertragung einer Autorität, sondern leitet sich aus ihrem eigenen Wesen her ab.* Dementsprechend kann die Gesamtleitung zwar die leitenden Persönlichkeiten der einzelnen Einheiten durch andere ersetzen, kann aber nicht einfach die Autorität und Selbstständigkeit der Leitung einer Einheit einfach beseitigen, es sei denn, der (gesamt) organisationale Erfolg ist in Frage gestellt.

5. Der Föderalismus baut darauf, dass die Leiter der Organisationseinheiten zu den die grundlegende Politik der Gesamtorganisation betreffenden Diskussionen mit herangezogen werden. Auf diese Weise ist es für diesen Personenkreis eher möglich, die Probleme der Spitzengruppe zu verstehen. *Für die gesamte Organisation ergibt sich daraus eine weitaus größere Wahrscheinlichkeit, dass die Beschlüsse der Gesamtleitung der Unternehmung von der Leitung der einzelnen Einheiten durchgeführt, anstatt u.U. missverstanden oder gar stillschweigend sabotiert zu werden.*

6. Das Prinzip der *gegenseitigen Abhängigkeit* vermeidet die Gefahren einer zentralgesteuerten Bürokratie, indem die einzelnen Dienstleistungen und Kapazitäten einer Organisation an verschiedenen Orten disloziert werden, aber von allen anderen Zweigen genutzt werden können. Auf diese Weise kann kein Organisationszweig oder -ort einen Vorteil gegenüber den anderen erhalten (vgl. Handy 1994, S.65f).

7. Eine *„gemeinsame Sprache"* ist erforderlich, um die Vorteile föderalistischer Strukturen in Organisationen nutzen zu können. Hierbei liegt es nahe, gemeinsame, systemeigene Kommunikationsregeln und Orientierungsmaßstäbe auszugestalten (vgl. ebd., S.66).

8. Die *(integrierte) Ordnung von getrennten Einheiten* kann dafür sorgen, dass die Aufgaben des Managements immer weniger separat gesehen werden. Dementsprechend ermöglicht eine föderalistische Gestaltung einen flexibleren Umgang mit den Aufgabenbereichen und den hierfür verantwortlichen Personen/Positionen. Dies könnte einen Abbau von Reibungsverlusten bewirken (vgl. Handy ebd., S.67).

9. *Doppelte „Staatsangehörigkeit"* trägt dem oben angesprochenen Aspekt Rechnung, dass ein föderalistisches System *gerade* durch selbstbewusste und kraftvolle Einzeleinheiten seine Stärke und Konsistenz erhält. Somit stellt es keinen Widerspruch, sondern vielmehr eine Förderung des Gesamtsystems

dar, wenn sich Organisationsmitglieder *sowohl* zu ihrem Bereich *als auch* dem Gesamtsystem bekennen[159]. Der Verzicht auf eine geballte Zentralmacht ermöglicht dementsprechend ein flexibles und selbstorganisiertes Umgehen mit sich und der Umwelt, ohne dass dabei das Gesamtsystem „aus dem Auge verloren wird"[160].

10. Da das Management einer föderalistischen Einheit als Spitze eines selbstständigen Unternehmens für den gesamten Problemlösungsprozess verantwortlich zeichnet, stellt der Föderalismus weiterhin *ein objektive(re)s Kriterium für die Bewertung des Managements in puncto unternehmerisches Können zur Verfügung* und befähigt so das Unternehmen, seine Entscheidung über die Nachfolge in der Gesamtleitung auf einer vernünftigen und objektive(re)n Basis zu fällen.

Dieser *Dekalog* soll verdeutlichen, dass das föderalistische Prinzip sowohl eine funktionsfähige Leitung für das Ganze als auch für seine Einheiten bewirkt. Dem *Lokalen* soll mehr Gestaltungsfreiheit und somit auch *mehr Macht* eingeräumt werden.

Der Föderalismus ist demzufolge auf eine *dialogische Kompetenz* innerhalb von menschlichen Sozialsystemen, ihrer Teilbereiche sowie eines diesbezüglichen Umganges des Gesamtsystems mit sich selbst und der Außenwelt angewiesen.

Diese Entwicklung und gleichzeitige Anspruchshaltung wird durch die sprunghafte Entwicklung der Informationstechnologie dadurch zusätzlich gefördert, dass mit Hilfe neuer Informationstechnologien Informationsrückkoppelung immer näher an die operative Basis rückt und damit Selbststeuerung ermöglicht. Weiter macht die oben unter verschiedene Aspekten angesprochene technologische Entwicklung möglich, kleine lokale Teams in größeren Lernnetzwerken und Lernkurven einzubinden und dadurch die *Kohärenz* zu steigern, die früher durch Dezentralisierungsbemühungen verloren ging.
Föderalistische Strukturen können somit als *Begünstiger* von Vernetzungs- und Selbstorganisationsprozessen in Unternehmen bezeichnet werden, wobei die „föderalistischen Facilitatoren" Vertrauen, Kooperation und Ausgestaltung gemeinsamer Integrations- und Handlungsmodi eine stärkere Verständigungsorientierung fördern.

---

[159] Charles Handy (1995, S. 131) nennt hierfür als konkrete Beispiele eine *Münchnerin*, die sich als Münchnerin, Bayerin und Deutsche definiert, oder einen *Texaner*, der sich zu seinem Bundesstaat, den Südstaaten der USA und schließlich den gesamten USA bekennt.

[160] Diesbezüglich haben föderalistische Staaten wie die USA oder die Bundesrepublik Deutschland bislang sehr gute Erfahrungen gemacht, *wie* lokale Identität mit gesamtstaatlichen Zielsetzungen *in Einklang gebracht werden* können.

5.4. Zusammenfassung: Die Organisationsverfassung als Garant eines „vernünftigen" organisationalen Miteinanders

Damit die Organisationsverfassung die hier identifizierte Aufgabenstellung, nämlich Garant und Überwachungsinstanz des Föderalismus zu sein, wahrnehmen kann, ist es zunächst erforderlich, *die Verfassungsinhalte publik zu machen*, um einerseits Einfluss auf das Verhalten der Systemmitglieder und -teilnehmer nehmen zu können und andererseits wiederum jene zur Einflussnahme und Mitgestaltung anzuregen.

Vor diesem Hintergrund werden in (insbesondere föderalistischen) Verfassungen im weitesten Sinne

- die in einem Gemeinwesen bestehende politische Kräfteverteilung,
- die üblichen Macht- und Entscheidungsmechanismen,
- die Gesamtheit der Regeln über die Form des Gemeinwesens,
- die Leitung des Gemeinwesens über die Bildung und den Aufgabenkreis der obersten Steuerungsorgane,
- Verfahren zur Bewältigung von Konflikten und die Beschreibung von „Grundrechten" der Mitgliedschaft

festgehalten.

Im organisationalen Kontext vollzieht sich die Verfassung in der Regel *über drei Formen* von zu verbreitenden Dokumenten, die den gesetzlichen Vorschriften folgen und die nach der Rechtsformenwahl für die Ausgestaltung der Organe und ihr Verhalten maßgeblich sind:

- „die Satzung und die Statuten, die den spezifischen Zweck, die Aufgabe und Arbeitsweise wesentlicher Organe der Unternehmung beschreiben;
- der Geschäftsverteilungsplan, der die Zusammensetzung der Spitzenorgane, ihre Aufgaben und Verantwortung und die Form ihrer Zusammenarbeit näher konkretisiert, sowie
- die Geschäftsordnung für die Spitzenorgane, die die satzungsmäßigen und statuarischen Vorschriften in detaillierter Form verfahrensmäßig weiter aufschlüsselt" (Bleicher 1991, S. 194).

Diese noch recht allgemein gehaltenen Charakteristika einer Verfassung lassen allerdings noch keine Aussage darüber zu, ob die jeweilige organisationale Verfassung ein in erster Linie auf *monologisch-zentralistisch institutionalisierte Machtsicherung* ausgerichtetes oder statt dessen ein auf *dialogisch-föderalistisch institutionalisierte Machtkontrolle* ausgerichtetes organisationales Miteinander verfolgt.

Hierbei wird die folgende Gegenüberstellung bewusst scharf skizziert und weist sicherlich auf den ersten Blick ein typisches „Schwarz-Weiß-Bild" auf. Natürlich soll nicht vernachlässigt werden, dass es auch durchaus produktive Mischformen gibt bzw. geben kann.

	Mechanistisches, auf *monologisch-zentralistisch institutionalisierte Machtsicherung* ausgerichtetes organisationales „Miteinander"	Systemisches und evolutionäres, auf *dialogisch-föderalistisch institutionalisierte Machtkontrolle* ausgerichtetes organisationales Miteinander
Zielvorstellung	Primär: Gewinnmaximierung *und* Machterhalt Sekundär: Berücksichtigung der Bedürfnisse der Beschäftigten	Primär: Sicherung der Weiterexistenz der Gesamtorganisation und der darin Beschäftigten Sekundär: Ausreichend hohe Gewinne unter Berücksichtigung ethischer Werte, ökologischer Anforderungen sowie der individuellen und sonstigen sozialen Bedürfnisse
Regeln des Umgangs	Langfristige und starre Vorschriften und Regeln mit umfassender und allgemeiner Gültigkeit. Kaum Ausnahmen. Hierarchisch legitimierte Anweisungs- und Entscheidungsbefugnisse, misstrauensdominierte Status-quo-Kultur und daraus sich ergebende Kommando- und Kontrollstrukturen.	Zeitlich begrenzte, flexible Vereinbarungen und Absprachen, wenig übergreifende Regeln sowie nicht ausschließlich hierarchisch gebundene und legitimierte Handlungsspielräume. Konsens- und Vertrauenskultur auf der Basis gegenseitiger Achtung und des Dialogs. Mit weitgehenden Verantwortungs- und Handlungsspielräumen.
Bestrafungsmodi	In der Regel führen Verstöße gegen formale Regeln zu Bestrafung von „oben".	Vor allem Verstöße gegen Prinzipien der Solidarität, der Loyalität, des Gemeinsinns und der Gemeinschaftsdienlichkeit sind Anlass für Sanktionen.
Umgang mit der Außenwelt	Abgrenzung und Abschottung gegenüber der Außenwelt, also	Die Außenwelt wird als Impulsgeber für eigene Lernprozesse gesehen. Es wird erkannt, dass eine

	auch gegenüber Lieferanten und Kunden. Konkurrenten werden als Feinde gesehen. Versuch der Marktbeherrschung über Größe und daraus sich ergebende Macht.	Marktbeherrschung kaum noch möglich ist, es werden statt dessen vielfältige Kooperationsmöglichkeiten im Sinne eines „Win-win-Modells" auf allen Ebenen gesucht.
Rolle der Führungskräfte	Monologischer Befehlshaber, der über der Belegschaft steht, zeichnet sich aus durch Unzugänglichkeit, Dominanz u.U. auch patriarchalisches Verhalten. Die Kompetenz ist nicht öffentlich kritisierbar, damit verbunden ein Führungsverhalten, das auf Kommando, Kontrolle und Korrektur aus ist.	Dialogischer Mitgestalter und Moderator von Prozessen. Versteht sich als integralen Bestandteil der Belegschaft, zeichnet sich durch partizipatives und kompromissbereites und für Kritik offenes Verhalten aus. Verständnis als Dienstleister für die Mitarbeiter, Aufgaben werden im Konsens vereinbart. Disziplinarische Macht ist hauptsächlich Mittel zum Zweck der Handlungsfähigkeit des Systems.
Riten und Symbole	Unterwerfungszeremonien. Das Unternehmen stellt sich als ein Zwangsgebilde dar, welches sich aus den „Bausteinen" Druck, Drohung, Manipulation und ggf. Belohnung zusammensetzt.	Hohe Bedeutung und Pflege der sozialen Beziehungen. Das Unternehmen stellt sich als sozioökonomische Solidargemeinschaft dar, die mit ihrem Umfeld verschwimmt.
Regeln der Kooperation	Scheinbar determinierte und statische Abläufe, interne Verkrustung und Bürokratie. Veränderungen werden nur per Dekret angegangen. Das System ist inflexibel.	Unscharfe und äußerst dynamische Abläufe, die durch interne Kunden-Lieferanten-Beziehungen flexibel und am Leben gehalten werden, evolutionäre Veränderungsbereitschaft als grundsätzliches Prinzip.

Abbildung 8: Unterschiede zwischen monologisch-zentralistischen und dialogisch-föderalistischen Verfassungen

Anhand dieser Gegenüberstellung soll deutlich werden, dass die Unternehmensverfassung erfahrungsbedingte Leitsätze und Orientierungspunkte *aller* Organisationsmitglieder widerspiegelt, um wiederum allen Organisationsmitgliedern eine Orientierungsgrundlage zu verschaffen, *wie* mit bestimmten Prozessen umzugehen ist.

Im föderalistischen Sinne lässt sich dann auch die Organisationsverfassung als *ständig zu überprüfendes Ergebnis* von organisationalen Lern-, Aushandlungsund Entwicklungsprozessen betrachten, deren Aufgabe *zunächst einmal* generell darin gesehen werden kann, ein verstärktes Zusammenfassen von Teilen sicherzustellen sowie der Legitimation einer organisatorischen Führungsstruktur zu dienen (vgl. Kirsch 1990, S. 43).

Allerdings kann im Rahmen einer Verfassungsdiskussion eine *mitverantwortliche und föderalistische Verbesserung* des organisationalen Miteinanders *vermutlich nur dann* erreicht werden, *wenn* darüber nachgedacht wird,

- *wie* ein Dialog von Mitarbeitern, Management und Kunden ermöglicht und ständig verbessert werden kann, weiterhin, zu erkennen, dass dies nur erreicht werden kann,
- *wenn* alle Beteiligten bereit und *auch* fähig sind, auch die bis dato gültigen Spielregeln zu hinterfragen und ggf. zu durchbrechen und gleichermaßen
- dies auch *dürfen.*

Hierzu ist es allerdings notwendig, allen am Verfassungsdiskurs beteiligten Organisationsmitgliedern und Externen bei der Entwicklung bestimmter Regeln für die Zukunft die Ungewissheit bezüglich der eigenen zukünftigen verfassungsmäßigen Position zu verdeutlichen.

Konkret: Im Rahmen einer Verfassungsdiskussion muss es auch für die momentan „Mächtigen bzw. Regierenden" einsichtig sein, dass die augenblickliche *„Opposition" (am Beispiel der Noch-nicht-Führenden oder Querdenker, s.u.)* mit einem *Kanon von Rechten* auszustatten ist. Dies erscheint schon deshalb sinnvoll zu sein, als u.U. zukünftige Problemstellungen und Machtverschiebungen (Wechsel des Hauptaktionärs, Verkauf, Fusion etc.) eine „Machtverschiebung bzw. einen Regierungswechsel" erforderlich machen (können).

Es kann somit als Charakteristikum einer im föderalistischen Sinne „guten Organisationsverfassung" angesehen werden, nicht mit dem Charakter eines Endgültigen versehen zu sein.

Vor dem Hintergrund dieses Anspruchsniveaus ergeben sich folgende Konsequenzen von Föderalismus und Subsidiarität für organisationale (Verfassungs-) Lernprozesse:

- Subsidiarität und Föderalismus können nur durch ständige individuelle und kollektive Lernfähigkeit und -bereitschaft gelebt werden.
- Organisationales Lernen findet sowohl in den Teilbereichen („Bundesländern", hier: Divisionen, Bereichen, Sparten, Filialen) statt als auch im Kontext des Gesamtsystems, welches eben durch Föderalismus und Subsidiarität *erfolgrei-*

cher werden kann; auf diese Weise wird dann auch die o.a. „Einheit in Mannigfaltigkeit" eher ermöglicht.

– Die Verbindung zwischen qua organisationalem Lernen gefördertem Subsidiaritäts- und Föderalismusprinzip *einerseits* und dem Erfolg des Gesamtsystems *andererseits* liegt darin begründet, dass die Organisation als Ganzes lernen kann, auf spezielle, u.U. regional bedingte Wünsche und Anforderungen bzw. Anregungen interner und externer Kunden und Lieferanten einzugehen. Dies liefert zweifellos Impulse für den Umgang in anderen Teilbereichen bzw. anderen Regionen.

– Dementsprechend gibt es keinen top-down verordneten „best way" mehr, was nicht etwa bedeutet, dass die Organisationszentrale bzw. „Konzernmutter" keine Funktion mehr innehat. Das Gewicht verschiebt sich allerdings immer stärker hin zu einer Service- und „Hilfe-zur-Selbsthilfe"-Funktion.

Hieraus wird deutlich, dass sich ein Organisationslernen zur Ermöglichung eines *qua Verfassung garantierten föderalistischen Miteinanders* in einem *ständigen Spannungsfeld* zwischen (momentan gültigem, aber u.U. revisionsbedürftigem) *organisationalem Grundauftrag*, *Effizienzkriterien* und *Mitverantwortung* für die Organisation und das Gemeinwesen bewegt.

Hierbei ergibt sich durchaus die Möglichkeit, dass verfassungsgebende und verfassungsüberprüfende organisationale Lernprozesse durchaus auch eine „Vorreiterrolle" für diesbezügliche gesamtgesellschaftliche Lernprozesse übernehmen können (vgl. Petersen 1993, 1995).

Voraussetzung hierfür ist aber eine ständige Bereitschaft, durch den Dialog den jeweiligen Partner

- einschätzen,
- ernst nehmen und respektieren sowie
- die eigenen Bedürfnisse daraufhin abstimmen und angleichen zu können.

(verfassungsmäßig geklärter und qua Lernen ständig überprüfter)
Organisationaler Grundauftrag

Effizienz   (Mit-)Verantwortung

Abbildung 9: Die Spannungsfelder eines Organisationslernens im Föderalismus

Die Verfassungsdiskussion als *ständiger Bestandteil* eines föderalistischen Organisationssytems ist dementsprechend als *ein permanenter individueller und kollektiver politischer Lern- und Bildungsprozess* zur gemeinsamen Überprüfung und Weiterentwicklung des Miteinanders und somit auch als *Kraftquelle für alle Beteiligten* zu verstehen, im organisationalen Kontext Innovationen vorschlagen und ggf. auch mit damit verbundenen Widerständen *reflexiv-eigenständig* und *gelassen* umgehen zu können (vgl. Petersen 1998b).

Nachdem die prinzipiellen Möglichkeiten einer föderalistischen lernenden Organisation in bezug auf die Förderung eines dialogischen Miteinanders durch veränderte organisationalen Rahmenbedingungen dargelegt worden sind, gilt es nunmehr zur Diskussion zu stellen, *wie und anhand welcher Ansätze sich Management und Dialog denn nun konkret verbinden lassen können.*

6. Management und Dialog

Während in Abschnitt 1.3 bereits ein *vorläufiges Verständnis einer Synthese* von Management und Dialog dargestellt worden ist, geht es hier darum, die oben angesprochenen philosophischen, unternehmensethischen und erwachsenenpädagogischen Anregungen aufzugreifen *und in einen Vorschlag münden zu lassen, wie* dialogisches Management *insbesondere im Kontext föderalistischer Organisationsverfassungen* gestaltet werden könnte.

6.1. Dialogisches Management: Charakteristika und Erwartungen

In diesem Teil der Erörterung wird zunächst einmal von der *Grundannahme* ausgegangen, dass sich der Dialog als *gemeinsame Wahrheitssuche im Austausch zwischen Führungskräften und Mitarbeitern* auszeichnet (vgl. Gebert/Boerner 1995, S. 286f), da es *nicht* „die" von vornherein (monologisch) festgelegte und allgemeingültige Wahrheit i.S. eines „one-best-way" (mehr) geben kann.

Bezogen auf das Management, bedeutet dies *konkret*, das *Wagnis einzugehen*, zunächst einmal im organisationalen Kontext im Sinne des Mentorenmodells Dialoge als *animierender (Lern-)Partner* und *Katalysator* zu führen. Auf diese Weise können auf Mitarbeiter- und Teamebene Selbstbewusstsein, Urteilsfähigkeit, Leistungs- und Innovationsbereitschaft sowie die „Entfaltung schöpferischer Kräfte auf allen Ebenen" (Jantsch 1980, S. 57) ermöglicht und dementsprechend Raum dafür gegeben werden, sich im gesamten Kontext stärker Tugenden wie Kreativität, Querdenken, Spontaneität und Risikofreudigkeit zuzuwenden.

Hieraus ergibt sich, dass – wie oben im Mitverantwortungs- bzw. Mentorenmodell vorgeschlagen - Manager und Mitarbeiter als (zumindest prinzipiell) *gleichberechtigte Wahrheits- und Problemlösungsquellen* anzusehen sind und hierzu den aktuellen Wissensstand *ständig hinterfragen* und *verändern* müssen.

Als Voraussetzung hierfür lassen sich nennen:

1. Die (für die Problemlösung wichtigen) Mitarbeiter werden über das jeweilige Problem und diesbezügliche Lösungsalternativen aufgeklärt, um sich an der Lösungsfindung zu beteiligen.
2. Ein Austausch der beiderseitigen Perspektiven ist möglich und wird von allen Beteiligten als für die Problemlösung notwendig und weiterführend angesehen.

Hierbei gilt es zu bedenken, dass eine derartige Qualität des Dialoges *eben nicht* möglich wäre, wenn die Mitarbeiter aufgrund beibehaltener „Machtasymmetrien" (s. Lehnhoff 1997, auch Spandau 2000) befürchten müßten, dass Einwände gegenüber den Vorstellungen der Führungskräfte mit Missbilligungen, Abmahnungen, Nichtbeförderungen oder gar Entlassungen sanktioniert werden, weil die sich möglicherweise in ihrer Autorität und Kompetenz bedroht fühlen. Folglich darf sich dann auch nicht die Abhängigkeit der Mitarbeiter dermaßen darstellen, dass sie sich nicht mehr dazu in der Lage sehen, eigene Vorschläge zu entwickeln und zu vertreten, weil sie sich mehr oder weniger als „Sprachrohre" ihrer Führungskräfte verstehen und dementsprechend denken und handeln.

Jede Öffnung zu einem Dialog ist nämlich zweifellos sowohl seitens der Führungskräfte als auch der Mitarbeiter immer mit einem *Risiko* verbunden, das Wagnis bezüglich der *Verläßlichkeit* des Partners eingehen zu müssen. Diese *Verläßlichkeit* läßt sich oftmals gar nicht anders als durch *Vertrauen* auf die *Ehrenhaftigkeit* und den *guten Willen* zur Sicherstellung des *gemeinsamen Wohles* absichern. Sonst wäre nämlich eine *weitere partnerschaftlich-dialogische Beziehung* nicht mehr möglich.

Dialog und dessen Voraussetzungen *Vertrauen* und *Verläßlichkeit* basieren auf einem *Konsens*, sprich: aus einer allgemeinen Überzeugung von der *gegenseitigen Abhängigkeit*, in der sich die Dialogpartner befinden. Hierbei wird sowohl auf der Seite der Mitarbeiter ein gewisses Maß an *Zivilcourage* als wichtige Eigenschaft, im Sinne des *Mentorenmodells reflexiv-eigenständig politisch denken und handeln* zu können, verlangt, dementsprechend klar seine Ansichten zur Problemlösung zu äußern, als auch auf der Seite der Vorgesetzten ebenfalls die reflexiv-eigenständige Kompetenz, mit Argumenten von unten *konstruktiv-kritisch* umzugehen. Genauso wie die Mitarbeiter mit der Zeit lernen müssen, dass sie ihre Verbesserungsvorschläge wagen können, obliegt es ihren Führungskräften, *selber akzeptieren zu lernen*, dass die Mitarbeiter als *Quelle guter Ideen* für eine *gemeinsame Weiterentwicklung* anzusehen sind und dass daraus nicht eine irgendwie geartete *Bedrohung* entsteht[144].

Vor diesem Hintergrund ergibt sich die Frage, *welche konkreten Anforderungen* an einen konstruktiv-kritischen Dialog im organisationalen Kontext *genau* zu stellen sind.

Um diesbezüglich eine Antwort zur Diskussion stellen zu können, galt es, die oben angesprochenen Anregungen aus den verschiedenen Wissenschaftsdisziplinen und –traditionen zu verarbeiten und folgende Ansprüche in Gestalt eines **„Dialog-Dekalogs"** zu formulieren.

---

[144] Vor diesem Hintergrund sind beispielsweise Zielvorgaben für die Organisation „sinnvoll" aus dem allgemeinen Wandlungsprozess heraus zu formulieren. Hierbei ist eine *sinnvolle Zielvorgabe* jene, die die Zustimmung eines Großteils der Mitarbeiter erhält (s.o. zum grundsätzlichen Potential des Führungsmodells MbO).

Hierbei gilt es *im Vorfeld* dieses Dekalogs zu betonen, dass der Dialog als *Entwicklungsfeld* zu betrachten ist und *mehr* als eine „bloße Methode der Kommunikation" darstellt:

1. Im allgemeinen: Der Dialog ist eine **lernbare Disziplin** und wird nicht als bloßes „Miteinander reden" bzw. als *beliebige* Diskussion oder Meinungsaustausch angesehen. Die Absicht des Dialoges ist es, mit dem oder den Partner(n) ein *gemeinsames Verständnis* zu erreichen und über die Grundlagen des Denkens zu reflektieren. Der Dialog ist kein Selbstzweck, sondern hat die Steigerung der Problemlösungsfähigkeit und die Zukunftssicherung von Menschen, Organisationen und ihrer mit handlungslogischem Eigensinn versehenen Umwelt als Ziel. Der Dialog stellt *generell* ein die Beteiligten mit gegenseitig befruchtenden neuen Erkenntnissen und Erfahrungen *belohnendes Gespräch* dar.
2. Im besonderen: Durch einen sanktionsfreien-offenen Dialog gilt es dabei, *das bisherige organisationale Miteinander und den Umgang der Organisation mit der Außenwelt zu hinterfragen und zu verbessern*, um auf diese Weise ein *vernünftige(re)s Entscheiden und Handeln* zu ermöglichen und auszugestalten.
3. Der Dialog von (tendenziell gleichberechtigten) Partnern ist geprägt von der beiderseits empfundenen Vielschichtigkeit, Fragmentierung, Zerstrittenheit *einerseits* und dem Bemühen um Vertrauen und Verläßlichkeit *andererseits*.
4. Hierbei kann der Dialog dazu führen, dass *im interaktiven Miteinander durch den freien Fluß von Gedanken und Gefühlen der (möglichen) Wahrheit schrittweise entgegengekommen wird.*
5. Wahrheit(sfindung) ist aber nicht als *Endziel des Dialoges* anzusehen, sondern es gilt vielmehr anzuerkennen, dass der Dialog einen *bewusst temporären* und *prozesshaften Charakter* aufweist.
6. Dialoge im Zeichen tiefgreifender Wandlungsprozesse können nur durch aktives Zuhören und die gegenseitige Anerkennung ausgelöst werden, wobei *erst ein gemeinsames Handeln und Reflektieren eine beidseitig empfundene Wahrhaftigkeit ermöglicht* (vgl. dazu auch Roszak 1979, S. 28).
7. Dialog bedeutet nicht, über die Probleme in der Welt „da draußen" zu lamentieren, *sondern zu erkennen, dass die Welt ständiger Bestandteil des Dialoges ist* (vgl. Lenssen 1995, S. 349).
8. Am einem Dialog mitzuwirken, bedeutet zu erkennen, dass Wahrhaftigkeit und Vertrauen nur im *gemeinsamen Handeln, Reflektieren und Bemühen um das gemeinsame Wohl* entstehen kann.
9. Dialog bedeutet auch, *die eigene Unvollkommenheit und die des Partners akzeptieren zu lernen und als ständige Lernaufgabe anzusehen.* Die „Fehler von einst" ständig vorzuhalten, dürfte die Dialogbereitschaft zum Erliegen bringen.
10. Die Teilnahme am Dialog erfordert von jedem Partner *Authentizität und*

Selbstakzeptanz bzw. Selbstliebe und „kritische Bescheidenheit" (s. Geißler 1996, 1997). Nur auf diese Weise kann auch dem Partner begegnet werden.

Dieser „Dialog-Dekalog" hat sowohl für die Ausgestaltung des organisationalen Miteinanders als auch für die Beziehung zur Außenwelt den gleichen kontrafaktisch-normativ-regulativen Charakter.

Um insbesondere die Auswirkungen dieses Dialog-Dekalogs in bezug auf ausgewählte typische Problemstellungen aus dem unternehmerischen Alltag aufzuzeigen, liegt es nahe, die Unterschiede zwischen einem *traditionellen Fragen* und einer *dialogischen Behandlung* von Herausforderungen herauszuarbeiten, wobei auch hier bewusst eine „Schwarz-Weiß-Unterscheidung" gewählt wird:

Organisationales Problem	*Traditionelle Fragestellungen*	*Dialogische Fragestellungen*
Verschlechterung der Kundenbindung	Welche Vertriebstechniken sollen verbessert werden?	Inwieweit bin ich oder sind wir ein Teil des Problems?
Absatzrücklauf	Welche Werbemittel sollen eingesetzt werden?	Wo verlieren wir Anziehungskraft?
Unser Personal wird als unfreundlich wahrgenommen	Welche Incentive-Programme können helfen, von wem müssen wir uns trennen?	Was strahlen wir (oder ich) als Management aus?
Geschäftsabläufe sind unkoordiniert	Welche Richtlinien sind zu aktualisieren?	Wie hängt das mit uns zusammen?
Die Kosten sind unverhältnismäßig stark gestiegen	Wo können wir einsparen?	Folgen wir wirklich dem kürzesten Weg zu Mehrwert im Team?
Rendite auf Anlagekapital ist rückläufig	Diverse investitionspolitische Maßnahmen	Was können wir selbst tun, damit eine bewusstere Beziehung zwischen der materiellen Struktur und den Menschen entsteht?

Anzumerken ist hierbei sicherlich zweierlei:

-   Der oben formulierte „Dialog-Dekalog" ist durchaus in jedwedem organisationalen Kontext umzusetzen. Sicherlich sind diese Problemstellungen aus dem ökonomischen Kontext *noch beliebig* erweiterbar. Die hier gewählte Gegenüberstellung soll natürlich nicht vernachlässigen, dass *auch* unter pri-

mär erfolgsorientierten Prämissen durchaus Lösungen gewählt werden, die
dem Dialog sehr nahe kommen können.

- Entscheidend ist jedoch die Grundeinstellung zum Dialogpartner, die unter
  rein erfolgsorientierten Prämissen nicht a priori gegeben zu sein scheint.

Vor diesem Hintergrund werden im folgenden Vorschläge unterbreitet, wie eine
auf dem „Dialog-Dekalog" aufbauende Organisations- und Managementkultur
ermöglicht werden kann.

6.2. Vorschläge zur Gestaltung eines dialogischen organisationalen Miteinanders

Die o.a. Ausführungen sollten zeigen, dass einem dialogisch orientierten Miteinander letztlich nur dann eine Aussicht vorausgesagt werden kann, wenn es gelingt, mit Hilfe des Dialogs *Hinderungsbarrieren des organisationalen Erfolges* durch gemeinsame Reflexion zu beseitigen und hierbei *möglichst* auf den *restriktiven Einsatz* von Macht(mitteln) zu *verzichten*.

Im Sinne eines derartigen Barrierenabbaus liegt es beispielsweise nahe, herauszufinden,

- von welchen Organisationsmitgliedern wiederum für andere Organisationsmitglieder
- in welchen Organisationsbereichen für welche anderen Organisationsbereiche,

bestimmte Handlungsvoraussetzungen geschaffen werden können, um

- eher *zweckrational-erfolgsorientiertes Handeln* (in Form einer Optimierung interner und externer Kommunikationskanäle, Strukturen und Strategien) sowie

- eher *normativ-verständigungsorientiertes Handeln* (am Beispiel unternehmensethischer und -kultureller Fragestellungen, s.o. vgl. dazu auch Schreyögg 1989, S. 94)

im Sinne einer *höchstmöglichen und vernünftigen Qualität der organisationalen Leistungserstellung* zu verbinden.

Weiterhin geht es darum, mit Hilfe eines dialogischen Vorgehens *individuelle* Erwartungen, Wünsche und Ängste *einerseits* und *gemeinsame* Erfolgserwartungen *andererseits* herauszuarbeiten und weitgehend zu berücksichtigen. Dialogisches Management ist allerdings nicht nur auf die Bereitschaft und Fähigkeit der Führungskräfte angewiesen, sondern gleichsam auch auf die der Mitarbeiter. Sind nämlich weder Bereitschaft noch Fähigkeit hierzu vorhanden, droht Dialogisches Management zum Wort- bzw. Gedankenspiel degradiert zu werden.

Dies berücksichtigend, scheint ein dialogisches Vorgehen schon aus dem Grunde weiterführend und als *zukunftsweisender Erfolgsfaktor* einzuschätzen zu sein, weil davon auszugehen ist, dass

- die bislang möglicherweise bewährten und bislang durchaus auch funktional sinnvoll und nachvollziehbar erschienenen *institutionalisierten Trennungen*[145] in der Unternehmung (oftmals momentan bestehende) Abhängigkeiten gefördert und ausgeprägt haben,
- die seitens der Organisationsmitglieder – *eben nicht* immer zum Vorteil der *gemeinsamen Zielerreichung* - für mikropolitische Einfluss- und Machtspiele genutzt worden sind (und wahrscheinlich immer noch werden) (vgl. Krüger 1977, Sydow 1985, Küpper/Ortmann 1992, auch Petersen 1995, s.o.)
- und folglich bezüglich der organisationalen Leistungserstellung und Legitimation derer einen *eher unvernünftigen Charakter* aufweisen.

Angesichts dieser Problemstellung liegt es nahe, *zunächst einmal aus der wissenschaftlichen Theorie konkrete Beispiele* aufzuführen, *wie sich dialogisches Management denn darstellen und implementieren lassen kann.* Hierzu bieten die aus der betriebswirtschaftlichen Managementforschung stammenden Ansätze zur Förderung der Fähigkeit und Bereitschaft zum „Querdenkertum" sowie der organisationspsychologische Ansatz einer „Führung von unten" *erste Anknüpfungspunkte.*

6.2.1. Charakteristika des Querdenkertums

Vor allem unter der Perspektive des Barrierenabbaus qua dialogischem Management ist die von Gaitanides (1992) und Gebert/Boerner (1995) zur Diskussion gestellte Förderung und Forderung eines „Querdenkertums" von Interesse.

Querdenken läßt sich als ein Prozess auffassen, der bestimmte Prämissen und Verhaltensmuster, die dem organisationalen Denken und Handeln zugrunde lie-

---

[145] Beispielsweise könnte im Rahmen dieser Thematik im Kontext von Unternehmen eine Untersuchung der institutionalisierten Trennung zwischen Planung und Umsetzung verdeutlichen, was als Folge von Planungsprozessen konkret in unternehmerischen Handlungsprozessen übrigbleibt und wo sich Entscheidungen und Festlegungen eines Planungsbereiches mehr oder weniger eindeutig widerspiegeln.

gen (i.S. eines *das haben wir doch schon immer oder eben noch nie so ge-macht*[146]), hinterfragt und möglicherweise zunächst ungewöhnliche Veränderungsvorschläge unterbreitet.

Dementsprechend besteht die Leistung des Querdenkens bzw. des Querdenkers als Person darin, die in einer Gruppe, Abteilung oder gesamten Organisation geltenden Prämissen, aber auch Barrieren und Trennungen *konstruktiv-kritisch zu hinterfragen* und auf diese Weise die bislang u.U. sehr erfolgreichen bestehenden Denk- und Handlungsroutinen *zu durchbrechen* (vgl. dazu auch Argyris 1993). Dies sollte selbst (oder gerade) in dem Falle geschehen, dass *momentan* noch kein „Leidensdruck" besteht.

Dieser Anspruch läßt sich dahingehend konkretisieren, dass sich Querdenker den Kernfragen hinsichtlich des „Warum" Organisationen so organisiert und strukturiert sind, wie sie sind, zu stellen haben (vgl. Neumann 1999).

Konkrete Fragestellungen bieten sich hierbei an:

- *Warum* existieren gerade die Unternehmenskultur und Spielregeln, die existieren,
- *Warum* werden gewisse Dinge so gemacht, wie sie ablaufen,
- *Warum* wird über Kunden, Lieferanten, Konkurrenten, Mitarbeiter und die eigene Organisation so gedacht, wie gedacht wird,
- *wie denkt man* und *wie entstehen* dabei gewisse Verhaltensweisen bzw. *wie werden* jene Entscheidungen getroffen, die bestimmte Ergebnisse hervorbringen,

Als Ziel des Querdenkertums ist es daher anzusehen, der Organisation und ihrer Führung einen „Spiegel" vorzuhalten, und zwar zu zeigen, wo Änderungen notwendig werden und Entwicklungspotentiale aufgebaut und gefördert werden können und müssen. Es geht also um die hinter den Wertauffassungen, Sichtweisen, Selbstverständlichkeiten, Spielregeln, Mustern, Vorstellungen, Entscheidungen, Handlungen etc. liegenden Meta-Werte, Meta-Sichtweisen, Vorverständnisse, Denkbezugsrahmen, Theorien. Somit gilt es, die in der Organisation gültigen Grundhaltungen und Verhaltensmuster *selbst zur Disposition zu stellen* (vgl. Handy 1994, Lenssen 1995, Neumann 1999). Organisationsmitglieder, die in diesem Sinne als Querdenker gegen die in ihrem

---

146 Gebert/Boerner (1995) verweisen darauf, daß sich beispielsweise in Unternehmen bestimmte Konstellationen von Prämissen herausbilden und daß die jeweilige Auswahl und Stabilisierung von Prämissen z.B. durch Unternehmens- oder Gruppen- oder Führungskulturen geleistet wird. Dabei beziehen sich diese Prämissen nicht nur auf die Daten, sondern auch z.B. auf die Art, in der Schlußfolgerungen gezogen werden: Zu nennen sind beispielsweise Vorurteile, Dogmen oder herrschende Meinungen.

Kontext geltenden Denkprämissen agieren, stellen zweifellos zunächst einmal besondere Herausforderungen an die Führungskräfte dar. Die Führenden sehen sich nämlich, um das Gehen ungewöhnlich erscheinender neuer Wege zu fördern, veranlaßt, eine *Balance* zwischen *dem Zulassen solcher Ideen* und „der zu befürchtenden Anarchie einer Ablehnung oder völligen Umdeutung sämtlicher Grundlagen" (Gebert/Boerner 1995) zu finden.
Toleranz und *Aufgeschlossenheit* seitens hierarchisch hochstehender bzw. einflussreicher Organisationsmitglieder gegenüber zunächst (möglicherweise völlig) abwegig scheinenden Meinungen, Mißerfolgen und Fehlern *erscheinen dabei dringend notwendig*, um im Sinne eines zukünftigen (noch erfolgreicheren) organisationalen Miteinanders querdenkerisches Potential *zu erschließen*.
Für einen hierarchisch noch eher niedrig eingestuften Mitarbeiter, der als Querdenker fungiert, ergibt sich dabei *ohne Frage* die Problemstellung,

- *einerseits* neue und unkonventionelle Ideen produzieren zu müssen, um ein erfolgreiches und vernünftiges Entscheiden und Handeln auszulösen, das der Weiterexistenz der eigenen Organisation in der Zukunft dienlich ist,
- *andererseits* sich aber auch gefordert zu sehen, im Zuge von Sozialisationsprozessen die (sich im Laufe der Zeit gebildeten und bislang auch möglicherweise erfolgreichen) Weltanschauungen der Organisation nicht mehr zu hinterfragen, um Konflikte (auch eventuell zum eigenen Nachteil) zu vermeiden.

Ein Ausweg aus diesem drohenden Dilemma könnte eine *gelebte kritische Loyalität* und *Zivilcourage* sein, Konflikte auszutragen und nicht *bequemlichkeits-* und *konfliktvermeidungsbedingt* zugunsten *harmonischer Abläufe* auf eigene Ideen zu verzichten. Dies in die Tat umzusetzen, stellt zweifellos insbesondere in eher konservativen und stark hierarchisch orientierten Organisationen eine besondere (persönliche) Herausforderung der Querdenker dar.
Dementsprechend erscheint der Einsatz von (Hierarchien hochgestellten und somit vermutlich mächtigen) „Sponsor" oder „Mentoren" notwendig zu sein, damit angesichts u.U. „unangenehmer Vorschläge und *Umdeutenden bisheriger Daten und Sachverhalte*" die Querdenker geschützt werden (vgl. Gaitanides 1992, S. 267)[147].
Durch den Dialog können somit *Führung*[148] und *Querdenken* miteinander vereinbart werden (vgl. Gaitanides 1992, S. 270), indem nämlich das organisationa-

---

[147]   Aus diesem Grunde scheint der Vergleich von *Querdenkern* und *Hofnarren des Mittelalters* (s. Gaitanides 1992, S. 267) gar nicht so abwegig zu sein.

[148]   Es soll allerdings auch auf die Möglichkeit verwiesen werden, daß Führungskräfte *selber aktiv* eine Rolle als Querdenker übernehmen, obwohl Führung als „Homogenisierung von Denk- und Handlungsprämissen" (Gaitanides ebd.) traditionell in erster Linie das Ziel verfolgt, im Sinne betrieblicher Effizienz die *Verhaltensvarianz zu reduzieren* (vgl. Gebert/Boerner 1995).

le Miteinander und die organisationale Leistungserstellung *dauerhaft konsequent hinterfragt werden.* Hierbei ist im Interesse der Organisation allerdings darauf zu achten, dass diese Störungen nicht „Ausrufern", da sonst die Handlungsfähigkeit der gesamten Organisation in Frage gestellt wäre.

Dies ließe sich dahingehend ermöglichen, dass im Miteinander zwischen Vorgesetzten und *querdenkenden Mitarbeitern* die Prämissen des „Querdenkungsprozesses" *gemeinsam* entwickelt und konstruiert werden. Gemäß diesem Anspruch muss es sich um (zumindest prinzipiell) gleichberechtigte Partner handeln, die sich über die geltenden Prämissen und Denkmuster verständigen.
Der Dialog dient dazu, bisherige (vielleicht momentan auch sinnvoll und erfolgversprechend erscheinende) Denk- und Verhaltensmuster zu hinterfragen, *Neues* oder eben ggf. auch das *Festhalten am Alten* zu begründen und zu verantworten. Führung *von* und *mit Hilfe von* Querdenkern hätte somit zur Folge, dass *beiderseits* individuelle Einstellungen und Verhaltensmuster ausgetauscht und in Übereinkünften *zum gemeinsamen Wohl* festgelegt werden.

Hieraus soll deutlich werden, dass *Führung* auch im Zeitalter sich selbststeuernder Teams und einer zunehmenden Wahrnehmung von Managementfunktionen durch alle Organisationsmitglieder nicht etwa überflüssig wird.
Allerdings verweist das Querdenkertum darauf, dass ein dialogisches Führungsverständnis immer weniger auf einem traditionellen Führungs- und Vorgesetztenverständnis aufbauen kann. Der oben angesprochene zunehmende Trend hin zu flachen Hierarchien, läßt in immer stärkerem Maße die Fähigkeit und Bereitschaft notwendig erscheinen, Querdenkertum und spontane Interaktion *permanent* zu fördern. Hierbei haben Führende immer stärker die Funktion eines Mittlers, Vermittlers, Prozessermöglichers und -begleiters, kurz: eines sich als Mentor fühlenden Dialogpartners und somit kritischen bis „lästigen" Fragestellers wahrzunehmen.

Hinsichtlich dieser Thematik spricht Klimecki (1994) auch von *Machtpromotion* (s.u.), da es nach seiner Auffassung eher *unrealistisch* ist, von der Vorstellung auszugehen, dass sich Veränderungsmaßnahmen ohne die nachhaltige Unterstützung der *Mächtigen* (s. Spandau 2000) erzeugen lassen können. Ansoff (1984) spricht vor diesem Hintergrund von einem „big bang", der den Entwicklungsmaßnahmen vorauszugehen habe, um überhaupt eine Chance auf nachhaltige Verankerung in der Unternehmung zu haben. Machtpromotion ist des weiteren als äußerst wichtig für die Glaubwürdigkeit der Entwicklungsabsichten und die Durchsetzung von Veränderungsmaßnahmen im organisationalen Alltag anzusehen, da vermutlich *erst* das eindeutige und kontinuierliche Beziehen von veränderungsbereiten „Positionen" eine organisationsweite Akzeptanz zu erzeugen vermag.

Dass diese Vorannahmen im Sinne einer „partnerschaftlichen Führungsbeziehung" auch durchaus umsetzbar sein können, soll das von Rolf Wunderer (1992) angeregte Konzept „Führung von unten" zeigen.

6.2.2. Der Ansatz „Führung von unten"

In dem von Rolf Wunderer (1992) vorgestellten Konzept „Führung von unten" werden Vorschläge unterbreitet, wie auch hierarchiell nicht hochstehende Organisationsmitglieder in der Organisation *konkreten Einfluss* ausüben können. Gleichzeitig wird auf die *Strategien* hingewiesen, die die Geführten hierzu bevorzugt einsetzen.

Dabei liegt dem Ansatz der „Führung von unten" die Vorstellung zugrunde, dass Führung *nicht per se* als *Top-Down-Einflussnahme* des Führenden auf den Geführten aufzufassen ist, sondern vielmehr einen *wirklichen Interaktionsprozess darstellt*, bei dem sich die Beteiligten *wechselseitig* (allerdings) mit unterschiedlicher Intensität und Ausprägung beeinflussen (vgl. dazu auch Gebert/Boerner 1995).

Hierbei steht neben der Frage der *Entscheidungsstile* – wobei sich insbesondere ein partizipativer Führungsstil am Beispiel eines „dialogisch geweiteten" MbO anbietet - insbesondere die *Beziehungsebene* im Zentrum des Interesses, zumal es den Mitarbeitern hauptsächlich über die Beziehungsebene (gezeigte und gelebte Freundlichkeit) und ein damit verbundenes „gutes Klima" gelingen kann, ihre Vorgesetzten zu beeinflussen.

Als *Strategien einer Führung von unten* scheint es – diesem Ansatz zufolge - seitens der Mitarbeiter *besonders erfolgversprechend* zu sein, auf

- rationale Argumentation,
- logische Präsentation von Ideen und Vorschlägen,
- freundliches und unterstützendes Verhalten,
- Bestimmtheit und Konsequenz und
- Koalitionsbildung mit anderen Mitarbeitern

zu setzen (vgl. u.a. Kipnis 1984, Gebert/Boerner 1995).

Das Beispiel „Führung von unten" zeigt dabei deutlich, dass ein *dialogisches Miteinander* auf *ein hohes Maß an hinreichender Probleminformation* angewiesen ist. Erst bei hinreichender Information über das Problem sehen sich die Mitarbeiter in der Lage, hochwertige und weiterführende Vorschläge zu unterbreiten[149].

---

[149]   Da die Bereitschaft, andere – und insbesondere den unterstellten Bereich – an eigenen Informationen teilhaben zu lassen, speziell den Beziehungsbereich anspricht, überrascht es auch nicht, daß die wesentlichen Barrieren, aber eben auch die Ermöglicher eines

Einen Ansatz, Führung von unten" erfolgreich in der organisationalen Praxis anwenden zu können, stellen prinzipiell *Qualitätszirkel* dar. Qualitätszirkel[150] können bei konsequenter Anwendung als ein nahezu ideales „Instrument" angesehen werden, gesamte Organisationen und deren Führung (zumindest prinzipiell umfassend) zu *flexibilisieren* (vgl. Antoni 1996). Hierbei ist es allerdings notwendig, dass die Rahmenbedingungen *so organisiert sind*, dass die Kräfte der Selbstorganisation in den Beteiligten und in der Diskussionsgruppe dahingehend zur Entfaltung gebracht werden, dass sie die ganze Organisation erfassen (können). Vor diesem Hintergrund muss folgerichtig darauf geachtet werden,

- dass die Teilnahme an den Qualitätszirkeln freiwillig ist, die Themenwahl selbstbestimmt erfolgt,
- die Führungskräfte der Diskussionsteilnehmer integriert sind und
- die Arbeitsergebnisse vom mittleren und vor allem oberen Management nicht nur zur Kenntnis, sondern *wirklich ernstgenommen* werden.

Es soll dabei allerdings nicht unterschlagen werden, dass selbstverständlich auch Qualitätszirkel in einer monologischen Führungskultur betrieben werden können. Entscheidend für erfolgreiche Arbeit in, mit und durch Qualitätszirkel ist aber in immer stärkerem Maße die Entfaltung des *Motivationspotentials* aller Beteiligten, welches *erst* durch eine konsequente Dialogkultur wahrscheinlich(er) wird.

6.2.3. Zusammenfassung

Angesichts der im Zusammenhang mit dem Querdenkertum und dem Ansatz „Führung von unten" geäußerten Ansprüche an eine dialogische Führung stellt sich die Frage, *woran in der Führungspraxis denn überhaupt erkannt werden*

---

dialogischen Managements *eher* die Bereiche Mut und Geschicklichkeit zur Einfluß-nahme auf der Seite des Geführten bzw. soziale Kompetenz und Toleranz, sich beein-flussen zu lassen, auf der Seite des Führenden ansprechen als die rein inhaltliche Ebene (vgl. Gebert/Boerner 1995).

[150] So verweist Conny Antoni darauf, daß in Deutschland gegen Ende der siebziger Jahre Qualitätszirkel erste Beachtung fanden. Obwohl es mit der „Lernstatt"-Konzeption bereits Anfang der siebziger Jahre eigenständige Entwicklungen ähnlicher Konzepte gegeben hatte (s. Antoni 1986; BMW 1985; Dunkel 1983; Samson/Settula 1980), bewirkte erst die Auseinandersetzung mit japanischen Management- und Erfolgskonzepten eine rasche Ausbreitung von Qualitätszirkeln in deutschen Unternehmen. Inzwischen finden sich Qualitätszirkel in der Mehrzahl der großen deutschen Industrieunternehmen (vgl. Antoni 1996)

kann, ob eine *gemeinsame Wahrheitssuche* oder eine *einseitige Wahrheitsver-mittlung* stattfindet?

Um auf diese Frage eine zumindest vorläufige Antwort zu geben, werden die Unterschiede zwischen einem monologischen und einem dialogischen Führungsverständnis wie folgt pointiert.
Ähnlich wie in den vorangegangenen Gegenüberstellungen werden hier auch wieder *bewusst Extrempositionen* dargelegt, die zweifellos in der dargestellten Ausprägung vermutlich kaum den empirisch nachweisbaren Organisationsalltag widerspiegeln, dennoch aber als Anhalt dienlich sind:

	Monologisch- ausge- legtes Führungsver- halten - Führung als *einseitige Wahrheits- vermittlung*	**Dialogisch-aufklärerisches Füh- rungsverhalten - Führung als** *gemeinsame Wahrheitssuche*
Charakteristika	Führung als einseitige top-down ausgelegte Anordnung und Kon- trolle; es gibt nur eine Wahrheitsquelle („Wahrnehmer" und „Falschnehmer"). Monologische Führung zeichnet sich häufig durch emotionale Ab- hängigkeit des Geführ- ten von der „Vaterfi- gur" ab.	Führung als *gemeinsamer* Ver- suchs- und Irrtumsprozess; Führer und Geführte sind *gleichberechtig- te* Wahrheitsquellen. Dialogisch- aufklärende Führung läßt sich durch ein rationales und unabhän- giges Miteinander-Suchen kenn- zeichnen. Es wird die gegenseitige Abhängigkeit erkannt und als An- lass genommen, bilaterale Verläß- lichkeit zu ermöglichen.
Indikatoren	Verhältnis „Vater"- "Sohn" oder „Lehrer"- „Schüler" Vorgabe und „patriar- chalisch-liebevoll" ausgelegte strenge Kontrolle von Zielen, einseitige Kommunika- tion, *nicht hinterfrag- bares Wahrheitsmono- pol* des Führenden, oftmals begünstigt durch Verehrung der	Verhältnis von *Partnern* auf dem Wege zu einer erfolgreichen Prob- lemlösung des Ganzen, gemeinsa- mes Ausprobieren von Möglich- keiten. Es herrscht ein „dialogi- sches Grundverständnis" vor, das sich durch eine Bereitschaft zur offenen Argumentation und einem Miteinander-Lernen auszeichnet. Der Führende läßt sich hinterfra- gen, fördert auch aus eigenem Inte- resse (Abgleich Selbstbild- Fremdbild) Feedback, Kritik sowie

	„Vater-Figur" und unbedingte Loyalität sowie „vorauseilenden Gehorsam".	Beurteilung und Führung von unten nach oben. Es besteht kritische Loyalität zum Führenden und Souveränität. Querdenkertum wird als Chance zur Verbesserung der Problemlösekompetenz der Organisation aufgefasst und gefördert.
Absichten/ Zielvorstellungen	Bewahren des Bestehenden. Vermeidung von Komplexität. Verweis auf die permanente *monologische* Gestaltbarkeit momentaner und zukünftiger Herausforderungen.	Einerseits kritisches Hinterfragen des Bestehenden und andererseits neugieriges Bejahen der Komplexität des Organisationsalltages. Beiderseitiges Vertrauen in die *dialogische* Gestaltungskompetenz am Beispiel von Querdenkertum und „Führung von unten". Es besteht ein *moralischer Vertrag* als Grundlage einer Vertrauensbeziehung.
Bestrafungsmodi	In der Regel führen Verstöße gegen formale Regeln zu Bestrafung von „oben" in Form konkreter Strafen oder einfach durch „Liebesentzug" in Form einer Ignorierung etc..	Vor allem Verstöße gegen Prinzipien des Vertrauens, der Solidarität, der Loyalität, des Gemeinsinns und der Gemeinschaftsdienlichkeit, kurz: gegenüber dem *moralischen Vertrag* sind Anlaß für Sanktionen bspw. in Form von Vertrauensverlust.

Abbildung 10: Unterschiede zwischen einem monologischen und einem dialogischen Führungsverhalten (in Anlehnung an Gebert/Boerner 1995, S. 294 und Petersen 1998b, S. 242f).

Die aus der Literatur gewählten Beispiele zum „Querdenkertum" sowie zur „Führung von unten" sollten zeigen, dass als Voraussetzung einer Bewusstseinsentwicklung in sozialen Systemen hin zu einem dialogischen Miteinander erst eine Informations- und Kommunikationspolitik angesehen werden kann, die Lernkapazitäten in Form von Feedbackprozessen, verbunden mit konkreten Problemlösungsprozessen unter Einbeziehung unterschiedlichster Informationen aktiviert (vgl. Argyris 1993).
Diese Bewusstseinsentwicklung ließe sich wie folgt darstellen:
– Lern- und Handlungs- und Problemlöseorientierung *statt* Bewahrungsorientierung;

- Kreative und schöpferische Chaosorientierung;
- Konstruktive Fehlerkultur;
- Positive Streitkultur;
- Partizipationskultur;
- Kultur des unternehmerischen Denkens und Handelns.

Die hier angeregte, als notwendig eingeschätzte Entwicklung hin zu einem dialogischen Management erfolgt aber nicht etwa nur unter verständigungsdomi-
niert-philosophisch-ethisch-pädagogischen Aspekten. Vielmehr wird zu zeigen
sein, *auch* unter erfolgsorientierten Prämissen *konkrete ökonomische Vorteile*
mit einem dialogischen Managementverständnis verbunden sein können.

6.3. Ökonomische Vorteile eines dialogischen Managements

Der ökonomische Vorteil eines dialogisch-ausgerichteten Managementverständnisses und eines darauf aufbauenden organisationalen Miteinanders liegt zunächst einmal in der *Chance, maßgeschneiderte Entwicklungsmöglichkeiten* für
jede Organisation und jeden einzelnen Bereich innerhalb der Organisation zu
schaffen sowie dementsprechende Erfolgspotentiale zur Entfaltung zu bringen.
Vor dem Hintergrund dieser noch recht allgemein gehaltenen Aussage wird der
ökonomische Vorteil eines dialogischen Managements *insbesondere unter drei
Aspekten* zu untersuchen sein:

a) Die Gestaltung interner Kunden-Lieferanten-Beziehungen.
b) Die Weitergabe organisationsrelevanten Wissens.
c) Die Ermöglichung organisationaler Lernfähigkeit und Entwicklung.

6.3.1. Die Ausgestaltung interner Kunden-Lieferanten-Beziehungen

Um auf die Ausgestaltung interner Kunden-Lieferanten-Beziehungen qua Dialog einzugehen, lohnt es sich, noch einmal kurz auf die Anregung von
Beck/Brater/Daheim (1980, S. 26ff) zu verweisen, nach der die in der Organisation gelebten Kooperations- und Kommunikationsbeziehungen in puncto *Geben*
und *Nehmen* von drei Regulationsmechanismen, nämlich dem *Familien-*, dem
Feudalismus- und dem *Marktmodell* bestimmt sind.
Insbesondere das *Marktmodell* scheint hierbei weiterführend zu sein, den Dialog
als *zukunftsweisenden Erfolgfaktor herauszustellen*, wobei allerdings nicht ignoriert werden soll,

-      dass die organisationsinternen Kooperationsbeziehungen nicht ausschließ-
       lich durch das Marktmodell bestimmt werden können und dürfen,

- sondern auch *hoheitliche Elemente*[151] beinhalten (müssen).

Eine ausschließliche Ausrichtung am Marktmodell liefe nämlich u.u. Gefahr, zu ignorieren, dass Organisationen soziale Zusammenschlüsse darstellen, deren Mitgliedschaft – wie oben im „Vertragsmodell der Unternehmung" dargelegt - hinsichtlich verbindlicher Rechte und Pflichten geregelt ist und somit auch in gewisser Weise denjenigen Schutz bietet, deren Anliegen – aus welchen Gründen auch immer – vom Markt ignoriert würden.

Dennoch liegt es angesichts eines immer stärker feststellbaren Wandels vom *Verkäufer-* hin zum *Käufermarkt*, der es immer stärker erfordert, Kundenbedürfnisse im *dialogischen Sinne* (vgl. hierzu Ulrich 1986, Kirsch 1990) zu erfahren und ggf. auch zu hinterfragen, nahe, das von Beck/Brater/Daheim skizzierte Marktmodell als *besonders anschlussfähig* für die umfangreiche Gestaltung und Pflege eines dialogischen Managements anzusehen.

Hierbei gilt es insbesondere, in den Organisationen eine merkliche Verkürzung des Anordnungs- und Informationsweges anzustreben, die als Weichenstellung angesehen werden kann,

- den Kunden mit seinen Wünschen und Bedürfnissen (noch mehr) Ernstzunehmen und dementsprechend zu handeln,
- gleichzeitig dem Streben der Mitarbeiter nach mehr Autonomie und Partizipation entgegenzukommen (vgl. dazu auch Gebert/Rosenstiel 1989, Petersen 1993),
- (häufig motivationsbedingte) Lernbarrieren abzubauen und
- der Unflexibilität gegenüber den internen und externen Bedürfnissen bürokratischer Strukturen entgegenzuwirken.

Konkret wird hier der Vorschlag unterbreitet, die Kunden-Lieferanten-Beziehungen nicht länger *ausschließlich* auf das Verhältnis zwischen Organisation(smitgliedern) und organisationsexternen Kunden zu beschränken, *sondern* statt dessen *den gesamten organisationsinternen Leistungserstellungsprozess* für den Kunden *so aufzufassen*, dass auch *organisationsintern jeder daran beteiligte Kooperationspartner* den jeweils anderen als Kunden (K) und sich selbst als Lieferanten (L) versteht.

Hierzu ist ein Verständnis von einem dialogischen Miteinander erforderlich, welches angesichts des angesprochenen *Käufermarktes* im Umgang mit dem (externen) Kunden geradezu selbstverständlich (geworden) ist, wenn es bspw. um Reklamationen, Verbesserungsvorschläge oder die gewollte Mitwirkung bei der Produktentwicklung geht.

---

[151] „Hoheitliche Elemente" stellen beispielsweise gesetzliche Vorgaben zum Schutze der Ökologie oder behinderter Mitarbeiter dar, des weiteren sind tarifrechtliche Abkommen und/oder Betriebsvereinbarungen zu nennen.

Auf diese Weise ließe sich ein Grundstein dafür legen, Organisationen und Management konsequent nach dem Prinzip einer *Wertschöpfungskette* bzw. dem *Kunden-Lieferanten-Schema* zu deuten und aufzubauen. Dementsprechend dient die *dialogische Logik des Marktes* – nämlich im Sinne des Dialoges zwischen Anbieter und Abnehmer – als Orientierungsmuster und verdrängt das Leitbild einer monologischen, primär auf *Machtsicherung* ausgerichteten, Organisation (vgl. u.a. Beck/Brater/Daheim 1980, S. 28ff, Gomez/Timmermann 1993, S. 86ff, Petersen 1998b, S. 233).

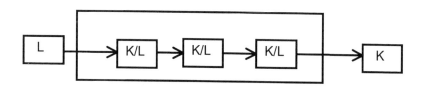

Abbildung 11: Kunden-Lieferanten-Kette der Organisation (Quelle: Geißler 1998, S. 59)

Die hier abgebildete Kunden-Lieferanten-Kette der Organisation verdeutlicht, in welcher Form *bereits jetzt* das organisationale Miteinander *so gestaltet werden kann, wie* im Markt der Umgang zwischen Kunden und Lieferanten *immer üblicher* geworden ist.

Insbesondere auch unter erfolgsorientierten Prämissen scheint eine Orientierung an der *Wertschöpfungskette* äußerst sinnvoll zu sein, zumal

- kostenintensive Kontrollmechanismen, die als Begleiterscheinungen top-down organisierter Kooperationsstrukturen unumgänglich sind, stark reduziert werden[152],
- wenn sich statt dessen am Marktprinzip ausrichtende Beziehungen durchset-

---

[152]   Ein Indiz für die zunehmende Ineffizienz bisheriger Strukturen kann in den gewaltigen *Fixkosten*, die viele Unternehmen aufweisen, gesehen werden. Fixkosten entstehen u.a. dadurch, daß ein Teilsystem (am Beispiel von beauftragten Stabsstellen) eine Konstruktion für ein anderes Teilsystem in der Absicht macht, einen Prozeß zu gestalten. Diese an und für sich sehr erfolgversprechende Absicht wird aber spätestens dann kontraproduktiv, wenn bei diesem Prozeß nicht die eigene Verantwortung verfolgt wird, sondern nahezu ausschließlich für andere gedacht und gehandelt wird bzw. Stabsstellen sich dadurch legitimieren, daß sie Organisationsprozesse eines anderen Bereiches beeinflussen wollen und hiermit neue Probleme schaffen, da ein solches Vorgehen zu Verhinderung von Feedback und Austausch in und zwischen den einzelnen Abteilungen führt (vgl. u.a. Peters 1992, S.219).

der Nutzenstiftung für den Prozess einer *gemeinsamen Wertschöpfung* ist (vgl. u.a. Handy 1994),
- wodurch wiederum der Faktor *Macht qua Amt* im Sinne des Feudalismusmodells zur Disposition gestellt wird, falls damit verbundene Machtbeibehaltungsstrategien nämlich für den gemeinschaftlichen Wertschöpfungsprozess nicht förderlich und somit hinsichtlich der organisationalen Leistungserstellung als *unvernünftig* einzuschätzen sind (vgl. dazu auch Goldfinger 1995, S.23).

Das Konzept interner Kunden-Lieferanten-Beziehungen, welches den organisationalen Wertschöpfungsprozess in eine *marktmäßig zu organisierende Kunden-Lieferanten-Kette* zu integrieren sucht und die organisationsexterne und -interne Kunden kategorial gleichsetzt (vgl. Geißler 1998, S. 59f) konsequent weitergedacht, erfordert von allen Beteiligten ein *hohes Maß an Eigeninitiative* hinsichtlich der Organisation der eigenen Arbeit sowie der *Gestaltung der Kooperation* mit den unmittelbaren organisationsinternen Kunden und Lieferanten.
Es müssen folglich *alle* am Wertschöpfungsprozess beteiligten Organisationsmitglieder ihr Wahrnehmen, Analysieren und Planen/Entscheiden *selbstorganisiert* abstimmen. Dies bedeutet wiederum bedeutet, dass ihnen diesbezügliche Gestaltungsmöglichkeiten einzuräumen sind.
Hieraus soll allerdings nicht der Eindruck entstehen, dass sich die Organisation des Wertschöpfungsprozesses im Sinne des Kunden-Lieferanten-Modells problemlos darstellt. Denn auch ein dialogisches Management in Gestalt interner Kunden-Lieferanten-Beziehungen muss der o.a. Tatsache Rechnung tragen, dass insbesondere in einer größeren Organisation sich eben nicht jeder mit jedem abstimmen kann, und zwar,

- weil die dafür notwendige Zeit i.d.R. nicht vorhanden ist und
- weil sich auf diese Weise Kommunikationsprozesse ergeben würden, deren Komplexität nicht mehr zu bewältigen ist, letztlich auch
- weil im „Vertragsmodell der Unternehmung" entsprechende Vorgaben[153] bestehen, für die letztlich nur das Top-Management (gleich welcher Rechtsform) juristisch belangt werden kann.

Ein dialogisch ausgerichtetes Management ist demgegenüber *als Servicefunktion im Dienst der unmittelbaren Wertschöpfung* zu sehen, damit die Organisation schnell in sich ständig verändernden, hochkomplexen Kontexten operieren kann. Hierzu muss die Führung engste Tuchfühlung mit der organisationsinternen und

---

[153] So sieht sich bspw. häufig der Revisionsbereich von Unternehmen in dem Dilemma, einerseits anhand bestimmter Gesetze wie dem KontraG und sich daran anschließenden Schemata prüfen zu *müssen* und andererseits aufgrund einer gewünschten Imageverbesserung auch beraten zu *wollen, obwohl beides juristisch schwer vereinbar erscheint.*

-externen Kunden-Lieferanten-Kette halten sowie die im unmittelbaren Wertschöpfungsprozess Tätigen soweit wie nötig unterstützen und sie bezüglich derjenigen Aufgaben, die sie überfordern, entlasten (vgl. Geißler 1998 ebd, Cooperider/Srivastva 1987, S.141).

Der ökonomische Vorteil eines dialogischen Management vor dem Hintergrund der Wertschöpfungskette liegt folglich darin, bereits organisationsintern „einen Boden zu bestellen", dass unternehmerisch denkende und handelnde Einzelpersonen („Entrepreneurs") oder Teams im *wertschätzenden Dialog* mit ihren Kunden Beziehungen aufbauen können, die der „Persönlichkeit und Kultur" von Anbietern und Kunden entsprechen und geprägt sind von den jeweiligen Kernkompetenzen (vgl. Lutz 1994, S.76).

Hierzu benötigt eine Organisation zunehmend *Wissen*, welches erworben, gepflegt, weiterentwickelt, kurz: *gemanagt* werden muss. Im Aspekt „Management des Wissens" liegt der *zweite* ökonomische Vorteil eines dialogischen Managementverständnisses.

6.3.2. Erfolgversprechendes Wissensmanagement durch Dialog

Zunächst einmal kann Wissen als in einen bestimmten Kontext gestellte Information gedeutet werden, die für denjenigen, der über diese Information verfügt, von Wert ist und ihn dazu befähigt, etwas zu tun, wozu er ohne dieses Wissen nicht in der Lage gewesen wäre (vgl. dazu ähnlich Pawlowsky 1994, 1995).

Die in vielerlei - insbesondere betriebswirtschaftlichen - Veröffentlichungen betonte zunehmende Bedeutung der Ressource „Wissen" für den organisationalen Erfolg sowie die damit verbundene Überlebensfähigkeit[154] steht zunächst einmal in einem engen Zusammenhang mit der Entwicklung der modernen Informations- und Kommunikationstechnologien (vgl. u.a. Rothschild 1994) sowie mit den o.a. Faktoren

- Wissensexplosion
- Steigender Wettbewerb
- Kürzere „Time-to-Market"

---

[154]   So verdeutlichen u.a. Drucker (1994, 1997), The Economist (1996), eine Reihe von OECD-Studien (z.B. 1997) und die BMFT-Studie von 1996 die immer stärkere Bedeutung von Information und Wissen für den (volks)wirtschaftlichen Erfolg. Damit einher geht die Prognose, daß (volks)wirtschaftliches Wachstum in Zukunft immer mehr von der Nutzung der Ressource „Wissen" abhängen wird (vgl. dazu Reinhardt 1998).

- Wissensintensive Produkte
- Steigende Kundenanforderungen
- Flache Organisationsstrukturen
- Zunehmende Dezentralisierung (vgl. u.a. Handy 1994, Petersen 1998b)

Die Aufzählung unterstreicht, dass die (knappe) Ressource Wissen zu einem *zentralen Wettbewerbsfaktor* geworden ist, mit der vernünftig umzugehen ist. Wissen ist dabei *organisationsspezifisch* zu sehen,

- da es von der Organisation *selbst hervorgebracht wird*,
- damit schwer kopier- und imitierbar ist und
- die Grundlage für eine zukunftsorientierte Strategie des Wachstums und der Entwicklung durch das Hervorbringen von Innovationen sowie die Generierung von Neuem bildet.

Angesichts der damit einhergehenden Erkenntnis, dass nämlich die Beschaffung, Darstellung, Übertragung und auch Nutzung des Wissens *eben nicht unabhängig* von den sonstigen organisationalen Aktivitäten gesehen werden kann, wird somit der *vernünftige* Umgang mit Wissen zum Gegenstand der strategischen Unternehmensführung stilisiert, da sich daraus Erfolgsfaktoren für die Zukunft ableiten lassen[155] (vgl. Petersen/Lehnhoff 1999b).

Die Bedeutung des Faktors Wissen zeigt auf, dass Organisationen *eben nicht nur* über Geld- oder Sachkapital in der Form eingesetzter Technologien und Gebäude verfügen, sondern vielmehr darüber hinaus *auch* ihr Augenmerk auf verschiedene Aspekte zu legen haben.

Peter Conrad (1998, S. 33) betont hierbei insbesondere das

- *Humankapital.* Das sind die arbeitenden Menschen mit ihren Qualifikationen und Handlungsressourcen, sowie das
- *Organisationskapital.* Damit ist das besondere organisatorische Wissen gemeint, das sich als Strukturierungs- und Führungs-Know-how darstellt, aber auch für die Organisationskultur gilt. Es ist vor allem das besondere Wissen darüber, wie man die Handlungen der Mitglieder des Systems Unternehmung mit 'weichen' Mitteln dauerhaft aufeinander abstimmt sowie das
- *soziale Kapital.* „Damit sind im wesentlichen die langdauernden Geschäftsbe-

---

[155] Ein weiteres Indiz für die zunehmende Bedeutung des Faktors Wissen kann darin gesehen werden, daß sich beispielsweise die klassischen Bewertungsprozesse von Unternehmen - ausgewiesen durch Bilanz und GuV-Rechnung – lediglich auf das materielle und finanzielle Anlagevermögen von Unternehmen beziehen und mit der zunehmenden Bedeutung des Wettbewerbsfaktors „Wissen" immer weniger geeignet erscheinen, die tatsächliche Wertschöpfung zu erfassen.

ziehungen gemeint, aber auch das Lobby- und Beeinflussungs-Know-how im politischen und gesellschaftlichen Raum" (Conrad ebd., kursiv d. J.P.).

Die hier von Peter Conrad vorgenommene *analytische Differenzierung der Kapitalbestandteile* zeigt auf, dass die *tatsächliche Wertschöpfung* in zunehmendem Maße auf *wissensbasierten* und somit *immateriellen Transformationsleistungen* aufbaut, die in der Managementliteratur oftmals mit Begriffen wie „intangible assets", „knowledge capital", „intellectual capital" etc. angesprochen und diskutiert werden[156].

Dementsprechend überrascht es auch nicht sonderlich, dass seitens führender Managementtheoretiker Investitionen in die Wissensressourcen eines Unternehmens *für ungleich profitabler* als solche in Anlagekapital gehalten werden (vgl Probst/Raub/Romhardt 1997, S. 18) und somit die ökonomische Bedeutung eines Managements des Wissens häufig bereits als „wertvollste organisationale Ressource" bezeichnet wird (vgl. hierzu insbesondere die Arbeiten von Nonaka/Takeuchi 1995 und Probst/Raub/Romhardt 1997).

Doch was erscheint so *besonders neu* am Faktor Wissen und der damit verbundenen Aufforderung zum Dialog, zumal die Schaffung und Nutzung von Wissen schon immer eine entscheidende Voraussetzung für erfolgreiches Handeln war? Schließlich wurde auch im traditionellen Verständnis Wissen beschafft, erzeugt, gespeichert, verteilt und genutzt sowie erkannt, dass fehlendes, verschüttetes oder nicht abgefragtes Wissen oftmals zu

- unnötigen Parallelentwicklungen bzw.
- Neuentwicklung bereits bestehender Lösungen
- zur Bildung von Wissensmonopolen sowie
- einer aufwendigen Wissenssuche und somit zum
- *unvernünftigen Umgang* mit knappen Ressourcen, wozu insbesondere auch der Faktor Wissen zählt,

führt.

Der Unterschied zum früheren Verständnis, in dem Wissen und Know-how *hauptsächlich* der Charakter eines ausschließlichen *Mittels* zugewiesen worden ist, um *in der* Organisation und *seitens der* Organisation

– Informationen aufzunehmen und zu verarbeiten,
– Produkte zu verbessern,

---

[156]   Hierbei läßt sich die Differenz zwischen dem Börsen- und dem Buchwert eines Unternehmens durch die Bewertung des „intellectual capital" eines Unternehmens durch die Anleger begründen (vgl. Reinhardt 1998).

– Produktionsverfahren zu optimieren
– oder Abläufe in Dienstleistungsangeboten zu rationalisieren,

*liegt mittlerweile dar*in, dass Wissen zunehmend einen „Warencharakter" bekommen hat. Wissen stellt somit immer mehr einen eigenen *Tauschwert* dar und wird *selbst* zum *zentralen Gegenstand der betrieblichen Leistungserstellung* (vgl. Pawlowsky 1995, S. 438)[157].

Trotz dieser Erkenntnisse sowie eines (zumindest prinzipiellen) Vorhandenseins der für ein „vernünftiges Management des Wissens" notwendigen technologischen Infrastruktur[158] wird immer wieder bemängelt, dass das Wissensmanagement in den Unternehmen „noch nicht so recht weiterkommt".

Eine Ursache hierfür mag sicherlich darin liegen, dass es in den meisten Unternehmen bis dato *in erster Linie* um die *konsequente Nutzbarmachung* der menschlichen Arbeitskraft ging und vor diesem Hintergrund vernachlässigt worden ist, das wertvolle Geist- und Wissenskapital der Mitarbeiter im Rampenlicht der Bemühungen nach mehr Erfolg zu definieren (vgl. Lenssen 1995, Neumann 1999).

Um dieser Neudefinition, (die numerisch nicht unmittelbar messbare Größe) Wissen als den entscheidenden Erfolgsfaktor organisationaler Leistungserstellung und Existenz aufzufassen, begegnen zu können, bieten sich *zwei sich wechselseitig ergänzende Zugriffe* an:

1. Das Wissen *aller* Organisationsmitglieder muss verfügbar gemacht und konsequenter genutzt werden.
2. Zwischen dem Wissen *aller* muss eine Verbindung hergestellt werden, so dass bei *allen* wiederum *neues Wissen* entstehen kann (vgl. Petersen 1998a, S. 95).
3. Kurz: Es ist eine ständige gemeinsame *Identifikation* und *Überprüfung* bisherigen Wissens erforderlich, die schließlich zur Integration im Sinne einer Verknüpfung von kollektiven Wissenssystemen am Beispiel von Arbeitsgruppen oder Abteilungen führt.

---

[157]   Vor diesem Hintergrund verweist beispielsweise auch Reinhardt (1998) darauf, daß sich insbesondere hinsichtlich der Entwicklung neuer Geschäftsfelder Angebotsmuster abzeichnen lassen, welche sich nicht länger durch einzelne Produkte oder Dienstleistungen abgrenzen lassen, sondern vielmehr auf die umfassende(re)n Problemlösungen im Wertschöpfungsprozess im Verhältnis zum Kunden abzielen. Auf diese Weise läßt sich auch eine Minimierung von Kundenunsicherheit einleiten.

[158]   Zu denken ist beispielsweise an Intranet, Systeme zur Ermöglichung von Workflow oder Groupware.

Angesichts dieser Aufgabenstellung läßt sich der Vorschlag Peter Pawlowskys als weiterführend werten, das *Lernen*, den *Austausch* und den *Transfer von Wissen* insbesondere anhand *dreier Integrationsprinzipien* vorzunehmen, und zwar:

– „zwischen Subsystemen auf der Ebene der vertikalen Differenzierung, die hierarchische Arbeitsteilung implizieren und einen Wissensaustausch durch positionale Blockaden, Macht und Einfluss behindern,

– zwischen arbeitsteiligen Strukturen, die mit einer funktionalen Spezialisierung auf allen Hierarchieebenen einhergehen (horizontale Differenzierung); hier gilt es reziproke Austauschprozesse zwischen arbeitsteiligen und funktional spezialisierten Einheiten zu initiieren

– und eng damit verbunden der Transfer zwischen vor- und nachgelagerten Systemebenen (temporale Differenzierung), die häufig als Kombination von horizontaler Differenzierung und sequentiellen Arbeitsabläufen einen Wissenstransfer erschweren" (ebd., S. 449).

Ein so verstandener Integrationsprozess kann nicht auf einen *lediglichen* Informationsaustausch

- zwischen vor- und nachgelagerten Arbeitsprozessen und funktional differenzierten Abteilungen (horizontal),
- zwischen Vorgesetzten und Untergebenen (vertikal) und
- zwischen situativ bzw. ablaufbedingten vorgeschalteten Initiatoren und
- nachfolgenden, ausführenden Systemen beschränkt werden,

sondern zielt auf die Entwicklung eines organisationalen Wissenssystems ab.

Dieses Wissenssystem kann letztlich allen Organisationsmitgliedern sowie der gesamten Organisation *Interpretationsmuster* zur Verfügung stellen und bietet somit *Hilfestellung beim Umgang mit Unsicherheiten* (vgl. Pawlowsky 1995, S. 449f, Probst/Raub/Romhardt 1997, Petersen 1998a).
Ein erfolgversprechendes Management des Wissens – soll es nicht lediglich den erneuten Charakter einer „Managementmode" (vgl. Sattelberger 1996, Petersen 1997) erhalten - ist daher auf die Bereitschaft *jedes einzelnen Organisationsmitgliedes als potentiellen Wissensträger* angewiesen, sein Wissen der organisationalen Leistungserstellung zur Verfügung zu stellen.
Es kommt somit auf die oben angesprochene *Kultur des Vertrauens und der Verläßlichkeit* an, um Ängsten zu begegnen, dass ein seitens des Organisationsmitgliedes der Organisation zur Verfügung gestelltes Wissen nicht zu dessen „Kaltstellung" oder gar Ausschluss führt, da es sein „Faustpfand" Wissen – erworben durch eigenes Lernen - aus der Hand gegeben hat.

Hieraus ergibt sich als Aufgabenfeld eines dialogischen Managements, Spiel- und Gestaltungsräume zuzulassen, in denen gemeinsam darüber nachgedacht und dahingehend *Wissen ausgetauscht* werden kann, *wie* Organisationen organisiert, gestaltet und vor allem verändert werden müssen, damit *möglichst alle* Organisationsmitglieder Bereitschaft zeigen, ihre Fähigkeiten und Potentiale *wie selbstständig agierende Unternehmer* in die Organisation einzubringen. Ein derartiger Prozess scheint schon allein aus dem Grunde zwingend notwendig zu sein, weil sich die wenigsten Organisationen noch *Strukturen, Strategien, Kulturen* und *Führungsverhaltensweisen* leisten können, in denen die Mitarbeiter zwar offiziell im Mittelpunkt stehen, jedoch in Wirklichkeit dabei immer im Wege sind - weil sie nicht mitdenken, sich nicht oder zu wenig interessieren und einbringen, keine Verantwortungsbereitschaft zeigen, zu wenig kreativ und eigenständig sind und keine Initiativen setzen (vgl. Neumann 1999). Hierbei soll nicht etwa unterstellt werden, dass insbesondere die Mitarbeiter dafür von vornherein nicht die nötigen Voraussetzungen mitbringen, sondern es soll vielmehr darauf verwiesen werden, dass die dafür nötigen Bedingungen in Form einer Vertrauenskultur, gestaltungsfähige Spielräume, eigens definierte Verantwortungsbereiche, einer konstruktiven Fehlerhandhabung, Entwicklungsperspektiven etc. zu selten vorzufinden sind, so dass (geradezu) Motivations- und Wissenspotentiale brachliegen (müssen)

Auf diese Weise kann zum *dritten Aspekt* ökonomischer Vorteile eines dialogischen Managements, nämlich dem der Ermöglichung organisationaler *Lern- und Entwicklungsfähigkeit* übergeleitet werden, welcher zunächst einmal auf dem Lernen und Wissen *aller* Organisationsmitglieder basiert, aber darüber hinaus auf die Entwicklung und „Lebbarmachung" *systemeigener Gestaltungsmodi* abzielt.

6.3.3. Organisationale Lern- und Entwicklungsfähigkeit durch Dialog

Die Bedeutung eines dialogischen Managements für die oben angesprochene organisationale Lernfähigkeit[159] wird auch aus Gründen der *Entfaltung ökono-*

---

[159] Hierbei soll nicht der Versuch unternommen werden, eine „künstliche Trennung" zwischen dem oben angesprochenen *Wissensmanagement* und *organisationaler Lernfähigkeit* herzustellen. Dies scheint schon allein vor dem Hintergrund fragwürdig zu sein, daß sich in der Diskussion um die Ermöglichung organisationalen Lernens zunehmend eine Orientierung an einem organisationalen Wissensbegriff herauskristallisiert hat und parallel dazu erkannt worden ist, daß Wissen eben nicht in erster Linie nur als psychologisch-individuelle Kategorie, sondern vielmehr als *kollektive Kategorie* zu verstehen ist. Des weiteren ist auf einige Konzepte hinzuweisen, Organisationslernen im Sinne einer Ausgestaltung und Optimierung der *organisatorischen Wissensbasis* zu deuten (s. hierzu ursprünglich Duncan/Weiss 1979; Pautzke 1989, S. 63ff). Diese repräsentiert den Wissensbestand, der einer Organisation zur Verfügung steht. Je nach konzeptionellem

mischer Vernunft im Verständnis der oben vorgeschlagenen *sinnvollen Synthese zwischen Erfolgs- und Verständigungsorientierung* darin gesehen, dass erst der Dialog in puncto Klärung des Verhältnisses *zwischen Erfolgs- und Verständigungsorientierung*

-   eine reflexive Auseinandersetzung des Managements mit sich,
-   seinen Managemententscheidungen und -handlungen
-   sowie den organisationalen, global- und risikogesellschaftlichen Bedingungen und ihren jeweils kontrafaktischen Entwicklungsmöglichkeiten

erbringen kann.
Ein derartiger Lern- und Entwicklungsprozess von Management und Organisationen scheint schon allein dadurch notwendig zu sein, als die organisationale Leistungserstellung und Problemlösekompetenz sich häufig aus Gründen

–   fehlender Kompetenzen,
–   mangelnder Motivation
–   und schließlich und vor allem restriktiver organisationaler Rahmenbedingungen, die die Aktualisierung und Weiterentwicklung bereits vorhandener Kompetenzen und Motivationen beschränken,

als *suboptimal* präsentiert.

Ansatz beinhaltet sie eine Vielzahl von unterschiedlichen Wissensverständnissen. Hierbei liegt es nahe, von einem sehr weiten Verständnis einer organisationalen Wissensbasis auszugehen, welche nämlich alles Wissen beinhaltet, welches tatsächlich in das Handeln und Verhalten einer Organisation einfließt und dieses prägt. So unterbreitet Werner Kirsch (1990) in Anlehnung an Pautzke den Vorschlag, dasjenige Wissen unter dem Begriff der organisatorischen Wissensbasis zu subsumieren, welches den Mitgliedern der Organisation im Prinzip zur Verfügung steht und damit die Chance hat, in organisatorische Entscheidungen und Handlungen einzufließen. Hieraus läßt sich schließen, daß „Organisationen in der Lage sind, Wissen unabhängig vom Gedächtnis ihrer Mitglieder zu speichern und daß jede Veränderung des Wissens bzw. seiner organisatorischen Verkörperung als Organisatorisches Lernen zu verstehen ist" (Lehnhoff 1998, S. 256). Das in der Organisation verkörperte Wissen spiegelt sich in strukturellen, strategischen und kulturellen Gewohnheiten, Routinen, Vereinbarungen und Rahmenbedingungen wider.

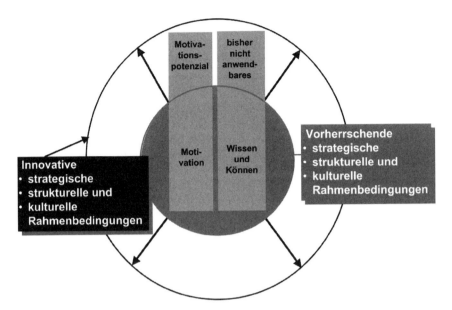

Abbildung 12: Organisationslernen als gemeinsam mitgestaltete Weiterentwicklung restriktiver organisationaler Rahmenbedingungen (Quelle: Lehnhoff 1998a, S. 279).

Aus dieser Abbildung soll deutlich werden, dass Unternehmen ihr Erfolgs- und Problemlösungspotential angesichts knapper Ressourcen *nur dann* zur Entfaltung bringen können, wenn die (zumindest dafür zuständigen) Organisationsmitglieder die erforderliche Qualifikation und auch Motivation aufweisen.

Dementsprechend lassen sich in puncto organisationale Lernfähigkeit folgende Argumente ranführen, den Dialog als ökonomisch sinnvoll und vernünftig erscheinen zu lassen:

1. Die Lernfähigkeit und Lernbereitschaft aller Organisationsmitglieder lässt sich kaum und wenn, *dann nur* sehr eingeschränkt top-down verordnen, da Lernen immer auf selbstorganisierte Prozesse verweist. Als Alternative zu hierarchisch vorgegebenen Lernzielen und -inhalten bietet sich damit eine dialogische Entwicklung gemeinsamer Lernziele an.

2. Die für gemeinsames Lernen dringend erforderliche Weitergabe individuellen Wissens ist ebenfalls nicht per Dekret zu verordnen, zumal in häufigen Fällen Wissen bewusst zurückgehalten wird. Auch dieser Punkt verdeutlicht, dass die *Nutzbarmachung des Wissens* aller für die betriebliche Leistungserstellung und für damit verbundene gemeinsame Lernprozesse auf dialogische Aushandlungsverfahren angewiesen ist.

3. Gemeinsames Lernen und Entwickeln ist sehr eng mit Kooperationsprozessen verzahnt, wobei derartige Prozesse wiederum *einen Dialog voraussetzen*, wenn es sich um *echte* Kooperation und nicht nur um *einseitige Steuerung* handeln soll.

4. Soziale Regeln lassen sich kann *nur gemeinsam verändern*, zumal soziale Regeln konzeptionell nicht dem einseitigen Zugriff einzelner Individuen unterliegen, *sondern von allen Beteiligten gestaltet werden*.

5. Die bereits häufig angesprochene Komplexität und Dynamik der Umwelt und die damit verbundenen unternehmerischen Herausforderungen lassen sich *immer weniger* nur von einzelnen oder wenigen Gruppen erkennen und bearbeiten. Sie verlangen statt dessen eine Perspektivenvielfalt, welche sich am ehesten in einer *relativ unbegrenzten Kommunikationsgemeinschaft* verwirklichen läßt.

6. Der zunehmend geforderte *Entrepreneurship-Approach* bzw. Ansätze, die Mitarbeiter als *Sub-Unternehmer* aufzufassen (s. Nagel 1990), deren Vereinbarungen und ganzheitliches Denken setzen unbedingt eine starke Dialogorientierung voraus, da sie nicht einseitig top-down durch hierarchische Anordnung herstellbar sind.

7. Eine strukturelle und kulturelle Akzeptanz von bedeutenden Veränderungsmaßnahmen erfordert die Bereitschaft, die Betroffenen rechtzeitig zu Beteiligten zu machen (vgl. Petersen/Lehnhoff 1998).

All diese Argumente scheinen nahezulegen, kollektive Lernfähigkeit in die paradigmatischen Rahmenbedingungen eines dialogischen Managements im Sinne des *Mentorenmodells* einzubetten.

Angesichts des Vorschlages, das o.a. Mentorenmodell als *Orientierungshilfe* für die Transformation der ökonomischen Praxis in Richtung eines dialogischen Management- und Organisationslernens anzusehen, stellt sich geradezu automatisch die Frage, welche *konkreten Gestaltungshilfen* denn mit diesem Modell verbunden werden können.

Hierbei sollen selbstverständlich keine Gestaltungsvorschläge im Sinne eines „one-best-way" abgeleitet werden, weil eine solche materiale Unterstellung gerade den Grundannahmen dieses Modells widerspräche. Statt dessen wird darauf verwiesen, dass Gestaltungs- und Handlungs*vorschläge* nur aus der Perspektive unterbreitet werden können, die mit der dialogischen Grundannahme des Modells übereinstimmen bzw. vereinbar sind. Die damit verbundene Schaffung „passender Instrumente" müßte aber von allen Beteiligten qua Dialog *weiterentwickelt* werden[160].

Zusammenfassend werden noch einmal die ökonomischen Vorteile des Dialoges für die umfassende Ermöglichung von Management- und Organisationslern- (und –bildungs)prozessen dargestellt:

1. Ein dialogisches Management im Sinne gelebter „Interner-Kunden-Lieferanten-Beziehungen" verbessert die Chance, insbesondere auch die Bedürfnisse externer Kunden dialogisch zu erarbeiten und seine eigenen Produkte diesbezüglich zu definieren und zu bewerten.
2. Ein dialogisches Management ist eher in der Lage, Wissensnotwendigkeiten, -engpässe, und –potentiale zu erkennen und im Sinne der individuellen, organisationalen und gesellschaftlichen Weiterentwicklung zu nutzen.
3. Organisationale Lernfähigkeit kann nur dialogisch entfaltet werden, zumal Fragen bezüglich der Gestaltung und Weiterentwicklung organisationaler Kultur, Strategie und Struktur kaum mehr im traditionellen Sinne gestellt und dementsprechende Antworten darauf gesucht werden können.

Diese Thesen mögen unter Umständen den Eindruck vermitteln, Dialogisches Management könnte ein „Allheilmittel" für sämtliche organisationalen Problemstellungen und für die umfassende Akzeptanz organisationaler Leistungserstellung im gesellschaftlichen Kontext darstellen.
Ein derartiges „Versprechen" müßte sicherlich mit dem Prädikat der Unseriosität versehen werden.
Allerdings wird hier die Überzeugung vertreten, dass erst die Bereitschaft zum Dialog und der Wille, sich im organisationalen Kontext und in der Beziehungsgestaltung zur Außenwelt durch *ständiges Lernen* dem sicherlich idealtypischen „Dialog-Dekalog" anzunähern, als Chance zu begreifen ist, *besser* bzw. *vernünftiger als bisher* Managemententscheidungen zu treffen und zu vertreten.

---

[160] Hier wird nicht beabsichtigt, mit den Begriff der Instrumente und Handlungsvorschlägen erneut auf raffinierte Weise Machbarkeit, Planbarkeit und einseitiger Manipulierbarkeit einzuführen, was ja gerade mit dem Konzept des Mitverantwortungsmodells überwunden werden soll. Es sollen vielmehr vorsichtige Vorschläge unterbreitet werden, die als Anregungen in der Praxis situationsspezifisch weiterentwickelt werden müssen.

Um dem Vorwurf der Praxisferne dieses Vorschlages begegnen zu können, werden im folgenden einige dialogorientierte Ansätze aus dem Alltag von Unternehmen dargestellt, mit deren Hilfe konkrete Managementprobleme gelöst werden sollten (und bereits auch sind)

6.4. Dialogisches Management als „praktische Problemlösung" – Zwei Fallbeispiele

Im folgenden sollen zwei konkrete Fallbeispiele aus der unternehmerischen Praxis beschrieben werden, die als *erste Ansatzpunkte* zu verstehen sind, *wie* die o.a. theoretischen Ansprüche an ein dialogisches Management aus der Sicht verschiedener Branchen und Kulturen anhand konkreter Herausforderungen *lebbar* gestaltet werden könnten.

6.4.1. Dialogisches Management als Ansatz zur Kulturveränderung – Das Beispiel BAU AG

Das folgende von Ulrich Spandau (2000) illustrierte Beispiel der Führungskräfteentwicklung in der BAU AG soll zeigen, dass *selbst* in eher „konservativen" bzw. i.d.R. „primär erfolgsorientierten" Unternehmenskulturen *durchaus auch* „Nischen" gesucht werden, die einen Weg hin zu mehr Verständigungsorientierung weisen können. Hierbei wird von Spandau in seinen Schilderungen *bewusst einkalkuliert*, dass dieser Weg *oftmals* nicht „schmerzfrei" und nicht „ohne Druck von oben", sprich: ohne den Einsatz von Macht(mitteln) seitens höhergestellter Führungskräfte gegangen werden kann.

6.4.1.1. Zur Charakteristik der BAU AG insgesamt

Ulrich Spandau schildert die BAU AG als eine weltweit operierende Bauunternehmung mit diversen Tochtergesellschaften, die mittlerweile über mehrere tausend Mitarbeiter weltweit verfügt und in baunahen Dienstleistungs- bzw. Vertriebsgeschäftsfeldern tätig sind.

Vor diesem Aufgabenhintergrund überrascht es dann auch nicht, dass nahezu die Hälfte der Mitarbeiter über eine akademische, vornehmlich ingenieurwissenschaftliche Ausbildung (Bau-Ingenieur/Architekt) verfügt, wobei die Zahl der eigenen gewerblichen Mitarbeiter (klassische Bauarbeiter) in den letzten Jahren stark gesunken ist. Dies wiederum führt zu einer geringeren Fertigungstiefe und hat zur Folge, dass die meisten Bau-Gewerke an auf spezifische Gewerke spezialisierte (externe) „Auftragnehmer" - vergeben werden. Die geringere Fertigungstiefe führte dazu, dass die Aufgaben der Bauleitung zunehmend im Bereich des *Bau*-Managements und weniger im „klassischen Bauen" anzusiedeln sind (s. Spandau 2000).

Die BAU AG kann als eine in Regionen *polyzentrisch* organisierte Unternehmung bezeichnet werden und weist somit *föderalismusähnliche* Strukturen auf. Das operative Geschäft wird durch Niederlassungen (NL) mit einem „Führungsteam" von 2 Personen, nämlich einem Bau-Ingenieur oder Architekt und einem „Kaufmann" (Diplom-Kaufmann, Betriebswirt oder Jurist) geleitet. Seitens des Top-Managements der „Muttergesellschaft" wird traditionellerweise die Politik betrieben, den Ingenieur des Leitungsteams zum Vorsitzenden der Niederlassungsleitung zu ernennen.

Die Niederlassungen sind für die Akquisition ihre Aufträge in klar abgegrenzten Regionen verantwortlich. Diese Regionen sind unterteilt in Geschäftsstellen mit einem Leiter und jeweils ca. 3-6 Regionalleitern, die Kundenkontakte herstellen und Aufträge akquirieren.

Im Unternehmensleitbild der gesamten BAU AG wird *offiziell* der „kooperative und kommunikative Führungsstil" propagiert und von der Vorannahme ausgegangen, dass die Mitarbeiter als *Garanten* des Unternehmenserfolges anzusehen sind. In der *alltäglichen Praxis* der BAU AG – so Spandau – wird allerdings Führung sehr stark hierarchisch und statusorientiert ausgelegt, so dass i.d.R. vom oben dargestellten Managementverständnis des *Handwerkers* oder allenfalls dem des *Gärtners* auszugehen ist..

Dies wird dahingehend „auf die Spitze getrieben", als in puncto Führung die Auffassung sehr populär erscheint, dass im Sinne der „great man theories" eingesetzte Führungskräfte entweder führen können oder aber „diese Kunst" nie beherrschen und es (aufgrund persönlicher Defizite) dann auch nicht mehr lernen (können). Vor diesem Anspruchshintergrund an Führungskräfte werden „weiche Störfaktoren" wie Emotionen, Subjektivität oder Motivation dann auch als nicht sonderlich relevant angesehen.

Folglich wird betriebliches Lernen und betriebliche Weiterbildung dann auch – trotz der offiziell eingestandenen Notwendigkeit, Neues lernen zu müssen – von vielen Führungskräften als *Zeichen* gewertet, eben *unvollkommen* und *unwissend* zu sein[161]. Der Ruf nach Weiterbildung insbesondere in den eher schwer

---

[161] Die oben in Anlehnung an die Vorstellungen Harald Geißlers dargelegten Auffassungen der Pädagogen Dietrich Benner und Klaus Prange in puncto „Imperfektheit des Menschen" bzw. „homo discens" werden somit nicht als *Chance* und *Aufgegebenheit* gewertet, sondern mit dem Prädikat „Schwäche" versehen. Diese gilt es im organisationalen

messbaren, „weichen Themengebieten", die zu mehr Verständigungsorientierung beitragen können, nämlich Kommunikation, Teamarbeit, Konfliktmanagement „drückt also a priori Schwäche aus" (vgl. Spandau 2000). Derartige Weiterbildungsangebote, die *eben nicht unmittelbar* mit baunaher Qualifizierung in Verbindung gebracht werden können, gehören dann auch nach Ansicht vieler Niederlassungs- bzw. Regionalleiter nicht in den Zuständigkeitsbereich der BAU AG als Unternehmen, sondern *eher* in den einer Volkshochschule, (in deren Kontext man sich solche „Exkurse" eher leisten kann).

Die Teilnahme von Mitarbeitern an Weiterbildungsmaßnahmen der BAU AG wird in der Regel meist von den Disziplinarvorgesetzten angeordnet. Die Gründe dieser Entsendungen sind den Mitarbeiter/innen oftmals nicht bekannt. Es kommt daher häufig vor, dass sie durch die angeordneten Weiterbildungsmaßnahmen vollkommen überrascht werden.

Dieses Grundverständnis herrschte auch für lange Zeit in der Niederlassung West der BAU AG vor, bevor die Leitung den Versuch unternahm, neue Wege zu gehen.

6.4.1.2. Zur Ausgangssituation in der NL West der BAU AG

Die NL West ist eine große operative Einheit der BAU AG, deren Geschäftsleitung sich ebenfalls aus einem (Bau-)Ingenieur und einem kaufmännischen Leiter zusammensetzt. Beide arbeiten seit ca. 5 Jahren vertrauensvoll zusammen. Die Geschäftsleitung legt großen Wert auf das überzeugte Vorleben einer auf Offenheit und Fairneß beruhenden Grundhaltung. Dies äußert sich u.a. darin, dass auch in Fällen von deutlichen Meinungsverschiedenheiten die Mitglieder der Geschäftsleitung nach einvernehmlichen Entscheidungen in Angelegenheiten der NL West streben. Dazu wird die *„erweiterte Niederlassungsleitung"*, die sich zusätzlich aus dem Abteilungsleiter Controlling und dem Leiter Personal zusammen setzt, eingebunden.

Seitens der Geschäftsleitung der NL West wurden insbesondere zwei Herausforderungen als Anlaß genommen, eine stärkere Dialogorientierung um- und auch durchzusetzen. Zu nennen sind:

-     *erstens* die unbefriedigende Ertragslage der Niederlassung und das Ziel einer nachhaltigen Verbesserung des operativen Ergebnisses.

-     *zweitens* die der Geschäftsleitung antiquiert erscheinenden Kommunikations- und Kooperationsstrukturen in der NL West, welche sich durch zu wenig Gesprächsbereitschaft top-down, aber auch bottom-up charakterisieren lassen konnte.

Alltag der BAU AG möglichst nicht offenzulegen.

Als möglichen Hebel für eine Veränderung der Dialog-, bzw. Gesprächskultur wurden seitens der Geschäftsführung der NL West die *Führungszirkel* (FÜZ) angesehen.

In der BAU AG werden in allen Niederlassungen und in der Zentrale Führungszirkel für die Führungsnachwuchskräfte durchgeführt. Der Führungszirkel als Bestandteil des konzernweiten Personalentwicklungskonzepts für Führungskräfte wurde in Zusammenarbeit zwischen Vorstand, den Niederlassungsleitern sowie der Abteilung Personal- und Organisationsentwicklung der Zentrale (Z-POE) kollektiv entwickelt und vereinbart. Das Minimalziel des Führungszirkel-Konzepts ist es, durch *annähernd* gleiche Inhalte einen konzernweiten (Minimal-)Standard für alle Führungsnachwuchskräfte sicherzustellen.

Die Zielgruppe[162] der Führungszirkel-Reihe sind Mitarbeiter/innen, die dem Managementsystem der NL West angehören bzw. in nächster Zeit angehören werden. Es handelt sich hierbei um

- junge Linienvorgesetzte, die bereits Führungsverantwortung haben
- Nachwuchskräfte, die auf eine Führungsaufgabe vorbereitet werden
- Vorgesetzte, die bisher noch keine Förderung erhalten haben.

Mit den einzelnen Veranstaltungen der Führungszirkel-Reihe werden themenspezifisch folgende Ziele verfolgt:

FÜZ 1: Berufliche Kommunikation (BK)

FÜZ 2: Erfolgreiche Team-Arbeit (ET)

FÜZ 3: Verhandlungsführung (VF)

Diese Bausteine sind laut Spandau bisher über relativ unverbindliche Transfermaßnahmen, Aktionsplan für die Praxis, Vertrag mit sich selbst, Angebot eines Evaluations-Anrufs durch den Trainer etc. miteinander verbunden.

Dieser in der BAU AG praktizierte Standard der *Führungszirkel*-Veranstaltungen bietet für den Konzern durchaus klare Vorteile:

Die Teilnehmer/innen werden in unternehmensspezifischen und als notwendig definierten Qualifikationen gezielt trainiert.

---

[162] Es handelt sich um 1. Bauleiter, 2. Bauleiter, Baukaufleute und Mitarbeiter/innen mit Potential für Führungsaufgaben sowie Teamleiter/innen der Serviceabteilungen in den Niederlassungen. Die Bauleiter haben in der Regel eine akademische (ingenieurwissenschaftliche) Ausbildung.

Sie lernen eine Menge über sich selbst, Regeln erfolgreicher Kommunikation sowie über die Verbesserung der *internen* und *externen* Kooperation mit anderen.

Trotz dieser Vorteile einer nahezu einheitlichen konzernweiten Personalentwicklungsmaßnahme müssen aber auch kritische Punkte genannt werden:

Es ist keine konsequente Integration des Lerntransfers in die Organisation und damit in die Berufspraxis der Teilnehmer vorhanden.
Die entsendenden unmittelbaren Vorgesetzten sehen sich zu wenig darüber informiert „was in den einzelnen *Führungszirkel*-Veranstaltungen läuft"
Die Geschäftsleitungen der Niederlassung haben keine oder nicht ausreichende Informationen hinsichtlich der Überprüfung der Wirkung ihrer Investition
Des weiteren muss bemängelt werden, dass die FÜZ-Teilnehmer, wie es bei Weiterbildungsveranstaltungen der überfachlichen Qualifizierung in der BAU AG oftmals der Fall war, kaum oder gar nicht auf die Seminare vorbereitet worden sind. Dies mag eng mit der mangelnden oder schleppenden Akzeptanz seitens der entsendenden Vorgesetzten zusammenhängen.
Die *Auswahl* der Teilnehmer für den *Führungszirkel* erfolgte in der Regel durch die Niederlassungsleitung nach Absprache mit den unmittelbaren Vorgesetzten.
Die Partizipation der Niederlassungsleitung am *Führungszirkel* war auf die Auswahl der Teilnehmer sowie auf das Studium der Seminarbeurteilungen nach Ende einer *Führungszirkel*-Veranstaltung beschränkt.
Hieraus entstand bei der Geschäftsleitung der NL West der Eindruck, dass die entsendenden unmittelbaren Vorgesetzten *selbst kaum Kenntnisse* über den Sinn dieser Führungszirkel hatten oder sich zumindest von den Lerninhalten keinen tieferen Nutzen für den eigenen Aufgabenbereich versprachen. Die Trainer und Seminarleiter hatten es also häufig mit „Geschickten, Gesandten und Delegierten" zu tun und waren in erster Linie für ein gutes Klima während der Lernveranstaltungen verantwortlich[163].
Diesen Zustand wollten die Geschäftsführer der NL WEST zumindest in ihrem Verantwortungsbereich verändern.

6.4.1.3. Dialogorientierung „per Dekret von oben" - Zum Ansatz des „dialogorientierten Managementhandelns" in der NL West

Trotz prinzipiell sehr positiven Rückmeldungen der Teilnehmer bezüglich der bisherigen *Führungszirkel*-Veranstaltungen herrschte bei der Niederlassungsge-

---

[163]   Dieses wurde anhand sogenannter „Happiness-Sheets" in den Seminarbeurteilungen sowie anhand vereinzelter mündlicher Rückmeldungen von Teilnehmern über den jeweiligen unmittelbaren Vorgesetzten an die Niederlassungsleitung festgestellt.

schäftsleitung Unzufriedenheit vor, da sie sich *insbesondere* von den *Führungszirkeln* eine verbesserte Kommunikationskultur zwischen Vorgesetzten und Mitarbeitern erwartete. *Diese* Erwartungen wurden häufig enttäuscht. Darüber hinaus kam erschwerend hinzu, dass frühere Teilnehmer an *Führungszirkel*-Veranstaltungen mit der Begründung die BAU AG verließen, weil ihrer Auffassung nach eine zu große Lücke zwischen im Training vermittelten Anspruch und Alltagsrealität in der Firma festzustellen war.

Die Geschäftsleitung bemängelte insbesondere die schwach ausgeprägte kommunikative Haltung seitens der Vorgesetzten der *Führungszirkel*-Teilnehmer, da sich nach ihrer Meinung erfolgreiche Führung in intensiver Kommunikation zwischen Vorgesetztem und Mitarbeitern abbildet und somit der „Dialog" im Führungsprozess das im Führungszirkel anzustrebende Ziel darstellt. Spandau bezeichnet dies in Abgrenzung zum Dialogischen Management als „dialogorientiertes Managementhandeln" (vgl. Spandau 2000).

Vor diesem Anspruchshintergrund wurden folgende Anforderungen an eine künftige Führungszirkel-Reihe in der NL West formuliert:

- Stärkere Einbindung der unmittelbaren und disziplinarischen Vorgesetzten der Führungszirkel-Teilnehmer
- Schrittweise Ersetzung des bisher gültigen monologischen Führungsverständnisses durch dialogisch(er)es Managementhandeln
- Höhere Transparenz gegenüber den Führungskräften, die die Inhalte der Veranstaltungen besser als bisher für sich und die Organisation bewerten können sollten.

Es wurde schnell erkannt, dass die sehr ausgeprägte Hierarchie im Gesamtkonzern BAU AG und somit auch in der NL West als Ausgangspunkt genommen werden sollte, um Veränderungsprozesse hin zu mehr Dialog und Beteiligung mit Hilfe der FÜZ zu erreichen. Die Niederlassungsleitung verfolgte hierbei das Ziel, die eigene Machtposition „in die Waagschale zu werfen", um die unterstellten, aber dennoch einflussreichen Führungskräfte zu einem neuen Führungsverhalten zu bewegen und gleichsam den Teilnehmern die Sicherheit zu vermitteln, dass es sich bei den FÜZ um wirkliche kulturverändernde Maßnahmen handelt.

Die Niederlassungsleitung nahm sich selbst dahingehend in die Pflicht, durch eigene Anwesenheit sich am Anfang und am Ende jeder Führungszirkel-Veranstaltung intensiv in den Führungszirkel und den Praxistransfer einbinden zu lassen, um der Forderung nach schneller Realisierung dialogorientierten Managementhandelns Nachdruck zu verleihen. Im Falle des Veränderungswiderstandes von betroffenen Vorgesetzten wollte die Geschäftsleitung ihnen gegenüber eigene Machtmittel bis zur Aberkennung der Führungsverantwortung oder sogar dem Ausschluss aus der Organisation einsetzen, um eine Verbesserung der

Kommunikations- und Kooperationsstrukturen in der Niederlassung zu erreichen.

Obwohl nämlich offiziell die Teilnehmer bzw. potentiellen Teilnehmer an den Führungszirkeln die Adressaten dieser Veränderungsprozesse sein sollten, stellte sich zunehmend heraus, dass deren unmittelbare Vorgesetzten im Mittelpunkt des Interesses standen, ohne dass die Geschäftsleitung der NL eine lediglich beobachtende bzw. selektierende Funktion wahrnahm, sondern sich vielmehr gleichermaßen für den Wandlungserfolg verantwortlich sah:

1. Vor diesem Hintergrund fiel die Entscheidung über die Benennung der Führungszirkel-Teilnehmer und damit die Entscheidung, eine neue Führungszirkel-Reihe aufzulegen, in die Zuständigkeit der Niederlassungsleitung. Sie traf diese Entscheidung in Absprache mit den jeweiligen Disziplinarvorgesetzten der designierten Führungszirkel-Teilnehmer.

2. Im nächsten Schritt wurden die unmittelbaren Vorgesetzten der ausgewählten Führungszirkel-Teilnehmer „definiert" und umfassend über den Ablauf des vorgesehenen Modells informiert. Dieser Schritt ist aufgrund der neuen Konzeption des Führungszirkels erforderlich geworden, da die unmittelbaren Vorgesetzten eine zentrale Rolle beim Lernen des organisationalen Managementsystems spielen. Die Festlegung der unmittelbaren Vorgesetzten ist in der Niederlassung vor allem deshalb nicht unproblematisch, weil ein Führungszirkel-Zyklus länger dauern kann als die Hierarchiebeziehung zwischen Mitarbeiter/in und unmittelbarem Vorgesetzten, die in der BAU AG durch den Zeitrahmen eines Bauvorhabens bestimmt wird.

3. Die darauffolgenden Prozess-Schritte sehen die Vorbereitung und Qualifizierung der unmittelbaren Vorgesetzten als erfahrenen Führungskräften vor. Die Handhabung der „Einschätzungsbögen" sollten nämlich ein Höchstmaß an Praxisnähe gewährleisten.

4. Daran anschließend ging es um die Förderung und Pflege der Kommunikationsbeziehungen zwischen unmittelbaren Vorgesetzten und Führungszirkel-Teilnehmern bezüglich eines Abgleichs zwischen persönlichen Zielen der Teilnehmer, denen der Vorgesetzten und den (vermuteten) der Gesamtorganisation.

5. Nach den Gesprächen mit den teilnehmenden Mitarbeitern sahen sich die unmittelbaren Vorgesetzten in die Pflicht genommen, die Einschätzungsbögen und die jeweiligen persönlichen Ziele der Teilnehmer an die Niederlassungsleitung weiterzuleiten. Denn erst die Abgabe der Einschätzungsbögen ließ die Teilnehmer formal zur Teilnahme an der ersten Führungszirkel-Veranstaltung zu.

6. Vorgesetzte, Teilnehmer und Niederlassungsleitung klärten mit Hilfe zeitlich versetzter Gespräche und Fragebögen die gegenwärtigen Zielvorstellungen und Erwartungen an den jeweiligen Partner und gaben ein Statement bezüglich der eigenen Zufriedenheit ab, um letztendlich eine höhere Vertrauens- und Effizienzkultur (zunächst in der NL, dann u.U. im gesamten Konzern) zu ermöglichen.

7. Führungskräfte, die sich nicht mit der Vorstellung identifizieren konnten, eine Dialog-Kultur nach oben und unten zu pflegen, wurden selber wiederum „Opfer" der monologischen Zielsetzung der Geschäftsleitung, organisationale Lernprozesse und dialogisches Management zumindest mittelfristig zu implementieren.

8. Teilnehmer, aufgeschlossene Führungskräfte und die Geschäftsleitung der NL West werteten diese erneuet Form des Führungszirkels als großen Erfolg, weil dadurch der Dialog nicht nur propagiert, sondern auch gelebt worden ist. „Hardliner" sahen sich allerdings in ihrem Führungsverständnis nicht bestätigt, sondern eher „abgestraft".

9. Die NL West wurde durch diese Maßnahmen im Vergleich zu früher ökonomisch erfolgreicher, weil auch im Kontakt mit Kunden eine stärkere Dialogbereitschaft gezeigt und diese auch gewürdigt wurde.

10. Für die BAU AG ist dieses Projekt ein willkommener Schritt, von dem bisherigen konservativen Image schrittweise abzurücken.

6.4.1.4. Kritische Würdigung des dargelegten Modellversuchs

Der von Ulrich Spandau (2000) ausführlich dargelegte Modellversuch mit dem vielversprechenden Titel „Leadership-loop-learning" kann als ein vielversprechender Ansatz verstanden werden, in einem eher konservativ-erfolgsorientiert ausgerichteten Unternehmen Elemente des Organisationslernens mit dem des dialogischen Managements zu verknüpfen. Hierbei wurde anhand der Praxis eines primär erfolgsorientierten Managementsystems gezeigt, dass in der gleichberechtigten Berücksichtigung der Verständigungsorientierung durchaus ein Mittel gesehen werden kann, um ökonomisch erfolgreicher zu sein. Interessant ist allerdings auch die Tatsache, dass die Geschäftsleitung der NL West den Mut, aber auch die Entschlossenheit aufbringen wollte und musste, ggf. bewährte und auch erfolgreiche Führungskräfte monologischer Ausrichtung zu neutralisieren oder sogar aus der Organisation zu entfernen.

Auch anhand dieses Praxisbeispieles wird deutlich, dass dialogisches Management *weder* seitens der Führenden, *noch* der Geführten *von vornherein als rund-um positiv gewertet wird*, sondern viel Lern- und Arbeitsbereitschaft sowie Leistungsfähigkeit erfordert. Des weiteren scheint es aufgrund dieser Tatsachen dann auch nicht selbstverständlich zu sein, dass sich alle Beteiligten *freiwillig* in einen solchen (Dialogermöglichungs-) Prozess begeben. Der Einsatz von Machtmitteln, i.S. eines „zum Glück Zwingens" seitens der Geschäftsführung erscheint daher nur konsequent, obwohl sicherlich auf den ersten Blick das Bemühen der Geschäftsleitung *paradox* erscheint, *monologisch den Dialog einführen und durchsetzen zu wollen.*

Dennoch sollte dieser Versuch zeigen, dass auch in eher traditionell einzuschätzenden Unternehmen dem Dialog eine große Chance eingeräumt wird, das organisationale Miteinander und den organisationalen Erfolg zu verbessern.

Nachdem an einem nationalen Beispiel gezeigt worden ist, welches Potential im Dialog gesehen werden kann, geht es im zweiten Praxisbeispiel darum, mit Hilfe des Dialoges die hinsichtlich der o.a. Globalisierungstendenzen immer notwendiger scheinende „interkulturelle Kompetenz" zu ermöglichen und auszugestalten. Hierzu bietet es sich an, die Anregungen Erich R. Unkrigs näher zu skizzieren.

6.4.2. Dialogisches Management als Ermöglichung interkultureller Kompetenz – Das Beispiel Management Development Center der Gemischtanbieter GmbH

6.4.2.1. Vorbemerkungen

Erich R. Unkrig spricht am Beispiel der Bestrebungen der Gemischtanbieter GmbH, ein Management Development Center zu implementieren, eine Thematik an, die angesichts der o.a. Internationalisierungs- und Globalisierungstendenzen von zunehmender Tragweite für die Problemlösekompetenz von Management und Unternehmen ist, nämlich die interkulturelle Managementkompetenzen und deren Förderung und Forcierung. Unkrig verbindet damit die Forderung, die Erkenntnisse aus kulturvergleichenden Forschungen sowie die gesammelten Erfahrungen eines internationalen Managements für die Zwecke der Maßnahmenplanung, -entwicklung und auch Evaluation

- aufzubereiten,
- zu analysieren und
- systematisch in die Implementierung und Umsetzung einzubeziehen.

Hierbei gilt es zu berücksichtigen, dass Management-Theorien als Produkte desjenigen geschichtlichen und kulturellen und nationalen Zusammenhangs gewertet werden können, in dem sie ihren Ursprung haben. So lassen sich in Anlehnung an den niederländischen Kultur- und Managementforscher Geert Hofstede „schlagwortartig" einige Zuordnungen vornehmen, die natürlich auch (interkulturell-beeinflusste) *Mischformen nicht ausschließen* (vgl. Hofstede 1992a, 1992b, 1994).

- Frederick W. Taylor`s „Scientific Management and Industrial Engineering" (Taylor 1911) stellt einen bedeutenden Bestandteil der *angelsächsischen*, insbesondere *amerikanischen Managementkultur* dar. Taylor`s Hauptinteresse bestand darin, Strukturen für den wirksamsten Arbeitseinsatz zu planen und die besten wirtschaftlichen Ergebnisse für das Unternehmen zu erzielen. Taylor war weniger an der formellen Autorität des Managements interessiert, sondern mehr am Management als Aufgabe, als einer Reihe von Aktivitäten, an denen sich die verschiedenen Fachgebietsleiter beteiligen konnten. Leistungsfähigkeit war und ist ein hoch geschätzter Wert in der amerikanischen Managementkultur. Das Management hat eine Aufgabe zu erfüllen und wird daran gemessen, (kurzfristig) Erfolge aufzuweisen. Qualifikations- und Bildungsniveau sowie sozialer Hintergrund sind vor diesem Hintergrund als weniger wichtig einzustufen.

– Henri Fayols *operations administratives* umfassten die Managementaufgaben *prévoir, organiser, commander, coordonner, contrôler* (vorausschauen, organisieren, befehlen, koordinieren und kontrollieren). Sein Werk *„Administration industrielle et générale"* (Fayol 1916) ist noch immer ein bedeutender Faktor in der weitgehend administrativ beeinflussten und immer noch stark elitär ausgerichteten *französischen Managementkultur* (vgl. dazu auch Benecke 2000).

– Max Webers *bürokratisches Organisationsmodell* (s. Weber 1972) und die davon abgeleiteten rationalen Machtstrukturen und funktionelle, fachliche Spezialisierung übt noch immer noch einen starken Einfluss auf das *deutsche Managementverständnis* aus (vgl. Hofstede 1994).

Vor diesem Hintergrund überrascht es nicht, dass Erich R. Unkrig mit Auslandseinsätzen deutscher Führungs(nachwuchs)kräfte den Anspruch verbindet, neben der persönlichen Entwicklung der Mitarbeiter auch die verbesserte Wahrnehmung internationaler Partner- und Kundeninteressen wahrnehmen zu können. Hierzu sollte das von ihm begleitete Management Development Progam (MDP) dienen, welches insbesondere auf die Entwicklung der unter erfolgsorientierten Prämissen schwer messbaren und eher kulturell bedingten Faktoren abzielte.
Als Grundzielsetzung wurde festgelegt, die *immer internationaler operierenden*

Mitarbeiter der Gemischtanbieter GmbH systematisch an international (bzw. interkulturell) orientiertes Denken und Handeln ranzuführen.

Diese Zielsetzung sollte dahingehend erreicht werden, indem von unterschiedlichen Standpunkten aus Einblicke in internationale Zusammenhänge und kulturelle Aspekte gegeben wurden. Wissensvermittlung unter besonderer Berücksichtigung von interaktionsorientierten Trainingsansätzen galt dabei als erster Schlüssel, um Horizonte zu erweitern und Verhaltensflexibilität der betroffenen Unternehmensangehörigen zu fördern.

6.4.2.2. Rahmenbedingungen, Grundausrichtung und Zielsetzung des MDP

Bei der Initiierung und Implementierung von neuen Managementprogrammen stellt sich immer die Frage, welche Position das Top-Management hierzu einnimmt. Im MDP sah sich die Geschäftsführung der Gemischtanbieter GmbH nicht nur in der Rolle des Auftraggebers, sondern betonte ausdrücklich, dass für sie das Programm eine der zentralen Aktivitäten zur Unterstützung des Integrationsprozesses ist.

Folgende Ziele wurden nach Unkrig im Management Development Program verfolgt und kommuniziert:

- „Begleitung und Unterstützung des Integrationsprozesses durch den Aufbau eines *gemeinsamen* Verständnisses und durch Förderung eines systematischen, *gemeinsamen* Lernprozesses.
- Identifizierung und Visualisierung von „best practice"-Beispielen innerhalb der eigenen Gesellschaften/Organisation als auch solchen aus anderen Firmen und Industriezweigen und Aufzeigen der Möglichkeiten, wie diese in die gemeinsame Wirklichkeit übersetzt bzw. übertragen werden könnten.
- Entwicklung eines gemeinsamen Grundverständnisses und gemeinsam akzeptierter Basiskonzepte (insbesondere im Dialog zu den „Guiding Principles" der Organisation).
- Identifizierung und Abbau von Kommunikationshemmnissen und Förderung von Kommunikationsstrukturen (insbesondere den informellen) über Landes- und Gesellschaftsgrenzen hinaus.
- Anstoß geben für einen Kommunikations- und Entwicklungsprozess zu kulturellen Gemeinsamkeiten und Verstehen, um so einen Beitrag zu einer Kultur der internen und externen Zusammenarbeit zu leisten.
- Um diese Ziele zu erreichen, sollten wir von Beginn an einige allgemeine Erfolgsfaktoren definieren:
- Umsetzung der Inhalte in überschaubaren Dimensionen im Sinne des Unternehmenserfolges.
- Erweiterung des Erfahrungsschatzes aller Teilnehmer unter Berücksichtigung der Methoden einer „best practice"-Führungskräfteentwicklung.

- Einbeziehung aller Board members als Coaches, Moderatoren, Referenten und/ oder als Sponsoren für die Projekte im Programm".

Im Gegensatz zu vielen Programmen zur Führungskräfteentwicklung wurde das MDP nicht auf reine Wissensvermittlung ausgerichtet. Vielmehr sollte bewusst berücksichtigt werden, dass die teilnehmenden Mitarbeiter auf Grund ihrer Qualifikationen, Fähigkeiten und Erfahrungen als Führungskräfte ihre Verantwortung im Unternehmen wahrnehmen.

In Abstimmung mit der Geschäftsführung wurde die vorrangige Zielgruppe des MDP identifiziert. Es handelte sich bei dem Teilnehmerkreis um Mitarbeiter in Schlüsselpositionen, die maßgeblich den Prozess der Integration mitgestalten sollten.

Vor dem Hintergrund der Teilnehmerauswahl galt es klarzustellen, dass interkulturelle (Handlungs-)Kompetenz nicht ausschließlich von Mitarbeitern (Expatriates) im Ausland gefordert wird, sondern im gleichen Maße diese Kompetenz von den Entscheidungsträgern in der Zentrale und den nationalen Geschäftsführungen zu erwarten ist. Darüber hinaus wurden die Spezialisten, die in multinationalen Arbeitsteams Produkte und Problemlösungen erarbeiten, als Zielgruppe identifiziert.

Als Teilnehmerkreis wurden obere Führungskräfte in Schlüsselpositionen des internationalen Geschäfts unterhalb der Geschäftsführung definiert. Ergänzt wurde diese Gruppe durch Organisationsmitglieder, deren Verantwortung und Aufgabenbereiche über die jeweiligen nationalen Grenzen hinaus gehen.

Für diesen Teilnehmerkreis galt das Prinzip „Freiwilligkeit der Teilnahme" nicht, da die Geschäftsführungsentscheidung den Charakter einer Forderung an die Qualifikation aufwies. Der individuelle Spielraum auf den Zeitpunkt des Beginns der Trainingsmaßnahme beziehen. Trotz dieser Einschränkungen bezeichnet Unkrig die Motivation der Teilnehmer als sehr hoch, was nicht zuletzt damit zusammenhing, „als Pioniere" an einem neuen Programm mit hohem strategischen Wert teilzunehmen, unmittelbaren Zugang zu Sponsoren aus der Geschäftsleitung (s.u.) zu haben und nicht zuletzt eine höhere Kompetenz für den Umgang mit internationalen Partnern und Kunden zu bekommen.

Neben der Vermittlung interkultureller Kompetenz sollte das MDP als Schrittmacher fungieren, um das o.a. Organisationslernen in der Gemischtanbieter GmbH zu implementieren. Lernen wurde in diesem Zusammenhang nicht als Privileg einer Hierarchieebene, eines Unternehmensteils oder einer isolierten Zielgruppe aufgefasst, sondern hatte das gesamte Unternehmen hierarchie- und organisationsübergreifend zu umfassen.

Um diese anspruchsvollen Ziele zumindest annähernd zu erreichen, einigten sich die Beteiligten auf folgende Umgangsregeln:
- „Offener, gleichwertiger Austausch von Ideen sowie das konstruktive Infra-

gestellen derselben sowohl zwischen Referenten und Teilnehmern als auch innerhalb der Teilnehmergruppe selbst.

- Gemeinsames Arbeiten an konkreten Zielen und Aufgaben, die eine unmittelbare Auswirkung auf das Geschäftsgeschehen und den Geschäftserfolg haben (auch wenn solches Arbeiten nicht als Standardinhalt eines allgemeinen Verständnisses von Training und Personalentwicklung gesehen wird).
- Einsatz von Referenten und Moderatoren größtenteils als Anstoßgeber und Partner in der Problemlösung und nicht als Lehrer, Experten und/oder Redner.
- Besuche und Erkundungen „vor Ort" im Rahmen von Kleingruppen in Ergänzung zu den Programminhalten und den in diesem Zusammenhang bereits vorgesehenen Aktivitäten.
- Maßgeschneiderte, individuelle Personalentwicklungsaktivitäten auf Basis der Selbsterkenntnis und der individuellen Erfahrungen in den verschiedenen Programmschritten und –inhalten"

Im MDP waren Teilnehmergruppen in der Größe von minimal 16 und maximal 24 Teilnehmern vorgesehen, die im drei- bis viermonatlichen Abstand begannen. Jede Gruppe sollte ein annähernd gleichartiges Programm für die Dauer von neun Monaten durchlaufen. Das MDP bestand aus folgenden Bausteinen:

a) Workshops
Das Programm beinhaltet vier Workshops mit jeweils drei Tagen Dauer, in die sich alle Teilnehmer einzubringen hatten. Die zentralen Inhalte beziehen sich auf die Implementierung der Unternehmensstrategie im Kontext der internationalen Integration.

Die Form von Workshops als Ausdruck interaktionsorientierter Trainings ermöglichten in besonderer Weise die aktive Einbindung und Beteiligung der Teilnehmer und förderten darüber hinaus die Bereitschaft und Fähigkeit zur selbstständigen Kontaktaufnahme. Die Teilnehmer sahen sich ermuntert, im interkulturellen Kontext mit Menschen unterschiedlicher Herkunft in Kommunikation zu treten. Die vier Workshops sind mit ihren Themen hier noch einmal dargestellt:

Workshop I
- „beschreibt das Szenario der internationalen Integration,
- gibt vertiefende Informationen aus Analysen internationaler Unternehmen zu Rahmenbedingungen des Integrationsprozesses und zu beispielgebenden Vorbildern vergleichbarer Aktivitäten,
- erläutert die Problemfelder, die sich aus kulturellen Unterschieden ergeben können, und erzeugt Nachdenken darüber, ob daraus auch Hemmnisse für den Integrationsprozess der Gruppe resultieren und wie solche ggf. überwunden werden,

- stellt die Projekte vor, an denen die Teilnehmer im Laufe des Programms arbeiten werden und erläutert deren grundlegenden Beitrag zum Erfolg des Programms und zum Unternehmenserfolg".

Workshop II
- „legt den Fokus auf die zentralen Inhalte jedes einzelnen Projektes,
- verdeutlicht anhand von Benchmarking-Studien und internen Vergleichen die Standortbestimmung und Rahmenbedingungen, die das jeweilige Projektteam bis zu diesem Zeitpunkt des Projektes erkannt und erlebt hat,
- bezieht interne und externe Kompetenz im Hinblick auf die Projektstände ein und verdeutlicht Chancen anhand von internen und externen „best practice"-Beispielen,
- ist Katalysator der Projektstände und Teamprozesse durch Einbindung von Praktikern, die „zum Thema etwas zu sagen haben".

Workshop III
- „stellt die Teilnehmer in eine konkrete Aufgabe (Idealerweise mit sozialem Engagement in einem strukturschwachen Land mit Optionen für das Business), in der die Teilnehmer vorrangig als Team arbeiten,
- verdeutlicht, wie die gesellschaftlichen, ökonomischen und ökologischen Rahmenbedingungen das Business tangieren und wie dadurch die strategischen Ziele sowie die aktuelle Situation des Unternehmens beeinflusst werden,
- vertieft die Teamerfahrungen der Gruppe durch die gemeinsame Zusammenarbeit".

Workshop IV
- „dient zur Kommunikation der Erkenntnisse und Ergebnisse der Projektarbeiten an die Geschäftsführung/das Board,
- läßt alle Teilnehmer an den Ergebnissen der einzelnen Projektteams teilhaben,
- ist Diskussionsforum der Geschäftsführung und der Teilnehmer im Hinblick auf den Fortschritt des Integrationsprozesses, die weiteren Schritte und den Beitrag jedes einzelnen".

b) Projekte
Im jeweils ersten Workshop werden *vier* Projekte aufgesetzt, die von den entsprechend zugeordneten Teilnehmern parallel zum laufenden Programm bearbeitet werden.
Im Rahmen des angestrebten Projektlernens wurde der Versuch unternommen, die oftmals künstlich erscheinende Trennung von Lernorganisation und Arbeitsorganisation möglichst großflächig aufzuheben. Gleichzeitig sollten damit bei der Förderung der Mitarbeiter „natürliche Lernräume" stärker genutzt werden.

Die Projektthemen werden im Dialog mit der Geschäftsleitung entwickelt und abgestimmt. Jedes einzelne Projekt wird von einem Mitglied der Geschäftsführung „gesponsort". Der Sponsor nimmt auf Einladung an den vereinbarten Projektmeetings teil und unterstützt, wenn notwendig und gewünscht, mit Rat und Tat. Diese Vorgehensweise unterstreicht die Wichtigkeit, die dem MDP seitens der Geschäftsleitung eingeräumt wird. Es handelt sich nicht um „Alibiveranstaltungen", sondern um konkrete Zukunftsplanungen.

Die Projektauswahl erfolgt danach, dass jedes einen grundlegenden Beitrag auf dem Weg zur internationalen Integration leisten kann. Gleichzeitig sollte genügend Spielraum vorhanden sein, um kurz- bis mittelfristig einen positiven Einfluss auf den Geschäftserfolg zu erreichen. Die Zusammenstellung der Projektteams (4 - 6 Personen) erfolgt so, dass ein bestmöglicher individueller Beitrag zum Teamerfolg möglich ist und eindeutige Empfehlungen hinsichtlich der Umsetzung der Projektergebnisse in die Praxis zu erwarten sind. Dabei können die Teams auf Unterstützungsmöglichkeiten zur internen Datenbeschaffung sowie auf Benchmarkinginformationen zurückgreifen bzw. diese veranlassen.
Hinsichtlich der zum Projektabschluss auszusprechenden Empfehlungen für die Umsetzung erwarten wir von den Projektteams, dass sie neben den klar messbaren „harten Faktoren" auch die „weichen" berücksichtigen, um so den ganzheitlichen Ansatz in dem jeweiligen Projektthema hinsichtlich der Implementierung zu verfolgen. Dabei werden die Teams darin bestärkt, bereits innerhalb ihrer Projektarbeit Teilprojekte zu definieren. Diese sollten auch in andere Aktivitäten der Personalentwicklung einfließen (s. dazu auch Petersen/Lehnhoff 2000, S. 151ff).
Die Projektteams organisieren ihre Projektarbeit weitgehend selbst und eigenverantwortlich. Für Moderationen und individuelle Unterstützung können sie als Gesamtteam oder einzelne auf den zugeordneten Coach zurückgreifen.

Der zeitliche Umfang der gemeinsamen Projektarbeit lag und liegt in der Regel bei einem Tag pro Monat. Zwischen den Treffen kann der Kontakt insbesondere durch elektronische Mediengehalten werden. Zentraler Ansprechpartner und Koordinator ist der Personalentwicklungsbereich.

c) Individuelle Entwicklungsmaßnahmen
Da jeder einzelne Teilnehmer laut MDP-Philosophie als lernbereite Experten angesehen werden, die sich mit großen Engagement denkend und planend mit dem neuen Umfeld auseinanderzusetzen, zielgerichtet und gestaltend an den Umfeldbedingungen der Internationalisierung mitwirken, kommt auch der Persönlichkeits(weiter-)entwicklung ein hoher Stellenwert zu. Soweit als möglich wurden deshalb „schablonenartige" Konzepte und –inhalte vermieden. Des weiteren sahen sich mit zunehmender Dauer die Teilnehmer immer stärker in der Rolle von Mitgestaltern der gemeinsamen Tage.

Um hierzu Hilfestellung geben zu können, wurden alle Programmschritte des MDP durch den Personalentwicklungsbereich und in der Regel durch einen oder mehrere Coaches begleitet. Diese Unterstützung eröffnete den Teilnehmern die Möglichkeit, durch Vertiefung von Erfahrungen über das eigentliche Programm hinaus individuell einen hohen Profit für sich selbst und ihre Aufgabe zu erzielen. Jeder Teilnehmer hatte darüber hinaus die Möglichkeit, individuelles Coaching zu nutzen. Auf diesem oder anderem Wege konnten Defiziten des Mitarbeiters, die u.U. dessen individuellen Beitrag zum Integrationsprozess der Unternehmensgruppe schwächten, unter Beratung durch den Coach und/oder den Personalentwicklungsbereich mit geeigneten Maßnahmen begegnet werden. Im Dialog mit Experten können Strategien der persönlichen Entwicklung unter Berücksichtigung der neuen internationalen Anforderungen und Rahmenbedingungen diskutiert und in Maßnahmen umgesetzt werden. Facetten entsprechender Maßnahmen könnten sein:

- „Kurzzeitige und individuell abgestimmte Besuche (gesellschaftsübergreifend)
- Gemeinsame Maßnahmen für Teilnehmer mit gleichen Bedürfnissen, wie beispielsweise Kurzworkshops zu den Themen „Chance Management", „Moderation & Präsentation"
- Tutoring zu einem speziellen Themenbereich durch einen internen Experten
- Vertiefendes Coaching durch den internen oder externen Coach
- Management Interview und Feedback"

6.4.2.4. Zusammenfassung

Das MDP bekam aus dem Grunde seine Aktualität, als in der Gemischtanbieter GmbH sich immer mehr die Erkenntnis durchsetzte, dass der Optimierung der eher weichen Faktoren in der interkulturellen Zusammenarbeit und dem dazu gehörenden Verständnis füreinander eine Schlüsselrolle für den zukünftigen ökonomischen Erfolg im internationalen Wettbewerb zuzuerkennen ist.
Als zentrale Merkmale einer diesbezüglichen Veränderung gelten die Abkehr von bisher eher national geprägten Denk- und Verhaltensstrukturen sowie die Hinwendung zur Akzeptanz sowie zur Integration der Vorteile anderer Managementkulturen, -traditionen, und –vorstellungen. Weiterhin geht es um die Nutzung von Synergien und den damit verbundenen interkulturellen Verbesserungsprozess.

Das einzelne Organisationsmitglied sieht sich zunehmend als Betroffener dieser Wandlungsprozesse, aber auch als deren Mitgestalter und Mitwirkenden.
Das MDP als Praxisbeispiel ist für diese Erörterung insofern von großem Interesse, als die Notwendigkeit zum internen, aber interkulturellen Dialog einen

elementarer Bestandteil dieses Programmes darstellt. Lern- und Dialogfähigkeit stellen also die zwei Säulen dar, um die Gemischtanbieter GmbH zu einem modernen, international ausgerichteten Unternehmen werden zu lassen. Interessant ist an diesem Beispiel weiterhin – hier lassen sich durchaus Parallelen zur BAU AG herstellen – dass auch bei der Gemischtanbieter GmbH die Wandlungsprozesse durch das Top Management gesponsort werden (müssen).

Beide Beispiele zeigen jedoch aus unterschiedlicher Problemsicht, dass der Fähigkeit und Bereitschaft zum Dialog auch im ökonomischen Kontext ein immer höherer Stellenwert zuerkannt wird.

6.4.3. Würdigung der Fallbeispiele

Sicherlich können auch die eben angesprochenen Praxisbeispiele Ulrich Spandaus und Erich R. Unkrigs den Umstand *nicht völlig negieren*, dass es sich bei dem Dialogischen Management immer noch um ein idealtypisch-kontrafaktischen Anspruch handelt. Ein hundertprozentiger *Ausgleich* zwischen Erfolgs- und Verständigungsorientierung, aufbauend auf Machtminimierung und vernünftige Rede und Gegenrede erscheint trotz der vielversprechenden Tendenzen immer noch (zu) wenig wahrscheinlich.

Aus diesem Grunde könnte der Verdacht nahe liegen, es wurden in dieser Erörterung letztlich doch die Belange der unternehmerischen Praxis vernachlässigt und eine schöne Utopie umschrieben.

Hierauf wird abschließend im Ausblick noch einmal einzugehen sein.

7. Ausblick: Dialogisches Management - Doch nur Utopie oder tatsächliche Chance für ein vernünftigeres Managementhandeln?!

Angesichts einer vermuteten epochalen Wende in Wirtschaft und Gesellschaft galt es, in dieser Erörterung eine *reine Erfolgsorientierung*, aber auch eine *reine Verständigungsorientierung* im und des Managementhandeln(s) grundlegend in Frage zu stellen. Statt dessen sollte mit Hilfe von disziplinübergreifender Literatur und Praxisbeispielen nach Anhaltspunkten gesucht werden, wie zwischen beiden Zugängen sinnvoll vermittelt werden könne.

Der Vorschlag, Management dialogisch zu gestalten, sollte vor diesem Hintergrund unter Zuhilfenahme managementtheoretischer, philosophisch-ethischer, erwachsenenpädagogischer sowie organisationstheoretischer und auch politischer Anregungen als Ergebnis eines interdisziplinären Reflexions-prozesses betrachtet werden. Hierbei kam es darauf an, ein reflexiv-eigenständiges Führungsmodell zur Diskussion zu stellen, das sich aufgrund seines prozesshaften Charakters grundlegend vom traditionellen – häufig „one-best-way“-geprägten Managementverständnis unterscheidet und gleichsam tiefgreifende Innovationsprozesse in Organisationen und auch der Gesellschaft einleiten könnte.
Hierbei wurde der Dialog *als ein Verfahren identifiziert,* welches die *gemeinsame* Herausarbeitung von Problemen und deren Lösungen ermöglicht und auf diese Weise die organisationale Leistungserstellung und deren Akzeptanz in der Organisation und nach außen erhöht.

Folglich bietet es sich an, in Form eines Ausblicks einige Anmerkungen und Überlegungen zur Verwirklichbarkeit dieser Konzeption zu unterbreiten.

Zunächst einmal gilt es sich von der *sicherlich als naiv* zu bezeichnenden Vorstellung abzugrenzen, dass sich Dialogisches Management *quasi automatisch* aufgrund der tiefgreifenden Wandlungsprozesse in sich zu Risikogesellschaften transformierenden Industriegesellschaften ergibt, obwohl ohne Zweifel ein enger Zusammenhang zwischen der Anregung des Dialogischen Managements und einem Paradigmenwechsel, der sich in Wirtschaft und Gesellschaft vollzieht, besteht.

Dialogisches Management kann sich jedoch kaum aufgrund dieser Entwicklungstendenzen *von alleine ergeben*, sondern erfordert sicherlich immense Anstrengungen, um das bisherige *zu einseitig erfolgsorientierte Denken* im Management und damit verbundene Handlungsvorstellungen reflexiv-eigenständig zu überprüfen und unter Verwendung verständigungs-orientierter Vorgehensweisen (auch nur schrittweise) zu verändern.

Es erscheint nämlich nicht sonderlich wahrscheinlich, dass das traditionelle Managementverständnis und sich daran orientierende Techniken sehr schnell ohne weiteres durch die Konzeption des Dialogischen Management ersetzt wird.

Diese eher nüchterne Aussage soll allerdings nicht dahingehend verstanden werden, dass Dialogisches Management letztlich dann doch nur als eine *schöne Utopie* zu verstehen ist, da die hier geäußerten Vorschläge und Anregungen durchaus als praxisrelevant und für die organisationale Leistungserstellung als weiterführend anzusehen sind.

Es bleibt natürlich weiterhin die Frage offen, *welche operativen Maßnahmen* denn bis ins Detail getroffen werden können, um – sich orientierend an den *Dekalogen* - die oben angeregte föderalistische Organisation oder eine Dialogkultur zu ermöglichen.

In dieser Erörterung, die sich gegenüber „kochrezeptartig" one-best-way-Lösungen im reflexiv-eigenständigen Sinne äußerst kritisch gezeigt hat, *ging es folglich auch nicht darum*, konkrete materiale Inhalte zu vermitteln, *die für alle Organisationen gültig sein könnten*. Dies versprechen zu wollen müsste sicherlich als *unseriös* bezeichnet werden.

Worum es allerdings gehen sollte, war, mit Hilfe des Mentorenmodells Kriterien für ein *formales Prüfverfahren* vorzuschlagen, um den Schritt zu mehr Vernunft durch *Ausgleich* zwischen Erfolgs- und Verständigungsorientierung im Managemententscheiden und –handeln überhaupt vollziehen zu können. Hieraus sollte deutlich werden, dass Dialogisches Management *sowohl* als eine kontrafaktische Vision *als auch* als pragmatisch umsetzbare Konzeption zur Gewährleistung eines vernünftigen Managemententscheiden und –handelns interpretiert werden kann.

Dialogisches Management lässt sich somit als *werthaltiger Anspruch* verstehen, welcher sich zwar zunächst an kontrafaktischen Normen orientiert und dabei auf die Durchsetzung kontrafaktischer empirischer Bedingungsmöglichkeiten zielt, „der jedoch durch die Reformulierung praxisanleitender Methoden und Vorgehensweisen weiterhin auch pragmatisch möglich erscheinende normative und empirische Bedingungen aufzeigt" (Lehnhoff 1997).

Konsequent weitergedacht, ist damit der Anspruch verbunden, dass sich Dialogisches Management als Ermöglicher „gebildeter Organisationen" (Petersen 1997, Lehnhoff 1997) oder gar „gebildeter Gesellschaften" ansehen lassen kann. Mit diesem *Sprachspiel* wird angedeutet, dass sich Dialogisches Management immer stärker in der Organisation verbreitet und somit alle Mitglieder der Organisation, da sie zunehmend alle Managementfunktionen wahrnehmen, zu umfassen hat.

Darüber hinaus stellt sich – wie von Harald Geißler dargelegt – die heutige Welt immer stärker als die *Welt der Organisationen* dar. Dies geht damit einher, dass Organisationen, bedingt durch ihre *institutionelle und häufig auch ökonomische Macht, selber* im gesamtgesellschaftlichen Rahmen *Akzente hin zu mehr Vernunft setzen können* und, wenn sie *vernünftig agieren* wollen, auch *müssen,*

- indem einerseits eine Hilfestellung für die häufig überforderte (staatliche) Politik geleistet wird und andererseits
- auch eigene Interessen offen und nichtmanipulativ in einen gesamtgesellschaftlichen Diskurs eingebracht werden,
- damit durch diesen Diskurs schließlich eine *ständige reflexiv-eigenständige Auseinandersetzung* von Management, Organisationen und Gesellschaft erfolgen und institutionalisiert werden kann.

Ein vernünftiges Managementhandeln *in Anlehnung* an das Paradigma der *hermeneutischen Selbstreferenzialität* und an das Mentorenmodell ist dementsprechend als Nukleus zu sehen, im gesamtgesellschaftlichen Kontext die Fähigkeit und Bereitschaft zu entwickeln, die „Sprache" des anderen *verstehen zu lernen* und ggf. gegenseitige Vorurteile zu *verlernen.*

Dementsprechend dient Dialogisches Management nicht nur der Ermöglichung eines vernünftig, reflexiv-eigenständig auszugestaltenden Organisationsführungsprozesses, sondern kann vielmehr sogar Impulse für eine *dialogische Mitgestaltung der Gesellschaft* geben. Dialogisches Management stellt sich somit als ein erster Schritt zu einer umfassenden, dialogischen Gesellschaftstheorie bzw. gesamtgesellschaftlichen dialogischen Bildungs- und Vernunftskonzeption dar (vgl. Lehnhoff 1997).

Um diese Vision schrittweise in die Realität umzusetzen, bedarf es *Facilitatoren.*
Als entscheidende Facilitatoren sollten in dieser Erörterung ohne Anspruch auf Vollständigkeit insbesondere der *Föderalismus*, eine umfassende reflexiv-eigenständige (individuelle und soziale) *Lernfähigkeit* und *–bereitschaft* sowie der *Mut*, neue Wege zu gehen, und schließlich die *Zivilcourage*, diese auch gegenüber mächtigem Widerstand dialogisch zu vertreten, angesehen werden.

Auf diese Weise kann es gelingen, *gleichermaßen mehr* Effizienz und Humanität in Management, Organisationen und Gesellschaft zu erreichen und somit die oben in der Managementliteratur angesprochene und seitens der Praxisbeispiele bestätigte „Kluft" zwischen erfolgs- und verständigungsorientiertem Managementhandeln schrittweise „einzuebnen".

8. Literaturverzeichnis

Ackoff, R.L./Emery, F.: Zielbewusste Systeme. Anwendung der Systemforschung auf gesellschaftliche Vorgänge. Frankfurt/New York 1975

Adam, H.: Wirtschaftspolitik und Regierungssystem der Bundesrepublik Deutschland (2. Auflage), Lizenzausgabe für die Bundeszentrale für politische Bildung. Bonn 1992

Albers, H.-J. (Hrsg.): Ethik und ökonomische Bildung. Bergisch-Gladbach 1996

Albach, H.: Organisation. Wiesbaden 1989

Antoni, C.: Qualitätszirkel als Medium der betrieblichen Personal- und Organisationsentwicklung. In: Geißler, H. (Hrsg.): Arbeit, Lernen und Organisation. Weinheim 1996

Antons, K.: Praxis der Gruppendynamik (4. Auflage). Göttingen 1976

Anweiler, O. et al.: Bildungspolitik in Deutschland 1945-1990. Bundeszentrale für politische Bildung (Bd. 311). Bonn 1992

Apel, K.-O.: Transformation der Philosophie. 2 Bde. Frankfurt/M. 1973.

Apel, K.-O.: Transformation der Philosophie, Bd. 1:: Sprachanalytik, Semiotik, Hermeneutik. Frankfurt 1976

Apel, K.-O.. Die Konflikte unserer Zeit und das Erfordernis einer ethisch-politischen Grundorientierung. In: Apel, K.-O. et al. (Hrsg.): Praktische Philosophie/Ethik, Reader zum Funk-Kolleg

Apel, K.-O.: Die transzendentalpragmatische Begründung der Kommunikationsethik und das Problem der höchsten Stufe einer Entwicklungslogik des moralischen Bewußtseins. In: Ders.: Diskurs und Verantwortung. S. 306-369. Frankfurt/M. 1988

Apel, K.-O.: Transformation der Philosophie. Bd. 2: Das Apriori der Kommunikationsgemeinschaft. Frankfurt a. Main (4. Aufl.) 1988

Apel, K.-O.: Diskursethik vor der Problematik von Recht und Politik: Können die Rationalitätsdifferenzen zwischen Moralität, Recht und Politik selbst noch durch die Diskursethik normativ-rational gerechtfertigt werden? In: Apel, K.-

O./Kettner, M. (Hrsg.): Zur Anwendung der Diskursethik in Politik, Recht und Wissenschaft. Frankfurt/M. 1992

Argyris, C./Schön, D.: Organizational Learning. Reading/Mass. 1978

Argyris, C.: Overcoming Organizational Defenses. Boston et al. 1990

Argyris, C.: Knowledge for Action. San Francisco 1993

Arnold, R.: Deutungsmuster. Zu den Bedeutungselementen sowie den theoretischen und methodologischen Bezügen eines Begriffs. In: Z.f.Päd. 29, 1983, S. 893-912.

Arnold, R.: Deutungsmuster und pädagogisches Handeln in der Erwachsenenbildung. Bad Heilbrunn/OBB. 1985

Arnold, R.: Berufspädagogik. Berlin 1990

Arnold, R.: Betriebliche Weiterbildung. Bad Heilbrunn 1991a

Arnold, R.: Von der Unternehmenskultur zur Weiterbildungskultur - Eine (Betriebs) pädagogische Vision. In: Geißler, H. (Hrsg.): Unternehmenskultur und -vision. Frankfurt a. Main 1991b

Arnold, R.: Erwachsenenbildung. Baltmannsweiler 1991c

Arnold, R.: Neue Berufsbildungstheorien. Fernuniversität Hagen 1992a

Arnold, R.: Learning Organization- Um was geht es wirklich und welche Aspekte der betrieblichen Weiterbildung werden hier in Frage gestellt? Thesenpapier. Kaiserslautern 1992b

Arnold, R.: Natur als Vorbild - Selbstorganisation als Modell der Pädagogik. Frankfurt a. Main 1993

Arnold, R.: Berufsbildung. Hohengehren 1994

Arnold, R.: Bildung und oder oder Qualifikation? In: Arnold, R. (Hrsg.): Betriebliche Weiterbildung zwischen Bildung und Qualifizierung. Frankfurt a. Main 1995

Arnold, R.: Bildung und Betrieb - Anmerkungen zu einem betriebspädagogischen Paradigmenwechsel. In: Dürr, W. (Hrsg.): Selbstorganisation verstehen lernen. Komplexität im Umfeld von Wirtschaft und Pädagogik. Frankfurt/Main 1995a

Arnold, R.: Theorie und Praxis des Systemischen Lernens. In: Geißler, H. (Hrsg.): Organisationslernen und Weiterbildung. Neuwied u. a. 1995b

Arnold, R.: Bildungs- und systemtheoretische Anmerkungen zum Organisationslernen. In: Arnold, R./Weber, H. (Hrsg.): Weiterbildung und Organisation. Zwischen Organisationslernen und lernenden Organisationen. Berlin 1995c
Arnold, R.: Systemlernen und Berufsbildung. In: Geißler, H. (Hrsg.): Arbeit, Lernen und Organisation. Weinheim 1996

Arnold, R./Müller, H.-J.: Ganzheitliche Berufsbildung. In: Pätzold, G. (Hrsg.): Handlungsorientierung in der beruflichen Bildung. Frankfurt a. Main 1992

Arnold, R./Lipsmeier, A.: Berufspädagogische Kategorien didaktischen Handelns. In: Arnold, R./Lipsmeier, A. (Hrsg.): Handbuch der Berufsbildung. Opladen 1995

Arnold, R./Siebert, H.: Konstruktivistische Erwachsenenbildung. Von der Deutung zur Konstruktion von Wirklichkeit. Bd. 4 der Schriftenreihe „Grundlagen der Berufs- und Erwachsenenbildung". Hohengehren 1995.

Arnold, R./Siebert, H.: Konstruktion und Professionalität in der Erwachsenenbildung - eine Thesendiskussion. In: Zeitschrift GBO-Netzwerk 1/1996, S.2-9

Arnold, R./Harth, T: „Ermöglichung" als Leitparadigma einer Didaktik der Selbstorganisation - Zur impliziten Paradoxie und zum Bildungs- und Aufklärungspotential modernisierter beruflicher Bildung. In: Geißler, H/Lehnhoff, A./Petersen, J.:(Hrsg.): Organisationslernen im interdisziplinären Dialog. Neuwied 1998

Arrow, K.J.: Einige ordial-utilitaristische Bemerkungen über Rawls Theorie der Gerechtigkeit. In : Höffe, O. (Hrsg.): Über John Rawls Theorie der Gerechtigkeit. Frankfurt 1977

Baethge, M./Baethge-Kinsky, V.: Ökonomie, Technik, Organisation: Zur Entwicklung von Qualifikationsstruktur und qualitativem Arbeitsvermögen. In: Arnold, R./Lipsmeier, A. (Hrsg.): Handbuch der Berufsbildung. Opladen 1995

Bahro, H.: Bildungspolitik. In: Mickel, W. W. (Hrsg.): Handlexikon zur Politikwissenschaft. Bundeszentrale für politische Bildung. Bonn 1986

Baitsch, C.: Was bewegt Organisationen. Frankfurt/M./New York 1993

Baitsch, C.: Wer lernt denn da? Bemerkungen zum Subjekt des Lernens. In: Geißler, H. (Hrsg.): Arbeit, Lernen und Organisation. Weinheim 1996

Baitsch, C. et al.: Organisationales Lernen: eine organisationspsychologische Konzipierung der Entwicklung von Kompetenz bei Individuen, Gruppen und Organisationen. In: Geißler, H./Lehnhoff, A./Petersen, J. (Hrsg.): Organisationslernen im interdisziplinären Dialog. Neuwied 1998

Bardmann, T. M.: Wenn aus Arbeit Abfall wird. Frankfurt 1994

Bartlett, C. A./Ghoshal, S.: Changing the role of Top Management - Beyond Structure to Processes. In: Harvard Business Review, Januar-Februar 1995, S. 89ff

Bateson, G.: Ökologie des Geistes. Frankfurt a. Main 1985

Battmann, W./Schönpflug, W.: Bewältigung von Streß in Organisationen. In: Sonntag, K. (Hrsg.): Personalentwicklung in Organisationen. Göttingen 1992

Bauer, W.: Lernen und Bildung. In: Geißler, H. (Hrsg.): Arbeit, Lernen und Organisation. Weinheim 1996

Baugut, G./Krüger, S.: Unternehmensführung. Opladen 1976

Bayer, H.: Unternehmensführung und Führungsethik. München 1985

Beck, U.: Risikogesellschaft - Auf dem Weg zu einer anderen Moderne. Frankfurt a. Main 1986

Beck, U.: Von der Industriegesellschaft zur Risikogesellschaft- Überlebensfragen, Sozialstruktur und ökologische Aufklärung. In: Bundeszentrale für politische Bildung (Hrsg.): Umbrüche in der Industriegesellschaft (Bd. 284). Bonn 1990

Beck, U.: Die Erfindung des Politischen. Frankfurt a. Main 1993

Beck, U.: Essay. In: Der Spiegel 1994, Nr. 41 1994a

Beck, U.: Essay. In: Der Spiegel 1994, Nr. 42 1994b

Beck, U./Brater, M./Daheim, H.: Soziologie der Arbeit und der Berufe. Reinbek 1980

Beck, U./Giddens, A./Lash, S.: Reflexive Modernisierung. Eine Kontroverse. Frankfurt a.M. 1996

Becker, A./Küpper, W./Ortmann, G.: Revisionen der Rationalität. In: Küpper, W./Ortmann, G. (Hrsg.): Mikropolitik. Rationalität, Macht und Spiele in Organisationen. Opladen 1988

Becker, H./Langosch, I.: Produktivität und Menschlichkeit. 4. Auflage. Stuttgart 1995

Beensen, R.: Organisationsprinzipien. Berlin 1969

Behrmann, D.: Handlungs-, subjekt- und dialogorientierte betriebliche Weiterbildung. Dissertation. Hamburg 1998

Behrmann, D.: Initiierung organisationaler Lernprozesse durch situationsorientierte arbeitsplatznahe Weiterbildung. In: Geißler, H./Krahmann-Baumann, B./Behrmann, D. (Hrsg.): Organisationslernen konkret. Frankfurt am Main 1998a

Behrmann, D.: Wissensmanagement, Weiterbildung und bedeutungsorientiertes Lernen. Impulse zu einer wissensbasierten und wissensorientierten Professionalisierung beruflichen Handelns. In: Projektgruppe wissenschaftliche Beratung (Hrsg.): Organisationslernen und Wissensmanagement. Frankfurt am Main 1999

Beneke, J.: Französische Alltagskultur. Thesenpapier. Hildesheim 2000

Benner, D.: Allgemeine Pädagogik. Weinheim und München 1987

Benner, D.: Allgemeine Pädagogik. 2. Auflage. München 1991

Besson, W./Jasper, G.: Das Leitbild der modernen Demokratie. Bundeszentrale für politische Bildung. Bonn 1990

Bestmann, U. (Hrsg.): Kompendium der Betriebswirtschaftslehre. München 1982

Beutel-Wedeward, K.: Multiplikatorenkonzepte - Ein Einstieg in die lernende Organisation? In: Sattelberger, Th. (Hrsg.): Die lernende Organisation. Wiesbaden 1991

Beyme, K. v.: Die parlamentarischen Regierungssysteme in Europa. München 1973

BiBB: Elektrotechnik, technische Informatik und die neuen Elektroberufe. Berlin 1988

Biedenkopf, K.: Die gesellschaftliche Verantwortung des Unternehmers in der Marktwirtschaft. In: Gemper, B.B. (Hrsg.): Marktwirtschaft und soziale Verantwortung. Köln/Bonn 1973

Bieri; E.: Die Menschlichkeit der technischen Zivilisation. In: Schlaffke, W./Vogel, O. (Hrsg.): Industriegesellschaft und technologische Herausforderung. Köln 1981

Birnbaum, W. Organisches Denken als Weg in die Zukunft. Tübingen 1982

Black, A./Wright, P./Bachman, J.E.: Shareholder Value für Manager. Konzepte und Methoden zur Steigerung des Unternehmenswertes. Frankfurt 1998

Blake, R. R./Mouton, J. S.: The Managerial Grid. Houston 1972

Blankertz, H.: Bildungstheorie und Ökonomie. In: Rebel, K. (Hrsg.) Texte zur Schulreform. Bd. 1. Weinheim 1966

Blankertz, H.: Theorien und Modelle der Didaktik (10. Auflage). München 1977

Bleicher, K.: Perspektiven für Organisation und Führung von Unternehmungen. Baden-Baden/Bad Homburg v.d.H. 1971

Bleicher, K.: Das Konzept Integriertes Management. (2. Auflage). Frankfurt a. Main/New York 1992

Bleicher, K.: Leitbilder. Stuttgart 1992

Böckle, F.: Resultate der Moralphilosophie. In: Moser, S./Huning, A. (Hrsg.): Werte und Wertordnungen in Technik und Gesellschaft. Düsseldorf 1975

Boehm-Tettelbach, P.: Unternehmenspolitischer Rahmen und strategisches Management. München 1990

Bosetzky, H.: Mikropolitik, Machiavellismus und Machtkumulation. In: Küpper, W./Ortmann, G. (Hrsg.): Mikropolitik. Rationalität, Macht und Spiele in Organisationen. 2. Auflage. Opladen 1992

Bouwen, R./De Visch, J./Staeyaert, C.: Innvation projects in organizations. In: Hasking, D. M. et al (Hrsg.): Organizational change and innovation. London 1992

Brantl, S.: Management und Ethik (Dissertation). München 1985

Brater, M./Büchele, U./Fucke, E./Herz, G.: Berufsbildung und Persönlichkeitsentwicklung. Stuttgart 1988

Braungart, M.: Umweltschutz als Selektionsvorteil für Unternehmen. In: Geißler, H. (Hrsg.): Unternehmenskultur und -vision. Frankfurt a. Main 1991

Bredenkamp, K./Weinert, F. E.: Lernprozesse Bd. 1 Soziales Lernen. Herausgegeben von: Deutsches Institut für Fernstudien an der Universität Tübingen. Tübingen 1976a

Bredenkamp, K./Weinert, F. E.: Lernprozesse Bd. 2 Kognitives Lernen. Herausgegeben von: Deutsches Institut für Fernstudien an der Universität Tübingen. Tübingen 1976b

Bretz, H.: Unternehmertum und Fortschrittsfähige Organisation. München 1988

Brewing, J.: Kritik der Unternehmensethik - An den Grenzen der konsensual-kommunikativ orientierten Unternehmensethik. Bern, Stuttgart, Wien 1995

Brezinka, W.: Grundbegriffe der Erziehungswissenschaft. München/Basel 1974

Brezinka, W.: Grundbegriffe der Erziehungswissenschaft (4.Auflage). München/Basel 1981

Brezinka, W.: Werterziehung? Problematik und Möglichkeiten. In: Gauger, Jörg- D. (Hrsg.): Bildung und Erziehung. Bonn und Berlin 1991

Briggs, J./Peat, F. D.: Die Entdeckung des Chaos. München/Wien 1990

Brocher, T.: Gruppendynamik und Erwachsenenbildung. Braunschweig 1967

Bruch, T. v.: Pädagogische Aspekte der Unternehmenskulturdiskussion. Dissertation. Hamburg 1993

Bruch, T. v./Petersen, J.: Bildung in der Bundeswehr als knappe Ressource der 90er Jahre - Zur Bildungsbedarfsanalyse in den Streitkräften. In: Hartmann, U./Strittmatter, M. (Hrsg.): Reform und Beteiligung. Frankfurt a. Main 1993

Bruch, T. v./Petersen, J.: Qualifikationsprofil für den Bildungsmanager in der Zukunft. In: Geißler, H./Bruch, T. v./Petersen, J. (Hrsg.): Bildungsmanagement. Frankfurt a. Main 1994

Brünnecke, K./Deutschmann, C./ Faust, M.: Betriebspolitische Aspekte des Bürokratieabbaus in Industrieunternehmen. In: Staehle, W./Conrad, P. (Hrsg.): Managementforschung 2. Berlin/New York 1992

Brunkhorst, H.: Systemtheorie. In: Lenzen, D. (Hrsg.): Pädagogische Grundbegriffe, Bd. 1 + 2. Reinbek bei Hamburg 1989

Bühner, R.: Der Mitarbeiter im Total Quality Management. Stuttgart 1993

Bullinger, D.: Die Neuen Technologien. In: Aus Politik und Zeitgeschichte, Beilage zur Wochenzeitschrift „Das Parlament". Bonn 1985

Bullinger, H.-J. (Hrsg.): Dienstleistungen für das 21. Jahrhundert. Stuttgart 1997

Bundesinstitut für Berufsbildung (Hrsg.): Ausbildung von Industriekaufleuten in der Bundesrepublik Deutschland. Berlin und Bonn 1991

Bundeszentrale für politische Bildung (Hrsg.): Kleines Lexikon Wirtschaft. Bonn 1991

Chmielewicz, K.: Forschungskonzeptionen der Wirtschaftswissenschaften. (2. Auflage). Stuttgart 1979

Comelli, G.: Training als Beitrag zur Organisationsentwicklung. München/Wien 1985

Conrad, P.: Involvement-Forschung. Berlin/New York 1988

Conrad, P.: Motivation – herkömmliche Aspekte und neuere Konzeptionen. In: Pieper, R. (Hrsg.): Personalmanagement. Wiesbaden 1991

Conrad, P.: Funktionswandel und Management – Aspekte der neueren Diskussion um die Unternehmenssteuerung. In: Der Betriebswirt 36 (1995) 1

Conrad, P.: Organisationales Lernen - Überlegungen und Anmerkungen aus betriebswirtschaftlicher Sicht. In: Geißler, H./Lehnhoff, A./Petersen, J. (Hrsg.): Organisationslernen im interdisziplinären Dialog. Weinheim 1998

Conradi, W.: Personalentwicklung. Stuttgart 1983

Cooperrider, D. L./Srivastva, S.: Appreciative Inquiry in Organizational Life. Thesenpapier 1987

Copeland, T./Koller, T./Murrin, J.: Unternehmenswert. Frankfurt 1998

Crozier, M./Friedberg, G.: Macht und Organisation. Die Zwänge kollektiven Handelns. Königstein/Ts. 1979

Cyert, R./March, J.G.: A Behavioral Theory of the Firm. New Jersey 1963

Dachler, H.-P.: Allgemeine Betriebswirtschafts- und Managementlehre im Kreuzfeuer verschiedener sozialwissenschaftlicher Perspektiven. In: Wunderer, R. (Hrsg.): Betriebswirtschaftslehre als Management und Führungslehre. Stuttgart 1985

Dauber, H.: Ökologisches und ökonomisches Lernen. Die doppelte Verschränkung der Lernbewegungen. In: Dauber, H./Simpfendörfer, W. (Hrsg.): Ökologisches und ökonomisches Lernen in der „Einen Welt". Wuppertal 1981

Davidow, W.H./Mallone, M. S.: Das virtuelle Unternehmen - Der Kunde als Co-Produzent. Frankfurt a.M./New York 1993

Dehnbostel, P.: Auf dem Weg zur hochentwickelten Arbeitsorganisation: Organisationslernen, Gruppenlernen, dezentrale Weiterbildung. In: Geißler, H. (Hrsg.): Organisationslernen und Weiterbildung. Neuwied 1995

Degelmann, A.: Funktionsbezeichnungen. In: Management-Enzyklopädie. Bd. 2. München 1970

Deutscher Ausschuß für das Erziehungs- und Bildungswesen: Zur Situation und Aufgabe der deutschen Erwachsenenbildung. Stuttgart 1960

Deutscher Bildungsrat: Strukturplan für das Bildungswesen. Empfehlungen der Bildungskommission. Stuttgart 1970

Deutscher Bundestag: Nachdruck des Schlußberichts der Enquete-Kommission „Zukünftige Bildungspolitik - Bildung 2000". Bonn 1990

Deutscher Gewerkschaftsbund (Hrsg.): Neue Technologien - Gefahren, Chancen, Perspektiven. Düsseldorf 1985

De Geus, A.P.: Planning as Learning. Harvard Business Review 3/1988, S.70ff

De Geus, A.P.: Companies, What are They? RSA Journal June 1995

Deuerlein, E.: Föderalismus. München 1972

Dewe, B.: Grundlagen nachschulischer Pädagogik. Einführung in ihre Felder, Formen und didaktischen Aufgaben. Bad Heilbrunn 1994

Dewey, J.: The Moral Writings of John Dewey, ed. by James Gouinlock. New York 1976.

Dielmann, K.: Betriebliches Personalwesen. Stuttgart et al. 1981

Diepold, P.: Wolfsburger Kooperationsmodell für den Ausbildungsberuf Industriekaufmann/-frau unter besonderer Berücksichtigung neuer Technologien. Göttingen 1991

Dilthey, W.: Grundlinien eines Systems der Pädagogik. Heidelberg 1964

Dönhoff, M.: Zivilisiert den Kapitalismus. Stuttgart 1997

Dörner, D.: Die Logik des Mißlingens. Reinbek bei Hamburg 1992

Dreesmann, H.: Personalentwicklung in der Bull AG. In: Kailer, N. (Hrsg.): Personalentwicklung in Österreich

Dreyer, M.: Föderalismus als ordnungspolitisches und normatives Prinzip. Bern 1987

Drucker, P.F.: Gesellschaft am Fließband. Frankfurt 1949

Dubs, R.: Autonome Schulen und Organisationslernen - Ideale und Realität. In: Geißler, H. (Hrsg.): Organisationslernen und Weiterbildung. Neuwied 1995

Duncan, R./Weiss, A.: Organizational Learning: Implications for Organizational Design. In: Research in Organizational Behavior 1979, S. 75ff

Dürr, W.: Betriebspädagogik und Selbstorganisation. In: Geißler, H. (Hrsg.): Neue Aspekte der Betriebspädagogik. Frankfurt a. Main 1990

Dürr, W.: Zur Einführung. In: Dürr, W. (Hrsg.): Selbstorganisation verstehen lernen. Komplexität im Umfeld von Wirtschaft und Pädagogik. Frankfurt/Main 1995.

Dürr, W./Merkens, H./Schmidt, F. (Hrsg.): Unternehmenskultur und Sozialisation. Baltmannsweiler 1987

Druwe, U.: Politik. In: Görlitz, A./Prätorius, R. (Hrsg.): Handbuch Politikwissenschaft. Reinbek bei Hamburg 1987

Dybowski, G./Haase, P./Rauner, F. (Hrsg.): Berufliche Bildung und betriebliche Organisationsentwicklung. Bremen 1993

Dyllick, T.: Management der Umweltbeziehungen. Wiesbaden 1989

Easton, D.: A Sytems Analysis of Political Life. New York, London, Sydney 1965

Eberl, P.: Die Idee des organisationalen Lernens. Bern, Stuttgart, Wien 1996

Eckardstein, D. von/Schnellinger, F.: Betriebliche Personalpolitik. München 1975

Eckardstein, D. von/Lueger, Günther: Eine Personalentwicklungskonzeption für Assistenten an der Wirtschaftsuniversität Wien. In: Kailer, N. (Hrsg.): Personalentwicklung in Österreich

Eigen, M.: Selforganization of Matter and the Evolution. London 1972

Etzioni, A.: Soziologie der Organisationen (4. Auflage). München 1973

Etzioni, A.: Die aktive Gesellschaft. Opladen 1975

Etzioni, A.: The Moral Dimension. New York 1988

Etzioni, A./Lawrence, P.R.: Socio-economics, Towards a new synthesis. New York 1994

Euler, D.: Managementbildung - Überlegungen zu einem Konstrukt auf der Grundlage der aktuellen Berufsbildungsdiskussion. In: Wagner, D./Nolte, H. (Hrsg.): Managementbildung. München und Mering 1996

Faix, W.G. et al.: Der Mitarbeiter in der Fabrik der Zukunft. Institut der deutschen Wirtschaft. Köln 1989

Famulla, G.-E.: Zum Wandel von Arbeit und Ökonomie. In: Bundeszentrale für politische Bildung (Hrsg.): Umbrüche in der Industriegesellschaft (Bd. 284). Bonn 1990

Fatzer, G.: Die lernfähige Organisation. In: Fatzer, G. (Hrsg.): Supervision und Beratung. Köln 1990

Faulstich, P.: Neue Techniken - Neue Produktionskonzepte - Neuer Rationalisierungstyp - Neue Aufgaben der Erwachsenenbildung. In: Universität Bremen (Tagungsberichte Nr. 16): Zur Entwicklung der Erwachsenenbildung aus wissenschaftlicher Sicht. Bremen 1986

Faulstich, P.: Qualität zertifiziert. Über die DIN/EN/ISO 9000ff hinaus. In: Hessische Blätter für Volksbildung 4/1995. Frankfurt a. Main 1996

Faulstich, P.: Diffusionstendenzen und Kooperationstrategien zwischen Unternehmen und Erwachsenenbildungsträgern. In Geißler, H.: Weiterbildungsmarketing. Neuwied 1997 (z.Zt. im Druck)

Faulstich, P. /Teichler, U. /Döring O.: Bestand und Entwicklungsrichtungen der Weiterbildung in Schleswig-Holstein. Weinheim 1996

Fayol, H.: Administration Industrielle et Générale. Paris 1970 (1916)

Feyerabend, P.: Wider den Methodenzwang; Skizzen einer anarchistischen Erkenntnistheorie. Frankfurt a. Main 1977

Figge, H./Kern, M.: Konzeptionen der Personalentwicklung. Frankfurt a. Main 1982

Fiol, M.C./Lyles, M.A.: Organizational Learning. In: Academy of Management Review, 1985, S.803-813

Foerster, H. von: Sicht und Einsicht. Braunschweig 1985

Forschner, M: Technik. In: Höffe, O.: Lexikon der Ethik. 4. neubearbeitete Auflage. München 1992

Forum für Philosophie Bad Homburg (Hrsg.): Markt und Moral. Bern, Stuttgart, Wien 1994

Fraenkel, E.: Deutschland und die westlichen Demokratien. Stuttgart 1973

Frank, M.: Zwei Jahrhunderte Rationalitäts-Kritik und ihre „postmoderne" Überbietung. In: Kamper, D./Reijen, W. van: Die unvollendete Vernunft: Moderne versus Postmoderne. Frankfurt 1987

Freiesleben, U.: Gewissen versus ökonomische Sachzwänge: Herausforderung an eine verantwortliche Unternehmens- und Mitarbeiterführung. In: Geißler, H. (Hrsg.): Unternehmenskultur und - vision. Frankfurt a. Main 1991

French, W. L./Bell, C. H.: Organisationsentwicklung. Bern et al. 1977

Frey, B.S.: Theorie demokratischer Wirtschaftspolitik. München 1981

Friedman, J.: Cultural Identity and Global Process. London 1994

Friedmann, M.: The Social Responsibility of Business is To Increase Its Profits. In: New York Times Magazine 1970

Fritsch, B.: Bildung - Luxus oder Überlebenschance?. Zürich und München 1973

Fuchs-Wegner, G.: Management by ... Eine kritische Betrachtung moderner Managementprinzipien und –konzeptionen. In: Grochla, E. (Hrsg.): Management. Düsseldorf/Wien 1974

Gadamer, H.G.: Wahrheit und Methode. Tübingen 1972

Gaitanides, M.: Führung und Querdenken. In: Zeitschrift für Personalforschung, 6 (3), 1992

Gamm, H.-J.: Einführung in das Studium der Erziehungswissenschaft. München 1974

Garvin, D. A.: Building A Learning Organization. Harvard Business Review (July - August 1993), S.78 - 91

Gaßen, H.: Erich Weniger - Erziehung, Politik, Geschichte. Weinheim und Basel 1990

Gauger, J.- D. (Hrsg.): Bildung und Erziehung. Bonn und Berlin 1991

Gaugler, E.: Zur Weiterentwicklung der Betriebswirtschaftslehre als Management- und Führungslehre. In: Wunderer, R. (Hrsg.): Betriebswirtschaftslehre als Management und Führungslehre. Stuttgart 1985

Gebert, D./Rosenstiel, L. von: Organisationspsychologie (2. erweiterte und verbesserte Auflage). Stuttgart 1989

Gebert, D./Boerner, S.: Manager im Dilemma. Frankfurt 1995

Geißler, H.: Management-Education. In: Lenzen, D. (Hrsg.): Pädagogische Grundbegriffe. Bd. 2. Reinbek 1989

Geißler, H.: Gegenstand und Fragestellungen der Betriebspädagogik - Ein Vorschlag für einen Neuanfang. In: Geißler, H. (Hrsg.): Neue Aspekte der Betriebspädagogik. Frankfurt a. Main 1990

Geißler, H.: Unternehmenskultur und -vision - und die Kultur und Vision, darüber zu sprechen. In: Geißler, H. (Hrsg.): Unternehmenskultur und -vision. Frankfurt a. Main 1991a

Geißler, H.: Vom Lernen in der Organisation zum Lernen der Organisation. In: Sattelberger, T. (Hrsg.): Die lernende Organisation. Wiesbaden 1991b

Geißler, H.: Organisations - Lernen, Gebot und Chance einer zukunftsweisenden Pädagogik. Aufsatz in der Zeitschrift GdWZ 2 (1991), S.23ff 1991c

Geißler, H.: Die „lernende Organisation" als „lebendiges Kunstwerk". In: Geißler, H. (Hrsg.): Neue Qualitäten betrieblichen Lernens. Frankfurt a. Main 1992

Geißler, H.: Bildungsmarketing für Organisationslernen. In: Geißler, H. (Hrsg.): Bildungsmarketing. Frankfurt a. Main 1993a

Geißler, H.: Kongreßgestaltung - Eine pädagogische Aufgabe (Aufsatz in GdWZ 2/93) S.68ff. 1993b

Geißler, H.: Grundlagen des Organisationslernens. Weinheim 1994a

Geißler, H.: Management als Ausgangs- und Bezugspunkt für Bildungsmanagement. In: Geißler, H./Bruch, T. v./Petersen, J. (Hrsg.): Bildungsmanagement. Frankfurt a. Main 1994b

Geißler, H.: Lean Management an der Grenze zweckrationalen Managements: Das Motivationsproblem. In: Geißler, H./Behrmann, D./Petersen, J. (Hrsg.): Lean Management und Personalentwicklung. Frankfurt a. Main 1995

Geißer, H.: Organisationslernen und Weiterbildung im Spannungsfeld zwischen den Paradigmen linearen Denkens, zirkulärer Kausalität und hermeneutischer Selbstreferentialität. In: Geißler, H. (Hrsg.): Organisationslernen und Weiterbildung. Neuwied 1995a

Geißler, H.: Managementbildung und Organisationslernen für die Risikogesellschaft. In: Geißler, H. (Hrsg.): Organisationslernen und Weiterbildung. Neuwied 1995b

Geißler, H.: Unveröffentlichtes Thesenpapier. Hamburg 1995c

Geißler, H.: Sinnmodelle des Managements: Vom Handwerker- über des Gärtner- zum Mitverantwortungsmodell. In: Geißler, H./Krahmann-Baumann, B./Lehnhoff, A. (Hrsg.): Umdenken im Management-Management des Umdenkens. Frankfurt 1996

Geißler, H. (Hrsg.): Arbeit, Lernen und Organisation. Weinheim 1996a

Geißler, H.: Organisationsentwicklung. Studienbrief im Rahmen des Fernstudienganges Erwachsenenbildung an der Universität Kaiserslautern. Hamburg 1996b

Geißler, H: Humanisierung von Organisationen durch Organisationslernen und Managementbildung. In: Wagner, D./Nolte, H. (Hrsg.): Managementbildung. München und Mering 1996c

Geißler, H.: (Hrsg.): Unternehmensethik, Managementverantwortung und Weiterbildung. Neuwied 1997

Geißler, H: Organisationslernen - Eine Theorie für die Praxis. In: Geißler, H./Behrmann, D./Krahmann-Baumann, B. (Hrsg.): Organisationslernen konkret. Frankfurt 1998

Geißler, H.: Organisationspädagogik. München 2000

Geißler, H./Schöler, W.: Erfahrungen und Visionen betrieblicher Bildung. In: Geißler, H. (Hrsg.): Neue Aspekte der Betriebspädagogik. Frankfurt a. Main 1990a

Geißler, H./Bruch, T. v./Petersen, J.: Die Verantwortung der Wissenschaft für mehr Transparenz im Verhaltenstrainermarkt. In: Geißler, H. (Hrsg.): Bildungsmarketing. Frankfurt a. Main 1993

Geißler, K./Orthey, F.M.: Lernende Organisation - schwindlige Etiketten. In: Grundlagen der Weiterbildung 2/1997, S. 74 - 77

Gerum, E.: Unternehmensethik und Unternehmensverfassung. In Steinmann, H./Löhr, A. (Hrsg.): Unternehmensethik (2. Auflage). Stuttgart 1991

Gerecke, U.: Ethik der Globalisierung. In: Lachmann, W./Farmer, K./Haupt, R. (Hrsg.): Globalisierung. Arbeitsteilung oder Wohlstandsteilung. Münster 1998

Geser, H.: Strukturformen und Funktionsleistungen sozialer Systeme. Wiesbaden 1982

Giddens, A.: Modernity and Self-Identity, Self and Society in the Late Modern Age. Cambridge 1991

Giddens, A.: Kritische Theorie der Spätmoderne. Wien 1992

Giddens, A.: Konsequenzen der Moderne. Frankfurt a.M. 1995

Giesecke, H.: Didaktik der politischen Bildung. In: Breit, Gotthard/Massing, P. (Hrsg.) Grundfragen und Praxisprobleme der politischen Bildung. Bonn 1992

Glaser, H.: Kleine Kulturgeschichte der Bundesrepublik Deutschland 1945 - 1989. Bonn 1991

Glaser, R.: Variables in discovery learning. In: Shulman, L.S./Keislar, E.R. (Hrsg.): Learning by discovery. A critical appraisal. Chicago 1966

Glasersfeld, E. von: Konstruktion der Wirklichkeit und des Begriffs der Objektivität in: Gumin, H./Meier, H. (Hrsg.): Einführung in den Konstruktivismus. München 1992

Glasl, F.: Konfliktmanagement. Bern und Stuttgart 1980

Glasl, F.: Konfliktmanagement. 2. völlig überarbeitete Auflage. Bern und Stuttgart 1990

Glasl, F.: Konfliktmanagement als Bildungsaufgabe. In: Geißler, H./Bruch, T. v./Petersen, J. (Hrsg.): Bildungsmanagement. Frankfurt a. Main 1994

Glasl, F.: Das Menschenbild des schlanken lernenden Unternehmens. In: Geiß-ler, H./Behrmann, D./Petersen, J. (Hrsg.): Lean Management und Personalent-wicklung. Frankfurt a. Main 1995

Glasl, F./de la Houssaye, L.: Organisationsentwicklung. Bern und Stuttgart 1975

Glasl, F./Lievegoed, B.: Dynamische Unternehmensentwicklung - Wie Pionier-betriebe und Bürokratien zu Schlanken Unternehmen werden. Stuttgart 1993

Glück, A.: Maßstäbe für den Umgang mit der Natur. In: Schmirben, G. (Hrsg.): Umwelterziehung als Bildungsaufgabe. Stamsried 1990

Gmür, M.: Managementlehre: post- oder noch modern? Abschiedsvorstellung eines Teilprojektes der Moderne. Universität Konstanz. Lehrstuhl für Manage-ment. Diskussionsbeiträge Nr. 2., 1991

Gomez, P./Timmermann, T.: Unternehmensorganisation. 2. Auflage. Frankfurt a. Main/New York 1993

Görs, D.: Die gesellschaftspolitische Bedeutung der beruflichen Weiterbildung aus der Sicht der Gewerkschaften. In: Görs, D,/Schlaffke, W.: Die gesellschafts-politische Bedeutung der Weiterbildung aus der Sicht der Unternehmen und der Arbeitnehmer. Berlin 1982

Gorres, A./Hogrebe, P./Poth, G.: Mikroelektronik im Produktionsprozeß - Aus-wirkungen der Arbeitswelt auf die Lebenswelt. In: Technik im Spannungsfeld (herausgegeben von) Bundeszentrale für Politische Bildung. Bonn 1991

Greinert, W.-D.: Das „deutsche System" der Berufsausbildung. Geschichte, Or-ganisation und Perspektiven. Baden-Baden 1993

Grenzdörffer, K.: Betriebliche Weiterbildung und Bildungskurs als Stakeholder-Prozesse. In: Biesecker, A./Elsner, W./Grenzdörffer, K.: (Hrsg.): Ökonomie der Betroffenen und Mitwirkenden: Erweiterte Stakeholder-Prozesse. Sonderdruck. Pfaffenweiler 1998

Grochla, E.: Einführung in die Organisationstheorie. Stuttgart 1978

Groh, R./Groh, D.: Weltbild und Natur. Frankfurt 1991

Guggenberger, B.: Die Zukunft der Industriegesellschaft. In: Bundeszentrale für politische Bildung: Grundwissen Politik. Bonn 1991

Guillet de Monthoux, P.: Art and Management, or how can art and aesthetics contribute to a necessary revolution in business management. Unveröffentlichtes Thesenpapier. Athen 1994

Gukenbiehl, H. L.: Systemtheorie. In: Schäfers, B. (Hrsg.): Grundbegriffe der Soziologie (2. Auflage). Leverkusen 1986

Guserl, R.: Das Harzburger Modell. Ideen und Wirklichkeit. Wiesbaden 1973

Gutenberg, E.: Unternehmensführung - Organisation und Entscheidungen. Wiesbaden 1962

Gutenberg. E.: Grundlagen der Betriebswirtschaftslehre, Bd. 1: Die Produktion. 24. Aufl. Berlin u.a. 1983

Habermas, J.: Analytische Wissenschaftstheorie und Dialektik. In: Adorno, T. et al.: Der Positivismusstreit in der deutschen Soziologie. Neuwied 1969.

Habermas, J.: Moralentwicklung und Ich-Identität. In: Ders.: Zur Rekonstruktion des Historischen Materialismus. Frankfurt a. Main 1976

Habermas, J.: Moralbewußtsein und kommunikatives Handeln. In: Habermas, J.: Moralbewußtsein und kommunikatives Handeln. Frankfurt a. Main 1983

Habermas, J.: Die Moderne: ein unvollendetes Projekt. In: Zeitschrift Die Zeit, Nr. 39. Hamburg 1980, S. 47f

Habermas, J.: Theorie des kommunikativen Handelns (2 Bde.). Frankfurt a. Main 1981

Habermas, J.: Zur Rekonstruktion des historischen Materialismus. Frankfurt a. Main 1982

Habermas, J.: Moralbewußtsein und kommunikatives Handeln. Frankfurt a. Main 1985

Habermas, J./Luhmann, N.: Theorie der Gesellschaft oder Sozialtechnologie. Frankfurt a. Main 1971

Habermas, J./Luhmann, N.: Theorie der Gesellschaft oder Sozialtechnologie (2. Auflage). Frankfurt a. Main 1976

Hackstein,R./Nüssgens, K.H./Uphus, P.H.: Struktur des Führungsprozesses im System Personalwesen. In: Fortschrittliche Betriebsführung, 20, S. 47-56

Hamm, H.: Ethische Grundsätze im Privatkundengeschäft - wer braucht sie? Vallendar 1997

Hammer, M./Champy, J.: Reengineering the corporation. New York 1993

Handy, C.: Balancing Corporate Power. A new Federalist Paper. In: Harvard Business Review 1992

Handy, C.: The empty raincoat. London 1994

Handy, C.: Die Fortschrittsfalle. München 1998

Harney, K.: Erwachsene in der Berufsbildung. In: Arnold, R./Lipsmeier, A. (Hrsg.): Handbuch für Berufsbildung. Opladen 1995, S. 75-84

Hartfelder, D.: Unternehmen und Management vor der Sinnfrage - Ursachen, Probleme und Gestaltungshinweise zu ihrer Bewältigung. Konstanz 1989

Hartfiel, G.: Bildung. In: Hartfiel, G./Holm, K. (Hrsg.): Bildung und Erziehung in der Industriegesellschaft. Opladen 1973

Hartwich, H.-H.: Das Regierungssystem der USA. In: Hartwich, H.-H. et al. (Hrsg.): Politik im 20. Jahrhundert. (4. Auflage). Braunschweig 1974

Hasper, W.J.J./Glasl, F.: Von kooperativer Marktstrategie zur Unternehmensentwicklung. Bern und Stuttgart 1988

Hartz, P.: Jeder Arbeitsplatz hat ein Gesicht. Die Volkswagen-Lösung. Frankfurt 1994

Hartz. P.: Unternehmerisches Handeln und Mitbestimmung im Wandel - Erfolg durch Konsens. In: Vorteil Unternehmenskultur: Leitfaden für die Praxis. Gütersloh 1996

Hedberg, B.: How Organizations Learn and Unlearn. In: Nystrom, P./Starbuck, W. (Eds.), Handbook of Organizational Design, Vol. 1, 1981, S. 3 - 27

Heimerl-Wagner, P.: Strukturen, Prozesse und Personal in schlanken lernenden Organisationen. In: Geißler, H./Behrmann, D./Petersen, J. (Hrsg.): Lean Management und Personalentwicklung. Frankfurt a. Main 1995

Heinen, E.: Grundlagen betriebswirtschaftlicher Entscheidungen. Wiesbaden 1976

Heinen, E.: Unternehmenskultur. Stuttgart 1987

Heitger, M.: Bildung und Zukunft. In: Heitger, M. (Hrsg.): Bildung für die Zukunft - die Zukunft der Bildung. Innsbruck 1991

Helbich, B.: Lernen in Arbeitsstrukturen: Kooperatives Arbeitsprinzip. In: Geißler, H. (Hrsg.): Arbeit, Lernen und Organisation. Weinheim 1996

Henderson, H.: Das Ende der Ökonomie. München 1985

Henkel, L.: Zur pädagogischen Transformation in der politischen Bildung. Frankfurt a. Main 1991

Henning, B.: Alle Neuen Technologien auf einen Blick. In: Mickel, W. W./Waßong, E. (Hrsg.): Politik für berufliche Schulen. Düsseldorf 1988

Henning, B.: Sozioökonomische Perspektiven der Neuen Technologien. In: Bundeszentrale für politische Bildung (Hrsg.): Grundfragen der Ökonomie. Bonn 1989

Herrmann, U.: Geisteswissenschaftliche Pädagogik. In: Lenzen, Dieter (Hrsg.): Pädagogische Grundbegriffe. Bd. 1 + 2. Reinbek bei Hamburg 1989

Herz, G./Bauer, H. G.: Die vollständige Arbeitshandlung als berufspädagogische Zielkategorie. In: Geißler, H. (Hrsg.): Arbeit, Lernen und Organisation. Weinheim 1996

Heydorn, H.-J.: Zu einer Neufassung des Bildungsbegriffs. Frankfurt a. Main 1972

Hilligen, W.: Zur Didaktik des politischen Unterrichts. In: Breit, G./Massing, P. (Hrsg.): Grundfragen und Praxisprobleme der politischen Bildung. Bonn 1992

Höffe, O.: Sittlichkeit. In: Höffe, O.: Lexikon der Ethik. 4. neubearbeitete Auflage. München 1992

Höhn, R.: Stellenbeschreibung und Führungsanweisung. (1. Aufl.). Bad Harzburg 1966

Höhn, R.: Stellenbeschreibung und Führungsanweisung. (10. Aufl.). Bad Harzburg 1979

Höhn, R./Böhme, G.: Führungsbrevier der Wirtschaft. 9. Auflage. Bad Harzburg 1977

Höhn, R./Böhme, G.: Führungsbrevier der Wirtschaft. 11. Auflage. Bad Harzburg 1983

Hofer, F.-J.: Von der Organisationsentwicklung zur Organisationsdynamik. In: Geißler, H. (Hrsg.): Neue Aspekte der Betriebspädagogik. Frankfurt a. Main 1990

Hofer, F.-J.: Bildungsmanagement im Prozeß des Organisationslernens - Eine Herausforderung der Gegenwart für die Zukunft. In: Geißler, H./Bruch, T. v./Petersen, J. (Hrsg.): Bildungsmanagement. Frankfurt a. Main 1994

Hofstede, G.: Cultures and Organizations, Software of the Mind. London 1992a

Hofstede, G.: Cultural Constraints in Management Theories, Abstract for the Academy of Management Annual Meeting. Las Vegas 1992b

Hofstede, G.: The Merchant and the Preacher as pictured by Multatulis „Max Havelaar". In: Czarniaska-Joerges, Barbara/Guillet de Monthoux, Pierre (Hrsg.): Good Novels, Better Management. Reading organisational realities in fiction. Harwood/Chur 1994

Hölterhoff, H./Becker, M.: Aufgaben und Organisation der betrieblichen Weiterbildung. München und Wien 1986

Hölterhoff, H.: Betriebliche Weiterbildung - Von der „Reparaturwerkstatt" bzw. „Änderungsschneiderei" zur „Synergieschmiede". In: Geißler, H. (Hrsg.): Neue Qualitäten betrieblichen Lernens. Frankfurt a. Main 1992

Hölterhoff, H.: Lean Management - Handlungsfelder für eine das „Lean-Konzept" fördernde proaktive Personalarbeit,. In: Geißler, H./Bruch, T. v./Petersen, J. (Hrsg.): Bildungsmanagement. Frankfurt a. Main 1994

Hoffmann, F.: Entwicklung der Organisationsforschung. Wiesbaden 1976

Holleis, W.: Unternehmenskultur und moderne Psyche. Frankfurt a. Main 1987

Holtmann, A.: Wissenschaftstheorien. In: Mickel, W. W. (Hrsg.): Handlexikon zur Politikwissenschaft. Bonn 1986

Holz, H. H.: Werte und Handlungsanalysen. In: Moser, S./Huning, A. (Hrsg.): Werte und Wertordnungen in Technik und Gesellschaft. Düsseldorf 1975

Holzkamp, K.: Lernen. Subjektwissenschaftliche Grundlegung. Frankfurt/Main, New York 1993.

Homann, K./Blome- Drees, F.: Wirtschafts- und Unternehmensethik. Göttingen 1992

Homann, K./Gerecke, U.: Ethik der Globaliserung: Zur Rolle der multinationalen Unternehmen bei der Etablierung moralischer Standards. In: Kutschker, M. (Hrsg.): Perspektiven der internationalen Wirtschaft. Wiesbaden 1999

Homann, K.: Marktwirtschaft und Unternehmensethik. In: Forum für Philosophie Bad Homburg (Hrsg.): Markt und Moral. Die Diskussion um die Unternehmensethik. Bern/Stuttgart 1994

Homann, K.: Unternehmensethik und Korruption. In:zfbf 49 (3/1997)

Hoppe, T.: Menschenrechte als Basis eines Weltethos? In: Heimbach-Steins, M. et al. (Hrsg.)Brennpunkt Sozialethik. Theorien, Aufgaben, Methoden. Freiburg i.Br. 1995

Hoppe, T.: Friedenspolitik mit militärischen Mitteln. Köln 1996

Hoyos, C. Graf et al (Hrsg.): Grundbegriffe der Wirtschaftspsychologie. München 1980

Humble, J.: Praxis des Management by Objectives. München 1972

Humboldt, W. von: Werke in fünf Bänden, herausgegeben von Flitner, A. et al. (Hrsg.): Wilhelm von Humboldt. Werke in 5 Bänden. Darmstadt 1969

Hundt, S.: Zur Theoriegeschichte der Betriebswirtschaftslehre. Köln 1977

Inglehart, R.: The silent revolution. Princeton (N.J.) 1977

Inglehart, R.: Wertewandel in den westlichen Gesellschaften - Politische Konsequenzen von materialistischen und postmaterialistischen Prioritäten. In: Klages,

H./Kmieciak, P. (Hrsg.): Wertewandel und gesellschaftlicher Wandel. Frankfurt a. Main 1979

Jacob, A.-F.: Bankenmacht und Ethik. Stuttgart 1990

Jacob, A.-F.: Banken und Ethik. In: Hummel, D./Bühler, W./Schuster, L. (Hrsg.): Banken in globalen und regionalen Umbruchsituationen. Festschrift für Johann Heinrich von Stein. Stuttgart 1997

Jagenlauf, M.: „Lernen durch Herausforderung - Die Bedeutung der Erlebnispädagogik für das Bildungsmanagement der lernenden Organisationen. In: Geißler, H. /Bruch, T. v./Petersen, J. (Hrsg.): Bildungsmanagement. Frankfurt am Main 1994

Jagenlauf, M.: Sicherheit als Qualitätsmerkmal - ISO 9000 für erlebnispädagogische Kursangebote. In: Feuchthofen, J.E./Severing, E. (Hrsg.): Qualitätsmanagement und Qualitätssicherung in der Weiterbildung. Neuwied 1995

Jagenlauf, M./Schulz, M./Wolgast, G. (Hrsg.): Weiterbildung als quartärer Bereich - Bestand und Perspektiven nach 25 Jahren, Neuwied 1995

James, W.: Der Pragmatismus. Hamburg 1977

Jantsch, E.: Die Grenzen westlicher Rationalität. Frankfurt 1980

Jelinek, M.: Institutionalizing Innovation. New York et al. 1979

Joas, H.: Die Kreativität des Handelns. Frankfurt a. Main 1992

Jodl, F.: Die Geschichte der Ethik. Essen 1983

Jung, R.H.: Mikroorganisation. Bern und Stuttgart 1985

Kade, J.: Bildung oder Qualifikation. Zur Gesellschaftlichkeit beruflichen Lernens. In: ZfPäd 29, 1983, S. 859ff.

Kailer, N. (Hrsg.): Personalentwicklung in Österreich

Kant, I.: Über Pädagogik. In: Reble, A.: Geschichte der Pädagogik. Dokumentationsband II. Stuttgart 1971

Kant, I.: Kritik der praktischen Vernunft. Grundlegung zur Metaphysik der Sitten. Werkausgabe Bd. VII. Frankfurt a.M. 1974

Kant, I.: Grundlegung zur Metaphysik der Sitten (Riga 1785) 6. Auflage. Frankfurt a. Main 1982

Keller, C.: Kultur: Bildung, Wissenschaft und Kunst. In: Hartung, Sven/Kadelbach, Stefan (Hrsg.): Bürger, Recht, Staat. Frankfurt a. Main 1992

Keil, W.: Begriff und Phänomen der Bildsamkeit. Frankfurt a. Main 1983

Kern, P.: Ethik und Wirtschaft. Leben im epochalen Umbruch: Vom berechnenden zum besinnenden Denken? 4. Auflage. Frankfurt/Main et al. 1993

Kern, P: Die vorherrschenden Tendenzen und Strömungen in der deutschen Pädagogik. Thesenpapier Freiburg i.Br.1994

Kern, P.: Pestalozzis unterschlagene Aktualität als anstößiger Erzieher. In: efficiency, 37.Jg., Nr. 1, 1996, S. 1-7

Kern, P.: Lehrbarkeit ökonomischer Moral und Ethik als pädagogisches Problem. In: Geißler, H. (Hrsg.): Unternehmensethik, Managementverantwortung und Weiterbildung. Neuwied 1997

Kerschensteiner, G.: Theorie der Bildung. 2. Auflage. Leipzig, Berlin 1928

Ketteler, W.E.v.: Die großen sozialen Fragen der Gegenwart. In: Mumbauer, J. (Hrsg.): Wilhelm Emmanuel von Kettelers Schriften. Bd. 2. Kempten 1911

Kieser, A.: Why organisation theory needs historical analysis. Organisation Science, Vol. V, November 1994

Kieser, A.: Organisationstheorien. 2. Auflage. Stuttgart, Berlin, Köln 1995

Kieser, A.: Moden & Mythen des Organisierens. Unveröffentlichtes Thesenpapier 1995

Kieser, A./Kubicek, H.: Organisationstheorien I. Stuttgart 1978

Kirsch, W.: Zur Konzeption der Betriebswirtschaftslehre als Führungslehre. In: Wunderer, R. (Hrsg.): Betriebswirtschaftslehre als Management und Führungslehre. Stuttgart 1985

Kirsch, W.: Unternehmenspolitik und strategische Unternehmensführung. München 1990

Kirsch, W.: Kommunikatives Handeln, Autopoiesis, Rationalität. München 1992

Kirsch, W.: Die Handhabung von Entscheidungsproblemen (4. Völlig überarbeitete Auflage). München 1994

Kirsch, W.: Wegweiser zur Konstruktion einer evolutionären Theorie der strategischen Führung. München 1996

Kirsch, W./Knyphausen, D. zu: Unternehmen und Gesellschaft. Die „Standortbestimmung" des Unternehmens als Problem des Strategischen Managements. In: Die Betriebswirtschaft 48/1988, S. 489-507.

Kirsch, W./Knyphausen, D. zu/Ringlstetter, M.: Grundideen und Entwicklungstendenzen im strategischen Management. In: Riekhof 1994, S. 3-19.

Kirsch, W./Ringlstetter, M.: Die Professionalisierung und Rationalisierung der Führung von Unternehmen. In: Geißler, H. (Hrsg.): Organisationslernen und Weiterbildung. Neuwied 1995

Kirsch, W./Trux, W.: Vom Marketing zum Strategischen Management. In: Kirsch, W./Roventa, P. (Hrsg.): Bausteine eines strategischen Managements. München 1983

Kitzmann, A./Zimmer, D.: Grundlagen der Personalentwicklung. Weil der Stadt 1982

Klafki, W.: Studien zur Bildungstheorie und Didaktik. Weinheim und Basel 1963

Klafki, W.: Zur Theorie der kategorialen Bildung. In: Weber, E. (Hrsg.): Der Erziehungs- und Bildungsbegriff im 20. Jahrhundert. 3.Auflage. Bad Heilbrunn/Obb. 1976

Klafki, W.: Theodor Litt. In: Scheuerl, H. (Hrsg.): Klassiker der Pädagogik II. München 1979

Klafki, W.: Die Pädagogik Theodor Litts. Königstein/Ts. 1982

Klafki, W.: Allgemeinbildung für eine humane, fundamental-demokratisch gestaltete Gesellschaft. In: Bundeszentrale für politische Bildung (Hrsg.): Umbrüche in der Industriegesellschaft (Bd. 284). Bonn 1990

Klafki, W.: Grundzüge eines neuen Allgemeinbildungskonzepts. Im Zentrum: Epochaltypische Schlüsselprobleme. In: Klafki, W.: Neue Studien zur Bildungstheorie und Didaktik. 4. durchges. Auflage. Weinheim /Basel 1994

Klimecki, R./Probst, G./Eberl, P.: Entwicklungsorientiertes Management. Stuttgart 1994

Klimecki, R.: Organisationsentwicklung In: Kieser, A./Reber, G./Wunderer, R. (Hrsg.): Handwörterbuch der Führung (HWFÜ). 2. Aufl. Stuttgart 1994

Klimecki, R.G.: Führung in der Lernenden Organisation. In: Geißler, H.: (Hrsg.): Unternehmensethik, Managementverantwortung und Weiterbildung. Neuwied 1997

Klimecki, R. G./Laßleben,H.: Organisationale Bildung oder: Das Lernen des Lernens In: Wagner, D./Nolte, H. (Hrsg.): Managementbildung. München und Mering 1996

Kmieciak, P.: Wertstrukturen und Wertwandel in der Bundesrepublik Deutschland. Göttingen 1976

Knyphausen, D.: Unternehmungen als evolutionsfähige Systeme. München 1988

Koreimann, D. S.: Management. 3. Auflage. München 1987

Korndörfer, W.: Unternehmensführungslehre. (6. Auflage). Wiesbaden 1988

Koslowski, P.: Prinzipien der ethischen Ökonomie. Tübingen 1988

Koslowski, P.(Hrsg.): Shareholder Value und die Kriterien des Unternehmenserfolgs. Heidelberg 1999

Koslowski, P.: Das Gemeinwohl zwischen Universalismus und Partikularismus. Stuttgart 1999a

Kremendahl, H.: Pluralismustheorie in Deutschland. Entstehung, Kritik, Perspektiven. Leverkusen 1977

Kreutzkam, J.: Social Innovations Research Network (SIRN) - Von Humboldts Bildungsideal zur Vision einer Managementbildung für ein besseres Morgen. In: Geißler, H. (Hrsg.): Unternehmenskultur und - vision. Frankfurt a. Main 1991

Kron, F. W.: Grundwissen Pädagogik. München 1991

Krüger, W.: Macht in der Unternehmung. Stuttgart 1976

Krug, P.: Gesellschaft im Wandel - Herausforderung für Kultur und Weiterbildung. In: Bundeszentrale für politische Bildung (Hrsg.): Zukunft der Weiterbildung (Band 262). Bonn 1988

Krystek, U.: Krisenbewältigungsmanagement und Unternehmensplanung. Wiesbaden 1981

Kuhn, A.: Unternehmensführung. München 1982

Kühr, H.: Politische Didaktik. Königstein/Ts. 1980

Küpper, W.: Bewahrungskultur. Unveröffentlichtes Thesenpapier. Hamburg 1994

Küpper, W.: Organisationsrationalität: Sind Organisationen vernunftfähiger als Individuen. In: Geißler, H. (Hrsg.): Unternehmensethik, Managementverantwortung und Weiterbildung. Neuwied 1997

Küpper, W./Ortmann, G.: Mikropolitik (2. durchgesehene Auflage). Opladen 1992

Lamszus, H.: Zur Entwicklung und zum gegenwärtigen Stand der Diskussion um die Didaktik der Wirtschaftslehre. In: Lipsmeier, A./Nölker, H./Schoenfeld, E.: Berufspädagogik. Stuttgart 1975

Laufer, H.: Das föderative System der Bundesrepublik Deutschland. München 1985

Laur-Ernst, U.: „Schlüsselqualifikationen" - Perspektive oder Sackgasse?. In: Degen, U. et al. (Hrsg.), Qualitätsverbesserungen in der betrieblichen Ausbildungsgestaltung. Fragen und Antworten. Berlin 1991

Lay, R.: Unternehmensethik als Wettbewerbsfaktor. Vortrag auf der RAG-Konzerntagung. Essen 1999

Lehnhoff, A.: Vom Management Development zur Managementbildung. Frankfurt a. Main 1997

Lehnhoff, A.: Strategien des Personalmanagements in einer Lernenden Organisation - oder: Die strategischen Herausforderungen der Personalpolitik im Rahmen eines dialogischen Managementverständnisses. In: Geißler, H./Behrmann,

D./Krahmann-Baumann, B. (Hrsg.): Organisationslernen konkret. Frankfurt 1998a

Lehnhoff, A.: Managementbildung als Ermöglichung organisationaler Lernprozesse. In: Geißler, H./Lehnhoff, A./Petersen, J. (Hrsg.): Organisationslernen im interdisziplinären Dialog. Weinheim 1998b

Lehner, F.: Föderalismus. In: Görlitz, A./Prätorius, R. (Hrsg.): Handbuch Politikwissenschaft. Grundlagen – Forschungsstand – Perspektiven. Reinbek 1987

Leitner, G.: Betriebspädagogische Aspekte der Öffentlichkeitsarbeit. In: Geißler, H. (Hrsg.): Neue Aspekte der Betriebspädagogik. Frankfurt a. Main 1990

Lempert, W.: Moralische Entwicklung im Beruf und ethische Erziehung in der Berufsbildung. In: Geißler, H. (Hrsg.): Unternehmensethik, Managementverantwortung und Weiterbildung. Neuwied 1997

Lenk, H.: Werte und Handlungsanalysen. In: Werte und Wertordnungen in Technik und Gesellschaft. Düsseldorf 1975

Lenk, K.: Werturteilsfreiheit als Fiktion. In: Hochkeppel, W. (Hrsg.): Soziologie zwischen Theorie und Empirie. Soziologische Grundprobleme. München 1970.

Lenk, K.: Methodenfrage der politischen Theorie. In: Lieber, H.-J. (Hrsg.): Politische Theorien von der Gegenwart bis zur Antike. Bundeszentrale für politische Bildung. Bonn 1991

Lenssen, G.: Besinnung in der Wirtschaft. In: Matheis, R. (Hrsg.): Leadership Revolution. Frankfurt 1996

Lenz, W.: Grundlagen der Erwachsenenbildung. Stuttgart et al. 1979

Lenzen, D. (Hrsg.): Pädagogische Grundbegriffe, Bd. 1 + 2. Reinbek bei Hamburg 1989

Lenzen, D.: Einführungsvortrag anläßlich des 15. Kongresses der Deutschen Gesellschaft für Erziehungswissenschaft „Bildung zwischen Staat und Markt". In: Zeitschrift für Pädagogik, 35. Beiheft. Weinheim/Basel 1996, S. 11-17

Lenzen, D./Mollenhauer, K. (Hrsg.): Enzyklopädie Erziehungswissenschaften, Band 1 Theorien und Grundbegriffe der Erziehung und Bildung. Stuttgart 1983

Lewin, K.: Group decision and social change. In: Newcomb/Hartley (Hrsg.): Readings in Social psychology (S. 330-344). New York 1947

Lewin, K.: Die Feldtheorie in den Sozialwissenschaften. Bern und Stuttgart 1963

Lipsmeier, A.: Einführung in die Betriebspädagogik (Bausteinheft Nr. 2 zum Weiterbildenden Studiengang Betriebspädagogik). Landau 1988a

Lipsmeier, A.: Organisation und Recht der betrieblichen Aus- und Weiterbildung (Bausteinheft Nr.17 zum Weiterbildenden Studiengang Betriebspädagogik). Landau 1988b

Lipsmeier, A.: Formalisierung und Institutionalisierung beruflicher Qualifizierungsprozesse sowie Organisationsformen beruflicher Ausbildung. In: Geißler, H. (Hrsg.): Arbeit, Lernen und Organisation. Weinheim 1996

Lisop, I.: Neue Beruflichkeit - Berechtigte und unberechtigte Hoffnungen. In: Arnold, R. (Hrsg.): Betriebliche Weiterbildung zwischen Bildung und Qualifizierung. Frankfurt a. Main 1995

Lisop, I.: Neue Beruflichkeit - Berechtigte und unberechtigte Hoffnungen im Prozeß betrieblicher Veränderungen. In: Geißler, H. (Hrsg.): Arbeit, Lernen und Organisation. Weinheim 1996

Litt, T.: Das Bildungsideal der deutschen Klassik und die moderne Arbeitswelt. Bonn 1955

Litt, T.: Technisches Denken und moderne Bildung. Heidelberg 1957

Litt, T.: Berufsbildung, Fachbildung, Menschenbildung. Bonn 1958

Litt, T.: Pädagogik und Kultur. Bad Heilbrunn/Obb.1965

Löhr, A.: Unternehmensethik und Betriebswirtschaftslehre. Stuttgart 1991

Loewenstein, K.: Verfassungslehre. Tübingen 1975

Loock, H.D./Schulze, H. (Hrsg.): Parlamentarismus und Demokratie in Europa. München 1982

Luger, A. E. : Allgemeine Betriebswirtschaftslehre Bd. 1 (2. Auflage). München und Wien 1987

Luhmann, N.: Soziologische Aufklärung, Bd. 1. Opladen 1972

Luhmann, N.: Soziologische Aufklärung, Bd. 1, 4. Auflage. Opladen 1974

Luhmann, N.: Soziale Systeme. Grundriß einer allgemeinen Theorie. Frankfurt a. Main 1984

Luhmann, N.: Die Wirtschaft der Gesellschaft. Frankfurt 1988

Luhmann, N.: Macht. 2. Auflage. Stuttgart 1988a

Luhmann, N.: Gesellschaftsstruktur und Semantik. Studien zur Wissenssoziologie der modernen Gesellschaft. Bd. 3. Frankfurt a. Main 1989

Luhmann, N.: Soziologische Aufklärung. Bd. 5. Opladen 1990

Luhmann, N./Schorr, K.- E.: Reflexionsprobleme im Erziehungssystem. Stuttgart 1979

Lutz, C.: Thesenpapier Technische Universität Graz 1994

Mag, W.: Wodurch wird die Personalwirtschaftslehre zu einer ökonomischen Disziplin? In: Die Betriebswirtschaft 1995, 55 (2), S. 269-273

Malik, F.: Gestalten und Lenken von sozialen Systemen. In: Probst, G.J.B./Siegwart, H. (Hrsg.): Integriertes Management. Bern und Stuttgart 1985

Malik, F.: Strategie des Managements komplexer Systeme. 4. Auflage. Bern, Stuttgart, Wien 1992

Mann, R.: Das ganzheitliche Unternehmen. Bern 1988

March, J. G./Olsen, J. P.: Ambiguity and Choice in Organizations. Bergen et al. 1976

Marotzki, W.: Entwurf einer strukturalen Bildungstheorie. Weinheim 1990

Maslow, A.: Motivation und Personality. New York 1954

Massie, J.L.: Management Theory. In: March, J.P. (Hrsg.): Handbook of Organizations. Chicago 1965

Maturana, H.: Autopoiesis. Reproduction, Heredity and Evolution. In: Zeleny, M. (Ed.): Autopoiesis, Dissipative Structures, and Spontaneous Social Orders. Boulder/Col. 1980

Maturana, H.: Erkennen: Die Organisation und Verkörperung von Wirklichkeit. Braunschweig 1982

Maturana, H.: Erkennen: Die Organisation und Verkörperung von Wirklichkeit. (2. Auflage). Braunschweig 1985

Maturana, H./Varela, F.: Autopoiesis and Cognition. Dordrecht 1980

Maturana, H./Varela, F.: Der Baum der Erkenntnis (3. Auflage). Bern et al. 1987

McClelland, D.: Macht als Motiv. Stuttgart 1978

McMaster, M.: A new theory of business growth. Cookham Dean 1992

Meffert, H. et al.: Unternehmenskultur. In: Simon, H. (Hrsg.): Herausforderung Unternehmenskultur. Stuttgart 1990

Meisel, K.: Weiterbildungsmanagement. In: Tippelt, R. (Hg.): Handbuch Erwachsenenbildung/Weiterbildung. Opladen 1994

Meiser, M./Wagner, D./Zander, E.: Personal und neue Technologien. München 1991

Mentzel, W.: Unternehmenssicherung durch Personalentwicklung (3. durchgesehene und überarbeitete Auflage), Freiburg i. Breisgau 1985

Merk, R.: Weiterbildungs-Management. Neuwied 1992

Merkens, H.: Vorüberlegungen zu einem Konzept der Arbeit. In: Geißler, H. (Hrsg.): Neue Aspekte der Betriebspädagogik. Frankfurt a. Main 1990

Mettler-Meibohm, B.: Informationsgesellschaft als Risikogesellschaft. In: Bundeszentrale für politische Bildung (Hrsg.): Umbrüche in der Industriegesellschaft (Bd. 284). Bonn 1990

Meueler, E.: Selbsterfahrung, Selbstreflexion - politische Bildung und politisches Handeln. In: Universität Bremen (Tagungsberichte Nr. 16): Zur Entwicklung der Erwachsenenbildung aus wissenschaftlicher Sicht. Bremen 1986

Meueler, E.: Die Türen des Käfigs. Stuttgart 1993

Mickel, W. W. (Hrsg.): Handlexikon zur Politikwissenschaft. Bundeszentrale für politische Bildung. Bonn 1986

Mickel, W. W./Zitzlaff, Ditrich (Hrsg.): Handbuch zur politischen Bildung, Opladen 1988

Mintzberg, H.: Mintzberg über Management. Wiesbaden 1991

Monod, J.: Zufall und Notwendigkeit - Philosophische Fragen in der modernen Biologie. München 1971

Morgan, G.: Images of Organizations. London 1986

Morrl, R.: Politisches System und politische Innovation, Frankfurt a. Main 1992

Moser, F.: Bewußtsein in Raum und Zeit. Graz 1989

Moser, F.: Weltbild und Selbstorganisation im Management. In: Matheis, Richard (Hrsg.): Leadership Revolution. Frankfurt 1995

Moser, R.: Bildungsarbeit, Personal- und Organisationsentwicklung im Maculan-Konzern. In: Kailer, N. (Hrsg.): Personalentwicklung in Österreich

Mowday, R.T.: The Excercise of Upward Influence. In: Administrative Science Quarterly 23. 1978

Müller, H.- J./Stürzl, W.: Dialogische Bildungsbedarfsanalyse - Eine zentrale Aufgabe des Weiterbildners. In: Geißler, H. (Hrsg.): Neue Qualitäten betrieblichen Lernens. Frankfurt a. Main 1992

Müller, U.: Ökologie als Führungsaufgabe - Konsequenzen für die berufliche Weiterbildung, Eichstätt 1993

Musolff, H.- U.: Bildung. Weinheim 1989

Nagel, K.: Weiterbildung als strategischer Erfolgsfaktor. Landsberg/Lech 1990

Nagel, K.: Strategische Bildung /Personalentwicklung - Ein betriebswirtschaftlicher Imperativ. In: Geißler, H. (Hrsg.): Bildungsmarketing. Frankfurt a. Main 1993

Nell-Breuning, Oswald v.: Grundzüge einer Börsenmoral. Freiburg 1928

Neuberger, O.: Personalentwicklung. Stuttgart 1991

Neuberger, O.: Das Nullfehler-Ziel - ein Nullfehler-Spiel. Total Quality Management als mikropolitische Arena. Augsburger Beiträge zu Organisationspsychologie und Personalwesen. Heft 16. Augsburg 1993

Neuberger, O.: Führen und geführt werden. 4. Auflage. Stuttgart 1994

Neuberger, O.: Personalwesen 1. Stuttgart 1997

Neuberger, O./Kompa, A.: Wir, die Firma. Weinheim und Basel 1987

Neumann, G.: Die Qualifizierungsoffensive der Bundesanstalt für Arbeit - Zielsetzung, Schwerpunkte und Interessenslage -. In: Universität Bremen (Tagungsberichte Nr. 16): Zur Entwicklung der Erwachsenenbildung aus wissenschaftlicher Sicht. Bremen 1986

Noelle-Neumann, E.: Werden wir alle Proletarier? Zürich 1978

Noelle-Neumann, E./Strümpel, B.: Macht Arbeit krank? Macht Arbeit glücklich? München 1984

Nonaka, I./Takeuchi, H.: The Knowledge Creating Company: How Japanese Companies Create the Dynamics of Innovation. New York 1995

Olfert, K./Steinbuch, P. A.: Personalwirtschaft (4. überarbeitete und erweiterte Auflage). Ludwigshafen 1990

Ortmann, G.: Formen der Produktion. Opladen 1995a

Ortmann, G.: Rationalisierungen - Antworten der Organisationen auf die Nötigungen der Institutionen. (unveröffentlichtes) Thesenpapier 1995b

Ortner, G.: Unternehmenskultur ohne Unternehmensbildung? In: Geißler, H. (Hrsg.): Unternehmenskultur und - vision. Frankfurt a. Main 1991

Osche, G.: Evolution (8. Auflage). Freiburg 1977

Osterloh, M.: Unternehmenskultur und Unternehmensethik. In: Becker, Th.A./Braczyk, H.J., (Hrsg.): Unternehmenskultur und -ethik. Bielefeld 1991

Otto, M.: Zwischen Wettbewerbsfähigkeit, sozialer Verpflichtung und ökologischer Verantwortung –die Unternehmer sind gefordert. In: Rissener Jahrbuch 1997/98. Hamburg 1997

Pätzold, G.: Berufliche Bildung im Spannungsfeld von Unternehmenszweck und subjektiven Qualifizierungsinteressen - Orientierungsprägende Auswirkungen betrieblicher Anspruchskataloge für die Ausbilderposition. In: Dürr, W./Merkens, H./Schmidt, F. (Hrsg.): Unternehmenskultur und Sozialisation. Baltmannsweiler 1987

Parsons, T. The Social System. Glencoe 1951

Parsons, T. Social Structure and Personality. Toronto 1964

Parsons, T. Das System moderner Gesellschaften. München 1972

Pautzke, G. Die Evolution der organisatorischen Wissensbasis. München 1989

Pawellek, G.: Methoden und Instrumente der flexiblen Produktionsorganisation. In: Geißler, H. (Hrsg.): Organisationslernen und Weiterbildung. Neuwied 1995

Pawlowsky, P.: Betriebliche Qualifikationsstrategien und organisationales Lernen. In: Staehle, W. H./Conrad, P. (Hrsg.): Managementforschung 2. Berlin und New York 1992

Pawlowsky, P.: Wissensmanagement in der lernenden Organisation (unveröffentlichte Habilitationsschrift). Universität-Gesamthochschule Paderborn 1994.

Pawlowsky, P.: Von betrieblicher Weiterbildung zum Wissensmanagement. In: Geißler, H. (Hrsg.): Organisationslernen und Weiterbildung. Neuwied 1995

Pedler, M./Burgoyne, J./Boydell,T.: The Learning Company. Maidenham 1991

Pesch, H.: Liberalismus, Sozialismus und christliche Gesellschaftsordnung. 2 Bände. Freiburg 1893/1900

Pesch, H.: Lehrbuch der Nationalökonomie. 5 Bände. Freiburg 1905-1923, hier Bd.1 Grundlegung (neu bearbeitet). Freiburg 1914

Peters, H.: Geschichtliche Entwicklung und Grundlagen der Verfassung. Berlin et al. 1969

Peters, S.: Arbeiten und Lernen als Medium der Subjektentwicklung. In: Geißler, H. (Hrsg.): Arbeit, Lernen und Organisation. Weinheim 1996

Peters, T. J.: Liberation Management. London 1992

Peters, T.J./Waterman, R.H.: In Search of Excellence. New York 1982

Petersen, J.: Bildungstheoretische Aspekte des Organisationslernens. Dissertation. Hamburg 1993

Petersen, J.: Organisationslernen als politisches Lernen in der Organisation und der Organisation. In: Geißler, H. (Hrsg.): Organisationslernen und Weiterbildung. Neuwied 1995

Petersen, J.: Paradigmenwechsel in Wirtschaft und Management als Aufgabenfeld für Managementbildung. In: Geißler, H./Krahmann-Baumann, B./Lehnhoff, A. (Hrsg.): Umdenken im Management - Management des Umdenkens. Frankfurt a.M. 1996

Petersen, J.: Managementbildung - „Education permanente" zur Ermöglichung eines reflexiven Umganges mit neuen Herausforderungen oder Modeerscheinung. In: Geißler, H. (Hrsg.): Unternehmensethik, Managementverantwortung und Weiterbildung. Neuwied 1997

Petersen, J.: Die gebildete Unternehmung. Frankfurt 1997

Petersen, J.: Organisationslernen als Management von Unsicherheiten. In: Geißler, H./Behrmann, D./Krahmann-Baumann, B. (Hrsg.): Organisationslernen konkret. Frankfurt 1998a

Petersen, J.: Organisationslernen und Föderalismus. In: Geißler, H./Lehnhoff, A./Petersen, J. (Hrsg.): Organisationslernen im interdisziplinären Dialog. Weinheim 1998b

Petersen, J./Lehnhoff, A.: Dialog als Voraussetzung organisationalen Lernens. In: Schelten, A./Sloane, P.F.E./Straka, G.A. (Hrsg.): Berufs- und Wirtschaftspädagogik im Spiegel der Forschung. Opladen 1999a

Petersen, J./Lehnhoff, A.. Das Management von Wissen als innovative Herausforderung. In: Projektgruppe wissenschaftliche Beratung (Hrsg.): Organisationslernen durch Wissensmanagement. Frankfurt 1999b

Petersen, J./ Lehnhoff, A.: Dialogische Personalentwicklung und Führung. In: Projektgruppe wissenschaftliche Beratung (Hrsg.): Führung in der lernenden Organisation. Frankfurt a. Main 2000

Peukert, H.: Wissenschaftstheorie, Handlungstheorie, Fundamentale Theologie. Düsseldorf 1976

Peukert, H.: Über die Zukunft von Bildung. In: Frankfurter Hefte, FH-extra 6 1984, S. 129-137

Peukert, H.: Bildung und Vernunft. Frankfurt 1988

Peukert, H.: Die Erziehungswissenschaft der Moderne und die Herausforderungen der Gegenwart. In: Zeitschrift für Pädagogik. 29. Beiheft (1992), S. 113-127

Pfeiffer, D.K.: Organisationssoziologie. Stuttgart et al. 1976

Pfeiffer, W./Weiss, E.: Lean Management. Berlin 1992

Pfohl, H.-C.: Problemorientierte Entscheidungsfindung in Organisationen. Berlin/New York 1977

Piaget, Jean: Theorien und Methoden der modernen Erziehung. Frankfurt a. Main 1974

Pieper, R.: Diskursive Organisationsentwicklung. Berlin und New York 1988

Pillat, R./Lehrmann, L.: Schulen, Trainieren, Unterweisen. Heidelberg 1980

Pillat, R.: Neue Mitarbeiter (4.Auflage). Freiburg 1986

Pollard, H.R.: Developments in management thought. London 1973

Pongratz, L.A.: Bildung und Subjektivität. Weinheim und Basel 1986

Popper, K.: Die offene Gesellschaft und ihre Feinde, Bd. 1. Der Zauber Platons. Bern 1957 (Original: The Open Society and its Enemies. London 1945)

Popper, K.: The Logic of Scientific Discovery. London 1959

Popper, K.: Die Logik der Forschung. 4. Auflage. Tübingen 1971

Popper, K.: Die Logik der Sozialwissenschaften. In: Adorno, T. et al.: Der Positivismusstreit in der deutschen Soziologie. 2. Auflage. Darmstadt/Neuwied 1972

Popper, K.: Die Logik der Forschung. 5. Auflage. Tübingen 1973

Popper, K.: Gedankenskizzen über das, was wichtig ist. In: Popper, K.: Logik der Forschung. 6. Auflage. Tübingen 1976

Popper, K.: Die Logik der Forschung. 6. Auflage. Tübingen 1976

Prange, K.: Pädagogik als Erfahrungsprozeß. Stuttgart 1978

Prigogine, I. Vom Sein zum Werden - Zeit und Komplexität in den Naturwissenschaften. München 1980

Prigogine; I. Die Wiederentdeckung der Zeit. Naturwissenschaft in einer Welt begrenzter Vorhersagbarkeit. In: Dürr, H.-P./Zimmerli, W. Ch. (Hrsg.) Geist und Natur (3. Auflage). Bern et al. 1990

Probst, G.J.B./Siegwart, H. (Hrsg.): Integriertes Management. Bern und Stuttgart 1985

Probst, G.J.B.: Selbstorganisation. Berlin und Hamburg 1987

Probst, G.J.B.: Was also macht eine systemorientierte Führungskraft als Vertreter des „vernetzten Denkens"? In: Probst, G.J.B./Gomez, P. (Hrsg.): Vernetztes Denken (2. Auflage). Wiesbaden 1991

Probst, G.J.B.: Organisationales Lernen und die Bewältigung von Wandel. In: Gomez, P./Hahn, D./Müller-Stewens, G./Wunderer, R. (Hg.): Unternehmerischer Wandel. Konzepte zur organisatorischen Erneuerung. Wiesbaden 1994

Probst, G.J.B.: Organisationales Lernen und die Bewältigung von Wandel. In: Geißler, H. (Hrsg.): Organisationslernen und Weiterbildung. Neuwied 1995

Probst, G.J.B./Büchel, B.: Organisationales Lernen. Wiesbaden 1994.

Probst, G.J.B./Raub, S.P./Romhardt, K.:Wissen managen: Wie Unternehmen ihrer wertvollste Ressource optimal nutzen. Wiesbaden 1997

Rappaport, A.: Shareholder Value. Ein Handbuch für Manager und Investoren. Stuttgart 1998

Rationalisierungs-Kuratorium der Deutschen Wirtschaft e.V. (RKW): Organisationales Lernen in kleinen und mittelständischen Unternehmen. Eschborn 1997

Rawls, J.: A Theory of Justice. Cambridge 1971

Reble, A.: Geschichte der Pädagogik. Stuttgart 1951

Reble, A.: Geschichte der Pädagogik. Dokumentationsband II. Stuttgart 1971

Reble, A.: Geschichte der Pädagogik (13. Auflage), Stuttgart 1980

Rebstock, W.: Unternehmensethik. Spardorf 1988

Reetz, L./Reitmann, T. (Hrsg.): Schlüsselqualifikationen. Hamburg 1990

Reinhardt, R.: Das Modell organisationaler Lernfähigkeit und die Gestaltung lernfähiger Organisationen. Dissertation 1992

Reinhardt, R.: Das Modell organisationaler Lernfähigkeit und die Gestaltung lernfähiger Organisationen. Frankfurt a. Main 1993.

Reinhardt, R.: Wissensmanagement „Konkret": Eine Fallstudie. In: Geißler, H./Behrmann, D./Krahmann-Baumann, B. (Hrsg.): Organisationslernen konkret. Frankfurt 1998

Reinhardt, R./Schweiker, U.: Lernfähige Organisationen: Systeme ohne Grenzen? Theoretische Rahmenbedingungen und praktische Konsequenzen. In: Geißler, H. (Hrsg.): Organisationslernen und Weiterbildung. Neuwied 1995

Retzmann, T.: Wirtschaftsethik und Wirtschaftspädagogik. Eine fachdidaktische Analyse von Möglichkeiten zur Förderung der moralischen Urteils- und Handlungskompetenz von Führungskräften. Köln 1994

Retzmann, T.: Wirtschafts-, Unternehmens- und Führungsethik - Eine gute Gelegenheit zur moralischen Bildung von Führungskräften? In: Geißler, H. (Hrsg.): Unternehmensethik, Managementverantwortung und Weiterbildung. Neuwied 1997

Richter, M.: Organisationsentwicklung. Stuttgart/Wien 1994

Riekhof, H.-C.: Strategieorientierte Personalentwicklung. In: Riekhof, H.-C. (Hrsg.): Strategien der Personalentwicklung. Wiesbaden 1987

Riekmann, H.: Organisationsentwicklung - Von der Euphorie zu den Grenzen. In: Sattelberger, T. (Hrsg.): Die lernende Organisation. Wiesbaden 1991

Ringlstetter, M.: Auf dem Weg zu einem evolutionären Management. München 1988

Risch, S.: Basic Instinct. Manager Magazin 9, 1992, S.242ff

Rischmüller, H.: Schlüsselqualifikationen. In: Diepold, P.: Wolfsburger Kooperationsmodell für den Ausbildungsberuf Industriekaufmann/-frau unter besonderer Berücksichtigung neuer Technologien. Göttingen 1991

Röhrig, P.: Zu Geschichte und Verlust des Bildungsbegriffs in der Erwachsenenbildung. In: Universität Bremen (Tagungsberichte Nr. 16): Zur Entwicklung der Erwachsenenbildung aus wissenschaftlicher Sicht. Bremen 1986

Röhrig, P.: Der bildungstheoretische Ansatz in der Erwachsenenbildung. In: Tippelt, Rudolf (Hrsg.): Handbuch der Erwachsenenbildung/Weiterbildung. Opladen 1994

Rölke, P.: Funktionalismus. In: Nohlen, D. (Hrsg.): Wörterbuch Staat und Politik. Bonn 1991

Rohe, K.: Politik: Begriffe und Wirklichkeiten. In: Breit, Gotthard/Massing, P. (Hrsg.): Grundfragen und Praxisprobleme der politischen Bildung. Bonn 1992

Rosenkranz, H.: Gruppendynamik als Führungstraining. In: Rosenkranz, H./Breuel, R.: Von der Gruppendynamik zur Organisationsentwicklung. Wiesbaden 1982

Rosenstiel; L. von: Wertwandel und Führungsnachwuchs. In: Personalführung 11/1983, S.214ff

Rosenstiel, L.v./Einsiedler, H.E.. Führung durch Geführte. In: Kieser, A./Reber, G/Wunderer, R.(Hrsg.): Handwörterbuch der Führung. Stuttgart 1987

Rosenstiel, L. von et al.: Führungsnachwuchs im Unternehmen. München 1989

Rosenstiel, L. von: Der Einfluß des Wertewandels auf die Unternehmenskultur. In: Lattmann, C.: Die Unternehmenskultur. Heidelberg 1990

Rosenstiel, L. von: Entwicklung von Werthaltungen und interpersonale Kompetenz - Beiträge der Sozialpsychologie. In: Sonntag, K. (Hrsg.): Personalentwicklung in Organisationen. Göttingen 1992

Rohmann, J. A.: Entwicklung und Handlung. Weinheim und Basel 1980

Ropella, W.: Synergie als strategisches Ziel der Unternehmung. Berlin und New York 1989

Roithinger, L.: Ethik und Anthropologie. Wien 1985

Roethlisberger, F.J./Dickson, W.J.: Management and the Worker. Cambridge, Mass. 1939

Roth, H.: Pädagogische Psychologie des Lehrens und Lernens. Hannover 1962

Roth, H.: Die realistische Wende in der pädagogischen Forschung. In: Röhrs, H. (Hrsg.): Erziehungswissenschaft und Erziehungswirklichkeit. (2. Auflage.) Frankfurt a. M. 1967

Rudzio, W.: Das politische System der Bundesrepublik Deutschland. In: Bundeszentrale für politische Bildung: Grundwissen Politik. (2. Auflage). Bonn 1993

Ruhloff, J.: Lerntheorien und das Begabungsproblem. Duisburg 1976

Rühli, E.: Unternehmensführung und Unternehmenspolitik. Stuttgart 1978

Rürup, B.: Wirtschaftliche und gesellschaftliche Perspektiven der Bundesrepublik Deutschland. München 1989

Sandner, K. (Hrsg.): Politische Prozesse in Unternehmen. Berlin et al. 1989

Sattelberger, T. (Hrsg.): Innovative Personalentwicklung. Grundlagen. Konzepte. Erfahrungen. Wiesbaden 1989

Sattelberger, T.: Zum Konzept der lernenden Organisation im Spannungsfeld von Strategie, Struktur und Kultur. In: Sattelberger, T. (Hrsg.): Die lernende Organisation. Wiesbaden 1991a

Sattelberger, T.: Formen und Modelle helfender Beziehung in Organisationen. In: Sattelberger, T. (Hrsg.): Die lernende Organisation. Wiesbaden 1991b

Sattelberger, T.: Lernen auf dem Weg zur lernenden Organisation - Der Abschied von klassischer Personalentwicklung. In: Geißler, H. (Hrsg.): Neue Qualitäten betrieblichen Lernen. Frankfurt a. Main 1992

Sattelberger, T.: Personalarbeit in der „Lean Organization". Zwischen blinder Anpassung und Management of Change. In: Geißler, H./Behrmann, D./Petersen, J. (Hrsg.): Lean Management und Personalentwicklung. Frankfurt a. Main 1995

Schäfers, B. (Hrsg.): Grundbegriffe der Soziologie (2.Auflage). Leverkusen 1986

Schäfers, B.: Gesellschaftlicher Wandel in Deutschland (5. Auflage). Stuttgart 1990

Schambeck, H.: Vom Wesen und Wert des Föderalismus heute – Gedanken aus österreichischer Sicht im Hinblick auf die europäische Integration. In: Merten, D. (Hrsg.), Föderalismus und europäische Gemeinschaften unter besonderer Berücksichtigung von Umwelt und Gesundheit, Kultur und Bildung. Berlin 1990

Schein, E.: Organizational Psychology (second edition). Eaglewood Cliffs 1970

Schein, E.: Organizational Culture and Leadership. San Francisco, London 1986

Scherer, A.: Die Rolle der Multinationalen Unternehmung im Prozeß der Globalisierung. Habilitationsschrift. Universität Erlangen-Nürnberg 2000

Scherler, R.: Personalentwicklung am Arbeitsplatz. In: Geißler, H. (Hrsg.): Neue Aspekte der Betriebspädagogik. Frankfurt a. Main 1990

Scherr, A.: Bildung als Entgegensetzung zu systemischer Autopoiesis und individueller Ohnmacht. In: Grubauer, F./Ritsert, J./Scherr, A./Vogel M. R. (Hrsg.): Subjektivität - Bildung - Reproduktion: Perspektiven einer kritischen Bildungstheorie. Weinheim 1992

Scheuerl, H. (Hrsg.): Klassiker der Pädagogik II. München 1979

Schierenbeck, H.: Grundzüge der Betriebswirtschaftslehre. München 1993

Schleiermacher, F.E.D.: Erziehungslehre (Sämtliche Werke, Abt. 3, Bd. 9). Berlin 1849

Schlund, M.: Organisations- und Personalentwicklung für Produktionsinseln am Beispiel eines mittelständischen Unternehmens - Ein Erfahrungsbericht. In: Antoni, Conny (Hrsg.): Gruppenarbeit in Unternehmen. Weinheim 1994

Schlutz, E.: Zur Halbbildung verurteilt? Aspekte des Spannungsverhältnisses von Allgemeinbildung und Erwachsenenbildung. In: Universität Bremen (Tagungsberichte Nr. 16): Zur Entwicklung der Erwachsenenbildung aus wissenschaftlicher Sicht. Bremen 1986

Schmiel, M.: Berufspädagogik (Teil III: Berufliche Weiterbildung). Trier 1977

Schmitz, C.: Komplexität durch Selbsterneuerung meistern. In: io Management Zeitschrift 61 (1992) Nr. 10

Schreyögg, G.: Zu den Problematischen Konsequenzen starker Unternehmenskulturen. In: Zeitschrift für betriebswirtschaftliche Forschung 41 (2/1989), S. 94 - 113

Schreyögg, G./Steinmann, H.: Zur Trennung von Eigentum und Verfügungsgewalt. In: Zeitschrift für Betriebswirtschaft 51(1981), S. 533-558

Schreyögg, G/Noss, Chr.: Organisatorischer Wandel: Von der Organisationsentwicklung zur lernenden Organisation. In: DBW 55 (1995) 2, S. 169-185

Schubert, U.: Der Management-Kreis. Stuttgart 1972

Schüler, W.: Der „einheitliche Grund" als Argumentationspunkt betriebswirtschaftlicher Analyse. In: Albach, H. et al. (Hrsg.): Die Theorie der Unternehmung in Forschung und Praxis. Berlin/Heidelberg 1999

Schüppel, J.: Organisationslernen und Wissensmanagement. In: Geißler, H. (Hrsg.): Organisationslernen und Weiterbildung. Neuwied u.a. 1995

Schultheiß, F./Dahlhaus, H./Maurus, W.: Neue Technologien (Vorwort). Bundeszentrale für politische Bildung. Bonn 1989

Schultheiß, F./Dahlhaus, H./Maurus, W.: Technik im Spannungsfeld (herausgeben von) Bundeszentrale für Politische Bildung. Bonn 1991

Schultz, R.: Betriebswirtschaftslehre. München, Wien 1988

Schultze, R.-O.: Gemeinwohl. In: Nohlen, D.: Handbuch Staat und Politik. Bonn 1991

Schumpeter, J. A.: Kapitalismus, Sozialismus und Demokratie. 2. Auflage. München 1950

Schumpeter, J. A.: Theorie der wirtschaftlichen Entwicklung. 5. Auflage. Berlin 1952

Schweiker, U./Reinhardt, R.: Die lernende Organisation - mehr als eine Modeerscheinung, unveröffentliches Thesenpapier 1993

Schwenk, B.: Bildung. In: Lenzen, D. (Hrsg.): Pädagogische Grundbegriffe, Bd. 1 + 2. Reinbek bei Hamburg 1989

Schwonke, M.: Das Gesellschaftsbild des Lehrers. In: Hartfiel, G./Holm, K. (Hrsg.): Bildung und Erziehung in der Industriegesellschaft. Opladen 1973

Scott, W.G.: Organization Theory: An overview and an appraisal. In: Journal of the Academy of Management 1961, S.7ff

Segler, T.: Die Evolution von Organisationen. Frankfurt a. Main 1985

Seidel, E.: Betriebliche Führungsformen. Stuttgart 1978

Seidel, E./Redel, W.: Führungsorganisation. München 1987

Seiler, H.: Die Einplanung des Unplanbaren - Fragen an die betriebliche Sozialisationsforschung. In: Dürr, W./Merkens, H./Schmidt, F. (Hrsg.): Unternehmenskultur und Sozialisation. Baltmannsweiler 1987

Sell, R./Fuchs-Frohnhofen, P: Gestaltung von Arbeit und Technik durch Beteiligungsqualifizierung. Opladen 1993

Senge, P.: The Fifth Discipline - The Art and Practice of the Learning Organization. New York 1990a

Senge, P.: The Leaders New Work: Building Learning Organizations. In: Sloan Management Review 1990b, Vol. 32

Severing, E.: Betriebliche Weiterbildung an industriellen Arbeitsplätzen. In: Geißler, H. (Hrsg.): Arbeit, Lernen und Organisation. Weinheim 1996

Siebert, H. (Hrsg.): Taschenbuch der Weiterbildungsforschung. Baltmannsweiler 1979

Siebert, H.: Lernen als soziales Handeln. In: Siebert/Dahms/Karl (Hrsg.): Lernen und Lernprobleme in der Erwachsenenbildung. Paderborn 1982

Siebert, H.: Erwachsenenbildung - Alte Bundesländer und Neue Bundesländer. In: Tippelt, Rudolf (Hrsg.): Handbuch der Erwachsenenbildung/Weiterbildung. Opladen 1994

Siegwart, H.: Anwendungsorientierung, Systemorientierung und Integrationsleistung. In: Probst, G.J.B./Siegwart, H. (Hrsg.): Integriertes Management. Bern und Stuttgart 1985

Sievers, B.: Organisationsentwicklung als Problem In: Sievers, H. (Hrsg.): Organisationsentwicklung als Problem. Stuttgart 1977

Simon, H.A.: Models of Man. Social and Rational. New York/London 1957

Simon, H.A.: Homo Rationalis. Frankfurt a. Main/New York 1993

Shell, K.L.: Gemeinwohl. In: Görlitz, A. (Hrsg.): Handlexikon zur Politikwissenschaft. Reinbek 1973

Sloane, P.F.E.: Bildungsmarketing in wirtschaftspädagogischer Perspektive. In: Geißler, H. (Hrsg.): Marketing für Weiterbildung. Neuwied 1997

Soltwedel, R.: Globalisierung, Wettbewerb und Unternehmen – die Herausforderung des permanenten Wandels. In: . In: Rissener Jahrbuch 1997/98. Hamburg 1997

Spandau, U.: Mächtige Kommunikation im Organisationslernen. Dissertation. Hamburg und München 2000

Stata, R.: Organizational Learning - The Key to Management Innovation. Sloan Management Review 1989, S.63ff

Staehle, W.H.: Management: Ein verhaltenswissenschaftlicher Ansatz. München 1980

Staehle, W.H.: Management (3. Auflage). München 1987

Staehle, W.H. (Hrsg.): Handbuch Management. Wiesbaden 1991

Staehle, W.H.: Management (6. Auflage). München 1991

Staehle, W.H.: Management (7. Auflage). Herausgegeben von P. Conrad und J. Sydow. München 1994

Staffelbach, B.: Management-Ethik. Bern et al. 1994

Stahl, T.: Bildungsmarketing und neue Technologien in Klein- und Mittelbetrieben. Herausgegeben vom BiBB. Berlin 1990

Stahl, T.: Organisationslernen und Weiterbildung - Kommunikative Vernetzung im fraktalen Unternehmen. In: Geißler, H. (Hrsg.): Organisationslernen und Weiterbildung. Neuwied 1995

Stahl, T./Nyhan, B./D´Aloja, P.: The Learning Organisation. Commission of the European Communities 1993

Statistisches Bundesamt (Hrsg.): Datenreport 1989. Bonn 1989

Statistisches Bundesamt (Hrsg.): Datenreport 1992. Bonn 1992

Statistisches Bundesamt (Hrsg.): Datenreport 1994. Bonn 1994

Staudt, E.: Technische Entwicklung und betriebliche Restrukturierung oder Innovation durch Integration von Personal- und Organisationsentwicklung. In: Geißler, H. (Hrsg.): Organisationslernen und Weiterbildung. Neuwied 1995

Steffani, W.: Pluralistische Demokratie. Leverkusen 1980

Steffani, W.: Vom Pluralismus zum Neopluralismus. In: Oberreuter, H. (Hrsg.): Pluralismus. Opladen 1980

Steinmann, H.: Zur Lehre von der „Gesellschaftlichen Verantwortung der Unternehmensführung". In: WiSt-Wirtschaftswissenschaftliches Studium 2 1973

Steinmann, H./Gerum, E.: Reform der Unternehmensverfassung. Köln et al. 1978

Steinmann, H./Löhr, A.: Unternehmensethik - eine realistische Idee. Zeitschrift für Betriebswirtschaft, 40. Jahrgang, 1988

Steinmann, H. /Löhr, A.: Unternehmensethik - ein republikanisches Programm in der Kritik. In: Forum für Philosophie Bad Homburg (Hrsg.): Markt und Moral. Die Diskussion um die Unternehmensethik. Bern/Stuttgart 1994a

Steinmann, H./Löhr, A.: Grundlagen der Unternehmensethik. 2. Auflage. Stuttgart: 1994b

Steinmann, H./Löhr, A.: Begründungsprobleme der Unternehmensethik. In: Geißler, H.: (Hrsg.): Unternehmensethik, Managementverantwortung und Weiterbildung. Neuwied 1997

Steinmann. H./Olbrich, T.: Unternehmensethik und internationales Management. In: Schiemenz, B./Wurl, H.-J. (Hrsg.): Internationales Management. Wiesbaden 1994

Steinmann, H./Scherer, A.: Freiheit und Verantwortung in einer globalisierten Wirtschaft – Anmerkungen zur Rolle der Unternehmensethik. In: Hungenberg, H./Schwetzler, B. (Hrsg.): Unternehmung, Gesellschaft und Ethik. Wiesbaden 2000

Steinmann, H./Schreyögg, G.: Management. (4. Auflage). Wiesbaden 1997

Stockinger, K.: Kommunikation und Interaktion - Handlungstheoretische Grundlagen politischer Prozesse dargestellt am Begriff der Macht. In: Sandner, K. (Hrsg.): Politische Prozesse in Unternehmen. Berlin, Heidelberg 1989

Strasser, G.: Wandel von Unternehmen und Revolution - Variationen über eine radikale Vorstellung von Veränderung im großen Unternehmen. In: Geißler, H./Krahmann- Baumann, B./Lehnhoff, A. (Hrsg.): Umdenken im Management - Management des Umdenkens. Frankfurt a.M. 1996

Straubhaar, T.: Globalisierung und Multinationalisierung. In: Rissener Jahrbuch 1997/98. Hamburg 1997

Strunk, G.: Bildung zwischen Qualifizierung und Aufklärung. Bad Heilbrunn 1988

Strunk, G.: Über den Beitrag einer modernen Bildungstheorie zur Managementbildung. In: Wagner, D./Nolte, H. (Hrsg.): Managementbildung. München und Mering 1996

Strzelwicz, W.: Bildung und gesellschaftliches Bewußtsein. In: Hartfiel, G./Holm, K. (Hrsg.): Bildung und Erziehung in der Industriegesellschaft. Opladen 1973

Sutor, B.: Politische Ethik. In: Mickel, W. W. (Hrsg.): Handlexikon zur Politikwissenschaft, Bundeszentrale für politische Bildung. Bonn 1986

Sutor, B.: Politische Ethik. Paderborn 1991

Sutor, B.: Politische Bildung als kategoriale Bildung. In: Breit, G./Massing, P. (Hrsg.): Grundfragen und Praxisprobleme der politischen Bildung. Bonn 1992

Sydow, J.: Strategische Netzwerke. Wiesbaden 1992

Taylor, F. W.: The principles of Scientific Management. New York 1911

Then, W.: Die Evolution der Arbeitswelt. Bonn/Fribourg/Ostrava 1994

Thiersch, H.: Geisteswissenschaftliche Pädagogik. In: Lenzen, D. (Hrsg.): Pädagogische Grundbegriffe. Bd. 1 + 2. Reinbek bei Hamburg 1989

Thom, N.: Personalentwicklung als Instrument der Unternehmensführung.. Stuttgart 1987

Tietgens, H.: Geschichte der Erwachsenenbildung. In: Tippelt, R. (Hrsg.): Handbuch der Erwachsenenbildung/Weiterbildung. Opladen 1994

Tilch, H.: Innovationsorientiertes Personalmanagement. Bremen 1993

Timmermann, M. (Hrsg.): Personalführung. Stuttgart et al. 1977

Tippelt, R. (Hrsg.): Handbuch der Erwachsenenbildung/Weiterbildung. Opladen 1994

Topitsch, E./Vogel, H.J.: Pluralismus und Toleranz. Köln 1983

Treml, A. K.: Theorie struktureller Erziehung. Weinheim und Basel 1982

Treml, A. K.: Einführung in die allgemeine Pädagogik. Stuttgart et al. 1987

Treml, A. K.: Ethische Bildung. In: Hartmann, U./Walther, C. (Hrsg.): Der Soldat in einer Welt im Wandel. München/Landsberg a. Lech 1995

Trompenaars, F.: Riding the waves of culture. London 1996

Türk, K.: Personalführung und soziale Kontrolle. Stuttgart 1981

Türk, K.: Neuere Entwicklungen in der Organisationsforschung. Stuttgart 1989

Uexküll, J. von: Welche Art Fortschritt brauchen die Menschen, braucht die Welt heute? In: Bundeszentrale für politische Bildung (Hrsg.): Verantwortung in einer unübersichtlichen Welt. Bonn 1995

Uhle, R.: Bildung in Moderne-Theorie. Weinheim 1993

Ulich, E.: Lern- und Entwicklungspotentiale in der Arbeit - Beiträge der Arbeits- und Organisationspsychologie. In: Sonntag, K. (Hrsg.): Personalentwicklung in Organisationen. Göttingen 1992

Ulrich, H./Probst, G.J.B.: Werthaltungen schweizerischer Führungskräfte. Bern und Stuttgart 1982

Ulrich, H.: Management - eine unverstandene gesellschaftliche Funktion. In: Siegwart, H./Probst G.J.B. (Hrsg.): Mitarbeiterführung und gesellschaftlicher Wandel. Bern 1983

Ulrich, H. : Management. Bern 1984

Ulrich, H.: Von der Betriebswirtschaftslehre zur systemorientierten Managementlehre. In: Wunderer, R. (Hrsg.): Betriebswirtschaftslehre als Management und Führungslehre. Stuttgart 1985

Ulrich, H. /Probst, G.J.B.: Anleitung zum ganzheitlichen Denken und Handeln (2. Auflage). Bern und Stuttgart 1990

Ulrich, P.: Die Großunternehmung als quasi-öffentliche Institution. Stuttgart 1977

Ulrich, P./Fluri, E.: Management. Bern/Stuttgart 1975

Ulrich, P./Fluri, E.: Management (3. Auflage). Bern und Stuttgart 1984

Ulrich, P.: Transformation der ökonomischen Vernunft. Bern und Stuttgart 1986

Ulrich, P.: Lassen sich Ökonomie und Ökologie wirtschaftsethisch versöhnen? Forschungsstelle für Wirtschaftsethik an der Hochschule St. Gallen 1988a

Ulrich, P.: Zur Ethik der Kooperation in Organisationen. Forschungsstelle für Wirtschaftsethik an der Hochschule St. Gallen 1988b

Ulrich, P.: Integrative Wirtschafts- und Unternehmensethik. In: Forum für Philosophie Bad Homburg (Hrsg.): Markt und Moral. Bern, Stuttgart, Wien 1994

Ulrich, P.: Briefwechsel mit Günther Ortmann. In: Ortmann, G.: Formen der Produktion. Opladen 1995

Ulrich, P.: Integrative Wirtschaftsethik. Grundlagen einer lebensdienlichen Philosophie. Teil 10.3: Der „Stakeholder-Dialog" als Ort deliberativer Unternehmenspolitik – Geschäftsintegrität im Lichte der kritischen Öffentlichkeit. Bern/Stuttgart 1997

Ulrich, P./Fluri, E.: Management. Bern und Stuttgart 1975

Unger, H./Lilie, O./Stahn, G.: Approaching the Learning Organization by Participation Orientated Re-Organization. Warwick 1995

Unkrig, E.R.: Developing European Management Skills - a programme based on Learning Organization concepts. In: Personalführung, 11/98

Unkrig, E.R.: Personalmanagement goes International. Oberursel/Wetzlar 2000

Unkrig, E.R.: Identifizierung von Potenzialen für Schlüsselfunktionen und Führungsaufgaben. In: Knauth, P./Wollert, A. (Hrsg.). Human Resource Management, Köln 2000a

Varela, F.: Über die Natur und die Natur des Erkennens. In: Dürr, H.-P./Zimmerli, W. C. (Hrsg.) Geist und Natur (3. Auflage). Bern et al. 1990

Vesper, S. (Hrsg.): Umweltbildung und Umweltethik. Bad Honnef 1995

Vester, F.: Neuland des Denkens. Stuttgart 1980

Vorländer, K.: Immanuel Kants Leben. Hamburg 1986

Wagner, B.: Bedürfnisorientierte Unternehmenspolitik. Bern und Stuttgart 1990

Wagner, D.: Organisation, Führung und Personalmanagement. Freiburg 1989

Wagner, D.: Die Kultur des Umgangs mit dem Betriebsrat - Ergebnisse empirischer Untersuchungen. In: Geißler, H. (Hrsg.): Unternehmenskultur und -vision. Frankfurt a. Main 1991

Wagner, D./Nolte, H.: Management-Bildung. In: Management Revue 1/93. Mering 1993

Wagner, D./Nolte, H.: Reflexives Management und Managementbildung. In: Geißler, H. (Hrsg.): Organisationslernen und Weiterbildung. Neuwied 1995

Wagner, D./Nolte, H. (Hrsg.): Managementbildung. München und Mering 1996

Wahren, H.-K.: Das lernende Unternehmen. Berlin/New York 1996

Walter-Busch, E.: Zur Sozialgeschichte wissenschaftstheoretischen Selbstverständnisses der Betriebswirtschaftslehre. In: Probst, G./Siegwart, H.: Integriertes Management. Bausteine des systemorientierten Managements. Bern, Stuttgart 1985

Walter-Busch, E.: Das Auge der Firma. Stuttgart 1989

Warnecke, H.J.: Revolution der Unternehmenskultur. Das fraktale Unternehmen. Berlin/Heidelberg 1993

Waschkuhn, A.: Was ist Subsidiarität? Ein sozialphilosophisches Ordnungsprinzip: Von Thomas von Aquin bis zur Civil Society. Opladen 1995

Watzlawick, P.: Die Möglichkeit des Andersseins. Zur Technik der therapeutischen Kommunikation. (4. Auflage). Bern u.a. 1991.

Watzlawick, P.: Wirklichkeitsanpassung oder angepaßte „Wirklichkeit". Konstruktivismus und Psychotherapie. In: Gumin, H./Meier, H. (Hrsg.): Einführung in den Konstruktivismus. (2. Auflage). München 1992. S. 89-107.

Weber, E. (Hrsg.): Der Erziehungs- und Bildungsbegriff im 20. Jahrhundert (3.Aufl.), Klinkhardts Pädagogische Quellentexte. Bad Heilbrunn/Obb. 1976

Weber, M.: Wirtschaft und Gesellschaft. 5. Auflage. Tübingen 1972

Weidenfeld, W.: Die Perspektiven der weiteren Entwicklung Deutschlands . In: Jesse, E./Mitter, A. (Hrsg.): Die Gestaltung der deutschen Einheit. Bonn 1992

Weidenmann, B.: Lernen - Lerntheorie . In: Lenzen, D. (Hrsg.): Pädagogische Grundbegriffe. Bd. 1 + 2. Reinbek bei Hamburg 1989

Weihe, U.: Systemtheorie . In: Nohlen, D. (Hrsg.): Wörterbuch Staat und Politik. Bonn 1991

Weinbrenner, P.: Die Zukunft der Industriegesellschaft im Spannungsfeld von Fortschritt und Risiko . In: Bundeszentrale für politische Bildung (Hrsg.): Grundfragen der Ökonomie. Bonn 1989

Weinert, F.E. et al.: Pädagogische Psychologie. Funk Kolleg. Frankfurt a. Main 1974

Weizsäcker, C. Fr. von: Fragen zur Weltpolitik. München 1975

Wellmer, A.: Kritische Gesellschaftstheorie und Positivismus. Frankfurt 1969

Welsch, W.: Vernunft. Die zeitgenössische Vernunftkritik und das Konzept der transversalen Vernunft. Frankfurt a. Main 1995

Weniger, E.: Die Eigenständigkeit der Erziehung in Theorie und Praxis. Weinheim 1957

Wergen, H.. Mitarbeiterführung. Bergisch-Gladbach/Köln 1986

Widder, H.: Parlamentarische Strukturen im politischen System. Berlin 1979

Wiegand, M.: Prozesse Organisationalen Lernens. Wiesbaden 1996

Wiendieck, G./Wiswede, G (Hrsg.): Führung im Wandel. Stuttgart 1990

Will, H./Winteler, A./Krapp, A.: Evaluation in der beruflichen Aus- und Weiterbildung. Heidelberg 1987

Willke, H. Systemtheorie. Stuttgart 1987

Willke, H.: Systemtheorie. Eine Einführung in die Grundprobleme der Theorie sozialer Systeme. 4. überarbeitete Auflage. Stuttgart/Jena 1993

Willke, H.: Systemtheoretische Strategien des Erkennens. Wirklichkeit als Konstruktion. In: Götz, K. (Hrsg.): Theoretische Zumutungen. Vom Nutzen der systemischen Theorie für die Managementpraxis. Heidelberg 1994.

Wimmer, R.: Die Steuerung komplexer Organisationen - Ein Reformulierungsversuch der Führungsproblematik aus systemischer Sicht. In: Sandner, K. (Hrsg.): Politische Prozesse in Unternehmen. Berlin et al. 1989

Wittwer; W: Regelungsansätze und -widerstände im Bereich der beruflichen Weiterbildung - Die bildungspolitische Diskussion seit 1970. In: Dobischat, R./Husemann, R. (Hrsg.): Berufliche Weiterbildung als freier Markt? Berlin 1995

Wöhe G.: Einführung in die Allgemeine Betriebswirtschaftslehre. 16. Auflage. München 1986

Wollnik, M.: Interpretative Ansätze in der Organisationstheorie. In: Kieser, A.: Organisationstheorien. 2. Auflage. Stuttgart, Berlin, Köln 1995

Womack, J. P./Jones, D. T./Roos, D.: Die zweite Revolution in der Autoindustrie (6. Auflage, Original: The Machine That Changed The World), Frankfurt a. Main/New York 1992

Wunderer, R. (Hrsg.): Betriebswirtschaftslehre als Management und Führungslehre, Stuttgart 1985

Wunderer, R.: Managing the boss – „Führung von unten". In: Zeitschrift für Personalforschung 1992, 6 (3)

Wunderer, R./Grunwald, W.: Führungslehre. Bd. 1. Grundlagen der Führung. Berlin/New York 1980

Zabeck, J.: Die Berufs- und Wirtschaftspädagogik als erziehungswissenschaftliche Teildisziplin. Hohengehren 1992

Zürn, P.: Ethik im Management. Frankfurt a. Main 1991

Zielinsky, J.: Eine wünschenswerte Vision: Informationsgesellschaft und Computerbildung. In: Geißler, H. (Hrsg.): Unternehmenskultur und - vision. Frankfurt a. Main 1991

Zimmer, G.: Entwicklung des organisationalen Gedächtnisses mit Multimedia. In: Geißler, H./Lehnhoff, A./Petersen, J. (Hrsg.): Organisationslernen im interdisziplinären Dialog. Weinheim 1998

Zimmer, G.: Berufsausbildung im 21. Jahrhundert - Zwischen der Vermittlung ganzheitlicher Handlungskompetenzen und der Betreuung in Warteschleifen zur Arbeitslosigkeit - Plädoyer für eine Ausbildungspflicht. In: Schulz, M./Stange, B./Tielker, W./Weiß, R./Zimmer, G. (Hrsg.): Wege zur Ganzheit - Profilbildung einer Pädagogik für das 21. Jahrhundert. Weinheim 1998a

Zimmer, G.: Verzahnung von Aus- und Weiterbildung - bildungspolitische Notwendigkeit. In: Amt für Berufliche Bildung und Weiterbildung Hamburg (Hrsg.): Neue Wege der Weiterbildung. Fachkonferenz am 18. Mai 1999 (Konferenz-Dokumentation). Hamburg 1999

Zippelius, R.: Allgemeine Staatslehre (Politikwissenschaft). Ein Studienbuch, 12. neubearbeitete Auflage. München 1994

Bildung und Organisation

Herausgegeben von Harald Geißler und Jendrik Petersen

Band 1 Walter Dürr (Hrsg.): Selbstorganisation verstehen lernen. Komplexität im Umfeld von Wirtschaft und Pädagogik. 1995.

Band 2 Rüdiger Reinhardt: Das Modell Organisationaler Lernfähigkeit und die Gestaltung Lernfähiger Organisationen. 2., veränd. Aufl. 1995.

Band 3 Alfred Lumpe: Pädagogik als Wahrnehmung von Wirklichkeit – Lernorganisation als Entwicklung der Selbstorganisation. Wahrnehmungsformen und Entwicklung pädagogischer Kompetenz. 1995.

Band 4 Jendrik Petersen: Die gebildete Unternehmung. 1997.

Band 5 Andre Lehnhoff: Vom Management Development zur Managementbildung. 1997.

Band 6 Christoph Diensberg: Betriebliche Weiterbildung, Vorschlagswesen und Umweltschutz. Lernprozesse zwischen Mitarbeiter- und Unternehmensentwicklung. 1997.

Band 7 Markus Hodel: Organisationales Lernen und Qualitätsmanagement. Eine Fallstudie zur Erarbeitung und Implementation eines visualisierten Qualitätsleitbildes. 1998.

Band 8 Anna Meyer: Führende und Geführte im Wandel der Führungsparadigmen des 20. Jahrhunderts. Ein Wandel vom Objekt zum selbstverantwortlichen Subjekt? 2000.

Band 9 Rüdiger Rhein: Betriebliche Gruppenarbeit im Kontext der lernenden Organisation. 2002.

Band 10 Jasmin Godemann: Leitbildimplementierung in Organisationen. Chancen und Möglichkeiten einer Bildung für eine nachhaltige Entwicklung in Kindergärten. 2002.

Band 11 Ulrich Spandau: Organisationslernen und Macht. Fallstudie zur Ermöglichung dialogorientierten Managementhandelns in Organisationen. 2002.

Band 12 Anna-Maria Huesmann: Binomische Kommunikation. Aktivierung des Selbsterneuerungspotentials in Veränderungsprozessen am Beispiel wissenschaftlicher Bibliotheken. 2003.

Band 13 Jendrik Petersen: Dialogisches Management. 2003.